भारतीय साहित्य

यू.जी.सी. के नवीनतम पाठ्यक्रमानुसार

भारतीय साहित्य

देश के समस्त विश्वविद्यालयों के स्नातकोत्तर स्तर के पाठकों के लिए सम्पूर्ण पाठ्यक्रम के अनुसार

डॉ. रामछबीला त्रिपाठी

एम.ए. हिन्दी, एम.ए. संस्कृत,
साहित्याचार्य, पीएच.डी.

वाणी प्रकाशन

प्रकाशन के उत्कृष्टतम 60 वर्ष

सजिल्द पहला संस्करण : 2008
सजिल्द दूसरा संस्करण : 2012
सजिल्द तीसरा संस्करण : 2014
सजिल्द चौथा संस्करण : 2023

vaniprakashan.com

वाणी प्रकाशन

4695, 21-ए, दरियागंज, नयी दिल्ली-110 002

फ़ोन : +91 11 23273167, 23275710

शाखाएँ

अशोक राजपथ, पटना-800 004, बिहार

कॉफ़ी हाउस कैम्पस, महात्मा गांधी मार्ग, इलाहाबाद-211 001, उत्तर प्रदेश

महात्मा गांधी अन्तरराष्ट्रीय हिन्दी विश्वविद्यालय, वर्धा-442 001, महाराष्ट्र

36/ए, शेक्सपियर सरणी, रानी बिरला गर्ल्स कॉलेज के पास, कोलकाता-700 017, प. बंगाल

sales@vaniprakashan.in
vaniprakashan@gmail.com

Bhartiya Sahitya
by Dr. Ramchhabila Tripathi

ISBN : 978-93-5229-296-7
Criticism

मूल्य : ₹ 795

आर. टेक ऑफ़सेट प्रिंटर्स, दिल्ली-110 032 में मुद्रित

वाणी प्रकाशन का लोगो मक़बूल फ़िदा हुसेन की कूची से

पंडित घनश्याम जी त्रिपाठी
को
समर्पित

पूर्व कथन

साहित्य और संस्कृति एक दूसरे से जुड़े हुए हैं। सदियों से भारत बहुजातीय, बहुसांस्कृतिक एवं बहुभाषिक देश रहा है। किन्तु भारत की यह बहुजातीयता यहां बसने वाली भारतीयों के विकास में कभी बाधक नहीं रही, उसकी बहुसांस्कृतिक चेतना ने उनकी सर्जनात्मक शक्ति का कभी क्षय नहीं किया और उसकी बहुभाषिकता समाज की भाषायी सम्प्रेषण-व्यवस्था में अवरोध का कारण नहीं बनी। इसमें सन्देह नहीं कि भारत एक विशाल देश है, यहां अनेक धर्म हैं, अनेक भाषाएं हैं, अनेक रीति रिवाज और तौर तरीके हैं। जिस तरह गुलदस्ते में अलग-अलग रंग के फूल होते हैं, किन्तु उन सभी की मिलकर एक छटा होती है, उसी तरह भारत की तमाम भाषाएं एक ही भारतीय संस्कृति प्रतिबिम्बित करती हैं। यही एकता हमारे राष्ट्र का प्राण है। आज हिन्दी एकता की प्रतीक है। हिन्दी पर संस्कृत भाषा की लिपि, ध्वनि पदावली, अलंकार आदि की छाप स्पष्ट है। छायावादी कवियों के काव्य में संस्कृत साहित्य का प्रभाव स्पष्ट दिखाई देता है। यह प्रभाव जितना हिन्दी पर हैं उतना ही बंगला, मराठी, मलयालम, तमिल, तेलुगु, कन्नड़, गुजराती, पंजाबी आदि भाषाओं पर भी है। राम के चरित्र को सभी भाषाओं में गाया गया है। कहीं वह कम्ब रामायण है कहीं रंगनाथ रामायण, कहीं कृत्तिवास रामायण और कहीं अध्यात्म रामायण। इन भाषा रामायणों की आत्मा एक है केवल अन्तर हैं तो प्रदेश के वैशिष्ट्य का, अपनी धरती की विशेष महक का। कंब रामायण में तमिल लोग भोजन के पश्चात् मट्ठा पीते हैं तो रंगनाथ तेलुगु रामायण में विवाह के समय वर वधू के सिर पर गुड़ जीरा रखने का मंगल विधान है। भगवान कृष्ण की लीला भी सारे भारत के साहित्य में दिखाई पड़ती है। तमिल के पेरियालवार और आण्डाल (गोदा), तेलुगु के पोतना और अन्नमाचार्य, कन्नड़ के पुरन्दरदास, मलयालम के चेरुश्शेरी, गुजराती के भालण, नरसी मेहता, बंगला के चंडीदास, ओडिया के रामानन्दराय आदि और हिन्दी के सूरदास के काव्य में कृष्ण का प्रभातियों के साथ जगना, लोरियों के साथ सोना, हँसना, रोना, मचलना, लड़खड़ाकर चलना, तुतले वचन कहना आदि का वर्णन प्रायः एक समान हैं।

सभी भारतीय भाषाओं के सांस्कृतिक और सामाजिक दृष्टिकोण में इतनी एकरूपता है, इतनी समानता है कि यदि एक साहित्य को पढ़ने के बाद दूसरे का

अध्ययन करें तो भाषा के अन्तर को छोड़कर हमें यह लगता ही नहीं कि हम किसी अनजाने प्रदेश में आ गए हैं। वही पात्रा हैं, वही प्रतीक हैं और वही जीवनदर्शन। यदि भेद है तो भाषा और लिपि में। दर्शन, धर्म, ज्योतिष, आयुर्वेद आदि अन्य क्षेत्रा तो ऐसे हैं जिनमें लगभग कई भाषाओं की शब्दावली एक सी है। देशकाल के आधार पर यहां जातिगत और भाषिक भिन्नता अवश्य है पर देशकाल से जुड़ी इन विभिन्नताओं के बावजूद हमें यहां एक अपूर्व अभिन्नता भी दिखलाई पड़ती है।

वस्तुतः भारतीय साहित्याध्ययन का लक्ष्य है कि इस विलक्षण अभिन्नता या समानधर्मी वातावरण से हिन्दी के स्नातकोत्तर विद्यार्थी अवगत हों। विश्वविद्यालय अनुदान आयोग ने ऐसे पाठ्यक्रमों का निर्धारण कर हिन्दी साहित्याध्ययन को अधिक समृद्ध, अधिक सघन और प्रयुक्ति बहुल बनाया है। इक्कीसवीं सदी की इस बदलती दुनिया में अब हिन्दी भी अपनी छवि का नयापन प्रदर्शित कर रही हैं।

प्रस्तुत पुस्तक में चार खंड हैं। प्रथम खंड में भारतीय साहित्य के अर्थ और स्वरूप को समझाते हुए भारतीय साहित्य की समस्याओं आदि को सामने रखा है। इस खंड की प्रायः कम ही सामग्री एक जगह मिलती है। द्वितीय खंड में भारतीय भाषाओं के साहित्येतिहास पर आवश्यकतानुसार प्रकाश डाला गया है। तृतीय खंड हिन्दी और अन्य भारतीय भाषाओं के साहित्य के तुलनात्मक अध्ययन का है। इसमें हिन्दी साहित्य और तमिल, तेलुगु, कन्नड़, मलयालम, बंगला, मराठी, गुजराती और उर्दू साहित्य के भक्तिकाल और आधुनिककाल के महत्वपूर्ण प्रश्नों को लेकर उनका तुलनात्मक विश्लेषण किया गया है। यह अध्येताओं के लिए अत्यन्त उपयोगी है। चतुर्थ खंड में 'अग्निगर्भ', 'वर्षा की सुबह', 'घासीराम कोतवाल' और 'हयवदन' की समीक्षा की एक झलक है।

यह पुस्तक मेरे निर्देशन में शोधकार्य करने वाले शोधार्थियों और स्नातकोत्तर स्तर के विद्यार्थियों के आग्रह करने पर उनकी आवश्यकताओं को समझते हुए तथा स्वयं भी कुछ जानने के लिए तैयार की गई है।

बैजामिनडिज ने जो कहा है कि "किसी विषय से अच्छी तरह परिचित होने का सबसे अच्छा तरीका है कि उस पर आप एक पुस्तक लिख दें।" इस पुस्तक की रचना का सूत्रा भी इसी वाक्य में निहित है। हमें पूर्ण विश्वास है कि मेरी पूर्व पुस्तकों, 'व्यावहारिक हिन्दी व्याकरण', 'प्रयोजनमूलक हिन्दी' आदि की भांति ही यह पुस्तक भी इस विषय के पाठकों को उपयोगी जानकारी प्रदान करेगी। इसी क्रम में "प्रमुख भारतीय भाषासाहित्यों का तुलनात्मक अध्ययन" पुस्तक का प्रकाशन भी शीघ्र ही होगा।

इस पुस्तक के प्रकाशन के अवसर पर उन सभी ज्ञात, अज्ञात विद्वानों का आभार मानता हूं, जिनके विचारों से लाभान्वित होकर मैं यह पुस्तक लिख सका हूँ। मैं अपनी पत्नी श्रद्धा त्रिपाठी, बच्चों—प्रोफेसर डॉ. उषा, डॉ. प्रतिभा, डॉ. प्राची, प्रज्ञा,

प्रणवेश और वधूटी अपर्णा का भी आभारी हूँ, जिनकी प्रेरणा और पारिवारिक सहयोग से मुझे इस कार्य को सम्पन्न करने का अवसर मिला। मैं प्रस्तुत पुस्तक के प्रकाशक श्री अरुण माहेश्वरी के स्वत्वाधिकारी वाणी प्रकाशन का अत्यधिक आभारी हूँ जिनके सहयोग और प्रोत्साहन से इस पुस्तक का कार्य सम्पन्न हुआ।

मानवस्वभावानुसार पुस्तक में होने वाली त्रुटियों के लिए मैं अपने सहृदय पाठकों के सुझावों का स्वागत करुंगा।

सम्पर्क सूत्र
''कामायनी''
वार्ड नं. 5/22, वारासिवनी
जिला-बालाघाट (481331)
फोन नं. 07633-253432

रामछबीला त्रिपाठी

विषयानुक्रम

प्रथम खण्ड

द्वितीय खण्ड

तृतीय खण्ड

प्रथम खण्ड

1. भारतीय साहित्य का स्वरूप

'भारतीय साहित्य' की अर्थ परिधि अत्यन्त व्यापक और जटिल है। इसकी व्याख्या प्रायः दो प्रकार से की जाती है।

1. स्थूल रूप

स्थूल रूप में भारत की विविधि भाषाओं के साहित्य की समष्टि का नाम भारतीय साहित्य है। भारतवर्ष अनेक भाषाओं का विशाल देश है—भारत के उत्तर पश्चिम में पंजाबी, हिन्दी और उर्दू भाषाएं बोली जाती हैं। पूर्वी प्रदेश में उड़िया, बंगला और असमिया, मध्य पश्चिम में मराठी और गुजराती और दक्षिण में तमिल, तेलुगु, कन्नड़ और मलयालम। इसके अतिरिक्त कश्मीरी, डोंगरी, सिंधी, कोंकणी आदि भाषाएं हैं, जिनका साहित्यिक एवं भाषा वैज्ञानिक महत्व कम नहीं है। इनमें से प्रत्येक का अपना साहित्य है। कुछ को छोड़कर अधिकांश भाषाएं प्राचीनता, गुण परिमाण आदि सभी दृष्टियों से अत्यन्त समृद्ध हैं। इनमें वैदिक संस्कृत, लौकिक संस्कृत या संस्कृत पालि, प्राकृत और अपभ्रंश भाषाओं को भी सम्मिलित किया जाता है। इनमें से प्रत्येक साहित्य का अपना स्वतंत्रा और प्रखर वैशिष्ट्य है। जैसे तमिल का संगम साहित्य, तेलुगु के द्विअर्थी काव्य, मलयालम के संदेश काव्य, मराठी के पवाड़े, गुजराती के आख्यान, बंगला का मंगलकाव्य, असमिया के बड़गीत, पंजाबी के वीरगीत, उर्दू की गजल और हिन्दी का रीतिकाव्य, छायावादी काव्य आदि। अतः भारतीय साहित्य अनेक भारतीय भाषाओं के साहित्यों का संचित कोष है। किन्तु यह स्थूल अर्थ मान्य नहीं है। इससे भारत एक राष्ट्र न होकर विविध प्रदेशों का मंडल मात्रा बनकर रह जायेगा और भारतीय संस्कृति अनेक संस्कृतियों का समुच्चय होकर रह जाएगी।

2. तात्विक रूप

तात्विक रूप में भारतीय साहित्य एक इकाई है, उसका मिला जुला अस्तित्व है, जो भारतीय जीवन की अनेकता में एकता को अभिव्यक्त करता है। तमिल, तेलुगु, मराठी, बंगाली, गुजराती, पंजाबी आदि विभिन्न भाषाओं के माध्यम से अभिव्यक्त

विभिन्न साहित्य एक होकर भारतीय साहित्य की संज्ञा पाने के अधिकारी है। जब हम हिन्दी साहित्य की बात करते हैं तो उसमें खड़ी बोली के साहित्यकार प्रसाद, पंत, निराला, प्रेमचंद, अज्ञेय, यशपाल आदि की रचनाओं के साथ-साथ अवधी, ब्रज, मैथिली आदि भाषाओं के साहित्यकार जायसी, सूर, तुलसी, विद्यापति आदि की कृतियों को भी समाहित करने में हम संकोच नहीं करते। इन विभिन्न भाषा/ बोलियों के माध्यम से अभिव्यक्त, होने वाला साहित्य एक है क्योंकि इसकी रचना करने वाले हिन्दी भाषाई समाज की जातीय चेतना एक है। किसी व्यक्ति की मातृ बोली चाहे ब्रज हो या अवधी, भोजपुरी हो या मैथिली वह जायसी, सूर, तुलसी विद्यापति आदि को जैसे अपना कवि स्वीकार करता हैं वैसे ही निराला और प्रेमचंद को अपना साहित्यकार मानता है।

उसी प्रकार हम यह भी कह सकते हैं कि तमिलनाडु का तमिलभाषी, आंध्रप्रदेश का तेलुगुभाषी, महाराष्ट्र का मराठीभाषी और बंगाल का बंगलाभाषी, अपनी तमाम क्षेत्रीय विशिष्टताओं के बावजूद सब भारतीय हैं अतः उनके द्वारा रचित साहित्य अपने समस्त भाषा भेद के उपरांत भी एक भारतीय साहित्य के अन्तर्गत आते हैं, क्योंकि भारतीय समाज की ऐतिहासिक परम्परा, सांस्कृतिक मूल्य और काव्य संवेदना समानधर्मी हैं और उनके द्वारा रचित साहित्यिक कृतियों में भावबोध और शिल्पगत विन्यास की प्रकृति भी एक है।

निष्कर्ष यह है कि भारत सदियों से बहुजातीय, बहुसांस्कृतिक एवं बहुभाषिक देश रहा है। अतः यह स्वाभाविक है कि देशकाल के आधार पर यहां जातिगत एवं भाषिक भिन्नता है। पर देशकाल से जुड़ी इन समस्त विभिन्नताओं के बावजूद हमें यहां एक विलक्षण अभिन्नता भी दिखलाई पड़ती है। चाहे वैदिक संस्कृत हो, या क्लासिक तमिल का संगम साहित्य, सर्वत्रा हमें संस्कार चेतना एवं भावबोध में समानता देखने को मिलती है। डॉ. नगेन्द्र के अनुसार–"भारतीय मनीषा की अभिव्यक्ति का नाम भारतीय साहित्य है और भारतीय मनीषा का अर्थ है, भारत के प्रबुद्ध मानस की सामूहिक चेतना–सहस्त्राब्दियों से संचित अनुभूतियों और विचारों के नवनीत से जिसका निर्माण हुआ है। यह भारतीय मनीषा ही भारतीय संस्कृति, भारत की राष्ट्रीयता और भारतीय साहित्य का प्राणतत्व है–(डॉ. नगेन्द्र, भारतीय साहित्य का समेकित इतिहास : संभावना और संकल्पना, पृष्ठ 10)"

भारतीय साहित्य की एकता के आधार तत्व

भारतीय साहित्य की आत्मा एक है। जिस प्रकार अनेक धर्मों, विचारधाराओं और जीवन प्रणालियों के रहते हुए भी भारतीय संस्कृति एक है, इसी प्रकार अनेक भाषाओं और अभिव्यंजना पद्धतियों के रहते हुए भी भारतीय साहित्य एक है। इस मौलिक

एकता के निम्नलिखित आधार तत्व हैं।

1. भारतीय भाषाओं का समान जन्मकाल

तमिल और उर्दू को छोड़कर भारत की लगभग सभी भाषाओं का जन्मकाल प्रायः समान ही है। तेलुगु साहित्य का प्रारंभ ईसा की ग्यारहवीं सदी से माना जाता है। तेलुगु साहित्य के प्राचीनतम कवि 'नन्नय' हैं। कन्नड़ का प्रथम उपलब्ध ग्रन्थ ''कविराजमार्ग'' है जिसके रचनाकार नरेश नृपतुंग हैं और जिनका समय है–814 से 877 ई.। मलयालम की प्रथम रचना ''रामचरित्'' है, जो अनुमानतः तेरहवीं शती की रचना हैं। गुजराती और मराठी का आविर्भावकाल लगभग एक ही है–बारहवीं सदी। बंगला साहित्य का प्रारंभ चर्यागीतों से माना जाता है जिसका रचनाकाल दसवीं और बारहवी शती के बीच है। असमिया साहित्य के सबसे प्राचीन कवि हैं हेम सरस्वती जिनका समय तेरहवीं सदी के अन्त में माना गया हैं। उड़िया भाषा में भी तेरहवीं सदी में ही व्यंग्यांत्मक काव्य और लोकगीत के दर्शन होते हैं। पंजाबी और हिन्दी में भी ग्यारहवीं सदी से ही व्यवस्थित साहित्य की उपलब्धि मानी जाती है। केवल दो भाषाएं ऐसी हैं जिनका जन्मकाल भिन्न है। तमिल संस्कृत के समान ही प्राचीन भाषा है और उर्दू का जन्म अमीर खुसरो की रचनाओं से माना जाने लगा है।

2. आधुनिक भारतीय साहित्यों के विकास के समान चरण

आधुनिक भारतीय साहित्यों के विकास के चरण भी प्रायः समान ही हैं। प्रायः सभी भारतीय भाषाओं के साहित्य का आदिकाल पन्द्रहवीं शती तक चलता है। पूर्व मध्यकाल या भक्तियुग की समाप्ति सत्राहवीं शती के मध्य में तथा उत्तर मध्यकाल या रीतिकाल की समाप्ति अंग्रेजी सत्ता की स्थापना के साथ होती है और तभी से आधुनिक युग का प्रारंभ हो जाता है। कहने का आशय यह है कि सभी भारतीय साहित्य चार चरणों में विभक्त हैं और अधिकांश साहित्यों का विकासक्रमलगभग एक-सा ही है।

इस समानान्तर विकासक्रम का आधार भारत के राजनीतिक एवं सांस्कृतिक जीवन का विकासक्रम है।

जहाँ तक राजनीतिक जीवन का विकासक्रम हैं वह यह कि भारतवर्ष में शताब्दियों तक राजनीतिक व्यवस्था एक समान रही है। मुगलों के शासनकाल में तो लगभग एक सौ पचास वर्षो तक उत्तर दक्षिण और पूर्व पश्चिम में घनिष्ठ सम्पर्क बना रहा। राजपूतों के राजवंश भारत के अनेक भागों में शासन कर रहे थे, उनकी सामंतीय शासन प्रणाली प्रायः एक सी थी। बाद में अंग्रेजों ने तो केन्द्रीय शासन व्यवस्था कायम कर भारत की एकता को और दृढ़ कर दिया। इन्हीं सब कारणों से

भारत के विभिन्न भाषा-भाषी प्रदेशों की राजनीतिक परिस्थितियों में पर्याप्त साम्य रहा है।

सांस्कृतिक जीवन का विकासक्रम भी लगभग एक सा रहा है। देश में अनेक धार्मिक और सांस्कृतिक आन्दोलन हुए, जिनका प्रभाव भारतव्यापी था। इन आन्दोलनों के परिणामस्वरूप शैव-शाक्त धर्मोंके संयोग से नाथ सम्प्रदाय उठ खड़ा हुआ जो उत्तर भारत से लेकर दक्षिण भारत तक फैला हुआ था। बौद्ध धर्म के ह्रास के फलस्वरूप सिद्ध सम्प्रदाय का आर्विभाव हुआ। भारतीय साहित्य के विकास के प्रथम चरण में इन सम्प्रदायों का प्रभाव प्रायः विद्यमान था। इसके बाद संत सम्प्रदाय निर्गुण भक्ति का प्रचार करते रहे, सूफी सम्प्रदाय उत्कट प्रेमानुभूति को लेकर उत्तर पश्चिम से दक्षिण तक फैल गये। इसके पश्चात वैष्णव भक्ति आन्दोलन का आरंभ हुआ, जो समस्त देश में बड़े वेग से व्याप्त हो गया। राम और कृष्ण की भक्ति की अनेक मधुर पद्धतियों का देश भर में प्रसार हुआ और समस्त भारत सगुण ईश्वर के लीलागान से गुंजरित हो उठा। उधर मुस्लिम संस्कृति और सभ्यता का प्रभाव भी बढ़ रहा था। तभी अंगरेजों का आगमन हुआ। वे सारे देश में स्थापित हो गये। अपनी शिक्षा, संस्कृति के माध्यम से अपने धर्म का प्रसार करने लगे। इसी प्राच्य और पाश्चात्य के सम्पर्क से आधुनिक भारत का जन्म हुआ।

3. भारतीय साहित्यों का समान साहित्यिक रिक्थ

भारत की भाषाओं का परिवार यद्यपि एक नहीं है, फिर भी उनका साहित्यिक रिक्थ समान ही है। रामायण, महाभारत, पुराण, भागवत, कालिदास भवभूति आदि की अमर कृतियाँ, पालि, प्राकृत और अपभ्रंश में लिखित बौद्ध, जैन तथा अन्य धर्मों का साहित्य भारत की समस्त भाषाओं को उत्तराधिकार में मिला है। उपनिषद्, स्मृतियाँ, काव्यशास्त्रा के अनेक ग्रन्थ जैसे भरत का नाट्यशास्त्रा, आनंदवर्धन का ध्वन्यालोक, मम्मट का काव्यप्रकाश आदि का सभी ने निरंतर उपयोग किया है। वस्तुतः भारतीय भाषाओं के ये ग्रन्थ अक्षय, प्रेरणास्त्रोत रहे हैं। इनसे प्रेरित साहित्य में एक प्रकार की मूलभूत समानता स्वतः ही आ गई है। अतः उनमें एक समान प्रवृत्तियाँ देखने को मिलती हैं, वे समान प्रवृत्तियाँ इस प्रकार हैं -

(1) नाथ साहित्य की प्रवृत्ति

प्रायः सभी भारतीय भाषाओं के साहित्य में नाथपंथियों और शिवभक्तों का महत्वपूर्ण योगदान रहा है। दक्षिण भारत में नाथ साहित्य का सृजन पूर्वी और उत्तरी भारत की अपेक्षा कम हुआ है। दक्षिण में शिव की सगुण भक्ति ही प्रमुख थी। यही कारण है कि तमिल के नायनमार, तेलुगु के पाल्कुरिकि तथा उनके परवर्ती कवि, कन्नड़ के

वीर शैववाद के उन्नायक बसवेश्वर आदि उत्तर भारत के नाथ और सिद्ध कवियों से मूलतः भिन्न थे। दक्षिण भारत के कवि शुद्ध भक्त कवि थे, उत्तर और पूर्व के सिद्ध और नाथ कवि योगी अथवा तांत्रिाक साधक थे। फिर भी नाथ पंथियों का प्रभाव सुदूर दक्षिण तक पहुंच गया था। तेलुगु में रचित नवनाथचरित्राम् इसका प्रमाण है। मराठी और बंगला साहित्य में नाथ साहित्य की विशिष्ट धारा प्रवाहित हुई है। मराठी में तो स्वयं गोरखनाथ की वाणी मिलती है जिसका नाम है "अमरनाथ सनवड"। बंगला वस्तुतः नाथ साहित्य का गढ़ था। इसलिए गुण और परिमाण दोनों की दृष्टि से बंगला का नाथ साहित्य सर्वाधिक समृद्ध है। असमिया और उड़िया के प्राचीनकाव्य में नाथ आन्दोलन का केवल प्रभाव स्पष्ट लक्षित होता है उसमें कोई स्वतंत्रा काव्यधारा प्रवाहित नहीं हुई है। पंजाब में भी नाथ सम्प्रदाय का प्रभुत्व रहा है। पंजाबी गोरखनाथ और चरपटनाथ को अपने साहित्य का प्रारंभिक लेखक मानते हैं। हिन्दी में तो नाथपंथियों की अनेक गद्यपद्यमयी रचनाएं उपलब्ध हैं। इस प्रकार भारतीय साहित्य में नाथ साहित्य की एक व्यापक प्रवृत्ति विद्यमान है।

(2) चारण काव्य की प्रवृत्ति

भारत की अधिकांश भाषाओं में चारण काव्य की प्रवृत्ति प्रायः समान है। तमिल में चारण-काव्य संगमकाल (ई.पू. 500-200) के आरंभ से ही मिलता है। पतुप्पाट्टु (दस लघु वर्णनिकाओं) में से कई की रचनाओं में चारण-काव्य के उत्कृष्ट उदाहरण मिलते हैं। संगम युग का प्रसिद्ध महाकाव्य सिलप्पदिकारम् एक प्रकार से चारण काव्य है। तेलुगु में श्रीनाथ का लोकप्रिय काव्य "पलनाटिवीर-चरित्राम्" चारण काव्य का अत्यन्त श्रेष्ठ काव्य है। मलयालम के आदिम काव्य संग्रह पझय पाट्टुकल में अनेक चरित्रागीत हैं। मराठी के मध्ययुगीन वीरगीत रूप पवाड़े चारणकाव्य के ही अन्तर्गत आते हैं। पवाड़े के गीतों में चारणकवियों ने अपने आश्रयदाता राजाओं और वीरों का यशोगान किया है। गुजराती साहित्य में श्रीधररचित 'रसमल्लछंद' आदि अनेक वीर रसप्रधान काव्य लिखे गये हैं। पंजाबी में गुरु गोविंदसिंह ने वीर रसपूर्ण अगरकाव्य की रचना की है। कुछ अन्य कवियों ने भी चारणकाव्य लिखा है। हिन्दी साहित्य में तो आदिकाल का नाम ही वीरगाथाकाल या चारणकाल है।

(3) संतकाव्य की प्रवृत्ति

संतकाव्य की परम्परा भी प्रायः अधिकांश भारतीय साहित्य में देखने को मिलती है। तमिल के "अठारह सिद्धर" संत कवि थे, जिन्होंने सरल वाणी में रहस्यवादी रचनाएं की हैं। तेलुगु में वेमन, वीरब्रह्मम् और इसी प्रकार कन्नड़ के सर्वज्ञ आदि संतपरम्परा के कवि हैं। मराठी का संतकाव्य तो अत्यन्त प्रसिद्ध है। संत ज्ञानदेव, नामदेव,

एकनाथ, वारकरी पंथ के सन्तकवि आदि इन कवियों ने मराठी में संत काव्य को अत्यन्त समृद्ध किया है। गुजराती में सत्राहवीं शती में अखो की रचनाओं–"चित्तविचार संवाद", "अनुभव बिन्दु" तथा "अखोगीता" आदि में संतकवियों की वाणी सुनाई पड़ती है। बंगाल में बाउल गीतों का सत्राहवीं अठारहवीं शती में बड़ा प्रचार हुआ। इन बाउल गीतों के रचयिता संतकवि थे। उड़िया के कंध कवि ने उन्नीसवीं शती में इस परम्परा को उद्दीप्त किया है। पंजाबी में गुरुनानक तथा अन्य सिख कवियों के द्वारा रचित संतकाव्य का अनंत भंडार विद्यमान है। हिन्दी में संतकाव्य परम्परा में कबीर, दादू आदि द्वारा रचित विपुल साहित्य है। उर्दू में सूफी मुक्तक कवियों ने इसमें अपना योगदान दिया है।

(4) प्रेमाख्यानक काव्य की प्रवृत्ति

प्रेमाख्यानक काव्य की परम्परा भी भारतीय साहित्य में समान रूप में व्याप्त है। तेलुगु में "राजशेखर चरित्रम्", "रसिक जनमनोभिरामं", "चंद्रलेखाविलासम्" आदि अनेक प्रेमानुभूति को व्यक्त करने वाले काव्य हैं। गुजराती साहित्य में प्रेमाख्यानकाव्य की परम्परा अधिक समृद्ध है। असायत की "हंसावलि", हीरानंद की "विद्याविलासिनी", सोलहवीं शती में रचित नरपति की "नंदबत्तीसी", गणपति का "माधवानल", "कामकंदला दोग्धक", कुशललाभ की "ढोलामारू चौपाई" आदि प्रेमाख्यानक काव्य की अत्यंत प्रसिद्ध कृतियाँ हैं। बंगला में विद्या सुन्दर की प्रणय गाथा को लेकर अनेक कवियों ने प्रेमाख्यानक काव्य की रचना की है। पंजाबी और हिन्दी में तो प्रेमाख्यान काव्यों की परम्परा अत्यंत व्यापक है। उर्दू में लौकिक, अलौकिक विरहप्रधान मसनवियों की रचना हुई है। मुल्लावजही का "कुतुबमुश्तरी", इब्निशाती का "फूलवन" आदि रचनाएं एवं उर्दू शायरों की प्रेमगाथाएं भी इसी के अन्तर्गत आती हैं।

(5) वैष्णव काव्य की प्रवृत्ति

यह भारतीय साहित्य की सबसे प्रबल प्रवृत्ति है। दक्षिण की भाषाओं में वैष्णव भक्ति भावना का प्राबल्य अपेक्षाकृत अधिक है। तमिल में वैष्णव काव्य का संग्रह "नालायिरप्रबंधम्" नाम से प्रसिद्ध है। इसके रचयिता बारह आलवार भक्त हैं। इस काव्य में 4000 छंद हैं। तेलुगु में रामकाव्य और कृष्णकाव्य की दोनों ही धाराएं प्रवाहित हुई हैं। तेलुगु का प्रचीनतम रामायण "रंगनाथ रामायण" है, जिसकी रचना तेरहवीं सदी में हुई है। संस्कृत के भागवत से प्रभावित कृष्णकाव्य का अनुपम ग्रन्थ बम्मेर पोतन रचित "भागवतम्" है। तेलुगु में "सत्यभामा सांत्वनम्" "राधिका सांत्वनम्" कृष्णकाव्य की सरस रचनाएं हैं। प्राचीन कन्नड़ साहित्य के इतिहास का

तृतीय चरण वैष्णवकाल के नाम से प्रसिद्ध है। मलयालम में वैष्णव काव्य का आदि ग्रन्थ पन्द्रहवीं शती में रचित ''कृष्णगाथा'' है। इस ग्रन्थ की 47 कथाओं में कृष्ण के जन्म से स्वर्गारोहण तक की कथा है। रामकाव्य के रूप में मलयालम की प्रमुख रचना है–एजुत्तच्चन का ''अध्यात्म रामायण''। रामकथा पर आधारित अनेक चम्पू काव्यों में ''रामायण चम्पू'' सर्वश्रेष्ठ है। मराठी में एकनाथ ने भागवत धर्म का प्रचार प्रसार किया है। संत तुकाराम ने वैष्णव भक्तिभाव को व्यापक अभिव्यक्ति दी हैं। गुजराती में कृष्णभक्ति की प्रधानता है। नरसी मेहता, भालण, विष्णुदास, प्रेमानंद आदि कृष्ण काव्य की अमर विभूतियां हैं। बंगला का वैष्णव साहित्य भी अत्यन्त समृद्ध है। भक्तकवि चंडीदास और चैतन्य महाप्रभु के बाद तो बंगाल में मधुर रस की धारा प्रवाहित हुई है। चैतन्य के समसामयिक एवं अनुयायी कवि थे–मुरारिगुप्त, नरहरि सरकार, वासुदेव घोष आदि और चैतन्य के बाद ज्ञानदास, गोविंददास, लोचनदास आदि कवियों ने वैष्णव भक्ति साहित्य में ऊँचा स्थान प्राप्त किया है। बंगला के भक्तिकाव्य में कृष्णभक्ति की ही प्रमुखता रही है। असमिया साहित्य में रामकाव्य के प्रमुख कवि माधव कंदलि, शंकरदेव और माधवदेव, जिन्होंने असमिया रामायण की रचना की है। उड़िया में भी कृष्णभक्ति का व्यापक प्रचार हुआ है। उड़िया कृष्णभक्ति काव्य के प्रमुख कवि हैं–अभिमन्यु सामत, कवि सूर्य बलदेव आदि। इन कवियों ने कृष्ण की लीलाओं का वर्णन किया है। रामकाव्य के अन्तर्गत बलरामदास की उड़िया रामायण प्रमुख है। उर्दू में नजीर अकबराबादी ने कृष्णभक्ति की नज्में लिखी हैं। पंजाबी में सिख गुरु गोविंदसिंह ने राम और कृष्ण का चरितमान किया है। हिन्दी में तो वैष्णवकाव्य का अनंत भंडार विद्यमान हैं।

(6) आधुनिक काव्य की समान प्रवृत्ति

लगभग सभी भारतीय भाषाओं में आधुनिक युग का सूत्रपात सन् 1857 की क्रांति के आसपास ही होता है। हिन्दी के समान ही सभी भारतीय आधुनिक साहित्यों में पुनर्जागरण, जागरणसुधार, रोमानी सौन्दर्य दृष्टि साम्यवादी सामाजिक चेतना का उदग, कमोवेश सबमें है। तमिल में पुनर्जागरण के नेता थे रामलिंग स्वामीगल। कवि सुब्रह्मण्य भारती ने भारत की सामाजिक, राजनीतिक एवं सांस्कृतिक क्रांति को अपनेकाव्य में वाणी प्रदान की है। तेलुगु के पुनर्जागरणयुग का नेतृत्व वीरेशलिंगम ने किया। कन्नड़ के आधुनिक कवियों में श्रीकंठैया, शंकरभट्ट आदि ने देशभक्ति से परिपूर्ण वीरगीतों की रचना की है। मलयालम साहित्य के आधुनिक कवि केरल वर्मा, वेनमणि आदि ने राष्ट्रीय भावनाओं से ओतप्रोत गीतों की रचना की है। मराठी के अनेक पुनर्जागरण के कवियों ने नयी भंगिमाओं को प्रस्तुत किया है। गुजराती में नवजागरणकाल के नेता थे नर्मद, जो भारतेन्दु के समकालीन थे। बंगला में

ईश्वरगुप्त, मधुसूदन दत्त तथा बंकिमचन्द्र आदि ने साहित्य में नवीन युग का प्रवर्तन किया है। असमिया और उड़िया में भी आधुनिक साहित्य की गतिविधि प्रायः समान रही है। चंदकुमार अग्रवाल, हेमचन्द्र गोस्वामी वर्तमान साहित्य के निर्माता हैं। पंजाबी, उर्दू और हिन्दी में उन्नीसवीं सदी के मध्य में नवजागरण का प्रारंभ होने लगा था।

निष्कर्ष

निष्कर्ष यह है कि कुछ कठिनाइयों के बावजूद अनेक भाषाओं में रचित भारतीय साहित्य में अभिव्यक्त विचार प्रायः एक समान है। गुजराती, उड़िया, असमिया, तमिल, तेलुगु, कन्नड़ और मलयालम सभी की भूमि मधुर रस से आप्लावित हैं। सभी साहित्यों में स्वतंत्रता के बाद विश्वकल्याण की भावना से प्रेरित राष्ट्रीय सांस्कृतिक चेतना और युवा समाज की नवीनीभूत आशा- आकांक्षाओं की विफलता से उत्पन्न अवसाद और मोहभंग की भावना प्रायः एक जैसी है। महाभारत और रामायण पर आश्रित काव्यों की अजस्त्र परम्पराएं प्रायः सम्पूर्ण देश में मिलती हैं। भारतीय भाषाओं के काव्यशास्त्रों में भी एक ही स्रोत से उद्भूत होने के कारण एक तरह की मौलिक समानता विद्यमान है। कृष्ण कृपलानी ने लिखा है–

"भारतीय सभ्यता की तरह, भारतीय साहित्य का भी विकास, जो एक प्रकार से उसकी सटीक अभिव्यक्ति है, सामासिक रूप में हुआ है। इसमें अनेक युगों, प्रजातियों और धर्मों का प्रभाव परिलक्षित होता है और सांस्कृतिक चेतना तथा बौद्धिक विकास के विभिन्न स्तर मिलते हैं।

X X X

अत्यंत प्राचीन विकासक्रम के अतिरिक्त इसमें दो अन्य विशेषताएं भी हैं, जो सम्पूर्ण भारतीय साहित्य को अपूर्व गौरव प्रदान करती हैं। एक है तीन हजार से अधिक वर्षों तक व्याप्त अखंड सृजन परम्परा और दूसरी है वर्तमान में जीवित अतीत की प्राणवंत चेतना।"

(कृष्ण कृपलानी, आधुनिक भारतीय साहित्य–दृश्यपट की एक झलक, 1971, पृ. 11-12)

विन्टरनित्स ने अपने ढंग से इसी तथ्य को रेखांकित किया है–

"भारतीय साहित्य का इतिहास भाषा के माध्यम से अभिव्यक्त तीन हजार वर्ष के मानसिक क्रियाकलाप का विकास क्षेत्र वह देश है जो हिन्दुकुश पर्वत से कुमारी अन्तरीप–लगभग डेढ़ लाख वर्गमील तक फैला हुआ है–जिसका क्षेत्रफल रूस को छोड़ समस्त यूरोप के बराबर है और विस्तार 8 से 35 उत्तरी अक्षांश तक अर्थात भूमध्यरेखा के उष्णतम प्रदेशों से लेकर शीतोष्ण कटिबन्ध तक है।"

X X X

विषयवस्तु की दृष्टि से इसमें व्यापक अर्थ में वाड्.मय के समस्त रूपों धार्मिक और लौकिक महाकाव्य, प्रगीतकाव्य, नाटक, नीतिकाव्य तथा गद्य में रचित कथा आख्यायिका, शास्त्र आदि का अन्तर्भाव है।'' (विंटरनित्स, ''भारतीय साहित्य का इतिहास, खंड 1, 1927, पृ. 1)

भारतीय वाड्.मय की भूमिका में लिखा है–

''यदि आधुनिक भारतीय भाषाओं के ही संपूर्ण वाड्.मय का संकलन किया जाय, तो मेरा अनुमान है कि वह यूरोप के वाड्.मय से किसी भी दृष्टि से कम नहीं होगा। वैदिक संस्कृत, पालि, प्राकृत तथा अपभ्रंश समूह के वाड्.मय का समावेश कर लेने पर तो उसका अनंत विस्तार कल्पना की सीमा को पार कर जाता है।'' (भारतीय वाड्.मय–भूमिका, पृ. 1)

भारतीय साहित्य का यह अनंत विस्तार ही उसकी अखंड कल्पना की सबसे बड़ी बाधा रही है और इसी के कारण प्रत्येक इतिहासकार भ्रमित होता रहा है। श्री कृष्ण कृपलानी ने भी दबी जुबान से श्रीमति सरोजिनी नायडू के दो एक छुटपुट उदाहरण देकर भारतीय साहित्य की एकता के प्रति संदेह व्यक्त किया है। उनका निष्कर्ष है कि भारतीय साहित्य एक दृश्य न होकर दृश्य पटल है। किन्तु इसमें कोई सन्देह नहीं है कि अनेक भाषाओं में प्रणीत–होने पर भी भारतीय साहित्य एक है।'' भारतीय साहित्य परिषद् की स्थापना और साहित्य अकादमी के निर्माण के पीछे भी यह प्रेरणा है कि भारतीय साहित्य एक है। उसकी मूलभूत एकता का निषेध नहीं किया जा सकता।

2. भारतीय साहित्य के अध्ययन की समस्याएँ

भारत में अनेक जातियां हैं, अनेक भाषाएं हैं। भौगोलिक दृष्टि से भारत एक विशाल देश है और काल की दृष्टि से इसका इतिहास और परम्परा बहुत पुरानी है। अतः यह स्वाभाविक है कि यहां देशकाल के आधार पर जातिगत एवं भाषिक भिन्नता मिले। इसलिए भारतीय साहित्य के इतिहास से संबंधित अनेक प्रकार की बहुत सी समस्याएं सामने प्रस्तुत हो जाती हैं। वैसे जहां साहित्य का इतिहास है, वहां समस्याएं होंगी ही। चाहे भारतीय साहित्य का इतिहास लिखा जाये, चाहे हिन्दी साहित्य का ऐसी समस्याओं पर विचार करना अनिवार्य है।

1. भारतीय भाषा परिवारों की समस्या

भारत में चार भिन्न भाषा परिवार हैं। ये शब्द भंडार और व्याकरण की दृष्टि से एक दूसरे से अलग है। इन परिवारों की भाषाएं बोलने वाले एक ही राष्ट्र में कैसे शामिल किये जा सकते हैं?

1. इस समस्या के समाधान के पहले तो यह देखना आवश्यक है कि राष्ट्र के निर्माण और विकास से भाषा परिवारों की भिन्नता का कुछ भी सम्बन्ध है या नहीं। राष्ट्र का निर्माण और विकास इस बात पर निर्भर हैं कि भिन्न भाषाएं बोलने वाली जातियों के आपसी सम्बन्ध कैसे हैं, उनकी ऐतिहासिक और सांस्कृतिक परम्पराओं में कितनी समानता है, उनके आपसी आर्थिक और सांस्कृतिक सम्बन्ध कैसे हैं इत्यादि। सोवियत संघ में इंडो यूरोपियन, फिनोउग्रियन, और तुर्क परिवारों के अलावा एस्कीमो, चुकची आदि जातियों के उत्तरी क्षेत्रों में अनेक परिवारों की भाषाएं बोली जाती हैं। वास्तव में भारत की अपेक्षा वहां भाषा परिवारों की विविधता कहीं अधिक है। संयुक्त राज्य अमेरिका में भी रेड इंडियन आदिवासियों की भाषाएं एक ही परिवार की नहीं हैं और अंग्रेजी भाषा तो उन सबसे भिन्न परिवार की है। इसी प्रकार फ्रांस, स्पेन मे जो बास्क भाषा बोली जाती है वह फ्रांसिसी और स्पेनी भाषाओं से भिन्न परिवार की हैं और ताइवान द्वीप की भाषा भारत की मुंडा भाषाओं से अधिक मिलती जुलती हैं, चीनी भाषा से उसका कोई

सम्बन्ध नहीं है। डॉ. रामविलास शर्मा लिखते हैं कि "अनेक आधुनिक राष्ट्र और राज्य न केवल बहुजातीय हैं वरन् उसमें निवास करने वाली जातियां एक से अधिक परिवारों की भाषाएं बोलती हैं। इसलिए भारत में अनेक भाषाओं का बोला जाना अथवा उनका अनेक परिवारों से सम्बद्ध होना कोई अनोखा व्यापार नहीं है।"

2. दूसरी बात यह है कि भारतीय भाषा परिवार संसार के किसी भी देश, राज्य या राष्ट्र की भाषाओं की अपेक्षा, अधिक लम्बे समय से साथ-साथ रहते आये हैं। अनेक भाषा विज्ञानी भारत को भाषागत इकाई (लिंग्विस्टिक एरिया) मानते है। भाषागत इकाई का अर्थ यह है कि एक ही भूखण्ड में बहुत दिनों तक साथ रहने के कारण भिन्न भाषा परिवारों ने ऐसी सामान्य विशेषताएं विकसित की हैं, जो भारत के बाहर इन परिवारों से सम्बद्ध अन्य भाषाओं में नहीं मिलतीं। यथा भारत का आर्य भाषा परिवार इंडो-यूरोपियन परिवार की शाखा माना जाता है। उसमें और द्रविड़ भाषा परिवार में ऐसी सामान्य विशेषताएं उत्पन्न हुई हैं, जो यूरुप की 'आर्य' भाषाओं में नहीं मिलती। इससे कम से कम इतना तो सिद्ध होता है कि भारतीय भाषा परिवारों में परस्पर आदान प्रदान शताब्दियों तक होता रहा है। विद्वानों ने इससे सम्बद्ध कई उदाहरण भी प्रस्तुत किये हैं। आज द्रविड़ भाषा परिवार के भाषाई अभिलक्षणों को आर्यभाषाओं में और आर्यभाषा कुल के भाषाई लक्षणों को द्रविड़कुल की भाषाओं में स्पष्ट रूप से हम अंतरित पाते हैं। द्रविड़ और मुंडा भाषा परिवार के बीच भाषिक लक्षणों का अन्तरण पाते हैं।

3. तीसरी बात यह है कि भारतीय भाषा परिवारों में कुछ सामान्य विशेषताएं ऐसी हैं, जो यूरोप के एक ही भाषा परिवार या एक परिवार की एक ही शाखा की भाषाओं में भी नहीं है। एक ही भारतीय भाषा परिवार अथवा उसकी एक शाखा की भाषाएं परस्पर एक दूसरे से सम्बद्ध है।

वर्तमान भारत में चार भाषा परिवार हैं 1. आर्य, 2. द्रविड़, 3. नाग और 4. कोल। इनमें आर्य परिवार और द्रविड़ परिवार परस्पर सुदृढ़तम रूप से सम्बद्ध हैं। एक तरह से भारतीय आर्य भाषाओं का द्रविड़ीकरण और द्रविड़ कुल की भाषाओं का आर्यीकरण हो चुका हैं। दोनों परिवारों की सम्बद्धता भारत के समस्त भाषाई मानचित्र को प्रभावित करती हैं। कुछ उदाहरणों के साथ हम गह सम्बद्धता देख सकते हैं–

(i) वाक्यरचना–भारत के सभी भाषा परिवारों में वाक्य रचना इस प्रकार होती है कि क्रिया वाक्य के अंत में आती है और कर्म क्रिया से पहले आता है। उदाहरण के लिए तमिल का एक वाक्य लें।–इवनै ऑरू पॅरिय नागसर्पम् कडिक्कइरून्ददु। इसका अर्थ है–इसको एक बड़ा सांप काटने को था। यह हिन्दी के वाक्य विन्यास

से मिलता जुलता है। कर्म क्रिया से पहले आया है। इसी प्रकार पूर्वी प्रदेशों में बोली जाने वाली नाग परिवार की इदु भाषा का एक उदाहरण लें। एक वाक्य हैं–एच इगु–मे बिरि अजिजि। इसका अर्थ है यह आदमी बीड़ी जलाता है। यहां कर्म बीड़ी क्रिया अजिजि से पहले आया है। इसी प्रकार मुंडा परिवार की बोंडा भाषा में–डॉकरी सेली बाट अलॉ–स्त्री ने सालन बांट दिया। यहां भी कर्म पहले है क्रिया बाद में। इसकी पुष्टि प्रसिद्ध भाषाविद नौर्मन ऐच जाइड ने कोल भाषा परिवार की एक सम्पादित पुस्तक में की है। उन्होंने लिखा है–मुंडा समुदाय में सर्वनाम से भिन्न जो कर्म हो, उसे क्रिया से पहले रखना भारतीय आर्य तथा/अथवा द्रविड़ प्रभावों के कारण है (पृ. 180)।

(ii) रूपरचना–सभी भारतीय भाषा परिवार इस नियम का पालन करते हैं कि कारकचिन्ह अथवा सम्बन्धसूचक शब्द या शब्दांश संज्ञा के बाद आयेगा। यह स्थिति चारों भिन्न परिवारों की भाषाओं में है। भारतीय भाषा परिवारों ने आश्चर्यजनक सामंजस्य कायम किया है जबकि यूरोप के एक ही भाषा परिवार में काफी वैषम्य दिखाई देता हैं।

(iii) क्रियारचना–भारतीय भाषाओं में एक सामान्य प्रवृत्ति के दर्शन होते हैं, वह है दो क्रियाओं को मिलाकर उनका प्रयोग करना। हिन्दी में उठ बैठा, चला गया, गिर पड़ा, जैसे प्रयोग होते हैं। इस तरह के प्रयोग न केवल अन्य आर्य भाषाओं में वरन् द्रविड़ परिवार की भाषाओं में भी होते हैं। यथा तमिल में–''ओडिप्पोयूविट्टाय'' इसमें तीन क्रियाएं हैं। हिन्दी में इसका अर्थ है–भाग चले। भाषा में क्रिया पदों की भूमिका अत्यन्त महत्वपूर्ण होती है। भारतीय भाषाओं में वाक्य के अन्त में क्रियापदों का प्रयोग और ही महत्वपूर्ण है। संयुक्त क्रियापदों की रचना भी संसार की भाषाओं में अनूठी है। यह बहुत लम्बे सम्पर्क और पारस्परिक आदान-प्रदान से ही सम्भव हुई होगी।

(iv) सर्वनाम–क्रियापदों की तरह सर्वनाम भी भाषा की अचल सम्पत्ति है। भारतीय भाषाओं में प्रयुक्त सर्वनामों में काफी समानता दिखलाई पड़ती है। यथा उत्तमपुरूष 'मैं' के लिए तमिल में 'नान्' का प्रयोग किया जाता हैं। नाग समुदाय की 'सेम' भाषा में ''मैं'' के लिए 'डि.' का प्रयोग होता है। कोल भाषा परिवार की सोर भाषा में 'ञैन' का प्रयोग होता है या इङ्. का प्रयोग होता है। इससे सिद्ध होता है कि भारतीय भाषाओं में न्, ङ्., ञ् वाले रूप एक ही मूल के हैं। भाषा वैज्ञानिकों के अनुसार संस्कृत में 'हमारे' के लिए अस्माकम् रूप हैं, इसका विकल्प 'नः' है। इस 'नः' का सम्बन्ध अस्मद् से नहीं है वरन् द्रविड़, नाग, कोल भाषाओं के उक्त सर्वनाम से है। इससे इस बात की पुष्टि हो जाती है कि कम से कम तीन भाषा परिवारों–नाग, द्रविड़ और कोल के सर्वनामों में समानता है।

(v) **ध्वनिरचना**—भारत के विभिन्न भाषा परिवारों के ध्वनि रूपों में पर्याप्त भिन्नता देखने को मिलती है। फिर भी भारत के भाषा परिवारों की ध्वनियों में जो समानता है वह यूरोप की भाषाओं में नहीं है।

भारतीय भाषा परिवारों के ध्वनितंत्रों में सबसे महत्वपूर्ण भेद सघोष महाप्राण स्पर्श ध्वनियों (घ, ध, भ) को लेकर है। ये ध्वनियां केवल आर्य भाषा परिवार में हैं। द्रविड़, नाग, कोल, इनमें किसी परिवार में ये ध्वनियां, नहीं है। इसका कारण मूल भारत-ईरानी शाखा में अनेक परिवर्तन है। किन्तु द्रविड़ भाषाओं की बहुत सी ध्वनियां भारतीय आर्य भाषाओं में आ गई हैं। यथा ट वर्ग (ट, ठ, ड, ढ, ण) वाली मूर्धन्य ध्वनियां आर्य भाषा में नहीं थी। द्रविड़ प्रभाव से उनका व्यवहार संस्कृत में होने लगा।

(iv) **शब्दभंडार**—भारतीय भाषाओं के शब्द भंडारों में पर्याप्त समानता है। द्रविड़ या मुंडा परिवार के शब्द संस्कृत में मिलते हैं तो संस्कृत भाषा के कई शब्द द्रविड़ या मुंडा परिवार की भाषाओं में प्रयुक्त होते हैं, द्रविड़ भाषा के विशेषज्ञ काडवेल ने द्रविड़ भाषा परिवार से संस्कृत में आगत शब्दों का उल्लेख किया है। उनके अनुसार वे शब्द इस प्रकार हैं—अनल, अर्क, कुटी, कुंड, कुंडल, चंदन, निविड़, पंडित, वक, विडाल, बिल, मयूर, मल्लिका, माला, मील, मुकुट, वल्लरी, शठ आदि। ये शब्द संस्कृत में इस प्रकार घुल मिल चुके हैं कि उनकी व्युत्पत्ति बताना कठिन है। संस्कृत के अनेक शब्द द्रविड़ भाषाओं में भी आ गये हैं। यथा तड़चमम (तत्सम), तड़वपम् (तद्भव), कालम् (कालः), उलकम् (लोकः), वतम् (व्रतम्) आदि।

इस प्रकार भारत के चार भाषा परिवारों में वाक्य रचना की बहुत बड़ी समानता है शब्द भंडार में सर्वनामों तक की समानता है किन्तु ध्वनितंत्र में किंचित मौलिक भेद है।

ब्लाक (1934) एमेन्यू (1956, 62, 74) काटूपर (1948, 67) अंद्रानोव (1964, 70) गरीका (1976) आदि विद्वानो ने भारतीय भाषाओं के बीच पाई जाने वाली अभिसरण प्रक्रिया (अर्थात संपर्क की स्थिति में दो भाषाओं के बीच की अनुकूलता) पर प्रकाश डालते हुए उनकी संरचनात्मक भाषिक लक्षणों की चर्चा की है। उनके अनुसार द्रविड़कुल की भाषाओं के प्रभाव के फलस्वरूप भारतीय आर्य भाषाओं में निम्नलिखित संरचनात्मक परिवर्तन आए—

(i) ध्वनि संरचनात्मक—मूर्धन्य ध्वनियों का स्वनिम के रूप में विकास ह्स्य ए और ओ का आविर्भाव, व्यंजनगुच्छों का सरलीकरण।

(ii) शाब्दिक—अनुरणन शब्दों का प्रयोग 'पूजा, संस्कृति से संबद्ध शब्द समूह का विकास।

(iii) रूपिमिक—द्विवचन का लोप (मध्यकालीन भारतीय आर्य भाषाओं में),

पूर्वसर्गों के स्थान पर परसर्गों का प्रयोग, क्रियारूपों में सरलीकरण।

(iv) वाक्य विन्यासात्मक–शब्दक्रम में परिवर्तन, संयोजक क्रिया का लोप कृदन्त और संयुक्त क्रियाओं के प्रयोग की आवृत्ति में वृद्धि।

इसी प्रकार भारतीय आर्य भाषाओं के कारण द्रविड़ कुल की भाषाओं में निम्नलिखित संरचनात्मक परिवर्तन आए–

(i) ध्वनि संरचनात्मक–अनुनासिक स्वरों का विकास, महाप्राण ध्वनियों का आविर्भाव।

(ii) शाब्दिक–यज्ञ, होम, वर्ण और आश्रम व्यवस्था से सम्बन्धित शब्द समूहों का प्रयोग।

(iii) रूपिमिक–उत्तम पुरूष बहुवचन सर्वनामों के बीच के अभिविहित और समर्यादित भेद का लोप।

(iv) वाक्य विन्यासात्मक–निषेधवाची क्रियारूपों का लोप, विशेषण और क्रिया विशेषण के प्रयोग की आवृत्ति में वृद्धि।

''एमेन्यू'' ने यह सिद्ध किया है कि भारत के विभिन्न भाषा परिवारों के बीच पाई जाने वाली भाषायी समानता युगों से चली आ रही सम्पर्क स्थिति का परिणाम है।

''मासिका'' ने लिखा है कि ''ये वे, व्याकरणिक लक्षण है जो भारतीय भाषाओं में समान रूप से मिलते हैं और इस प्रकार भारतीय भाषाओं के लिए एक साथ मिलकर वाक्य विन्यासात्मक पहचान के कारण कहे जा सकते हैं। भाषा खंड के इन समानार्थी लक्षणों के आधार पर भारत को एक भाषाई क्षेत्र सरलता से सिद्ध किया जा सकता है। ''प्रायः विद्वानों ने यहसिद्ध किया है कि भारतीय आर्य, द्रविड़कुल, मोटवर्मी और आस्ट्रिक भाषा परिवारों में पाई जाने वाली समरूपता का सम्बन्ध भाषा परिवार की सगोत्रता से न होकर इतिहास चक्र से उद्भूत एक साथ रहने की परिस्थिति जन्य नियति या सम्पर्क के कारण है।

2. बहु सांस्कृतिकता की समस्या

भारतीय समाज सदियों से न ण्केवल बहुभाषिक वरन् बहुसांस्कृतिक भी रहा है। आर्य संस्कृति, द्रविड़ संस्कृति, कोल, भील संस्कृति, मोट बर्मी या किरात संस्कृति। ऐसी स्थिति में भारत में एक भाषाई समाज की संकल्पना निराधार है।

हमारे देश में संस्कृति शब्द का प्रयोग सामान्यतः मानवीय आचरण और सामाजिक व्यवहार के संदर्भ में किया जाता है, जो न केवल प्रबोधन को प्रतिबिंबित करता है बल्कि विभिन्न अध्ययनों से गहन ज्ञान को भी दर्शाता है। भारत के संविधान और दस्तावेज में 'संस्कृति' शब्द का प्रयोग किया गया हैं, परन्तु इसका

सबसे महत्वपूर्ण उल्लेख अनुच्छेद 351 में भाषा के संदर्भ में किया गया है।

डॉ. मोटूरि सत्यनारायण (तेलुगु विश्व ज्ञान कोश के संपादक) ने अपने एक लेख में लिखा है कि भाषा संस्कृति के विकास का एक अनिवार्य अंग है और वह भी एक मानी हुई बात है कि सांस्कृतिक विकास की प्रक्रिया साथ-साथ चलती रहती है और समाज का विकास अधिकांशतः भाषा के माध्यम से प्रतिबिंबित होता है। भाषा, संस्कृति, व्यापार आस्था और व्यवसाय, धर्म और दर्शन सामाजिक नियम और सामाजिक प्रथाओं की विविधता होते हुए भी भाषा और संस्कृति के विकास की दृष्टि से भारत की एक विलक्षण स्थिति है। भारत की विविधता में एकता दर्शाने के अविरत, निरन्तर और सफल प्रयास किये जाते रहे हैं। (राजभाषा भारती त्रैमासिकी अंक 66 वर्ष 17, पृष्ठ 31)

देश में सांस्कृतिक एकीकरण का कार्यक्रम उतना ही पुराना है जितना भारत का इतिहास। इसका भारत के भौतिक, सांस्कृतिक तथा भाषाई भूगोल के साथ बहुत गहरा सम्बन्ध है। यदि ऐसा न होता तो भारत में सही सामाजिक आचरण के लिए निर्देशक सिद्धान्तों के रूप में पौराणिक साहित्य के प्रयोग में एकरूपता न आ पाती और सामाजिक विधि, सामाजिक व राजनीतिक साहित्य तथा प्रशासन, व्यापार और वाणिज्य में समग्र शब्द व्यापक मात्रा में न मिलते। यह अस्तित्व अनादिकाल से सामाजिक, सांस्कृतिक और धार्मिक कार्यकलापों से पूर्णतः जुड़ा रहा है। इस समय भारतीय भाषाओं और साहित्य में प्रगति हो रही है, उसका राष्ट्रीय एकीकरण के लिए सांस्कृतिक विकास से गहरा सम्बन्ध हैं। (वही पृष्ठ 31, 32)

सागर के अन्तराल में प्रवाहित होने वाली धाराओं के समान हमारे भारतीय समाज में पूरे और व्यापक सांस्कृतिक अनुभव को प्रवाहित करने वाली भाषाओं के तीन स्तर हैं। एक स्तर पर संस्कृत और हिन्दी सारे देश की सांस्कृतिक चेतना का वहन करती रही हैं। दूसरे स्तर पर विभिन्न प्रदेशों की भाषाएं हैं जो इस सांस्कृतिक चेतना को निजी विशेषताओं के साथ अभिव्यक्त करती हैं और फिर लोक जीवन के स्तर पर इसी सांस्कृतिक चेतना का वहन व्यापक रूप से लोक भाषाओं ने किया है। इस सारे परिप्रेक्ष्य में सांस्कृतिक दृष्टि से हमारी समस्या एकदम स्पष्ट हैं।'' (भाषा, समाज और संस्कृति—डॉ. रघुवंश, राजभाषा भारती अंक 66, वर्ष 17, पृ. 28)

उपर्युक्त उद्धरणों से स्पष्ट है कि भारतीय समाज के जातीय एवं सांस्कृतिक चेतना के क्षेत्र में एक अभूतपूर्व साम्य हैं और इसका आधार आनुवंशिक न होकर ऐतिहासिक हैं जो आदान प्रदान, अनुकूलन और अभिसारण को अपना साधन मानता हैं। ऐसा माना जाता है कि आर्यों के आगमन के पहले यहां तीन भाषा परिवारों की जातियां एवं संस्कृतियां थी—द्रविड़ जो दास, दस्यु, शूद्र कहलाते थे, आस्ट्रिक जो निषाद, भील, कोल या पुलिंद के नाम से जाने जाते थे और मोटवर्मी जो किरात के नाम से प्रसिद्ध थे। इन चारों परिवारों के बीच भाषाई और सांस्कृतिक

दृष्टि से समानता दिखलाई पड़ती है। इसी के परिणामस्वरूप द्रविड़ भाषाओं के शब्द जो पूजा से संबंधित हैं, जैसे अगरू, अनल, कुंड, कुंडल, चंदन आदि के साथ संस्कृत में आस्ट्रिक परिवार के लवंग, कपास जाबाल (जौ) तांबूल आदि शब्दों का भी प्रयोग पाते हैं। अवमिश्रण और अभिसारण की प्रक्रिया आगे जिस अनुपात में देखने को मिलता है उसने तो संस्कृत भाषा के इतिहास को ही बदल डाला। संभवतः इसी तथ्य को सामने रखकर द्रविड़ भाषाओं के विशेषज्ञ काडवेल ने कहा था कि ''संस्कृत भाषा अपने इतिहास के दौरान जिस प्रकार 'वर्नाक्यूलर' (पाली और प्राकृत) में ढली, उसके पीछे अनार्य भाषाओं का बहुत कुछ हाथ रहा है।''

इसमें सन्देह नहीं कि शुद्ध रक्तवाले आर्य हवन संस्कृति के अनुयायी थे। 'पूजा' संस्कृति द्रविड़ों की थी। अतः पत्र, पुष्प, और अक्षत आदि का उनकी सांस्कृतिक चेतना में स्थान पाना अभिसारण (अर्थात सम्पर्क की स्थिति में दो भाषाओं के बीच की अनुकूलता) प्रक्रिया का ही परिणाम कहा जा सकता है। इसी प्रकार द्रविड़ जाति में जो वर्ण और आश्रम व्यवस्था की छाप देखते हैं, जो आर्यों की देन माना जा सकता है। आज हम हिंदुओं की चिंतन परम्परा में निगम और आगम दोनों को ही वैदिक संस्कृति के दो पक्ष के रूप में स्वीकार करते हैं। पर 'आगम' जिसे हम तंत्र और दक्षिण में विशेषतः जिसे हम तंत्रशास्त्र के नाम से जानते हैं, उसमें परम ब्रह्म की संकल्पना इस जीवन और जगत की आद्य मातृशक्ति के रूप में की गई है, जो चाटुर्ज्या के मत में आर्येतर संकल्पना है। पर संस्कृतियों के अनुकूलन और अभिसारण की जो ऐतिहासिक प्रक्रिया यहां चली उसने अंततः तंत्र या मंत्रशास्त्र को उपनिषदों के वेदान्त साहित्य की चेतना से इस प्रकार जोड़ डाला कि कालांतर में प्रत्येक तांत्रिक ने यह घोषणा करनी शुरू कर दी कि वेद और तंत्र के आंतरिक चिंतन और दर्शन का मूलस्रोत एक है।

कहने का तात्पर्य यह है कि इतिहास के जिस दौर से गुजरकर आज हम यहां तक पहुंचे हैं वहां पर खड़े होकर केवल यही कहने की स्थिति में हैं कि हम भारतीय हैं। वैदिक युग की समाप्ति तक आते आते इतिहास के चित्रपट पर जिस भारतीय व्यक्ति का जन्म हुआ था, उसी की हम बार बार दुहराई गई कहानी हैं। आनुवांशिक दृष्टि से हम अपने को आर्य, द्रविड़ या किरात जाति के वंशज का दावा क्यों न कर लें, पर हम सबकी संस्कृति सामाजिक है। जिस प्रकार आर्य परिवार की भाषाओं में भारतवर्ष की आर्येत्तर (द्रविड़, कोल, किरात आदि) भाषाओं के गुण और आर्येतर भाषाओं के अभिलक्षण इस प्रकार संगलित हो चुके हैं कि उन्हें अलग कर आधुनिक आर्य या द्रविड़ भाषाएं आधुनिक नहीं रह पायेंगी। उसी प्रकार हमारी जातीय चेतना में आर्य और आर्येतर जातियों के सांस्कृतिक अभिलक्षण संगलित होकर एक हो गये हैं अब उन्हें अलग नहीं किया जा सकता। हम अपने सांस्कृतिक आचार विचार में से न तो 'पूजा' की परम्परा को ही छोड़ सकते हैं और न ही हवन को। इसी प्रकार

हम आगम और निगम इन दोनों ही धाराओं में से किसी भी एक धारा को छोड़ने की स्थिति में नहीं है। हम आनुवंशिक रूप से ही अलग-अलग है किन्तु भारत की सभी भाषाओं में भीतरी स्तर पर अर्थ संरचना, व्याकरण संहिता और ध्वनि व्यवस्था की दृष्टि से एक अभूतपूर्व साम्य है। ऐसी स्थिति में भारतीय भाषाओं में जो भी साहित्य लिखा गया है उसका विवेचन भारतीय साहित्य में होना चाहिए। डॉ. रामविलास शर्मा ने लिखा है कि "एक बार यह मान लेने पर कि भारत एक राष्ट्र है, यह भी मानना होगा कि इस राष्ट्र में जो कुछ लिखा जाता है, वह भारतीय है वह अच्छा है या बुरा यह प्रश्न गौण है।" (भारतीय साहित्य के इतिहास की समस्याएं-पृष्ठ 73)

3. भारतीय साहित्य और संस्कृत

संस्कृत भाषा प्राचीन वैदिक भाषा के रूप में भरतगण की भाषा मानी जाती है। भरतगण से समूचे देश को भारत नाम प्राप्त हुआ है। भरतगण की शक्ति के कारण ही संस्कृत भाषा विभिन्न गणसमाजों के बीच व्यवहार में आने लगी थी। भिन्न भाषाएं बोलने वाले समाज परस्पर विनिमय और सम्पर्क के लिए भरतगण की भाषा काम में लाते थे। यही कारण है कि वैदिक भाषा में अनेक आर्य बोलियों के मिश्रण के चिन्ह पाये जाते हैं। इसी संस्कृत भाषा को पाणिनी ने परिनिष्ठित किया। संस्कृत भरत गण की भाषा थी इसलिए उसके अध्ययन और प्रसार के केन्द्र उत्तर भारत में हो यह स्वाभाविक था। इसी प्रदेश को बाद में हिन्दी भाषाभाषी प्रदेश भी कहा गया। अब समस्या यह है कि कुछ लोग यह मानते हैं, जो कुछ संस्कृत में लिखा गया है वही भारतीय साहित्य है, वही एकमात्र भारतीय संस्कृति है। किन्तु जो लेखक देश की सभी भाषाओं के साहित्य को भारतीय साहित्य मानते हैं, उनके लिए यह समस्या नहीं है। इस सन्दर्भ में डॉ. रामविलास शर्मा ने लिखा है कि "संस्कृत साहित्य यदि संकुचित सामन्त वर्ग का साहित्य है तो भारत में ऐसी कौन सी भाषा है जिसके साहित्य पर सामन्त वर्ग का प्रभाव नहीं पड़ा? वास्तव में संस्कृत में दो विरोधी धाराएं हैं। एक रीतिवादी दरबारी काव्य परम्परा है, दूसरी रामायण और महाभारत जैसे महाकाव्यों की परम्परा है। तमिल, तेलुगु, मराठी, बंगला भाषाओं के साहित्य पर इन दोनों महाकाव्यों का अमिट प्रभाव है। इन काव्यों के बिना न तो भारतीय संस्कृति की कल्पना की जा सकती हैं, न तमिल, तेलुगु आदि भाषाओं के साहित्य का इतिहास लिखा जा सकता है।" (वही पृष्ठ 72)

इतिहास इस बात का साक्षी है कि प्रत्येक युग में भारतीयों की मातृभाषा कुछ रही है, विभिन्न जनजातियों को जोड़ने वाली भाषा कुछ तथा बौद्धिक चेतना या पद प्रतिष्ठा की भाषा कुछ और रही है। प्राचीनकाल में बौद्धिक चेतना की भाषा संस्कृत

थी, जिसका व्यवहार उत्तर भारत में भी था और दक्षिण भारत में भी। बौद्धिक चेतना की भाषा होने के कारण इसीलिए हम सर्जनात्मक साहित्य के अतिरिक्त इसमें दर्शनशास्त्र और ज्ञानविज्ञान के अन्य क्षेत्रों से संबंधित विषयों पर प्रचुर साहित्य पाते है। बौद्धिक चेतना की संदर्भ भाषा के रूप में संस्कृत भाषा का प्रयोग मध्ययुग तक चलता रहा, ब्रज भाषाकाल में भी, आचार्यों ने तत्वचिंतन के लिए संस्कृत भाषा को अपनाया। मध्ययुग के भक्ति आन्दोलन में दक्षिण के आचार्यों की मातृभाषा द्रविड़ कुल की भाषा थी, उनके पुनर्जागरण और जनसम्पर्क की भाषा ब्रजभाषा थी पर तत्वचिंतन की भाषा संस्कृत ही रही। इन तीनों भाषाओं के समुचित योग के सहारे ही रामानुजाचार्य, मध्वाचार्य निम्बकाचार्य, वल्लभाचार्य जैसे आचार्यों का व्यक्तित्व प्रखर और प्रभावी बन पाया। आद्य शंकराचार्य ने भी बौद्धिक चेतना के लिए संस्कृत भाषा को ही प्रयोग में लाया है। इसलिए संस्कृत भाषा को लेकर कोई समस्या नहीं है।

4. काल विभाजन की समस्या

भारत एक बड़ा राष्ट्र है। वृहत्तर भारत या प्राचीन भारत तो और ही विशाल था। ऐसी स्थिति में भारतीय साहित्य की परिकल्पना एक जटिल प्रक्रिया है क्योंकि जब हम किसी काल में किसी एक विचारधारा की बात भारत के संदर्भ में करते हैं तो भारत के एक भूभाग में उसका अस्तित्व ही नहीं मिलता। इसलिए भारतीय साहित्य में समान प्रवृतियां नहीं मिलती। किसी एक भाषा के साहित्य में आदिकाल की प्रवृति कुछ है तो दूसरी भाषा के साहित्य की प्रवृत्ति कुछ और तीसरी भाषा के साहित्य का विकास ही प्रारंभ नहीं होता। ऐसी स्थिति में भारतीय साहित्य के इतिहास के कालक्रम निर्धारण की भी महत्वपूर्ण समस्या उत्पन्न होती है कि भारतीय साहित्य के युगक्रम को एक निश्चित कालावधि के आधार पर रेखांकित किया जाय या प्रवृति परिवर्तन को विवेचन का आधार बनाया जाए।

आदिकाल का समय 1000 ई. से 1400 ई. के मध्य माना गया है जबकि तमिल में चौथी सदी ई.पू. में साहित्य रचना का कार्य आरंभ होता है और मलयालम में साहित्य रचना का यह क्रम पन्द्रहवीं सोलहवी सदी में जाकर शुरू होता है। तो क्या माना जाए कि मलयालम तमिल के लगभग 2000 वर्ष बाद विकसित हुई, जबकि विद्वानों की यह मान्यता है कि मलयालम में कई भाषिक तत्व तमिल से भी पुराने है—इसका कारण क्या है? इसी प्रकार बंगला की तुलना में असमिया और उड़िया काफी देर से विकसित हुई। तेलुगु में नन्नय का ''महाभारत'', कन्नड़ में नृपतुंग का ''कविराजमार्ग'' तथा मलयालम का रामचरितम् (रामकर्मा), प्रथम उपलब्ध रचनाएं हैं जो मूलतः अनुवाद हैं। यह बात दूसरी है कि इन ग्रन्थों में उनकी अन्तःप्रतिभा का वैशिष्ट्य भी उभरा है। ''कविराजमार्ग'' कन्नड़ काव्य के प्रारंभ की

ओर इंगित करता है किन्तु युग का प्रवर्तन महाकवि पंप के आविर्भाव के साथ होता है; जिसे पंपयुग के नाम से अभिहित किया गया है।

एक अन्य प्रश्न हमारे साहित्येतिहास के काल विभाजन से सम्बद्ध है। यूरोप में जब से लैटिन से अलग होकर फ्रेंच, अंग्रेजी आदि भाषाओं में साहित्य रचना शुरू हुई तब से उसे आधुनिक काल की संज्ञा दी गई क्योंकि यह एक महत्वपूर्ण सामाजिक सांस्कृतिक परिवर्तन का सूचक है, जिसका पर्यवसान नवजागरण काल में होता है। भक्तिकाल में भक्ति आन्दोलन द्वारा भी भारतीय साहित्य में आधुनिक भारतीय भाषाओं को प्रतिष्ठा मिलती है, पूरे भारतीय उपमहाद्वीप में नवजागरण और उसके माध्यम से एक नए मानवतावाद का उद्घोष होता हैं। यह भारतीय नवजागरण हर दृष्टि से यूरोपीय नव जागरण के समान या उससे बढ़कर है ऐसी स्थिति में पूर्व मध्यकाल को मध्यकाल कहना कहां तक उचित है? भारतीय साहित्य के काल विभाजन को लेकर ऐसी और भी कई समस्याएं उत्पन्न होती हैं यथा—क्या संस्कृत बोलचाल की भाषा थी या नहीं। यदि बोलचाल की भाषा नहीं थी तो कब से नहीं थी? क्या प्राकृतें, वास्तविक लोकभाषाएं थी? क्या आ0भा0 आर्य भाषाओं का जन्म अपभ्रंश से हुआ है? क्या पुरानी हिन्दी, पुरानी गुजराती, पुरानी बंगला जैसी कोई भाषाएं थी? साहित्य के इतिहास में काल विभाजन का आधार क्या हो? इन प्रश्नों पर विचार किया जाना आवश्यक है।

5. राष्ट्रीय एकता की भावना की समस्या

आधुनिक इतिहासकारों ने प्राचीन भारत को अलग अलग खण्डों में प्रस्तुत कर यह निष्कर्ष निकाला है कि भारत कभी एक राष्ट्र था ही नहीं। उनके अनुसार भारत में उत्तर और दक्षिण दो भौगोलिक खण्ड रहे हैं, जिनका प्राचीन काल में एक दूसरे को ज्ञान नहीं था। भारत में केवल दो ही जातियां थीं—आर्य और द्रविड़। इनमें आर्य विजेता थे और द्रविड़ विजित। भारत में एक भाषा नहीं रही। जब संस्कृत का प्रभाव था तब भी यहां संस्कृत और द्रविड़ दो भाषाएं थीं। वे यह भी तर्क देते हैं कि राजनैतिक दृष्टि से भारत में एकता का प्रश्न ही नहीं उठता क्योंकि यहां सैकड़ों राजा थे जो परस्पर लड़ते रहते थे। भारत में धार्मिक दृष्टि से भी एकता नहीं थी। हिन्दू, बौद्ध, जैन धर्म जैसे कितने ही धर्म यहां प्रचलित थे। इस प्रकार अंग्रेजी के इतिहासकारों ने भारत के अतीत को विखंडित कर यह बताने का प्रयास किया कि अंग्रेजों ने राजनैतिक दृष्टि से समीकरण किया और यह भारत की राष्ट्रीयता आधुनिक युग में केवल राजनैतिक कारणों से हुई। कहने का आशय यह है कि ब्रिटिश पूर्व भारत में राष्ट्रीय एकता की भावना थी ही नहीं। भारतीय राष्ट्रीयता आधुनिककाल की देन है। इस तर्क को आधार मानकर भारतीय साहित्य के अध्ययन

का प्रयास करें तो यह समस्या खड़ी होती है कि नागरिकता, ध्वज संविधान की भांति एक भाषा भी होनी चाहिए जिसे उस देश की राष्ट्रभाषा कहा जाये और उसके साहित्य को भारतीय साहित्य।

डॉ. रामविलास शर्मा ने लिखा है कि राष्ट्र के अस्तित्व के लिए एक ही भाषा का व्यवहार आवश्यक नहीं है। संसार के अधिकांश राष्ट्र बहुजातीय हैं, उनमें अनेक भाषाओं का व्यवहार होता है। XXX स्विटजरलैण्ड, कनाडा, संयुक्त राज्य अमेरिका, सोवियत संघ, चीन आदि देश भारत की तरह बहुजातीय राष्ट्र अथवा राज्य हैं। XXX भारत या स्विटजरलैण्ड जैसे देश में अनेक जातियां दीर्घकाल से साथ रहती आई हैं उनमें सामान्य राष्ट्रीयता का भाव है। उनका देश राजनैतिक रूप से एक राज्य हो चाहे न हो, उसे राष्ट्र कहना उचित होगा। किसी जाति का राजनीतिक विभाजन होने से जैसे उसकी जातीयता का नाश नहीं हो जाता—कोरिया, वियतनाम, जर्मनी, बंगाल, पंजाब सभी विभाजित हैं या रहे हैं, फिर भी राजनीतिक विभाजन से एक की जगह दो जातियां नहीं बन गई—वैसे ही भारत जैसे देश का राजनीतिक विभाजन होने से उसकी राष्ट्रीयता समाप्त नहीं हो जाती।''

महाभारत में कश्मीर से लेकर केरल तक अनेक जनपदों के आर्य, द्रविड़, किरात, निषाद, यवन, म्लेच्छ आदि अनेक समाजों के जिस भारत का उल्लेख किया हैं वह किसी एक कवि का निराली कल्पना नहीं है। अनेक पुराणों में उससे मिलता जुलता स्वर सुनाई देता है। विष्णु पुराण के द्वितीय अंश के तीसरे अध्याय में भारतवर्ष का वर्णन है। जो देश समुद्र के उत्तर में है और हिमालय के दक्षिण में है वह भारतवर्ष है, उसकी सन्तति का नाम भारती है। इस देश के पूर्वी भाग में किरात हैं पश्चिमी भाग में यवन हैं। इसमें शतद्र, चन्द्रभागा, गोदावरी ताम्रपर्णी आदि नदियां बहती हैं। इस देश में कुरू, पांचाल, कोसल, कामरूप, पुण्ड्र, कलिंग, मगध, सौराष्ट्र आदि जन रहते हैं। ये सब लोग मिलकर रहते हैं और इस देश की नदियों का जल पीते हैं—आसा पिबन्ति सलिलं वसन्ति, सहिताः सदा। कवि के अनुसार ये सब लोग सहितभाव से निवास करते हैं अर्थात मिलकर रहते हैं। यही राष्ट्रीय एकता का समर्थ आधार है।

भारतवर्ष की एकता और पवित्रता का यही स्वर आधुनिक काल में, तमिल कवि सुब्रह्मण्य भारती के प्रसिद्ध गीत में सुनाई देता है—

''भारत समुदायम् वालूग वे—वालूग। वालूग।
भारत समुदायम् वालूग वे।—जय जय जय।

उपर्युक्त उद्धरणों से अब इस बारे में कोई सन्देह नहीं रह जाना चाहिए कि प्राचीन काल से लेकर अद्यावधि यहां अखिल भारतीय चेतना विद्यमान है। यहां राष्ट्रीय एकता की भावना उस समय भी थी जब राष्ट्र के अन्तर्गत गण समाज और लघु जातियाँ थीं और यह आज उस समय भी है जब यह राष्ट्र महाजातियों का

समुदाय है। भारत एक बहुजातीय राष्ट्र हैं और उसमें बहुजातीय राष्ट्रीय एकता की भावना है। इसलिए जिसे हम विभिन्न प्रदेशों का साहित्य कहते हैं वह जातीय साहित्य हैं न कि अंग्रेजी की तरह राष्ट्रीय साहित्य। भारतीय साहित्य हम उसे कह सकते हैं जो भारतीय एकता, भारतीय गौरव, राष्ट्रीय एकता और राष्ट्रीय अस्मिता को प्रस्तुत करें। उसमें जातिभेद, भाषाभेद और कालभेद न हो।

6. बहुभाषिकता की समस्या

भारत बहुभाषिक देश है। यहां मराठी, बंगाली, तमिल, तेलुगु, कन्नड़, मलयालम, कश्मीरी, पंजाबी सिंधी, हिन्दी आदि विभिन्न भाषाओं में रचित साहित्य मिलता हैं। अतः विभिन्न भाषाओं के माध्यम से अभिव्यक्त, विभिन्न साहित्य एक होकर भारतीय साहित्य की संज्ञा कैसे प्राप्त कर सकता है?

इस प्रश्न को हम हिन्दी साहित्य की अपनी संकल्पना के द्वारा समझ सकते हैं। जब हम हिन्दी साहित्य की आज बात करते हैं तब उसे खड़ी बोली में रचित काव्यकृतियों तक ही सीमित नहीं रखते। इसमें निराला, पंत, प्रसाद, प्रेमचंद, अज्ञेय, यशपाल, भवानीप्रसाद मिश्र, मुक्तिबोध आदि की रचनाओं के साथ अवधी, ब्रज, मैथिली आदि भाषाओं के साहित्यकार जायसी, सूर, तुलसी, विद्यापति आदि की कृतियों को भी समाहित करने में संकोच नहीं करते। इन विभिन्न भाषा, बोलियों के माध्यम से अभिव्यक्त होने वाला साहित्य एक है क्योंकि इनकी रचना करने वाले हिन्दी भाषाई समाज की जातीय चेतना एक है। काव्य वस्तु संयोजना काव्य संवेदना आदि भी एक जैसा दिखता है। हिन्दी भाषाभाषी समाज का सदस्य होने के कारण किसी व्यक्ति की मातृबोली चाहे ब्रज हो या अवधी, भोजपुरी हो या मैथिली, वह जायसी, सूर, तुलसी विद्यापति आदि को अपना कवि उसी प्रकार स्वीकार करता हैं जिस प्रकार कि वह निराला और प्रेमचंद को अपना साहित्यकार मानता है। स्पष्ट है उसकी भाषाई विभिन्नता उसके साहित्य को एक (हिन्दी साहित्य) मानने के रास्ते में बाधक नहीं है। उसी प्रकार हम यह भी कह सकते है कि तमिलनाडु का तमिलभाषी, आंध्रप्रदेश का तेलुगुभाषी, महाराष्ट्र का मराठीभाषी, और बंगाल का बंगलाभाषी, अपनी तमाम क्षेत्रीय विशिष्टताओं के बावजूद अपने व्यक्तित्व के एक वृहतर आयाम पर भारतीय है और उसके द्वारा रचित साहित्य अपने समस्त भाषाभेद के उपरांत भी एक (भारतीय) साहित्य के अन्तर्गत आते हैं, क्योंकि भारतीय साहित्य की ऐतिहासिक परम्परा, सांस्कृतिक मूल्य और काव्यसंवेदना समानधर्मी है और उसके द्वारा रचित साहित्यिक कृतियों में काव्यवस्तु का संयोजन, कथारूढ़ियों का निर्वाह, भावबोध का संस्कार और शिल्पगत अभिविन्यास की प्रकृति सामासिक है। उदाहरण के लिए महाभारत और रामायण पर आश्रित काव्यों की अजस्र परम्पराएं

प्रायः सम्पूर्ण देश में मिलती हैं। तमिल में कंब रामायण, तेलुगु में रंगनाथ रामायण, कन्नड़ में पंप रामायण, मलयालम में अध्यात्म रामायण, मराठी में मोरोपंत की रामकथा, बंगला में कृतिवास रामायण, असमिया में माधव कंदलि का रामायण, उड़िया में विलंका रामायण और हिन्दी में तुलसी रामायण एक व्यापक परम्परा के ही अंग है। इसी प्रकार महाभारत काव्य की श्रृंखला भी सभी भाषाओं में व्याप्त है। भागवत के रूपान्तर भी सभी भाषाओं में है। भरत के नाट्यशास्त्र, आनंदवर्धन का ध्वन्यालोक, दंडी का काव्यादर्श, मम्मट का काव्यप्रकाश, साहित्यदर्पण (विश्वनाथ) रसगंगाधर (पंडित राज जगन्नाथ) आदि भारत की सभी भाषाओं के आचार्यों में लोकप्रिय रहे हैं। इसी कारण से भारतीय भाषाओं के काव्य शास्त्रों में एक ही स्रोत से उत्पन्न होने के कारण एक तरह की मौलिक समानता विद्यमान है।

मानक तत्व—भारतीय साहित्य एक है। इस एकता के कतिपय मानक तत्व इस प्रकार हैं—

1. भारतीय भाषाओं के अधिकांश साहित्यों का विकास क्रम लगभग एक सा है। सभी साहित्य चार चरणों में विभक्त है।
2. भारत की सभी भाषाओं के साहित्य में भक्ति की धारा समान रूप से प्रवाहित हुई। रामकथा और कृष्णकथा को समान महत्व मिला है।
3. भारत की प्रायः सभी भाषाओं के साहित्य में रामायण और महाभारत के अनुवाद उपलब्ध हैं।
4. सभी भाषाओं के साहित्य में आधुनिक साहित्य का विकासक्रम समान है।
5. सभी भाषाओं के साहित्य में भरत, आनंदवर्धन, मम्मट, आचार्य विश्वनाथ, पंडितराज जगन्नाथ आदि आचार्यों की काव्य शास्त्रीय मान्यताओं का प्रभाव पड़ा है।
6. सभी भाषाओं के साहित्य में भक्ति आन्दोलन को महत्व मिला है।
7. सभी भाषाओं के साहित्य में काव्य शैलियों और काव्यरूपों में समानता है।
8. सभी भाषाओं के साहित्य में अखण्ड भारत की परिकल्पना मिलती है।
9. सभी भाषाओं के साहित्य में राष्ट्रीय भावनाओं का प्रवाह एक साथ हुआ है।
10. सभी भाषाओं के साहित्य में सिद्ध, नाथ, जैन चरितकाव्यों को प्रायः समान रूप से लिखे गये हैं।

अतः जब भारतीय साहित्य के लेखन का प्रश्न उठाते हैं तो समस्त भारतीय भाषाओं का साहित्य ही हमारे अध्ययन का विषय होता हैं किसी एक भाषा का साहित्य नहीं क्योंकि सभी भाषाओं के साहित्य में राष्ट्र का स्वरूप विभिन्नताओं के बावजूद समान रूप में प्रतिबिंबित होता है। अतः वाल्मीकि, व्यास, कालिदास, तुलसी, सूर, कबीर, प्रसाद ही नहीं वरन् भारतीय साहित्य का अध्ययन करते समय ललघद, वसवराज, रवीन्द्रनाथ ठाकुर, सुब्रह्मण्यम भारती और वल्लतोल भी समान रूप

से प्रतिष्ठित होंगे। फिर भी भारत की सभी भाषाओं के साहित्य का इतिहास अभी अनेक समस्याओं से उलझा हुआ है। किसी को समस्याओं का ज्ञान न हो यह बात अलग है। इसके लिए प्रत्येक भाषा के साहित्य में निरंतर अनुसंधान हो रहा है, नई सामग्री सामने आ रही हैं, इतिहास की टूटी हुई कड़ियां जोड़ी जा रही हैं किन्तु यह कार्य तभी संभव है जब भारत के विभिन्न भाषाओं के साहित्य का अच्छी तरह ज्ञान प्राप्त कर लिया जाय।

3. भारतीय साहित्य में आज के भारत का बिम्ब

देश और काल की परिस्थितियों ने आज के मानव को अपने व्यक्तित्व और अस्तित्व के प्रति अधिक जागरूक बना दिया है। ऐसी स्थिति में आज के मनुष्य का जन्म तब हुआ जब वह अपने देश और काल के प्रति अत्यधिक संवेदनशील, विचारशील, तार्किक, वैज्ञानिक एवं बौद्धिक विवेक से सजग हो उठा। इस सजगता के परिणामस्वरूप आधुनिक भारत के नवीन सांस्कृतिक एवं राजनीतिक बोध ने आज के मानव को भीतर से झकडोर डाला। संयोगवश इसी दौर में पूर्व और पश्चिम की विचार परम्पराओं, जीवन जीने आदि के मूल्यों को लेकर जो संघर्ष हुआ, उससे एक नई चेतना की आग पैदा हुई-उसने भारतीय साहित्यकारों को अपने साहित्य में तत्कालीन राजनीतिक एवं सांस्कृतिक नवजागरण को अभिव्यक्त करने का अवसर दिया।

1. भारतीय राष्ट्रीय पुनर्जागरण

आधुनिक भारतीय नव जागरण 1857 ई. के स्वाधीनता संग्राम से प्रारंभ होता है। यह स्वाधीनता संग्राम पूरे देश में लड़ा गया। एक तरह से जाति, धर्म, वर्ग को भूलकर पूरे देश में 1857 का मुक्ति संग्राम लड़ा गया। इसमें हिन्दू और मुसलमान दोनों ही सम्मिलित थे, यह असाम्प्रदायिक राष्ट्रीय सांस्कृतिक स्वाधीनता का युद्ध था। उस समय देश भर में रचित साहित्य का सार यही निकलता है कि यह प्रथम मुक्ति संग्राम ब्रिटिश साम्राज्यवाद द्वारा प्रेरित सम्प्रदायवाद की सबसे करारी हार थी। इस नवजागरण की चेतना को फैलाने में देश की पत्र पत्रिकाओं ने भी भारतीय जनमानस को आन्दोलित एवं उन्मथित करने में कोई कसर नहीं छोड़ी। हिन्दी में कवि वचन सुधा आदि, असमिया में 'जोनाको', उड़िया में उत्कल दीपिका, मराठी में केसर, गुजराती में सुदर्शन, बंगला में बंगदूत आदि पत्र पत्रिकाओं के परिणामस्वरूप देश के युवकों में एक नई चेतना, एक नई क्रांति पैदा हुई। इन पत्रिकाओं ने सामाजिक रूढ़ियों, कुरीतियों एवं अंधपरम्पराओं का भी विरोध किया। इसी समय राजाराम मोहनराय आदि ने देश में सुधारवादी आन्दोलन का सूत्रपात किया। सन् 1857-1862 के दौरान पूर्वी बंगाल में किसान आन्दोलन चला, जिसे "नील विद्रोह' के नाम से

जाना जाता है। दूसरे दौर में लेखकों ने नीलदर्पण, जमींदार दर्पण, जैसे जन चेतना को जागृत करने वाले नाटक लिखे। बंकिमचन्द्र चटर्जी ने पत्र पत्रिकाओं में लेखन किया। देशमुक्ति की भावना को जागृत करने के लिए तमिल में सुब्रह्मण्यम भारती ने ''स्वदेश गीत वाल'' (1908) जन्मभूमि (1909) दो काव्य संकलनों से जनता को जागृत किया। तमिल के ''स्वदेश मितम'' ने नवजागरण का नया प्रकाश फैलाया। बंगला में ही वंदेमातरम् का नारा ''जनगणमन'' विकसित हुआ। समस्त भारतीय साहित्य में अंग्रेजों के खिलाफ तेजी का स्वर गूंजने लगा। उसमें राष्ट्रीय और सांस्कृतिक भावधारा उमड़ पड़ी। साहित्य की सभी विधाओं निबंध, कहानी, उपन्यास, आलोचना, नाटक संस्मरण आदि जो नई विधाएं थीं, सबमें नवजागरण की चेतना का प्रकाश झिलमिलाने लगा। यथार्थवादी लेखक बंगला में शरतचंद्र, हिन्दी में प्रेमचंद, तेलुगु में श्रीनिवास राव, उड़िया में फकीर मोहन, उर्दू में इकबाल, तमिल में एस. अटलर आदि ने अपनी रचनाओं से इस नवजागरण पर गहरा प्रभाव डाला।

नवजागरण के तीसरे दौर में महात्मा गांधी से प्रभावित बंगाली में टैगोर, तमिल में रामलिंगम पिल्लई आदि, तेलुगु में विश्वनाथ सत्यनारायण आदि, मलयालम में वल्लतोल आदि, कन्नड़ में रामचंद्र वेन्द्रे, असमिया में कमलाकांत भट्टाचार्य आदि, उर्दू में जोश मलीहावादी और हिन्दी में मैथिलीशरण गुप्त आदि ने गांधी को आधार बनाकर देशभक्ति के गीत गाये। इसी समय संसार की दो बड़ी विचार क्रांतियों मार्क्स और फ्रायड को लेकर सामने आईं। सभी भारतीय भाषाओं के साहित्य में फ्रायड से ज्यादा मार्क्स की विचारधारा की छाप दिखाई देती है।

चौथे दौर में अस्तित्ववाद की शब्दावली से समूचा भारतीय साहित्य पट गया और चारों ओर मोहभंग, विसंगति, विडम्बना, विद्रूपता, मृत्युबोध कुंठा, संत्रास, अकेलापन, ऊब, अजनबीपन, घृणा की गूंज सुनाई पड़ने लगी। इस दौर का बुद्धिजीवी कामू, सार्त्र, नीस्ते आदि की खाओ, पीओ, मौज उड़ाओ की अस्तित्ववादी विचारधारा में निमग्न हो गया। इस दौर में समूचे भारतीय साहित्य में नैतिक, आध्यात्मिक मूल्यों के विघटन का उजाड़ मैदान दिखाई देता है। इसी समय चीन भारतयुद्ध, भारत पाकिस्तान युद्ध ने भारत को छिन्नाभिन्न कर दिया। नया कंप्यूटर समाज, नया कंप्यूटर मानव बनाने का नारा दिया गया और फिर दिया जा रहा है। भारत पर विदेशी संस्कृति और टेक्नोलाजी का बोझ पड़ रहा है और भारतीय भाषाओं के विकास की पटरी जगह-जगह से उखड़ी हुई दिखाई दे रही है। भारतीय साहित्य आधुनिकता के इन संकटों को सभी विधाओं में अभिव्यक्त कर रहा है। हर क्षेत्र से उत्पन्न बेचैनी को भारतीय साहित्य में देखा जा सकता है। इस नवजागरण के कारण भारतीय भाषाओं के साहित्य में परस्पर प्रगाढ़ता भी बढ़ी है। यह बात उमाशंकर जोशी, ताराशंकर, अज्ञेय आदि रचनाकारों के साहित्य से पूरी तरह पुष्ट होता है। भारतीय साहित्य की यह निकटता शुभशकुन है।

2. साहित्यिक पुनर्जागरण

नवजागरण का कारण केवल अंग्रेजी शिक्षा, साहित्य और पाश्चात्य विचारधारा ही न थे वरन् जनता का दुःखदर्द और उसकी पीढ़ी से क्षुब्ध भारतीय साहित्यकार भी थे, जिन्होंने प्रलोभन ठुकरा कर देश और जनता की वेदना को वाणी दी। नवजागरण का साहित्य नये युग और नये परिवेश का ही परिणाम है। साहित्यकार इससे प्रभावित होकर राजदरबारों और सामंतों की चहारदीवारी से निकलकर जनता के दुःखदर्द को अभिव्यक्त कर रहे थे। साहित्य में नवजागरण का तात्पर्य था जनता में नई चेतना जगाना, जनता के हृदय की धड़कन सुनना, नब्ज पहचानना, उसकी वेदना को, उसकी तड़प को वाणी देना। परम्परा गत विषयों, काव्य रूढ़ियों, छन्दों और भाषा को त्यागकर नये पथ पर अग्रसर होना था। कवियों ने सामयिक विषयों को महत्व दिया। हिन्दी में भारतेन्दु, मलयालम में केवल वर्मा, उड़िया में राधानाथ आदि ने सामयिक समस्याओं पर लिख जनता में जागृति पैदा की। तमिल में सुब्रह्मण्यम भारती, तेलुगु में वीरेशलिंगम ने भारतीय नवजागरण को सशक्त स्वर दिया। उर्दू में सर सैयद अहमद खां, बंगला में रंगलाल बंदोपाध्याय ने नये भाव, विचार प्रकट किये। इस काल के कवि सामाजिक परिवर्तन चाहते थे। इसलिए बंदोपाध्याय ने राजस्थान के वीरों और वीरांगनाओं का चरित्रगान कर पाठकों में वीरता और देशप्रेम के भाव जगाये।भारतेन्दु हरिश्चन्द, गुजरात के कवि नर्मद, ने वीरता और देशभक्ति की कविताएं लिखीं। मलयालम में कुमारन अशन ने जातपांत आदि सामाजिक समस्याओं पर कविताएं लिखीं। पंजाबी के दीवानसिंह ने समाज की कुरीतियों पर कविताएं लिखीं। उर्दू के हाली और आजाद की रचनाओं में परिवर्तन का ही स्वर सुनाई पड़ता है। तात्पर्य यह है कि भारत की सभी भाषाओं के काव्य में देशप्रेम और राष्ट्रभक्ति का स्वर है।

उन्नीसवीं सदी के उत्तरार्द्ध के समस्त कवियों ने देशभक्ति के साथ उस युग की जनता की आर्थिक दुर्दशा, शोषण, गरीबों के कष्टों आदि का मार्मिक चित्रण किया है। शोषितों और दीनहीनों के प्रति सहानुभूति और शोषकों के प्रति आक्रोश व्यक्त कियां है। हिन्दी में सबसे तीव्र स्वर भारतेन्दु, मलयालम में कुमार असन और तमिल के सुब्रह्मण्यम भारती का था। गुजराती के दलपतराम, महाराष्ट्र के केशवसुत ने अपनी अनेक कविताओं में बड़े उग्रस्वर में सामाजिक कुरीतियों, छुआछूत, स्त्री पराधीनता और मजदूरों के शोषण की निन्दा की है। केशवसुत तो समाज सुधार आन्दोलन के अग्रगण्य नेता थे। हिन्दी के प्रतापनारायण मिश्र ने बाबू कल्चर, कट्टरपंथियों, अदालत, जुआ, टैक्स पर व्यंग्यपूर्ण काव्य लिखा है। तेलुगु के कवि वेंकट अप्पाराव, वीरेशलिंगम ने जात पांत का विरोध किया। सारांश यह है कि नव जागरण काल में परम्परागत विषयवस्तु का त्याग किया गया और भाषा, काव्यरूप, छन्द शैली आदि में भी क्रांतिकारी परिवर्तन आया।

3. भारतीय राष्ट्रीय कविता

सन् 1857 के स्वाधीनता संग्राम के बाद भारतीय साहित्य में सबसे बड़ा मोड़ यह आया कि साहित्य की सभी विधाओं में ब्रिटिश साम्राज्यवाद के विरूद्ध राष्ट्रीय भावना का स्वर मुखर हो गया। पहली बार धर्म, जाति प्रदेश की संकुचित परिधि से निकलकर राष्ट्रीय भावना ने अपने में सम्पूर्ण देश को अंतरभूत कर लिया। हिन्दी में भारतेन्दु, बंगाल में ईश्वरचन्द गुप्त, गणेशचन्द्र, माइकेल मधुसूदन दत्त, रवीन्द्रनाथ टैगोर, नवीनचन्द्र घोस, उर्दू में हाली, इकबाल, सिंधी में कासिम, फाजिल, अजीज, मराठी में केशवसुत, दत्तात्रेय, शारदाबाई परांजपे, नारायनवामन तिलक, कन्नड़ में गुंडप्पा, मास्ति, बेन्द्रे, आनंदकन्द, मलयालम में केरलवर्मा, कुमारन असन, वल्लतोल, तेलुगु में वीरेशलिंगम, सुब्बाराव, वासुदेव शास्त्री, कृष्णमूर्ति, विश्वनाथ, सत्यनारायण, तमिल में गोपालकृष्ण भारती, सुब्रह्मण्यम भारती, भारतीदासन, रामलिंगम पिल्लै, कश्मीरी में मकबुल करलाबारी, गुलाम अहमद, अब्दुल आजाद, मिर्जा गुलाम, पं0 दयाराम, पंजाबी के भाई वीरसिंह, काहनसिंह, ज्ञानी गुरुमुरवासिंह, प्रीतमसिंह, गुजराती के दलपतराय, नर्मदाशंकर, रणछोड़ भाई, उदयराम, नंदशंकर, तुलनाशंकर, हरगोविंददास, माधवराव त्रिपाठी, मनसुखलाल, उमाशंकर जोशी, असमिया में लक्ष्मीकांत बेजबरुआ, चंद्रकुमार अग्रवाल, कमलाकांत भट्टाचार्य, रघुनाथ चौधरी, उड़िया में फकीरमोहन, चिन्तामणि महंति, नवलकिशोर बल, आदि आधुनिक भारतीय राष्ट्रीय सांस्कृतिक कविता के रचनाकारों ने अपने सृजनकर्म को नवजागरण के आलोक से दीपित कर दिया। अमीरमीनाई की यह रचना क्रांतिवीरों में उत्साह भर देती है—

> सरफ़रोशी की तमन्ना अब हमारे दिल में है,
> देखना है जोर कितना बाजुए कातिल में है
> वक़्त आने पर बता देंगे तुझे अय आसमाँ,
> हम अभी से क्या बतायें क्या हमारे दिल में है।

माखनलाल चतुर्वेदी ने लिखा :

> रक्त है? या है नसों में क्षुद्र पानी?
> जाँच कर, तू शीश दे-देकर जवानी।

मैथिलीशरण गुप्त ने लिखा :

> मुझे तोड़ लेना वनमाली उस पथ पर तुम देना फेंक
> मातृभूमि पर शीश चढ़ाने जिस पथ जाएं वीर अनेक

भारत के सभी भाषाओं के कवियों का एक समान राग था, जिससे यह सिद्ध होता है कि भारतीय मानस एक है उसकी आवाज में अखंड और जीवंत भारत का

चित्र मिलता है।

4. भारतीय साम्यवादी या प्रगतिवादी कविता

भारतीय प्रगतिशील लेखकसंघ का प्रथम अधिवेशन लखनऊ में प्रेमचंद की अध्यक्षता में 1936 में और दूसरा कलकत्ता में रवीन्द्रनाथ ठाकुर की अध्यक्षता में 1938 में हुआ। साम्यवादी चिंतन का वैज्ञानिक दार्शनिक आधार मार्क्सवाद चिंतन है, जो द्वंद्वात्मक भौतिकवाद की आधारभित्ति पर खड़ा है। इसके अन्तर्गत वर्ग संघर्ष, शोषित, दलित, मानव जाति के प्रति सहानुभूति, समाजवादी क्रांति, श्रमिक का पक्ष, अतिरिक्त मूल्य का सिद्धान्त आदि जैसे संदर्भ आते हैं। स्वच्छन्दतावाद के बाद साम्यवादी या प्रगतिशील साहित्य में साहित्यकारों ने मार्क्स के विचारों से प्रेरित होकर जीवन की समस्याओं पर विचार किया, दलित पीड़ित, वंचित व्यक्तियों या समूह की हिमायत या वकालत करना ही अपना फर्ज समझा हैं।

यथा–

इल्ला दरिद्रयातिलोम ....वारियर-मलयालम

तमिल में अकाल का यह दारूण दृश्य–

अन्न चिन्ता वही एक सताती बड़ी सबको

(अल्लियर–तमिलकथा)

मानवमात्र की समानता पर कवियों ने अपना उद्‌गार इस प्रकार व्यक्त किया है-

नात न जाणो, न जात न जाणो कोई विवेक विचार
कर जोड़े कह्‌यो नरसैयो वैष्णव तनो मनो छे आधार

नरसी मेहता–गुजराती

प्रिय रांझे की गरीबी पर मैं खेड़ो की अमीर
वलिदान कर सकती हूँ।

(हाफिज, मुक़बल–पंजाबी)

गुजरात के कवि शामल ने श्रम की पूजा को महत्व दिया है–

बाघ थी बलियो बलद पृथ्वी नो मार अपोड़
(किसान और उसका बैल ही धरती का भार उतारते हैं)

इक़बाल ने श्रमिकों की जागृति का शंखनाद किया है

उठो मेरी दुनिया के गरीबों को जगा दो
कारवे उमरा के दरो दीवार हिला दो।

हिन्दी के पंत, निराला, बालकृष्ण शर्मा नवीन, दिनकर, आदि कवियों ने युग की समस्याओं और परिस्थितियों को व्यक्त किया है। निराला के 'भिक्षुक' और

'तोड़ती पत्थर' में भी साम्यवादी विचारधारा है। पंत ने लिखा है–

द्रुत झरो जगत के जीर्ण पत्र।

मराठी, बंगला, उड़िया, तमिल, तेलुगु आदि भारत की सभी भाषाओं के साहित्य में शोषण मुक्त समाज की परिकल्पना की गई है। कन्नड़, के बेन्द्रे, उर्दू के कवि मजाज, बंगला के सुधीन्द्र नाथदत्त ने धर्म और ईश्वर के प्रति अनास्था व्यक्त की है। सुधीन्द्रदत्त ने लिखा है–

भगवान भगवान
अतीतेरे अलीक आत्मीय भगवान
अभिव्याप्त आविर्भाव आज
आभार स्वतंत्र शून्यकरो तुमि आवार विराज।

तेलुगु के श्रीरंगनारायण ने शोषकों के प्रति आक्रोश व्यक्त किया है–

मैं रूधिर ज्योति नामक काव्य कामिनी का प्रिय हूँ
विप्लव पैदा करने वाला ऋषिपुंगव

(अनु. बालशौरि रेड्डी)

कश्मीर के कवि शोरिश लिखते हैं–

आखिर इक़ रोज दौलत का फसूँ टूटेगा
रंगमहलों के दरीचों से लहू फूटेगा।

5. भारतीय नई कविता

आज के भारतीय कवियों के सामने एक प्रमुख समस्या है कि आज के वैज्ञानिक, तकनीकी और औद्योगिक युग में मनुष्य अपने को कैसे पा सकता है। समकालीन समाज में मनुष्य की आत्मोपलब्धि एक महत्वपूर्ण प्रश्न है। आज के युग और मनुष्य के व्यक्तित्व की गरिमा में तादात्म्य कैसे स्थापित हो, इसकी खोज करना आज के भारतीय साहित्यकारों का प्रधान कर्तव्य हो गया है।

सामयिक काव्य का विकास मोटे तौर से 1937 से 1943 तक और 1944 से 1951 तक माना जा सकता है, किन्तु आधुनिकता की प्रक्रिया का पूर्णरूप से प्रारंभ 1940 से 1953 तक और 1954 से आज तक माना जाना चाहिए। इस युग में जो भारतीय साहित्य लिखा गया, वह असंतोष, अस्वीकार और विद्रोह का युग है और ये बाते आज के नवयुवकों में सबसे अधिक दृष्टिगोचर हो रही हैं। आज का युवक या युवा साहित्यकार असंतोष और अस्वीकार का साक्षात प्रतीक बन गया है। परतत्र भारत के सामने एक आदर्श था, लक्ष्य था, अनुशासन और एकता के सूत्र में बंधे रहने की प्रबल आकांक्षा थी। किन्तु स्वतंत्रता प्राप्ति के तुरन्त बाद ही पुरानी पीढ़ी का आदर्श छिन्न-भिन्न हो गया। जीवन में कोई अनुशासन नहीं रह गया। नवयुवक भारतीय साहित्यकारों की पीढ़ी ने स्वतंत्र भारत में जन्म लिया और जब

होश संभाला तो व्यक्ति परिवार और समूचे राष्ट्र को भ्रष्टाचार में लिप्त पाया। उन्होंने भ्रष्टाचार और घूसखोरी आदि को ही सामान्य जीवन क्रम समझ लिया। अतः आज की पीढ़ी के सामने न कोई आदर्श है और न तो कोई उच्च जीवनमूल्य है। देश में बढ़ती हुई हिंसा, चारित्रिक और नैतिक दृढ़ता का अभाव, अनुशासनहीनता, घूसखोरी, चोरबाजारी, तस्करी, साम्प्रदायिकता, भाषावाद, जातिवाद एवं वर्गसंघर्ष, प्रान्तीयता, भाई भतीजावाद, क्षेत्रवाद, आर्थिक असन्तुलन, आदिवासियों का शोषण, अन्न का अभाव, बेरोजगारी, बेकारी, मंहगाई आदि ने पुरानी आस्थाओं, विश्वासों, पुराने जीवन मूल्यों के प्रति आस्था की जड़े हिला दीं। आज राजनीति के क्षेत्र में जितनी अनिश्चितता है उतनी पहले कभी नहीं थी। आज का युवक और प्रत्येक युवा साहित्यकार परिवर्तन चाहता है और तुरन्त चाहता हैं। मूलतः वह है आदर्शवादी, किन्तु चारों ओर के जीवन में आदर्श का अभाव होने के कारण वह तिलमिला उठता है, उग्र रूप धारण कर लेता हैं। सभ्यता और संस्कृति के उत्स में जहां गलती हुई हैं वह उसे पहचानने की कोशिश कर रहा है, उसके पास बुद्धि है, संवेदनशील हृदय है और हाथ में कलम है। उसके सवाल का जवाब मार्क्स और फ्रायड के पास भी नहीं है। निष्कर्ष यह है कि आज के भारतीय साहित्यकारों के सामने भविष्य का रूप स्पष्ट तो नहीं है, किन्तु आज की नारकीय दुनिया के प्रति विद्रोह की भावना अवश्य है। वह देख रहा है कि इतने वर्ष बाद भी लाखों प्राणी भूखे और अधनंगे सड़कों पर लेटे दिखाई देते हैं, झुग्गी झोपड़ियों में भारत भूमि अब भी कुरूपता धारण किये हुए है और भिक्षावृत्ति का अभी तक अन्त नहीं हुआ। लोगों के चेहरे पर ताजगी नहीं है।

कहने का आशय यह है कि आज के भारतवासी के जीवन के चारों ओर जो उलझनपूर्ण परिस्थितियां हैं, उनके बीच आज के साहित्यकारों का रचना संसार तेजी के साथ परिवर्तित हो गये हैं और हो रहे हैं। उसके एक हाथ में निर्माण है और दूसरे में संहार। ग्रहण और त्याग का उनमें संघर्ष है। परम्परागत रूढ़ियों, पद्धतियों और शैलियों आदि से भी वह विद्रोह करता है। भारतीय भाषाओं की नई कविता में अनिश्चय, अकेलापन भी भयावह आकृतियों में झाँकता मिलता है। बंगाल की 'नूतन कविता, हिन्दी की नई कविता और मलयालम की वचन कविता ने उपर्युक्त परिस्थितियों की भारतीय भाषाओं में प्रबल ढंग से अभिव्यक्ति की है। हिन्दी के सर्वेश्वरदयाल ने लिखा–

फिर भी मैं चलता हूँ मजबुरियाँ गति में साधे
अपनी मंजिल का धुआँ अपनी नजर में बाँधे। (काठ की घंटियाँ)

बंगला कवि मणीन्द्रराय लिखते हैं–

तबू गान गादू
जीवनेर साड़ा ताते नादू

राशि राशि श्मशानेर छाई
गाये भारिव, वातासे उड़ाई।

युगीन संत्रास को लेकर बुद्धदेव वसु ने लिखा है–

आमि भुष्क निशाचर, अंधकारे मोर सिंहासन
आमि हिंस्त्र, दुरंत, पाशव,
सुंदर फिरिया जाय अपमाने असह्य लज्जाय

(शापभ्रष्ट)

बंगला के प्रेमेन्द्र मित्र, विष्णुदे, हिन्दी के मुक्तिबोध, धर्मवीर भारती, भवानीप्रसाद मिश्र, आदि, मराठी के मर्ढेकर, उड़िया के अनंत पटनायक, रमाकांत रथ, असमिया के नवकांत वरूआ, नीलमणि फूकन, उर्दू के जिगर मुरादाबादी, कैफी आजमी, मंजर सलीम आदि, कन्नड़ के बेन्द्रे, गोकाक, कश्मीरी के दीनानाथ, नादिम, रहमान राही, तमिल के चिदंबरम, तेलुगु के दाशरथि, विश्वनाथ सत्यनारायण, पंजाबी की अमृताप्रीतम हरभजनसिंह, मलयालम के गोंविदन नायक आदि भारत के सभी भाषाओं के नये कवियों का प्रधान स्वर है–आक्रोश, विरोध, अस्वीकृति, विसंगति, विद्रूपता, विडम्बना, आत्मनिर्वासन, परायापन, अकेलापन, जातिवाद, भाषावाद, बेरोजगारी, मंहगाई आदि।

सन् 1960 के बाद के भारतीय भाषाओं में रचित कविताओं में अस्वीकृति निषेध और मोहभंग के आवेग में अकविता (हिन्दी) दिगम्बर पीढ़ी (तेलुगु) क्षुधातुर पीढ़ी (बंगला) दलित साहित्य (मराठी) जैसे काव्यान्दोलन भी उठ खड़े हुए जिन पर अमरीकी बीटनीक कविता, फ्रांस की अति यथार्थवादी कविता, विद्रोही कविता का प्रभाव था। इन कविताओं में भी युवावर्ग के आक्रोश और अस्वीकृति का दर्शन होता है। इनमें घृणा, आक्रोश और हिंसा के नये बिम्ब हैं जगदीश चतुर्वेदी, श्याम परमार, गंगाप्रसाद मित्तल ने अकविता के अन्तर्गत अमर्यादित यौन बिम्बों का प्रयोग किया है। जगदीश चतुर्वेदी ने लिखा है–

हम एक दूसरे के नग्न शरीर का
आलिंगन के लिए क्यों खोजते रहते हैं
ताकि शिकारी कुत्तों की तरह झपटें
एक दूसरे पर काटें।

बंगला साहित्य के नये कवियों में मलयराय चौधरी, विद्यानन्द राय चौधरी, विनय मजूमदार आदि ने नारी शरीर साधना को अपनी अभिव्यक्ति का उपादान बनाया है।

एकेताल नरम मांस पिंड (विद्यानन्द चौधरी)

उड़िया के सीताकांत महापात्र, सौभाग्य मिश्र, नित्यांनंद महापात्र, सुरेन्द्र मोहाती, पंजाबी के कवि हरभजनसिंह, शिवकुमार, कश्मीरी के दीनानाथ नादिम,

सिंधी के नारायण श्याम, हरीश वासवानी, मोहन कल्पना, कन्नड़ के बेन्द्रे, चन्नवीर कणवी, रुद्रप्पा, मलयालम के कृष्ण वारियार, तेलुगु की वचन कविता, दिगम्बर कविता के कवि राजमूर्ति वरद, तिलक राजशेखर आदि कवियों ने संत्रस्त मनः स्थिति के बिम्ब को यौन और मृत्युबोध की मुद्राओं में उभारने का प्रयास किया है। मध्य वर्गीय कुंठा, निराशा, पीड़ा अवसाद को व्यक्त किया है। सभी कवियों में वर्तमान के प्रति तीव्र प्रतिक्रिया है और काव्य शिल्प के प्रति गहरा लगाव है।

भारतीय उपन्यास

पिछले पृष्ठों में जिस नये युग की अवतारणा और उसके परिवेश का उल्लेख हुआ है, उसकी सबसे अधिक प्रतिक्रिया उपन्यास और कहानी साहित्य में हुई है। साहित्य की इन दोनों विधाओं का जीवन से निकटतम सम्बन्ध है। मध्ययुग में जो स्थान महाकाव्य का था। उन्नीसवीं सदी के उत्तरार्द्ध और बीसवीं सदी में वही स्थान कथा साहित्य का है। देशकाल परिवर्तन चक्र के साथ-साथ जीवन मूल्य का चक्र भी घूमता रहता है। अमेरिका में जो जीवनमूल्य हैं वह भारत में नहीं है। साथ ही भारतीय इतिहास के मध्ययुग में जो जीवन मूल्य थे वे आज नहीं है। यही कारण है कि भारतवर्ष में आज की वैज्ञानिक, तकनीकी प्रगति आदि के फलस्वरूप नगरों की अपार भीड़-भाड़ के कारण पुराने मूल्य नकारे जा रहे हैं। नारी में नई चेतना और व्यक्तित्व उभरकर आया है। फलतः स्त्री-पुरूष के परस्पर सम्बन्धों के मूल्य भी बदल रहे हैं। प्रेम और यौन सम्बन्धों की परिभाषा बदल रही है। संतान और माता पिता के सम्बन्धों के मूल्य भी बदल रहे हैं। जीवन में रिक्तता, अजनबीपन, भग्नाशा, कुंठा, निराशा, अलगाव, टूटन, भटकाव आदि का समावेश हो गया है। इन्हीं सब बातों का अनुभव आज का भारतीय उपन्यासकार कर रहा है और उपन्यासों में वैसा ही चित्रण भी कर रहा है। चूंकि आज की जिन्दगी योजनाबद्ध नहीं है इसलिए भारतीय उपन्यास भी योजनाबद्ध नहीं है। इंसान के बदलते हुए स्वरूप को किसी निश्चित परिभाषा में बांधना भी मुश्किल है। वास्तव में आधुनिक युग की जटिल मनःस्थिति को पकड़ पाना ही आधुनिक युगबोध है। आज के भारतीय उपन्यासों की यही स्थिति है।

पति-पत्नी या प्रेमी प्रेमिका या वैवाहिक जीवन से बाहर किसी भी बाजारू या घरेलू स्त्री के साथ पुरूष के सम्बन्धों को लेकर भारतीय उपन्यासकारों ने सामाजिक उपन्यासों में अनेक प्रश्न और समस्याएं उठाई हैं। इन समस्याओं में संबंध विच्छेद, अनमेल विवाह, विवाहपूर्व प्रेम या शीलभंग, विवाहेतर प्रेम अथवा वासनातृप्ति, ससुराल में यंत्रणा, दाम्पत्य जीवन में दरार, नारी स्वावलम्बन आदि हैं। नारी जीवन की उक्त समस्याओं पर सभी भारतीय भाषाओं में उपन्यास लिखे गये हैं—मराठी में वामन मल्हार जोशी के 'रागिणी', केतकर के ब्राह्मणकन्या, उड़िया में कुंतलाकुमारी

सावंत का "ना टुंडी", वसंतकुमारी पटनायक का अमदा बट आदि।

नारी जीवन की मूक वेदना का चित्रण बंगला में शरत्चन्द्र चट्टोपाध्याय ने अपने उपन्यासों बड़ी दीदी, चरित्रहीन, में किया है किन्तु इनमें भावुकता अधिक है। स्त्री-पुरूष प्रेम की यातनाओं के शिकार हैं। हिन्दी में जैनेन्द्र के सुनीता, त्यागपत्र, कल्याणी, सुखदा, मुक्तिबोध आदि उपन्यासों में नरनारी के बीच का निर्बाध अशरीरी प्यार है।

उर्दू में अस्मत चुगताई का उपन्यास 'टेढ़ी लकीर' में मध्यवर्गीय मुसलमान लड़की की कहानी है। पंजाबी में अमृताप्रीतम ने आल्हना (घोंसला) और ईकसवाल में प्रेम की दुश्मन दुनिया की निन्दा की है। मलयालम के उपन्यासकार अरूब (पी. सी. कुट्टी कृष्णन) की रचनाओं में नारी तनावग्रस्त है। सिंधी में सुंदरी उत्तमचंदानी ने पुराने और नये जीवनमूल्यों के बीच पिस रही नारी की स्थिति का चित्रण किया है।

औद्योगिकीकरण ने ग्रामीण जीवन में नया परिवर्तन और विकास प्रस्तुत किया है। गांवों के नगरीकरण ने अनेक समस्याओं को जन्म दिया है। इन सब बातों का चित्रण कन्नड़ में पुतन्ना, हिन्दी में प्रेमचन्द, गुजराती में रमणलाल देसाई (ग्रामलक्ष्मी), मराठी में कुलकर्णी (शिपाई), सिंधी में राम पंजवाणी (लतिफा), कन्नड़ में आर.वी. कुलकर्णी (ग्रामायण), पंजाबी में नानकसिंह ने आज के गांवों का यथार्थ प्रस्तुत किया है।

अछूतों और हरिजनों के उद्धार को लेकर तेलुगु में लक्ष्मी नारायण पंतुल (माल पल्लि), कन्नड़ में शिवराम कारंत (चोमन दुडि), उड़िया में गोपीनाथ मोहांती, मलयालम में शिवशंकर पिल्लई ने उपन्यासों की रचना की है इसमें हरिजनों की दुःखभरी कहानी है।

भटके हुए युवकों को लेकर बंगला में शरतचन्द्र (श्रीकांत) प्रेमेन्द्र मित्र (पंक) हिन्दी में जयशंकर प्रसाद (कंकाल) ने उपन्यासों की रचना की है।

साम्यवादी विचारधारा से प्रेरित होकर बंगला में ताराशंकर बंदोपाध्याय (आरोग्यनिकेतन, गणदेवता), हिन्दी में यशपाल (देशद्रोही) नागार्जुन (बलचनमा) मलयालम में वशीर (बाल्यकाल सखी), शिवशंकर पिल्लई (भंगी का बेटा, विषकन्या), पंजाबी में कृशनचंदर (शिकस्त), कन्नड़ में कृष्णराव (मंगलसूत्र) आदि ने शोषित और दलित वर्ग का करुण चित्रण किया है।

संक्षेप में यह है कि विभिन्न भाषाओं में रचे गये भारतीय उपन्यास भले ही भिन्न भिन्न भाषाओं में लिखे गये हों किन्तु उसकी आंतारिक धारा एक है। उसकी सामाजिक पृष्ठभूमि एक है। उसकी आत्मा एक है। यद्यपि प्रत्येक भाषा के उपन्यास साहित्य की अपनी अलग पहचान है, फिर भी सब में कुछ ऐसी मौलिक समानताएं हैं, जो मिलकर उसे भारतीय उपन्यास का रूप देती हैं।

भारतीय कहानी

उपन्यासों की भांति आज की भारतीय कहानियों में भी नये युग, नये परिवेश की विसंगतियों, अन्तर्विरोधी, कटुताओं, पारिवारिक विघटन, स्त्री पुरूष सम्बन्धों आदि को लेकर भारतीय साहित्यकार अपने व्यक्ति और समाज के बीच समीकरण और संतुलन स्थापित करने की चेष्टा में संलग्न है। मध्यमवर्गीय प्रवृत्ति ग्रहण किये हुए मानवीय सम्बन्धों की अनेक परतें उद्‌घाटित कर रहा है। सामयिक भारतीय साहित्यकार व्यक्ति को रूढ़ियों से मुक्त कर वैयक्तिक अनुभूति को ईमानदारी से प्रस्तुत किया है और कर रहा है। लेखक अपनी अकुलाहट कुण्ठा, संत्रास, अस्वीकृति, नैराश्य, भग्नाशा, आदि को भी व्यक्त करता है। सेक्सजनित दृष्टिकोण और देहवाद दर्शन को भी प्रस्तुत किया है। कुछ लेखक नये मानवीय संबंधों की खोज कर रहे हैं। परम्परा का बंधन वे तोड़ चुके हैं। भारतीय मानव के आज के जीवन सन्दर्भ को दृष्टि में रखते हुए आज के भारतीय भाषाओं में लिखी कहानी को व्यक्ति के व्यथित मन की गाथा कहा जाए तो कोई हानि न होगी। समाज, धर्म, ईश्वर, परिवार, स्त्रीपुरूष सम्बन्ध, व्यक्तिगत कुण्ठा, अकेलापन और अजनबीपन आदि कुछ ऐसे स्तर हैं, जिन्हें स्पर्श कर भारतीय कहानी ने परम्परा से अपने को मुक्त किया हैं।

कहानी का विषय नगरीय जीवन, उसके अनुभव, नगरों में रहने वाले मध्यम वर्ग, शिक्षित बेरोजगार पति पत्नि के बिगड़ते सम्बन्ध, भ्रष्टाचार आदि को लेकर भारत की सभी भाषाओं में कहानियां लिखी गई हैं। गुजराती में जयंती दलाल, शिवकुमार जोशी, हिन्दी में अमरकान्त, निर्मल वर्मा आदि, उड़िया में गोपीनाथ मोहंती, तेलगु में श्री विरंची आदि ने भ्रष्टाचार, कुशासन, सरकारी कर्मचारियों, स्त्रीपुरूष सम्बन्धों आदि पर कहानियां लिखकर एक नई चेतना जगाई हैं और कटु यथार्थ को प्रस्तुत किया है।

कुछ कहानियां ऐसी हैं जिनमें जीवन का सच्चा चित्रण है। व्यक्ति को अकेला, कटा हुआ, टुटा हुआ और अस्तित्व के लिए संघर्ष करता हुआ और अन्त में निराश, भग्न हृदय तथा मृत्यु को एकमात्र आश्रय स्थल मानता दिखाया गया है। गुजराती में 'जयंती दलाल', बंगला में 'मोती नंदी', हिन्दी में निर्मल वर्मा, कन्नड़ में नवोदित लेखक, उड़िया के रबी पटनायक आदि कहानीकारों की कहानियों में उक्त विषयों को व्यक्त किया गया है। इन कहानीकारों पर सार्त्र, कामू का प्रभाव स्पष्ट है। इन लेखकों ने मनुष्य के मानसिक तनाव को दूर करने के लिए मदिरा या नारी की भुजाओं को आश्रय स्थल माना है। स्त्री-पुरूष के लैंगिक सम्बन्धों को मर्यादाविहीन होकर चित्रित किया है।

महिला लेखिकाओं में गुजराती की उर्मिला, हिन्दी की उषा मित्रा, तेलुगु की वरलक्ष्म्मा, मराठी की विभावरी, पंजाबी की अमृता प्रीतम, तमिल की अनुपमा आदि

ने नारी के स्वतंत्र व्यक्तित्व, उसकी आकांक्षाओं और निराशा के चित्र प्रस्तुत किए हैं।

भारतीय नाटक

भारतीय नाटकों में स्त्री पुरूष सम्बन्धों, यौनाचार, वर्गचेतना आदि को स्थान दिया गया है। सामयिक जीवन की अनेक समस्याओं को अभिव्यक्ति प्रदान की गई है। नाटकों में नवयुग की चेतना और विद्रोह का स्वर पहले से अधिक प्रखर है। असमिया नाटककारों में गिरीश चौधरी, अमर पाठक ने निम्न मध्यम वर्ग की कठिनाईयों की ओर संकेत किया है। मलयालम के सदानंदन ने अपने नाटकों 'अग्निपुत्री' आदि में सताई गई स्त्री को संघर्ष करते हुए दिखाया है। पंजाबी के रोशनलाल आहूजा के नाटकों 'तलाक' में तलाक की समस्या, 'दाज' कहानी में दहेज समस्या। सिंधी नाटकों के विषय देश विभाजन की त्रासदी, दहेज, और बाल अपराध है। तेलुगु के आचार्य अत्रे ने कम वेतन पाने वाले क्लर्क की दुर्दशा प्रस्तुत की है। बंगला में मनोज मित्रा ने ग्रामीणों के आर्थिक शोषण पर प्रहार किया है। हिन्दी के नाटकों में सम्पूर्ण जीवन ही संकटापन्न है। मोहन राकेश, लक्ष्मीनारायणलाल, सुरेन्द्र वर्मा आदि ने पात्रों के मानसिक तनाव और अंतर्द्वंद्व को प्रस्तुत किया है।

एब्सर्ड नाटककारों में गुजराती के मधुराय, चिनुमोदी, मराठी के विजय तेंदुलकर के नाटकों का विषय विषम परिस्थितियों से टक्कर लेते हुए व्यक्ति का अकेलापन है। घासीराम कोतवाल में क्रूर सामाजिक व्यवस्था और परम्पराओं का चित्रण है। मलयालम, कश्मीरी और उर्दू नाटक भी एब्सर्ड नाट्य आन्दोलन से जुड़े हैं। सभी भाषाओं में सामयिक विषयों को लेकर एकांकी और रेडियो रूपक भी लिखे गये हैं।

संक्षेप में सामयिक भारतीय नाटक साहित्य में कथावस्तु और शिल्प की विविधता है लेखकों ने नगरीय जीवन की विसंगतियों को दृष्टिपथ में रखते हुए यथार्थवादी दृष्टिकोण को प्रस्तुत किया है।

उपर्युक्त विवेचन से आज के भारतीय साहित्य के सम्बन्ध में निम्नलिखित निष्कर्ष निकलते हैं–

1. प्रारंभ में समाज सुधार, धर्म सुधार तथा राजनीतिक चेतना की लहर के समय सभी भाषाओं के साहित्य में सोयी जनता को जगाकर अंधविश्वासों तथा सामाजिक कुरीतियों के विरूद्ध विक्षोभ पैदाकर समाज में परिवर्तन लाने का प्रयास किया गया है।
2. सभी भाषाओं के साहित्य में उद्बोधन का स्वर सर्वत्र मिलता है।
3. सभी भाषाओं के साहित्य में स्वाधीनता प्राप्ति के बाद स्वप्नों के धराशायी

होने की पीड़ा और जीवन के हर क्षेत्र में भ्रष्टाचार से उत्पन्न त्रासद स्थिति के चित्र उरेहे गये हैं।

4. सभी भाषाओं के साहित्य में नारी के देवी और दुर्गा दोनों रूप मिलते हैं। पुरूष के अत्याचारों से पीड़ित नारी को अपने अस्तित्व के लिए संघर्ष करती हुई दिखाई गई है।
5. सभी भाषाओं के साहित्य में व्यापक स्तर पर धार्मिक और सामाजिक पाखंडों का बड़ी निर्ममता के साथ भंडाफोड़ किया गया है।
6. सभी भाषाओं के साहित्य में अछूतों और हरिजनों की शोचनीय स्थिति और उनका उद्धार भी विषय बना है।
7. सभी भाषाओं के साहित्य में विधवा पर धर्म और समाज के नाम पर होने वाले अत्याचारों का वर्णन हुआ है।
8. सभी भाषाओं के साहित्य में आज के वातावरण में मानवात्मा की रक्षा करने और युग के ज्वलंत प्रश्नों को वाणी प्रदान करने की पुनीत चेष्टा की गई है।
9. सभी भाषाओं के साहित्य में आज समाज में व्याप्त भ्रष्टाचार, घूसखोरी, चोरबाजारी, मंहगाई, अन्धविश्वास, राजनीतिज्ञों की अनैतिकता, स्वार्थपरता, भाई भतीजावाद, क्षेत्रवाद, जातिवाद बेकारी, युवकों की कुण्ठा, संत्रास, भग्नाशा और निराशा को अर्थात जीवन की सारी विद्रूपताओं को व्यक्त किया गया है।
10. सभी भाषाओं के साहित्य में पुराने जीवन मूल्यों को खण्डित होते हुए और उनके स्थान पर नवीन और पुष्ट जीवन मूल्यों की स्थापना हुई है।
11. सभी भाषाओं के साहित्य में नगरीय जीवन की विसंगतियों को साहित्यकारों ने वाणी दी है।

4. भारतीयता का समाजशास्त्र

भारतीय समाज और भारतीय संस्कृति ही भारतीयता का समाजशास्त्र है। भारतीयता एक व्यापक शब्द है जिसका सम्बन्ध राष्ट्रीयता से है। भारत एक देश नहीं एक राष्ट्र है, राष्ट्र से भी बढ़कर वर्ष है। इसीलिए भारत को भारतवर्ष कहा जाता है। वैदिककाल में, महाभारत काल में और उसके बाद भी राष्ट्र शब्द का प्रयोग यहां होता आया है जिसमें दो अर्थ निहित हैं—वह भूमि जिस पर कोई मानव समुदाय रहता है और स्वयं वह मानव समुदाय। इसलिए सर्वप्रथम राष्ट्र की अवधारणा पर विचार करना आवश्यक है।

राष्ट्र

राष्ट्र के अन्तर्गत एक गण समाज और उसकी भूमि गिनी जा सकती हैं, और एक से अधिक गण समाजों और उनकी संयुक्त भूमि को भी गिना जा सकता है। इस तरह के गण-संघ वैदिककाल में ही बनने लगे थे। इसी तरह राष्ट्र के अन्तर्गत एक जनपद हो सकता है और अनेक जनपद भी हो सकते हैं। बौद्धकालीन महाजनपद इसी तरह छोटे-छोटे जनपदों को मिलाकर बनाये गये थे। इन समस्त गणसमाजों और लघु जातियों को अर्थात जनपदों और महाजनपदों के समूह को भी एक राष्ट्र की संज्ञा दी जा सकती है। संस्कृत में 'वर्ष' शब्द का प्रयोग इसी उद्देश्य से किया गया है।

प्रश्न यह है कि सामन्तकाल में क्या इस देश के लोगों में यह चेतना थी कि हम एक ही राष्ट्र के सदस्य हैं क्योंकि सामन्ती व्यवस्था में छोटे-छोटे राज्य होते हैं, आपस में वे लड़ते रहते हैं, राज्यों की सीमाएं बनती बिगड़ती रहती हैं, उत्पादन और वितरण छोटे पैमाने पर होता है, यातायात के साधन अविकसित होते हैं, ऐसी स्थिति में राष्ट्रीयता का विकास, वह भी वृहत्तर भारत में कैसे सम्भव हैं? प्राचीन समय में वृहत्तर भारत में अफगानिस्तान तक की सीमाएं आती थीं। इतिहासकार दक्षिण पूर्व एशिया के कुछ देशों और द्वीपों को भी वृहत्तर भारत के अन्तर्गत मानते हैं, उन्हें भी ध्यान में रखा जाय तो भारत नाम की सांस्कृतिक इकाई और भी विराट हो जाती है क्या इस सब को राष्ट्र कहा जा सकता है?

देश में जब सामन्तशाही थी और राज्यों की सीमाएं बनती बिगड़ती रहती थी देश छोटे-छोटे राज्यों में विभाजित था तब भी सांस्कृतिक इकाईयों की सीमाएं स्थिर

थी। सांस्कृतिक सम्पर्क विछिन्न नहीं था। इसलिए भारत में राष्ट्रीयता पहले भी थी। भारतीय समाज यातायात के साधनों के अभाव, आर्थिक विभेद, सामाजिक विभेद, उत्तर दक्षिण के भाषाओं के पार्थक्य और एक दूसरे की भाषा न समझने की विवशता के बावजूद भारतीयता या राष्ट्रीयता संस्कृति की दृष्टि से एक थी। यूरोप में जहां छोटे-छोटे देश कभी एक राष्ट्रीयता का विकास नहीं कर पाये। वहीं भारतीय संस्कृति और साहित्य में यह भावना मिलती है। अतः कहा जा सकता है कि भारत जैसे देश में राष्ट्रीयता का विकास सुदीर्घ ऐतिहासिक प्रक्रिया का परिणाम है। ऐसा नहीं है कि किसी विशेष सम्वत् मास या तिथि में वह राष्ट्रीयता समाप्त हो गई। भारतीय समाज की कुछ ऐसी व्यवस्था थी, जिसने पूरे देश को एकसूत्र में सांस्कृतिक आधार पर बांध रखा था।

समाज शास्त्रीय दृष्टि से भारतीयता

समाज शास्त्रीय दृष्टि से भारतीयता की निम्नलिखित विशेषताएं हैं—

1. राजसत्ता के स्थान पर राष्ट्रीयता की परिकल्पना—भारतीयता के विकास का एक बड़ा कारण इस देश के लोगों द्वारा राजसत्ता की अपेक्षा भारत के भौगोलिक स्वरूप को महत्व देना है। इतिहासकार जब युगविशेष के विवेचन में संस्कृति का विवरण प्रस्तुत करते हैं तब स्थापत्य, शिल्प, संगीत आदि कलाओं के साथ वे साहित्य का भी उल्लेख करते हैं, फिर वह साहित्य चाहे एक भाषा में हो, चाहे अनेक भाषाओं में हो, चाहे किसी प्राचीन भाषा में हो चाहे आधुनिक भाषाओं में। यह बात अवश्य है कि इतिहासकार यह नहीं बताते कि जिस भाषा के साहित्य का विवरण वे दे रहे हैं उसे व्यवहार करने वाला मानव समूह किस सामाजिक रूप में गठित है—वह गण समाज हैं या गण संघ हैं, लघु जाति है, आधुनिक जाति है या गणों, लघु जातियों अथवा महाजातियों का कोई विशाल राष्ट्र है। किन्तु यह निर्विवाद है कि भारत के इतिहास में यहां की भाषाओं में रचे हुए साहित्य का उल्लेख होता है। और उस साहित्य में भारतव्यापी राष्ट्रीय एकता की भावना का उल्लेख है। पुराणों में भारत का जो चित्र मिलता है, वह किसी राजा के विशाल राज्य का चित्र नहीं है वह आज के भारत से भी विराट भारत का चित्र है।

महाभारत के भीष्मपर्व में धृतराष्ट्र संजय से पूछते हैं—यह जो भारतवर्ष है जहां का राज्य पाने के लिए दुर्योधन तथा पाण्डवों के मन में बड़ी लालसा हैं और जिस राज्य की प्राप्ति के लिए युद्धभूमि में दोनों ओर की सेनाएं एकत्र हैं, यह भारतवर्ष क्या है, इसका वर्णन मुझे सुनाओ। कौरव और पाण्डव हस्तिनापुर के लिए युद्ध कर रहे थे। धृतराष्ट्र स्वयं वहां के राजा थे। वह युद्ध कुरू जनपद का युद्ध था। उस युद्ध में अनेक जनपदों के राजा आये थे और वे सब स्वतंत्र थे लेकिन महाभारत के रचनाकार ने संजय के माध्यम से जिस भारतवर्ष का वर्णन किया है वह भारत युद्ध

के कुरू जनपद से भिन्न था लेकिन जिस भारत का उन्होंने वर्णन किया है वह विशाल भारत देश ही है।

"इस देश में गंगा, सिन्धु सरस्वती, गोदावरी, नर्मदा, वितस्ता, सरयू, गोमती, कावेरी, आदि नदियां प्रवाहित हैं। इसमें कुरू पांचाल, शूरसेन, कोसल, कलिंग, विदर्भ, पुण्ड्र, निषाद, निषद्य, कश्मीर, गान्धार, सिन्धु-सौवीर्य, द्रविड़, केरल, कर्णाटक, चोल, चुलिक, पुलिन्द, कुलिन्द, कोंकण, आन्ध्र आदि अनेक जनपद हैं। इस देश में आर्य म्लेच्छ दोनों रहते हैं। यवन, चीन, काम्बोज भी इस भारत में है।"

विष्णु पुराण में भी महाभारत की ही प्रतिध्वनि है। जैसे महाभारत में देश की धरती को स्वर्ग के समान बताया गया है, वैसे ही उसे स्वर्ग से श्रेष्ठ भी कहा गया है। कोई ईश्वर, कोई देवता, कोई धर्म, कोई कर्मकाण्ड इस भारतभूमि से बढ़कर नहीं है। यह भारत भूमि हिमालय और समुद्र के बीच में हैं और उस पर विभिन्न जातियों और वर्णों के लोग मिलकर रहते हैं। गोस्वामी तुलसी दास ने भी भारत-भूमि की पवित्रता का वर्णन इन शब्दों में किया है–

"भलि भारतभूमि भले कुल जन्म समाज सरीर भलो लहि कै।"

इसी प्रकार एम.पी. अप्पन ने भारत की एकता पर कहा है–

भारत में पुण्य राज्यं
भारत में मातृराज्यं
X X X X
वेष भले ही भिन्न-भिन्न हो
भाषा चाहे अलग अलग हों।
हम न पृथक कभी हो सकते
एक मातृ सन्तान।

उक्त उद्धरणों से स्पष्ट होता है कि राष्ट्र वह तंत्र है जिसके भीतर और जिसके आधार पर साहित्य रचा जाता हैं। साहित्य कहीं कल्पना के आकाश से राष्ट्रीयता लाकर जनमानस पर आरोपित नहीं करता।

इस प्रकार राष्ट्र शब्द का व्यवहार वैदिक काल से लेकर अब तक होता आया है और उसका अर्थ विस्तार होता गया है। राष्ट्र और देश में अन्तर यह है कि राष्ट्र में उसकी भूमि पर रहने वाले व्यक्ति भी शामिल हैं, देश से मानव समाज का बोध नहीं होता। देश और समाज, दोनों के संयुक्त अर्थ का बोध राष्ट्र शब्द से होता है। समाज का अस्तित्व गण व्यवस्था में होता है, सामन्ती व्यवस्था में होता है, पूंजीवादी व्यवस्था में होता है। ये सब समाज भिन्न प्रकार के होते है, फिर भी समाज कहलाते हैं क्योंकि बहुत से मनुष्यों का एक साथ रहना आर्थिक, सांस्कृतिक सम्बन्धों में उनका बंधे रहना, समाज का सामान्य लक्षण है। ऐसे ही अनेक गणों, अनेक लघु जातियों, अनेक महाजातियों का राष्ट्र आन्तरिक रूप से भिन्न होते हुए भी, इन सब

इकाइयों के संघबद्ध रहने, सहयोग करने आदि के कारण राष्ट्र ही कहलाता है।

2. राजतंत्र की अपेक्षा जनपदों की महत्ता

भारतीय समाज की संरचना में जनपदों की महत्वपूर्ण भूमिका रही है। राजा को उस जनपद का शासक माना जाता था और दण्ड और न्याय व्यवस्था तक उसका दायित्व था। राजा एक प्रकार के सामन्त थे। राजा को वहां की जनता सम्मान तो देती थी लेकिन उससे अधिक सम्मान राजसत्ता से बाहर रहने वाले मनीषियों का था। भीष्म पर्व के नवे अध्याय में जिस व्यक्ति ने भारत का वर्णन किया है, उसने राजाओं की तुलना कुत्तों से की है ऐसी स्थिति में वे पृथ्वीव्यापी प्रभुत्व का स्वप्न नहीं देख सकते थे। महाभारत के रचनाकार ने लिखा है कि मनुष्य अपने गुण और शक्ति के अनुसार यदि इस पृथ्वी की सेवा करे तो वह कामधेनु के समान उन्हें सभी प्रकार के फल दे सकती है (धर्म–अर्थ–काम करने वाले त्रिवर्ग के महाफल दे सकती है) किन्तु जैसे कुत्ते मांस के लिए परस्पर लड़ते हैं, वैसे ही राजा वसुन्धरा को भोगने की इच्छा से आपस में लड़ते हैं–

अन्योन्यस्यावलुम्पन्ति सारमेया यथामिषम्।
राजानो भरत श्रेष्ठ भोक्तकामा वसुन्धराम्।

शायद कौरव और पाण्डव इस तरह के राजाओं से भिन्न हो सकते हैं किन्तु निस्सन्देह कवि के लिए पाण्डव कौरवों से भिन्न हैं। कवि के लिए यह धरती पिता-माता, भ्राता पुत्र सब कुछ है वही उसके लिए स्वर्ग भी है। वह उसकी सेवा कर सकता है, उसे भोगने के लिए युद्ध नहीं कर सकता। विष्णु पुराण के अनुसार अन्य देश योगभूमि है भारत पुण्य भूमि है। इस भूमि में जन्म लेना पूर्वजन्म के पापों का फल नहीं है, पूर्वजन्म में महान पुण्य करने पर ही इस देश में मनुष्य जन्म प्राप्त करता है। स्वर्ग में देवता यह गीत गाते हैं कि जो मनुष्य इस कर्मभूमि में जन्म लेकर अपना कर्मफल ईश्वर को अर्पित करते हैं वे देवताओं से भी अधिक भाग्यशाली हैं। आशय यह है कि राज्यों के मध्य जो संघर्ष होता था उससे आम आदमी के जीवन का संबंध नहीं था। वह सत्ताधारियों का आपसी संघर्ष था और राजाओं की जय-पराजय का प्रभाव जन और जनभूमि पर नहीं पड़ता था।

3. धर्म प्रधानता

भारतीय संस्कृति की नींव धर्म पर रखी हुई है। धर्म शब्द 'धृ' धातु से बना है। इसका शाब्दिक अर्थ है वह जो किसी वस्तु को धारण करे। अतः प्रत्येक वस्तु मनुष्य और समाज जिन नियमों पर आधारित करते हैं, उनको धर्म कहा जाता हैं। मनुस्मृति में धर्म के स्रोत बताए गये हैं- वेद, स्मृति, सदाचार और वह जो अपनी आत्मा को प्रिय

लगे। मीमांसा दर्शन में आवश्यक कर्म को और वैशेषिक दर्शन में पारलौकिक कल्याण के मार्ग को धर्म कहा गया है। भगवान बुद्ध के अनुयायी चार आर्यसत्यों और अष्टांगिक मार्ग को धम्म मानते हैं। साधारणतः धर्मपालन का अर्थ कर्तव्यपालन है। धर्म भारतीय समाज को एकसूत्र में बांधता है—मनुष्य को पशु से अलग करता है।

दर्शन की प्रणालियों के अनुसार मनुष्य अपने जीवन की रूपरेखा तैयार करता है और यह निश्चित करता है कि विश्व की चराचर वस्तुओं के प्रति हम कैसा व्यवहार करें? ब्रह्म या ईश्वर से लेकर पशुपक्षी, नदी, पर्वत या कीड़े मकोड़े तक के सम्बन्ध में अपने दर्शन के आधार पर वह अपनी व्यवहार प्रणाली, नियत करता है और कर्तव्य पथ का निर्धारण करता हैं। दार्शनिक आधार पर जो व्यवहार या कर्तव्य पथ की योजना बनती है, वह धर्म है। इस प्रकार दर्शन और धर्म का अभिन्न सम्बन्ध है। दर्शन के आधार पर ही धर्म का रूप तर्कसिद्ध और दृढ़ होता है, अन्यथा वह निर्बल और दुर्बोध होता है। धर्म की यह द्विविध प्रणाली भारतीय समाज में सदा से चलती आई है।

4. सहिष्णुता और उदारता

ये दोनों तत्व भारतीय समाज में अति प्राचीनकाल से हैं। धर्म का प्रतिपादन करने के लिए प्रायः वाद विवाद होते थे अथवा धर्म का प्रचार करने के लिए व्याख्यान दिये जाते थे, किन्तु धर्म के नाम पर युद्ध नहीं होते थे। सभी धर्मों में प्राणिमात्र पर दया, विश्वबन्धुत्व, सत्य, अहिंसा और आचार विचार की शुद्धता को सर्वप्रथम स्थान दिया जाता था। समान रूप से महापुरूषों की प्रतिष्ठा की गई और व्रत तथा उपवास के द्वारा शारीरिक और मानसिक शुद्धता सम्भव बताई गई। इस प्रकार धार्मिक सहिष्णुता के मूल में सभी धर्मों की तात्विक एकता प्रधान रही है।

ऋग्वेद में "एकं सत् विप्रा बहुधा वदन्ति" पर बल दिया गया है, जिसका अर्थ है—"शक्ति एक है, स्वरूप उसके भिन्न-भिन्न हैं या सत् एक हैं किन्तु ज्ञानी लोग उसका बहुत प्रकार से वर्णन करते हैं।" इस नाते पारस्परिक विरोध के स्थान पर उदारता होनी ही चाहिए। भारतीय समाज और संस्कृति की सहिष्णुता इसी कारण एक प्रमुख विशेषता है। इस प्रवाह में वृद्धि का श्रेय समय समय पर अनेक कालों में सम्राटों का सहयोग है। अशोक ने हिंसा से अहिंसा का मार्ग अपनाया। उसने धार्मिक सहिष्णुता का सबसे ऊँचा आदर्श प्रतिष्ठित किया है। कुषाण सम्राट कुजुल कथाफिस को "सत्य धर्म स्थितस्य" की उपाधि दी गयी। कनिष्क के सिक्कों पर हिन्दू, बौद्ध, ईरानी, यूनानी देवी देवताओं के चित्र मिलते हैं। गुप्त राजाओं ने वैष्णव, शैव और बौद्धधर्म को अपनाया और संघर्ष की नीति का परित्याग किया। हर्ष भी इसी परम्परा के राजा थे। कालिदास शैव थे किन्तु रघुवंश महाकाव्य में उन्होंने राम के विष्णु रूप की प्रतिष्ठा की है। भारतीय समाज में भी धार्मिक वाद-विवाद के जो

द्वेषपूर्ण स्थल मिलते हैं वे नगण्य और अपवाद मात्र हैं। क्योंकि विभिन्न सम्प्रदाय और मत-मतान्तर परस्पर मित्रता और सहिष्णुता के साथ रहे हैं।

मध्यकालीन भारतीय समाज में भी यह भावना लुप्त नहीं हुई। सूफी संतों की भक्ति भावना ने भारत में उदारतावाद दृष्टिकोण को जन्म दिया। इसी काल में भक्ति आन्दोलन का एक झोंका आया जिसका एक प्रमुख उद्देश्य भारत में बढ़ते हुए जातीय भेद को दूर करना था। इस क्षेत्र में कबीर, गुरुनानक, और दादू आदि ने जो योगदान दिया हैं वह प्रशंसा का विषय है। समस्त धर्मों को एक करने का प्रयास केवल मध्यकाल के भक्ति आन्दोलन ही में मिलता हैं। आधुनिक काल में भी इसके प्रयास हुए। राजाराममोहनराय ने हिन्दू धर्म का अन्य धर्मों से तालमेल बैठाने की चेष्टा की। स्वामी विवेकानन्द ने सभी धर्मों का महत्व और हिन्दू धर्म की विशेषता पर बल दिया। टैगोर ने मानव धर्म और अन्तर्राष्ट्रीय शांति स्थापना का प्रयास किया। गांधीजी ने संकीर्णता का पथ त्याग अहिंसा और सत्यमार्ग का प्रदर्शन किया। संक्षेप में, भारतीय समाज में सहिष्णुता, और उदारता का तत्व है।

5. अनेकता में एकता

बाह्य विभिन्नताओं के होते हुए भी भारतीय समाज में मौलिक एकता पाई जाती है। यह सामाजिक एकता उतनी ही प्राचीन है जितनी कि भारतीय संस्कृति। सामाजिक और सांस्कृतिक एकता का आदर्श बहुत पुराना हैं और सब की रग-रग में समाया हुआ है। भारतीय संस्कृति को जन्म देने वाले ऋषि और मुनि भारत की एकता से पूरी तरह परिचित थे। विभिन्न क्षेत्रों में इस एकता के दिग्दर्शन से यह बात और भी स्पष्ट हो जाती है।

1. प्रत्येक देश की कुछ भौगोलिक सीमाएं होती हैं—भारत की भी अपनी भौगोलिक सीमा है। इस सीमा में वह भौगोलिक और सांस्कृतिक एकता में बंधा हुआ है। देश को भारत वर्ष के नाम से पुकारना ही इस बात का प्रमाण है कि पुराने भारतीय विद्वान भारतवर्ष को एक भौगोलिक इकाई के रूप में मानते थे। पुराणों और महाकाव्यों में भी भारतवर्ष को इसी नाम से पुकारा गया है–

उत्तरं यत्समुद्रस्य हिमाद्रेश्चैव दक्षिणम्।
वर्षं तद् भारतं नाम, भारती यत्र सन्ततिः।।

वैसे भारत के मानचित्र को देखने से स्पष्ट हो जाता है कि भारतवर्ष शेष विश्व से बिलकुल अलग है और इसकी सीमाएं प्रकृति द्वारा निश्चित कर दी गई हैं।

2. धार्मिक क्षेत्र में भी अनेकता तो है परन्तु एकता है। बाह्यरूप से देखने पर इनमें अनेकता दिखाई पड़ती है परन्तु वह भिन्नता मात्र दर्शन की है, आभ्यन्तर में सांस्कृतिक जागरूकता के चिह्न एक ही हैं। यह सभी लोग जानते हैं कि भारत

के प्रायः सभी सम्प्रदाय आत्मा की अमरता, एक देववाद, मोक्ष या निर्वाण आदि को मानते हैं। इस तरह रास्ता अनेक होकर भी मूलभूत सिद्धान्त लगभग एक ही है। मंदिरों का उदाहरण ले सकते हैं। उत्तरी भारत से भी सुन्दर मंदिर दक्षिण में है। राम और कृष्ण अवतार की सभी भाषाओं के साहित्य में समान रूप से समादरणीय हैं। गीता, महाभारत, पुराण और संहिता आदि का स्थान भारत के प्रत्येक घर में पूज्य हैं चाहे वह हिन्दी भाषी हो या बंगला भाषी, तमिलभाषी हो या पंजाबीभाषी—ये ग्रन्थ भारत के प्रत्येक व्यक्ति को सुख और शांति देते हैं। हिन्दुओं के तीर्थस्थान (उत्तर में बद्रीनारायण, पश्चिम में द्वारका, दक्षिण में सेतुबन्ध रामेश्वर और पूर्व में जगन्नाथपुरी) जो भारत के चारों कोनों में है, एकता के ही परिचायक हैं। प्रतिदिन स्नान की जाने वाली दैनिक प्रार्थना में भारत की सभी प्रमुख नदियों का नाम आता है--

गंगे च यमुने चैव गोदावरी सरस्वति।
नर्मदे सिंधु कावेरी जलेऽस्मिन् सन्निधिं कुरु।।

3. सांस्कृतिक एकता भी अनेकता में एकता का मूलभत् तत्व है। विभिन्न भाषाओं और रीति रिवाजों के होते हुए भी विभिन्न भारतीय सम्प्रदायों के साहित्य और विचारों पर सांस्कृतिक एकता की मुहर लगी हुई है। दर्शन, साहित्य, प्रथाओं और भारतीय जीवन के दृष्टिकोण में एक आधारभूत एकता पाई जाती है। परिवार की पवित्रता, जाति के नियम, संस्कार और रसोई की पवित्रता आदि के नियम सभी सम्प्रदायों और समाजों में एक से माने जाते हैं। होली, दीवाली, दशहरा, रक्षाबन्धन, और अन्य त्यौहार सारे देश में एक ही प्रकार से मनाए जाते हैं जो इस बात के प्रतीक हैं कि भारत में सांस्कृतिक एकता है।

4. भारत में भाषायी समस्या का भी सम्बन्ध अनेकता में एकता से है। संस्कृत भाषा प्राचीन भाषा है। उत्तर और दक्षिण भारत के लोग संस्कृत को एक भांति अपनी भाषा मानते हैं। संस्कृत और हिन्दू संस्कृति की छाया में रहकर विभिन्न भाषाओं और जातियों वाला यह देश एक हो गया है। संस्कृत भाषा के साथ प्राकृत भाषा और पालि भाषा जैसे लोक भाषा का भी प्रयोग मिलता है, जो संस्कृत से बहुत कुछ मिलता है। उस समय संस्कृत विद्वानों की भाषा थी और प्राकृत सर्वसाधारण के बोलचाल की भाषा थी। बहुत से प्रसिद्ध कालिदास आदि संस्कृत के विद्वानों ने इन दोनों भाषाओं का प्रयोग अपनी पुस्तकों में किया है। अशोक ने बौद्ध धर्म के प्रचार के लिए प्राकृत भाषा की ही शरण ली थी। बौद्धों का साहित्य पालिभाषा में, जैनों का साहित्य भी प्राकृत और पालि भाषा में ही है। पर इसका अर्थ कदापि नहीं कि लोग पाली और प्राकृत के आगे संस्कृत भाषा को भूल गये। बल्कि संस्कृत भाषा को सभी सम्प्रदायों और धर्मों के अनुयायियों ने बिना किसी धर्म और जाति के भेदभाव के अपने धार्मिक ग्रन्थों की रचना के लिए संस्कृत को चुना क्योंकि पाली और प्राकृत भाषाएं तो

संस्कृत की ही संतान थीं। आज की हिन्दी, मराठी, गुजराती, बंगाली आदि आधुनिक भाषाएं भी संस्कृत से ही निकली हैं। दक्षिण की भाषाएं तमिल, तेलुगु और मलयालम पर भी संस्कृत का प्रभाव है। इस तरह संस्कृत ही एक ऐसी भाषा है जिसमें भारत का समस्त प्राचीन धार्मिक तथा अन्य प्रकार का साहित्य उपलब्ध है।

5. भारतीय समाज को एकजुट रखने में राजनैतिक एकता का भी प्रमुख योग है, यह ठीक है कि भारत में पुराने समय से ही स्वतंत्र प्रान्तपतियों, छोटे-छोटे राजाओं में युद्ध की परम्परा दीख पड़ती है, लेकिन इससे भी इंकार नहीं किया जा सकता कि इन राजाओं के सामने चक्रवर्ती सम्राट बनने का आदर्श था। राजा पृथु, दिलीप, अज, दशरथ, सगर, ययाति, मान्धाता आदि चक्रवर्ती सम्राट इसके प्रमुख उदाहरण हैं। चक्रवर्ती बनने के लिए जो संघर्ष होता था उसमें लूटमार, सम्पति छीनने की बात कम भारत को एक राज्य में लाने की कल्पना अधिक थी। इस तरह प्राचीनकाल के हिन्दू राजाओं में सार्वभौम विजय और सारे भारत पर अपने अधिकार की धारणा उपस्थित थी। भारत को राजनैतिक एकता में बांधने के इस प्रयास में बहुत से राजा सफल भी हुए। सरकार ने लिखा है–"आर्य संस्कृति........ समस्त भारत पर शासन करती है और हमारे भूगोल, जाति तथा राजनैतिक इतिहास द्वारा इस विभिन्नता के होने पर भी इसने भारत को आंतरिक ऐक्य प्रदान किया है (इण्डिया थरू द एजेज)

श्री रामधारी सिंह दिनकर ने लिखा है कि "पीढ़ी-दर-पीढ़ी, हमें अभी बहुत दिनों तक शांति बरतनी है, सद्भाव निभाना है, अमृत बोते जाना है, जिससे सब पारस्परिक भिन्नता को भूलकर एक हो जायं।"

(संस्कृति के चार अध्याय–पृ. 726)

6. विश्व कल्याण की भावना

भारतीय समाज में प्रारंभ से ही "वसुधैव कुटुम्बकम" की धारणा मिलती है। यह समाज जाति, रंग, और देश की भावना को छोड़कर विश्व कल्याण की भावना को अपनाया। हसने विदेशियों के लिए दरवाजे खोल दिए और उनकी अच्छाइयों को ग्रहण कर उन्हें अपने में आत्मसात कर लिया। प्राचीनकाल में हेलियोडोरस ने एक यूनानी होते हुए भी भागवत धर्म स्वीकार किया और विदिशा नगरी में विष्णु के गरूड़ध्वज की स्थापना की। दूसरा यूनानी सिकन्दर, जिसने नागार्जुन से वाद विवाद किया और बौद्धधर्म समर्थक हो गया। कार्ले और विदिशा के मंदिर विदेशियों के कला के प्रभाव का प्रवचन अब भी करते हैं। हूण सम्राट मिहिर कुल और तोरमाण शैव थे।

प्रश्न यह है कि इतिहास के पन्नों में जो इस भांति की घटनाएं दृष्टिगोचर होती हैं वह क्यों है? यदि इन उद्घृत घटनाओं की तह में जाया जाए तो पता चलेगा

कि भारतीय संस्कृति की विश्वकल्याण की भावना, विदेशियों को अपना समझने की भावना इन आश्चर्यजनक घटनाओं को हमारे सामने प्रस्तुत करने का कारण है। भारतीय संस्कृति की यह उदारता कि वह भारतीयों को उतना ही अपना समझती है जितना विदेशियों को—विदेशियों को इस बात के लिए प्रेरित करती रही कि विदेशी भारत और उसकी संस्कृति को अपनी ही संस्कृति क्यों न समझे।

7. ग्रहण शीलता

जिस संस्कृति में आत्मसात करने की शक्ति नहीं होती उस संस्कृति में स्थायित्व नहीं हो सकता। भारत की सामाजिक व्यवस्था प्रारंभ से उदारवादी रही है, जिसके कारण इसमें प्रत्येक परिस्थिति के अनुकूल ढल जाने और बाह्य प्रभावों से आवश्यक तत्व ग्रहण करने की क्षमता आ गई। प्राचीनकाल से अब तक बहुत से आक्रमण हुए, पर इससे यह नष्ट नहीं हुई। आक्रमणकारियों को कुछ सुविधाएं देकर भारतीय समाज के मनीषियों ने उन्हें शिष्य बना लिया, इस तरह प्राचीनकाल में जितनी भी आक्रमणकारी जातियां आईं वे इसके प्रभाव में ऐसी रंग गई कि अपना पृथक अस्तित्व ही नहीं रख सकीं। पर यह भी न भूलना चाहिए कि इन विदेशियों ने हमारे सामाजिक जीवन, वेशभूषा, खान पान, शासन व्यवस्था, भाषा, कला और धार्मिक आदर्शों एवं सिद्धान्तों पर प्रभाव डाला है। यदि भारतीय संस्कृति एवं समाज ने इन विदेशियों के गुणों को न लिया होता तो कदाचित यह भी आज विश्व की तमाम संस्कृतियों की भांति अजायबघरों की वस्तु होती। पर भारतीयों का असंकुचित और ग्रहणशील होनाउसके स्थायित्व का एक कारण बन गया। इस भांति की ग्रहणशीलता के कारण भारतीय समाज और संस्कृति में विशालता, व्यापकता और विविधता आई है। भारत में लगभग 179 भाषाएं 544 बोलियां और 2000 जातियां हैं, यह ग्रहणशीलता का ही परिणाम है। ये भेद केवल भाषा, बोली और जाति में ही नहीं, बल्कि रहन-सहन, खान-पान, वेशभूषा और सामाजिक व्यवस्थाओं में दृष्टिगोचर होते हैं। डॉ. रामधारी सिंह दिनकर लिखते हैं कि "उन दिनों का भारतीय जीवन घेरों में बन्द नहीं था, न तत्कालीन समाज में ही जड़ता या गतिहीनता की कोई बात थी। उस समय एक छोर से लेकर दूसरे छोर तक समग्र भारतवर्ष में सांस्कृतिक उत्साह की लहरें ले रहा था। इसी समय दक्षिण भारतवर्ष के लोग दक्षिण पूर्व एशिया की ओर गये और वहां उन्होंने अपना उपनिवेश स्थापित किया। दक्षिण से ही बौद्धमत का सन्देश लेकर बोधिधर्म चीन पहुंचा। इस साहसिक जीवन की अभिव्यक्ति में ही उत्तर और दक्षिण दोनों एक थे और वे परस्पर एक दूसरे का पोषण भी करते थे।

8. चिंतन की स्वतंत्रता

जिस देश की संस्कृति, सभ्यता या समाज में चितन की स्वतंत्रता न होगी, वह स्थायी सिद्ध नहीं हो सकती। इस चिंतन की स्वतंत्रता की आवश्यकता इसलिए भी है कि संस्कृति का निर्माण उस देश के विचारकों के चिंतन पर ही आधारित होता है। विचार स्वातंत्र्य के कारण ही भारत में श्रुति, स्मृति, बौद्धदर्शन, जैनदर्शन, चार्वाकदर्शन अद्वैतदर्शन, विशिष्टाद्वैत दर्शन, द्वैतदर्शन, द्वैताद्वैत दर्शन आदि कितने ही दर्शनों एवं मतान्तरों का जन्म हुआ। भारतीय समाज में प्रत्येक नर-नारी को सोचने का अधिकार मिला हुआ था। इसी कारण भारत में बहुत से धर्म, दर्शन, सम्प्रदाय एक साथ फुलेफले और फिर भी उसमें किसी तरह का मनमुटाव या तनाव नहीं पाया जाता। स्वतंत्रता हमारा जन्मसिद्ध अधिकार हैं, इस बात को हमारे मनीषी भलिभांति जानते थे।

9. संयुक्त कुटुम्ब प्रणाली

आजकल पाश्चात्य जगत में सामूहिक कुटुम्ब प्रणाली को बड़ा हेय समझा जा रहा है। वहां अपने पांव पर खड़े होने की बात अधिक प्रिय है। भारत में संयुक्त परिवार की प्रणाली प्राचीनकाल से ही शिला के रूप में अविचल प्रचलित है। इस परम्परा में स्वार्थ परित्याग का गुण आवश्यक है। आधुनिककाल में भी यह प्रथा ज्यों की त्यों प्रचलित है। परिवार में नारी को उचित स्थान प्राप्त है–''यत्र नार्यस्तु पूज्यन्ते रमन्ते तत्र देवताः'' का सिद्धान्त अब भी किसी न किसी रूप में उपस्थित है। इसी कारण अवसर-अवसर पर इन्होंने वीरता, विद्वत्ता और शौर्य का प्रदर्शन भी किया है। यह प्रणाली स्वार्थ का बलिदान करके एक सूत्र में बंधे रहने की शिक्षा देती है।

निष्कर्ष यह है कि समाज शास्त्रीय दृष्टि से देखें तो वर्तमान में भारतीय समाज में कृत्रिमता का दौर जोरों पर है। दैवी सम्पत्ति के बदले आसुरी सम्पत्ति का साम्राज्य है। स्वार्थ द्वेष, वैमनस्यता का बोलबाला है, धनवान ही कुलीन, ज्ञानवान और विद्वान है। इससे भारतीय समाज में विषमता पैदा हो गई है। श्री रामधारीसिंह दिनकर लिखते हैं–''हमारे आचरण की तुलना में हमारे विचार और उद्गार इतने ऊँचे हैं कि उन्हें देखकर आश्चर्य होता है। बातें तो हम शांति और अहिंसा की करते है मगर काम हमारे कुछ और होते हैं। सिद्धान्त तो हम सहिष्णुता की बघारते हैं, लेकिन भाव हमारा यह होता है कि सब लोग वैसे ही सोचें, जैसे हम सोचते हैं, और जब भी कोई हमसे भिन्न प्रकार से सोचता है, तब हम उसे बर्दाश्त नहीं कर सकते। घोषणा तो हमारी यह है कि स्थितप्रज्ञ बनना अर्थात कर्मों के प्रति अनासक्त रहना हमारा आदर्श है,लेकिन काम हमारे बहुत नीचे के धरातल पर चलते हैं और बढ़ती हुई अनुशासनहीनता हमें वैयक्तिक और सामाजिक, दोनों ही क्षेत्रों में नीचे ले जाती है।'' (संस्कृति के चार अध्याय–प्रस्तावना पृ. 16)

5. हिन्दी साहित्य में प्रतिबिम्बित भारतीय मूल्य

भारतीय मूल्य और साहित्य मूल्य

मनुष्य एक विवेकधर्मी प्रणी है। उसके आचरण में प्रकृति का परिपालन तो है ही, एक नीर-क्षीर विवेकी बुद्धि और आत्मा का भी हाथ है। वह सुन्दर और असुन्दर को पहचानता है। कुरुचि और सुरुचि में अन्तर कर सकता है। उसे भले बुरे का ज्ञान हैं तथा उसे यह भी ज्ञात है कि वह प्रकृति की असीम शक्तियों का मानव के हित या अहित में सदुपयोग या दुरूपयोग कर सकता हैं। इसीलिए वह अपने जीवन मूल्यों के प्रति भी एक अन्वेषक का दृष्टिकोण अपनाता है। ये जीवनमूल्य ही भारतीय मूल्य हैं और भारतीय संस्कृति मूल्यों पर ही आधारित हैं।

भारतीय मूल्यों के विवेचित पृष्ठभूमि में ही साहित्यमूल्य का सन्दर्भ भी सम्मिलित है। अंततः साहित्य या काव्य का सम्बन्ध मानव जीवन से है अतः जीवनमूल्यों की अर्थवत्ता में ही साहित्यिक मूल्यों का संलग्न होना स्वाभाविक है। इस संदर्भ में यह भी कहा जा सकता है कि मनुष्य केवल जिन्दगी को जीता ही नहीं है, उसके ऊपर विचार भी करता है। किसी भी वस्तु को जानने के लिए उसकी चेतना निरन्तर चिंतन की स्थिति में रहती है। मध्यकाल तक इस वैचारिकता का पर्यवसान ईश्वर में था। कहना न होगा कि मध्यकालीन हिन्दी साहित्य या काव्यजगत में ईश्वर को चरममूल्य स्वीकृत किया गया और उस समय यही जीवन का भी चरम मूल्य था। यहां तक कि साहित्यानन्द को ब्रह्मानन्द से जोड़ा गया। रस को परम कथ्य तथा उसके चरम स्वरूप को ईश्वर के साथ जोड़ दिया। 'रसो वै सः' के पीछे यही रहस्य है।

संस्कृत और हिन्दी काव्यपरम्परा उक्त तथ्य को ही ध्यान में रखकर कवि को मनीषी, 'परिभू' ओर स्वयंभू जैसे नामों से पुकारती रही है। दूसरे शब्दों में साहित्य का क्षेत्र उतना ही पवित्र और साधनात्मक है जितना ईश्वर या उसके परम ज्ञान का क्षेत्र है। यही कारण है कि साहित्य में सत्यं, शिवं और सुन्दरम् की प्रतिष्ठा हुई है। इसीलिए कविता का प्रतिपाद्य विषय विशिष्ट था और कवि भी एक विशिष्ट मनुष्य के रूप में समादृत था। कविता या साहित्य के इस उदात्त लक्षण के फलस्वरूप ही मम्मट ने काव्य का प्रयोजन बतलाते हुए लिखा है–

काव्यं यशसेऽअर्थकृते व्यवहारविदे शिवेतरक्षतये
सद्यः परिनिवृत्तये, कान्ता सम्मितनयोपदेशयुजे।

इन प्रयोजनों में अर्थ और यश की प्राप्ति अत्यन्त विचारणीय है। अर्थ का तात्पर्य केवल धन नहीं है, अपनी चेतना की गति को अनुभव करना भी अपने को अर्थमंडित करना है। यश में प्रतिष्ठा और मान का भाव है। कोई न कोई त्यागवृत्ति या दूसरे प्राणी के प्रति सहानुभूति के कारण ही प्रतिष्ठा प्राप्त होती हैं। अतः यश में त्याग और तितिक्षा का भाव निहित है। प्रकारान्तर से यही भारतीय मूल्य है और यही साहित्य या काव्य का मूल्य है और यही कविता का पवित्रीकरण है। कविता के इसी पवित्र दृष्टिकोण के कारण मध्यकालीन हिन्दी साहित्य (सन्तकाव्य, सूफीकाव्य, रामकाव्य धारा और कृष्णकाव्य धारा) का सम्बन्ध बहुत समय तक ईश्वर या ईश्वरीय मूल्यों से रहा। नैतिकता और मानवता भी इसीलिए कविता से जुड़ी रही। यह माना जाता रहा कि श्रेष्ठ कविता मनुष्य को ऊपर उठाती है, सन्मार्ग की ओर ले जाती है, उसे एक सही दिशा प्रदान करती है, ''रामादिवत् वर्तितत्यं न रावणादि'' की शिक्षा देती है। 'कान्तासम्मिततयोपदेशयुजे' में यही भाव निहित है। इस चिंतन का बहुत बड़ा प्रभाव मध्यकालीन हिन्दी साहित्य के निर्गुण और सगुण काव्य धारा पर पड़ा कि उन्होंने नर से अधिक नारायण को महत्व दिया। मध्यकालीन हिन्दी साहित्य पर या हिन्दी कविता पर भारतीय मूल्यगत चेतना की यह छाया लम्बे समय तक हमें देखने को प्राप्त होती है।

किन्तु आधुनिककाल में अठारहवी शती के आसपास नयी औद्योगिक क्रान्ति के साथ-साथ मनुष्य के चिंतन की दिशा बदली तो भारतीय मूल्य भी बदल गये। मनुष्य ने जीवन-मरण के शाश्वत सवालों के बजाय या ईश्वरचिंतन के स्थान पर जीवनयापन के सवालों को ही सर्वोत्तम चेतना का आलम्बन मानकर अपने को आध्यात्मिक धरातल से मुक्त किया और पहली बार उसने मनुष्य की रागात्मक और भौतिक दुनिया को अपने ज्ञान का क्षेत्र घोषित किया। सम्पूर्ण विश्व की मानवीय चेतना भौतिक सुविधा पाने के लिए लालायित हो उठी। आधुनिक काल के हिन्दी साहित्य में सही अर्थों में मानव और उसकी दुनिया साहित्य की कर्मभूमि या केन्द्रीय भूमि के रूप में स्वीकृत हुई। साहित्य में लोक या जन को प्रतिष्ठा मिली। भारतेन्दु युग से लेकर द्विवेदीयुग, छायावादी युग, प्रगतिवादी और प्रयोगवादी या नई कविता के युग तक साहित्य नारायण की अपेक्षा नर से जुड़ा रहा। जबकि इसके पूर्व हिन्दी कविता ईश्वर या राजा (जो ईश्वर का अंश समझा जाता था) की दुनिया से अधिक सम्बन्धित रही।

उपर्युक्त विवेचन का तात्पर्य यह है कि मध्यकालीन हिन्दी साहित्य में भारतीय मूल्य या काव्य की धारणा पारलौकिक अधिक थी, इहलौकिक कम थी। आधुनिककाल के हिन्दी साहित्य की समस्या यह है कि प्राप्त क्षणभंगुर जीवन को

किस प्रकार सुरुचि सम्पन्न और सुसंस्कृत बनाया जाय। उसके आशा आकांक्षामय व्यक्तित्व को किस तरह अलंकृत किया जाय, यह केवल आज का भारतीय मूल्य है प्रकारान्तर से यही आधुनिक साहित्य का मूल्य है और यही जीवन मूल्य हैं। कविता में मूल्यों की समस्या अनिवार्य रूप से मानवीय विशेषताओं की समस्या हैं। इसीलिए उसका सम्बन्ध सामाजिक न्याय, सत्य और शिव से है। अतः यह अपने आप ही प्रमाणित हो जाता है कि कविता या साहित्य का सम्बन्ध एक आदर्श से है।

इस प्रकार हिन्दी साहित्य में भारतीय मूल्यों की खोज जीवन के मूल्यों की खोज है और जीवन के मूल्यों की खोज मानवता के चरम मूल्यों की खोज है।

मानवता और साहित्य का मूल्य

मानवता एक व्यापक शब्द है। मनुष्य की सम्पूर्ण संवेदनशीलता, जो उसे ''जीवो और जीने दो'' की भावना से समन्वित करती हैं, मानवता है। आज का साहित्य एक विशेष अर्थों में मानवीय मूल्यों को प्रथम और अन्तिम साध्य इसलिए मानता है क्योंकि उसका विश्वास किसी परलोक के प्रति लगभग नहीं के बराबर हे। इसीलिए मानवीय मूल्यों की चिन्ता साहित्य के मूल्यों की चिन्ता है। डॉ. जगदीश गुप्त के शब्दों में ''मैं समझता हूं कि तत्वतः सभी भारतीय मूल्य मानवीय मूल्य हैं, चाहे वे नैतिक मूल्य हों, चाहे सौन्दर्यपरक मूल्य हों या कोई और, पर विशेष अर्थ में मानव मूल्यों से है, जो मनुष्य के साथ सहज रूप में जुड़े हुए हैं। अतः जीवन में मूल्यों की प्रतिष्ठा का अर्थ मानवीय मूल्यों की प्रतिष्ठा है उसके बिना मानव का अस्तित्व निरर्थक है। उसके भिन्न रूप में मानव मूल्य की कल्पना मैं नहीं कर पाता हूं।'' (नयी कविता, स्वरूप और समस्याएं-पृ. 15)

प्रकारान्तर से जगदीश जी मनुष्य की संवेदना या मानवीय करुणा, या सहानुभूति को ही मानवीय मूल्य मानते हैं। यही मानवीय मूल्य भारतीय मूल्य हैं और इसी को वे साहित्य का मूल्य मानते हैं।

निश्चित रूप से साहित्य का सम्बन्ध मनुष्य और उसके समाज से है, सहअस्तित्व की भावना से है और यही साहित्य का भी सत्य है। कदाचित् यही कारण है कि प्राचीन भारतीय चिंतना सहानुभूति को ही भारतीय मूल्य या साहित्य का मूल्य स्वीकारती है। यह सहानुभूति या संवेदना ही निर्विशेष होकर कला बन जाती है जिसको पढ़कर या सुनकर के सामान्य पाठक भी द्रवित हो जाता है। अतः सहअस्तित्व, सहानुभूति का भाव ही साहित्य का मूल्य है और वही भारतीय जीवन मूल्य के रूप में सुरक्षित हैं। अज्ञेय जी के शब्दों में :

''एक मैं ही नहीं हूं–
अस्ति इससे बढ़कर दूसरी नहीं है।
(कितनी नावों में कितनी बार, प्रातः संकल्प)

साहित्य का मूल्य और जीवन मूल्य

भारतीय मेघा ने काव्य या साहित्य को मानवीय मूल्यों का प्रतिष्ठापक माना है और कवि को जीवन द्रष्टा मानकर प्रकारान्तर से नवीन मूल्यों को स्वीकार किया है। बहुत से मानवीय मूल्य पुराणों और धार्मिक कथाओं से उपजे हैं। अतः कहा जा सकता है कि मूल्य तो प्रकट एवं स्वतंत्र अस्तित्व वाले हैं किन्तु वहीं यह भी सच है कि मूल्य का निर्माण साहित्यिक प्रतिभाएं करती हैं। इसीलिए मूल्य एक अमूर्त मानवीय निष्ठा है, जो युग युग के प्रभावों और ऐतिहासिक तथा भौगोलिक परिस्थितियों के दबावों से निर्मित हुआ करता है। यही कारण है कि साहित्य का मूल्य और जीवन के मूल्य का आधार स्वीकार करने वाले चिन्तकों की कमी नहीं है। डॉ. धर्मवीर भारती ने "अन्तरात्मा के ध्वंस" को ही मानवीय मूल्यों का संकट स्वीकार किया है। यहां यह भी स्पष्ट कर देना आवश्यक है कि मूल्य शब्द अपनी व्यापकता के साथ ही अनिवार्य है। कोई भी कथन चाहे वह कविता या साहित्य जैसा कथन हो या न हो बिना मूल्य के होता ही नहीं। जो भी सार्थक कथन होगा वह मूल्यहीन नहीं होगा। यह बात दूसरी है कि वह किसी को स्वीकार्य होगा और किसी को अस्वीकार्य। किन्तु इतना अवश्य हे कि साहित्य में मूल्यगत चेतना अनिवार्य है और यही मूल्यांकन की विषयवस्तु भी है। और यह भी प्रकट है कि एक कवि दूसरे कवि के ठीक समान नहीं हो सकता, प्रेमचंद और प्रसाद एक समान नहीं हो सकते अतः प्रत्येक साहित्यकार का काव्यमूल्य अलग अलग होगा पर कविता में मूल्यों की खोज एक समीकरण के आधार पर ही होगा। क्योंकि प्रत्येक युग में जहां अलग स्वभाव और दृष्टियां होती हैं, वहीं प्रत्येक युग का भी एक स्वभाव होता हैं, एक दृष्टि हुआ करती हैं। अतः हिन्दी साहित्य में आदिकाल से लेकर आधुनिक काल तक मूल्यों को तलाशने का आधार युगीन हो सकता है।

1. आदिकालीन हिन्दी साहित्य में भारतीय मूल्य

हिन्दी साहित्य का महत्वपूर्ण और विवादास्पद काल आदिकाल है। इस काल में सिद्ध साहित्य, नाथ साहित्य, जैन साहित्य, रासो साहित्य आदि की रचना हुई। इन सभी में प्राचीन भारतीय मूल्य दिखाई पड़ते हैं।

सिद्ध साहित्य में अनियंत्रित वामाचार के विकृत बाह्य स्वरूप के भीतर भी जनमानस अलौकिक एवं मनीषी मन आध्यात्मिक रहस्यगर्भी अंतः सूत्रों का अनुसंधान करता रहा। अतः चौरासी सिद्धों की परिकल्पना जनमानस को स्पंदित करती रही। इसका एक कारण यह था कि हीनयान की वैयक्तिक साधना से निकलकर लोक जीवन के निकट पहुंचने का सहज प्रयत्न भी हो सकता है, जो कठोर आचारों के प्रति महायान की विद्रोह भावना में आंशिक रूप से अभिव्यक्त हुआ।

फिर तंत्र भी मूलतः लोकाचार ही थे, जो आदिम अनुष्ठानों के रूप में लोकधर्म के अंग थे। बोधिचर्या के मूल में अंतर्निहित शून्यता क्रमशः ज्ञान एवं करुणा से युक्त होकर दार्शनिक मेघा के लिए निर्वाण तथा लोकजीवन के लिए भौतिक लौकिक सिद्धियों की प्राप्ति का माध्यम बन गई। यह तथ्य विशेष प्रासंगिक है कि शैव, शाक्त एवं कापालिक तांत्रिक सिद्धान्तों एवं गुह्य साधनाओं के संपर्क—संघर्ष से सिद्ध साहित्य का लोकक्षेत्र अधिक व्यापक और कालान्तर में अधिक ग्रहणशील हो गया। नाथ सम्प्रदाय का उद्‌भव इसी समन्वय का परिणाम था। यहां यह भी द्रष्टव्य है कि सरहप्पा आदि ने सिद्ध गुह्याचारों की अपेक्षा उस सहज साधना पर बल दिया हैं, जिसमें संभोग साधना का अतिक्रमण सा करता प्रतीत होता है। सिद्धों ने मोह माया का विरोध किया और सहज जीवन को ही महा सुख प्राप्ति (निर्वाण) का मार्ग बताया। अनेक चर्यापदों में मुद्रासाधना हठयोग की प्रतीकात्मक अभिव्यंजना है, जहां डोम्बि भगवती नैरात्मा का प्रतीक है।

नाथ साहित्य में मिथकीय दृष्टि से तो नाथ पंथ के प्रवर्तक आदिनाथ भगवान शिव तथा योगमार्ग के प्रतिष्ठापक महर्षि पंतजलि हैं किन्तु योगमार्गी साधनाओं को संगठित कर एक सम्प्रदाय के उन्नयन का श्रेय गुरु गोरखनाथ को दिया जाता है। नाथों ने तांत्रिक साधनाओं के गुह्य अर्थों को लोक मंगल की दृष्टि से पुनः परिभाषित किया। फलतः युगीन परिस्थितियों के अनुरूप रूढ़िविरोधी किन्तु एकान्ततः समाज-बाह्य साधना मार्ग का पुनः संस्कार किया। यह कार्य मूलतः गुरु गोरखनाथ का था। अपने भारतीय मूल्यों और इसलिए भारत व्यापी प्रभाव, मौलिक साहित्य एवं निर्गुणकाव्य की प्रेरणाभूमि की दृष्टि से नाथ साहित्य का निजी वैशिष्ट्य है। इन नाथों के नाम से योग, ज्ञान, वैराग्य, आत्मज्ञान शील, संतोष आदि के पद प्राप्त हुए हैं। भारतीय मूल्यों की दृष्टि से आचरण की एक आदर्शमूलक दृष्टि उनकी वाणी में निरंतर सक्रिय है—

गोरख कहै सुण हू रे अवधू जग में ऐसे रहण
आंखे देखिबा कानै सुनिण मुखतें कछुन कहण।

साधनामार्ग को प्रशस्त करने के लिए नाथों ने दया, संतोष, अहिंसा, जीवदया पर भी बल दिया है। जीव हिंसा, मांस भक्षण एवं मद्यपान सभी साधना मार्ग के बाधक तत्व हैं। मूर्ति पूजा और अवतारी उपासना को निरर्थक बताकर वे अगम, अगोचर, अचिंत्य ईश्वर की उपासना पर जोर देते है। नाथ साहित्य का अधिकांश कथन उन भारतीय मूल्यों पर आधारित है जो ब्रह्म, जीत, जगत, माया, कर्म, ज्ञान, भक्ति आदि तत्वों का प्रतिपादन कर निर्गुण भूमिका निर्मित करते हैं। उदाहरण के लिए—

अंकुर बीरज नहीं आकार
रूप न रेख न व ओंकार।

उदै न अस्ति आवै नहीं जाई
तहां भ्रथरि रहा समाई।

(नाथसिद्धों की बानियां)

जैन साहित्य में जैन साधुओं ने हिन्दी कविता के माध्यम से भारतीय मूल्यों को प्रधानता दी है। जीव दया, परोपकार, त्याग, कठोर तप, निष्ठा आदि ये भारतीय मूल्य हैं, जिनका जैन कवियों ने विभिन्न आख्यानों के माध्यम से प्रतिपादित किया है। कवि देवसेन ने 'श्रावकाचार' में 250 दोहों में श्रावक धर्म का प्रतिपादन किया है। कवि ने गृहस्थ के कर्तव्यों पर भी विस्तार से विचार किया है। शालिभद्रसूरि ने "भरतेश्वर बाहुबली" में दो राजाओं की वीरता, युद्धों आदि का विस्तार से वर्णन कर के अन्त में हिंसा और वीरता के पश्चात विरक्ति और मोक्ष का प्रतिपादन किया है। आसगू नामक कवि ने 'चन्दनबालारास' में करुण रस की गंभीर व्यंजना की है। श्री दिनकर ने लिखा है कि जैनधर्म का त्रिरत्न (सम्यक् दर्शन, सम्यक् ज्ञान और सम्यक् चरित्र) असल में वैदिकों के भक्तियोग, ज्ञानयोग और कर्मयोग का ही परिवर्तित रूप है। भेद यह है कि वैदिक धर्म में ज्ञान, कर्म और भक्ति में से कोई भी मार्ग मुक्ति के लिए यथेष्ट समझा गया है, किन्तु जैनधर्म मोक्षलाभ के लिए सम्यक् दर्शन, सम्यक् ज्ञान और सम्यक् चरित्र तीनों को आवश्यक मानता है।" (संस्कृति के चार अध्याय पृ. 130)

रासोकाव्य में चन्दवरदायी ने प्रेम और सौन्दर्य के सभी चित्रों में कुछ नैतिक मर्यादाओं का निर्वाह किया है, जिनके कारण रस की सात्विकता सुरक्षित रही है। आचार्य रामचंद्र शुक्ल ने लिखा है—"आदिकालीन कवि धार्मिकता और ऐहिकता, वीर और श्रृंगार, ईश्वरत्व और मनुष्यत्व के द्वन्द्वों का समाहार करने में संलग्न दिखाई देता है।" (हिन्दी साहित्य और संवेदना का विकास पृ. 27)

विद्यापति की रचना कीर्तिलता और कीर्तिपाताका में कवि का उद्‌देश्य है—

"सुपुरूष कहानी हों कहों जसु पत्या वे पुन्य

मानसहित जीना ही जीवन का सार है और यही उक्त काव्यों का सार है।

2. मध्यकालीन हिन्दी साहित्य में भारतीय मूल्य

हिन्दी की मध्यकालीन कविता कुल मिलाकर ईश्वर को व्यक्त करने वाली कविता है। सामान्य जन की भावराशि को कविता का विषय नहीं बनाया गया। मध्यकाल (भक्तिकाल) की सम्पूर्ण वैचारिकता का पर्यवसान ईश्वर में ही था। इसलिए मध्यकालीन हिन्दी साहित्य का चरममूल्य धर्म, और ईश्वर को ही स्वीकृत किया गया है। भामह ने भी माना था कि कविता से पुरूषार्थ की सिद्धि होती है। उनके अनुसार सत्काव्य के सेवन से धर्म, अर्थ, काम मोक्ष की सिद्धि होती तथा कीर्ति और प्रीति लाभ होता है—

धमार्थ काममोक्षेषु वैचक्षण्यं कलासु च।
करोति कीर्ति प्रीतिं च साधुकाव्य निवेषणम्।

जाहिर है भामह का विश्वास मानवीय वृत्तियों के उदात्तीकरण में है। दूसरे शब्दों में उनके अनुसार काव्य का प्रयोजन वही है, जो धर्म प्रधान पौराणिक साहित्य का है।

आचार्य भरत ने काव्य का लक्ष्य कवि और पाठक का कल्याण माना है। कवि एक ओर अपने लिए यश, आयु और बुद्धि का परिष्कार प्राप्त करता है, दूसरी ओर लोक और अपना अभ्युदय प्राप्त कर धर्मपथ पर आरूढ़ होता है। स्पष्ट है नैतिकता और विश्वकल्याण, जो भारतीय मूल्य है वही लोकमंगलोन्मुख काव्य प्रयोजन भरत का है–

धर्म्यं अर्थ्यं यशस्यंच सोपदेश्यं स संग्रहम्
X X X X
धर्म्यं यशस्य मायुष्यं हिंत बुद्धि विवर्धनम्

प्रकट है कि आचार्य भारत और भामह ने जिन काव्यमूल्यों की ओर इंगित किया है वे ही काव्यमूल्य मध्यकालीन हिन्दी साहित्य में विद्यमान हैं।

भक्तिकालीन भक्तिकाव्य को आचार्य शुक्ल जी ने साधना पद्धति और ईश्वर विषयक अवधारण के आधार पर दो मुख्य धाराओं में विभक्त किया है–1. निर्गुण धारा और 2. सगुण धारा। पुनः ये धाराएं दो-दो शाखाओं में विभक्त हैं–1. निर्गुण धारा में ज्ञानमार्गी शाखा और प्रेममार्गी शाखा तथा 2. सगुण धारा में रामभक्ति शाखा और कृष्णभक्ति शाखा।

उपर्युक्त धाराओं में भारतीय मूल्यों की तलाश एक समीकरण और युग विशेष की लगभग समान प्रतीत होने वाली उपपत्तियों के आधार पर होगी।

निर्गुण धारा

1. सन्त काव्यधारा या ज्ञानमार्गी शाखा

सन्तकाव्य धारा के प्रमुख कवि कबीर हैं, जिन्होंने गुरुमंत्र (राम नाम) को भुलाया तो नहीं किन्तु राम विषयक सारी धारणाओं को बदल दिया। कबीर के राम दशरथ के पुत्र राम नहीं है न वे विष्णु के अवतार हैं। वे तो अजन्मा, अनाम और अरूप हैं, जिन्हें रामाश्रयी वैष्णव राम और मुसलमान रहीम कहता है और कबीर उसे 'साहब' कहते हैं।

सन्तकवियों की विचारधारा निजी अनुभूतियों पर आधारित है। उनके उपदेशों में बिधि और निषेध दोनों पक्षों का समन्वय हुआ है। उन्होंने निर्गुण ईश्वर, रामनाम की महिमा, सत्संगति, भक्तिभाव, परोपकार, दया, क्षमा आदि का समर्थन पूरे उत्साह

से किया हैं वहीं मूर्तिपूजा, धर्म के नाम पर की जाने वाली हिंसा, रोजा, नमाज आदि विधि विधानों, बाह्य आडम्बरों, जाति-पांति भेद आदि का डटकर विरोध किया है। कबीर का आदर्श एक भारतीय पत्नी का है, जो अपने आप को पति की अपेक्षा हीन मानते हुए भी उसके प्राणों से लिपट जाना चाहती है। इस प्रकार रहस्यवाद के माध्यम से कबीर ने जो ज्ञान की ज्योति जलाई वह अद्भुत और पूर्ण है। उनका साहित्य आत्म विश्वास, आशावाद और आस्था की भावना संस्थापित करने में सहायक साहित्य है। इस काव्य का प्रयोजन है—त्रस्त, सन्तप्त, उपेक्षित, उत्पीड़ित मानव को परिज्ञान प्रदान करना। इसमें जीवनमूल्यों की व्याख्या उपलब्ध होती है। उनके काव्य में आचरण की पवित्रता है। मानव की क्षुद्रता, स्वार्थपरता, असत्यप्रियता, अर्थलौलुपता, कामुकता आदि का भी चित्रण, विवेचन और विश्लेषण उनकी रचनाओं में हुआ है। सामाजिक असंगतियों और विडम्बनाओं को स्वर मिला है।

कबीर की परम्परा में अनेक संत और महात्मा हुए जिनमें रैदास, नानक धन्ना, सुंदरदास, दादू, दयाल, मलूकदास और धरणीदास के नाम उल्लेखनीय हैं। डॉ. नगेन्द्र लिखते हैं कि "इन संतों की सबसे बड़ी देन यह रही कि उन्होंने मनुष्यत्व की सामान्य भावना को आगे करके निम्न वर्ग के लोगों में आत्म विश्वास पैदा किया और उनमें एक प्रकार के आत्म गौरव का भाव जगाया।" (भारतीय साहित्य का समेकित इतिहास, पृ. 186)

2. सूफी काव्यधारा या प्रेममार्गी शाखा

भारतवर्ष में इस्लाम के आगमन के साथ ही सूफी संतों का आगमन और प्रसार हुआ। एक ओर तलवार की धार, इस्लाम के प्रचार प्रसार का जुनून था तो दूसरी ओर सूफियों के यहां प्रेम की पीर थी। इन भावुक सहृदय मुसलमानों ने दिखला दिया कि एक ही गुप्ततार मनुष्य मात्र के हृदयों से होता हुआ गया है, जिसे छूते ही मनुष्य सारे बाहरी रूपरंगों के भेदों की ओर से ध्यान हटा लेता है, एकत्व का अनुभव करने लगता है। अपनी कहानियों द्वारा इन्होंने प्रेम का शुद्ध मार्ग दिखाते हुए उन सामान्य जीवन दशाओं को सामने रखा जिसका मनुष्य मात्र के हृदय पर एक विशेष प्रभाव दिखाई पड़ा है। इन संतों ने धर्म और मजहब के ऊपर मनुष्यत्व का परिचय दिया है। इन संतों का उद्देश्य भारतीय मूल्यों के अनुरूप संकीर्णताओं से ऊपर उठकर आत्मशुद्धि और जनजीवन में प्रेम संदेश का सम्प्रसार करना था। वह कभी जीवन की उपेक्षा करके नहीं चला। ईश्वराराघन इनका मुख्य ध्येय था, प्रेम मूलमंत्र था, एकेश्वरवाद पर इनकी आस्था थी। वस्तुतः इन उदार कवियों ने जीवन को उदात्त बनाने का सन्देश दिया है। उनके मत में प्रेममूलक प्रेम, प्रभु की साधना है। उन्होंने दिव्य प्रेम के माध्यम से विश्वप्रेम का सन्देश दिया है, जो मानव ही नहीं प्राणिमात्र के लिए वरदान स्वरूप है।

जायसी सच्चे सूफी संत और प्रेम की पीर के फकीर थे। उनका काव्य प्रायः सभी दृष्टियों से अनूठा है। प्रेम ही उनकी साधना का सर्वस्व हैं। सम्पूर्ण संसार में उसी का जलाल और जमाल वे देखते हैं। वस्तुतः लौकिक प्रेम और सौन्दर्य को अलौकिक स्वर्गीय महिमा से केन्द्रित करके प्रकट करने का इन जैसा प्रयास शायद ही अन्यत्र देखने को मिले। डॉ. गणपतिचन्द्र गुप्त लिखते हैं–"इन्होंने प्रेम में साहस, त्याग एवं आत्म बलिदान के भावों का सम्मिश्रण करके उसे कामुकता के स्तर से बहुत ऊँचा उठा दिया है।" (हिन्दी साहित्य का विकास, पृ. 90)

सगुण धारा

भक्ति की नई परम्परा में भगवान के सगुण रूप पर बल दिया गया क्योंकि वही पूजा, उपासना, आराधना, और ध्यान का सहज विषय हो सकता है। इस उपासना को इसीलिए सगुण भी बतलाया गया। गीता में भगवान कृष्ण ने अव्यक्तासक्त चित्तवालों की साधना को अधिक क्लेशकर बताया है तथा आत्मसमर्पण युक्त सगुण भक्तों की प्रेममयी साधना को संसार सागर से शीघ्र ही तारने वाला कहा है। भक्तिकालीन सगुणोपासक कवियों ने भी निर्गुण को अस्वीकार नहीं किया, प्रत्युत भक्ति साधना के लिए उसकी अव्यावहारिकता प्रमाणित की है। ठीक गीता की तरह सूरदास ने सूरसागर के प्रारंभ में ही अव्यक्त की गति को अनिर्वचनीय कहकर यह निश्चय प्रकट किया है कि "रूपरेखा गुणजाति युक्त से रहित अव्यक्त का स्वाद गूंगे के गुड़ के समान है, अतः मैं सगुणलीला के पद गा रहा हूं।

मध्ययुग में राम और कृष्ण के अवतारों को लेकर सगुणभक्ति की दो धाराएं बनीं। रामभक्ति का प्रसार रामानन्द द्वारा किया गया, कृष्णभक्ति को बल्लभाचार्य ने पुष्ट किया।

1. सगुणभक्ति - रामाश्रयी

रामभक्ति काव्य भारतीय जीवन मूल्यों का पर्याय है। इस काव्य ने हिन्दू जनता में जिस रूप में ईश्वर विश्वास पैदा किया, वह अद्भुत और अभूतपूर्व था। हिन्दू जाति नैराश्यपूर्ण मनोदशा में जीवित थी। उसके लिए काव्यरूपी संजीवनी का प्रयोग भक्त कवियों द्वारा किया गया और वह चमत्कारी सिद्ध हुआ। अवसाद, कुण्ठा, निराशा और दैन्यभावना से मुक्त होकर हिन्दू जाति ईश्वर के सगुण अवतारी रूप में आश्रय पा सकी, यह इस शाखा की सबसे बड़ी देन कही जायेगी।

इस काल के भक्त कवियों ने लोक मानस को आश्वस्त करने में माता, पिता, पुत्र, स्वामी, सेवक, पति-पत्नि, भाई-बहिन, राजा प्रजा आदि पारिवारिक एवं सामाजिक सम्बन्धों का वर्णन किया और उनको आदर्श की भित्ति पर प्रतिष्ठित

किया। तुलसीदास का रामचरितमानस इस दिशा में सर्वश्रेष्ठ ग्रन्थ है। वाल्मिकी के पात्र अपने सुख दुःख की अनुभूति को समय आने पर निःसंकोच प्रकाशित करते हैं। तुलसी ने बाल्मीकि के पात्रों को और भी ऊँचा उठाकर भारतीय मूल्यों की प्रतिष्ठा की। बाल्मीकि के राम कैकेयी का आदर करते हुए भी किसी महान विपत्ति के आने पर उसकी आलोचना कर जाते हैं किन्तु तुलसी के अन्य पात्र कौशल्या, सीता, लक्ष्मण आदि भी अपेक्षाकृत अधिक संयमी है। तुलसी ने राम के चरित्र को जितना ही ऊपर उठाया है उतना ही निर्दोष चित्रित किया है। इसलिए तुलसी के राम भारतीय जीवन मूल्यों के पर्याय हो गये हैं, तभी तो उन्होंने कहा—

भनिति विचित्र सुकविकृत जोऊ।
राम नाम बिनु सोह न सोऊ।।

तुलसी ने जिस युग में जन्म लिया था, वह नैतिक, धार्मिक, सांस्कृतिक, आर्थिक सभी रूपों में ह्रासप्राय था। समाज के सामने कोई उच्च आदर्श नहीं था किन्तु तुलसी ने उस भ्रष्ट और पंगु समाज के बीच अवतीर्ण होकर शक्ति, शील और सौन्दर्य से समन्वित साक्षात ईश्वर के साकार रूप राम के जीवन चरित्र को लोकभाषा में लोकजीवन के धरातल पर प्रतिष्ठित कर लोकधर्म का महामंत्र दिया और लोकचेतना का सच्चा नेतृत्व किया। डॉ. हजारीप्रसाद द्विवेदी के शब्दों में-

"लोक नायक तुलसीदास को जो अभूतपूर्व सफलता मिली, उसका कारण उनका समन्वयवाद था।" उन्होंने लोक-शास्त्र, वैराग्य-गार्हस्थ्य, शक्ति-ज्ञान, निर्गुण-सगुण, पुराण-काव्य, ब्राह्मण-चाण्डाल, आदर्श-व्यवहार, प्रवृत्ति-निवृत्ति, राजा-प्रजा सबमें अपूर्व समन्वय किया। तुलसी का समस्तकाव्य समन्वय की विराट चेष्टा है। सामाजिक समन्वय के रूप में तुलसी ने राम राज्य का आदर्श उपस्थित किया। उन्होंने आदर्श पुत्र, आदर्श पति, आदर्श पत्नी, आदर्श भाई और आदर्श सेवक के उज्ज्वल चित्र देकर जनजीवन को ऊँचा उठाया। वे मर्यादावादी भी थे। उन्होंने लोकमर्यादा का उल्लंघन नहीं होने दिया। उनके अनुसार लोकमर्यादा के बिना सामाजिक कल्याण आकाशकुसुम के समान है।

2. सगुणभक्ति - कृष्णाश्रयी

तुलसी के पूर्व कबीर ने युगचेतना का नेतृत्व किया, पर उन्हें आंशिक सफलता मिली। सूफी फकीरों की प्रेम कहानियां मुख्यतः इस्लाम के प्रचार का माध्यम थी। कृष्णभक्ति शाखा के सूरदास आदि सन्त अपनी एकांगी भक्ति साधना में ही लीन रहे। लोकचेतना के स्पन्दन को उन्होंने अपने काव्य का माध्यम नहीं बनाया, इसलिए कृष्णधारा के कवि भारतीय जीवन मूल्यों की प्रतिष्ठा में पीछे रहे। तुलसी के समान लोक चेतना का नेतृत्व करने वाला कोई कवि इस धारा में दिखाई नहीं पड़ता।

आधुनिक हिन्दी साहित्य में भारतीय मूल्य

हिन्दी काव्यधारा के अन्तर्गत आधुनिक युग भारतेन्दुजी से प्रारंभ हुआ माना जाता है। भारतेन्दुजी एक ऐसे बड़े साहित्यकार हैं, जो प्राचीन भारतीय मूल्यों और आधुनिक भारतीय मूल्यों के सेतुस्वरूप हिन्दी साहित्य के बीच विद्यमान हैं। भारतेन्दु युग और द्विवेदी युग में लोकचेतना का प्रादुर्भाव सबसे पहले हुआ। जन सामान्य की सामान्य जिन्दगी में बिखरे हुए साहित्य के कणों को उठाने की ही सबसे अधिक जरूरत है। इस चेतना को इस युग में बल मिला। धर्म भावना के मध्यकालीन साहित्य मूल्य के स्थान पर लोकभावना की प्रतिष्ठा हुई। खड़ी बोली का अभ्युत्थान साहित्य में लौकिकता की प्रतिष्ठा का पर्याय था। आधुनिककाल की मूल प्रेरणाएं धार्मिक न होकर लौकिक रहीं।

भारतेन्दु ने मध्यकाल की सामन्तीय विचारधारा से नाता तोड़ते हुए जीवन मूल्यों से साहित्य को ऊपर उठाया। आचार्य द्विवेदी ने अपने प्रबल नैतिकतापरक दृष्टिकोण से साहित्य में नैतिकता को प्रतिष्ठित किया। मैथिलीशरण गुप्त, अयोध्यासिंह उपाध्याय 'हरिऔघ' और सियाराम शरण गुप्त के काव्य में पौराणिकता और मध्ययुगीन भारतीय मूल्य हैं। उन पर गांधीवाद, मानवीयता और राष्ट्रीय चेतना का भी पर्याप्त प्रभाव पड़ा है। इसीलिए मैथिलीशरण गुप्त ने कहा था कि—

राम तुम्हारा चरित स्वयं ही काव्य है।
कोई कवि बन जाय सहज संभाव्य है।

गुप्त जी की सीता वनवासियों को तकली कातकर खाली समय का उपयोग करने का उपदेश देती हैं। इस प्रकार द्विवेदी युग नैतिकता और आदर्श प्रधान काव्यधारा के रूप में सामने आता है। इसी युग में भारतीय मूल्यों की प्रतिष्ठा में साकेत, प्रियप्रवास जेसे महाकाव्य लिखे गये। किन्तु इस युग के कवियों ने मध्यकालीन ईश्वर और धर्म विषयक भारतीय मूल्यों को तोड़कर मानव को प्रतिष्ठित किया। मनुष्य की निर्धनता, पीड़ा और उसकी छोटी-छोटी समस्याओं को भी अपने काव्य का विषय बनाया। यह बात अलग है उसमें आदर्श और व्यवस्था का आग्रह अधिक है। पौराणिक आख्यानों के पात्र भी मानवीय स्तर पर ही प्रतिष्ठित हैं।

द्विवेदीयुग में समाज के आदर्श का प्रतिष्ठापन है तो छायावादी युग में भावादर्श को महत्व दिया गया। हां पंत ने परवर्ती काव्यसंग्रहों में मानवीय मूल्यों को स्पर्श किया है। निराला अद्वैत के प्रति निष्ठावान होते हुए भी समाज के संघर्षों से जुड़कर "भिक्षुक", "तोड़ती पत्थर", "कुकुरमुत्ता" जैसे कविताओं की रचना की। अपनी कविता "बादलराग' में क्रांति का शंखनाद किया—

अट्टालिका नहीं है रे आतंकभवन।

किन्तु छायावादी काव्य उन जीवन मूल्यों को आत्मसात नहीं कर पाया, जिसके

कारण वह स्थायी हो पाता। रामस्वरूप चतुर्वेदी ने लिखा है कि ''छायावाद वह रेशम था, जिससे युद्ध ! तथा संकट के दिनों में सिपाहियों को वर्दी नहीं बन सकती थी।'' (हिन्दी नव लेखन, पृ. 15)

प्रगतिवाद में मानवीय सार्वभौम जीवन हिन्दी साहित्य से जुड़ने लगता हैं पर वहां भी एक सीमा है और वह है मार्क्स के द्वन्द्वात्मक भौतिकवाद का आग्रह।

स्वातंत्र्योत्तर कविता में भारतीय मूल्य

स्वतंत्रता के बाद के काव्य प्रवाह में नयी कविता का असर अधिक रहा है। नयी कविता में कतिपय कवियों ने भारतीय जीवन मूल्यों को प्रशस्त करने की चेष्टा की है। यह बात अलग है कि स्वातंत्र्योत्तर हिन्दी कविता में पुराने जीवन मूल्यों को नकारा गया है। कविता से चोरी, झूठ, परस्त्रीगमन या किसी अनैतिकता के निषेध की भावना के प्रचार की अपेक्षा करना व्यर्थ है। इसी प्रकार कविता से कोई सच्चरित्र हो सकेगा, इसकी भी आशा करना व्यर्थ है। काव्य से धर्म, अर्थ, काम और मोक्ष का विधान या मानवीयवृत्तियों का उदात्तीकरण भी आधुनिक साहित्य या नवोदित कविता का कोई लक्ष्य नहीं है। नयी कविता का मूल्यगत चरित्र बदला हुआ है। नये कवियों का जीवन मूल्य जन साधारण का मूल्य है, जो न फकीर है न औलिया, न पंडा न उपदेशक न प्रचारक। जो न श्रेष्ठ है न अपाहिज। ऐसा साधारण चरित्र सम्पन्न मानव नये कवियों को मानवीय मूल्यों का स्रोत स्थान प्रतीत हुआ और उसी के लिए कवियों ने मूल्य भी खोजे हैं। उसके सुखदुःख की गाथा को अभिव्यक्ति प्रदान की है। ''इतिहास'' शीर्षक अपनी कविता में विश्वनाथ प्रसाद तिवारी लिखते हैं–

जिन्होंने खेतों में फलियां उगाईं
और कारखानों में लोहा गलाया
X X X X
नहीं थे उन जिल्दों में वे सूरमा।

वस्तुतः आधुनिक साहित्य में मनुष्य के गौरव की प्रतिष्ठा, अधिकतम मनुष्यों का हित, विषमता के विरूद्ध रोष, पददलित के प्रति करुणा को काव्य मूल्य या जीवन मूल्य के रूप में प्रतिष्ठा मिली है। इसलिए नैतिकता के सवाल को लेकर समकालीन साहित्य में मूल्यों का संकट अपने आप में एक भयावह प्रश्न बनकर प्रस्तुत हुआ है। श्रीकांत वर्मा के शब्दों में–

प्रभु के चरण चिन्हों पर
चली जा रही हैं
दो बूढ़ी औरतें
रसातल की ओर। सभ्यता और संस्कृति (श्रीकांत वर्मा : मायादर्पण, पृ. 55)

इन मूल्यों के संकट का कारण स्वतंत्र भारत की परिस्थितियां ही है। युवा कवियों ने जीवन के श्रेष्ठ और उच्च जीवन मूल्यों को घर में घर के बाहर सार्वजनिक जीवन में ध्वस्त होते हुए देखा है। एक नवयुवक उसे ही जीवन का पैटर्न समझने लगा और उसकी दृष्टि में शुद्धाचरण का अवमूल्यन हो गया। उसने जिस दर्पण में जीवन का प्रतिबिम्ब देखा था, उसमें दरारें पड़ी हुई थीं। फलतः परम्परा ने उसके सामने जो मूल्य रखे उन्हें वह नकारने लगा। स्वातंत्र्योत्तर भारत में आदमी के चरित्र की गिरावट इस कदर हुई है कि आंख मूंद लेना पड़ता है। इसीलिए शमशेर कहते हैं—

छोड़ दो सम्पूर्ण प्रेम
त्याग दो सब दया-सब घृणा।
खत्म हमदर्दी।
सार्थियों का साथ

(मूंद लो आंखें : कुछ और कविताएं, पृ. 72)

प्रायः यही कहा जाता है कि नयी कविता का कोई उद्देश्यपूर्ण मूल्य नहीं है। किन्तु आधुनिक काव्य संसार में पंत, निराला, दिनकर, बच्चन, नरेन्द्र शर्मा, माखनलाल चतुर्वेदी, भारतभूषण अग्रवाल, मुक्तिबोध, भवानीप्रसाद मिश्र, रघुवीर सहाय, धर्मवीर भारती, जगदीश गुप्त, श्रीकांत वर्मा धूमिल आदि कवियों की कुछ रचनाएं भारतीय जीवन मूल्यों से सम्पृक्त हैं।

अज्ञेय सांस्कृतिक पुनर्निर्माण के कवि है उन्होंने एक कविता में लिखा हैं -

भावनाएं तभी फलती हैं कि उनसे लोक के
कल्याण का अंकुर कहीं फूटे। (पूर्वा, पृ. 230)

संस्कृति की पुनर्रचना और प्रतिष्ठा में अज्ञेय जी का भारतीय मूल्य सन्निहित है।

गिरिजाकुमार माथुर आस्था के कवि हैं उनके शब्दों में—

कोटि मनुजों ने भरी छवि सभ्यता की
कोटि कंठों मे बनी ध्वनि मनुजता की।

(नयी भारती, पृ. 2)

भारतभूषण अग्रवाल व्यक्ति और समाज की समस्याओं, उसके हित को काव्य मूल्य स्वीकारते है। इसी मूल्य निष्ठा के चलते वे समाज की पतनशीलता पर चिंतित हैं। उनके ही शब्दों में—

क्या करोगे समझकर कि रात के दो बजे
मोहल्ले में किसकी कार आती है।

(परिदृश्य : एक उठा हुआ हाथ, पृ. 47)

कवि अग्रवाल की रचनाओं में मूल्य संकट की चिन्ता का आभास भी मिलता

है। इसलिए उनके काव्य संसार में जीवन मूल्यों के लिए छटपटाहट है।

प्रभाकर माचवे के काव्य का चरम मूल्य आम आदमी है–

जो बड़े बड़े शहरों में
गंदी लंबी गटरों में
फुटपाथों पर सोये हैं
X X X
हम उनके गायेंगे गान।

निष्कर्ष यह है कि स्वातंत्र्योत्तर हिन्दी साहित्य की मूल्यगत चेतना परिवर्तन की प्रक्रिया में है। कवि गण दृढ़तापूर्वक मूल्य संकटों का सामना कर रहे हैं। इस कविता की मूल्य सम्बन्धी अवधारणाएं दो प्रकार की हैं। एक प्रकार की अवधारणा आत्मोपलब्धि में जागतिक मूल्य की खोज करती है और दूसरे प्रकार की अवधारणा यथार्थ के सन्निकट ही मानवता का हित देखना चाहती है। चाहे कोई भी साहित्य हो अन्ततः मनुष्य की हालत को देखने का ही जरिया है। वह मनुष्य का है और मनुष्य के लिए ही लिखा गया है।

द्वितीय खण्ड

हिन्दीतर साहित्य का अध्ययन

1. दाक्षिणात्य भाषा वर्ग

(i) तमिल साहित्य का इतिहास

तमिल भाषा

द्रविड़ परिवार की चार प्रमुख भाषाएं हैं—1. तमिल 2. तेलुगु 3. कन्नड़ और मलयालम। इनके अतिरिक्त छोटी मोटी 10-11 अन्य भाषाएं भी इसके अन्तर्गत आती हैं। इन भाषाओं का वर्गीकरण कई प्रकार से किया गया हैं। कहा जाता है कि सातवीं सदी में कुमारिल भट्ट ने द्रविड़ भाषाओं को दो वर्गों में रखा था—1. आंध्र 2. द्रविड़। डॉ. जार्ज ग्रियर्सन ने इस परिवार को तीन वर्गों में बांटा है—1. आंध्र 2. द्रविड़ 3. ब्राहुई। द्रविड़ के अन्तर्गत तमिल, मलयालम, कन्नड़ आदि हैं और आंध्र के अन्तर्गत तेलुगु आदि हैं। तमिल इस परिवार की प्रमुख तथा प्राचीनतम भाषा है। 'तमिल' शब्द का अर्थ तमिल भाषियों के अनुसार 'माधुरी' है। इनकी भाषा अत्यन्त मधुर हैं, इसीलिए यह नाम पड़ा है। कुछ लोग विशेषतः संस्कृत विद्वान संस्कृत द्रविड़ से 'दमिल' और दमिल से तमिल का विकास मानते हैं। 'तमिल' शब्द का प्राचीन प्रयोग द्रविड़ भाषा के प्रसिद्ध प्राचीन व्याकरण ''तोलकाप्पियम्'' में (ग्रन्थ का यह नाम ग्रन्थकर्ता के नाम के आधार पर है) हुआ है। तमिल लोगों के अनुसार यह व्याकरण पाणिनी की अष्टाध्यायी से पहले का है किन्तु वस्तुतः ऐसी बात नहीं है। तमिल साहित्य के इतिहासकार मु. वरदराजन के अनुसार यह ई.पू. तीसरी शताब्दी की रचना है।

तमिल भाषा का क्षेत्र प्रमुखतः वर्तमान 'चेन्नई' (मद्रास) तथा उत्तरी लंका है।

तमिल साहित्य

तमिल साहित्य बहुत ही सम्पन्न है। इसकी नियमित साहित्य रचना लगभग सातवीं सदी से मानी जाती है और इसकी पूर्व सीमा पहली सदी के आसपास पहुंचती है। तमिल के प्रसिद्ध साहित्यकारों में 'तिरुक्कुरल' (काव्यग्रन्थ) के रचयिता तिरुवल्लुवर तथा 'नाच्चियार' की कवयित्री आंडाल (गोदा), रामायण के रचयिता कंबन (12वीं सदी) तथा मीनाक्षीसुन्दरम्, सुब्रह्मण्यम् भारती आदि मुख्य है।

तमिल साहित्य के दो रूप

परिनिष्ठित तमिल साहित्य के दो रूप हैं–1. शेन तमिल साहित्य का (लाल, सुंदर, पूर्ण या साधु) शिष्ट या साहित्यिक रूप रहा है। शेन तमिल में संस्कृत के शब्दों का भी प्रयोग होता रहा है। अब इस शैली में संस्कृत शब्द कम हो गए हैं। 2. कोडुन (झुका हुआ, ग्रामीण, या असाधु) जो बोलचाल का है।

तमिल भाषा की एक साहित्यिक शैली 'मणि प्रवाल' नाम से भी प्रसिद्ध रही है। इसमें संस्कृत शब्दों का बाहुल्य रहा है। इसमें प्रमुखतः वैष्णव कवियों ने कविताएं लिखी हैं।

तमिल साहित्य का काल विभाजन

तमिल लिपि के विकास की समस्या अभी भी विवादास्पद बनी हुई है। अतः तमिल साहित्य का निश्चित इतिहास अभी लिखा ही जा रहा है। इसलिए यहां एक सामान्य काल विभाजन या स्वतंत्र काल विभाजन के आधार पर तमिल साहित्य का विवरण देने का प्रयत्न किया जा रहा है।

सामान्य काल विभाजन

1. प्राचीनकाल –500 ई.पू. से 600 ई. तक। प्राचीनकाल में तीन तरह की कृतियां हैं–

(1) संगम युग (संघकालीन कृतियां)
(2) संघकालोत्तर कृतियां
(3) महाकाव्य द्वय

2. मध्यकाल–600 ई.पू. से 1200 ई. तक मध्यकाल की प्रमुख कृतियां–

(1) भक्ति साहित्य–शैवनायनमार और वैष्णव आलवार
(2) जैन, बौद्ध प्रबन्धकाव्य एवं कम्बन का कंब रामायण
(3) उत्तरकाल–1200 ई. से 1750 ई. तक पुराण आदि कृतियां
(4) परवर्तीकाल–17वीं सदी से 19वीं सदी तक मुस्लिम साहित्य आदि।
(5) आधुनिककाल–19वीं सदी से अब तक।

1. प्राचीनकाल संगमयुग या संघकालीन कृतियां

अति प्राचीन साहित्य

तमिल का प्राचीनतम उपलब्ध साहित्य 'संगम साहित्य' या संघ साहित्य कहा जाता है और इसका समय प्रायः 500 ई.पू. से 200 ई. पू. तक माना जाता है। तमिल इतिहासकार डॉ. एम. वरदराजन के शब्दों में–"यह मानो फूलों का एक गुच्छा है,

जिसमें तरह तरह के फूल लगे हुए हैं, उसमें रंग और सुगंधि का अपार वैचिष्य है।'' ऐसा माना जाता है कि भारतवर्ष की बोलचाल की भाषाओं में उपलब्ध साहित्यों में सबसे प्राचीन साहित्य संगम साहित्य है। तोलकाप्पियनार नाम के एक पुराने कवि, जिनका समय ईसा से कई वर्ष पहले माना जाता हैं ने उस युग की भाषा तथा उसमें रचित साहित्य का शोध करके अपने नाम से ही ''तोलकाप्पियम'' नामक व्याकरण ग्रन्थ की रचना की थी। प्राचीन संगम साहित्य को समझने में यह सहायक सिद्ध हुआ है। इस प्रकार अति प्राचीनकाल से चली आयी तमिल भाषा में रचे गये साहित्य का एक अंश आज तक सुरक्षित एवं पोषित है।

संगम साहित्य में लगभग 381 पद्य है, जिनमें कहीं तो केवल तीन पंक्तियों के लघु गीत हैं और कहीं 782 के वर्णनात्मक प्रगीत हैं।

इस संकलन में 473 कवियों के नाम मिलते हैं, जिनमें कुछ के नाममात्र का ही उल्लेख है। जो कविताएं उपलब्ध हैं, उनमें 102 के रचयिताओं का कोई स्पष्ट उल्लेख नहीं मिलता। जिन कवियों के व्यक्तित्व और स्पष्ट है, उनमें तीस स्त्रियां हैं।

संकलन

संगम साहित्य की प्राचीन रचनाएं कई कवियों के घरों में तथा राजप्रसादों में पड़ी हुई थी। तालपत्रों में लिखित इन रचनाओं का कुछ कवियों तथा दानी लोगों द्वारा संकलन किया गया। संगम साहित्य के इस संकलन से दो प्रकार की संकलित रचनाएं प्रस्तुत हुई। इस संकलन को दो वर्गों में रखा गया उनमें 1. एट्टुतोहै या अष्ट संग्रही

इसमें आठ काव्य संकलनों का संग्रह है।

2. पत्तुपाट्टु या गीतदशी,

इसमें दस काव्य संकलन हैं।

उक्त दोनों काव्य संकलन संगम साहित्य के नाम से जाने जाते हैं।

प्राचीन काव्य परम्परा

संगम साहित्य की एक विशिष्टता है कि काव्य के वर्णनीय वस्तु को दो भागों में बांटा गया है–

1. अहम् वर्ग–अहम को 'अखम' भी कहा गया है। अहम् वर्ग में श्रृंगारिक या प्रेम प्रधान रचनाएं आती हैं। अहम की रचनाओं का विस्तृत विवेचन प्रकृति की भावानुकूल पृष्ठभूमि के साथ किया जाता है। प्राकृतिक प्रदेश (जिसे तमिल में 'तिणै' कहा गया है) पांच प्रकार का माना गया है–1. पर्वत प्रदेश (कुरिंजी) 2. वन उपवन प्रदेश (मुल्लै) 3. खेतों और जलाशयों से पूर्ण समतल प्रदेश (मरुदम) 4. समुद्र तट

प्रदेश (नेय्दल) और 5. उजाड़ या मरूभूमि (पालै)।

इस प्रकार उक्त प्राकृतिक प्रदेश और ऋतुओं के अनुकूल प्रेम और श्रृंगार की रचनाएं 'अहम्' में होती हैं।

2. पुरम वर्ग–इस वर्ग की कविताओं में युद्धों, शासकों तथा उनके चरित्रों का वर्णन होता है।

अहम और पुरम की इस परम्परा का उल्लेख प्राचीन उपलब्ध ग्रन्थ ''तोलकाप्पियम्'' में किया गया है।

संगम साहित्य

1. अष्ट-संग्रही (एट्टुतोहै) (आठ काव्य-संग्रह)

1. एट्टुतोहै या अष्ट संग्रही में आठ काव्य संग्रह हैं। इनमें से दो काव्य संग्रह पुरम् (युद्ध कथाएं) से सम्बद्ध ग्रन्थ हैं वे हैं–

1. पुरनानरु–अर्थात पुरम से संबंधित चार सौ पद्य–जो कि लगभग 150 कवियों के हैं। यह सर्वाधिक मूल्यवान और लोकप्रिय संगम काव्य है। पुरम् का तात्पर्य युद्धकला, शासन आदर्शों से है। 'नानरु' का अर्थ है चार सौ। अर्थात चार सौ छन्दों में शासकों का युद्धवर्णन। उदाहरण के लिए–

मनुष्य के सुखदुःख बाहर से नहीं आते।
इनका उद्गम स्रोत उसके अपने भीतर ही है।

2. पट्टिटरुपत्तु–अर्थात दश दशक–इसमें दस-दस पद्यों के दस भाग हैं और 100 पद्य हैं। इसमें पहले और अंतिम दस छंद लुप्त हो गये हैं। शेष आठ में विभिन्न कवियों के द्वारा चेरवंशीय राजाओं की प्रशस्ति में गीत लिखे गये हैं। शेष आठ काव्य संकलन अहम् (प्रेमप्रधान) वर्ग के हैं।

3. अहनानूरू–अर्थात प्रेम संबंधी चार सौ कविताएं। इस संग्रह में 145 कवियों की रचनाएं है। इनके शीर्षक प्रतीकात्मक है।

4. नटरिणे–अर्थात सुन्दर प्राकृतिक पृष्ठभूमि। इसमें 175 कवियों की प्रेम संबंधी विषयों पर कविताएं संग्रहीत है। विरह व्याकुलता का ,एक उदाहरण द्रष्टव्य है–

एकाकी दिन काट रही है
प्राण प्रियतमा
X X X
इसीलिए मेरा मन पंछी
उसी ओर लौट-लौटकर
उसका ताप मिटाना चाहता है।

5. कुरून्तोहै–अर्थात लघु पद्य संग्रह। इसमें 204 कवियों की 400 प्रेम

संबंधी कविताएं हैं। विरह व्यथा का एक उदाहरण—

सभी शांत है, सभी सुप्त हैं
किन्तु सजग निद्राविहीन हूं
मैं
बस केवल मैं ही इस क्षण में।

6. ऐनकुरुनूरू—अर्थात पांच लघु शती। इसमें 500 पद्यों में प्रणय का चित्रण है। सौ-सौ के पांच भागों में यह विभक्त है। प्रत्येक विभाजन में एक-एक कवि के द्वारा विरचित पद्य हैं।

7. परिपाडल्—अर्थात परिपाडल छंद में लिखित। इसमें 22 पद हैं, जो तेरह कवियों के द्वारा विरचित हैं। कुछ पदों में प्रेम और कुछ में देवी देवताओं की प्रशंसा है।

8. कलित्तोगै—अर्थात 'कलि' नामक छन्द में लिखित गीत। इसमें 150 गीतों में कुछ पदों में प्रेम और कुछ में नैतिक आदर्शों का वर्णन किया गया है। यह तमिल साहित्य की बहुमूल्य रचना है।

अष्ट संग्रही काव्य संकलन की विशिष्टता

अष्ट संग्रही के उक्त आठ संकलनों के पदों में मनुष्य की भावनाओं और प्राकृतिक सौन्दर्य का सुन्दर एवं भावात्मक चित्रण है। अहम या श्रृंगार संबंधी गीतों में नायक या नायिका ने समुद्र, चन्द्रमा, पवन आदि को संबोधित कर अपनी विरह व्यथा को व्यक्त किया है और उनसे प्रार्थना की है कि वे उदार होकर उसका सन्देश उसके प्रियतम तक पहुंचा दें।

इसमें काव्यरूढ़ियों का प्रयोग चारण-काव्य या लोकगीतों के आधार पर किया गया है। इन काव्य रूढ़ियों ने परवर्ती युग के महाकाव्यों को भी प्रभावित किया हैं। के. आर. श्रीनिवास अय्यंगार ने लिखा है—ये कविताएं भारतीय साहित्य में अद्वितीय हैं। इनमें यूनानी काल का सौष्ठव, संतुलन और गांभीर्य है।" (इंडियन इन्हेरिटेंस, पृ. 145)

2. गीतदशी या पत्तुपाट्टु

संगम साहित्य के अन्तर्गत दूसरे वर्ग की रचनाएं गीतदशी या पत्तुपाट्टु नाम से संकलित हैं। इन्हें दस लघु वर्णनिकाएं भी कहते हैं। इनका संक्षिप्त परिचय इस प्रकार हैं—

1. तिरुमुरुगाट्रूरुपडे

इसके रचयिता 'नक्कीरार' है। 'तिरुमुरुगाट्रूरुपडै' का अर्थ है श्री मुरुग के स्थान के

लिए पथप्रदर्शन। तमिल भाषा में कार्तिक के लिए 'मुरुगन शब्द का प्रयोग होता है। अतः इसमें कार्तिक (मुरुगन), विष्णु (तिरुमाल) आदि से संबंधित कविताएं प्राप्त हैं। कार्तिक या कार्तिकेय के षड्मुखों और बारह हाथों का सविस्तार वर्णन है।

2. नेडुनलवाड़े

इसका अर्थ है अतिशीतल पवन। इसके रचनाकार भी नक्किरार हैं। इसमें 188 पंक्तियों की कविता में पांड्यराजाओं के युद्ध अभियानों तथा शीत ऋतु का वर्णन अत्यन्त मनोहर है। तमिल में 'वाड़ै' का अर्थ शीतल पवन है। अतः समस्त काव्य में शीत के प्रभाव को दिखाया गया हैं। नेडुनल का अर्थ अति या दीर्घ है।

3. पोरुनराट्रुपड़े

इसका अर्थ है—सेनापति की बात। इसमें 248 पंक्तियों में चोल राजा करिकालन की महिमा बताई गई है। 'पोरुनर' किसी कलाविद् का नाम है और 'आट्रुपड़ै' चोल राजा का नाम है। अतः इस काव्य में चोल राजा का पोरुनर आदि कलाविदों के प्रति स्नेह तथा कावेरी नदी की महिमा बताई गई है।

4. शिरुपाण् आट्रुपड़े

इसमें 269 पंक्तियां हैं। 'पाणर' नामक संगीत के कलाविदों से संबंधित यह काव्य है। इसमें एक 'पाणर' परिवार की दरिद्रता का वर्णन किया गया है।

5. पेरुमपाण् आट्रुपड़े

इसमें भी पाणर कुटुम्ब के बारे में लिखी 500 पंक्तियों की कविता है। इसमें कांजीपुरम के राजा की शासन व्यवस्था आदि का वर्णन किया गया है। इसमें अतिथि सत्कार की भावना द्रष्टव्य है।

6. मलैपडुकड़ाम्

यह कल्पना से पूर्णकाव्य है। इसमें 583 पंक्तियों में हाथी के रूपक में पर्वत का वर्णन किया गया है।

8. मुल्लैपाट्टु

इसमें अहम वर्ग की प्रणय संबंधी कविताओं में केवल प्रेम की पवित्रता को स्पष्ट करना कवि का ध्येय रहा हैं। वर्षाकालीन वनप्रदेश के सौन्दर्य का मनोरम वर्णन इसमें हुआ है।

9. मदुरैकांची

इस रचना में 782 पंक्तियों में प्राचीन नगरी मदुरै के विभिन्न वर्णन प्राप्त हैं। यह गीतदशी की सबसे बड़ी रचना है। इसमें पांड्यवंश के राजाओं के पराक्रम आदि का वर्णन मिलता है।

10. कुरिजि पाट्टु

इसमें 261 पंक्तियों में प्रेम कविताएं संकलित हैं। कविता के अन्त में प्रेमिका के अश्रु प्रवाहित दुखद स्थिति का मार्मिक चित्रण है। कई पंक्तियों में 'कुरिजी' नामक पर्वतीय क्षेत्र का वर्णन हुआ है।

उक्त दस गीतों से स्पष्ट है कि तमिल राजा तथा सामंत कवियों को संरक्षण देकर उनका उत्साहवर्धन करते थे। इन कवियों ने तमिल साहित्य के विकास में अपना अनूठा योगदान दिया है। राजा तथा सामंत लोग कवियों को मुक्त हृदय से स्वर्ण मुद्राएं, स्वर्ण पात्र, भूमि, गज, अश्वयुक्त रथ दान में देते थे इनमें से कुछ राजा ज्ञानी, बुद्धिमान और कवि भी रहे हैं, जिन्होंने अमर गीतों की रचना की हैं।

2. संघकालोत्तर कृतियां या नीतिकाव्य

संगम साहित्य के पश्चात तमिल भाषा में नीतिकाव्यों की रचना हुई है। प्रेम, वीरता आदि भावों में डूबे हुए कवियों का मन अगली कुछ पीढ़ियों में नीतिकाव्य की ओर झुकने लगा। इस युग को संघकालोत्तर नीतिकाव्य का युग कहते है। इसका समय ई. सन् 100 से ई. सन् 500 तक माना जाता है। इस काल में चेर, चोल, और पांड्य राजाओं के शासनकाल में अशांति थी इसलिए काव्य के माध्यम से नैतिक मूल्यों के पालन करने की बात कही गई है।

उस युग में इनके द्वारा रचित काव्यों को ''पदिनेन-कील-कणक्कु'' (अठारह लघु नीति ग्रन्थ)के नाम रो अभिहित किया गया। 'कील कणक्कु' का अर्थ कम पदों में रचित कविताएं है।

इस काल के अठारह लघु गीतों में पांच ग्रन्थ प्रेम संबंधी हैं। एक युद्ध संबंधी है तथा अन्य बारह नीति ग्रन्थ हैं। अतः सभी नीतिकाव्य नहीं माने जा सकते।

अठारह गन्थों में केवल दो ही गन्थ महत्वपूर्ण और परिगणनीय हैं जिनका संक्षिप्त परिचय इस प्रकार है–

तिरुक कुरल (तिरुवल्लुवर)

नीतिकाव्यों में 'तिरूक कुरल' शीर्षस्थ एवं अग्रगण्य है। यह 'कुरल' नामक छन्द में रचित है। इसके रचयिता 'तिरूवल्लुवर' हैं। इस ग्रन्थ में दो-दो चरणों के 1330

पद्य हैं, जिसे तमिल साहित्य के छन्द 'वेण्वा' छन्द कहते है। इस छन्द में प्रथम चरण की अपेक्षा दूसरा चरण छोटा होता है।

वर्गीकरण–पूरा ग्रन्थ तीन भागों में विभक्त है। प्रथम भाग में धर्म (गृहस्थ तथा सन्यासी के धर्म), द्वितीय भाग में अर्थ (शासन, राजनीति तथा अर्थ व्यवस्था) और तृतीय भाग में काम या प्रेम का विवेचन हुआ है। यह कृति एक विश्वकृति मानी जाती है जो उपयुक्त ही है।

इस महान कवि के बारे में, जो व्यक्ति के रूप में और भी महान था, कुछ किवदन्तियों के अतिरिक्त, निश्चित जानकारी अप्राप्य ही हैं। सामान्य विश्वास यह है कि यह आधुनिक मद्रास (चेन्नई) नगर के मइलापुर नाम से प्रसिद्ध स्थान में लगभग 2000 वर्ष पूर्व जन्मे थे।

तिरुक कुरल की विशिष्टताएं

इस ग्रन्थ में अनेक भाषाओं में अनुवाद हुए हैं और अब भी नये अनुवाद हो रहे हैं। इस ग्रन्थ में सार्वभौमिक या विश्वजनीन धर्म का इस प्रकार प्रतिपादन हुआ है कि विभिन्न मत-सम्प्रदायों के संकीर्णतापूर्ण संघर्षों से परे हैं। यह ग्रन्थ उत्तम ज्ञान का महान भंडार है। इसमें जो सूक्ष्म, गंभीर, हास्य और समुचित बिम्बात्मक विधान हैं वह तमिल भाषा की अपनी विशिष्ट शैली है। गंभीर प्रभावपूर्ण और नियंत्रित अभिव्यक्ति–भंगी इस कृति के काव्यात्मक सौन्दर्य को बहुत ऊँचा उठा देती है। इसमें काम या प्रेम का जो विवेचन हुआ है वह प्राचीन परम्परा के अनुकूल होने पर भी अत्यन्त परिष्कृत तथा किसी प्रकार की अश्लीलता से मुक्त है।

इस ग्रन्थ की अनेक व्याख्याएं प्राप्त हैं इनमें जो अत्यन्त प्रख्यात है वह "परिमेल अलहर" हैं। आज भी इसकी नवीन दृष्टि से व्याख्याएं लिखी जा रही हैं। इसकी अन्य विशेषताएं इस प्रकार हैं–

1. सहधर्मिता

यह आश्चर्य की बात है कि अनेक शताब्दियों पूर्व एक मानव ने एक ऐसे अद्भुत ग्रन्थ की रचना की है जिसकी प्रशंसा सभी धर्म वाले समान रूप से करते हैं। आपस में लड़ने वाले विभिन्न धर्मावलंबी भी इस ग्रन्थ की प्रशंसा करते हैं। इसका कारण यह है कि यह ग्रन्थ सभी प्रकार से मतवादों से हटकर है। इसमें केवल मानवमन का सूक्ष्म निरीक्षण परीक्षण कर केवल सत्य की स्पष्ट व्याख्या की गई है। उन्होंने एक छन्द में लिखा है–"सभी मानव जन्म से समान हैं।" तपस्या किसे कहते हैं?" उन्होंने स्पष्ट बताया है कि निर्मल और पवित्र मन से रहना ही सही धर्म है, अन्य सब आडम्बर मात्र है। इसी कारण महात्मा गांधी जैसे कई महामानवों ने इस ग्रन्थ की प्रशंसा की है। आलबर्ट स्वैटजर ने इसे जीवन के लिए उत्तम मार्गदर्शक ग्रन्थ,

प्रेम के धर्म पर बल देने वाला तथा उच्चतम ज्ञान प्रदान करने वाला ग्रन्थ बताकर इसे विश्व साहित्य में अनुपम ग्रन्थ माना है।

2. धर्माचरण पर दृढ़आस्था

इस ग्रन्थ के रचयिता धर्म के आचरण पर दृढ़ आस्था रखने वाले थे। उनका कथन है कि "भूलकर भी दूसरों की हानि नहीं सोचना चाहिए। ऐसे व्यवहार से धर्म नष्ट हो जायेगा। आचारहीन मनुष्य का आचरण ऊँचे लक्ष्य और आदर्श की प्राप्ति के लिए होना चाहिए। प्राण की चिन्ता न करके केवल उत्तम आचरण की चिन्ता करनी चाहिए।

3. सांसारिकता पर स्पष्ट विचार

ग्रन्थ के दूसरे खण्ड में रचनाकार ने उत्तम सांसारिक जीवन के अनुकूल जीवन मूल्यों के संबंध में स्पष्ट विचार व्यक्त किया है। उन्होंने अध्ययन, अनध्ययन, जिज्ञासा एवं बुद्धिमत्ता इन चार अध्यायों और चालीस कुरल में बुद्धि के विकास को स्पष्ट किया है। इन कारणों से कवि की रचना सार्वकालीन और सार्वदेशिक हो गई है और कालजयी भी। कवि भारती ने उनके बारे में लिखा है कि उन्होंने अमर कीर्ति प्राप्त की है और तमिल प्रदेश को यशस्वी किया।

उनके उपदेश एवं विचार शासक वर्ग के साथ प्रजा के लिए भी लागू होते हैं। एक छन्द में कवि ने प्रश्न किया है कि "पत्नी अगर गुणवती हो तो व्यक्ति के जीवन में अभाव किस बात का है? पत्नी यदि गुणरहित हो तो व्यक्ति के जीवन में और क्या रह गया है?

पत्नी हो यदि गुणवती, है नहीं कभी अभाव।
पत्नी यदि गुणरहित, तो किसका नहीं अभाव।

1. प्रेम की परिकल्पना

इस ग्रन्थ के तृतीय खण्ड में पावन प्रेम का वर्णन है। सुन्दर प्राकृतिक परिवेश में प्रेमी अपनी प्रेमिका को देखता है, देखते ही प्रेम के वशीभूत हो जाता है। प्रेम से परिपूर्ण प्रेमी युवक के उद्‌गार इस प्रकार है—क्या यह नारी देवकन्या है या मयूर? या कर्णफुललरित सुन्दरी? मेरा मन क्यों प्रेमवश हो गया है? यह मेरा जीवनप्राण है, उसका वियोग मृत्यु समान दाहक होगा।" इस खण्ड में कल्पना की सुन्दरता और अभिव्यक्ति का कौशल द्रष्टव्य है। इस खण्ड में काव्य चमत्कारों और कवि कौशल का हमें दर्शन होता है। इस काल में हम उन्हें एक अच्छी कवि गोष्ठी के बीच पाते हैं। रचनात्मक प्रतिभा संपन्न एक कुशल एवं अनुभवी कवि के रूप में ये कुरल रूपी मोतियों को पिरोते जाते हैं।

5. नयी दृष्टि

इस ग्रन्थ की एक विशेषता यह है कि प्राचीन कविताओं में मधुपान की बुराईयों के संबंध में फटकार या दुत्कार के शब्द सुनाई नहीं पड़ते। किन्तु इस कवि की यह विशेषता है कि उन्होंने मधुपान की निन्दा स्पष्ट शब्दों में की है। धन व्यय कर बुद्धि को भ्रष्ट करना कितना बड़ा अज्ञान है इसे स्पष्ट किया है। गृहस्थाश्रम और सन्यास के विषय में उनका कथन है कि ''सद्धर्म का आचरण करते हुए गृहस्थी चलाने वाले स्वर्ग के देवताओं की भांति वन्दनीय माने जायेंगे।'' उन्होंने नकली और ढोंगी साधुओं की निंदा की है। उनके अनुसार कवियों का सबसे बड़ा निष्कर्ष यह है कि ''प्राप्त भोजन को समुचित ढंग से बांटकर खायें तथा कई अन्य जीवप्राणियों की रक्षा करें।''

2. नालडियार

तिरुक कुरल के पश्चात प्रसिद्ध प्राचीन नीतिग्रन्थ 'नालडियार' है। यह चार चरणों में रचित है। इसलिए उसका नाम नालडियार अर्थात चतुष्पदी (चार चरणों वाली कविता) है। इसमें चार सौ कविताएं संकलित हैं। तिरुक्कुरल दो चरणों की रचना है तो नालडियार चार चरणों की है। दोनों ही वाक्शक्ति को सुदृढ़ करने वाली कविताएं हैं। इसमें जैन कवियों के विरचित पद्यों का संकलन है। इसमें सन्यास की महिमा, जीवन की असारता आदि बातों पर चर्चा की गई है।

अन्य कृतियां

इस वर्ग की अन्य कृतियों में नानमणि कडिकै, सिरुपंचमूलम, तिरुकडुकम, आदि सौ-सौ पद्यों में संकलित उपदेशात्मक काव्य हैं। ''एलादि'' भी सौ पद्यों का काव्य है। इसी प्रकार इनियवै, नारपटु, इन्नानारपटु आदि चालीस पद्यों के नीतिग्रन्थ हैं।

''पलमोलिनानरु'' नालडियार की भांति ही चार सौ कविताओं का संग्रह है। इसमें चार सौ कहावतें भी हैं।

कारनारपटु, तिणैमोलि आदि सात कृतियां अहम वर्ग के प्रेमकाव्य के रूप में विरचित हैं अन्य रचनाओं में संघकालीन रचनाओं जैसी भावस्फूर्ति नहीं है। प्रयत्नपूर्वक परम्परा की लीक पीटने की बात है। फिर भी एक और अनुपम रचना है ''कलवलिनारपटु'' जिसमें चेर और चोल राजाओं के बीच हुए युद्ध का वर्णन किया गया है।

3. महाकाव्य द्वय या प्राचीन दो प्रबन्ध काव्य

प्राचीन समय में तमिल भाषा में रचित दो महत्वपूर्ण महाकाव्य या प्रबंध काव्य उपलब्ध हैं–1. शिप्पदिकारम् और दूसरा 2. मणिमेखलै

यद्यपि ये दोनों संगम साहित्य के बाद की रचना हैं फिर भी इनका नाम उन्हीं के साथ लिया जाता है। ये दो महाकाव्य तमिल के इलियड और ओडेसी या रामायण और महाभारत हैं। (इंडियन इन्हेरिटेंस, पृ. 146)

1. शिप्पदिकारम् (नूपुर काव्य) (रचनाकाल 200-300 ई.)

शिप्पदिकारम के लेखक इलंगो अडिगल हैं। इलंगो अडिगल कोई साधारण व्यक्ति नहीं थे। वह चेर सम्राट के पुत्र थे। यह राजकुमार तपस्वी हो गया था और लोग उसे इलंगो अडिगल कहने लगे थे। शिप्पदिकारम् का अर्थ है नूपुरकथा। इस महाकाव्य की सम्पूर्ण कथा नूपुर के इर्द गिर्द सिमटी हुई है। इसीलिए इसे 'शिप्पदिकारम्' कहा गया है। इस महाकाव्य में महाकाव्य की नायिका कन्नगी की सजीव एवं मार्मिक कथा का चित्रण हैं। इस कन्नगी की तमिलनाडु तथा श्रीलंका में गौरी मानकर पूजा होती है। उसने नारियों के जीवन में तथा देवी मंदिरों में भी कई परिवर्तन लायी। कन्नगी के पैरों का नूपुर सोने का था बाद में उसके दैवीकरण हो जाने पर नारियों ने पैरों में सोने का आभूषण पहनना ही त्याग दिया। सिर्फ चांदी के ही आभूषण पहनती हैं। कन्नगी के जीवन में आषाढ़ मास के शुक्रवार के दिन बड़ी विपदा आई थी इसलिए तमिलनाडु में देवी मंदिरों में आषाढ़ के शुक्रवार को विशेष महत्व का दिन माना जाता है। यह दन्तकथा भी प्रचलित है कि काली माता ही कन्नगी के रूप में अवतरित होकर आयी थीं। कन्नगी के अभिशाप से जब मदुरै जलने लगा तो ब्राह्मण, धर्मात्मा आदि वहां से बचकर बाहर निकल गये थे। इन्हीं कारणों से यह तमिल साहित्य का एक अमूल्य रत्न माना जाता है।

यह महाकाव्य गद्य, गीत और नाट्य तीनों विधाओं के लिए उदाहरण प्राय है। इस प्रबंधकाव्य की विशेषता यह है कि इसके कथानायक 'कोवलन' और नायिका कन्नगी सामान्य जीवन से लिये गये हैं और उस समय के तमिल प्रदेश के तीन बड़े राजा चेर, चोल और पांड्य के संबंध में तथा तत्कालीन समाज के आचार विचारों और ललितकलाओं के विशुद्ध चित्रण मिलते हैं और यहां तक कि इसमें लोकगीतों का भी उल्लेख है। इस प्रकार यह काव्य अतीत की झलक पाने में एक विशाल झरोखे का काम देता है। इस कार्य में इस काव्य की अडियार-ए-कुलनललार द्वारा विरचित व्याख्या अत्यन्त उपयोगी है।

प्ररिद्ध घटनाएं

तरुणव्यापारी कोवलन की विषाद पूर्ण प्रेम कहानी, दरबार नर्तकी 'माधवी' के प्रति उसका सामयिक मोह, बाद में उसका मोहभंग, अपनी साध्वी पत्नी कन्नगी के साथ पांड्य राजधानी मदुरानगर में जाकर नवजीवन यापन करने का प्रयत्न, वहां उसके द्वारा कन्नगी के एक नूपुर को बेचने का प्रयत्न करने पर एक सुनार के कपटाचरण

के कारण चोर समझकर बन्दी किया जाना; पांड्यराजा के अविचारित आदेश से उसका मृत्युदंड पाना और वध किया जाना, उसकी साध्वी पत्नी का शोक और उत्तेजना, मदुरानगर का कन्नगी के शाप से जल जाना, और कन्नगी का सती देवी के रूप में पूजा जाना इत्यादि घटनाएं अत्यन्त प्रसिद्ध हैं। कवि इलंगों ने जिस ढंग से इन घटनाओं का चित्रण किया हैं वह अत्यन्त मार्मिक और शाश्वत महत्व का है। इतिहासकार वी.आर.आर. दीक्षितार के अनुसार "यह मानो एक ज्ञानकोश है, जिसके आधार पर पांड्य, चोल, चेर राजाओं का बड़ा सुंदर इतिहास लिखा जा सकता है। (स्टडीज इन तमिल लिटरेचर, पृ. 78)

कलात्मक चेतना

कवि इलंगो राज परिवार के जीवन से अच्छी तरह परिचित थे। जैन होते हुए सभी धर्मों के प्रति उनके मन में आदर का भाव था। समस्त तमिल भूमि को मान्यता देते थे। यह उनके कलात्मक हृदय की विशेषता मानी जायेगी। समस्त काव्य में नृत्य, संगीत इन दोनों ललित कलाओं के बारे में अनेक विवरण दिये गये हैं। धार्मिक और लौकिक दोनों प्रकार के नृत्यों का सूक्ष्म विवरण है। माधवी का नृत्य वर्णन तमिलनाडु के आजकल के प्रचलित शास्त्रीय नृत्य शैली से मिलता जुलता है। कवि ने उस समय के वाद्य यंत्रों का भी वर्णन किया हैं। यह ग्रन्थ संगीत विद्या का भी अक्षय भंडार है। कवि की लोकनृत्य और लोकसंगीत में भी काफी रूचि थी। चार अध्यायों में सागरतट के गीतों, गोपगीतों, और आखेट गीतों का विवेचन है। अंतिम अध्याय में क्रीड़ा निरत कन्याओं के गीतों, कंदुकगीतों, झूला गीतों और मूसलगीतों का वर्णन है। ए.एल. वाशम ने अपनी पुस्तक "वंडर दैड वाज इंडिया" में इस काव्य के बारे में लिखा है कि "साहित्यिक शैली में निबद्ध इस महाकाव्य का जनजीवन के साथ घनिष्ठ संबंध है। तुलनात्मक दृष्टि से यह यथार्थवादी रचना है।"

छन्द

कवि ने भिन्न भिन्न नाटकीय अभिव्यक्तियों के अवसर पर तद्नुकूल छन्दों का प्रयोग किया है। कवि ने बिलकुल नये छन्दों का प्रयोग कर विभिन्न मानवीय भावों तथा संवेदनाओं को सुंदर ढंग से अभिव्यक्त किया है। प्राचीन तमिल काव्य में केवल अहवल और वेणबा छन्दों का ही प्रयोग होता था किन्तु कवि ने समुद्रतटीय गीतों में 'कानलवरि' नामक नये छन्द का प्रयोग किया है।

भाषा

इस रचना की भाषा पूर्ववर्ती प्राचीन काव्यों से बहुत भिन्न नहीं है। इसमें सौष्ठव भी

हैं और निखार भी है। शब्द चयन तथा भावाभिव्यक्ति सुंदर और प्रभावशाली है। वस्तुतः इस कृति की भाषा शैली इसके महान संत कवि के गौरव के पूर्णतया अनुकूल है।

2. मणि मेखलै

तमिल साहित्य का द्वितीय प्रबंधकाव्य मणिमेखलै हैं। काव्य की कथावस्तु के संदर्भ में यह शिप्पदिकारम् की कथावस्तु का आगे का विस्तार करता है। यह काव्य कोवलन तथा माधवी की पुत्री मणिमेखलै के आध्यात्मिक जीवन की कहानी है। मणिमेखलै माधवी के समान गणिका न बनकर अपने केशों को कटवाकर धार्मिक सेवा में प्रवृत्त हो जाती है।

इसका लेखक कट्टर बौद्ध है। अतः इसमें बौद्ध सिद्धान्तों की विशद व्याख्या मिलती है। इसमें दूसरी या तीसरी सदी की धार्मिक और सामाजिक परिस्थितियों का भी वर्णन किया गया है। इस ग्रन्थ में यद्यपि साम्प्रदायिक दृष्टिकोण है, तथापि भाषा के प्रवाह और विचारों की सरल अभिव्यक्ति के कारण इसका गौरव अक्षुण्ण है।

2. मध्यकाल

भक्तिकाव्य का विकास

वैष्णव भक्ति आन्दोलन और शैव नायनमार तथा वैष्णव आलवार–संगम काल तथा नीति महाकाव्यों के युग के पश्चात् तमिल साहित्य में जो युग आता है वह भक्ति साहित्य का काल कहलाता है। छठी शताब्दी ई. से तमिल साहित्य के एक नये युग का सूत्रपात हुआ। इस युग का प्रारंभ 1. शैव नायनमारों और 2. वैष्णव आलवारों के भक्तिपूर्ण गीतों से हुआ।

मध्यकाल के पूर्व भारत में जो चिंतक और विचारक हुए उन पर वैदिक धर्म का गहरा असर है। गौतम बुद्ध ने वैदिक चिंतन और वैदिक सत्ता का विरोध किया। बुद्ध द्वारा प्रतिपादित बौद्ध धर्म क्रांतिकारी था क्योंकि उसने रूढ़ियों और कर्मकांडों का विरोध किया और जन साधारण की आकांक्षाओं को लेकर आगे बढ़ा। किन्तु ज्यों-ज्यों बौद्ध धर्म पुराना होता गया, उसमें भी वैदिक कर्मकांड का समावेश होता गया। आगे चलकर शंकराचार्य ने बौद्धधर्म की जड़े हिला दीं और पुनः वैदिक धर्म स्थापित करने की कोशिश की। किन्तु बौद्धधर्म के क्रांतिकारी आधार का पूर्णतः लोप कभी नहीं हुआ। इस प्रकार भारतीय समाज में चिंतन की ये दो धाराएं अनादिकाल से चली आ रही थीं। शंकराचार्य का दर्शन उच्च वर्गों से जुड़ा हुआ था। इसके विपरीत दक्षिण के शैवनायनमार और वैष्णव आलवार व्याकुल जन साधारण के प्रतिनिधि थे। दूसरे शब्दों में शंकराचार्य का संबंध सामंती परम्परा से था जबकि आलवार भक्तों

का संबंध जन साधारण से था। शंकर ने निर्गुण निराकार ब्रह्म का प्रतिपादन किया। किन्तु आलवार भक्तों और उन्हीं से प्रेरणा लेकर रामानुज, मध्व, निम्बार्क आदि आचार्यों ने भक्ति को सबके लिए सुलभ बनाया।

वैदिक धर्म केवल ब्राह्मणों तक सीमित था। साधारण जनता से उसका कोई लगाव नहीं था। आलवारों (जो वैष्णव थे) और नायनमारों (जो शैव थे) ने जन भाषा तमिल में उद्‌गार प्रकट किये और भक्ति को सर्व सुलभ बनाकर सभी के लिए ग्राह्य बनाया। आलवार भक्तों में ऊँच-नीच सभी जातियों के लोग थे। वे बाह्याचार और आडम्बर में विश्वास नहीं करते थे और जातिप्रथा को तो बिलकुल ही नहीं मानते थे। मधुर कवि आलवार ब्राह्मण थे किन्तु वे शूद्र युवक नम्मालवार के शिष्य बन गये। अपने गुरु को वे ईश्वरवत् पूज्य मानते थे। आलवारों के भक्तिमार्ग में स्त्री पुरूष का भी भेद नहीं था। आलवार भक्तों ने भगवान से भय का नहीं वरन प्रेम का संबंध स्थापित किया। (डॉ. मलिक मोहम्मद, "आलवार भक्तों का तमिल प्रबंधम और हिन्दी कृष्णकाव्य, आगरा विनोद पुस्तक मंदिर, 1964)

आलवार और नायनमार भक्त जन चेतना के प्रतिनिधि थे। अतः उन्होंने सामंती शासन का विरोध किया। इस कारण दोनों ही को भयंकर उत्पीड़न का शिकार होना पड़ा है। जैनियों, बौद्ध कापालिकों और शाक्तों आदि का साधारण जनता से कोई संपर्क नहीं था। उनका सारा आचरण समाज विरोधी था। जबकि तमिल जनता गार्हस्थ्य जीवन के उच्च्य विचारों से ओतप्रोत थी। नायनमार शैवों और आलवार वैष्णव कवियों ने इसी जनता को वाणी दी। कहने का आशय है कि भक्ति आन्दोलन के पीछे सामाजिक और आर्थिक कारण है इसलिए भक्ति का प्रसार पहले दक्षिण में हुआ। अतः भक्ति आन्दोलन का सीधा संबंध दक्षिण के आलवार भक्तों से है और इसे दक्षिण से उत्तर लाने में रामानुज आदि ने सेतु का काम किया। इस आन्दोलन के नेताओं में एक आंतरिक शक्ति थी और इसका मूल कारण यह था कि जन साधारण के साथ थे।

जैन और बौद्ध इन्द्रियनिग्रह, उपवास एवं कामभाव से विरक्ति आदि बातों पर बल दिया करते थे। वे सदा सन्यास की महत्ता पर जोर देते रहे। आलवार एवं नायनमार संत भक्ति का गुणगान करते हुए उसके अनुकूल नृत्य, संगीत आदि कलाओं की प्रशंसा करते थे। उनकी मान्यता थी कि गृहस्थ जीवन में सुखी रहते हुए और किसी भी पेशे और धन्धे में लगे रहने पर भी मन को ईश्वर के प्रति लगाते हुए जीवन यापन करें तो पर्याप्त है। जन सामान्य के बीच उनके भक्ति आन्दोलन के प्रचलित होने में संगीतपरक तमिल गीत अत्यन्त उपयोगी और सार्थक बने।

शैव नायनमार

शैव नायनमारों की संख्या लगभग 63 है जिनमें प्रसिद्ध हैं—

1. संत तिरुमूलर 2. तिरुज्ञान सम्बन्धर 3. तिरुना वक्करसर 4. सुन्दरर 5.माणिक्यवाचक 6. कारैक्काल अम्मैयार्

कालान्तर में 'नंबी आंडार नंबी' ने उपर्युक्त शिवभक्तों के शिवभक्ति के पदों का संग्रह या संकलन ग्यारह तिरुमुरैयों में किया है। तिरुमुरै का अर्थ है श्रीक्रम।

1. संत तिरुमूलर

संत तिरुमूलर के ग्रन्थ का नाम है ''तिरुमंत्रम्''। इन्होंने शिवभक्ति में तीन हजार गीतों की रचना की है। इनके गीतों का संकलन दसवीं तिरुमुरै में किया गया है।

ग्रन्थ के नाम के अनुरूप, मंत्ररूप में, सूत्रशैली में, नपे तुले शब्दों में, अर्थगर्भित पदों में रचित उनके भक्तिगीत गूढ़ और सूक्ष्म अर्थ भरे शब्दों से भरे हुए हैं। दार्शनिक विचार से लेकर योगपरक, सिद्ध वैद्य पद्धति के विचार तक के कई अमूल्य विचारों से पुष्ट यह शिवभक्ति ग्रन्थ है। भक्ति की महत्ता पर जोर देते हुए संत तिरुमूलर कहते हैं ''प्रेम और शिव दो अलग-अलग तत्व नहीं है।'' प्रेम ही शिव है'' इस तथ्य को बहुत कम लोग जानते हैं। जो जान गये हैं वे ज्ञानी संत हो गये। वे ही ईश्वरीय चेतना प्राप्त भक्त हैं–

प्रेम और शिव दो भिन्न हैं कहते मूढ़
प्रेम ही शिव है, यह न जाने कोई।

इस प्रकार तीन हजार पदों में कवि ने बहुत बड़े जीवन सत्यों को स्पष्ट किया है। ये तीन हजार पद एक ही प्रकार के छन्द में एक ही शैली में रचे गये हैं मगर इनके द्वारा भक्ति, योग, तपस्या, ज्ञान, वैद्यशास्त्र आदि कई प्रकार की बातें स्पष्ट समझायी गयी हैं।

2. तिरुज्ञानसम्बन्धर

सातवीं शती के ये एक महान संत थे। इनके तीन हजार गीत तिरुमुरैयों में संग्रहीत है। ये बाल्यावस्था से ही शिव की स्तुति में मग्न रहे। उन्होंने ईश्वर की उपासना के निमित्त ही नृत्य गीत आदि ललित कलाओं के कौशल को प्रयुक्त किया हैं। उन्होंने अपने कई गीतों में अनेकों गांवों के मंदिरों की स्थल महिमा, मंदिर के आसपास के प्राकृतिक सौन्दर्य का वर्णन किया है।

प्रत्येक दशक के आठवें गीत में रावण द्वारा कैलाश पर्वत को हाथ में उठाने का प्रयास और इस कारण उत्पन्न उनकी पीड़ा, वेदना और उनकी शिवभक्ति का उल्लेख कवि ने किया है। नौंवे गीत में ब्रह्मदेव और विष्णु द्वारा शिवमहिमा को समझ पाने की असमर्थता आदि का उल्लेख है। दसवें गीत में जैन, बौद्ध साधुओं के ढोंगी जीवनचर्या पर व्यंग्योक्ति है क्योंकि ये लोग गृहस्थ जीवन की निन्दा करते थे। उन्होंने नारी की प्रशंसा की है–

"सौन्दर्य की प्रतीक नारी के संग
सुन्दर जीवन व्यतीत करें तब।"

यह गीत शैवभक्तों के घरों में विवाह के अवसर पर आनंदगीत के रूप में आज भी गया जाता है। उनके अधिकांश गीत भक्तों में उत्साह और विश्वास पैदा करता है। शिव को संतों के लिए हितकारी बताया है–

मेरे लिए भले, भले हैं सन्तों के लिए
हितकारी हैं।

उनके गाये गीतों की संख्या लगभग एक लाख साठ हजार है। इस समय उनके 4168 गीत उपलब्ध हुए हैं। सभी गीत गेय हैं। कुछ गीत यमक आदि शब्दालंकारों में रचे गये हैं। आद्य शंकराचार्य ने अपने एक गीत में उन्हें "द्रविड़ शिशु" कहा है।

3. तिरुना वक्करसर

इनके तीन हजार छन्द तीन तिरुमुरैयों में संकलित है। इनके समय में पल्लव नरेश महेन्द्रवर्मन प्रथम राज्य करते थे।

ये संस्कृत और तमिल दोनों भाषाओं के विद्वान थे। जैन साधुओं में भी उनका बड़ा सम्मान था। उनकी कुछ कविताएं गेय पदों में हैं और संगीत के रागों में निबद्ध हैं। इन्होंने 'तिरुताण्डकम्" छन्द में बहुत संगीतों की रचना की है इसलिए इन्हें ताण्डक सम्राट की उपाधि मिली थी। उनके गीतों की विशेषता यह है कि वे भक्तों के हदय को नवनीत की भांति द्रवित करने वाले है। विद्वान होते हुए इनका भक्तिपूर्ण जीवन सेवा तथा स्तुति में व्यतीत हुआ है। प्रसिद्ध दार्शनिक होते हुए भी ज्ञान का अहंकार नहीं था। इन्होंने कैलासयात्रा भी की थी। कुछ पदों में पशु पक्षियों के प्रेममय जीवन के बीच शिवजी के दर्शन का उल्लेख भी किया है।

इनका दूसरा नाम अपर है। इनके कई हजार पद हैं मगर इस समय उनके पदों की संख्या सिर्फ 3066 है।

4. सुन्दरर्

सातवीं तिरुमुरै में सुंदरर के एक हजार छन्द संग्रहीत है। ये नवीं सदी में हुए थे। इनकी कुछ कविताओं के आधार पर ही भक्तियुग का 'पेरियपुराणम्' नामक शैव महाकाव्य की रचना हुई है।

सुन्दरर जाति के ब्राह्मण थे। शिव की कृपा से इन्होंने ब्राह्मणेतर जाति की दो कन्याओं से विवाह किया था। इन दोनों पत्नियों के साथ प्रेमपूर्ण जीवन बिताकर शिवभक्त के रूप में ख्याति प्राप्त की थी। उनके पदों में सन्यास और निवृत्ति मार्ग के विचार नहीं है। बौद्ध और जैन धर्म की निन्दा करते हुए उन्होंने लिखा है–"बौद्ध

धर्म और जैन अहिंसा का प्रचार करके भी हिंसा के द्वारा ही धर्म प्रचार करते हैं। तपस्या का बहाना करके भी वे जीभ के दास बने रहते हैं। खा-खाकर सुस्त और तुंदिल बन गए हैं। जन सेवा इनका लक्ष्य नहीं हैं। वे सर्वत्र अपने आहार की चिन्ता करते हैं। वे अज्ञान में पड़े हुए हैं। उनका मन काला है। जैन नग्न रहते हैं। गंदे रहते हैं। जैन खड़े होकर खाते हैं आदि।

सुन्दरर के इस समय 1026 पद प्राप्त हुए हैं। उनके पद गेय और मधुर स्वरों से युक्त हैं। उन्होंने दस गीत कवियों को मार्गदर्शन हेतु लिखा हैं जिसमें लिखा हैं—कपटी, क्रूर, पापी और दुष्ट व्यक्ति को संत स्वभाव का व्यक्ति कहकर उसकी प्रशंसा मत कीजिए आदि। तिरुज्ञानसंबंधर, संत तिरुनावक्करसर और सुन्दरर् की सात हजार छन्दों की रचना को 'तेवारम' कहा जाता है।

5. माणिक्य वाचकर

आठवीं तिरुमुरै माणिक्यवाचकर की कृति है। यह दो भागों में है। तमिल साहित्य के भक्ति गीतों में इनके भावपूर्ण रचनाओं को प्रथम स्थान दिया जाता है।

इनका महत्वपूर्ण संकलन 'तिरुवाचकम्' है। रेवरेंड जी.यू0 पोप ने तिरुवाचकम का अंग्रेजी अनुवाद किया है और मुक्त कंठ से उनकी प्रशंसा की है।

अपने कुछ गीतों में कवि ने शिवजी को अपना पति एवं स्वयं को पत्नि के रूप में कल्पना कर रहस्यवादी गीत लिखे हैं। 'तिरुवाचकम' के 650 गीत अत्यन्त प्रसिद्ध गीत हैं। तमिल में यह उक्ति प्रचलित है कि "तिरुवाचकम" के गीतों में जो मन द्रवित नहीं होता वह मन और किसी के लिए भी द्रवित नहीं होगा।" इनके गीत आज भी तमिलनाडु में शिवभक्तों के घट-घट में उपासना और प्रार्थना के रूप में गाये जाते हैं। भक्तिभाव में सराबोर होकर उन्होंने अपने हृदय के भावों की सुन्दर अभिव्यक्ति की है।

6. कारैक्काल अम्मैयार

कारैक्काल एक गांव का नाम है और अम्मैयार शब्द तमिल में नारी के लिए प्रयुक्त सम्मानसूचक शब्द है। एक नारी पति के द्वारा परित्यक्त होकर एक पिशाच की भांति इधर उधर भटकते हुए शिव की स्तुति में मन से गीत गाकर शिव भक्ति में लीन होकर मुक्ति प्राप्त कर ली थी।

उनके गीत तीन ग्रन्थों में संकलित है। ये तीन गीतसंकलन तमिल में लिखे शिवभक्ति गीतों में अत्यन्त पुराने माने जाते हैं। इनमें अपनी अपार भक्ति और अटूट प्रेम को गीतों द्वारा अभिव्यक्त किया है।

2. वैष्णव आलवार भक्त

आलवार संत प्रायः निम्न जातियों के होते थे। शिक्षा-दीक्षा भी अधूरी होती थी। किन्तु उनके भीतर चरित्र और हार्दिक गुणों का अद्भुत चमत्कार रहता था। शिक्षा, वंश और वैभव का अभिमान नहीं रहने के कारण ये संत अत्यन्त विनम्र हुआ करते थे। एक आलवार भक्त ने लिखा है कि–"मेरा जन्म द्विजातिकुल में नहीं हुआ, न मैं चारों वेदों को जानने वाला हूं। इस कारण हे भगवान। मुझे तुम्हारे प्रकाशमय चरणों के अतिरिक्त अन्य किसी भी शक्ति का भरोसा नहीं है।" इस प्रकार के भाव आलवार भक्तों के थे। उन्होंने ही दक्षिण में भक्ति की पताका को बहुत ऊँचा कर दिया।

12 वैष्णव संत इतने अधिक लोकप्रिय थे, जिनकी विशेष ख्याति हुई और जिनकी मूर्तियां दक्षिण के मंदिरों में स्थापित मिलती हैं, विष्णु के साथ इनकी भी पूजा होती है।

इन आलवार कवियों के तमिल पदों का संपादन पहले पहल आचार्य नाथमुनि ने किया था जिनका नवीं सदी माना जाता है। नाथमुनि ने उपलब्ध पदों के चार संग्रह तैयार किए, और प्रत्येक में प्रायः एक-एक हजार पद रखे। इन्हीं संग्रहों के नाम "दिव्य प्रबन्धम्" या "प्रबन्धम्" है। प्रबन्धम् में आलवारों के पद मूलरूप में रखे गये हैं। भक्ति आन्दोलन का आदि ग्रन्थ प्रबंधम् ही माना जाता है। कुछ लोगों के मतानुसार भागवत पुराण को माना जाता है। वैसे ये दोनों एक ही समय में लिखे गये हैं।

ये बारह विशिष्ट आलवार ईसा की तीसरी सदी से लेकर नवीं सदी तक के बीच हुए हैं। ऐसी आम सहमति है।

वैष्णव धर्म के बारह आलवार हुए है–

1. पोइगै आलवार (सरोयोगी) 2. पूदत्तालयार (भूतयोगी) 3. पेयालवार (पिशाचयोगी) 4.तिरुमलिशै (भक्तिसार) 5. तिरुप्पन आलवार 6. टोंडरडिप्पडि 7. तिरुमंगै (परकाल) 8. कुलशेखर 9. पेरियालवार (विष्णुचित्त) 10. आंडाल (गोदादेवी) 11. नम्मालवार (परांकुश) 12. मधुर कवि।

उपर्युक्त 12 आलवारों में पांच आलवार भक्तों का विशेष योगदान है। उनका संक्षिप्त परिचय इस प्रकार हैं–

1. पेरियालवार

बारह आलवारों में से पेरियालवार का महत्वपूर्ण स्थान है। इनका जन्म विष्णु के परम भक्त मुकुन्द पट्टर के घर हुआ था। बाल्यावस्था से ही वे विष्णु की पूजा अर्चना में लगे रहते थे। विष्णु को निरन्तर चित्त में धारण करने के कारण इनका संस्कृत नाम विष्णु चित्त रख दिया गया। ऐसा माना जाता है कि इन्होंने तत्कालीन पांड्यराजा

वल्लभदेव की सभा में अनेक विद्वानों को परास्त कर ब्राह्मण श्रेष्ठ (पट्टर पिरान) की उपाधि पाई थी।

उक्त द्वादश आलवारों में पेरियालवार ने कण्णन (कृष्ण) को बालक रूप में भावित कर भक्तिपूर्ण पदों की रचना की है। बालकृष्ण के जन्मोत्सव को लेकर दस पद गाये हैं। बालकृष्ण के पैर का अंगूठा, जंघा, नाभि, उदर, छाती आदि समस्त अंगों का मनोरम वर्णन किया है। इन गीतों में बालकृष्ण को पालने में सुलाने वाले लोरी गीत भी है। इनका "पिल्लै तमिल" अत्यन्त लोकप्रिय है। इन्होंने ही इस साहित्यिक रूप का बीज बोया है। इन्होंने कृष्ण की बाललीलाओं को लगभग दो सौ पदों में गाया है। इस कवि को कृष्ण की बाल लीलाओं में अत्यन्त अनुराग था। इनके गीत भक्तों के हृदय को द्रवीभूत कर देते हैं। कृष्ण की लीलाओं में पेरियालवार के गीत भारत की प्राचीन साहित्यिक निधि है। अमर कोष हैं। बारहवीं शती पूर्व पेरियालवार ने तमिल गीतों के रूपों में इन्हें रचा है।

2. तिरुमंगै आलवार

इनके अन्य नाम हैं परकाल, कलियन आदि। तिरूमंगै बाल्यावस्था से ही तमिल और संस्कृत के प्रकाण्ड विद्वान थे। पिता के प्रभाव से इन्होंने युद्ध विद्या भी सीख ली थी। इनकी युद्ध कुशलता से प्रभावित होकर चोलनाडु के राजा ने पुरस्कार स्वरूप इन्हें तिरुमंगै प्रदेश का सामंत बनाया था और परकाल की उपाधि प्रदान की थी। इनकी छः रचनाएं हैं। ये रचनाएं वेदांग के नाम से प्रसिद्ध हैं। इनमें वैष्णव भक्ति, वैष्णवदर्शन आदि विषयों के वर्णन के साथ-साथ विष्णु की नाना अवतार लीलाओं का विशद वर्णन मिलता है।

साहित्य की प्राचीन लौकिक प्रेमगीत परम्परा का पालन कर उन्होंने अनेक प्रेमगीत भी रचे हैं। प्रेमगीत परम्परा संगम कालीन है। इस परम्परा के अनुसार केवल पुरूष को ही आत्म त्याग करने का अधिकार प्राप्त है स्त्रियों के लिए यह हक नहीं है। इनके कुछ प्रेमगीत रहस्यवादी हैं, जिसमें इन्होंने अपने को नायिका एवं तिरुमाल अर्थात विष्णु को नायक के रूप में मानकर भक्ति प्रकट की हैं। उन्होंने दो काव्यों की रचना की है जिसमें "सिरिय तिरुमड़ल" और पेरिय तिरुमड़ल है। दोनों काव्यों में काव्य की नायिका ही मड़ल अर्थात प्राणोत्सर्ग कर लेती है।

संगमकालीन प्रेमकाव्य की परम्परा का अनुकरण करते हुए इन्होंने भक्तिगीतों का प्रणयन किया है। इनके गीत अति सरस है जैसे—"हे सारस ! तू आज ही जाकर तिरुमाल (विष्णु) से मेरे हृदयस्थ प्रेम को समझाओ। इससे बढ़कर मेरे लिए तेरा कोई दूसरा उपकार नहीं होगा।"

3. कुलशेखर

कुलशेखर आलवार का जन्म चेर सम्राट दृढ़व्रत के घर में हुआ। अपार तपस्या के फलस्वरूप इस बालक को दृढ़व्रत ने कुलशेखर नाम दिया। ये तमिल और संस्कृत भाषा में पारंगत थे। उनके दो काव्यग्रन्थ हैं–1. पेरुमाल तिरुमोलि और 2. मुकुन्दमाला। इन काव्यों में उन्होंने विष्णु के अवतार राम और कृष्ण की लीलाओं, भगवद् महिमा आदि का वर्णन किया हैं।

कुल शेखर के भक्ति गीतों में सुन्दर उपमाएं भरी हुई हैं जैसे "हे ईश्वर! तेरे चरणकमलों को छोड़कर मैं कहां जाऊँ। वर्षा के अभाव में सूख जाने पर भी खेत उसी आकाश के बादलों के लिए मोहताज रहता है, वैसे ही मैं भी तेरी कृपा का आकांक्षी बने रहना चाहता हूं।"

रामावतार में अत्यधिक प्रेम के कारण इन्होंने अपने एक पद में रामायण की कथा सार संक्षेप में दिया है। इनके राम संबंधी गीत परवर्ती कवि 'कम्बन' के लिए पथ प्रदर्शक हैं।

4. आण्डाल

वैष्णव भक्त कवियों में आंडाल एकमात्र कवयित्री हैं। आण्डाल पेरियालवार की पोषित पुत्री थीं। प्रसिद्ध है कि पेरियालवार को यह कन्या अपने नन्दनवन में एक तुलसी के पौधे के पीछे पड़ी मिली थी। पुष्प के समान कोमल होने के कारण पेरियालवार ने इस कन्या को कौवे (पुष्पमाला) नाम दिया था। कौवे का संस्कृत नाम है–गोदा। इसलिए इनका एक नाम गोदादेवी है। गोदा अपनी पहनी हुई माला विष्णु भगवान को समर्पित करती थीं। अपने प्रेम के बल पर प्रभु पर भी शासन करने का सामर्थ्य रखने के कारण उन्हें 'आण्डाल' अर्थात शासिका कहा गया। इन्होंने विष्णु भगवान को ही अपना पति मान लिया था। इनकी प्रेम साधना से प्रभावित होकर विजय नगर के सम्राट कृष्ण देव राय ने "आमुक्त माल्यदा" (पहनी हुई माला अर्पित करने वाली) नामक महाकाव्य की रचना की थी।

आण्डाल की दो प्रमुख काव्य रचनाएं हैं–1. तिरुप्पावै, और 2. नाच्चियार तिरुमोलि। 'तिरुप्पावै' को आण्डाल का उपनिषद कहा गया है। तिरुप्पावै में कृष्ण की गोपिकाओं में अपने को एक गोपिका मानकर गहरी भक्ति भावना से इन्होंने इस काव्य की रचना की है। पावै गीत आज भी तमिल के घरों और मंदिरों में गाया जाता है।

इनका दूसरा काव्य संग्रह नाच्चियार तिरुमोलि भक्ति रस में सने अद्‌भुत गीतों का संकलन है। तिरुमाल (विष्णु) से विवाह करने के दृढ़ संकल्प से "सामान्य मानव बनकर जीवन न बिताऊँगी" यह व्रत लेकर ईश्वरी प्रेम में डूबी रहीं। किन्तु आण्डाल के गीतों में तिरुप्पावै ही लोकप्रिय है तथा भक्तों द्वारा इसका नित्य पारायण

होता है। 'पावै' के टीकाकार पिल्लै का कथन है कि "अन्य आलवार भक्तों से यह आण्डाल विलक्षण भक्त हैं।" इसमें उनकी सच्ची अनुभूति जन्य उद्‌गार हैं। वे गाते-गाते मथुरा में पहुंच जाती है और कन्हैया को निद्रा से जगाती हैं।

5. नम्मालवार

द्वादश आलवारों में नम्मालवार का विशिष्ट स्थान हैं। मधुर कवि आलवार उनकी स्तुति करना अपना परम धर्म मानते थे। विभिन्न विद्वान नम्मालवार को अवयवी तथा अन्य आलवारों को अवयव स्वीकार करते हैं।

उनके द्वारा रचित चार ग्रन्थ हैं 1. तिरुविरूत्तम 2. तिरुवायमोलि 3. तिरुआसिरियम 4. तिरुअन्तादि। ये चारों ग्रन्थ चारों वेदों के समान माने जाते हैं। इनमें तिरुवायमोलि एक अनुपम भक्ति ग्रन्थ है। यह ज्ञान की दृष्टि से एक अद्‌भुत कोष है। इस काव्य पर बड़े-बड़े विद्वानों ने बड़ी-बड़ी टीकाएं और भाष्य लिखे हैं। ये टीकाएं और भाष्य आज उच्च ज्ञान की सम्पत्ति के रूप में समादृत हैं। एक विशेष सम्प्रदाय के लिए तो ये गीत मंत्रों से भी अधिक समादरणीय हैं। इसमें ऊँचे दार्शनिक तत्वों के साथ माधुर्यभाव के भी गीत हैं। अतः भक्त, कवि, दार्शनिक सभी के लिए यह ग्रन्थ समादरणीय है।

आलवारों का वाङ्.मय

आलवारों का सारा वाङ्.मय पुरानी काव्य परम्परा के अनुसार विरचित है और प्रादेशिक विचार पद्धति का द्योतक है। यह साहित्य अत्यन्त काव्यात्मक प्रभाव से युक्त है। इनके द्वारा लौकिक जीवन से ध्यान को हटाकर आध्यात्मिक भावना में केन्द्रित किया गया, जिससे साधारण मानव भावना उदात्त होकर एक उच्च धरातल पर पहुंच जाती है। ये पद रागतालबद्ध करके गेय बनाये गये, और मंदिरों तथा धार्मिक संस्थाओं में गाये जाने लगे। इस प्रकार आलवार भक्तिगीतों की रक्षा हुई है। इधर हाल के कुछ वर्षों में गोदादेवी कृत 'पावै', माणिक्यवाचकर कृत पावै गीत अधिक लोकप्रिय हो गये हैं।

आलवार भक्त सगुण, साकार अवतारी भगवान विष्णु के उपासक थे। उनकी पूजा अर्चाविधि में नाम महिमा कीर्तन, शरणागति, गुरुमहिमा, सत्संगति, वैराग्य, इन्द्रियविजय, शरीर की क्षणभंगुरता आदि को स्थान प्राप्त है। इसके साथ ही विष्णु के अवतार भगवान कृष्ण की विविध लीलाओं का वर्णन इनके पदों में उपलब्ध होता है। ये अपने को समर्पित भक्त के रूप में स्वीकार करते थे।

आलवार और नायनमारों ने भक्ति गीतों में जो क्रांति उत्पन्न की, वह यह है कि भगवान के सामने सब समान हैं। ईश्वर एक ही है और वही हम सबके मार्गदर्शक नेता है। इन्हीं सिद्धान्तों का प्रचार उनके भक्ति गीतों ने किया था। अब

राजप्रसादों के राजा महाराज भी सुबह उठकर मंदिर जाकर जनता के साथ घुल मिलकर ईश्वर प्रार्थना में भाग लेने लगे। यह एक नयी क्रांति थी। राजमहलों में चलने वाले कई उत्सव मंदिरों में ईश्वर के लिए होने वाले उत्सवों में परिणत हो गये। मानव-मानव के बीच रहने वाले ऊँच-नीच का भेदभाव, जाति भेद की दुर्भावना को दूर करने में भी इन संतों ने महत्वपूर्ण भूमिका अदा की।

जैन तथा बौद्ध महाकाव्य

जैन तथा बौद्ध साधुओं ने शैव और वैष्णव संतों से होड़ लगाते हुए अपने-अपने धर्म का प्रचार करने के लिए कई महाकाव्यों तथा पुराणों की रचना की है। इन महाकाव्यों में पांच बड़े और पांच छोटे महाकाव्य हैं। शिप्पदिकारकम् और मणिमेखलै महाकाव्यों की पहले चर्चा की जा चुकी है। इस वर्ग के शेष पांच महत्वपूर्ण महाकाव्य हैं—

1.पेरुमकथै 2. जीवक चिन्तामणि 3. चूलामणि 4. वलैयापति 5. कुण्डलकेशी

1. पेरुमकथै

यह एक जैन काव्य है। बताया जाता है कि पैशाच भाषा में रचे वृहद्‌कथा नामक ग्रन्थ के आधार पर इसकी रचना हुई है। इसके रचयिता राजकुमार कवि कोंगुवेलिर थे। इस काव्य में वर्णनों की बहुलता है और अनेक सम्प्रदायों, वाद्यों और रीति रिवाजों का विस्तार से उल्लेख है। इसमें वत्सदेश के कौशाम्बी नगर के राजा उदयन की जीवनी कथा पांच खंडों में विस्तार से वर्णित हैं। संगमकाल के लोकप्रिय छन्द अहवल में लिखा गया है। इस ग्रन्थ का आरंभिक और अन्तिम अंश अप्राप्य है।

2. जीवक चिन्तामणि

इस काव्य के रचयिता तिरुतक्कदेवर हैं इसकी रचना वृत्त छन्द में हुई है। इस महाकाव्य का नायक राजकुमार जीवक हैं। इसलिए इस काव्य का नाम जीवक चिन्तामणि है। इस काव्य में जीवक की आठ रानियों के प्रति प्रेम का विस्तृत वर्णन हैं। इनका जन्म श्मशान घाट पर हुआ था। अन्त में जीवनक सन्यास धारण कर मोक्ष प्राप्त करता है। कहा जाता है कि कंबन की अमर कृति 'रामायणम' की आधारभूमि बहुत कुछ यही कृति है। प्रसिद्ध टीकाकार नच्चिनार ने इस पर विस्तृत टीका लिखी है। यह प्रबंध काव्य परवर्ती काव्य के विकास के लिए पथ प्रदर्शक रहा है।

3. चूलामणि

जीवक चिन्तामणि के बाद बहुचर्चित जैन काव्य 'चूलामणि' है। इसके रचयिता

तोलामोलिदेव हैं। यह भी वृत्त छन्द में रचित है। इसमें 2330 छन्द हैं। इस काव्य के नायक दिविष्ट विजय अन्त में मोक्ष प्राप्त कर लेते हैं। इस काव्य में एक विशेष प्रकार का माधुर्य है। प्राकृतिक कविताएं शब्दचित्त प्रस्तुत करती हैं।

4. वलैयापति

वलैयापति नामक जैनकाव्य अब उपलब्ध नहीं है। किन्तु अपने युग में यह काव्य बहुचर्चित रहा होगा इस काव्य के केवल 70 छन्द उपलब्ध हो सके हैं। यह वृत्त छन्द में रचित सुन्दर महाकाव्य है।

5. कुण्डलकेशी

यह काव्य जीवन की क्षणभंगुरता पर जोर देता है। यह पूरे काव्य के रूप में उपलब्ध नहीं है। एक समय वह अधिक प्रसिद्ध था। अनुमान के आधार पर यह दसवीं सदी की रचना है। इसमें कुण्डलकेशी नामक नारी की कथा चर्चित हैं। वह जैनधर्मावलंबिनी थी। इसके रचयिता नादकुत्तनार हैं। इस काव्य के 29 छन्द ही प्राप्त हैं।

उपर्युक्त महाकाव्यों के अलावा वामनाचार्य कृत मेरुमंत्र पुराण, शांति पुराण, नागकुमार काव्य और यशोधरा काव्य के कुछ भाग ही आज उपलब्ध हैं।

कंबन का कंब रामायण

तमिल भाषा का अमर काव्य कंबन द्वारा रचित कंब रामायण है। कंब ने 'वाल्मीकि रामायण' से ही कथा ग्रहण की है किन्तु उसमें कंब का अपना काव्य कौशल विद्यमान है। इन्हें तमिल भाषा पर इतना अधिकार प्राप्त था कि काव्यानुभूति और भाषा सरिता साथ-साथ प्रवाहित होती थी। उनकी वर्णन शैली और चित्रण की शक्ति विलक्षण थी। कालिदास और शेक्सपियर की भांति ये उपमाओं के सम्राट थे। कहीं-कहीं तो उनकी उपमाएं अत्यन्त मार्मिक बन गई है। वी.वी.एस. ऐय्यर कंबन कवि के सबसे समर्थ समीक्षक हैं। इन्होंने अपने आलोचनात्मक ग्रन्थ में एक स्थान पर लिखा है–"इस पुस्तक में मेरा उद्देश्य यह सिद्ध करना रहा है कि कंब रामायण में महाकाव्य के वे सभी तत्व विद्यमान हैं जिनके आधार पर यह रचना इलियड, पैराडाइज लॉस्ट और महाभारत की ही नहीं, मूल वाल्मीकि रामायण की तुलना में भी खरी उतरती है। मेरा यह कथन केवल तमिल भाषा के प्रति अनुराग का प्रतीक नहीं है, वरन् वर्षों के गंभीर अध्ययन का परिणाम है।"

आलवार तथा कंबन

आलवारों में कई भक्त कवियों ने रामभक्ति के गीत गाये हैं। कुल शेखर आलवार

तथा तिरुमंगै आलवार इन दोनों ने रामावतार में अपन आस्था प्रकट करते हुए अनेक गीत गाये हैं। कंबन ने उन गीतों का समुचित उपयोग किया है। तिरुमंगै आलवार ने केवट गुहनिषाद को राम का पांचवा भाई निरूपित किया है। कंबन ने उसे ध्यान में रखते हुए अपनी अनुपम कल्पना को व्यक्त किया है। उन्होंने लिखा है—''दशरथ के चार पुत्र हुए। अब गुहनिषाद के साथ हम पांच भाई हुए।'' इस प्रकार तिरुमंगै आलवार से प्रेरणा पाकर तथा अपनी कल्पना के बल पर कम्बन ने अपने काव्य को सरस और सुन्दर बनाया है।

वाल्मीकि और कम्बन

वाल्मीकि विरचित रामायण का आधार लेकर कंबन ने कंब रामायण की रचना की है फिर भी उसमें कंबन की मौलिकता अनेक स्थलों पर व्यक्त हुई है इसलिए कम्ब रामायण वाल्मीकि के रामायण का अनुवाद मात्र नहीं है। एक मौलिक रचना की भांति कंबन ने अपने काव्य कौशल और उर्वर कल्पना के सहारे अपने रामायण का पुनः सृजन किया है। वाल्मीकि ने जिन घटनाओं के बारे में नहीं बताया, कंबन ने उनको अपनी कल्पना के सहारे लिखा है। पुराना नया जो भी हो कंबन के हस्त कौशल से नया रूप पाकर चमकने लगा। उदाहरण के लिए वाल्मीकि रामायण के अनुसार बालि की मृत्यु के बाद उसकी पत्नी तारा को सुग्रीव ने अपनी पत्नी बना लिया किन्तु कंब रामायण में तारा अपने समस्त आभूषणों का परित्याग कर वैधव्य जीवन बिताती है। कंबन ने उसे तमिल संस्कृति के अनुसार चित्रित किया है। ऐसी और भी अनेक घटनाएं हैं जिसमें कंबन ने महत्वपूर्ण परिवर्तन किया है। परिवर्तित स्थलों में कथा और अधिक सरस और मार्मिक बन गई है।

मार्मिक दृश्यचित्रण

कथा से संबंधित घटनाओं के चित्रण में कंबन अद्वितीय लगते हैं। उनके विचार शब्दचित्रों के रूप मे हमारे सामने प्रकट होते हैं। वार्तालाप, दृश्य विधान में उनका कौशल आदि नाटकीय रस से भरे हुए हैं। नई उपमाओं की उद्भावना पढ़ते ही बनता है। उनकी तमिल शैली अनुपम सौन्दर्य से युक्त हैं।

भावों के अनुरूप भाषा शैली

कथापात्रों के भावों और स्वभाव गुणों के अनुरूप ही कविता में शब्द और नाद सौन्दर्य दीखता है। इस रामायण का प्रत्येक अंश शब्द सौन्दर्य, अर्थ सौष्ठव और कल्पना की प्रचुरता से भरा होकर सरस काव्य का रूप धारण करता है। कंबन की प्रशंसा में लिखित एक पुरानी कविता का भाव इस प्रकार है—''सारे संसार की संपत्ति पाकर

विश्व का शासन भले ही करं, अमर लोक में कल्पवृक्ष की छाया में आनन्द लें, तो भी रामकथा में कंब रामायणम् की भांति आनन्द शिक्षितों और विद्वानों को और कहीं प्राप्त नहीं होगा।''

3. साहित्यिक पुनरुत्थान : (उत्तरकाल एवं परवर्तीकाल)

सहित्यिक पुनरुत्थान का समय 12वीं सदी से 19वीं सदी तक है। इनमें ग्यारहवीं तथा बारहवीं शताब्दियों का समय एक महान साहित्यिक पुनरुत्थान का युग था। इस युग में परवर्ती ''औव्वैयार'' एक महान कवयित्री थीं। ओव्वैयार का अर्थ है ''माता की भांति पूजनीय नारी''। संगमकालीन साहित्य में भी एक कवयित्री को ओव्वैयार की उपाधि मिली थी। इनके द्वारा रचित चार काव्य ग्रन्थ आत्तिचूडि, मुदुरै आदि बच्चों और स्कूल के वियार्थियों में अधिक लोकप्रिय है। इसी युग में 'जयनकोंडार' ने एक प्रसिद्ध वीरकाव्य कलिंगत्तुपरणि की रचना की थी जिसमें चोल नरेश कुलोत्तुंग प्रथम की कलिंग विजय का वर्णन है। उपमा अतिशयोक्ति तथा अन्य अलंकारों से यह काव्य भरा पड़ा है।

प्रसिद्ध शैव भक्त कवि शेकूलिलार ने ''पेरियपुराणम्'' की रचना की थी, जिसमें शैव सन्तों नायनमारों के जीवन वृत्त हैं।

बारहवीं सदी में ही कंबन के समकालीन उट्टककुत्तूर ने कम्बन के रामायण का सातवां काण्ड लिखकर कंबन की रामायण पूरी की थी। परणि साहित्य में इनका ग्रन्थ तक्कयागप् परणि सर्वश्रेष्ठ है।

तेरहवीं सदी और उसके पश्चात् आधुनिक काल तक की अवधि अनेक विद्वतापूर्ण व्याख्याग्रन्थों और विविध दर्शनविषयक सिद्धान्त ग्रन्थों का रचनाकाल रही है। इस काल में मेयूकण्डार के द्वारा विरचित शैव सिद्धान्त ग्रन्थ—शिवज्ञान बोधम् और आलवार भक्तों की कृतियों पर मणिप्रवाल शैली (अर्थात तमिल संस्कृत की मिली जुली शैली) में लिखित भाष्य वैष्णव सम्प्रदाय का प्रतिपादन करने वाले ग्रन्थ हैं।

इसी युग में सिद्ध नाम से विख्यात अठारह रचयिताओं की गीतात्मक कृतियां उपलब्ध हैं, जो रहस्यवादी शैली में है और हठयोग, वैद्यक आदि विषयों से संबंधित हैं यह साहित्य हिन्दी के आदिकाल में हुए नाथपंथी और वज्रयानी सिद्धों के साहित्य से मेल रखता है।

पश्चात के समय के ग्रन्थों में परजोतिमुनिवर द्वारा रचित तिरुविलैयाडर पुराणम् (लीला-पुराण) वीरक कविरायर द्वारा रचित हरिश्चन्द्र पुराणम्, तमिल भाषा के मिल्टन कवि वीर राघव मुंदलियार द्वारा कृत तिरुक्कलु कुलरम्, अरुणगिरीनायर की तिरुपूपुकल, ये सभी कृतियां अपने नादात्मक सौन्दर्य और गेयता के कारण अत्यन्त लोकप्रिय हैं। इनमें संस्कृत का प्रचुर प्रभाव दिखाई पड़ता है। संस्कृत के

अनेक पुराणों और व्याख्याओं के अनुवाद तथा विभिन्न क्षेत्रों के मंदिरों पर स्थल पुराण प्रभूतमात्रा में प्रस्तुत हुए। यह क्रम उन्नीसवीं सदी तक चला।

शिवाचारियर के द्वारा विरचित कंदपुराणम् (स्कन्दपुराण) जो कि संस्कृत की रचना पर आधारित है, तमिल का वृहत्तम पुराण है। इसमे 10,346 छन्द हैं। यह गहन पांडित्य और विलक्षण वर्णनपटुता का द्योतक है।

शैव सम्प्रदाय के मठ तमिल अध्ययन–विशेषकर दर्शन तथा धर्म के केन्द्र रहे। मठ के सुयोग्य विद्वानों के द्वारा नये ग्रन्थों की रचना हुई। शिवसान मुनिवर ने "द्रविड़भाष्यम्" की रचना की। ये महान विचारक और वैयाकरण थे। अतिवीर राम पांड्य द्वारा रचित नैषध नामक प्रबन्ध काव्य अपनी काव्य गरिमा के लिए प्रसिद्ध है। इस युग के दो प्रतिभाशाली कवि थे कुमार गुरुपरर और शिवप्रकाशर, जिन्होंने अमरकृतियों की रचना की है। अन्य प्रसिद्ध कवि तथा कृतियां ये हैं :--

1. पिल्लैपेरुमाल् की अष्टप्रबन्धम्।
2. तायुमानवार की भक्ति और दर्शन की कविताएं
3. रामलिंगस्वामी की तीरु अरट्पा
4. गोपाल कृष्ण भारती की "नन्दनार चरितम्"
5. महाविद्वान मीनाक्षी सुन्दरम् पिल्लै की अनेक कृतियां ओर स्थल पुराण आदि।

जैन और बौद्ध धर्मानुयायियों के समान ही कुछ अन्य हिन्दू भिन्न सम्प्रदाय वालों ने अपनी दार्शनिक, भक्तिपरक और अन्य प्रकार की रचनाओं के द्वारा तमिल साहित्य की श्रीवृद्धि की है, जैसे–इस्लामी–1. उमरुप पुलवर द्वारा रचित शीरा पुराणम्

2. शक्कैरप पुलवर द्वारा रचित पिल्लैत-तमिल

उक्त दोनों ग्रन्थों में पैगम्बर मुहम्मद की जीवनी है।

इसाई

1. श्रीकृष्ण पिल्लै द्वारा रचित "रक्षण्ययात्तिरिकम्"

इसमें 4000 पद्य हैं।

2. कवि वेदनायक पिल्लै ने नीति, भक्ति आदि विषयों पर गीत लिखें हैं। उनका प्रसिद्ध उपन्यास है–प्रताप मुदलियार चरित्रम्।

विदेशी

1. वीर मामुनिवर द्वारा रचित "तेमपावाणि"

यह ईसा मसीह के जीवन पर आधारित काव्य है।

2. डॉ. जी.यू. पोप तथा विशप्काल्डवेल ने तमिल भाषा और साहित्य पर कई

ग्रन्थ लिखे हैं।

मध्ययुग में अनेक ऐसे कवि हुए हैं जो कल्पना की उड़ान के लिए प्रसिद्ध हैं जैसे कालमेघ कवि। इनके फुटकल पद्य हैं जिनका संकलन अभी किया गया हैं।

उन्नीसवीं सदी के प्रसिद्ध रचनाकार मीनाक्षी सुदंरम पिल्लै थे। उनकी कृतियां है–16 पुराण, 9 पिल्लै तमिल, 11 अंदादियाँ आदि। उन्नीसवीं सदीं में ही एक प्रतिभाशाली कवि रामलिंग स्वामिगल थे। ये एक आध्यात्मिक नेता, रहस्यवादी संत और उच्चकोटि के भक्तिगीत लेखक है इनके संकलन का नाम हैं अरूप्पा।

4. आधुनिक काल (बीसवीं शताब्दी)
स्वतंत्रतापूर्व एवं स्वातंत्र्योत्तर

आधुनिककाल का प्रारंभ नवजागरण से होता है। भारत के सभी भाषाओं के साहित्य में जीवन के सभी क्षेत्रों में परिवर्तन की ललक, रूढ़िवाद से मुक्त होने का प्रयास, और नई चेतना का स्पन्दन दिखाई देता है। सभी में नई उमंग थी, नया उत्साह था। एक ओर साम्राज्यवाद विरोधी एवं सामंत विरोधी चेतना के विरूद्ध आक्रोश था। ऊँच-नीच, ब्राह्मण, अब्राह्मण, छूआछूत वाली पुरानी व्यवस्था को बदलने का स्वर धीमे-धीमे उठ रहा था। उदार सामाजिक चेतना, राजनीतिक चेतना और विषय तथा शिल्प दोनों क्षेत्रों में नई साहित्यिक धारायें सभी तत्व मिलकर नवजागरण का शंख फूंक रहे थे। काव्य को जनता तक लाया जा रहा था। हिन्दी में भारतेन्दु और उनके सहयोगियों ने यह कार्य किया तो तमिल में सर्वप्रथम रामलिंग अहडिल गोपालकृष्ण भारती और सुब्रह्मण्यम् भारती द्वारा यह कार्य सम्पन्न हुआ। नवजागरण का अर्थ था परम्परागत विषयों, काव्य रूढ़ियों, छन्दों और भाषा को त्याग नए पथ पर अग्रसर होना। तमिल में कवियों ने समसामयिक समस्याओं पर लिखा और प्राचीन काव्यों, विषयों और परम्परागत भाषा को त्याग कर जनभाषा को अपनाना शुरू कर दिया, हिन्दी में यह नवजागरण पहले गद्य साहित्य में और बाद मे काव्य में दिखाई देता है परन्तु तमिल साहित्य में पहले पद्य साहित्य में जागृति की भावना पैदा की गई।

समसामयिक तमिल कविता

1. सुब्रह्मण्यम् भारती

तमिल में आधुनिक चेतना का अविर्भाव यद्यपि सुब्रह्मण्यम् भारती से होता है तथा उससे पूर्व भी रामलिंग अहडिल तथा गोपाल कृष्ण भारती ने अपनी सरल भाषा शैली में सामान्य विषयों पर लिखकर काव्य को सामंती चंगुल से मुक्त कर उसे जन साधारण के धरातल पर प्रतिष्ठित किया। उनके द्वारा मातृभाषा और स्वतंत्रता के लिए लड़ने का आव्हान किया। इस कार्य को आगे बढ़ाने और पुष्ट करने का दायित्व

सुब्रह्मण्यम् भारती ने संभाली, जिन्हें आधुनिक तमिल आन्दोलन का पिता और भारतीय नवजागरण का सशक्त स्वर कहा जाता है। उन्होंने अपने रचनाओं में जनता की आर्थिक दुर्दशा, शोषण, गरीबों के कष्टों का मार्मिक चित्रण करते हुए शोषितों और दीनहीनों के प्रति सहानुभूति और शोषकों के प्रति आक्रोश व्यक्त किया है। उनका विश्वास था कि राजनीतिक स्वतंत्रता प्राप्त होते ही आर्थिक आजादी आ जाएगी और सामाजिक तथा आर्थिक शोषण का अन्त हो जायेगा।

सुब्रह्मण्यम् भारती ने अपनी कविताओं के द्वारा मुक्ति और स्वतंत्रता के गीत गाये हैं। तमिल की महान परम्परा के भीतर से भारती जैसे प्रतिभाशाली कवि उभरकर सामने आया। भारती के गीत तत्कालीन स्वाधीनता आन्दोलन में महान प्रेरणा के स्रोत बने रहे। उनके ये गीत धर्म और राष्ट्र शक्ति के सम्मिलित रूप के कारण "शक्तिगीत" के नाम से प्रसिद्ध हुए। तमिल साहित्य में स्वच्छन्दतावाद के भी वे अग्रणी रहे हैं।

उनके काव्य में प्रगतिशील चेतना भी दिखाई पड़ती है। जो दलित हैं, पीड़ित हैं, वंचित हैं चाहे वह व्यक्ति हो या समूह उसकी हिमायत और वकालत भारती जी ने अपनी कविताओं में किया है। तमिल में प्रगतिवाद के लिए 'मुर्षोक्कु' शब्द प्रयुक्त होता है। भारती जी के आविर्भाव से प्रगतिशील चेतना के विविध आयाम उद्घाटित होते हैं। इसमें सन्देह नहीं कि वे गांधीवाद से प्रभावित है किन्तु फिर भी रूसी क्रांति का उनकी दृष्टि में कम महत्व नहीं था। उनके तीन काव्य ग्रन्थ प्रगतिवादी चेतना से युक्त हैं। उनकी "भारतनाडु" सुततिरम्, पिरनाडुहल का मूल स्वर स्वाधीनता संघर्ष और क्रांति का उद्घोष है। 'काली' के प्रतीक का बड़ा जीवन्त प्रयोग भारती ने शोषण और अत्याचार के विरूद्ध खड़ी शक्ति के रूप में किया है। भारती जब भारत को श्रृंखलामुक्त करने की कल्पना करते हैं तो उनका स्वर विप्लव का उद्घोषक बन जाता है–

तनि ओरुवनुक्करण बिलयैनिल–।

तात्पर्य यह है कि यदि राष्ट्र का एक व्यक्ति भी भोजनरहित रहता है तो हम जगती का विध्वंस कर देंगे। सुब्रह्मण्यम् भारती विडदुले (छुटकारा) विडदुले कहकर मुक्ति का उद्घोष करते हैं।

हम सब समान हैं समानता का आया युग आया।

(अनु. आनंदी)

समाजवादी क्रांति (1917) का अभिनन्दन करते हुए वे उसमें नवयुग का सन्देश सुनते हैं।

भारती जी नवयुग की प्रगति के साथ नव रस, नव अर्थ एवं शब्दों की नव शक्ति की भी आराधना करते हैं–शुवै पुदिदु पौरुल पुदिदु–।

सुब्रह्मण्यम् भारती ने गांव के किसानों, बैलगाड़ी चलाने वालों की धुन बांधकर

धरती की गन्ध का आस्वाद दिया है–

काल तु टटुक्कु कडले वागि।

इस प्रकार व्यक्तिगत मुक्ति, राष्ट्रीय स्वातंत्र्य तथा मानव एकता की भावना इनकी कविताओं में बार बार अभिव्यंजित हुई है। राष्ट्रीय कविताएं स्वतंत्रता आंदोलन से सम्बद्ध हैं और धार्मिक तथा दार्शनिक कविताएं कवि की आन्तरिक अनुभूति का परिणाम है।

वास्तव में भारती जी माखनलाल चतुर्वेदी के समान राष्ट्रीय कवि थे, जिनकी अद्‌भुत् भविष्य दृष्टि थी। उनकी प्रमुख काव्य संग्रह–1. कण्णनपाट्टु 2. कन्ननपाट्टु 3. कुयिलपाट्टु 4. पांचाली शपथ आदि कृतियां तमिल साहित्य के उत्तम रत्न हैं। इनकी रचनाओं का न केवल राष्ट्रीय वरन् साहित्यिक महत्व चिरकालिक होगा। उन्होंने जन सामान्य की व्यावहारिक भाषा शैली को ही गद्य और पद्य दोनों रचनाओं में अपनाया। बच्चों के लिए इन्होंने पापापाट्टु आदि बहुत सी कविताएं लिखी हैं। वे तमिल भाषियों में अत्यन्त लोकप्रिय कवि थे। जिस किसी विषय को उन्होंने स्पर्श किया वही सब नयी क्रांति से चमकने लगा। भारती का लेखन कौशल इस कदर शक्तिशाली और प्रभावशाली है। कवि ने जैसा चाहा वैसा ही प्राप्त किया। स्पष्ट चिन्तन, स्पष्ट समझ शक्ति, स्पष्ट भाषण की कला आदि सब गुण भारती की काव्य रचनाओं तथा गद्य कृतियों दोनों में द्रष्टव्य हैं।

भारतीदासन

तमिल के प्रगतिवाद के पुरोधा सुब्रह्मण्यम् भारती के शिष्य भारतीदासन हैं। जातिभेद, वर्णभेद एवं वर्गभेद आदि वैषम्यों के विरूद्ध उनका स्वर अत्यन्त आवेशयुक्त एवं प्रगतिशील हैं। इस कारण उन्हें पुरंटचि कविज्ञर (क्रांति कवि) कहा गया है। उनका एक गीत है–

तोड़ डालो सीमाएं वर्ग विभेदों की मानव की,
मानव की स्प की पर की,
उठा लो हाथों में ज्योतिपूंज
प्रयाण करो उत्तुंग शिखर तक
(अनु. हीरालाल वल्लभ तिवारी)

कवि भारतीदासन के मत में तमिल जाति निर्वीय होकर हड्डियों का ढांचा मात्र बनकर रह गयी है उसमें मांस मज्जा नहीं, वह शक्तिहीन तथा वीर्यहीन हो गयी है। अतः उसमें नये-नये प्राण, नयी शक्ति तथा नया रक्त देकर प्राणवान बनाने का प्रयत्न करते हैं। इस प्रकार अपने तमिल प्रदेश और अपनी मातृभाषा तमिल के प्रति प्रेम को उन्होंने असंख्य कविताओं द्वारा जनमानस में संचरित किया है। अलग ग्रन्थ के रूप में "तमिल आन्दोलन" के शीर्षक से इन गीतों का संकलन किया गया है।

उनकी कविताओं में साम्यवादी सिद्धान्तों को अपनाने के प्रति उत्साह भरपूर है। श्रमिकों के निर्भय जीवन को वे अपने कविताओं के माध्यम से बड़े उत्साह के साथ स्वागत करते हैं। पुष्पवाटिका, धान के खेत, कमल पुष्पों से भरे तालाब आदि को देखकर वे पूछते हैं कि "आप को किसने इतना सुन्दर और उपयोगी बनाया है—श्रमिक ही न?

"नया संसार बनायेंगे, पुरानी जर्जर रूढ़ियों का नाश करेंगे।" इस प्रकार प्रगतिशील चेतना से युक्त कविता करते हैं।

उनका एक काव्य संग्रह है—"पांडियन परिसु" इसमें वे एक भावी संसार की कल्पना करते हैं। पुराने विश्वासों से भरे जीवन की भर्त्सना करते है। उनके नष्टभ्रष्ट होने की उन्हें चिन्ता नहीं है।

"सायन्द तरासु" नामक कविता में अनेक लोगों को भूखों मारकर कुछ लोगों के सुखी जीवन बिताने की क्रूरता पर कठोर भर्त्सना करते हैं। इस देश के बहुतांश लोग गरीब, दरिद्र और फटेहाल हैं और उच्च वर्ग के लोग थोड़े से हैं। ये बहुसंख्यक दरिद्र लोग अगर हिंसा पर तुल जाये तो सीमित संख्या के धनी लोग भाग जायेंगे और सब समान स्तर पर आ जायेंगे।

"तलै अरू" (बन्धन काटो) नामक कविता में उन्होंने श्रमिकों की तुलना जल से लबालब भरे सागर से की है।

भारतीदासन ने अंधविश्वासों और दकियानूसी परम्पराओं का घोर विरोध किया है। जाति पांति के भेदभावों को क्रूरता कहकर उसकी निन्दा की है।

उनका पहला काव्य संग्रह "भारतीदासन की कविताएं" नाम से प्रकाशित हुआ है। इस संग्रह की कविताओं में उन्होंने सुब्रह्मण्यम् भारती का अनुकरण किया है। उसमें उनकी सुन्दर अनुभूतियां और नये दृष्टिकोण हैं।

भारतीदासन की दो उल्लेखनीय काव्य कृतियां हैं—1. कुटुम्ब विलक्कु (परिवार का दीपक) 2. इरुण्ड वीडु (अन्धकार मयगृह)। पहली कृति में एक अच्छे परिवार में शांति एवं आनन्दमय जीवन को देखकर कवि ने प्रसन्नता प्रकट की है। दूसरे में प्रेम से युक्त परिवार के लिए वर्जित बातों की कल्पना कर उसकी चर्चा करते हैं।

उनका "अलकिन् सिरिप्पु" (सौन्दर्य का हास) नामक संग्रह तमिल साहित्य को सौन्दर्य प्रदान करने वाली कविताओं का संग्रह है। कवि ने कन्धों पर हल रखने वाले किसानों मे सौन्दर्य देखा हैं।

भारतीदासन की काव्यशैली उनके मन की भांति तीव्र स्पन्दन और गति से युक्त है। कविता में कठिन शब्दों का प्रयोग प्रायः नहीं है।

भारतीदासन का वास्तविक नाम था "कनगसुब्बु रत्रिनम"। सुब्रह्मण्यम् भारती से प्रभावित होकर उन्होंने अपना नाम भारतीदासन कहलाने में गौरव का अनुभव किया।

3. शुद्धानन्द भारती

ये अनेक भाषाओं के ज्ञाता और अनेक विषयों के अधिकारी पंडित हैं। अनेक क्षेत्रों में इनका योगदान प्रचुर है। इनके गीत संगीतबद्ध किये जा चुके हैं, जो विविध समारोहों तथा रेडियो कार्यक्रमों में प्रस्तुत होते रहते हैं। इन्होंने अनेक नाटक भी लिखे हैं, जिनमें से कुछ काव्यबद्ध हैं। ये उच्चकोटि के समीक्षक और गद्यकार भी है। इनके भक्ति तथा राष्ट्र भावना के गीतों की सभी ने सराहना की हैं।

4. देशिक विनायक पिल्लै

ये सुब्रह्मण्यम् भारती की काव्य परम्परा के कवि हैं। तमिल कविता में पिल्लै 'कविमणि' के नाम से प्रख्यात हैं और इन्होंने सामाजिक विद्रूपता को नये सृजन की ज्ञानात्मक संवेदना में ढाला है।

ये काव्य की पुरानी परम्परा तथा नयी शैली दोनों प्रकारों में कविता करने का कौशल रखते थे। उनका जीवन शांत तथा मधुर संस्कारों से भरा था। उनकी रचित कविता में भी शांति, सरलता और मधुरिमा दिखाई पड़ती है। वेण्बा छन्द में काव्य करने में वे कुशल थे। वे प्रगतिशील चेतना तथा सुधारवादी विचारों के कवि थे।

अनेक अंग्रेजी काव्यकृतियों को तमिल में रूपान्तरित किया हैं और अपन अनुवाद कला द्वारा उसमें नई प्राण प्रतिष्ठा कर दी है। उनके द्वारा प्रस्तुत उमरखैय्याम और एशिया ज्योति (लाइट आफ एशिया, आर्नल्ड कृत का अनुवाद) बहुपठित त्था बहुप्रशंसित रचनाएं हैं। एशिया ज्योति में बुद्ध के उपदेशों की अत्यन्त कलात्मक अभिव्यक्ति हुई है। नई पीढ़ी के लिए भी पिल्लै ने अनेक सरल छन्दोबद्ध रचनाएं की हैं। उनकी ''साइकिल'', ''दीवार घड़ी'' को बच्चे बहुत चाव से सुनते सुनाते हैं।

5. कोत्तमंगलम सुब्बु

कोत्तमंगलम सुब्बु के गीत अपने आप में एक विशिष्ट प्रकार के है। लोकगीत शैली का अनुकरण कर उन्होंने देश की प्रमुख घटनाओं को सरल एवं सरस शैली में गाया हैं। युद्ध हो या सूखा, बाढ़ हो या भूकम्प सभी घटनाएं गीतों के रूप में प्रकट होती हैं। गांधीजी की जीवन को ''गांधी महान कथै'' के नाम से गीतों में रचकर मंचों पर कई बार सुनाया हैं।

6. नामक्कल रामलिंगम पिल्लै

नामक्कल रामलिंगम पिल्लै भी भारतीदासन की तरह क्रांतिकारी चेतना के समर्थ कवि है। इनकी ''नमक सत्याग्रह'' शीर्षक कविता जनता का कंठहार बनी है।

जनता ने अपने इस राष्ट्रकवि को अनेक बार थैलियों से पूजा है। वे अनेक वर्ष तक इस राज्य के राजकवि भी रहे हैं। उनकी काव्य कृतियां प्रौढ़ विचारों तथा व्यावहारिक ज्ञान का आभार हैं।

8. कंबदासन

तमिल में कंबदासन ग्रामीण संवेदना के गायक कवि माने जाते हैं। इनकी कविताओं में क्रांतिकारी विचार हैं।

सन् 1950 के बाद तमिल की नई कविता

तमिल में 1950 के बाद नई कविता की चेतना का विस्तार हुआ है। इस नई काव्य चेतना को अभिव्यक्ति देने वाले कवियों में अचलांबिकै अम्मैयार, नानल, सोमू, बालभारती, तूरन, वाणीदासन, के.एम. बालसुब्रह्मण्यम, कृष्णदासन, त्रिलोक सीताराम, भास्करन, दुरैसामी, कुलियन, करुणानिधि, के.वी. जगन्नाथन, तंगवेलन, अकलन, पुरट्चि, तमिल ओलि आदि हैं। करुण

इन कवियों में परम्परा और आधुनिकता की छटपटाहट है। नए प्रतीक बिम्बों के लिए संघर्ष जारी है। तमिल का नया कवि बंगाली, मराठी, हिन्दी की नई कविता के कवियों की तरह जीवन की हर नई सांस का यथार्थ बोध लिख देना चाहते हैं। नए मानव की छटपटाहट, बेचैनी, चिन्ता और विवशता को तमिल की नई कविता ने ईमानदारी से व्यक्त किया है। मुडिपरसन ने ''मनः पूतं समाचरेत्'' में गांधी जीवनदर्शन की पुकार लगाई है। उनका विश्वास है कि वर्तमान में डूबते मानव को गांधी की नौका ही बचा सकती है, पश्चिम के अनास्थावादी दर्शन नहीं। इस प्रकार तमिल की नई कविता में टूटते जीवन मूल्यों की व्यथा भरी हुई है।

तमिल कथा साहित्य (उपन्यास और कहानी)

उपन्यास : पहला उपन्यास

वेदनायक पिल्लई को तमिल उपन्यास का जनक माना जाता है। उनका उपन्यास ''प्रताप मुदलियर चरित्रम्'' सन् 1879 में निकला। आत्मकथा शैली में उपन्यास की नायिका ज्ञानवती अपनी जीवन गाथा कहती है, जिसमें हास्य व्यंग्य का काफी पुट है और साथ ही नैतिक आधार पर समाज की समीक्षा भी है। रोचक और ज्ञानवर्धक होते हुए भी यह उपन्यास उपन्यास कला की दृष्टि से ढीला है। फिर भी परवर्ती तमिल उपन्यास के लिए यह पुष्ट पृष्ठभूमि तैयार करता है। यह उपन्यास तमिल का पहला उपन्यास है।

आगे के उपन्यास

पिछली शताब्दी के अन्त तक दो और उपन्यासकार उभरकर सामने आये। उनमें एक थे बी.आर. राजम अय्यर और दूसरे माधवैय्या।

बी.आर. राजम अय्यर का प्रसिद्ध उपन्यास हैं—"कमला बालचरित्रम्" इसमें दक्षिण भारतीय ब्राह्मणों की जीवन पद्धति को चित्रित किया गया है। इसमें जीवन का यथार्थ चित्रण हैं

आधुनिक उपन्यास साहित्य में स्वर्गीय माधवैय्या के उपन्यास बहुत सफल समझे जाते हैं। उन्होंने यथार्थ शैली में "पद्मावती चरित्रम्" लिखा। इसमें तमिल प्रान्त के सामाजिक जीवन का सजीव एवं यथार्थ चित्रण किया है। माधवैय्या के उपन्यासों में 'मुत्तु मीनाक्षी' यथार्थ चित्रण शैली के कारण प्रसिद्ध है।

इस समय के उपन्यासकारों में पंडित नरेश शास्त्री का नाम आदर से लिया जाता है। उनका उपन्यास 'कोमलम् कुमारि' अतीव लोकप्रिय है।

सुब्रह्मण्यम् भारती द्वारा अपूर्ण उपन्यास "चन्द्रिकै" भी इसी समय लिखा गया था, जिसमें समाजवादी दृष्टिकोण अपनाया गया है।

इस काल में अनेक उपन्यासों की रचना विदेशी उपन्यासों के छायानुवाद के रूप में की गई। साथ ही बंकिमचन्द्र के कुछ बंगला उपन्यासों का भी अनुवाद किया गया।

तमिल उपन्यास में नवयुग का प्रारंभ वेंकटरमणी के मौलिक उपन्यास—एक कृषक के प्रकाशन से हुआ। यह गांधीवादी सुधारक थे। उनकी वर्णन कुशलता अद्भुत हैं।

प्रतिनिधि उपन्यासकार 'कल्कि'

तमिल साहित्य में ऐतिहासिक उपन्यासों का सूत्रपात कर उसे एक विशिष्ट स्थान देने वाले 'कल्कि' उपनाम से प्रसिद्ध रा. कृष्णमूर्ति थे। बोलचाल की शैली में जो जीवन प्राण तथा प्रवाह है, उसे समझकर उन्होंने जिन उपन्यासों की रचना की है, वे हैं—1. त्यागभूमि 2. मकुटपति 3. अलैओरौ आदि सामाजिक उपन्यास।

कल्कि का ऐतिहासिक उपन्यास है—"पार्तिपन कनवु" (पार्थिव का सपना)। सातवीं शती के महेन्द्र वर्मन नामक पल्लव राजा के इतिहास पर यह उपन्यास आधारित है। दूसरा उपन्यास है—"शिवकामियेन शॅपदम" (शिवकामी की शपथ) यह भी पल्लव शासकों के इतिहास पर है। कल्कि की भाषा सरल, प्रवाहपूर्ण और व्यंग्य का पुट लिये रहती है, जो पाठक को मोह लेती है।

कल्कि के उपन्यास "शिवकामियिन शपदम्" को तमिल के गद्यबद्ध महाकाव्य का गौरव प्राप्त है। और अलैओसै" को राष्ट्रीय पुरस्कार से सम्मानित किया गया है।

समकालीन उपन्यासकार

समकालीन उपन्यासकारों में चिदम्बरम् रंगराजु, बी.एस. रामय्या, मणिशेखरन, एम. वी. वेंकटरामन, विक्रमन, चावि, पार्थसारथि शंकरराम, अखिलन, जानकीरमन, गणेशन, आरवि और नल्लपेरुमाल के नाम विशेषरूप से उल्लेखनीय हैं।

अखिलन, वरदराजन और पार्थ सारथि के उपन्यास पाठक की कल्पना को अपने में विलीन सा कर लेते हैं। वह इनके पात्रों में अपने को ही देखने लगता है और उनके साथ हंसने रोने लगता है। उनके प्रणयचित्रण पर आधुनिकता की छाप हैं। आरवि और जानकीरामन ने तमिल समाज के विविध पक्षों को उजागर किया है। चाण्डिलियन और कोवि मणिशेखरन ऐतिहासिक परिवेश के लिए प्रसिद्ध हैं।

महिला उपन्यासकार

महिला उपन्यासकारों में श्रीमती गुहप्रिये (चन्द्रिका मृगमरचिका आदि उपन्यास) श्रीमती लक्ष्मी (पेनमनम, कांचनाका स्वप्न आदि उपन्यास), श्रीमती अनुत्तमा (एक ही बात, गौरी, बालू का घर, वरदान, मीठा मधु आदि उपन्यास), श्रीमति सावित्री अम्माल, श्रीमति कौशल्या, सरस्वती अम्माल, श्रीमति कुमुदिनी आदि हैं।

तमिल लेखिकाओं के उपन्यास पारिवारिक पृष्ठभूमि पर अंकित रंगीन चित्र हैं। सुपरिचित कथा का सहज विकास हुआ है। मर्यादापूर्ण, स्वस्थ तथा स्वप्नदर्शी प्रेम का वर्णन किया गया है। प्रेम की स्वाभाविक परिणति त्याग, आत्मशक्ति और विवाह में होता है। चटकीले, वासनामय, सस्ते प्रेम की अभिव्यक्ति नहीं है। आज के युग की नारी को खुले आंगन में लाकर खड़ा कर दिया हैं, उसके सामने घर और बाहर की विकराल समस्या हैं। उसके मन में खींचातानी होती रहती है। लेखिकाओं ने ऐसी नारियों के प्रति सहानुभूति दिखाई है।

तमिल कहानी

साहित्य की विधाओं में कहानी सबसे अधिक लोकप्रिय है और तमिल में कहानी का विकास भी सर्वाधिक प्रशंसनीय ढंग से हुआ है। कहानी का विस्तार और वैविध्य इतना अधिक है कि उसका सिंहावलोकन भी यहां असंभव है। कुछ आधुनिक लेखकों ने इस विधा को जो पूर्णता और उत्कर्ष प्रदान किया है, वह सचमुच सराहनीय है। इन कहानियों में तमिलनाडु की समस्याओं का यथार्थ चित्रण, सजीव वार्तालाप, मौलिक कथानक प्रधान शैली मुख्य हैं।

तमिल में कहानीकला के प्रवर्तक ए. माधवैय्या माने जाते हैं। उन्होंने तमिलनाडु के सामाजिक जीवन पर कहानियां लिखी हैं।

सुब्रह्मण्यम् भारती ने भी सफल कहानियों की रचना की है। 'ज्ञानरथ' और

'षष्ठमांस' उनकी दो सुन्दर कहानियां हैं।

अय्यर ने कला की दृष्टि से सुन्दर कहानियां लिखी हैं।

कहानीकारों में 'पुदुमैपित्तन' अग्रगणूय हैं। तमिल में पुदुमैपित्तन' का अर्थ है—नवीनता का दीवाना। अतः 'कल्याणी', 'आणमै' आदि उन्होंने नई कहानियां लिखी हैं।

''चक्रवर्ती राजगोपालाचारी' ने सामाजिक सुधार की कहानियां लिखी हैं।

कहानी के क्षेत्र में महत्वपूर्ण हस्ताक्षर चक्रवर्ती राजगोपालन हैं। 'विडियमा', तिरै (परदा) आदि उनकी कहानियां हैं।

बी.एस. रामैय्या ने तीन सौ से भी अधिक कहानियां लिखी हैं। उपन्यासकार 'कल्कि' ने भी कहानियां लिखी हैं। उनकी प्रमुख कहानी 'वीणै भवानी' है। 'मौनी' लिक से हटकर कहानी लिखने वालों में हैं।

तमिल के कहानीकारों में 'पिच्चमूर्ति' का महत्वपूर्ण स्थान है। ''मुललुम रोजावुम'' (कांटा और गुलाब) उनकी एक सुन्दर कहानी है। इनमें कहानीकला के सभी गुण हैं।

जानकीरामन की रचनाओं में हमें यथार्थ स्त्री पुरूष प्राप्त होते हैं। 'अवलुम उमियुग (तंदुल और भूसा) उनकी एक लम्बी कहानी है। उनकी ग्यारह कहानियों का संकलन 'अकबरशास्त्री' के नाम से प्रकाशित है।

तमिल के अन्य सुप्रसिद्ध कहानीकारों में रामामृदम, रघुनाथन, विंदन, टी.एन. कुमारस्वामी, के. चन्द्रशेखरन, सोमू अपनी कला कुशलता के लिए अद्वितीय हैं।

वर्तमान एवं लोकप्रिय कहानी लेखकों में 'अखिलन', रा. बालकृष्णन, नागराजन आदि हैं।

महिला कहानीकारों में श्रीमती विंध्यादेवी, श्रीमती कुमुदिनी, गुहप्रिया, पुष्पा महादेवन, सरोजा, श्रीमती राजलक्ष्मी आदि हैं। इन कहानीकारों के विषय, शैली सब नये हैं। कहानियों में वात्सल्य का सुचारू चित्रण है।

नाटक

समग्रतः तमिल का नाट्य साहित्य समृद्ध नहीं कहा जा सकता। अधिकतर नाटक भी चाव से नहीं पढ़े जाते। पाठ्य नाटकों की मांग भी कम है, अतः प्रकाशक उन्हें छापते भी नहीं।

प्रतिष्ठित नाटककार मुदलियार हैं उनके दो नाटक प्रमुख हैं—सती शक्ति और सभापति। ये स्वाधीनता के बाद की रचनाएं हैं। स्वाधीनता के पूर्व उन्होंने लगभग 80 नाटकों का प्रणयन किया था।

नाटक के क्षेत्र में नारन, राजगोपालन, के.एस. कृष्णमूर्ति, आदिमूलम, विश्वनाथन, बी.एस. रामैया का योगदान उल्लेखनीय है। अरू रामनाथन और

रघुनाथन ने ऐतिहासिक नाटक लिखे हैं।

तमिल के साप्ताहिक और मासिक पत्र पत्रिकाओं में अनेक एकांकी और रेडियो नाटक प्रकाशित हुए हैं। काव्य नाटक कम हैं। कवि भारतीदासन ने एक नाट्य कविता 'कादला कडमैया (प्रेम या क्रांति) प्रस्तुत की थी, जिसमें 38 दृश्य हैं। इसमें प्रणयकथा है।

अन्य गद्य विधाएं

तमिल में जीवन चरित, आत्मकथाएं, निबन्ध और आलोचना का क्षेत्र भी व्यापक हैं।

'रामसिंगस्वामिगल', एम.पी. शिवज्ञानम्, तथा कोदंडरामन आदि ने अरविन्द के समीक्षात्मक एवं प्रामाणिक जीवनचरित लिखे हैं। 'मरै' ने अपने पिता मरैमलै का विस्तृत जीवन चरित लिखा है।

तमिल भाषा में आत्मकथाएं कम हैं। स्वामिनाथ अय्यर और कल्याणसुन्दर द्वारा रचित आत्मकथाएं वास्तव में इस विधा के दुर्लभ गौरव ग्रन्थ है।

समीक्षा के क्षेत्र में जगनाथन, मीनाक्षीसुन्दरम्, ज्ञानसुबंधन, मणिक्कम, अखिलन, वरदराजन का योगदान महत्वपूर्ण है।

यात्रा वृत्त के क्षेत्र में सी. सुब्रह्मण्यम, सोमू, शोभले, षड्सुगम ने सुन्दर यात्रावृत्त लिखे हैं, निबंधकारों में सी.एन. अन्नादुरै के राजनीतिक निबंध लोकप्रिय हैं।

तमिल के अन्य निबंधकारों में स्वामीनाथ शर्मा, सेतु पिल्लै, कल्याणसुंदर ने अपने पाठकों के हृदय में जीवन के प्रति अभिरूचि पैदा की है।

समग्र रूप से आज का तमिल साहित्य गद्य, पद्य, नाटक, कहानी, पत्रकारिता के क्षेत्र में निरन्तर समृद्ध हो रहा है। साहित्य बड़ी तेजी से ईश्वर से मनुष्य की ओर आ रहा है। किन्तु जो जीवन्तता तमिल साहित्य में 500 ई.पू. थी, वही जीवन्तता आज भी है किन्तु आज का साहित्य जीवन तथा उसकी विविध समस्याओं के निकट सम्पर्क में आ गया है। गद्य ने अपना विशिष्ट स्थान बना लिया है। बोलचाल और सरल भाषा शैली को वरीयता दी जा रही है। पांडित्य प्रदर्शन का अब विशेष महत्व नहीं रहा। आज के प्रायः सभी तमिल साहित्यकार मनुष्य के लिए लिखकर अपने को कृतकार्य मानते हैं।

(ii) तेलुगु साहित्य का इतिहास

तेलुगु भाषा–दक्षिण भारत में तीन करोड़ से ऊपर जनता तेलुगु बोलती है। भारत संघ में भाषा की दृष्टि से देखें तो तेलुगु बोलने वालों की संख्या दूसरे नम्बर पर है। तेलुगु तथा आन्ध्र पर्यायवाची शब्द हैं। भाषा का नाम है तेलुगु भाषा या आन्ध्रभाषा और देश का नाम है तेलुगु देशम अथवा आन्ध्रदेशम। भाषा के अर्थ में इसका प्रयोग

1000 ई. के आसपास से हुआ है ऐसा भाषा वैज्ञानिकों का मत है। तेलुगु शब्द का प्रयोग 1200 ई. के लगभग से होने लगा। 'तेलुगु' शब्द की व्युत्पत्ति के सन्दर्भ में पर्याप्त विवाद है। कुछ लोग तेलुगु शब्द का सम्बन्ध त्रिलिंग से मानते हैं। दक्षिणी परम्परा के अनुसार लिंग अर्थात शिव तीन पर्वतों (कालेश्वर, श्रीशैल, भीमेश्वर) पर अवतरित हुए। ये तीन पर्वत ही आंध्रप्रदेश या तिलंगाने की सीमा बनाते हैं, इसी कारण वह प्रदेश त्रिलिंग या कुछ के अनुसार त्रिकलिंग कहलाया, जिसका विकास तेलुगु आदि रूपों में हुआ है। शिव या लिंग के इसी अवतरण की पृष्ठभूमि में रखते हुए कुछ लोग 'त्रिनगम्' (ऊपर कहे हुए तीन पर्वत) से तेनुगु और उससे तेलुगु का विकास मानते हैं। तेलुगु भाषा बहुत श्रुतिमधुर हैं और उसे पूर्व की 'इतालवी' कहा गया है।

नन्नय भट्ट से पूर्व का साहित्य–तेलूगु के आदि कवि नन्नय भट्ट से पूर्व का युग 'अज्ञात युग' कहा गया है। कतिपय लोकगीतों और शिलालेखों के अतिरिक्त इस युग में कोई प्रामाणिक उपलब्ध रचना नहीं मिलती। ईसा की छठी शताब्दी के बाद रेनाटि चोल राजाओं और पूर्वी चालुक्य राजाओं द्वारा खुदाए गये शिलालेखों में तेलुगु भाषा का स्वरूप स्पष्ट बन गया। ये शिलालेख ही तेलुगु भाषा के लिखित रूप के सर्वप्रथम प्रमाण हैं। पद्यमय शिलालेखों में कुछ देशी छंदों का भी प्रयोग हुआ है (भीमसेन निर्मल, कवि श्री माला पृ. 4) फिर भी इन शिलालेखों का कोई स्वतंत्र कलात्मक मूल्य नहीं है, भाषा वैज्ञानिक दृष्टि से इनका महत्व अवश्य है। नन्नय भट्ट ने संस्कृत के आधार पर तेलुगु का संस्कार किया। 'आन्ध्र शब्द चिन्तामणि' नामक व्याकरण ग्रन्थ की रचना कर सही अर्थों में वे वागनुशासक कहलाए, किन्तु साधारण जनता में लोकगीतों के रूप में तेलुगु का प्रचलन नन्नय भट्ट के पूर्व हो चुका था। पाल्कुरिकी सोमनाथ (1285) ने इन गीतों का उल्लेख किया है। इसमें भ्रमरगीत, प्रभातगीत, पर्वतगीत, आनंदगीत का उल्लेख हुआ है। इस प्रकार नन्नय भट्ट की संस्कृत निष्ठ मार्ग वाली कविता से पहले देशी कविता या लोक साहित्य के प्रचलन के प्रमाण मिलते हैं।

काल विभाजन–तेलुगु साहित्य को तीन कालों में विभाजित किया जा सकता है

1. आदिकाल 2. मध्यकाल और 3. आधुनिक काल।

आदिकाल

तेलुगु भाषा में तेलुगु के आदिकाल या प्रारंभिक काल का नाम "प्राग्नबदयुग" है जिसका समय 1000 ई. से 1380 ई. माना जाता है।

कवित्रय–नन्नय भट्ट, तिकन्ना और एर्रना तेलुगु साहित्य के कवित्रय है। सर्वप्रथम नन्नय भट्ट ने ही चालुक्य वंश के राजा और संरक्षक के अनुरोध

पर ''आंध्र महाभारतम्'' की रचना की थी। इसलिए नन्नय भट्ट को ही तेलुगु का आदिकवि माना जाता है जिसका केवल यह तात्पर्य है कि वह पहला कवि था, जिसने प्राचीन अलंकार शास्त्रियों द्वारा निर्धारित नियमों के अनुकूल व्याकरण सम्मत भाषा का प्रयोग करते हुए उच्च स्तरीय कविता लिखी।

नन्नय भट्ट संस्कृत में रचित महाभारत के केवल दो पर्वों का ही अनुवाद कर सके। नन्नय का देहान्त हो जाने के कारण महाभारत के तीसरे पर्व का अनुवाद लगभग 200 वर्ष तक अधूरा ही पड़ा रहा।

'कवित्रय' के शेष दो कवियों, तिक्कना और एर्रना ने महाभारत के शेष पर्वों का अपनी-अपनी शैली में अनुवाद किया है। नन्नय भट्ट विष्णु और शिव के उपासक थे, इसलिए उन्होंने अपना ग्रन्थ 'महाभारत' हरिहरनाथ (विष्णु तथा शिव के समन्वित रूप) को समर्पित किया। नन्नय ने महाभारत में संस्कृत के शब्दों का प्रयोग अधिक किया था तो तिकन्ना ने तेलुगु का।

कवित्रय में तीसरा स्थान 'एर्रना' का है। ये शिव के परम भक्त थे। नृसिंह पुराण आदि ग्रन्थों के रचयिता होने के कारण ये ''प्रबंध परमेश्वर'' नाम से भी प्रसिद्ध हुए। इन्होंने शेष महाभारत का अंश अनुवादित कर राजा हरिवंश प्रोलय वेमा रेड्डि को समर्पित किया। इन तीनों कवियों की अनुवाद करने की प्रणाली बड़ी विशिष्ट प्रकार की थी। इन्होंने न केवल महाभारत के कथानक में बढ़ा घटा कर बहुत से परिवर्तन किये हैं अपितु नवीन विषय भी जोड़ दिए है। आवश्यकतानुसार मौलिक विवरण भी जोड़ दिये है। इसलिए तेलुगु महाभारत में मात्र अनुवाद से कहीं अधिक मूलकाव्य का आनन्द प्राप्त होता है।

आदिकाल में ही विद्वान ''नन्ने चोड्डु'' ने कुमारसंभवम् का तेलुगु रूपान्तर प्रस्तुत किया। नन्नय भट्ट ने वागनुशासन, महाकवि तिकन्ना ने कवि वाग्बंध, केतना ने ''आंध्रभाषाभूषणम् विनकोट पद्दना ने काव्यालंकार चूड़ामणि आदि लक्षण ग्रन्थ लिखे हैं। जिनकी परम्परा हिन्दी में रीतिकाल में 17वीं शताब्दी के बाद विकसित हुई।

आदिकाल की अन्य कृतियां

वीर शैव साहित्य : (काकतीय शासनकाल का साहित्य)–बारहवी शताब्दी में तेलुगु क्षेत्र की धार्मिक परिस्थितियों में कुछ महत्वपूर्ण परिवर्तन हुए और आंशिक रूप से इन्हीं कारणों की वजह से नन्नय भट्ट द्वारा प्रारंभ किये गए तेलुगु महाभारत के प्रकाशन में विलम्ब हुआ। राजा विज्जला के विख्यात मंत्री वासवेश्वर ने ''वीर शैव धर्म'' का प्रवर्तन किया, जो न केवल कन्नड़ प्रदेश में ही बल्कि तेलुगु प्रदेश में भी शीघ्र ही फैल गया। यह एक ऐसा धर्म है, जो भगवान शिव की भक्ति पर बल देता है और इसके अनुसार जो कोई भी, चाहे उसकी जाति या मत कुछ भी हो, इनकी

आराधना मन से करता है; उसकी मुक्ति निश्चित है। महान विद्वानों और कवियों सहित अनेकानेक तेलुगु लोगों ने इस धर्म को ग्रहण किया और इसके प्रचार के लिए अपना जीवन समर्पित किया। ''पंडिताराध्य'' और 'पालकुरीकी सोमनाथ'' जैसे कवियों ने ऐसी कृतियों की रचना की है, जिससे इस धर्म की प्रगति में सहायता मिली है। इन रचनाओं में सरल भाषा और छन्दों का प्रयोग किया गया है। पालकुरी की सोमनाथ काकतीय शासक प्रतापरूद्र द्वितीय का समकालीन था। वह कट्टर लिंगायत था। उसकी मुख्य पुस्तकें पंडिताराध्या चरित्र, द्विपद वासवपुराण तथा अनुभव सार है। पिंडुपर्ती सोमनाथ ने वासवपुराण की रचना की थी। शैवमत के कवियों ने साहित्य की अपेक्षा अपने धर्म का अधिक ध्यान रखा है और विषयवस्तु का चुनाव करने में बड़ी स्वच्छन्दता बरती है। इन्होंने कई नये रूपों का भी प्रवर्तन किया। शतक, उद्धाहरण और गद्य उनमें से कुछेक हैं।

रामायण—तेलुगु प्रदेश में रामकथा अधिक लोकप्रिय रही है। तेलुगु में रामायण पर आधारित कई काव्य रचनाएं और गद्य रचनाएं है। कविता नाटक, आख्यायिका, उपन्यास, गीत और शतकों के रूप में रामकथा का वर्णन है।

तेलुगु का प्राचीनतम रामायण ''रंगनाथ रामायण है। इस रामायण के रचयिता गोन बुद्धा रेड्डि हैं। कुछ लोगों के अनुसार काकतीय महारानी रूद्रमांबा के सामन्त गोने गन्नार रेड्डि के आश्रय में रंगनाथ ने इस रामायण की रचना की थी। किन्तु ग्रन्थ में ग्रन्थकार का नाम गोन बुद्धा रेड्डि है। गोन बुद्धा रेड्डि की रामायण वाल्मीकि रामायण का अनुवाद न होकर उसके आधार पर निर्मित रचना है। कवि ने कुछ नए आख्यान जोड़ दिए हैं। इस रामायण का कवित्व उच्च कोटि का है। इसकी भावधारा उदात्त वर्णन सुंदर, भाषा सरल और शैली आकर्षक है।

रामायण के दूसरे रचनाकार भास्कर हैं। इन्होंने ''भास्कर रामायण'' की रचना की थी। किन्तु 'भास्कर रामायण' महाकवि भास्कर और कुछ अन्य कवियों के सहयोग से लिखा गया है। इस रामायण में रचयिताओं की भाषा शैली भिन्न-भिन्न है। भास्कर की रचना अरण्यकाण्ड सर्वोत्तम है। उनकी भाषा उदात्त और सरल है। उन्होंने युद्धकाण्ड का सजीव वर्णन किया है। कुल मिलाकर ''भास्कर रामायण' तेलुगु साहित्य की कालजयी रचना है।

पुराण—इस युग में कुछ तेलुगु कवियों द्वारा पुराणों के अनुवाद प्रस्तुत किए गये। गंत्री भास्कर के पुत्र और तिकन्ना के चाचा कवि केतन के शिष्य मारन मंत्री ने मार्कण्डेय पुराण का तेलुगु में रूपान्तर किया है। इस युग के सर्वोत्तम कवि नाचन सोमना ने हरिवंश पुराण का रूपान्तर 'उत्तरहरिवंशम' के रूप में किया है। नाचन सोमना एक महान कवि हैं। कुछ समीक्षकों ने उन्हें कवित्रय के समकक्ष और कुछ उनसे भी ऊँचा स्थान देते हैं। पुराणों के अनुवादक कवियों में कुछ अन्य प्रमुख कवि हैं—

वसिष्ठ रामायण और पद्मपुराण के रचयिता एररा प्रगड़, विंक्रमांक चरित्र के रचयिता मडिकिंसिगन और भोजराजीयम् तथा छन्दोदर्पण के प्रणेता अनंतामात्य।

महाकवि श्रीनाथ और पोतन्ना–किंवदंती यह है कि दोनों समसामयिक और साले-बहनोंई थे। किन्तु समीक्षकों ने अब यह सिद्ध कर दिया है कि यह प्रामाणिक नहीं हैं क्योंकि श्रीनाथ का समय 1380-1445 ई. है और पोतना का समय 1450-1511 ई. है।

श्रीनाथ महान कवि और द्विपद विद्वान दोनों ही है। उसने प्रसिद्ध नीतिज्ञ गौडा डिमंडिमभट्ट को शास्त्रार्थ में परास्त किया था। इस विजय पर प्रसन्न होकर विजय नगर के प्रौढ़ देवराय ने श्रीनाथ का कनकाभिषेक किया, जो इस समय का सबसे बड़ा पारितोषिक था।

श्रीनाथ पुराणों के अनुवादों के समय में हुए थे। अतः उन्होंने भी पुराणों अथवा संस्कृत काव्यों के अनुवाद या रूपान्तर किये है। अनुवाद कला में उन्होंने जो निपुणता दर्शाई है वह अद्भुत है। उनकी रचनाएं हैं–भीमेश्वर पुराणम्, काशीखंडम्, हरविलासम्, और नैषद्य। उनके द्वारा रचित ''श्रृंगार नैषधम्'', तेलुगु साहित्य की उत्तम कविताओं में से एक और पंचमहाकाव्यों में भी एक हैं। यह श्रीहर्ष की संस्कृत की रचना नैषधीयचरितम् का शब्दानुवाद नहीं है। यह तो उनकी विद्वत्ता तथा काव्य प्रतिभा का भलिभांति परिचय देती है। कवि ने कई स्थलों पर परिवर्तन किये हैं। अनेक स्थानों पर उसका अनुवाद मूल से भी अच्छा है। उत्तरवर्ती कवियों पर उसका गहरा प्रभाव पड़ा है।

श्रीनाथ का 'क्रीड़ाभिरामम्' वीथिनाटक नाम से भी प्रसिद्ध है। यह रचना कवि के अनुसार अनुभव और सूक्ष्म दृष्टि को व्यक्त करता है। उनका लोकप्रिय काव्य ''पलनाटि वीरचरित्रम्'' है, जो उस काल के समस्त तेलुगु साहित्य में उत्कृष्ट है। इस ग्रन्थ के सम्पादक पंडित उमाकान्त ने इसकी तुलना महाभारत से की है। श्रीनाथ की रचनाओं में श्रृंगार भरा पड़ा है। ''शिवरात्रि माहात्म्यम्'' से यह अनुमान किया जा सकता है कि वह शैव थे।

पोतना एक महान शिवभक्त हैं और उन्होंने तेलुगु में भागवत का अनुवाद किया है। इससे उन्हें अधिक प्रसिद्धि मिली है। संस्कृत में रचित भागवत का रूपान्तर होने पर भी यह रचना अपने स्वाभाविक वर्णन और काव्यकला की दृष्टि से मूल भागवत से भी उत्कृष्ट हो गयी है। इसका प्रत्येक आख्यान मानो स्वतः पूर्ण तथा सुरुचिपूर्ण काव्यकृति है और कवि की प्रत्येक पंक्ति उसकी विचार गत परिष्कृति की साक्षिणी है। पोतना के इस भागवत की कुछ विशेषताएं हैं जैसे–वासमस्कन्ध में अनुकरणीय ढंग से गोपिकाओं की मधुराभक्ति का वर्णन, अपनी निजि शैव भक्ति भावना का समावेश, गीतात्मकता, उपयुक्त शब्दों का चयन, उपमाओं का समुचित प्रयोग, गहन रसनिष्पत्ति आदि। पोतना द्वारा निरूपित अनेक आख्यानों–उदाहरणार्थ

प्रहलादचरित्र, गजेन्द्रमोक्ष, ध्रुवोपाख्यानम, का पारायण कट्टर से कट्टर नास्तिक को भी परमेश्वर के प्रति आस्थावान बना देता है। इसी कारण देश में पोतना की रचनाएं बड़ी लोकप्रिय हैं।

2. मध्यकाल

प्रबन्ध युग—सामान्यतः इस युग को प्रबन्ध युग का नाम दिया जाता है, चूंकि इस काल में बहुत से प्रबंध काव्य लिखे गये थे। संस्कृत में प्रबंध काव्य का पर्यायवाची है परन्तु तेलुगु में इसके अर्थ भिन्न हैं। प्रबंध एक विशेष प्रकार का काव्य है, जिसमें विषयवस्तु प्रख्यात होती है, नायक धीरोदात्त होता है और मुख्य रस श्रृंगार होता है। इसमें पारस्परिक अठारह विवरण होते हैं, पांच या छः सर्ग होते हैं और शब्द तथा अर्थ दोनों में ही अलंकारपूर्ण आलंकारिक शैली का प्रयोग किया जाता है।

प्रबन्धयुग मध्यकालीन तेलुगु साहित्य का स्वर्णयुग माना जाता है। उसका अन्य नाम "रायल युगम" हैं क्योंकि प्रबंधकाव्य का प्रारंभ विजय नगर के सम्राट कृष्ण देवराय (सोलहवी शताब्दी) और उनके दरबारी कवियों के साथ होता है।

कृष्णदेवराय और उनके दरबारी कवि–विजयनगर के महाराजा कृष्ण देवराय स्वयं एक महान विद्वान और कवि थे। कला तथा साहित्य के महानतम संरक्षक थे। वे संस्कृत, तेलुगु और कन्नड़ के प्रकांड पंडित और इन तीनों भाषाओं के कवि थे। उन्होंने अनेक संस्कृत ग्रन्थों की रचना की, यद्यपि उनमें से कोई भी ग्रन्थ सुरक्षित नहीं रह सका है।

उन्होंने तेलुगु साहित्य में प्रथम श्रेणी के प्रबंधों में से एक प्रबंध "आमुक्त माल्यदा की रचना की थी। यह ग्रन्थ मध्ययुगीन वैष्णवभक्ति को प्रोत्साहित करता है। वेदम वेंकटराय शास्त्री ने 'आमुक्त माल्यदा' का उत्तम भाष्य लिखा है। इसमें तेलुगु प्रबंध काव्य के सभी गुण विद्यमान है। छह सर्ग के इस प्रबधकाव्य में अपेक्षित अठारह तत्वों में से सभी इसमें उचित स्थान पर उचित रूप से विद्यमान हैं।

कृष्णदेवराय के राजदरबार में 'अष्ट दिग्गज' अर्थात आठ कवियों के नाम इस प्रकार है—1. अल्लासानि पेद्दना (मनुचरित्र) 2. नंदि तिम्मना (पारिजातापहरणम्) 3. रामभद्र (रामाभ्युदयम्) 4. धूर्जटी (कालहस्तीश्वर माहात्म्य) 5. मल्लना (राजेशखर चरित्र) 6. तैनालि रामकृष्ण (पांडुरंग माहात्म्य) 7. पिंगलिसूरना (कलापूर्णोदयम्) और 8. भट्टमूर्ति (वसुचरित्र)।

इन अष्ट दिग्गजों में अल्लासानि पेद्दना एक महत्वपूर्ण कवि थे। उनका 'मनुचरित्र' तेलुगु के पंचमहाकाव्यों में विशिष्ट स्थान रखता है। यह मार्कण्डेय पुराण के एक आख्यान पर आधारित हैं। इसमें छह सर्ग और अठारह तत्व हैं। भाषा पात्र

और प्रसंग के अनुकूल है। प्रभावशाली और प्रवाहपूर्ण है।

इस दरबार के दूसरे महत्वपूर्ण कवि नंदि तिम्मना हैं। उन्होंने हरिवंश पुराण के एक उपाख्यान को आधार बनाकर बहुत ही मधुर काव्य कृति की रचना की।

इस दरबार के तीसरे कवि रामभद्र हैं जो एक वैष्णव भक्त थे। वैष्णव भक्ति मे इनका अपार योगदान है। उनका रामाम्युदयम रामभक्ति का महत्वपूर्ण ग्रन्थ है।

इस दरबार के कवि धूर्जटी कृत 'काल हस्तीश्वर महात्म्य और मल्लना द्वारा विरचित ''राजशेखर चरित्र'' का तेलुगु साहित्य में ऊँचा स्थान है।

पिंगलि सूरना तेलुगु के एक सर्वाधिक प्रतिभाशाली कवि हैं। उनमें काव्य प्रतिभा और भावाभिव्यक्ति की विलक्षण क्षमता थी। उनके द्वारा विरचित कलापूर्णोदय सभी प्रकार से आदर्श कृति है। उनकी दूसरी रचना ''प्रभावती प्रद्युम्नम्'' है। उनके द्वारा रचित ''राघव पांडवीयम् एक द्वयार्थक काव्य है, जिसमें श्लिष्ट शब्दों के प्रयोग द्वारा एक साथ ही रामायण तथा महाभारत की कथाएं वर्णित हैं। ये भी वैष्णव भक्त कवि थे।

भट्टमूर्ति द्वारा विरचित ''वसुचरित्र'' तेलुगु पंडितों द्वारा समादृत रहा है। इसमें कवि ने महाभारत के एक आख्यान को छह सर्गों में लिखकर प्रबंधकाव्य का रूप दे दिया है। वसुचरित्र तेलुगु साहित्य की सर्वोत्तम रचना है। उनकी दूसरी रचना 'हरिश्चन्द्र नलोपाख्यानम्' है। यह भी द्वयार्थक काव्य है। एक साथ हरिश्चन्द्र तथा नल की कथाएं कही गई हैं।

तेनालि रामकृष्ण द्वारा रचित ''पांडुरंग माहात्म्य' महाराष्ट्र स्थित पंडरपुर के पांडुरंग की पुराकथा पर आधारित है। यह भी एक वैष्णव भक्त कवि थे।

तेलुगु देशम् में वैष्णव भक्ति–तेलुगु भाषा में भी वैष्णव भक्ति साहित्य की रचना हुई है किन्तु तमिल भाषा जितनी नहीं है। वैष्णव भक्त कवियों में भक्त शिरोमणि पोतन्ना का नाम सर्वोपरि है। पोतन्ना के पूर्व कवित्रय (नन्नय, एर्राप्रगड़ा, तिक्कना) ने राज्याश्रय में रहकर महाभारत का तेलुगु में अनुवाद किया था किन्तु उसे भक्तिकाव्य नहीं कहा जा सकता। पोतन्ना को राज्याश्रय पसंद नहीं था। उन्होंने बोपदेवकृत भागवत को अनुवाद के लिए चुना और उसमें श्रीकृष्ण की विविध लीलाओं का वर्णन विस्तारपूर्वक किया है। तुलसीदास के समान पोतन्ना की भक्ति दास्यभाव की भक्ति थी।

आंध्रप्रदेश में महिला भक्त कवयित्रियों में मोलाम्बा का नाम अत्यन्त आदर के साथ लिया जाता है। आंध्रप्रदेश में वैष्णव भक्ति में विष्णु के रामावतार का अधिक प्रचार है। आंध्रवासियों का विश्वास है कि भगवान रामचन्द्र मद्रगिरि (मद्राचल) पर वास करते हुए यहां की रक्षा करते हैं। रामोपासकों में कृष्ण देवराय के अष्टदिग्गजों में से रामभद्र का नाम प्रसिद्ध है। इनकी तुलना उत्तर भारत के रामभक्त कवि तुलसीदास से की जाती है। मोलाम्बा ने भी राम को ही अपना आराध्य माना है।

उनकी तुलना मीराबाई से की जाती है। रामदास भी एक रामोपासक भक्त रहे हैं। उन्होंने 'दाशरथिशतक'' नाम से एक मुक्तक काव्य लिखा है। रामभक्ति के उपासकों में रामदास का नाम उल्लेखनीय है। आंध्रप्रदेश में त्यागराज नामक प्रसिद्ध भक्तकवि थे जिन्होंने सोलहवीं शताब्दी में बहुत उच्च कोटि की भक्ति विषयक रचनाएं की हैं।

आंध्रप्रदेश में वैष्णव भक्ति की जो धारा प्रवाहित रही उसके आराध्य के रूप में रामचन्द्र और श्रीकृष्ण दोनों को स्वीकार किया गया। यही कारण है कि तेलुगु साहित्य के अनेक कवियों ने महाभारत, श्रीमद्भागवत आदि का अनुवाद प्रस्तुत कर श्रीकृष्ण की लीलाओं का विस्तार से वर्णन किया है। आंध्रप्रदेश में कृष्णमाचार्य का नाम भी वैष्णव कवि के रूप में प्रसिद्ध है। तेलुगु के कवि नंदि तिम्मना ने तो हरिवंश पुराण को उपजीव्य बनाकर कृष्ण रुक्मिणी, उषा अनिरूद्ध प्रसंग और प्रद्युम्न चरित को विशेष रूप से वर्ण्य विषय बनाया।

तेलुगु भाषा में गीत और मुक्तक की परम्परा के साथ शतक साहित्य का भी सृजन हुआ जिनमें कृष्ण भक्ति से संबद्ध दस शतक हैं। बातशतक, जारशतक, गोपाल शतक आदि का सीधा सम्बन्ध कृष्ण की प्रसिद्ध लीलाओं से है। आंध्रप्रदेश में संस्कृत में भी कृष्ण साहित्य का प्रणयन हुआ, जिसमें लीलाशुक द्वारा रचित ''श्रीकृष्णकर्णामृत'' है। नाट्य शैली के गीतकारों में क्षेत्रय्या का प्रमुख स्थान है।

संक्षेप मे आंध्रप्रदेश में मुख्यतः श्रीकृष्ण विषयक साहित्य की रचना का आधार महाभारत और हरिवंश पुराण है। श्रीमद्भागवत का भी कुछ गीतकारों ने आश्रय लिया है किन्तु लीलागान में उनकी प्रधानता नहीं है। क्षेत्रय्या और पुरन्दरदास को इसके लिए रखा जा सकता है।

दक्षिणांध्र युग (मुख्यतः श्रृंगारिक प्रवत्ति)–कृष्णदेवराय के बाद की कालावधि में तेलुगु साहित्य का दक्षिण भारत के नायक नरेशों के संरक्षण में, तंजौर तथा मदुरा और पुदुक्कोटा में भी सम्यक उत्कर्ष हुआ। तेलुगु साहित्य की इस दाक्षिणात्य धारा के अधिकांश कवियों की प्रवृत्ति श्रृंगारिक थी।

तेलुगु के उत्तर मध्ययुग (दक्षिणांध्र युग) में श्रृंगार की परम्परा का विकास क्षेत्रय्या जैसे कवियों में परिणति पर पहुंचा। इसके पूर्व के प्रबंध युग या रायल युग अर्थात विजयनगर के राजा कृष्णदेवराय के शासनकाल में पेद्दना, नंदि तिम्मना, घूर्जटी नृसिंह कवि रामभद्र कवि, तेनालि रामकृष्ण, पिंगलि सूरना, रामराजभूषण (भट्टमूर्ति) मध्यकाल की विशिष्ट विभूतियां हैं। इनके प्रबंध काव्यों में श्रृंगार के सरस भक्ति रसोन्मुख स्वरूप का विकास हुआ है। नंदि तिम्मना के पारिजातापहरण में श्रृंगार के गार्हस्थिक चित्र हैं। जैसे सत्यभामा के द्वारा कृष्ण के मस्तक पर वामपाद से ताडन के उत्तर में श्रीकृष्ण कहते हैं कि तुम्हारा चरणकमल मेरे मस्तक के स्पर्श से पीड़ा का अनुभव तो नहीं कर रहा है। किन्तु इन कवियों और काव्यों से भिन्न

कवयित्री मुद्दपलनि का ''राधिका स्वातनम्'' श्रृंगार रस प्रधान काव्य का विशिष्ट उदाहरण है। राधा इला को कृष्ण के शयनगृह में भेजकर अपनी विलास क्रीड़ाओं के प्रति स्मरण में डूब जाती है। इला माधव की रति का प्रसंग तो श्रृंगार की सीमा का अतिक्रमण कर गए है।

श्रृंगार का अधिक अनावृत्त रूप दक्षिणांध्र युग या दाक्षिणात्य धारा में व्यक्त हुआ है। इस युग के प्रसिद्ध कवि चेमकूर वेंकट कवि द्वारा रचित 'विजयविलाससु'' श्रृंगार रस प्रधान काव्य का अपेक्षाकृत संयत उदाहरण है। उनके दूसरे काव्य 'सारगंधर चरित्रम्'' सारंगधर के प्रति चित्रांगी के असफल कामुक प्रणय में श्रृंगार का अद्भुत परिपाक हुआ है। इस युग के कवि रंगानजम्मा का 'उषापरिणय' भी श्रृंगार रस प्रधान काव्य है। इसी युग के कुचिमंचितिरम् कवि के ''रसिकजनमनोमिरामम्'' भी श्रृंगार परक काव्य है। इस युग के उल्लेखनीय कवि क्षेत्रय्या ने श्रृंगार रस भाव पद्धति को भक्ति का माध्यम बनाया है।

इसी प्रकार कुरूवंजि, शतक और तेलुगु साहित्य के यक्षगान की विकसित परम्परा में भी श्रृंगारिक सन्दर्भों को देखा जा सकता है। ''चन्द्रतारा विलासम'' यक्षगान में चन्द्रतारा के प्रसिद्ध आदिम प्रणय गीतों की अनुगूंज सुनाई देती है।

शतक साहित्य–सन् 1750 के लगभग आंध्रों का पतन प्रारंभ हो गया। उनका साम्राज्य छिन्न भिन्न हो गया। आन्ध्र लोग परस्पर ही लड़ने झगड़ने लगे। इसका प्रभाव साहित्य पर पड़ा और उसका स्वतंत्र विकास रूक गया। प्रबंध काव्यों की रचना रूक गई। इस काल में शतक ग्रन्थ लिखे गये जिसमें लगभग सौ पद्य होते हैं। ये शतक भक्ति, नीति, वैराग्य आदि विषयों पर लिखे गये हैं। यह तेलुगु का शुष्क काल कहा जाता है। इस काल में नारायणशतकम्, राम राम शतकम्, शिवमुकुन्द शतकम् आदि शतक प्रसिद्ध हैं। इसी प्रकार भास्कर शतकम्, शरमांकलिंगशतकम्, चन्द्रशेखर शतकम आदि भी उल्लेखनीय हैं।

3. आधुनिक युग

तेलुगु कविता–उन्नीसवीं शताब्दी तक तेलुगु कविता के स्तर में धीरे-धीरे ह्रास होना शुरू हो गया। इसका मुख्य कारण यह था कि अनेक कवि शब्दालंकार और शब्दचित्र पर लट्टू हो गये और उन्होंने रसों की मूल अभिव्यक्ति करने का प्रयास कभी नहीं किया। वे मनुचरित्र और वासुचरित्र का अंधानुकरण कर रहे थे और उनमें मौलिकता का बड़ा अभाव था। स्वर्गीय वीरेशलिंगम् पंतुलु द्वारा रचित संक्षिप्त कविता में वर्णित सरस्वती और नारद के बीच हुए वार्तालाप से यह विचार प्रकट होता है, जिसमें उन दिनों या संक्रान्तिकाल में तेलुगु काव्यप्रतिभा का ह्रास मिलता है।

अंग्रेजी की शिक्षा पाये हुए कालेज में पढ़ने वाले नवयुवको और विद्वानों ने इस स्थिति को भलि भांति समझा और तेलुगु कविता में प्राण और जीवन फूंकने के

लिए नए तरीके खोजने का प्रयत्न किया। उनके प्रयासों से नवीन प्रवृत्तियों ने जन्म लिया, जिसके फलस्वरूप आधुनिक तेलुगु कविता सामने आई, जो आज दिखाई पड़ती है। इन नवयुवकों ने 1915 से 1935 के बीच अपना सर्वोत्तम साहित्य रचा। अब हमारे साहित्य में कवि के व्यक्तिगत सुखदुःख का प्रकटीकरण और उसके आसपास के विचारों तथा भावनाओं के आन्दोलनों के प्रति प्रतिक्रिया एक नया दौर उपस्थित करती हैं।

वीरेशलिंगम एवं अन्य कवि–उन्नीसवीं शताब्दी के उत्तरार्द्ध में एक ओर भारत में अनेक महापुरूषों राजाराम मोहनराय, भारतेन्दु हरिश्चन्द्र आदि ने अपने उदार विचारों से और ब्रह्म समाज, आर्य समाज ने अपने-अपने सुधार आन्दोलनों से देश को प्रगति की ओर ले जाने की प्रेरणा दी तो उसी समय तेलुगु में यह सामाजिक सुधार का कार्य वीरेशलिंगम पुंतलु (1848-1919) ने किया। उन्होंने अपनी रचनाओं द्वारा सामाजिक कुरीतियों के उन्मूलन की दिशा में सराहनीय कार्य किया। उनके लिए साहित्य का मुख्य लक्ष्य समाज सुधार था सौन्दर्यानुभूति नहीं। उन्होंने अपना समस्त जीवन समाज सुधार और साहित्य सृजन में बिताया।

वीरेशलिंगम की कविताओं में ब्रिटिश साम्राज्यवाद के विरूद्ध भारत की संगठित राष्ट्र भावना का स्वर मुखर हुआ। वीरेशलिंगम, वडडादि सुब्बाराव जयंति रामय्या, सुब्बाराव, वासुदेवशास्त्री, श्रीपाद कृष्णमूर्ति, विश्वनाथ सत्यनारायण आदि कवियों ने राष्ट्रीय और सांस्कृतिक कविताएं लिखकर अपने सृजन कर्म को नवजागरण के आलोक से दीपित किया।

स्वच्छन्दतावाद–पश्चिम तथा बंगला साहित्य के प्रभाव से तेलुगु में छायावाद या स्वच्छन्दतावाद का युग भी आ गया। यहां "नव साहित्य परिषद्" जैसी नई संस्थाएं भी बनीं, जिनके सहयोग संपर्क से छायावादी सृजन को सहज विकास का अवसर मिला। वड्डादि सुब्बाराव–जो कवि शेखर के नाम से प्रसिद्ध रहे हैं–ने भक्ति, प्रेम प्रवाह का काव्य में पोषण किया। जयंती रामय्या ने सन् 1912 में "आंध्र परिषद्" की स्थापना की तथा वाल्मीकि रामायण का अनुवाद भी किया। आन्ध्र व्यास कृष्णमूर्ति ने भी रामायण तथा भागवत का अनुवाद किया। कवि सम्राट सत्यनारायण ने तेलुगु काव्य को चौड़ा राजपथ दिया। इन्होंने 'श्रृंगारवीथि', तेलुगु ऋतुकुल, शशिइतम जैसे श्रेष्ठ काव्य संग्रह दिये।

इसी समय रायप्रोलु सुब्बाराव जैसे समर्थ स्वच्छन्दतावादी कवि का उदय हुआ। इनके "रम्यालोकम्" और "माधुरी दर्शन" में शास्त्रचर्चा है तो "ललिता और नरकंकण जैसी काव्य कृतियों में नव-नव भावों का संचार हुआ। इसमें उन्होंने एक नये प्रेम सिद्धान्त का प्रतिपादन किया है। इन्होंने उमर खैय्याम की रूबाइयों का 'मधुकलशम्' नाम से मधुर अनुवाद भी किया है। इसी रोमानी भावधारा की पिंगल लक्ष्मीकान्त तथा वेंटकेश्वर ने 'भाव कवित्वम्" (स्वच्छन्दतावादी कविता को कहा

जाता है) को आगे बढ़ाया हे। सत्यनारायण शास्त्री, सीताराममूर्ति चौधरी ने तेलुगु काव्य को कथ्य और शिल्प के नूतन प्रयोगों से समृद्ध किया है।

अभ्युदय कविता : (प्रगतिशील काव्यान्दोलन)–आधुनिक कविता के नवीनतम विकास में तेलुगु में प्रगतिशील आन्दोलन की संज्ञा "अभ्युदय कविता" है जिसके सूत्रपात का श्रेय "श्री श्री" को है। हिन्दी प्रगतिवाद की भांति इस आन्दोलन का सूत्रपात भी व्यक्ति प्रधान आत्मपरक "भाव कविता" या स्वच्छन्दतावादी कविता की प्रतिक्रिया में हुआ। वैसे सर्वप्रथम वीरेशलिंगम ने ही जीर्ण पुरातन रूढ़ियों के विरूद्ध आंदोलन किया था किन्तु इसे पूर्ण प्रतिष्ठा गुरुजाड अप्पाराव जैसे समर्थ कवि ने दी। उन्होंने तत्कालीन भाव कविता की लाक्षणिक व्यंजना, अपार्थिव प्रेम, तथा प्रकृति के स्थान पर राष्ट्रीय भक्ति तथा मानव प्रेम को अपने काव्य का विषय बनाया। भाव कविता के प्रतिनिधि काव्य पुरूष रायप्रोलु सुब्बाराव थे तथा प्रवृत्तियों की मिश्रित अभिव्यक्ति विश्वनाथ सत्यनारायण शास्त्री में हुई, जो विपुल साहित्य के स्रष्टा हैं। नरसय्या ने आंध्रवीरों का कीर्तिगान किया तो दब्बूरि रामारेड्डी ने ग्रामीण जीवन और कृषकों को अभिव्यक्ति दी। महाकवि गुरुजाड ने समाज सुधार और नए छन्द का सृजन कर प्राची में अरूणोदय की सूचना दी।

एक्कडनो ओर चेट्टुमाटुन
नोक्क कोकुल पलुक साजेतु (गुरुजाड़)
X X X X
गा कोकिल बरसा पावक कण (पंत)

तमिल साहित्य में 1932 में प्रगतिवादी पत्र 'ज्वाला' का भी प्रकाशन हुआ।

श्री रंगम श्रीनिवास राय (श्री श्री) के काव्य 'महाप्रस्थानम्" के प्रकाशन से ही वस्तुतः प्रगतिशील काव्यान्दोलन का आरंभ हुआ है। इस रचना में समाज की वर्तमान दशा और मानव शोषण के प्रति उसमें आक्रोश है।

श्री श्री की क्रांति एवं विप्लव की अनुगूंज गोपाल चक्रवर्ती तथा बोयि भीमन्ना में सुनाई देती है। भीमन्ना में ईश्वर के मानववादी स्वरूप का चित्रण हुआ है। श्री रंगम नारायण बाबू, कवि दाशरथि, नारायण रेड्डि में भी शोषितों के प्रति सहानुभूति है। इन कवियों ने एक आदर्श वर्गहीन समाज की परिकल्पना को प्रस्तुत किया है।

अनिशेटिट् सुब्बार (1922) का अग्निवीणा, श्री नारायण बाबू की रुधिर ज्योति तथा पट्टाभिरामा रेड्डि की "फिडेल रागलुडजन" में विप्लव और क्रांति के ओजपूर्ण चित्र हैं। दाशरथि कृष्णमाचार्य और श्रीनिवास रेड्डी ने अग्निधारा, अग्निगीतम जैसे काव्य संग्रहों का प्रकाशन किया है। परवर्ती 30 प्रगतिशील कवियों में प्रमुख श्री शैषेन्द्र शर्मा है, जिनकी रचना है–'मंडेसूर्यडू', नांदेशमूनाप्रजलु। इनमें विप्लव की अभिव्यक्ति है।

तेलुगु के गुरुजाड वेंकट अप्पाराव भी नवयुग के अरूणोदय का संदेश छिपे

तरू के पीछे से कोयल के माध्यम से देते हैं–

"कबित कोकिल पलक वलेनिय"।

अप्पाराव ने 'मानव' नामक कविता में कहा है कि मानव भगवान की प्रतिकृति है। कृष्णमूर्ति पुराणिक का स्वर भी आवेशयुक्त और ज्वलनशील है। तेलुगु के उमा महेश्वर राय युगशक्ति का आव्हान करते हैं–

अगणित आनन की आकर्षक है अनिलमूर्ति

(अनु. सूर्यनारायण मनु)

प्रयोगवाद और नई कविता–तेलुगु काव्य में अभ्युदय कविता तथा प्रयोगमूलक काव्यधारा साथ साथ विकसित हुई है। श्री श्री पुरिपंडा अप्पलस्वामी, नारायण बाबू, सोमसंदर, रमणा रेड्डी आदि की अभ्युदय कविता धारा में प्रयोगशील काव्य की रूझाने शुरू से ही प्रबल रही हैं। शिष्टला, पठामिदेश राजु, कृष्ण शर्मा, वरदराजेश्वरावु बैरागी, आरूद्र आदि का नाम नये प्रयोगशील कवियों में उभरकर आया है। शिष्टला की कविताओं में "भाव कवित्वम् के विरूद्ध विद्रोह मिलता है। 'नवामि चिलका' काव्य संग्रह की कविताओं में नये नये प्रयोग हैं। ये सभी कवि अति यथार्थवाद, प्रतीकवाद, बिंबवाद, फ्रायड के मनोविश्लेषणवाद से प्रभावित हैं। 'अनसेट्टि' ने शहरी जीवन की उदासी पर 'राक्षस नगरम्' जैसी कविता लिखी है। भाषा के परम्परागत रूप को खंडित करते हुए इन कवियों ने विषय और शिल्प में नये प्रयोग किए हैं। डाडावाद, भविष्यवाद और निराशावाद ने भी रमणा रेड्डि को अरवि (जंगल) काव्य संग्रह की कविताओं में जकड़ रखा है। संक्षेप में तेलुगु की नई कविता स्वातंत्र्योत्तर भारतीय जनमानस की सच्ची अभिव्यक्ति है। इसमें अनेक विचारधाराएं और शैलियां विकसित हुई हैं किन्तु इधर नई कविता की पहचान रूपगत होती जा रही है, गद्यात्मक और लयहीन लंबी छोटी पंक्तियों में लिखी कविताएं स्पष्ट रूप से नई लगती हैं। यह अनुभूति की विविधता और विस्तार की कविता है।

साठोत्तर कविता–तेलुगु में अभ्युदय कविता का संक्रमण वचन कविता, दिगंबर कविता, नव कविता आदि आन्दोलनों में हुआ है। एक प्रकार से गह प्रगतिशील दृष्टि का ही विस्तार है। दिगंबर कविता के प्रमुख कवि चेरबंडुराज, मैरबय्या और नग्गमुनि है। ये अपनी कविताओं को दिक् नाम से व्यवहृत करते हैं। वचन कविता का प्रारूप भी अभ्युदय कविता के क्रम विकास में ही आता है। वचन कविता के कवि हैं–कुंदुर्ति, राजमूर्ति वरद, तिलक, राजशेखर, गोपाल चक्रवर्ती आदि। इनकी कविताओं में सामाजिक घुटन, संत्रास की अभिव्यक्ति है। नारायण बाबू और पटाभि के काव्य में यौन क्रांति का विस्फोट है। हिन्दी के नये कवियों की भांति तेलुगु के कवि भी संत्रस्त मनःस्थिति के बिम्ब को यौन और मृत्युबोध की मुद्राओं में उभारते हैं। अनसेट्टी आदि ने मद्रास वर्तमान चेन्नई की अभिकल्पना दानव के रूप में करते हैं। यांत्रिक जीवन की नगरीय त्रासदी जिसमें व्यस्त सड़कों,

फुटपाथों, दुकानों, होटलों, क्लबों, आफिसों की भीड़-भाड़ के बीच मनुष्य अकेला ओर अजनबी है। साठोत्तरीय कविता में अस्तित्व लोप का यह भयावह यथार्थ केवल तेलुगु वरन् भारतीय कविता की मूल संवेदना में है। तेलुगु की कुछ नई कविताएं पुनः जनवादी आस्था के साथ संवाद स्थापित कर रही हैं।

उपन्यास–तेलुगु का प्रथम उपन्यास कौन सा है, इस विषय में भारी मतभेद है। कुछ लोग के. वेंकटरत्न पंतुलु के "महाश्वेता" (1887) को पहला तेलुगु उपन्यास मानते हैं जबकि कई लोग के. नरहरि गोपाल कृष्णम् सेट्टी के "रंगराजुचरित्र" को। पर एक अन्य मत यह है कि रूप और कला की दृष्टि से वीरेशलिंगम पंतुलु के राजशेखर चरित्र (1880) को ही तेलुगु का पहला उपन्यास माना जाता है।

वीरेशलिंगम ही तेलुगु साहित्य में नये युग के प्रवर्तक भी माने जाते हैं। वे तेलुगु के आदि उपन्यासकार, आदि निबंध लेख और आदि नाटककार थे। 'राजशेखर चरित्रम्' उपन्यास में मध्यम वर्गी ब्राह्मण परिवार का चित्र है। एक घर के मुखिया कई प्रकार की ऊँची-नीची परिस्थितियों से गुजरते हैं परन्तु अन्त में वे विजयी होते हैं। इस उपन्यास का एक अंग्रेज ने अंग्रेजी में अनुवाद किया था।

1892 ई. में पी. अनंतचार्युल का "मंजुवाणी विजयम्" नामक उपन्यास निकला, जो एक प्रेमाख्यान है।

वास्तव में टी. सूर्यनारायण का सुब्बाराव (1894) ही ऐसा पहला उपन्यास था, जिसमें सास-बहू की कलह के माध्यम से तेलुगु भाषियों के पारिवारिक जीवन को उसकी संपूर्ण शक्ति और जटिलताओं के साथ, चित्रित किया गया है।

उन्नीसवीं शताब्दी के सबसे सफल उपन्यासकार थे रामचन्द्रलु, जिन्होंने क्रमशः 1893 और 1886 में "धर्मावतीविलासम्" और "लक्ष्मीसुंदरम्" नामक उपन्यास लिखे।

चिलकमूर्ति लक्ष्मी नरसिंहम् ने अनेक ऐतिहासिक उपन्यासों की रचना की है। उनकी कीर्ति समकालीन आन्ध्रजीवन पर लिखे हुए "रामचन्द्रविजयम्" नामक उपन्यास पर आधारित हैं।

प्रारंभिक अवस्थान में केतवरपु वेंकट शास्त्री ने उत्तम सामाजिक उपन्यासों की रचना की है।

के. सूर्यराव ने "गुणसुंदरी" आदि मौलिक उपन्यासों की रचना की है।

वेलाल सुब्बाराव के "रानी संयोगिता" आदि उपन्यासों में मराठों आदि वीरगाथाओं को प्रतिपाद्य बनाया गया है।

सन् 1921 में उन्नव लक्ष्मीनारायण कृत 'मालपल्लि' उपन्यास भारत का प्रतीक है। वह गांधीयुग का उत्तम उपन्यास है।

विश्वनाथ सत्यनारायण एक श्रेष्ठ उपन्यासकार हैं। 'वेपिपडगलु' उनका प्रसिद्ध उपन्यास है। उनका दूसरा उपन्यास "सहस्त्र फण" है।

दूसरे श्रेष्ठ उपन्यासकार 'वापिराजु' हैं, जिनका प्रसिद्ध उपन्यास "नारायणराव" है।

तोरि नरसिंह शास्त्री नये युग के उपन्यासकार हैं, उनके दो उपन्यास 'नारायण भट्ट' और 'रूद्रमदेवी' में काकति शासनकाल के चित्र हैं।

तरुण उपन्यासकारों में बुच्चि बाबू, जिनका उपन्यास है 'चिवरकु मिगिलेदि' (जो कुछ बचा रहे) में आधुनिक युग के संघर्ष को स्वर मिला है। चरित्र, संवाद वर्णन शैली आदि में बुच्चिबाबू की रचनाएं एक प्रकार से विशेष प्रगति व्यक्त करती हैं। इसी प्रकार राज कोंडा विश्वनाथ शास्त्री के 'अल्पजीवी', कुटुंबराव के 'चदुवु' तथा उप्पल लक्ष्मणराव के उपन्यास 'अतडुआमै' नये उपन्यास हैं, जिसमें आधुनिक जीवन की परिस्थितियों को उभारा गया है।

कहानी–आधुनिक युग में कहानी लेखन का श्रीगेणश गुरुजाड अप्पाराव ने किया। उनकी कहानियों में समकालीन जीवन के चित्रपट हैं।

कहानी को साहित्य में ऊँचे स्थान पर पहुंचाने का श्रेय 'चिन्ता दीक्षितुलु' को है। उनकी कहानियां जन साधारण के सहानुभूतिपूर्ण चित्र व्यक्त करती हैं।

मुनि माणिक्यम् नरसिंहराव मध्यमवर्गीय परिवारों के घरेलू जीवन को लेकर कहानियां लिखी हैं।

अडवि बापिराजु, तोरि नरसिंह शास्त्री, श्रीपाद सुब्रह्मण्यम्शास्त्री, बुच्चि बाबू, गोपीचंद, विश्वनाथ शास्त्री, और पद्मराजु आदि ने तेलुगु कहानीकला के विकास में अपना योगदान किया है। पद्मराजु द्वारा लिखित तेलुगु कहानी गालिबान (चक्रवात) पर एक अन्तर्राष्ट्रीय कही प्रतियोगिता में पुरस्कार प्रदान किया गया है। कुटुंब राव ने कई कहानियां लिखी है। उनके अनेक कहानी संग्रह प्रकाशित हो चुके हैं। टी. गोपीचंद की कहानियां चाव से पढ़ी जाती है। मुनि माणिक्यम् नरसिंहराव ने हास्य कलाकार के रूप में ख्याति अर्जित की है।

श्रीपाद सुब्रह्मण्यम्शास्त्री द्वारा कहानी कहना उनकी अपनी विशिष्टता है। मलादि रामकृष्ण शास्त्री ने लगभग 500 कहानियां लिखी हैं। इसके अतिरिक्त सोमयाजुलु, रामराव, अवसराल सूर्यराव, तेन्नेटि सूरि, जमदग्निशर्मा, गणपति शास्त्री आदि लेखकों ने उत्तम कहानियां लिखी हैं। वीना देवी, विश्वनाथ शास्त्री, कालीपट्नपु रामराव आज के सर्वोत्तम कथाकार हैं।

नाटक तथा एकांकी–तेलुगु नाटकों में कृष्णमाचार्य 'आंध्र नाटक पितामह कहे जाते है। कोलाचलम श्रीनिवासराव ने भी अनेक नाटक लिखे हैं, जिनमें 'विजयनगर राज्यपत्तनम्' सर्वोत्तम है। आन्ध्रदेश में हरिप्रसाद राव, टी. राघवाचारी और स्थानम् नरसिंहराव जैसे बड़े अभिनेता पैदा हुए हैं। परन्तु डी. कृष्णमाचार्य, वेदम् वेंकटराय शास्त्री, पानुगंटि नरसिंहराव और गुरजाड अप्पाराव जैसे प्रसिद्ध नाटककारों की मृत्यु के बाद कोई सफल लम्बा नाटक नहीं लिखा गया। हर नाटक के अन्त

में ऐसा लगता है मानो कोई कहता हो–कितना सुन्दर अभिनय है परन्तु नाटक निम्न श्रेणी का है। विश्वनाथ की नर्तनशाला और वेलूरि चन्द्रशेखरम् की 'कंचनमाला' उत्तम साहित्यिक नाटक हैं। परन्तु वे अभिनेताओं और जनता दोनों को ही प्रिय नहीं लगीं।

प्रसिद्ध कवि तथा विद्वान लक्ष्मीकांतम ने 'हरिश्चन्द्र' नामक मौलिक नाटक लिखा हैं जो बहुत ही लोकप्रिय है। लक्ष्मी नरसिंहराव का 'अभिषेकम्' और कंठाभरणम् दो लघु नाटक हैं। कोप्परप्पु सुब्बाराव कृत 'रोशनआरा' नाटक अत्यंत लोकप्रिय है।

'आंध्रकलापरिषद्' नाटककारों को पुरस्कार आदि देकर प्रोत्साहित करती रहती है, जिसके फलस्वरूप आत्रेय, गोपालराय शर्मा, आदि लेखक वर्तमान रंगमंच के लिए रोचक नाटक तैयार कर रहे हैं। मुद्दकृष्णा, वेंकटाचलम्, त्रिपुरनेनि रामास्वामी चौधरी ने अपने नाटकों में नयी तकनीकों का प्रयोग किया है।

एकांकियों का प्रारंभ वीरेशलिंगम के प्रहसनों से होता है। उच्चकोटि के एकांकीकार कामेश्वर राव ने अनेक हास्यरस पूर्ण एकांकी लिखे हैं। आचार्य आत्रेय ने 'इनाडु', 'गुमास्ता' विश्वशांति आदि नये ढंग के सामाजिक नाटक लिखे हैं। आत्रेय के नाटक लोकप्रिय हैं। कुमारी जीणा बाला त्रिपुरसुंदरी को छह एकांकियों के सर्वोत्तम संग्रह पर तेलुगु भाषा समिति द्वारा पुरस्कृत किया गया है। हैदरावादी गोरा शास्त्री के अनेक रेडियो नाटक प्रकाशित हुए है, जिन्हें सर्वश्रेष्ठ रेडियो नाटक कहा जाता है।

निबंध और समीक्षा–बाविलाल वासुदेव शास्त्री का 1891 में प्रकाशित 'आंध्रभाषा' संभवतः तेलुगुभाषा का प्रथम निबंध है। 1896 में टी.वी. शेषगिरि शास्त्री ने अपने तेलुगु भाषा विषयक निबंध–'आंध्रभाषातत्वम्' शीर्षक से दो खडों में प्रकाशित किये। नव्य साहित्य परिषद् ने गिड्गु राममूर्ति के निबंधों का दो खंडों में प्रकाशन किया।

समीक्षात्मक निबंधों का प्रारंभ काशीभट्ट, ब्रह्मण्य शास्त्री कृत 'भास्करोदंतम से हुआ है। रामचन्द्रराव ने प्राचीन गौरव ग्रन्थों पर समीक्षात्मक निबंध लिखे हैं।

रामलिंग रेड्डी ने विविध विषयों पर समीक्षात्मक निबंध लिखे हैं। बेटुरि प्रभाकर शास्त्री ने पांडित्य पूर्ण निबंधों की रचना की है। लक्ष्मणराव ने तेलुगु विश्वकोश के लिए अनेक निबंध लिखे हैं।

चिलुकुरि नारायणराव ने 'तेलुगु भाषा का इतिहास' ग्रन्थ की रचना की है। अनंतकृष्ण शर्मा ने साहित्यिक निबंध और आलोचनाएं लिखी हैं। पिंगलि लक्ष्मीकांतम् का साहित्य समीक्षा में महत्वपूर्ण स्थान है। लक्ष्मीरंजनम् ने तेलुगु साहित्य पर समीक्षात्मक निबंध लिखे हैं। लक्ष्मीनारायणराव ने विवेचनात्मक निबंधों की रचना की है।

के.वी. रमण रेड्डि युवा पीढ़ी के उल्लेखनीय निबंधकार ओर साहित्य समीक्षक हैं। वर्तमान पीढ़ी के महत्वपूर्ण निबंधकार और समीक्षक हैं—आर.एस. सुदर्शन, संपतकुमार, गुरुप्रसाद राव, सुप्रसन्न आदि।

अन्य विधाएं—वीरेशलिंगम ने आत्मकथा और जीवन चरित्रों की रचना की है। उसके बाद चिलकमूर्ति, के.एन. केसरी, श्रीपाद कृष्णमूर्ति, प्रभाकर शास्त्री, कालेश्वरराव आदि ने आत्म कथाएं लिखी हैं।

तेलुगु में राजनीति विज्ञान, समाज शास्त्र, अर्थशास्त्र और इतिहास आदि पर उच्च स्तर की पुस्तकें लिखी गई है। तेलुगु में नए लेखकों के लिए ऊँची पत्रकारिता प्रोत्साहन का बड़ा स्रोत रही है। आंध्र पत्रकारों में सबसे बड़े 'कृष्ण पत्रिका के स्वर्गीय श्री कृष्णराव है।

वी. रजनीकांतराव ने बच्चों के लिए गीतों की रचना की है। शिवराम राव ने बहुत सी कहानियां लिखी हैं। बच्चों के लिए कहानियां और कविताएं लिखने वाले अन्य लेखक हैं—कामेश्वरराव, राघवराव, आर. भारद्वाज। बच्चों के लिए रेडियो नाट्य लेखक रंगनाथराव, नरसिंह शास्त्री, उषा श्री, वी.. सहजानन्द, रजनीकांत राव आदि हैं।

स्वातंष्योत्तर तेलुगु साहित्य—स्वाधीनता के पश्चात् साहित्य समीक्षा, नाटक, जीवन चरित, आत्मकथा आदि के क्षेत्र में तेलुगु में कोई अभीष्ट प्रगति नहीं हो सकी है। वस्तुतः इन विधाओं में प्रगति नहीं के बराबर रही है। इस समय सर्वाधिक लोकप्रिय विधाएं कहानी और उपन्यास है। यह भी उल्लेखनीय तथ्य है कि स्वाधीनता के बाद लेखन के क्षेत्र में महिला लेखिकाएं पुरूषों से बहुत आगे निकल गयी हैं। तेलुगु लेखिकाओं के उपन्यास और कहानियां सर्वाधिक लोकप्रिय हैं। इस समय आंध्रप्रभा, आंध्र पत्रिका और भारती आदि प्रतिष्ठित पत्रिकाओं में प्रकाशित महिलाओं की रचनाएं उत्तम सिद्ध हुई हैं। आज की लोकप्रिय तेलुगु लेखिकाओं में श्रीमति रंगनाथकम्मा, श्रीमती लता, वी. सुलोचना रानी के उपन्यास और कहानियों को काफी प्रतिष्ठा प्राप्त हुई है। इन लेखिकाओं की शैली में मनोरमता और उक्तियों गें सौरस्य है। इन्होंने आज के सामाजिक संघर्षों, औद्योगिक प्रभावों, मध्यम वर्गीय युवकों में व्याप्त नीरसता, घुटन, संत्रास आदि का सजीव चित्रण किया है। वी. सीतादेवी ने अपने उपन्यासों और कहानियों में नगरीय और ग्राम्य जीवन में व्याप्त उथल-पुथल का चित्रांकन किया है। नये दौर की महिला उपन्यासकारों में डी. कामेश्वरी, के. कौशल्यादेवी, एम. सुलोचना, के. रोमामणि, वी. शंकुलता ओर के. विजयलक्ष्मी है। डी. विशालाक्षी, बीना देवी, मालती चंदूर प्रतिभाशाली लेखिकाएं हैं। उनकी कृतियों में आज के मध्यम वर्ग की सामाजिक समस्याओं के अनेक चित्र हैं।

तेलुगुदेशम साहित्य अकादमी द्वारा प्रतिवर्ष प्रतिभाशाली लेखकों को पुरस्कृत किया जाता हैं। पुरस्कृत कृतिकार हैं—श्रीमती एम. रंगनायकम्मा, वी. सीतादेवी,

भानुमती कष्णा।

सुप्रसिद्ध लेखक कुटुम्बराव को भी साहित्य अकादमी ने पुरस्कृत किया है। स्व. भास्करभटला कृष्णराव नये दौर के उपन्यासकार हैं। उनका प्रसिद्ध उपन्यास "वेल्लुवलो पूचिक पुल्ललु" प्रयोगपरक उपन्यास है जिसने अस्तित्ववाद की नई प्रवृत्ति को प्रोत्साहित किया है। उनके अन्य प्रशंसनीय उपन्यास हैं—युगसंधि ओर भविष्यदर्शनम्।

सुप्रसिद्ध लेखक और विद्वान आर.एस. सुदर्शनम् ने श्रेष्ठ उपन्यासों की रचना की है। महीधर राममोहन राव ने तीन उपन्यास लिखे हैं—ओनमालु, देवानम् ओर रथचक्रालु। इनमें जन क्रांति में साम्यवादियों की भूमिका का वर्णन किया गया है। उनका सर्वोत्तम अकादमी द्वारा पुरस्कृत उपन्यास 'कोलायिगट्टिनेमि' है। तेलंगाना क्षेत्र के प्रसिद्ध उपन्यासकार—'दाशरथि रंगाचार्य ने 'चिल्लर देवल्लु' लिखा है, जिसमें तेलंगाना की करुण सामाजिक स्थिति का वर्णन है।

बलिवाड़ कांतराव के सर्वोत्कृष्ट उपन्यास 'पुण्यभूमि' को साहित्य अकादमी द्वारा पुरस्कृत किया गया है। वीराजी उत्कृष्ट कहानी एवं उपन्यास लेखक हैं। आज के अन्य कलाकार हैं—मधुरांतकम् राजाराम, ईनीक, वेणुगोपालराव, वसुमूर्ति, पांडुरंगराव आदि।

एमेस्को पॉकेट बुक्स द्वारा नवीन कहानी और उपन्यासों के गौरव ग्रन्थों को पुरस्कृत किया गया है। गुरुजाड अप्पाराव कृत "कन्याशुल्कम् और वीरेशलिंगम कृत 'राजशेखर चरित्र' को भी एमेस्को द्वारा प्रकाशित किया गया है।

स्वाधीनता के पश्चात तेलुगु साहित्य में वचन कविता, दिगम्बर कविता, नव कविता आदि नये काव्यान्दोलनों के कवियों ने सामाजिक अन्याय और शासक वर्ग द्वारा किये जा रहे शोषण आदि का विरोध किया है। ये कवि 30 वर्षों से कुशासन के अन्तर्गत जनता की दुर्दशा का खुलकर वर्णन कर रहे हैं। उन्होंने बुद्धिजीवी वर्ग की इसलिए निन्दा की है कि वे स्वार्थ में डूबे हुये है। तेलुगु काव्य में नये युग के इन अग्रदूतों के नाम हैं—

नग्नमुनि, निखिलेश्वर, ज्वालामुखी, चेरवंडराजु मैरवय्या और महास्वप्न।

तेलुगु में वचन कविता हिन्दी की नई कविता के समान है। वचन कविता परम्परागत रूढ़ियों को तोड़कर शब्द और अर्थ की लय पर केन्द्रित रहती है। वस्तुतः यह लय से युक्त गद्य है। ये कवि शब्द चयन के प्रति विशेष रूप से जागरूक है और घिसे शब्दों के स्थान पर टटके शब्दों को खोजकर लाते हैं। अतः वचन कविता को गद्य कविता भी कहा गया है। यह कविता सामयिक जीवन के समस्त विचार को रचती है। वचन कविता का प्रारंभ कुदर्तिकृत 'तेलंगाना' काव्य से माना जाता है। सन् 1960 के बाद यह गद्य कविता ही पूरी तरह प्रतिष्ठित रूप में सामने आई है। इस प्रकार की कविताएं गोपाल चक्रवर्ती कृत 'कलमुकललु', मादिराजुरंगारवु कृत

'पृथ्वीगीतमु', वैरागी कृत 'नाको चमु' वेंकटरावुकृत 'जीवन रागम' आदि इन सभी में नये उपमानों की प्रधानता है। वचन कविता के अन्य कवियों में श्रीराम शास्त्री, विश्वम्, रामुलु रेड्डी, दाथरथि, नारायण रेड्डी आदि उल्लेखनीय हैं।

तेलुगु की नई कविता की एक अन्य महत्वपूर्ण घटना है–विप्लव रचयितल संघम्''। यह क्रांतिकारी कवियों का संघ है। इनके मार्गदर्शक प्रख्यात कवि 'श्री श्री' हैं। ये कवि साम्यवादी और समाजवादी विचारों के साथ प्रतिबद्ध हैं। तेलुगु की 'सृजन' नामक मासिक पत्रिका के सदस्य युवा कवि वारावरराव आदि इसके सदस्य हैं।

रंधि सोमराजु और अवसराल रामकृष्णराव नये कवियों में अपना विशिष्ट स्थान रखते है। श्री यू. सत्यनारायणाचार्यलु ने 'ईजेंटनगरालु हेमंत शिशिरलु' नामक एक कविता लिखी है जिसमें अफसरों में मनमानी का सजीव चित्रण है।

निष्कर्ष यह है कि तेलुगु का साहित्य महान और विकासशील है। संस्कृत और तेलुगु का सम्पूर्ण समन्वय उस मधुरता ओर सौन्दर्य से साहित्य को सम्पन्न कर देता है, जिससे कि त्यागराजु के गीत विश्व विख्यात हुए। प्रमुख भारतीय भाषाओं के कई शतियों के साहित्य का इतिहास जब लिखा जायेगा तब उसमें तेलुगु को सम्मानयुक्त स्थान मिलेगा। आदिकवि नन्नय भट्ट के युग से आज तक तेलुगु की साहित्य परम्परा अखंड रूप से चली आ रही है।

(iii) कन्नड़ साहित्य का इतिहास

कन्नड़ भाषा : नाम और सीमा विस्तार–कन्नड़ भाषा के अन्य नाम कन्नड़ी, कनारी, कनाड़ी, केनरा, कर्णाट आदि भी हैं। कर्नाट, कर्नाटक, कन्नड़ आदि शब्द बहुत पहले से मिलते है। महाभारत के सभापर्व में कर्णाटक शब्द का उल्लेख है। तमिल काव्य 'शिलप्पदिकारकम्' में कन्नड़भाषियों को 'करुनाडर' कहा गया है। अब इस देश को कर्नाटक और उसकी भाषा को कन्नड़ कहते हैं।

कन्नड़ भाषा का पारिवारिक सम्बन्ध तेलुगु आदि की अपेक्षा तमिल, मलयालम आदि से अधिक निकट का है।

नवनिर्मित कर्नाटक प्रदेश में कई भाग ऐसे हैं, जो पहले मुम्बई, मद्रास (चेन्नई) और हैदराबाद राज्य में थे। उसी में मैसूर और कुर्ग के राज्य भी शामिल हैं। इस नये राज्य का आयतन 85,000 घनमील और जनसंख्या लगभग ढाई करोड़ है। यहां के लोगों का एक समृद्ध प्राचीन इतिहास है और उन्होंने भारतीय संस्कृति, कला तथा स्थापत्य को कदम्ब, राष्ट्रकूट, चालुक्य, होयसल और विजयनगर साम्राज्य के नीचे बहुत महत्वपूर्ण देन दी है।

कन्नड़ साहित्य की प्राचीनता

नवीं शताब्दी ई. के पूर्व कन्नड़ का कोई लिखित साहित्य उपलब्ध नहीं है पर जो प्राचीनतम साहित्यिक कृति प्राप्य हैं उससे स्पष्ट हो जाता है कि कन्नड़ साहित्य का श्रीगणेश बहुत पहले हो गया था। कन्नड़ भाषा की प्रथम उपलब्ध कृति नृपतुंग द्वारा रचित 'कविराजमार्ग' है। इसका विषय कविता और काव्यशास्त्र है। नृपतुंग ने अपनी कृति में कई पूर्ववर्ती गद्य लेखकों एवं कवियों का उल्लेख किया है किन्तु दुर्भाग्यवश उन लेखकों और कवियों का पता नहीं लग सका। गद्य में प्रथम कृति शिवकोट्याचार्य द्वारा विरचित 'वड्डाराघने' है।

कहा जाता है कि कन्नड़ भाषा का प्राचीनतम नमूना पांचवीं सदी मध्य के एक शिलालेख में गद्य रूप में मिलता है। उपलब्ध शिलालेखों में प्राचीनतम नाम हल्मिडि का है जो कंदम्ब राजा के शासनकाल (265-282 ई.) में था। किन्तु वास्तविकता यह है कि दूसरी सदी में लिखित एक ग्रीक नाटक में भी इसके कुछ वाक्य मिले हैं। इस दृष्टि से कन्नड़ को भारत की आधुनिक प्राचीनतम भाषाओं में माना जा सकता है।

कन्नड़ साहित्य का स्वर्णयुग पंपकाल (950 ई.–1150 ई.) है। इस काल के प्रमुख कवि पंप, पोन्न तथा रन्न हैं, जो 'रत्नत्रय' या कवित्रय कहे जाते हैं।

आदिकाल

जैन काव्य परम्परा : (क्लासिकल युग)–कन्नड़ साहित्य का आदिकाल जैन काव्य परम्परा से प्रारंभ होता है। मुगलि ने कन्नड़ साहित्य के काल विभाजन पर विचार करते हुए जैन काव्य परम्परा को कन्नड़ का क्लासिकल युग कहा है। जैन काव्य परम्परा का कलात्मक प्रारंभ महाकवि पंप से होता है किन्तु पंप से पूर्व गुणवर्मा हुए, जिनकी 'हरिवंश' नामक अनुपलब्ध कृति है। पंप से पूर्व दूसरे कवि शिव कोट्याचार्य हैं जिनकी कृति 'बड्डोराघनम्' है। कन्नड़ का यह प्रथम गद्यग्रन्थ होने के साथ जैन कृति भी है। इसमें उन उन्नीस जैन महापुरूषों की कथाएं हैं, जिन्होंने उपसर्ग या सल्लेखन व्रत के आचरण के द्वारा समाधिमरण प्राप्त किया। 'बड्डाराघन' का अर्थ है बड़ी आराधना। जैन यति ज्ञान, दर्शन, चरित्र और तप इन चार आदर्शों की लगातार साधना करते हैं। विशेषतः उपवास द्वारा मृत्यु को बुलाते समय–इन सारी साधना को आराधना कहते हैं। कन्नड़ साहित्य के इतिहासकार मुगलि के अनुसार बड्डाराधन धार्मिक उद्देश्य से लिखी गई साम्प्रदायिक कथाओं का संग्रह है, कलात्मक वृत्ति की एकता इसमें नहीं है। (कन्नड़ साहित्य का इतिहास, पृ. 36-37)

यह माना जा सकता है कि पंप की कृतियों से ही कन्नड़ काव्य में काव्य-कलात्मकता का अंतः प्रवेश हुआ। अतः कन्नड़ साहित्य के आदिकवि पंप है। जैन

काव्य या पंपयुग में रत्नत्रय या कवित्रय के रूप में तीन कवि प्रमुख है–1. पंप 2. पोन्न और 3. रन्न। कन्नड़ के इन जैन कवियों में प्रत्येक ने प्रधानतया दो प्रकार के काव्य रचे–एक जैनधर्म संबंधी काव्य अथवा धार्मिक काव्य, दूसरा लौकिक अथवा शुद्ध काव्य। धार्मिक काव्य की वस्तु तीर्थंकर या महापुरूष की कहानी होती थी और लौकिक काव्य मे वैदिक धर्म से संबंध रखने वाले पौराणिक काव्यों के कथानकों का चित्रण। पंप, पोन्न, रन्न और चामुंडराय इत्यादि ने इसी परम्परा का निर्वाह किया।

पम्प–पम्प प्रथम ने दो काव्यों की रचना की थी–1. आदि पुराण और 2. विक्रमार्जुन विजयम् (जो 'पंप भारत' के नाम से भी प्रसिद्ध है) यह ग्रन्थ महाभारत कथा पर आधारित है। इसमें कवि ने अपने आश्रयदाता राजा अरिकेसरी का महाभारत के नायक अर्जुन से एकत्व स्थापित किया है।

पंप के पिता ने जैनधर्म ग्रहण कर लिया था किन्तु वैदिक धर्म उन्हें संस्कार के रूप में प्राप्त हुआ था। अतः उनके 'पंपभारत' में जहां ब्राह्मण (या लौकिक) संस्कार उद्भासित हुए हैं, वहां आदिपुराण में उनके आगमिक (जैन धर्म के) विचारों को अनिर्वात्य मिली है। पंप के दोनों काव्यों में एक सुनिश्चित दृष्टि है। पंप ने स्वयं लौकिक जीवन से संबंधित समग्र महाभारत और जिनागम को समझाने के उद्देश्य से आदिपुराण रचने की अपनी प्रतिज्ञा की ओर संकेत किया है–

बलगुर्वे निल्लि, लौकिकमनल्लि जिनागमम् समस्तभू।

आदि पुराण में तीर्थंकरों की जीवनियों का काव्यात्मक निरूपण है। आदि तीर्थंकर के भोग और वैराग्य के द्वन्द्व का चित्रण अत्यंत मार्मिक हुआ है। पुरुदेव की वैराग्यवृत्ति का चित्रण करते हुए पंप कहते हैं–

धनुरूप विभव यौवनधन सौभाग्यायुरादिगंलयणकडुमि।

देवरूप वैभव, यौवन, ऐश्वर्य, सौभाग्य, आयु ये सब क्षण मात्र में चमकने वाली बिजली की तरह क्षण भंगुर है। भरत और बाहुबलि के प्रकरण अत्यंत प्रभावी और मार्मिक है। शैली में संस्कृत का प्रभाव है।

पोन्न–पोन्न उभय कवि के नाम से प्रसिद्ध हैं। उनके द्वारा विरचित 'शांतिपुराण' एक महान काव्यकृति है। पोन्न पंप प्रथम के समसामयिक थे। वह राष्ट्रकूट नरेश कृष्णराज के दरबार में थे। शांतिपुराण सोलहवें तीर्थंकर की चरितमाला पर आधारित जैनागम के धर्म निरूपण की दृष्टि से महत्वपूर्ण है।

रन्न–रत्नत्रय के तृतीय कवि रन्न हैं। रन्न ने 'अजितपुराण','गदायुद्धम्' अथवा साहसभीम- विजयम् के नाम से एक सशक्त नाट्यकृति भी लिखा है, जिसमें अपने संरक्षक चालुक्य राजा सत्याश्रय का महाभारत के भीम के साथ तादात्म्य स्थापित किया है। रन्न ने 'अजित पुराण' में द्वितीय तीर्थंकर का जीवन चरित्र शब्दबद्ध किया है।

अन्य लेखक

नागचन्द्र–अभिनव पंप (पंपद्वितीय) के नाम से प्रसिद्ध नागचन्द्र (1105) एक साधन सम्पन्न व्यक्ति और जैमतावलम्बी थे। इन्होंने एक वैष्णव राजा (होयूसल राजा विष्णुवर्धन) के आश्रय में रहकर 'मल्लिनाथ पुराण' जिसमें 19वें तीर्थंकर की कथा है और 'रामचन्द्रचरितपुराण' नामक ग्रन्थ लिखे। रामचन्द्रचरितपुराण पंप प्रथम के भारत का एक आवश्यक पूरक था, इस कारण इसके लेखक को अभिनव पम्प की उपाधि मिली। यह वाल्मीकि की कहानी से बहुत कुछ भिन्न है। इसके अनुसार राम ने जिनदीक्षा ग्रहण की थी। वे जैन मुनि बन गये और अन्त में निर्वाण प्राप्त किया।

चावुंड–चावुंड गंग राजा रायमल्ल चतुर्थ (974-984) के मंत्री थे। श्रवणवेलगोल में गोमतेश्वर की विशाल मूर्ति की स्थापना कराने पर उन्हें राय की उपाधि से विभूषित किया गया था। चावुंडराय कवि 'रन्न' के आश्रयदाता भी थे। चावुंड की कृति का नाम है–'चावुंडराय पुराण'। इसमें चावुंडराय ने नृपतुंग के समान गद्य में चौबीसों तीर्थकरों के जीवन चरित्रों का समावेश किया है।

पंपयुग में अधिकतर ग्रन्थ जैन तीर्थंकरों के जीवन चरित्र से संबंधित हैं इसलिए इस युग को जैनयुग भी कहा जाता है। जिन पंप युग के कवियों ने लौकिक कविता भी लिखी है, उनका लक्ष्य उत्कृष्ट काव्य शैली में जैनधर्म का प्रचार या व्याख्या करना नहीं वरन् स्वतंत्र साहित्यिक कृतियों की रचना ही प्रतीत होता हैं। पंप और पोन्न ने अपना मूल धर्म अर्थात वैदिक धर्म को छोड़कर जैन धर्म स्वीकार किया था और रन्न वैश्य जाति के थे। अतः भाषा का गर्व ही इनके साहित्य की मूलवर्ती प्रेरणा थी। जैनमत का प्रचार नहीं।

इस युग के अन्य लेखकों में नाग वर्मा (छंदोम्बुधि), केशिराज (शब्द मणिदर्पण) नेमिचन्द्र (लीलावती, नेमिनाथ पुराण) रूद्रभट्ट (जगन्नाथ विजय) हरिहर (गिरिजा कल्याण), राघवांक (हरिश्चंद्र काव्य) आदि कवि विशेष उल्लेखनीय थे। इन कवियों ने इस युग में कन्नड़ को शक्ति और कीर्ति के उत्तुंग शिखर पर बैठा दिया।

पंपयुग या जैनयुग 12वीं शती में ही समाप्त हो गया। समग्रतः कन्नड़ के अतिरिक्त जैनकाव्य का विकास इतर दक्षिण भारतीय भाषाओं में न हो सका। तेलुगु में नन्नय भट्ट के पूर्व कवियों की रचनाएं अज्ञात हैं। इनमें कुछ रचनाएं जैन धर्मावलम्बियों की भी थी। विद्वानों का विचार है कि पंप तथा नाग वर्मा ने कन्नड़ में रचना से पहले ही आंध्रवासी होने के कारण तेलुगु में जैन धर्म विषयक रचना की होगी। "ये जैन धर्मावलंबी थे, अतः जैन धर्म के समर्थन में लिखित इनके ग्रन्थ वैदिक मतावलंबियों द्वारा चलाए गये थे।" (बालशौर रेड्डि, तेलुगु साहित्य का इतिहास पृ. 45) बालगोपाल रेड्डि का भी यही अभिमत है।

मध्ययुग

1200-1400 तक का वह युग जो उत्तर भारतीय भाषाओं में अभी निर्गुण संतकाव्य की पृष्ठभूमि भर बन रहा था, यहां वसवयुग या वीरशैवयुग के नाम से अपने पूरे वैभव के साथ उपस्थित हैं। कन्नड़ में इस अवधि में रचित साहित्य जहां एक स्वतंत्र युग की मांग पूरी करता है वहां हिन्दी आदि में यह आदिकाल का ही अंग है। जैन धर्म का प्रभाव अब क्षीण पड़ गया था तथा 13वीं शती में मुस्लिम आक्रमणों के कारण निर्गुण काव्य की प्रेरक स्थितियों के समानान्तर वातावरण बन गया था। धार्मिक आडम्बरों एवं बाह्याचारों के विरूद्ध संत वसवेश्वर एवं प्रभुदेवर आदि संतों की वाणी मुखर होने लगी एवं 'वचन वाड्.मय' का उ व हुआ। सिद्धों, नाथों जैसी आध्यात्मिक नैतिक उक्तियों जैसी तलस्पर्शी वचन निर्गुण संतकाव्य की ही भूमिका बनाते है।

वीरशैववाद : (वचनशैली या वचन साहित्य)

12वीं शताब्दी में बसवेश्वर के द्वारा वीरशैववाद का जो पुनरुत्थान हुआ वह धार्मिक आन्दोलन तो था ही साथ ही सामाजिक क्रांति भी थी। विदेशी आक्रान्ताओं के कारण देशवासियों के मन से स्वाभिमान की भावना लुप्त हो चुकी थी। वसवेश्वर ने उनमें पुनः स्वाभिमान जगाया और अपने मतभेद भुलाकर एक संगठित समाज के रूप में कार्य करने की प्रेरणा दी। यही उनकी सबसे बड़ी सिद्धि थी। वीरशैववाद के आन्दोलन ने कन्नड़ साहित्य को अभिव्यंजना का नया साधन दिया जिसमें काव्य का माधुर्य भी था और गद्य का पैनापन भी। यहीं से "वचन शैली का आविर्भाव हुआ। वचन साहित्य की शैली बहुत सरल होती है और वाक्य रचना गद्य के समान बहुत कसी-गठी और मुहावरों जैसी। उनके मानसचित्र कवि परम्परा जगत के नहीं वरन् जन साधारण के दैनिक जीवन से लिये गये हैं, जैसे—द्वार पर घास जमी हैं और आंगन में धूल। इस प्रकार बसवेश्वर ने जन साधारण के जीवन और अनुभवों की शब्दावली में ही अपना संदेश उन तक पहुंचाया। इसके बाद शताब्दियों तक वचन साहित्य कन्नड़ साहित्य के लिये प्रेरणा स्रोत रही।

12वीं शताब्दी के उत्तरार्द्ध से 15वीं शताब्दी तक का काल 'वसव युग' कहलाता है। बसवेश्वर सिर्फ वीरशैववाद के प्रवर्तक ही नहीं वरन् उच्चकोटि के कवि, विचारक, समाज सुधारक कवि थे। कंकेया चमार को वे अपना गुरु मानते थे। वीरशैव कवियों के युग को क्रांतियुग भी कहते हैं। वीरशैव मतानुयायी वसवेश्वर इस क्रांति के उन्नायक थे। संस्कृतनिष्ठ कन्नड़ के स्थान पर इन्होंने बोलचाल की भाषा को काव्यशैली का आधार बनाया। इस मत के कवि शिवचरण कवि कहलाते हैं। इन्होंने बहुत स्पष्ट भाषा में अपने 'वचन काव्यों में जो एक तरह के गद्यगीत थे, सामाजिक रूढ़ियों पर प्रहार किया। वीरशैव मत मूलतः माहेश्वर सम्प्रदाय से निकला

है। 'षट्स्थल' उसमें प्रधान है। तिरुमूलर शैवाचार्य कहालते थे। पर कश्मीरी और गौड़मत से प्रभावित शाक्त, नाथ, कावालिक कालामुख व शैवमतों से यह भिन्न है। इस मत में देवता को बलि या नैवेद्य नहीं दी जाती, भव्य मंदिर नहीं बनाये जाते, उत्सव नहीं किये जाते। इसमें शरीर पर लिंगधारण अनिवार्य है। सात्विक शाकाहार का सेवन और एकेश्वरवाद पर बल है। शिव कर्ता, भर्ता, हर्ता हैं। वीर नंदी, भृंगी, वृषभ, स्कन्द पांच गणाधीश्वर हैं। इनका षडाक्षरी मंत्र है—ऊँ नमः शिवाय। इस दर्शन को शक्ति विशिष्टाद्वैत दर्शन भी कहते हैं।

ऐसे 250 वचनकार हैं, जिनमें प्रथम थे देवरासिभट्टैया। 905 में पोन्न ने जो शैली शांतिपुराण में अपनाई थी, उसी का विस्तार वचन साहित्य में है। वसवेश्वर कहते हैं कि—कथनी और करनी में भेद है, कुड़ल संगमेश्वर से मिलन कैसे होगा? महादेवी अम्मा, सिद्धराम, आयंडविक पारैया, अल्लमप्रभु (शून्यपुराण के रचनाकार) वचनकारों में प्रसिद्ध संत कवि हैं। अक्क महादेवी और अल्लमप्रभु ने लोकप्रिय छन्द 'रगलै' में लिखा था। नेमिचन्द्र ने नेमीपुराण में चरित्र द्वारा अहिंसा का महत्व सिद्ध किया। निजगुण शिवयोगी (1500 ई.) एक रहस्वादी कवि थे। उन्होंने 'कैवल्यपद्धति', परमानुभव बोधे, परमार्थगीते, अनुभवसर, 'विवेकचूड़ामणि' आदि अनेक ग्रन्थ रचे। इन कवियों में 'सर्वज्ञ' सर्वश्रेष्ठ हैं, जिन्होंने 'त्रिपदी' छन्द में कविता की है। बसवेश्वर से प्रभावित होकर 14वीं शताब्दी में 'भीमकवि' ने 'वसवपुराण' की रचना की थी। 1680 की 'होन्नम्मा' कन्नड़ की प्रथम कवयित्री थीं। उन्होंने पुरूष प्रधान समाज पर व्यंग्य किया। वचनकारों ने यह भी कहा कि "कहीं गुरु को ढूंढने के लिए जाने की जरूरत नहीं—वह तो आत्मज्ञान में बसा है। इस प्रकार से तमिल के बाद कन्नड़ साहित्य में प्राचीन संत काव्य की द्रविड़ धारा के उत्तम दर्शन होते है। यह मानव की मुक्ति कामना का विरक्त मार्ग है।

वचन के लेखकों के अतिरिक्त अब हमें अन्य प्रमुख लिंगायत लेखकों की ओर ध्यान देना चाहिए। लिंगायत कवियों में प्रथम नाम 'हरिश्वर' का है। हरिश्वर ने 'पंपशतक' नाम की काव्य रचना की है। शिव और पार्वती के विवाद पर 'गिरिजा कल्याण' लिखा। यह एक चम्पू काव्य है। 'शिव-गणद रगलेगलु' में प्राचीन शैवमत के 63 संतों के अतिरिक्त 'वासव' तथा अन्य भक्तों के जीवन पर प्रकाश डाला है।

राघवांक ने 'सोमनाथ चरित' में सोमय्या का जीवन चरित्र प्रस्तुत किया है। हरिश्वर की प्रशंसा में "हरिहर महत्व' की रचना की है। 'पद्धरस' में वार्तालाप की शैली में 'दीक्षाबोध' लिखा है। ये दोनों ही 'वासव' के समकालीन थे।

पालकुरीकी सोमनाथ ने वीरशैवमत पर अनेक पुस्तकों की रचना की है। 'सहस्त्रगण' तथा 'पंचतंत्र' उसकी मुख्य पुस्तकें हैं।

कन्नड़ साहित्य अब विजयनगर के राजाओं के संरक्षण में फूल-फल रहा था। विरूपाक्ष पंडित ने इस समय 'चेन्ना-वासव-पुराण' की रचना की। इसमें चेन्ना वासव

को शिव का अवतार माना गया है। 'लकन्ना' कवि ने 'शिवतत्व चिन्तामणि' लिखा। 'गुरुवासव' ने 'सप्तकाव्य' की रचना की। इसमें शैवमत के विभिन्न पहलुओं पर प्रकाश डाला गया है। महाकवि 'अदृश्य' ने 'प्रबुद्धरायचरित' रचा। तोण्ट्ट सिद्धेश्वर सिद्धलिंग ने षट्स्थल ज्ञानमृत नामक 700 वचनों की एक गद्यमय पुस्तक लिखी।

कर्नाटक में वैष्णव भक्ति

कन्नड़ भाषा के प्राचीन साहित्य में भक्ति के चार मत थे जिनमें बौद्ध, जैन, शैव और वैष्णव विचारधारा की प्रमुखता थी। जैन और शैव मतावलंबी लोग प्राचीनकाल से अपने-अपने मत के सिद्धान्तों के साथ भक्ति विषयक ग्रन्थों का प्रणयन भी करते रहे थे। वैष्णव विचारधारा का प्रचार अपेक्षाकृत बाद में हुआ। इसके प्रवर्तन और प्रचार का श्रेय चालुक्य वंशीय राजाओं को दिया जाता है। वस्तुतः रामानुजार्य ने रामभक्तिविषयक संस्कृत ग्रन्थ लिखकर कर्नाटक में भी रामभक्ति की स्थापना की थी किन्तु संस्कृत भाषा जन साधारण की भाषा न थी और रामानुज भी कर्नाटक में लंबे अरसे तक नहीं रह सके। अतः उनके द्वारा भक्ति क्षेत्र में किया गया प्रयास व्यापक नहीं हो सका।

कर्नाटक में कृष्णभक्ति (हरि) के प्रचार का श्रेय मध्वाचार्य को है। मध्वाचार्य ने दार्शनिक क्षेत्र में 'द्वैतवाद' का श्रीगणेश किया था। इस वाद में हरि (कृष्ण) को परम सत्य और परम आराध्य ठहराया गया है। जगत को सत्य माना गया है। सगुण साकार विष्णु के अवतार श्रीकृष्ण की उपासना ही इस मत में सर्वश्रेष्ठ है। अवतारवाद का यह रूप वैष्णवभक्ति का मेरूदंड है। मध्वाचार्य ने इसी हरि उपासना का 12वीं शताब्दी में प्रचार किया और कर्नाटक प्रदेश को नई भक्ति में निमग्न कर दिया।

मध्वाचार्य के शिष्यों ने संस्कृत भाषा के स्थान पर कन्नड़ भाषा में अपने विचार व्यक्त किये। इन अनुयायियों को दो वर्गों में रखा जाता है—1. दास और 2. व्यास। कन्नड़ भाषा द्वारा अपने विचार व्यक्त करने वाले भक्त 'दास' कहाते हैं और जो संस्कृत भाषा के माध्यम से वैष्णव भक्ति का प्रचार करते हैं वे 'व्यास' कहलाते हैं।

कन्नड़ भाषा में कर्नाटक प्रदेश में वैष्णव भक्ति का व्यापक स्तर पर प्रचार करने वालों में रुद्रभट्ट, नरहरि तीर्थ, श्रीपादराय, व्यासराय, पुरंदरदास, वादिराज, कनकदास, विजयदास, जगन्नाथदास और गिरियम्मा (कवयित्री) अति प्रसिद्ध हैं। इसके अलावा नागणप्पा, तिम्पन्ना, चाटु विठ्ठलनाथ, कुमारव्यास, आदि भक्त कवि हैं।

रुद्रभट्ट ने 'जगन्नाथ विजय' लिखा है जो विष्णुपुराण पर आधारित तथा कृष्ण के जीवन पर लिखित एक चम्पू है।

नरहरि तीर्थ ने 1281 ई. में विष्णु की स्तुति में गीतों की रचना की।

'नागणप्पा' ने 'महाभारत' के प्रथम दस पर्चों का कन्नड़ में अनुवाद किया है। उनको कुमार व्यास की उपाधि मिली थी।

तिम्पन्ना ने महाभारत के शेष पर्चों का अनुवाद किया और अपने संरक्षक के नाम पर कृति का नाम 'कृष्ण-राय-भारत' लिखा।

लक्ष्मीश ने 'जैमिनी भारत' की रचना की हैं जिसमें पौराणिक जैमिनी ऋषि का चरित्र है। चाटु विट्ठलनाथ ने भागवत का अनुवाद किया।

इन वैष्णव भक्ति के कवियों में पुरन्दरदास की रचनाएं कर्नाटक में अत्यन्त लोकप्रिय हैं। उन्हें भक्ति मार्ग को प्रशस्त करने वाला कवि, संत और वैष्णव भक्त माना जाता है। पुरन्दरदास का समय 16वीं शताब्दी हैं। संगीत के क्षेत्र में भी इनकी अप्रतिम देन है। कर्नाटक संगीत पद्धति के उन्नायकों में पुरन्दरदास का नाम सबसे अगली पंक्ति में आता है। भक्ति के क्षेत्र में कीर्तनशैली के प्रचार में भी इनका योगदान रहा है।

'कनकदास' पुरन्दर के समकालीन थे। इन्होंने विष्णु की प्रशंसा में गीतों की रचना की है। सांगत्य छन्द में रचित 'मोहन तरंगिनी' में कृष्ण की कहानियों को प्रस्तुत किया है। उन्होंने 'नलचरित' और 'हरिभक्तिसार' षट्पदी छन्द में लिखा हैं।

संक्षेप में कर्नाटक के भक्तों पर मध्वाचार्य के दार्शनिक मत का गहरा प्रभाव था। किन्तु विष्णु के अवतार श्रीकृष्ण को आराध्य मानने के कारण इनकी भक्ति सगुण, साकार भगवान की ओर अग्रसर करने वाली ही है और वह वैष्णव भक्ति का एक उत्कृष्ट रूप है।

आधुनिक काल

17वीं शताब्दी के पश्चात आधुनिककाल तक कोई ऐसी कन्नड़ कृति नहीं मिलती, जो ध्यान आकृष्ट करे। संस्कृत के प्रभाव के कारण साहित्य जनता से दूर होता गया। 18वीं शताब्दी की अव्यवस्था के कारण राज्य संरक्षण और साहित्यिक कृतियों को प्रोत्साहन मिलना भी बंद हो गया। इस प्रकार पांच सौ वर्ष के उस युग का अंत हो गया, जिसमें बसवेश्वर आदि ने कन्नड़ साहित्य को शिखर पर पहुंचाया। इसके बाद 200 वर्ष तक अर्थात् 19वीं शताब्दी के अंत तक कन्नड़ साहित्य का कोई अस्तित्व ही न रहा। किन्तु पश्चिमी प्रभाव के कारण कन्नड़ साहित्य ने 20वीं शताब्दी के प्रारंभ से ही द्रुत प्रगति की। इस सदी की दो दशाब्दियों में ऐसी कृतिया सामने आई जिनका प्रेरणा स्रोत पूर्ववर्ती कृतियों से बिलकुल भिन्न था। कन्नड़ में नई विधायें विकसित हुई, जिनमें उपन्यास, छोटी कहानी, शोकान्तिका, जीवनचरित्र, आत्मकथा, निबंध, डायरी, पत्र, गीतिकाव्य या ऐसी ही अन्य विधाएं कन्नड़ साहित्य को समृद्ध करने लगीं। इन कृतियों पर शेक्सपियर, मिल्टन, स्कॉट, ऑस्टीन, मैकाले, डिकन्स आदि रचनाकारों का प्रभाव भी स्पष्ट रूप से देखा जा सकता है। गोल्डस्मिथ, शेरीडन,

इब्सन आदि ने कन्नड़ साहित्य को एकदम बदल दिया। अब तो कन्नड़ साहित्य की इमारत में कई नये कमरे बनकर तैयार हो गये। इधर बंगला में बंकिमचन्द्र और महाराष्ट्र के हरिनारायण आप्टे ने भी कन्नड़ साहित्य को प्रभावित किया और स्वातंत्र्य संघर्ष की प्रेरणा दी।

आधुनिक काल का विशेष महत्व गद्यशैली के विकास में ही दिखाई पड़ता है। 'केरूर वासुदेवाचार्य, जैसे लेखक, जो धारवाड़ के प्रतिभाशाली कवि माने जाते हैं उनकी लेखनी के स्पर्श से कहानी, नाटक, उपन्यास, निबंध, लेख आदि गद्य कृतियों का आरंभ हुआ।

कन्नड़ कविता : (स्वतंत्रता पूर्व एवं स्वातंत्र्योत्तर)

राष्ट्रीय नवजागरण–सन् 1857 के स्वाधीनता संग्राम ने भारत की सभी भाषाओं के कवियों और लेखकों को प्रभावित किया था। अतः सभी प्रदेशों के काव्य में जनता की आर्थिक दुर्दशा, शोषण, गरीबों के कष्टों आदि का चित्रण करते हुए कवियों ने जांत-पांत शोषितों के प्रति सहानुभूति एवं शोषकों के आक्रोश व्यक्त किया है। कन्नड़ के महाकवि डी.आर. बेन्द्रे ने अपनी एक कविता में लिखा–''हम ईश्वर को दफना देंगे, और उसके मजार पर प्रति रात सामाजिक आदर्शों की अगरबत्ती जलायेंगे।'' कन्नड़ के प्रसिद्ध कवि डी.वी. गुंडप्पा, मास्ति वेंकटेश अयंगार, डी.आर. बेन्द्रे, सालि, आनंदकंद, मंगेश्वर गोविन्दपै मुलियतिभ्यापय्या की कविताओं में राष्ट्रीय भावना का स्वर मुखर हो गया हैं। इन कवियों ने सृजन कर्म को नवजागरण के आलोक से आलोकित कर दिया। कन्नड़ के एस. कटूटी, आलूर, यू.नि. नरसिंहाचार्य ने भारत के प्राचीन गौरव का गान किया है। बेन्द्रे, मंगलूर, विनायक कृष्ण गोकाक, श्री कंठप्पा, क. शंकरभट्ट आदि कवियों ने देशभक्ति में प्राणों के उत्सर्ग का महत्व स्वीकार किया।

स्वच्छन्दतावाद : (भावगीत)

कन्नड़ साहित्य की साहित्य परम्परा में शैव और वैष्णव भक्तितत्व ने रीतिमुक्त लोकजागरण को लम्बे समय से धारण किये हुए था। पुरन्दरदास, कनकदारा तथा जगन्नाथदास की भक्तिधारा से जो स्वच्छन्दतावाद उत्पन्न हुआ था, उसी का एक नवीन रूपान्तरण आधुनिक काल के स्वच्छन्दतावाद में हुआ। उन्नीसवीं शती में मुद्दणा के बाद कन्नड़ पर अंग्रेजी का प्रभाव तीव्र हुआ। कन्नड़ साहित्य वर्डसवर्थ्, कीटस्, शैली आदि अंग्रेजी की प्रेरणा से रग बदलने लगा। नवीन राजनीतिक, सांस्कृतिक परिस्थितियों ने भी इस बदलाव में मदद की। फलतः श्री डी.पी. गुंडप्पा, मारित वेंकटेशय्यांगर, वेन्द्रे, सालि, आनंदकंद, पंजेमंगेशराव, गोविन्द पै, तथा मुलिय

तिम्मपय्या के नवीन काव्य में नवजागरण की चेतना तेज होती गई है। इन कवियों की छत्रछाया में नवीन कवियों की मंडलियों का भी उदय हुआ। 'श्री' के नेतृत्व में तलिरू (किसलय), मंडली, पंजे के नेतृत्व में मित्रमंडली और बेन्द्रे के नेतृत्व में (गेनेयरगुम्प) (साथी-समूह) ये तीन तरह के काव्य में जुलूस निकल पड़े। इस दौर में कुवेंपु (क.वे. पुटप्पा) पुतिन (पु.नि. नरसिंहाचार्य) शंकरभट्ट, विनायक आदि कवि पहले तो पश्चिमी काव्य की धारा की ओर झुके; किन्तु शीघ्र ही इन्हें अपनी भूल का अहसास हुआ और वे कन्नड़ साहित्य की मूल परम्पराओं धाराओं से जुड़कर सृजन कर्म में प्रवृत्त हो उठे। मधुर चेन्न, और सिम्पि लिंगण्ण ने युवकों को भाषा संस्कृति प्रेम की नई दिशा दी। नए काव्यरूप जन्मे तथा अतुकांत छन्द, मुक्तछन्द, गीतिनाट्य इत्यादि का भारी चलन हो गया। इस नई भाव काव्यधारा या गीत काव्यधारा के प्रतिनिधि कवि विनायक रहे हैं। पंजे मंगेशराव 'उदय राग' में नवीन कल्पनाओं के साथ उदित हुए। श्री (बी.एम. श्रीकंठय्या) ने वर्डसवर्थ, शैली आदि की चुनिंदा कविताओं के अनुवाद कर डाले। उनके ''अंग्रेजी गीत'' नामक अनुवाद ग्रन्थ ने कन्नड़ में स्वतंत्र भावगीतों की परम्परा को समृद्ध किया। श्री का कविता संग्रह 'होगनसुगलु' (सुनहरे स्वप्न) नामक कविता ने भावगीतों की लोकप्रियता में चार चांद लगा दियें। गोविंद पै ने उमरखैय्याम की कविताओं का भावानुवाद कर डाला। इनकी श्रेष्ठ कृति ''गालगाथा'' नामक कथा काव्य है। डी.वी. गुंडप्पा वसंत कुसुमांजलि, निवेदन जैसे गीतसंग्रह लेकर सामने आए। श्री निवास आयंगार ने अनेक कथाकाव्यों की रचना की, 'सौन्दर्य देवी', 'कमल', 'ठंडी हवा', 'अरूण' आदि। रंगनाथ दिवाकर, सालि रामचन्द्रराव के गीत टैगोर से प्रभावित हैं। डी.आर. बेन्द्रे ने 'कृष्णमुरारि', 'पंख', 'मूर्ति', 'झूला', 'नादलीला', 'सखीगीत', 'कन्नड़ मेघदूत', 'गंगावरण', 'सूर्यपान', 'हृदयसमुद्र', 'मुक्तकंठ' आदि सग्रहों और लंबी कविताओं से नवीन काव्य में युग प्रवर्तन का कार्य किया है। इसी परम्परा को आनंदकन्द, मधुरचन्न, सीतारामय्या, पुहप्पा, राजरत्नमू, शंकरभट्ट, गोकाक, नरसिंह स्वामी, एस. कार्के, गोपालकृष्ण अडिम, यन्नवीर कणवि आदि अनेक प्रतिभाशाली कवियों ने आगे बढ़ाया है।

प्रगतिशील चेतना

कन्नड़ में जिन कवियों ने भावगीतों की रचना की हैं, प्रायः उन्होंने ही प्रगतिशील चेतना को गति दी है, श्री के.पी. पुटप्पा, दत्तात्रेय बेन्द्रे, मास्तिक वेंकटेश आयंगार, पंजे मंगेशराव, गुंडप्पा, सीतारामय्या, मधुरचेन आदि में राष्ट्रीय तथा जनचेतना का व्यापक भाव जगत उन्मीलित हुआहै। दत्तात्रेय बेन्द्रे की तुत्तिनचील (भीख की झोली), पुट्टविधवे (छोटी विधवा) तथा कुण्ड कांचाण (अंधा पैसा) जैसी कविताओं में दुःख दारिद्र्य का चित्रण है। परवर्ती कवियों में 'गोपालकृष्ण अडिग' में प्रगतिशीलता का

नया स्वर उभरा है। उनकी कविता 'कट्टुवेवुनावु (हम निर्माण करेंगे) में सामाजिक चेतना है। 'चंडमछल' अडिग का प्रगतिशील काव्यसंग्रह है। रामचन्द्र शर्मा (तायि मगु), वि.जि. भट्ट प्रगतिवादी कवि हैं। कृष्णमूर्ति पुराणिक का स्वर भी ज्वलनशील है।

प्रयोगवाद और नई कविता

कन्नड़ में नई कविता का प्रारंभ 1950 ई. के आसपास हुआ। प्रो. विनायक कृष्ण, गोकाक ने बंबई अधिवेशन के एतिहासिक भाषण 1950 में नई कविता या नव्यकाव्य शब्द का प्रयोग किया। उसी वर्ष उनका काव्य संग्रह 'नव्यकवितेगलु' प्रकाशित हुआ। कन्नड़ की नव्य कविता का यह प्रथम काव्य संकलन है। उनका दूसरा काव्य संग्रह 'समुन्दगीतेगलु' है।

गोपालकृष्ण अडिग नव्यकाव्य के श्रेष्ठ प्रतिनिधि कवि हैं। 'भावतरंग', 'कट्टुवेबु नावु' नडेदु वंद दारि 'चडिमहले' तथा 'भूमिगीत' आदि उनके काव्य संग्रहों ने काव्य की जमीन पर नए बीज बोए हैं। रामचन्द्र शर्मा की कविताओं में 'फ्रायड की काम चेतना का स्वर उभरा है। उनका प्रमुख काव्य संग्रह 'एक सुत्तिन कोटे है, जिसे 'लिविने काव्य' कहा जाता है। के.एस. नरसिंह स्वामी की 'शिलालतें' प्रयोगधर्मी काव्य है। चेन्नवीर कणवी के 'दीपधारी', 'नेल मुगिबु' आदि नई कविता के संग्रह हैं। कन्नड़ के अन्य नये कवियों में चन्द्रशेखर पाटील, चन्द्रशेखर कंबार, शंकर मोकाशो, लंकेश, सिद्धलिंग, पूर्णचन्द्र तेजस्वी, चन्नय, अकबर अली आदि का नाम उल्लेखनीय है। एक तरह से कन्नड़ की नई कविता मानवीय अस्तित्व के संकट की कविता है।

उपन्यास और कहानी

कन्नड़ में 20वीं शती के दो दशाब्दियों में एम.एस. पुटण्ण–विरचित सर्वप्रथम सामाजिक उपन्यास माडिद्दुण्णों मराया (जो बोया है सो काटो) है। इसे छोड़कर सभी रचनाएं बंगला या मराठी से प्रेरित हैं या रूपान्तरित हैं। धारवाड़ के प्रतिभाशाली लेखक 'वासुदेवाचार्य केरूर' ने तीन उपन्यास, लिखे हैं। शेक्सपियर के रोमियो एण्ड जूलियट, मर्चेंट आफ वेनिस' के भी अनुवाद किए हैं। उनका सामाजिक उपन्यास 'इन्दिरा' अब बड़े चाव से पढ़ा जाता है।

आधुनिक कन्नड़ में उपन्यासों की रचना कुछ देर से हुई है। पी. वेंकटाचार्य और 'गलगनाथ का योगदान 1940 तक चलता रहा, पर शैली नही रही। केरूर की शैली संस्कृतनिष्ठ थी। पिछले पच्चीस तीस वर्षों में कई उपन्यासकार सामने आए हैं। इनमें प्रमुख है–मैसूर के कृष्णराव, दक्षिण कन्नड़ के शिवराम कारंत, उत्तर कर्नाटक के मीर जी अण्णाराव, बसवराज कट्टीमनि और बी.एम. इनामदार।

कृष्णराव और कारंत ने बहुत लिखा है। कारंत ने सामाजिक विषयों पर लिखा है। उनकी शैली में उग्रता और ऊर्जस्विता है। इससे उन्हें ख्याति मिली है। उनकी शैली सीधी और सरल है। पात्र बड़े सजीव हैं। उनका सबसे छोटा उपन्यास 'चीमनदुडि' अप्रतिम है, जिसमें एक अछूत के जीवन का चित्रण है। कृष्णराव दलित वर्ग की हिमायत करते है। 'कट्टीमनि' नरसिंह शास्त्री, श्रीरंग, कृष्ण शर्मा, गोकाक, मुगली, इनामदार नयी पीढ़ी के होनहार लेखक हैं, जिन्होंने उपन्यासों में नई शैलियों का प्रयोग किया है। रामास्वामी आयंगार और नौसिखिए सभी तरह के लेखकों ने उपन्यास प्रणयन किया है। उपन्यास की लोकप्रियता बढ़ रही है।

प्रयोगशील उपन्यासकारों में श्रीरंग के उपन्यास ''अनादि'' में पहली बार यौन समस्या का निर्भीक चित्रण हैं। उनके 'प्रकृति पुरूष' में दलित वर्गों की समस्याएं हैं।

युवा उपन्यासकारों ने इंसान को अपनी रचनाओं का विवेच्य बनाया है, जो अपने को अजनबी सा पाता है। इस प्रसंग में रामानुजन का उपन्यास 'मालदी मीनू', यू.आर. अनंतमूर्ति का 'संस्कार' यशवन्त चित्तल का मुरुडेरिगलु, शांति नाथ देसाई का 'मुक्ति', मीरप्पा का 'वंशवृक्ष' उपन्यास कन्नड़ भाषियों में अधिक समादृत हैं।

कहानी

कन्नड़ में सबसे पहले कहानी का आविर्भाव हुआ। केरूर ने भी कुछ कहानियां लिखी है। किन्तु कलात्मक कहानियों के प्रथम लेखक मास्ति वेंकटेश आयंगार (श्रीनिवास) हैं। उन्होंने सादी घरेलू शैली में कहानियां लिखी हैं। कहानियों के विषय रोजमर्रा के है। श्रीनिवास की लम्बी कहानी ''सुब्बण्णा'' सर्वश्रेष्ठ कहानियों में है। अति यथार्थवादी कहानीकार सी.के. वेंकटराय्म, कृष्णराव, कट्टीमनि, कृष्ण शर्मा, गोरूर गोस्वामी आयंगार आदि का कहानीकारों में ऊँचा स्थान है।

युवा कहानीकारों में यशवन्त चित्तल की कहानियां अधिक चाव से पढ़ी जाती हैं। वे विद्रोही लेखक हैं। एक अन्य लेखक यू.आर. अनंतमूर्ति ने अपने ही वन पर्वतीय क्षेत्र का चित्रांकन किया है। पी. लंकेश, शांतिनाथ देसाई, सदाशिव आदि नये कहानीकार हैं। किन्तु आज की कन्नड़ कहानी यौन भावना और मृत्यु संत्रास से ग्रस्त है।

नाटक

कन्नड़ नाट्य साहित्य अभी तक अपने पैर नहीं जमा सका हैं। अपवाद स्वरूप 17वीं शती में 'मित्रविंदा गोविंद'' लिखा गया था जो श्री हर्ष की रत्नावली का रूपान्तर मात्र है। प्रस्तुत शताब्दी के प्रारंभिक वर्षों में भी नाटक लिखे गये पर वे संस्कृत या अंग्रेजी से अनुदित थे। केरूर वासुदेवाचार्य का ''नल दमयन्ती'' संभवतः प्रथम

मौलिक नाटक है। इसके पश्चात् नारायण राव ने 'स्त्रीधर्म रहस्य', कैलासम् ने 'टोललुगटिट्ट', 'होमरूलु' नाटक रचा। कैलासम् के बाद दूसरे उल्लेखनीय नाटककार के.एस. कारंत हैं। तीसरे प्रमुख नाटककार श्रीरंग जिन्होंने एकांकी और अनेकांकी दोनों तरह के नाटक लिखे हैं। हाल में पुटप्पा, एम. गोविन्द पई, डी.आर. बेन्द्रे, पुराणिक, कुलकर्णी, मुगली महत्वपूर्ण हैं।

स्वाधीनता के पश्चात् युवा नाटककारों में गिरीश करनाड, पी. लंकेश, चन्द्रशेखर पटेल, चन्द्रशेखर कंवर हैं। करनाड कृत 'तुगलक' और 'हयवदन' अनेक भारतीय भाषाओं में तथा अंग्रेजी में अनुदित तथा अभिनीत हो चुके हैं। 'हयवदन' को भारतीय नाट्यसंघ का अखिल भारतीय पुरस्कार मिल चुका है। इसके बाद नाट्य लेखन प्रायः समाप्त ही हो चुका है।

आज कन्नड़ साहित्य की प्रत्येक शाखा फूल-फल रही है।

(iv) मलयालम साहित्य का इतिहास

मलयालम भाषा–मलयालम वस्तुतः प्राचीन तमिल भाषा की एक शाखा है, जो नवीं सदी के लगभग इससे अलग हुई। डॉ. काल्डवेल ने मलयालम को तमिल की पुत्री माना है। अपने प्रसिद्ध व्याकरण ग्रन्थ "द्रविड़ भाषाओं का तुलनात्मक अध्ययन" की भूमिका में उन्होंने लिखा है "जहां तक मैं समझता हूं मलयालम तमिल की एक शाखा है। XXX मूलतः मैं तो समझता हूं कि वह तमिल की सहभाषा नहीं बल्कि उसकी पुत्री है।" तमिल के अधिकांश और मलयालम के भी कुछ विद्वानों ने इस मत का समर्थन किया है। मलयालम के प्रसिद्ध व्याकरण 'केरलपाणिनीयम्' के रचयिता प्रो. राजराजवर्मा ने भी सामान्य रूप से काल्डवेल के मत का ही समर्थन किया है।

मलयालम का प्रमुख क्षेत्र आधुनिक केरल तथा लक्षद्वीप है। आसपास मद्रास तथा मैसूर में भी इसका कुछ क्षेत्र पड़ता है। मलयालम नाम में दो शब्द है। मलय अर्थात पहाड़ी और आलम् अर्थात वाला या राज्य या समुद्र। अतः मलयालम का अर्थ हुआ "पर्वतमाला प्रदेश" या अरबसागर और विस्तीर्ण पर्वत श्रेणियां–जिन्हें पश्चिमी घाट कहते हैं–के बीच की भूमि अर्थात् पहाड़ी देश। मूलतः यह प्रदेश का नाम है बाद में भाषा के लिए भी इसका प्रयोग होने लगा। मलयालम भाषा के लिए तमिल, मलाबार या मालावार आदि नामों का भी प्रयोग होता रहा है।

मलयाली विद्वान मलयालम भाषा का प्रारंभ चौथी सदी से मानते हैं। मलयालम के क्षेत्र में पहले साहित्य रचना तमिल में हुआ करती थी। मलयालम में साहित्य रचना 13वीं सदी से प्रारंभ होती है। प्रारंभिक ग्रन्थों में तमिल अंश भी है। इसके कवियों में रामप्पणि चेरुश्शेरि नपूनिरो, कोट्टारक्कर तंपुरान आदि उल्लेख्य हैं। 17वीं सदी में ब्राह्मणों के विशेष प्रभाव के कारण मलयालम भाषा संस्कृत के शब्दों से लद गई। मणिप्रवाल शैली (संस्कृत शब्दों से मलयालम) में भी साहित्य-रचना हुई।

भारतीय भाषाओं में मलयालम का आठवां स्थान है। केरल को ही मलयालम प्रदेश माना जाता है। कुछ विद्वानों का मत है कि केरल का तात्पर्य केर या नारियल से है क्योंकि यहां नारियल बहुतायत से होता है।

काल विभाजन

अधिकांश विद्वान समस्त मलयालम साहित्य को तीन कालों में बांटते हैं-1.आदिकाल 2. मध्यकाल 3.आधुनिकाल। यही विभाजन सबसे आसान भी है। आदिकाल में तमिल का और मध्यकाल में संस्कृत का प्रभाव दिखाई देता है।

आदिकाल

लोककाव्य : (लोकगीत और चारणगीत)–आदिकाल में केरल की क्लासिकल भाषा के निर्माण में योग देने वाले तीन सम्प्रदाय देखने को मिलते हैं–1. पच्च मलयालम सम्प्रदाय, जिसका अर्थ हैं शुद्ध मलयालम भाषा में अभिव्यक्ति। 2. तमिल सम्प्रदाय 3. संस्कृत सम्प्रदाय।

1. पच्च मलयालम सम्प्रदाय–पच्च मलयालम सम्प्रदाय के अन्तर्गत लोकगीत या जनगीत और चारण गीत आते हैं। श्री सी.पी. गोविन्द पिल्लै ने 'पझय पाट्टुकल' नाम से मलयालम के पुराने लोकगीतों और चरित्र गीतों का एक संग्रह प्रकाशित किया है।

आदिकालीन मलयालम साहित्य का उन्मेष लोकगीतों या जनगीतों के रूप में हुआ। परमेश्वर नायर ने तो 'तोट्टूडल' जैसे स्त्रोतगीत का संकेत देते हुए लिखा है "वे स्त्रोत वीरगाथाएं, कृषक गीत इत्यादि जो कि सभी भाषाओं के प्रारंभिक काल में काफी मात्रा में पाए जाते हैं। यहां भी मौजूद थे, इसमें कोई सन्देह नहीं। सामान्य जनता की शैली के उन गीतों के आदिम रूप आज उपलब्ध नहीं हो सकते। पर उनके अंतर और परिणाम समझे जाने वाले तोट्टूडल, वीरगाथाएं और सामूहिक आचार संबंधी कितने ही गाने आज भी पाए जाते हैं।" (मलयालम साहित्य का इतिहास पृ. 20)

लोककाव्य के रूप में महत्वपूर्ण कृतियां हैं–भद्रकालिपाट्टु, तियाट्टुपाट्टु, पुल्लुवनपाट्टु, शास्त्रकाल (यात्राकालि) तोट्टमपाट्टु आदि कुछ महत्वपूर्ण गीत हैं। पाट्टु का अर्थ गीत है। भद्रकालिपाट्टु गीत भद्रकाली के स्तुतिगीत हैं। भद्रकाली के रूप में देवी की पूजा प्राचीन परम्परा है। इनसे सम्बद्ध तोट्टपाट्टु सबसे अधिक प्राचीन है। 'तोट्ट' शब्द संभवतः तोन्नल (मन में आना) धातु से बना है। इस दृष्टि से 'तोट्टपाट्टु' का अर्थ होगा–गाने के लिए हृदय से निकला हुआ गीत। पुल्लुवनपाट्टु या सर्वपाट्टु सर्वगीत है। 'ओणपाट्टु' महत्वपूर्ण त्यौहार ओणम पर गाये जाते हैं। 'कृषिपाट्टु' किसान लोग गाते हैं।

ये लोकगीत धार्मिक उत्सवों, त्यौहारों ओर खेतीबारी या इसी तरह के अन्य कामधंधों के अवसरों पर गाये जाते थे। इनकी भाषा बोलचाल के निकट है ये संगीतात्मक हैं किन्तु लय ताल नहीं हैं। ये लोकमानस में अभी भी सुरक्षित हैं और मलयालम साहित्य की टूटी-छूटी कड़ियों को जोड़ने की दृष्टि से प्रासंगिक हैं।

2. तमिल सम्प्रदाय–रामचरितम्–तमिल सम्प्रदाय की सबसे महत्वपूर्ण कृति रामचरितम् है। इसमें 'मलयालम की अपेक्षा तमिल के प्रति पक्षपात दृष्टिगोचर होता है। रामचरितम्' जिस भाषा में लिखित है वह एक कृत्रिम भाषा है। संस्कृत का प्रभाव भी स्पष्ट है।

मलयालम का प्रथम काव्य रामचरितम् है, जिसका रचनाकाल 13वीं सदी है। इसके रचनाकार संभवतः त्रावणकोर श्री रामवीर वर्मा (1195-1208) है। तमिल मिश्रित मलयालम में लिखित यह काव्य मुख्यतः युद्धकांड की घटनाओं पर आघृत है तथा गीत शैली में रचित है। वीरकाव्य की गीत शैली का अनुकरण करने के कारण यह कृति उस पाट्टु परम्परा में आती हैं, जिन्हें वीरगीत कहा जाता है। वीरगीत की यह परम्परा मलयालम में कई शताब्दियो से चली आ रही थी। श्री परमेश्वरन नायर ने लिखा है–योद्धाओं को लक्ष्य करके ही उक्त रचना लिखी गई। यही कारण होगा कि लेखक ने रामायण के युद्धकांड को अपना प्रतिपाद्य चुन लिया।'' (मलयालम साहित्य का इतिहास पृ. 28) फिर भी हिन्दी जैसी वीरगाथात्मक कृतियां मलयालम में उपलब्ध नहीं है।

कण्णश्शन पाट्टुकल–इस काव्य संग्रह के प्रणेता तिरूवांकुर के निरणम् स्थान का कवि परिवार है। वे 'निरणम कवि' के नाम से ही विख्यात हैं। इस संग्रह में 'राम पणिक्कर' कृत ''कण्णश्श रामायण' सबसे महत्वपूर्ण कृति है। ये कवि संस्कृत और प्रादेशिक भाषाओं के अच्छे ज्ञाता थे। यह रचना भी तमिल से ही प्रभावित है। लेकिन तमिल का अनुपात कम है।

3. संस्कृत सम्प्रदाग–संस्कृत भाषा और साहित्य का केरल प्रदेश की भाषा पर बहुत प्रभाव रहा था। जो कई शताब्दियों तक चला। उसी के परिणामस्वरूप एक नये प्रकार की भाषा जिसे 'मणिप्रबालम्' कहते हैं निकल पड़ी। यह शब्द संस्कृत और द्रविड़ शब्दों के मिश्रण की व्यंजना करता है, मलयालम में यह शब्द एक विशेष अर्थ रखता है।

लीला तिलकम्–यह मलयालम का व्याकरण है और मणि प्रवालम् को इसमें प्रमुखता दी गई है। लीला तिलकम् के रचयिता ने लिखा है कि–मणिप्रवालम् अगर शुद्ध शब्द है तो उसके कंठहार में मलयालम की मणियां और संस्कृत के मूंगे होने चाहिए थे। (लीलातिलकम्–भाषा संस्कृत योगोमणिप्रवालः)

संदेश काव्य–सन्देशकाव्य कालिदास के मेघदूत के आधार पर रचित हैं।

इसमें दो भाग होते हैं। पूर्वार्द्ध में देश के स्थानों और दृश्यों का वर्णन होता है और उत्तरार्द्ध में नायिका के घर, उसकी सुंदरता और सन्देश का। लेखक अज्ञात है। काव्य का नायक एक राजा है। इन काव्यों में "उण्णुनीलि संदेशम्" सबसे महत्वपूर्ण है। इसका समय 1315 ई. है।

इस युग में गद्यपद्य मिश्रित चम्पू काव्य भी लिखे गये थे। चम्पुओं का सृजन मुख्यतः 15से 19वीं शताब्दी के बीच में हुआ।

मध्ययुग (भक्तिकाल और श्रृंगारिक प्रवृत्ति)

आट्टकथा–मलयालम के भक्तिकाल में संत साहित्य के कुछ सूत्र 'देवीपाट्टु' और लोकगीतों में मिलते हैं। कथकली नृत्य के लिए मलयालम में "आट्टकथाएं" लिखी गई हैं। इन आट्ट कथाओं में कालिपूजा, द्वारिकावध या 'नलचरितम्' में कहीं-कहीं जीवन की असारता के उल्लेख मिलते हैं। नलचरितम् के रचनाकार उन्नायिवारियर हैं। 'कोट्टयत तम्पूरन' की प्रसिद्ध कृति "रामनाट्टम्" में जो एक आट्ट कथा है, जीवन की क्षणभंगुरता के संकेत मिल जाते हैं। रामपुरत्तु वारियर के 'कुचैलवृत्त' (सुदामा की कथा) में दरिद्रता की महत्ता और धन की चंचलता पर भाष्य है। परन्तु इन्हें संत साहित्य नहीं माना जा सकता। अधिकांश रचनाएं पुराण इतिहास के आख्यानों की सीमा में ही हैं।

कंचन नम्बियार–पुराण इतिहास की सीमाओं को तोड़ा 18वीं सदी के कंचन नम्बियार ने। उसने 'परियन तुलमुल' में तथाकथित निम्न जाति के नृत्य को आधार बनाया। पुलया, वेलमन, कणियान जातियों के 'ओट्टन' पर उसने सामाजिक व्यंग्य तथा उच्च वर्गों, सामंतों के अन्याय और लोभ के विरोध में कई पद्य लिखे। उन्होंने लिखा है–"घूस और रिश्वत से मेरा वैभव नहीं बढ़ा है।"

नम्बियार के चालीस तुलमुलों में समाज के उच्च वर्ण के लोगों के ढोंग, आडम्बर का पर्दाफाश किया गया है।

वैष्णव भक्ति

केरल प्रदेश में शंकराचार्य के प्रादुर्भाव के कारण ज्ञानमार्ग का प्रभाव जन साधारण तक व्याप्त था। मायावाद को स्वीकार करने वाले साधुओ की जमात केरल प्रदेश में ही नहीं उत्तर भारत तक फैल गयी थी। ऐसी स्थिति में सगुण साकार भगवद्भक्ति के लिए वैसा मुक्ताकाश नहीं रहा था जैसा तमिलनाडु में था, फिर भी वैष्णवभक्ति को स्वीकार कर काव्य रचना करने वाले कई भक्त कवि यहां उत्पन्न हुए और उन्होंने पन्द्रहवीं शताब्दी से कृष्ण भक्ति तथा उसकी लीलाओं का वर्णन किया। इन भक्त कवियों में तीन प्रमुख कवि थे–

चेरुश्शेरी नंबूतिरी : (कृष्णगाथा)–प्रबंधात्मक गीतिकाव्यों में सबसे प्रसिद्ध कृति 'कृष्णगाथा' है। कृष्णगाथा में इसके लेखक चेरुश्शेरी नंबूतिरी नामक भक्त कवि ने कृष्ण के जन्म से लेकर स्वर्गारोहण तक की कथा अत्यंत मनोहर शैली में व्यक्त किया है। इस काव्य का मूल स्रोत श्रीमद्भागवत पुराण है। यह रचना केरल प्रदेश में मलयालम भाषा की एक सुमधुर कृति मानी जाती है। इस काव्य में कृष्ण की रासलीला प्रकरण को प्रमुख स्थान देकर कवि ने इसे भक्ति के सन्दर्भ में अत्यन्त लोकप्रिय बना दिया है। एक प्रकरण में कवि प्रतिभा का पूर्ण चमत्कार दर्शनीय हैं "कंदर्पमालिका, श्रृंगारमंजरी, बभ्रुविलासिनी, मालती, लीलावती, कांचशालिनी, कस्तूरिवेणी आदि समस्त गोपियां नाना प्रकार से श्रृंगार सज्जा कर कृष्ण का ध्यान अपनी ओर आकृष्ट करने का प्रयत्न कर रही हैं और कृष्ण उनकी मनोकांक्षा की पूर्ति के लिए सबके साथ मिलकर रास-क्रीड़ा करते हैं।

कृष्णगाथा का कवि वैसे तो नवरसों में पारंगत है परन्तु श्रृंगार में उसकी विशेष रूचि है। नायिका के सौन्दर्य का वर्णन करते हुए कवि कहता है कि–"जब वह अपनी देह को सीधी करने लगी तो कामदेव का धनुष मुड़ गया।"

एषुतच्छन–इनका पूरा नाम 'तुंचतु रामानुजन एषुतच्छन या एजुत्तचन' है। सम्पूर्ण मलयालम साहित्य में उनका कृतित्व अत्यन्त उत्कृष्ट है। उन्होंने एक ऐसी कविता का प्रवर्तन किया था, जिसे 'किलिप्पाट्टु' कहते हैं 'किलि' का अर्थ हैं 'कीर' और 'पाट्टु' का अर्थ है गीत। ये कीर गीत मलयालम साहित्य में बहुत ही महत्वपूर्ण हैं। 16वीं 17वीं सदी में ऐसे बहुत से गीतों की रचना हुई है, उनके विषय प्रायः आध्यात्मिक हैं। प्रायः यह माना जाता है कि किलिप्पाट्टु के प्रवर्तक एजुत्तचन ही थे। किलिप्पाट्टु शब्द आज मूलतः मलयालम के कुछ महत्वपूर्ण छंदों का द्योतक हो गया है। ये छंद हैं–केके, काकलि आदि। कवि ने इन्हीं छन्दों को प्रचलित किया था।

केरल में भक्ति आन्दोलन सोलवीं सदी में अपने चरमोत्कर्ष पर था। इस युग में मलयालम भाषा में काव्य रचना की दो शैलियां प्रचलित हो गई थीं। जनभाषा या लोकभाषा को प्रश्रय देने वाली कविता पाट्ट या गाथा साहित्य कहाती हैं, दूसरी शैली संस्कृतनिष्ठ है जिसे मणिप्रवाल शैली कहते हैं। इन दोनों शैलियो में समता या समन्वय स्थापित करने का दुष्कर कार्य किया 'एषुतच्छन' नामक प्रतिभाशाली कवि ने। उन्होंने एक ओर कृष्ण और दूसरी ओर राम, दोनों का भक्तिभाव पूर्वक वर्णन किया और जनमानस में आशा तथा उत्साह का संचार करने के लिए इन अवतारों को दिव्यमूर्ति बनाकर इस शैली से प्रस्तुत किया कि भक्ति के साथ समर्पण का भाव भी जनता में व्याप्त हो गया। अध्यात्म रामायण, भागवत, हरिनाम कीर्तन, चिंतारत्न आदि उनकी उल्लेखनीय रचनाएं हैं जिनमें भक्तिभाव का गहरा पुट है। भक्तिभाव के साथ उच्च स्तरीय कवित्व के कारण भी इनकी कृतियां लोकप्रिय हुईं।

बाल्मीकि ने राम को एक आदर्श पुरूष प्रजा का अच्छा राजा माना है लेकिन एजुत्तचन ने अध्यात्म रामायण में उनको ईश्वर माना और कई स्थानों पर भक्तिपूर्वक उनकी स्तुति की है। इस कृति में राम का नाम आते ही कवि एक श्रद्धालु भक्त का रूप धारण कर लेता है, और विशेषणों की लड़ियां उनकी लेखनी से स्वतः फूटती चली जाती हैं। इस कृति में राम सीता, कैकयी, रावण आदि पात्रों का अलग-अलग व्यक्तित्व और उनका सामर्थ्य स्पष्ट रूप से विद्यमान है। यद्यपि यह कृति बाल्मीकि रामायण का रूपान्तर और उसका अनुकरण है तथापि उसने अपने काव्य में एक ताजगी पैदा कर दी है।

एषुतच्छन ने महाभारत की भी रचना की है। महाभारत वैसे समुद्र की भांति विस्तृत है, लेकिन एषुतच्छन उस ग्रन्थ की आत्मा को अपने ढंग से उतारने में सफल हो सका है। इसकी भाषा सरल सीधी किन्तु शक्तिमान और मार्मिक है। उनके युद्ध वर्णनों में केरल की युद्ध पद्धतियों की स्पष्ट झलक है। करुणाभाव, गांधारी विलाप और दुर्योधन मृत्यु के स्थलों में अवलोकनीय है।

एषुतच्छन की कीर्ति अमर है। जब तक मलयालम भाषा है उसको सर्वोच्च स्थान प्राप्त होता रहेगा। आज भी मलयाली लेखक एजुत्तचन की ही शैली का कुछ न कुछ मात्रा में अनुसरण करते चले जा रहे हैं।

चंपूकाव्य–मलयालम भाषा में चंपूकाव्यों की लंबी परम्परा रही है। चंपू काव्यों के अधिकांश कथानक संस्कृत ग्रन्थों से लिये गये हैं। सभी चंपू काव्य भक्तिपरक नहीं हैं किन्तु जहां नायक को अवतारी विष्णु के रूप में प्रस्तुत किया गया है वहां उनके रूप, गुण, शील आदि को भगवद् भक्ति के साथ जोड़कर देखा जा सकता है। ऐसे प्रसंगों में भगवान विष्ण के अवतार है और वे उपास्य देव हैं।

14वीं शताब्दी से आगे तीन शताब्दियों तक चंपूयुग रहा है। सब चंपुओं में 'रामायण चंपू' सर्वश्रेष्ठ है। इसमें रावण जन्म से लेकर राम के सिंहासनारोहण तक की सारी कथाएं ली गयी हैं।

केरलीय भक्त कवियों में पूतानम नंबूतिरी का नाम विशेष उल्लेखनीय है। प्रेमाभक्ति की सरलता और आर्द्रता के कारण ये स्मरणीय रहेंगे। इनकी भक्ति स्रोत रचनाएं अत्यन्त लोकप्रिय हैं। लोकमानस में व्याप्त होने वाले इनके गीत केरल में भक्ति उत्सवों में आज भी गाये जाते हैं।

श्रृंगारिक प्रवृत्ति–उत्तर मध्यकालीन मलयालम काव्य में श्रृंगारिक प्रवृत्ति मूलतः कृष्णभक्ति काव्य एवं कथकलि वाड्.मय में ही अनुस्यूत है। महाकवि एषुतच्छन, पूंतानम नंपूतिरी, कुंचन नंप्यार मूलतः भक्त कवि ही थे। परवर्ती कवियों में चेलप्परंपु नंपूतिरि ने प्राचीन श्रृंगारिक मणिप्रवाल शैली को पुनः प्रतिष्ठित कर उस श्रृंगार परम्परा का पथ प्रदर्शन किया, जिसमें वेण्मणी नंपूतिरी की सरस-श्रृंगार गीतियां निःसृत हुईं। 19वीं सदी में वेण्मणि नंपूतिरिप्पाट ने श्रृंगार के अनेक मार्मिक

पक्षों का स्पर्श किया है किन्तु उनमें अंकित श्रृंगार अश्लीलता की सीमा तक पहुंच गया है, मलयालम के किसी भी अन्य कवि ने पहले कभी श्रृंगार को इस प्रकार अंकित नहीं किया तथापि सहज सरसता उसमें काफी मात्रा में हैं। (परमेश्वरन् नायर)

''पूर प्रबन्धम्' वेण्मणि का श्रृंगार काव्य है, इसका श्रृंगार वर्णन केरल के प्रकृति दृश्यों और जन परिवेश को आत्मसात कर भाव और कला सम्प्रेषण का अद्भुत सामंजस्य प्रदर्शित करता है।

वस्तुतः मलयालम काव्य में श्रृंगार चेतना की मौलिक प्रकृति मणिप्रवालम् में ही अंकुरित हुई है। प्रारंभिक शास्त्रीय ग्रन्थ लीलातिलकम् भी इसका साक्ष्य है। उदाहरण के लिए–

गोलाकार मालाओं के समान गोलगोल लंबे हाथ।
अभिमान को जन्म देने वाले कुंभ सदृश दोनों स्तन।
इण्टमाल कणक्केपोय निण्टुरूण्ट भुजद्वयम्
अभिमान तेयुण्टाक्कुंभ स्तनंड्.ड्.लु।।।

सन्देश काव्यों की परम्परा में ''उण्णुनीलि संदेश'' में श्रृंगारिक प्रवृत्ति है।

कृष्ण भक्ति काव्य ही वस्तुतः श्रृंगार भावना का प्रधान उत्स है। कथकलि की मूल प्रेरणा भी यही काव्य है। एषुतच्छन के काव्य में भी श्रृंगारिक प्रवृत्ति है। पूंतानाम नंपूतिरि के 'श्रीकृष्ण कर्णामृतम्'', कुंचननंप्यार के 'श्रीकृष्णचरित' में भी श्रृंगारिक भावना है। चेरूश्शेरी की गोपियां विरह में जल बिन मीन की तरह छटपटाती हैं तो एषुतच्छन के काव्य में गोपियों की आर्त प्रार्थना है–हम कामाग्नि से दग्ध हैं फिर इतना विलम्ब क्यों–गोपने रक्षिच्चु कोल्कभवोन्नुम्–।

इस प्रकार मलयालम के मध्यकालीन साहित्य में भक्ति मिश्रित श्रृंगार का नूतन रूप दिखाई पड़ता है।

3. आधुनिक काल : (स्वतंतत्रा पूर्व एवं स्वातंत्र्योत्तर)

कविता–19वीं सदी में मलयालम की प्राचीन मणिप्रवाल शैली, गान साहित्य, भक्तिदर्शन की भावप्रवण गीतधारा का मधुर प्रवाह कालयात्रा के साथ बहकर आधुनिक मलयालम काव्य में स्वच्छन्दतावादी रूप धारण कर लेता है। लोक कवि नंपियार का तेजस्वी भावचिंतन भी इसी परम्परा में निखर कर आया हैं। नंपियार ने पुराणों की कथाओं को कथा का आधार बनाया था और इस प्रकार वे केरल को संस्कृत साहित्य परम्परा का नया रस दे रहे थे। वेण्मणि की कथाएं 19वीं सदी के उत्तरार्द्ध में एक लहर पैदा करती हैं। केरल मे वेण्मणि नंपूतिरी का काव्य शैली का अनुकरण करने वाले कवियों में कोटुगल्लूर, कोच्चुणि नंपुतरान, कात्रलि अच्चत मेनन आदि का नाम स्मरणीय है। किन्तु नया मलयालम काव्य 19वीं सदी के कवि

केरल वर्मा की नई शैली से गति पकड़ता है। इसके बाद तो कल्पना प्रधान कविता का युग ही उमड़ पड़ा। इस उमड़न में के.सी. पिल्लई का "आसन्नमरणंचिंता शतकम्" विशेष योग देता है। ए.आर. राजराज वर्मा ने "द्वितीयाक्षार प्रासवाद" की स्थापना की और राष्ट्रीय एवं स्वच्छन्दतावादी प्रवृत्तियों का नेतृत्व किया। "मलयविलासम" ऐसी ही एक उच्चकोटि की काव्यकृति है। अंग्रेजी शोक काव्य शैली पर राजराज वर्मा ने "प्रिय विलाप" तथा सी.एस. सुब्रह्मण्यमूपोट्टी ने "ओरुविलापम्" (1903) जैसे काव्य लिखे हैं। इसी बीच कवन- कौमुदी (1903), पत्रिका का प्रकाशन हुआ जिसने तरुण कवियों को नए भाव प्रकाशन का मंच दिया। इसी मंच से वी.सी. बालकृष्ण पणिक्कर जैसे प्रतिभाशाली कवि उभरकर आगे आये। उनका 'विश्वरूप" नामक काव्य इसी प्रकार की एक श्रेष्ठ रचना है। इस प्रकार पणिक्कर ने आधुनिक काव्य का मार्गदर्शन किया।

20वीं शताब्दी–बीसवीं शताब्दी के तीन महाकवियों ने आधुनिक काव्यधारा को प्रगति के पथ पर अग्रसर किया। कुमार असन, वल्लतोल और उल्लूर इस युग के सर्वश्रेष्ठ कवि हैं।

कुमार असन–मलयालम में कुमार असन (1873-1924) ने एक ओर सामाजिक समस्याओं जातपांत, सामाजिक असमानता और आर्थिक शोषण पर कविताएं लिखीं तो दूसरी ओर अतीत की विद्या, सांस्कृतिक दाय एवं चारित्रिक गुणों का स्तुतिगान किया। कुमार असन की छोटी सी कविता 'वीण पूवू" (गिरा हुआ फूल) ने तत्कालीन कवियों और आलोचकों में हलचल मचा दी। यह कविता वास्तव में एक रत्न है। उसके बाद उन्होंने एक बड़ी कविता "नलिनी" की रचना की। प्रेम ही उसकी कथावस्तु है परन्तु यह श्रृंगार अधिक उदात्त है। फिर एक मोड़ ऐसा आया कि कुमार असन ने स्वाधीनता संग्राम की अभिव्यक्ति दी। ज्यादातर यह सब आत्मगीतों की शैली में सामने आया। "ग्रामवृक्षतिले कयिल" काव्य में गाने वाली कोयल असन का प्रतिरूप है।

वल्लतोल–वल्लतोल ने 20वीं शताब्दी के काव्य पर चिरस्थायी प्रभाव छोड़ा है। उन्होंने सम्पूर्ण बाल्मीकि रामायण का अनुवाद किया, "चित्रयोगम" महाकाव्य की रचना की। किन्तु बाद में उनकी प्रवृत्ति में आमूल परिवर्तन आ गया। उन्होंने भी राष्ट्रीयता का शंख फूंका, देशज छन्दों में रचना की। उनकी समस्त कृतियों में उत्कृष्ट सौन्दर्यभावना प्रस्फुटित हुई है। राष्ट्रीय महत्व की हर वस्तु को उन्होंने अपनी कविता का विषय बनाया। उन्होंने "वधिर विलापम" (1910) प्रकाशित किया। फिर "बंधन स्थनाय अनिरूद्धन (1914) काव्य संग्रह नई हवा लेकर आया। वल्लतोल के अनेक खंडकाव्यों से मलयालम कविता महक उठी। 'किलिकोंचल' (नन्हीं चिड़िया की तुतली बोली) काव्य संग्रह में कवि कल्पना के पंख खोलकर उड़ रहा है। साथ ही गांधी के सुधार आन्दोलनों को भी वे कविता में उतार देते हैं।

उल्लूर–मलयालम के विख्यात कवि उल्लूर का पूरा नाम है एस. परमेश्वर अय्यर (1877-1949)। इनका 'उमाकेरलम्' महाकाव्य सर्वश्रेष्ठ है। यही रचना कवि प्रतिभा का प्रभात फैलाता है। अरुणोदय, तारहारम्, किरणावली, रत्नमाला, मणिमंजुषा, हृदयकौमुदी, तरंगिणी, अमृतधारा, दीपावली, चित्रमाला आदि अनेक काव्य संग्रहों की इन्होंने लड़ी बांध दी है। इसके अलावा कर्णभूषणम्, पिंगला 'भक्तदीपिका' जैसे खंडकाव्य भी रचे हैं। किरणावली तथा 'विचारधारा' शीर्षक काव्य संकलनों में वैचारिकता प्रधान है लेकिन 'बाहूयान्त शुद्धि' तथा 'प्रयत्न' जीवन की तत्वसंहिता से संबंधित काव्य संग्रह हैं। उल्लूर की शिरोमणि रचना है–''कर्णभूषणम्'' इसमें महाभारत के कर्ण की कथा है।

यह कहने में कोई अत्युक्ति न होगी कि आधुनिक मलयालम काव्य का इतना विकास इन्हीं तीन महाकवियों की वाणी के वरदान से हुआ है।

स्वच्छन्दतावादी धारा के अन्य कवियों में नालपाट-नारायणमेनन, केशवन नायर, गोपाल मेनन एम.आर. वारियार, वी. उन्नीकृष्णन नायर, पल्लतु रागन, के. एम. पाणिक्कर, वेणिकुलम्, कुंजिरामन नायर, एन. गोपाल पिल्लै आदि स्मरणीय नाम हैं।

समकालीन स्वच्छन्दतावादी कवियों में सबसे अधिक विख्यात ''जी. शंकर कुरूप'' हैं। वे मलयालम साहित्य में 'प्रतीकवादी कविता' का ध्वज फहराते आते हैं। प्रकृति के उपासक गायक इस कवि ने रवीन्द्रनाथ की भांति अपनी काव्य परिधि को व्यापक रखा है। साहित्य कौतुकम, अन्वेषण, पंकजगीतम्, साक्षात्कारम्, पूजापूणम, सूर्यकांती, चैकतिरूकल, निमिष, नवातिपि, इतकुकल् तथा 'स्वातंत्र्योदम् जैसे काव्य संग्रह आत्माभिव्यक्ति और आत्मान्वेषण की अद्‌भुत छवियां हैं। शास्त्रज्ञान, विचार और सौन्दर्य तीनों मिलकर शंकर की कृतियों को मधुर तेज देते हैं और भारतीय स्वाधीनता आन्दोलन का तेजस्वी प्रकाश इसमें प्रस्फुटित होता रहता है।

प्रगतिशील चेतना–मलयालम में प्रगतिशील चेतना को 'पुरोंगमनवादम्' कहते हैं। 1936 में केरल के प्रगतिशील साहित्यकारों की एक गोष्ठी हुई, जिसमें 'केशवदेव तकषि, शिवशंकर पिल्लै, कुट्टिपुष इत्यादि ने भाग लेकर प्रगतिशील काव्य सिद्धान्तों में आस्था व्यक्त की। समीक्षक ए. बालकृष्ण पिल्लै के समाज सापेक्ष काव्य मूल्यों की अनुगूंज भी सुनाई दी। प्रथम श्रेणी के कवि जी. शंकर कुरुप जैसे कवि अतिवादी दृष्टिकोण से बचकर ही चले हैं।

मलयालम प्रगतिशील चेतना एक विस्फोट की तरह नहीं आई। 1935 के बीच अंकुरित होने वाली काव्य प्रतिभाओं इटप्पल्लि राघवन पिल्लै और नंडम्मुषाकृष्ण पिल्लै ने सामाजिक क्रांति को बल दिया था। नंडम्मुषाकृष्ण पिल्लै की रचना रक्तपुष्प, तिप्पोरी (चिनगारी) आदि में क्रांति के स्वर हैं। परवर्ती कवियों में पी. भास्करन की रचनाओं मे मार्क्सवादी चिंतन व्यक्त हुआ है। पालानारायण नायर,

श्रीधरमेनन, एन.वी. कृष्ण वारियर के काव्यों के विषय कृषक और मजदूर हैं। बयलार रामवर्मा, ओ.एम. अनूप यथार्थ से प्रतिबद्ध हैं।

प्रयोगवाद और नई कविता

मलयालम में प्रयोगवाद और नई कविता का प्रारंभ कब हुआ, यह बता पाना कठिन है। लेकिन इतना तो निश्चय से कहा जा सकता है कि नई प्रवृत्तियां स्वाधीनता के बाद सन् 60 से इन नई कविता का विकास अनेक दिशाओं में हुआ। एन.वी. कृष्ण वारियर, एम. गोविन्दन, ओ.एम. अनुजन जैसे कवियों ने नई काव्य चेतना के रूझानों को पहले-पहल स्पष्ट किया हैं। वी. कृष्ण वारियर की "कोच्चतोम्मन" जैसी कविताओं में मोहभंग अधिक वेग से उभरा है। इनकी "लंबी कविताएं और कुछ और लंबी कविताएं" नामक काव्य संग्रहों में शिल्प के नूतन प्रयोग काफी चौंकाने वाले हैं। 'इंजीनियर', 'एक पुराना गीत' में भी कथाख्यान के नये प्रयोग हैं। इन्होंने सामान्य बोलचाल की भाषा का प्रयोग किया है। जी. शंकर कृत 'चंदनक्कट्टिल' में भी नये दृश्य पटल हैं।

मलयालम की नई कविता में ऐतिहासिक मोड़ 'अक्कित की" बींसवीं शताब्दी का इतिहास" नामक कविता के प्रकाशन से लिया है। यह महत्वपूर्ण लंबी कविता 1958 के आसपास प्रकाशित हुई। इस लम्बी कविता के चार भाग है–स्वर्ग, नरक, पाताल और भूमि। हिन्दी के कवि मुक्ति बोध की लंबी कविता 'अंधेरे में' से इसकी तुलना की जा सकती है। अक्कित या अक्कियम की यह लंबी कविता बीसवीं शताब्दी के खोखलेपन को नए बिम्बों, प्रतीकों से दर्शाती है। इसी प्रकार अथप्प पणिक्कर की "कुरूक्षेत्र" है। यह पांच भागों में विभक्त तीन सौ काव्य पंक्तियों की लंबी कविता है। शिल्प और कथ्य की दृष्टि से यह मलयालम काव्य में विशिष्टतम् है। उनकी कविता मृत्यु पूजा, दिन और रात, 'अमेरिका' आदि में नया भाव बोध है।

इन्हीं कवियों की पीढ़ी में से नई लेखिका 'सुगत कुमारी' हैं। सुगतकुमारी ने 'काले पंख' और रोमशून्य लंबी ग्रीवा से किसी की प्रतीक्षा में बैठी है मृत्यु जैसे नये जीवन-बिम्ब जगाए हैं। कभी-कभी वे मृत्यु को "चाय की प्याली में मर पड़ी मक्खी की तरह" नाम देती हैं।

इन कवियों के साथ विष्णुनारायण नंपुतिरी, के. चेरियान, माघवन, वयलार रामवर्मा, करुणाकरषा सच्चिदानंद, मेतिल राघाकृष्णन, रविवर्मा, रामकृष्णन आदि मलयालम की नई कविता के अन्य उल्लेखनीय कवि हैं। नई कविता को भीतर बाहर से इन कवियों ने एकदम बदल डाला है। इन कवियों में अवसाद, अंधेरा, मृत्यु बोध, अकेलापन, अस्तित्व का संकट, आदि सभी भावदशाएं खुलकर व्यक्त हुई हैं। विष्णु नारायण का 'दिल्लीपन', चेरियान की 'भस्मासुरन', सुगत कुमारी की 'कालियमर्दन', रवि वर्मा की 'नगर में एकयक्ष' मिथकीय चेतना के अच्छे उदाहरण हैं। इन मिथकों

में नया अर्थबोध कराने की शक्ति हैं। बेताल, सारिका, नक्षत्र, सूर्य आदि प्रतीकों के साथ नए बिम्ब जन्मे हैं।

कविताओं के बीच हिन्दी के नये कवियों के समान संस्कृत की काव्य पंक्तियों का भी प्रयोग किया गया है। इन कविताओं में अवचेतन के भावों को व्यक्त करने वाली फंतासी भी चलती हैं। कभी कभार अवसर पाते ही नये कवि माधवन अय्यपट्टु, कृष्ण वारियर, अय्यप पनिकर, कक्काड़, चेरियन रामकृष्णन जैसे कवि आदिवासी धुनों और लोक गीतों की भी कविता के बीच में लाते हैं। इस प्रकार मलयालम की नई कविता सृजनात्मकता की नवीन संभावनाओं से दीपित कविता है।

उपन्यास–स्वाधीनता के पूर्व 19वीं शताब्दी के दो उपन्यासकार हुए, उनमें एक है चंदुमेनन। चंदुमेनन द्वारा विरचित 'इन्दुलेखा' बड़ी सरल शैली में है और मलयालम उपन्यासों की बिक्री में वह सबसे आगे है। चन्दुमेनन का एक महत्वपूर्ण उपन्यास 'शारद' भी है। इन्हीं दो उपन्यासों के कारण चन्दुमेनन मलयालम साहित्य में अमर हैं। इस शताब्दी के दूसरे महत्वपूर्ण उपन्यासकार सी.पी. रमन पिल्लै हैं। उन्होंने 'मार्तण्ड वर्मा', 'रामराज बहादुर', 'धर्मराज', और 'प्रेमामृतम्' जैसे प्रसिद्ध उपन्यासों की रचना की है। सी.पी. रमन की शैली संस्कृत के शब्दों और पदों से भरी हुई है।

20वीं शताब्दी के प्रारंभ में सरदार के.एम. पणिक्कर, जो भारत के सर्वतोमुखी लेखकों में हैं, वे मलयालम साहित्य के एक कवि, नाटककार और उपन्यासकार भी है। चिंता तरंगिणी, अंबपाली आदि उनकी काव्य कृतियां हैं। उनका ऐतिहासिक उपन्यास है–''केरलसिंहम्''। साहित्य अकादमी की ओर से यह पुस्तक हिन्दी में प्रकाशित की गई हैं। इसी प्रकार 'अप्पन तम्पूरन' ने ''भर्तरायर'' उपन्यास की रचना की है। तकजी ने यथार्थवादी सामाजिक उपन्यासों को महान साहित्य के स्तर तक पहुंचा दिया है।

स्वातंत्र्योत्तर मलयालम साहित्य में उपन्यास लेखन का ग्राफ बहुत ऊपर है। महत्वपूर्ण पत्रिकाओं में नियमित रूप से धारावाहिक उपन्यास प्रकाशित होते हैं। प्रकाशित उपन्यासों में से कुछ उल्लेखनीय हैं–मलयट्टूर रामकृष्णन विरचित 'यक्षि और बेरुकल (जड़े), करुरकृत 'गौरों', के. सुरेन्द्रन कृत 'सीमा', एम.टी. वासुदेवन नायर कृत ''नालुकेट्टु' और ई.एम. कोवु कृत ''काड्रू''।

परप्पुपट्टु का उपन्यास ''आनाझिक नरेम'' (आधा घंटा और) पुरस्कृत सर्वश्रेष्ठ उपन्यास है। इस उपन्यास में एक मरणासन्न वृद्ध ने लंबी अवधि तक एक मर्मस्पर्शी मानवीय घटनाक्रम को अपनी संवेदनशील निगाहों से देखा है। हाल में ही इस उपन्यास पर फिल्म भी बनी है। सुरेन्द्रन के उपन्यास 'सीमा' की नायिका यौनभावना से ग्रस्त है। इस उपन्यास का निचोड़ यह है कि अत्यधिक स्वच्छन्दता विनाश की ओर ले जाती है। जी. विवेकानन्द रचित ''कल्लु'' (ताड़ी) में देशी शराब

के ठेके के इर्द-गिर्द मौजूद व्यक्तियों के जीवन का चित्रण हुआ है। कुट्टिकृष्णन के उपन्यास 'सुंदरीकलुम–सुंदरमरुम'' को अकादमी एवं केरल साहित्य अकादमी का विशेष पुरस्कार मिला है।

नये दौर में कथाकारों की नयी पीढ़ी में ओ.पी. विजयन, कक्कनडन और सी. राधाकृष्णन विशेष उल्लेखनीय हैं। विजयन के उपन्यास 'खजाकिन्टे इतिहासम्' को आलोचकों ने महत्वपूर्ण माना है।

कहानी

आधुनिक मलयालम गद्य को केरल के सर्व प्रामाणिक व्याकरण 'केरल पाणिनीयम्' के प्रसिद्ध रचयिता ए.आर. राजराज वर्मा को मानकीकरण का श्रेय दिया जाता है। पी. केशवदेव, तकजी शिवशंकर पिल्लै, और मुहम्मद वशीर प्रारंभिक कहानी लेखक हैं। इन सबने प्रगतिशील विचारधारा को बड़ा बल दिया है। मलयालम में पिछले चालीस वर्षों में सैकड़ों कहानियां लिखी गई हैं। इनमे से कुछ तो बहुत ही उत्कृष्ट हैं। प्रसिद्ध कहानी लेखकों में अन्य नाम पोन्कुन्नमवर्की, करूर, कोवुर, पी.सी. कुट्टिकृष्णन, पोट्टक्काट, सरस्वती अम्मा आदि हैं।

स्वाधीनता के पश्चात सैकड़ों कहानियां प्रकाशित हो रही हैं। एस.पी.सी.एस. ने प्रतिष्ठित लेखकों की चुनी हुई कहानियों का प्रकाशन एक सीरीज के अन्तर्गत किया है। इस पुस्तक माला के सत्रह खण्ड छप चुके हैं। प्रत्येक खंड में किसी एक कथाकार की लगभग पचास कहानियां संकलित रहती हैं और कोई प्रसिद्ध आलोचक उस पर आलोचनात्मक भूमिका लिखता है।

नाटक

19वीं शताब्दी में कोच्चुण्णि तंपूरन एक प्रसिद्ध नाटककार हुए हैं। उनका नाटक हैं–''कल्याणी नाटकम्'' जिसमें इस युग के सामाजिक जीवन का चित्रण है। इसी प्रकार 'कोचीप्पन तारकन' का 'मरियम नाटकम' भी उल्लेखनीय हैं। इसमें मसीही समाज की झांकी हैं।

20वीं शताब्दी के प्रसिद्ध नाटककार सरदार के.एम. पणिक्कर हैं। इसके अलावा प्रमुख नाटककारों में एन. कृष्ण पिल्ले, टी.एन. गोपीनाथन नायर, चेल्लपन्न नायर, कैनिक्करबन्धु, और गोविन्दन है। छठे दशक में थोपिल माषि एक लोकप्रिय नाटककार हैं। उन्होंने लगभग दस नाटकों की रचना की है। उनका प्रसिद्ध नाटक है 'तुमने मुझे कम्यूनिस्ट बनाया'। यह नाटक हजारों बार प्रदर्शित हो चुका है। उनके दूसरे नाटक हैं–सर्वेकल्लु, अश्वमेघम्, तुलाभारम आदि।

सातवें दशक में एन.एन. पिल्ले को नाट्यक्षेत्र में प्रसिद्धि मिली है। उनके

नाटक हैं-- 'प्रेतलोकम', 'क्रासवेल्ट' और 'बंदी ईश्वर' सभी लोकप्रिय हैं। अन्य स्मरणीय नाटककारों में जी. शंकर पिल्ले, चन्द्रशेखरन नायर, ओमचेरी, सदानंदन, पी. एल. जोसे, ओमचेरी हैं। इन सभी के नाटक लोकप्रिय है। ओमचेरी के नाटक 'प्रलयम्' केरल अकादमी द्वारा पुरस्कृत है।

अन्य लेखन

स्वाधीनता के पश्चात मलयालम साहित्य में जीवनी, यात्रा और आलोचनात्मक साहित्य के क्षेत्र में पर्याप्त वृद्धि हुई है। के.पी. केशव मेनन ने जवाहर, ईसा मसीह पर जीवनी लिखी है। के.एम. जार्ज ने यात्रा वृतांत लिखा है। ''अमेरी कायेल पोयाकथा'' इसमें अमेरिका और यूरोप की यात्रा का वृतान्त है। श्रीधर मेनन ने ''केरल इतिहास का सर्वेक्षण'' लिखा है।

1968 में विश्व विद्यालय स्तर के आठ कोश ग्रन्थ भी प्रकाशित हुए हैं। विज्ञान लेखन को ''शास्त्र साहित्य परिषद्'' द्वारा प्रोत्साहित किया जा रहा है।

स्वाधीनता के पश्चात आलोचना साहित्य में बड़ी प्रगति हुई है। इनमें पी.के. नारायण पिल्लई, रामकृष्ण पिल्लई, एम.पी. पाल, ए. बालकृष्ण आदि प्रमुख आलोचक हैं।

कुछ महत्वपूर्ण पत्र पत्रिकाएं भी हैं जैसे—'मलयालम मनोरमा' 'विद्या विनोदिनी', 'रसिक रंजनी', 'मंगलोदयम्', कवन कौमुदी आदि। साहित्यिक इतिहास के दो बड़े लेखक हैं। आर. नारायण पणिक्कर और उल्लूर पणिक्कर का ''केरल भाषा साहित्य चरित्रम्'' नामक इतिहास सात खंडों में है। उल्लूर ने 'केरल साहित्य चरित्रम्, लिखा है। राजराज वर्मा और के.एम. जार्ज ने 'भाषा शास्त्र' पर पर्याप्त कार्य किया है।

आज के सभी वर्गों और जातियों का प्रतिनिधित्व तरुण लेखकों में दिखाई देता है। आज जो साहित्य लिखा जा रहा है वह जनजीवन के निकट हैं।

2. पूर्वांचल भाषा वर्ग

बँगला साहित्य का इतिहास

बँगला भाषा–बंगला मागधी अपभ्रंश से विकसित एक आधुनिक भारतीय आर्यभाषा है, जो प्रमुखतः बंगाल में बोली जाती है। 'बंगाली' शब्द का संबंध बंगाल के प्राचीन नाम 'बंग' से है। 'बंग' शब्द मूलतः कदाचित् आस्ट्रिक भाषा का है। 'बँग' में आल प्रत्यय लगाकर बँगाल बना है, और उसी आधार पर वहां की भाषा को बँगला या 'बँगाली' कहा जाता है। इसके अन्य नाम गौड़ी, प्राकृत, मागधी, गोल्ली आदि भी मिलते हैं।

काल विभाजन–बंगला भाषा और साहित्य को तीन भागों में बांटा जा सकता है–प्राचीनकाल या आदिकाल, मध्यकालीन बंगला और आधनिक बंगला। प्राचीन बंगला काव्य 950 से 1350 तक, मध्यकालीन बंगला 1350 से 1800 तक तथा आधुनिक अथवा अर्वाचीन बंगला का काल 1800 से आज तक माना जा सकता है।

प्राचीन बँगला साहित्य

चर्यापद–प्राचीन बंगला साहित्य का सबसे प्राचीनतम उदाहरण प्राचीन बांगला में रचित 'चर्या गीतों' के रूप में मिलता है। बौद्ध सिद्ध आचार्यों द्वारा विरचित कोई पचास रहस्यवादी गीत–जिन्हें प्रायः चर्यापद या केवल चर्या भी कहते हैं बंगला भाषा की आदि साहित्यिक रचनाएं है। इन गीतों का रचनाकाल निश्चित नहीं है। परन्तु इनका रचनाकाल 1000 से 1200 के बीच रहा होगा। इन सिद्धों की रचनाओं के संग्रह का नाम "बौद्धगान ओ दोहा" हैं। चर्या अर्थात आध्यात्मिक अभ्यास से संबंधित ये गीत अधिकांशतः दस-दस पंक्तियों में निबद्ध होते थे और इनका छन्द "पादाकुलक" छन्द कहलाता था। दो-दो पंक्तियों का यह छन्द हिन्दी के चौपाई छन्द से मिलता-जुलता हुआ करता था। इन गीतों का विषय निर्वाण प्राप्ति के लिए सम्प्रदाय विशेष में सीमित गुह्य तंत्र और योग से संबंधित अभ्यास होता था। ये गीत कूट भाषा अथवा संध्या भाषा या प्रतीकात्मक भाषा में लिखे जाते थे और जिन प्रतीकों का प्रयोग किया जाता था वे प्रतीक भी रहस्यमय और दुरूह होते थे। गीतों

के दो-दो अर्थ होते हैं एक आन्तरिक और बाह्यार्थ। जैसे इड़ा एक अर्थ में गंगा, यमुना, काया के अर्थ में तरुवर, मन के अर्थ में बैल, मूसक, मेंडक आदि प्रतीक सिद्धों की देन है। चर्या गीतों के कवि अपने गीतों के वास्तविक अर्थ को इसलिए छिपाना चाहते थे कि उसे सम्प्रदाय में दीक्षित व्यक्ति ही केवल समझ सके। लुई, सरह, भुसुक, दारिक, महिंडा, आजदेव, कामलि और ताड़क आदि सिद्धाचार्यों द्वारा लिखे गये इन गीतों में आगे आने वाले वैष्णव भक्ति गीतों के कुछ महत्वपूर्ण लक्षण दृष्टिगोचर होते हैं।

आदिकालीन भारतीय साहित्य की दृष्टि से सिद्धों का महत्व इस कारण भी है कि उन्होंने 'दोहाकोष' तथा 'चर्यापद' जैसी रचनाएं प्रस्तुत कीं, जो हिन्दी के अतिरिक्त बंगला, असमिया एवं उड़िया के आदिकालीन काव्य वाङ्.मय का व्यापक स्थापत्य निर्गित करती हैं। अतः यह साहित्य साहित्यिक रचना न होते हुए भी उपेक्षणीय नहीं है क्योंकि इसने सूफी एवं संत सम्प्रदायों की अभिव्यंजना एवं चिंतन पद्धति को दूर तक प्रभावित किया है।

नाथ साहित्य

धार्मिक सम्प्रदाय के रूप में नाथपंथ बौद्ध सहजिया सम्प्रदाय का सहवर्ती प्रतीत होता है और सच तो यह है कि चौरासी सिद्धों की सूची में हमें बौद्ध और नाथों के नाम ऐसे मिले जुले मिलते हैं कि उन्हें एक ही मान लिया जाता है। नाथ साहित्य के सही काल के संबंध में कोई निश्चित मत नहीं है। यह अनुमान किया जाता है कि उनका काल वही हैं, जो चर्यापदों का है।

नाथ साहित्य के नाम पर उपलब्ध रचनाओं में स्वयं नाथों की रचनाओं का उल्लेख बांगला में नहीं है। नाथों के चरित का वर्णन बांगला में मौखिक गेय पदों के रूप में मिलता है। उनमें गोरखनाथ, भरथरी और गोपीचन्द की कथाओं का वर्णन है। ये लंबी वर्णनात्मक कविताएं हैं जिनमें धार्मिक भावों की दीप्ति है।

गीत गोविन्द–यद्यपि जयदेव द्वारा विरचित गीत गोविंद संस्कृत काव्य है, जिसमें वृन्दावन में राधाकृष्ण की लीलाओं का वर्णन हैं तथापि बंगला साहित्य के इतिहास में अनेक कारणों से उसका उल्लेख आवश्यक है। 12वीं सदी में जयदेव बंगाल के वैष्णव राजा लक्ष्मण सेन के दरबार में कवि थे। यह गीत गोविन्द परवर्ती वैष्णव काव्य का आधार ग्रन्थ है और बंगला नीतिनाट्य का पूर्वरूप है।

2. मध्यकालीन बँगला साहित्य

चौदहवीं शताब्दी–14वीं शती में बंगाल में मुस्लिम शासनकाल स्थापित हो गया था। इस काल में हिन्दू बौद्ध परम्परा ने मिलकर एक नये रहस्यवाद को जन्म दिया और सूफी रहस्यवाद के सम्पर्क में आकर इसके रंग रूप में एक नया निखार आया। किन्तु

कह सकते हैं कि 14वीं शताब्दी प्रयत्नों की शताब्दी थी, उपलब्धियों की नहीं, इस काल में जो साहित्य लिखा गया वह अब तक लगभग अप्राप्य हो चुका है।

वैष्णव भक्ति काव्य (पन्द्रहवीं शताब्दी)

कृतिवास ओझा—पन्द्रहवीं शताब्दी में जो साहित्य लिखा गया उसमें विवरणपरक कविता प्रमुख रही और प्रधान रूप से उसका विषय रहा, संस्कृत रामायण में आई हुई राजाराम की कहानी, जो जनता में सर्वाधिक प्रिय हो चुकी थी। इस परम्परा के सबसे महत्वपूर्ण कवि हैं कृतिवास ओझा। उन्होंने अपनी रामायण इसी शताब्दी के उत्तरार्द्ध में लिखी। बंगला में यह "रामायण कृतिवास" के नाम से प्रसिद्ध है। इस रामायण को बंगाल में सर्वाधिक लोकप्रियता प्राप्त हुई है। प्रायः कृतिवास के रामायण को बाल्मीकि रामायण का अनुवाद कहा जाता है किन्तु यह सही नहीं है। कृतिवास रामायण में कवि की कल्पना वाल्मीकि रामायण के प्रभाव से अपेक्षाकृत अनभिभूत रही है। कवि ने मूल घटनाओं को संक्षिप्त करके नयी घटनाओं और चरित्र निरूपण का विधान किया है। यह रामायण आध्यात्मिक की अपेक्षा मानवीय गुणों के कारण प्रेरणा का स्त्रोत रही है और है।

मालाधर बसु—बंगला का सबसे पुराना प्रबंध काव्य कृष्ण की कथा को लेकर लिखा गया था। प्रबंधकाव्य का नाम है—'श्री कृष्ण विजय' और उसके कवि हैं मालाधर बसु। इसका कथानक यद्यपि भागवत और विष्णु पुराण से लिया गया है किन्तु उनके लिखे जाने की शैली का अपना एक विशिष्ट महत्व है। इसी विशिष्टता के कारण यह प्रबंधकाव्य बहुत लोकप्रिय हुआ और तत्कालीन सुलतान ने उसके कवि को "गुणराज खाँ" की उपाधि दी। उन्हें चैतन्य के भक्ति मार्ग का अग्रदूत समझा जाता है, जिसने 16वीं शती में प्रांत के धार्मिक, सामाजिक और साहित्यिक जीवन में प्राण फूंक दिये।

वडु चंडीदास—कृष्णकथा से संबंधित कविताओं में सबसे शक्तिशाली पद वडु चंडीदास द्वारा लिखे गये। उनकी प्रसिद्ध रचना है "श्रीकृष्ण कीर्तन"। यह रचना पन्द्रहवीं शताब्दी के अंतिम भाग की मानी जाती है। उक्त रचना कृष्ण और राधा के प्रेम पर आधारित है उस प्रेम का स्वरूप बहुत कुछ लौकिक है। चैतन्यदेव चंडीदास के काव्य के बड़े अनुरागी थे। इस ग्रन्थ में पांच सौ से अधिक गीत हैं जो तरेह खंडों में विभाजित है। इस काव्य का प्रारंभ कृष्ण के जन्म से और अन्त राधा के करुण विलाप से होता है।

चंडीदास के इस काव्य में मर्मस्पर्शी भाव हैं, प्रसादत्व है, विशदता, स्पष्टता, सहजता और पैनापन भी है। प्रेमनिरूपण में कहीं-कहीं लौकिकता भी है किन्तु राधा के चित्रण में इन कविताओं में जो व्यक्तित्व उभरता है वह एक अनिंद्य सुन्दर आकर्षक बंगाली युवती का है। उसमें ऐसी पंक्तियां हैं, जिनमें दीप्ति है, कोमलता

है और ऐसी भी पंक्तियां है, जो हममें असीम सहानुभूति जगाती हैं—मानवीय या दिव्य, कहा नहीं जा सकता। इसके बाद की शताब्दी में इसी नाम के अनेक कवि हुए और उनके जिन पदों में विशिष्टता रही वे लम्बे समय तक लोगों के बीच प्रचलित रहे।

कवि जयदेव ने राधाकृष्ण के प्रेममूलक जिस नीतिविषयक साहित्य का प्रवर्तन किया था, उसी प्रेमधारा को चंडीदास ने लोकभाषा में प्रकट किया है। चंडीदास के गीतों का प्रधान विषय हैं—पूर्वराग (प्रेम का प्रभाव), दौत्य (प्रेम का सन्देश) अभिसार अर्थात् छद्‌म रूप से प्रेमी के पास जाना, प्रेमियों का मिलन, माथुर अर्थात् आत्मा के द्वारा मिलन आदि।

श्रीकृष्ण वैष्णव भक्त कवियों के लिए आराध्यदेव हैं और ईश्वर के अवतार हैं। मानवी आत्मा ही राधा है। वैष्णवों के लिए प्रेम ही ईश्वर है। प्रेम का वात्सल्य भाव, सख्यभाव, दास्यभाव—सभी में ईश्वर की सत्ता एवं विभूति देखते हैं, किन्तु इससे उत्कृष्ट प्रेम, जिसमें ईश्वर अपने को पूर्णरूप से प्रकट करता है, वह मधुर भाव अर्थात् स्त्री और पुरूष का प्रेम हैं। चंडीदास ने इसी मधुर भाव को अपने पदों में व्यक्त किया है।

चंडीदास प्रेमी कवि थे, उनका रामी नामक एक धोबिन से प्रेम हो गया था। संसार की निन्दा की चिन्ता न कर उन्होंने इस प्रेम को आजीवन निभाया। रामी के प्रति उनका प्रेम निर्मल, विशुद्ध और वासना-विहीन था। चंडीदास ब्राह्मण थे और रामी एक धोबिन। उन्होंने दर्शा दिया कि प्रेम के राज्य में जाति पांति, ऊँच नीच का कोई प्रश्न नहीं होता। चंडीदास ने धोबिन के प्रेम को भी गायत्री के समान पवित्र समझा।

विद्यापति—बंगाल में ऐसी बहुत सी कविताओं का संकलन हैं जो विद्यापति द्वारा रचित बतायी जाती है। वस्तुतः उनमें कितनी मिथिला के विद्यापति की है यह कहना बहुत कठिन है। कुछ रचनाएं तो विद्यापति की हो सकती हैं किन्तु अधिकांश रचनाएं विभिन्न कालों में विभिन्न कवियों द्वारा लिखी गई है। जो विद्यापति द्वारा रचित है उनमें भी इतना परिवर्तन हुआ है कि उन्हें पहचान पाना कठिन हैं। इन गीतों का प्रधान विषय राधाकृष्ण का प्रेम हैं।

चैतन्यदेव और उनका युग

चैतन्य का जन्म 1486 ई. में नवद्वीप में हुआ। वैष्णव धर्म तब तक बंगाल में जड़े जमा चुका था। नवद्वीप विद्या के अध्ययन और अभ्यास का एक महत्वपूर्ण केन्द्र था और वहां के तरुण स्नातकों में चैतन्य का स्थान बड़ा ऊँचा था। प्रभु के चरणों में अपने गहरे प्रेम के कारण वे प्रायः तल्लीन रहते और कभी-कभी तो ऐसे बेसुध हो जाते कि वे इस संसार के प्राणी ही नहीं जान पड़ते थे। चैतन्य प्रभु की इस घनिष्ठ भक्ति के प्रभाव में अनेक वैष्णव भक्तों का समुदाय उनके आसपास जमा हो गया जिनमें आचार्य अद्वैत और हरिदास भी थे। हरिदास तो पहले एक सूफी संत थे बाद

में वैष्णव हो गये थे। चैतन्य ने सन् 1509 में गृहत्याग कर दिया था और उसी के बाद पुरी चले गये थे। पुरी में उन्होंने दक्षिण के तीर्थों की यात्रा की और फिर दक्षिण से पश्चिम तथा उत्तर के तीर्थों की। चैतन्य का संकीर्तन जन समुदाय को ऐसा आविष्ट कर देता था, कि वे प्रभु का गुण गाते-गाते अपनी सुधबुध खो बैठते थे। सार्वजनिक पूजा पद्धति का यह रूप आज भी बंगाल में व्यापक रूप से प्रचलित है।

श्री चैतन्य का अभ्युदय केवल बंगला साहित्य के इतिहास में ही नहीं वरन् प्रांत के सांस्कृतिक इतिहास में भी एक युगान्तरकारी घटना थी। यह ऐसी घटना थी, जिसने न सिर्फ बंगाल के बल्कि पड़ोसी प्रांतों के जनजीवन को उद्वेलित कर दिया। इतना व्यापक प्रभाव शायद किसी भी तत्कालीन सामाजिक या राजनीतिक घटना का नहीं हुआ। 16वीं शताब्दी के उत्तरार्द्ध और 18वीं शताब्दी के पूर्वार्द्ध के बीच ऐसा शायद ही कोई साहित्य रचा गया हो जिस पर किसी न किसी रूप में चैतन्य या चैतन्यमत का प्रभाव न हो। उनके असामान्य व्यक्तित्व की प्रेरणा से बंगला में एक शक्तिशाली साहित्यिक सम्प्रदाय तथा विशाल साहित्य का सृजन हुआ।

स्वयं चैतन्य ने केवल एक संस्कृत कविता लिखी है उसमें उन्होंने अपनी निष्ठा और धार्मिक विश्वास के तत्वों की आठ पदों में निबद्ध किया है उनकी भक्ति, ज्ञान और चरित्र से प्रभावित होकर असंख्य कवियों ने गीत लिखे और सोलवीं-सत्रहवीं शताब्दियों में विपुल वैष्णव साहित्य की सृष्टि हुई। सन् 1533 ई. में चैतन्य महाप्रभु का देहावसान हुआ और उनके अनेक अनुयायियों और समकालीन भक्तों को ऐसी प्रेरणा हुई कि चैतन्य महाप्रभु का जीवन काव्य के रूप में ग्रथित कर दिया जाना चाहिए, जिससे युग-युगान्तर तक लोग उनका स्मरण करते रहें। वृन्दावनदास ने चैतन्यमंगल अथवा चैतन्यभागवत नामक पद्यबद्ध जीवनचरित्र लिखा जो बंगला का पहला जीवन चरित्र हैं। चैतन्यमहाप्रभु के जीवन पर सबसे उल्लेखनीय पुस्तक हैं "चैतन्यचरितामृत" यह पयार छन्द में लिखा गया है। इसके रचनाकार है कृष्णदास कविराज और रचनाकाल है 16वीं शती का अंतिम भाग। वृन्दावनदास ने चैतन्य को विष्णु के अवतार की तरह निरूपित किया है। किन्तु कृष्णदेव उन्हें एक ही देह में कृष्ण और राधा का अवतार मानते हैं।

चैतन्य के व्यक्तित्व में प्रबल आकर्षण और उनके नेतृत्व में विलक्षण सम्मोहन होने पर भी उन्होंने अपने नाम से किसी मत, पंथ या सम्प्रदाय का प्रवर्तन नहीं किया। यदि उनके जीवन के समस्त कार्यों पर विचार किया जाय तो यह स्पष्ट लक्षित होता है कि जीवन प्रवाह इतना दुर्द्धर्ष था कि जो कोई उनके सम्पर्क में आया, उसमें बह गया। फलतः उनके चारों तरफ सम्प्रदाय जैसी गरिमा इकट्ठी होती गई और अनजाने ही चैतन्यमत का उदय हो गया। धर्म प्रवर्तन करने या सम्प्रदाय खड़ा करने का उत्साह उनके भीतर प्रत्यक्ष या परोक्ष में कहीं नहीं था। यदि कुछ व्यक्तियों ने चैतन्य के मार्ग को स्वीकार भी किया तो उनके व्यक्तित्व से आकृष्ट होकर ही

किया, किसी तत्ववाद या सिद्धान्त में फंसकर नहीं। चैतन्य का जीवन एक धर्म परायण भक्त का जीवन है जो भगवान के सानिध्य का तो उत्सुक है किन्तु उनके नाम पर किसी मठ की स्थापना में विश्वास नहीं करता। पूर्व में कहा जा चुका है कि चैतन्य ने स्वयं किसी ग्रन्थ का प्रणयन नहीं किया। प्रस्थानत्रयी पर कोई भाष्य या टीका नहीं लिखी। श्रीमद्भागवत पुराण को ही वेदान्त का भाष्य, व्याख्या और टीका मानकर स्वीकार किया। वस्तुतः चैतन्य सम्प्रदाय का प्रवर्तन तो शिष्यों द्वारा ही हुआ है जिसमें विशेष रूप से वृन्दावन के षड्गोस्वामियों का हाथ हैं। नवद्वीप अथवा नदिया की शिष्य मंडली ने चैतन्य के सिद्धान्तों के उद्घाटन का श्रम नहीं किया।

षड्गोस्वामियों ने वस्तुतः चैतन्य को माध्वं सम्प्रदाय के अन्तर्गत रखने का भी प्रयास किया। किन्तु चैतन्य के सिद्धान्तों से यह स्पष्ट होता है कि चैतन्य मत का मूलाधार माध्व सम्प्रदाय नहीं है। इसीलिए चैतन्य मत के सिद्धान्तों का प्रतिपादन करने वाले रूप जीव गोस्वामी ने माध्व परम्परा का कहीं अनुगमन नहीं किया। रूपगोस्वामी के ग्रन्थों में कहीं भी मध्वाचार्य की चर्चा नहीं मिलती। ऐतिहासिक प्रमाणों से सिद्ध होता है कि विद्याभूषण के प्रयत्नों से चैतन्यमत को माध्व सम्प्रदाय के अन्तर्गत रखा गया था।

सोलहवीं शताब्दी की अन्य कृतियां

मंगल-काव्य–बंगाल में तरह तरह के देवी देवता थे जिन्हें जनता में मान्यता नहीं मिल रही थी और समाज में उनकी भक्ति का व्यापक प्रचार नहीं हो पा रहा था। इनमें तांत्रिक बौद्धों की भी कुछ देवियां थीं। मंगल काव्य में इन्हीं देवी देवताओं का विस्तार से वर्णन किया गया है। एक विशिष्ट प्रकार का साहित्य 'मंगलकाव्य' के रूप में केवल बंगाल में ही सृजित हुआ है। मंगल काव्य लम्बी वर्णनात्मक कविताएं हैं, जिनमें किसी देवी देवता द्वारा अपने प्रतिद्वन्द्वियों से संघर्ष कर अपनी प्रतिष्ठा कराने के प्रयत्नों की कथा रहती है। इसमें अतिमानवीय सत्ताएं कदम-कदम पर अवतीर्ण होती है अतः इनकी रचना केवल धार्मिक प्रचार ही लगता है किन्तु मंगलकाव्यों में जो यथार्थवादी पुट है उसके कारण यह साहित्य की कोटि में परिगणित होता है। हमें इनसे धार्मिक, सामाजिक, राजनीतिक, आर्थिक और भौगोलिक तथ्य भी मिलते हैं।

15वीं शताब्दी में तीन प्रकार के मंगलकाव्य रचे गये थे–1. मनसा मंगल–इस रचना का केन्द्र बिन्दु है सर्पिणी देवी मनसा। 2. चंडी-मंगल–इसका केन्द्र है महामाता चंडी और 3. धर्म-मंगल–इसके केन्द्र में है एक स्थानीय देवता धर्म ठाकुर।

1. मनसा मंगल–यह सबसे पुराना है। मनसा मंगल अथवा पदमा-पुराण (मनसा को पद्मा भी कहते हैं) के रचयिता विजयगुप्त हैं जो हुसैन शाह के राजत्वकाल में विद्यमान थे। कुछ लोगों ने विप्रदास पिपलाइ को आदि मनसा

मंगलकार माना है। मनसा मंगल के अन्य रचयिताओं में नारायणदेव, केतकादास, क्षेमानंद हैं। मनसा मंगल में चांद सौदागर और बहुला की कथा हैं।

2. चंडी मंगल–मानिकदत्त को चंडीमंगल का प्रथम कवि माना जाता है। किन्तु कवि कंकण मुकुन्दराव चक्रवर्ती द्वारा लिखित 'चंडीमंगल' सर्वाधिक शक्तिशाली रचना है। कृष्णराज कविराज द्वारा विरचित 'चैतन्य चरणामृत' के समान ही "चंडीमंगल" जो महाकाव्य के समतुल्य है बंगला भाषा में बहुत महत्वपूर्ण है। इसमें मुकुन्दराव ने समाज की कुरीतियों की व्यंग्य के सहारे दूर करने का प्रयास किया है। समाज के दुर्बल तत्वों की निराशा को उन्होंने व्यंग्यपूर्ण ढंग से सामने रखा है। एक घटना के प्रसंग में उन्होंने शक्ति के वाहन सिंह से कहलवाया है–"हे माँ, मैं पापों से बिलकुल अलिप्त हूँ तथापि आपने मुझे अत्याचारियों से बदला लेने की शक्ति देने की कृपा नहीं की।" चंडीमंगल की चण्डी पौराणिक चंडी न होकर स्थानीय वनदेवी प्रतीत होती हैं। अन्तर्साक्ष्य से सिद्ध होता है कि मुकुन्दराव भी चंडी के उपासक न होकर शायद वे पक्के वैष्णव थे। किन्तु चंडीमंगलकारों में वे सर्वोत्कृष्ट कवि हैं।

3. धर्ममंगल–धर्ममंगल की रचना काफी बाद में हुई है। मुख्यतः निम्नवर्गीय हिन्दुओ द्वारा पूजित दक्षिण पश्चिम बंगाल के एक स्थानीय देवता धर्म को लेकर जो साहित्य रचा गया, उसका अधिकांश धर्म मंगलों में निहित है। इसके केन्द्र में स्थानीय देवता धर्म ठाकुर हैं जो लोक के असंबद्ध धार्मिक विचारों की मूर्तिमंत प्रतिकृति हैं। उनमें तांत्रिक बौद्धों के आदिदेव, प्राचीन सूर्यदेव, शिव और विष्णु अथवा राम की भी स्थापना हुई है। धर्मठाकुर के साथ कई देवता जुड़ गये हैं। परवर्ती कवियों ने "मयूरभट्ट" को धर्ममंगल काव्य का आदि कवि स्वीकार किया है।

वैष्णव पदावली

सोलहवीं और सत्रहवीं शताब्दी–चैतन्य के युग में वैष्णव भक्ति का प्रचार प्रसार हो चुका था। वैष्णव भक्ति के प्रसार से प्रेरणा पाकर या चैतन्य मत के प्रत्यक्ष प्रभाव से अभिभूत होकर विष्णु की प्रशंसा में जो गीतात्मक पद लिखे गये वे वैष्णव पदावली के नाम से प्रसिद्ध है और मध्यकालीन बंगला साहित्य में उन्हें सर्वाधिक महत्वपूर्ण स्थान दिया गया है। पन्द्रहवीं शताब्दी में मैथिल कवि विद्यापति ने जो वैष्णव प्रेमकाव्य लिखा वह धीरे-धीरे सारे बंगाल में लोकप्रिय हो गया और उसी आदर्श पर विभिन्न कवि रचनारत हो गये। बंगला वैष्णव कवियों ने अपनी भाषा और मैथिली को बड़ी सुरुचि के साथ मिलाकर एक नई ही काव्यपद्धति का निर्माण कर डाला। इस भाषा को 'ब्रजबुली' कहते थे। स्मरण रखना चाहिए कि यह ब्रजभाषा से भिन्न है। वैष्णव प्रेमकाव्य के रचयिता पदकर्ता कहलाते थे। सोलहवीं शताब्दी के सर्वाधिक प्रसिद्ध पदकर्ताओं में चैतन्य के समसामयिक एवं अनुयायी मुरारिगुप्त, नरहरिसरकार, वासुदेव घोष, और रामानन्द बसु के नाम विशेष उल्लेखनीय हैं। बाद में कवियों का

जो पृथुल प्रवाह आया उनमे ज्ञानदास, गोविन्ददास, लोचनदास, बलराम दास और कवि शेखर हैं। इनकी कविताओं के गुण परिमाण के कारण इनका ऊँचा स्थान है। इस काल में वैष्णव गीतों के रचयिता कवियों की संख्या लगभग एक सौ सत्तर बैठती है। इस सूची में कई मुसलमान कवि भी है। इनके गीत बंगाली जनता के सभी वर्गों में लोकप्रिय हो गये थे। इन सबका परिचय देना इस छोटे से निबंध में संभव नहीं हैं।

इनके गीतों का विषय चैतन्य या गौरांग और कृष्ण और राधा का प्रेम है। चैतन्य या गौरांग विषयक गीतों में चैतन्य महाप्रभु के जीवन के विभिन्न अवस्थानों दशाओं एवं कृत्यों का वर्णन है। कुछ गीतों में उन्हें कृष्ण का पूर्ण अवतार मान लिया गया है और कुछ में उन्हें किसी दिव्यभाव में तन्मय और बेसुध दिखाया गया है जैसे उन्होंने कृष्ण और राधा का साक्षात्कार कर लिया हो।

कृष्ण पर लिखे गये गीतो में ज्ञानदास ने बंगला और 'ब्रजबुली' दोनों में लिखा किन्तु लोचनदास ने केवल बंगला में अपनी लेखनी का चमत्कार प्रकट किया। सोलहवीं शताब्दी के अंतिम भाग में वैष्णव धर्म के प्रति लोगों का उत्साह और भी बढ़ गया। फलस्वरूप कीर्तन की नई-नई शैलियां प्रचलित हुई और उन्होंने काव्य और संगीत को मिलाकर एक नई ही लहर दौड़ा दी। नरोत्तमदास इस प्रकार के कवियों में प्रमुख कहे जा सकते हैं। उन्होंने गेय ललित पदों की रचना की है। इस परम्परा में सबसे प्रख्यात कवि हुए हैं गोविन्ददास। उन्होंने ब्रजबुलि में 300 से भी अधिक गीत लिखे। इसके अतिरिक्त उनके बहुत से गीत चण्डीदास के नाम से भी प्रचलित हो गये। ये पद बंगला वैष्णव पदों में अपने लालित्य और संगीतमयता के कारण बहुत ही लोकप्रिय रहे हैं।

इन वैष्णव पदों की एक खूबी यह है कि यद्यपि वे विष्णु के भक्ति की अपेक्षा रखते हैं तथापि वे साधारण लौकिक प्रेम के गीत भी माने जा सकते है। बंगाली वैष्णव कवियों ने अपनी काव्यात्मक प्रतिभा को साम्प्रदायिक चौखटों में कभी बन्द नहीं होने दिया और उनकी कल्पना सदा मुक्त विहार करती रही।

इन गीतों में एक द्रष्टव्य बात समूचे बंगाली वैष्णव कवि वर्ग की मौलिक दृष्टि की भी है। बंगाली वैष्णव का विश्वास है कि वह वृंदावन अर्थात परम सत्ता में प्रवेश प्राप्त हो जाए और वहां कृष्ण के लीलाओं को देख सकें और उनका शाश्वत आनंद ले सके। लेकिन बंगाल के वैष्णव कवि हिन्दी की कवयित्री मीरा की तरह ऐक्य के इच्छुक नहीं हैं यह तो सोचना भी उनके लिए पाप है।

बंगाल में वैष्णव भक्त कवियों के साथ ही वैष्णव सहजिया सम्प्रदाय का भी उदय हुआ। उनके अनुसार हर पुरूष के कायिक रूप के पीछे उसका जो मूल स्वरूप होता है वह कृष्णत्व है, इसी तरह हर स्त्री साक्षात् राधा होती है। साधना में पहले कृष्ण अथवा राधा का साक्षात्कार करना होता है और फिर दोनों के सम्मिलन से अनंत प्रेम और शाश्वत आनंद की सिद्धि होती है। इन सहजिया मतानुयायियों ने प्रचुर

गीत साहित्य और सैद्धान्तिक निबंधों का प्रणयन किया है।

बंगला वैष्णव कविताएं न केवल भावपक्ष की दृष्टि से बल्कि कलात्मक दृष्टि से भी महत्वपूर्ण हैं। छन्दों मे वैविध्य है किन्तु लोकप्रिय छन्द 'पयार' छन्द हैं। गोविन्ददास को छंद ज्ञान अद्‌भुत था। अलंकारों के कारण भी इन गीतों का सौन्दर्य अनूठा है। श्रेष्ठ वैष्णव कविताएं छोटी-छोटी हैं जिनमें एक संहित भाव व्यक्त किया गया हैं, पर कुछ कविताओं में अनावश्यक विस्तार हैं।

सत्रहवीं शताब्दी (पूर्वी बंगाली गीत)

बंगाल में सत्रहवीं शताब्दी में साहित्यिक प्रतिभा का बड़ा विकास हुआ। यह वही युग हैं, जिसमें "काशीरामदास" ने "बंगला महाभारत" का प्रणयन किया। यह महाग्रन्थ कृतिवास की रामायण के समान ही जनप्रिय है। इस शताब्दी में कोटकदास (क्षमोनन्द) लिखित "मानसमंगल" भी उल्लेखनीय है। यह 'पयार' छन्द में लिखा गया हैं।

इसके अतिरिक्त सत्रहवीं शताब्दी बंगला साहित्य के इतिहास में अपन धर्म निरपेक्ष प्रेम कथाओ के कारण भी महत्वपूर्ण गिना जाता है। ये प्रेम कथाएं मुसलमान और हिन्दू कवियों ने लिखी हैं। इनमें बंगाल के विशिष्ट ग्रामीण परिवेश को लेकर विभिन्न प्रकार की प्रेम कथाएं वर्णित हैं। इनका विशुद्ध लौकिक स्वरूप हमारा ध्यान आकर्षित करता है। बंगाल के भीतरी भागों में ये गीत गाये जाते थे और आज भी गाये जाते हैं। ये गीत मानव मूल्य को छू लेने में समर्थ हैं, इनकी भावपूर्ण शब्दावली विशद और स्वतः स्फूर्त हैं।

आराकान के मुसलमान कवि

17वीं शताब्दी में आराकान (चटगांव) के शासक का राजदरबार ज्ञान का विश्रुत केन्द्र था। राजकीय संरक्षण और अमात्यभगन ठाकुर के आश्रय में प्रभूत साहित्य सृजन हुआ। वहां का पहला कवि दौलत काजी हुआ। उसने सती मयना की कहानी को पद्यबद्ध किया। यह काव्य 'लोरचन्द्राणी' के नाम से प्रसिद्ध है। किन्तु दौलत काजी इस प्रबन्ध काव्य को पूरा नहीं कर पाये। उसे आराकान दरबार के कवियों में श्रेष्ठ आलाओल ने सन् 1659 में पूरा किया। आलाओल सूफी सम्प्रदाय के कवि थे। जायसी के महाकाव्य 'पद्मावत' का रूपान्तर उन्होंने किया और वह उनकी सर्वश्रेष्ठ रचना मानी जाती है। 17वीं 18वीं शताब्दी की कुछ और काव्य कृतियां हैं, जिनकी रचना मुसलमान कवियों ने की है। इन पर भी सूफीमत का प्रभाव है। बंगला के बाउल गीतों में भी हिन्दू मुसलमान जनता के विचारों और सिद्धान्तों का इन कवियों के समान ही सुन्दर समन्वय मुखरित होता है।

अठारहवीं शताब्दी : (उत्तरमध्यकालीन बंगला)

बंगला के धर्म निरपेक्ष काव्य ने इस शताब्दी में एक नया मोड़ लिया और विवरण प्रधान काव्य ने भी नई ऊँचाईयां हुई। रामेश्वर भट्टाचार्य कृत शिव संकीर्तन (1710) एक गरीब किसान और उसकी पत्नी गौरी को एक साधारण नारी के रूप में चित्रित करता है। इसी काल में जनता में प्रिय धर्मठाकुर से संबंधित धर्ममंगल की कविताएं रची गई हैं, जिसका उल्लेख मंगल काव्य में किया जा चुका है।

इस शताब्दी के सबसे बड़े कवि हुए "भारतचन्द्र (1712 से 1760)। उन्होंने 'अन्नदा मंगल' नामक लम्बी विवरण प्रधान काव्य लिखा है। इसमें तीन कथाएं हैं—पहली कविता में शिव और पार्वती की कहानी, दूसरी कविता 'विद्यासुन्दर' है, जिसमें विद्या और सुन्दर के प्रेम का वर्णन किया गया है। तीसरी कविता 'मानसिंह' है, जिसमें जहांगीर और प्रताप आदित्य का संग्रह चित्रित किया गया हैं। इन तीनों काव्य रचनाओं में 'विद्या सुन्दर' कविता ही सर्वाधिक कमनीय है। भारतचन्द्र को नवयुग का अग्रदूत माना जाता है। वे संक्रान्ति काल के कवि हैं।

भारतचन्द्र के एक और समसामयिक कवि रामप्रसाद सेन थे। सेन की प्रमुख रचना "कालीकीर्तन" है, जिसमें काली की भक्ति में लिखे गये पद है।

इसी शताब्दी में प्रेमगीतों के रचयिता रामनिधिगुप्त अथवा निधिबाबू हुए। मानवीय प्रेम को काव्य रूप देने वाले बंगला के प्रथम कवि हैं। उन्होंने लोक संगीत की टप्पा शैली में काव्य रचना की।

18वीं शताब्दी बंगला साहित्य के इतिहास में गद्य के विकास के लिए महत्वपूर्ण है। ईसाई धर्म प्रचारकों ने गद्य में धार्मिक पुस्तकें लिखीं। पहला बंगला व्याकरण पुर्तगाली भाषा में लिखा गया जिसे 1778 में हालहैड ने प्रकाशित किया और उसी वर्ष एक बंगला पुर्तगाली कोश भी प्रकाशित हुआ। ईस्ट इंडिया कंपनी के अंग्रेज अधिकारियों ने भी प्रशासनिक कार्य हेतु बंगला में कुछ रचनाएं लिखवाईं और छपवाईं। उन्होंने सन् 1785-1792 के बंगला टाइप का निर्माण किया और सरकारी विनियमों का बंगला प्रकाशन किया।

आधुनिक काल : (स्वतंत्रता पूर्व एवं स्वातंत्र्योत्तर)

उन्नीसवीं शताब्दी—बंगला साहित्य का आधुनिककाल 19वीं शताब्दी से प्रारंभ होता है। यह शताब्दी बंगला के जागरण और अभ्युदय का युग है। इस युग में बंगाली प्रतिभा का सर्वतोन्मुखी विकास हुआ। साथ ही राष्ट्रीय जागृति का प्रारंभ हुआ।

गद्य का विकास—बंगला में उन्नीसवीं शताब्दी के पूर्व उल्लेखनीय गद्य साहित्य नहीं मिलता। इस शताब्दी के प्रारंभ में फोर्ट विलियम कालेज की स्थापना हुई और विलियम कैरे तथा मृत्युंजय विद्यालंकार ने बंगला गद्य को रूप देने का प्रयत्न किया।

इन्होंने अपने पास पढ़ने वाले अफसरों के लिए पाठ्य पुस्तकें लिखीं। यह प्रयत्न कुछ हद तक सफल हुआ। परन्तु सबसे पहला शक्तिशाली बंगाली गद्य हमें राजाराम मोहनराय की लेखनी से मिला। उन्होंने 'ब्रह्मसमाज' की स्थापना की और तत्कालीन प्रश्नों को लेकर अर्थात धर्म, राजनीति और सामाजिक आचार में सुधार सुझाते हुए तर्कपुष्ट गद्य लिखा, जो बंगाली साहित्य की अमरनिधि है। उन्होंने जो कुछ लिखा वह तो महत्वपूर्ण है ही किन्तु कदाचित उससे भी अधिक महत्वपूर्ण है उनका पश्चिम के विज्ञान तथा साहित्य के प्रति उत्साह। उनकी प्रतिभा अपूर्व थी—उनमें तीक्ष्णता, पौरूष और संतुलन तीनों गुण थे। उन्होंने पश्चिम के विज्ञान और साहित्य के साथ-साथ भारत के आध्यात्मिक आधार उपनिषदों को भी नये सिरे में महत्व देना प्रारंभ किया, उसके आधार पर उन्होंने धर्म में सुधार सुझाए और इसके कारण संस्कृत भाषा और साहित्य के प्रति नवशिक्षितों में आदर का भाव बढ़ा। पश्चिमी सभ्यता से प्रभावित नवयुवकों का ध्यान अपनी प्राचीन उपलब्धियों की ओर गया। आधुनिक संस्कृति के सबसे बड़े उद्‌गाता रवीन्द्रनाथ टैगोर राजाराम मोहनराय के अधिक ऋणी हैं। उन्होंने गद्य में इतनी शक्ति भर दी कि वह लंबे-लंबे सामाजिक, धार्मिक एवं दार्शनिक प्रवचनों तथा युक्तियों का अर्थ वहन कर सके।

इस शताब्दी में रवीन्द्रनाथ ठाकुर के पिता 'महर्षि देवेन्द्रनाथ ठाकुर ने तत्वबोधिनी' पत्रिका निकाली। इस पत्रिका ने भी साहित्य सेवा में योगदान दिया। इस पत्रिका के एक महत्वपूर्ण लेखक थे 'अक्षयकुमार दत्त'—जिन्होंने पाठ्य पुस्तकें और वैज्ञानिक एवं सांस्कृतिक विषयों पर छोटे-बड़े निबंध भी लिखे। पर इस युग में बंगला गद्य के सबसे अग्रणी लेखक थे पंडित ईश्वरचन्द्र विद्यासागर उन्होंने कई तर्कपूर्ण निबंध लिखे। परन्तु गद्य लेखक के रूप में उनकी प्रतिष्ठा संस्कृत के रूपान्तरों पर आधारित है फिर भी उनकी शैली में प्रसाद गुण था, जिसे गद्य शैली में समावेश किया गया।

इस शताब्दी में महर्षि देवेन्द्रनाथ भी कम महत्वपूर्ण लेखक नहीं थे। उनकी शैली में ईमानदारी, सहजता और भव्यता है। उनकी आत्मकथा बंगला में अपनी तरह की प्रथम कृति है। विषय और शैली दोनों की दृष्टि से वह गद्य साहित्य की स्थायी निधि है। इनके अतिरिक्त भूदेव मुखर्जी, राजनारायण बसु, ताराशंकर तर्करत्न ने बंगला गद्य को प्रौढ़ता के निकट पहुंचाया।

आधुनिक बंगला कविता

नवजागरणकाल : (वीरयुग)—19वीं शताब्दी के मध्यकाल को हम नवजागरण काल या वीरयुग भी कह सकते हैं। वीर युग इसलिए कहते हैं कि यह सच्ची राष्ट्रीय जागृति का समय था। राष्ट्रीय चेतना में विदेशी प्रभुत्व के विरूद्ध विद्रोह भावना और स्वतंत्रता के स्वर सन्निहित थे और स्वतंत्रता के सपने राष्ट्र को वीरतापूर्ण विचारों

के स्पन्दन से भर देते थे। लोकहृदय में उस समय शौर्य की दीप्ति थी अतः वीरयुग नाम उचित ही हैं। नवजागरण काल इसलिए कह सकते हैं कि अंग्रेजी शिक्षा, साहित्य और विचारधारा से इस युग के कवियों को प्रेरणा मिली थी। नवजागरण का साहित्य अपने सामाजिक, सांस्कृतिक, राजनीतिक जागरण का परिणाम है। इस वीरयुग के चार प्रमुख कवि नवयुग के अग्रदूत हैं वे हैं-1.ईश्वर चंद्रगुप्त 2.रंगालाल 3.मधुसूदन 4. हेमचन्द्र 5. नवीनचन्द्र।

1. ईश्वरचन्दगुप्त–आधुनिक कविता में ईश्वरचन्द का महत्वपूर्ण स्थान है। इनके पूर्व बंगाल में 'कविवाला' की प्रतिष्ठा थी, जिसमें भिन्न कोटि के कवियों का समावेश है। यह अस्थायी साहित्य था, जिसका लोप ईश्वरगुप्त के समय तक लुप्त हो चुका था। ईश्वरगुप्त में 'कविवालों' का अपरिष्कार और एकरूपता तो है पर उनके काव्य में राष्ट्र भातना का स्वर भी मुखर हो गया है। अंग्रेजी सभ्यता से अभिभूत तत्कालीन समाज की हर चीज पर उन्होंने चोट किया है। उनकी कविताओं में देशभक्ति का सहज अकृत्रिम स्वर है। यह बंगला कविता में एक नई चीज थी। 'संवाद प्रभाकर' पत्र के द्वारा उन्होंने एक साहित्य सभा की स्थापना की थी, जिसमें रंगलाल बनर्जी, मधुसूदनदत्त और बंकिमचन्द्र चटर्जी जैसे होनहार साहित्यकार थे। रंगालाल बनर्जी ईश्वरगुप्त के अत्यन्त निष्ठावान शिष्य थे।

2. रंगालाल बनर्जी–बंगला में रंगालाल बनर्जी ने राजस्थान के वीरों और वीरांगनाओं के चरित्रों और पाठकों में वीरता और देशप्रेम के भाव जगाये। उनका 'पदिमनेर उपाख्यान' इसका ज्वलंत प्रमाण है। बनर्जी ने विविध विषयों पर कविताएं लिखी हैं पर 'पद्मिनी उपाख्यान', 'कर्मदेवी' शूरसुंदरी और 'कांची कावेरी' ये चार वर्णनात्मक कविताएं लिखकर स्थायी यश के भागी हुए।

3. मधुसूदनदत्त–माइकेल मधुसूदन दत्त (जन्म 1824) बंगला साहित्य के सबसे ख्यातिलब्ध कवि एवं नाटककार हैं। वे पश्चिमी साहित्य और संस्कृति की गहराईयों में उतरकर और वहां से अनमोल रत्न लेकर बंगला भाषा को विभूषित करने में सफल हुए। बह महान पर उद्दाम प्रतिभा से सम्पन्न थे। उनकी महत्वाकांक्षाएं असीम और अपार थीं। वें बंगला, संस्कृत, अंग्रेजी, ग्रीक, लैटिन यहां तक कि हिब्रू, फ्रेंच, जर्मन और इटालियन के भी ज्ञाता थे। वे धर्म बदलकर ईसाई बन गये थे और अपने बच्चों के नाम माइकेल, मिल्टन, नैपोलियन दत्त आदि रखने लगे थे। केवल चार साल में ही वे साहित्याकाश पर धूमकेतु की तरह छा गये।

सर्जना के क्षेत्र में उनके आदर्श होमर, मिल्टन और बायरन थे। माइकेल मधुसूदनदत्त अंग्रेजी में ही लिखना शुरू किया था पर वे जनख्याति नहीं प्राप्त कर सके। अन्त में उन्हें बंगला भाषा का सहारा लेना पड़ा और "तिलोत्तमासंभव" (1860), 'मेघनाद वध' (1861) और वीरांगणा (1862) आदि रचनाओं में अपनी काव्यभूमि खोजनी पड़ी। 'मेघनाद वध' काव्य पाश्चात्य अर्थ में बंगला का पहला

महाकाव्य है। पयार छन्द के बन्धन को तोड़कर उन्होंने मुक्तपद्य में लिखना पसन्द किया। उनके मुक्तपद्य ने बंगला कविता में क्रांति पैदा कर दी।

4. हेमचन्द्र–हेमचन्द्र बंदोपाध्याय ने भारतेन्दु हरिश्चन्द्र की तरह अपनी कविताओं के नाम 'भारत' पर रखे–भारत संगीत, भारत विलाप, भारत भिक्षा और उनके द्वारा देशभक्ति की भावना जगाने का सफल प्रयास किया गया। उनके द्वारा विरचित प्रबंधकाव्य 'वृत्रसंहार' हैं। उनकी भाषा में गद्य की नीरसता है और काव्योचित भावुकता नहीं हैं इसलिए मधुसूदन दत्त के बराबर ख्याति प्राप्त न कर सके।

5. नवीनचन्द्र :- नवीनचन्द्र के काव्य में देशप्रेम का भाव है और कल्पना का प्राचुर्य भी किन्तु उनकी रचना में कलात्मक लालित्य नहीं हैं। उनके वर्णन और भावपूर्ण प्रवंधांश कहीं-कहीं मन को आनंदित करते हैं पर उनमें कलात्मक सौष्ठव नहीं है।

नवजागरणकाल में अन्य कवियों के कृष्णचन्द मजुमदार, बलदेवपंडित, राजकृष्ण मुखोपाध्याय, नंदलालघोष, समरेन्द्रगुप्त, एस.सी. उकील के नाम उल्लेखनीय हैं।

बंगला साहित्य में स्वच्छन्दतावाद

बंगला में आधुनिक स्वच्छन्दतावादी काव्य भास, कालिदास की सौन्दर्य चेतना, चंडीदास, जयदेव की भाव प्रवणता, वैष्णव-शैव-शाक्त कवियों की समवेतस्वर को लेकर शुरू हुआ। अपने रूप और आकार में यह बंगाली कम भारतीय ज्यादा है। इस युग के प्रमुख कवियों का संक्षिप्त परिचय इस प्रकार हैं–

बिहारीलाल चक्रवर्ती–बंगला में बिहारीलाल चक्रवर्ती (1834-1947) ने अन्तः प्रेरणा से रचित अपने काव्य में वाल्मीकि, कालिदास का गहरा प्रभाव ग्रहण किया है। चक्रवर्ती मूलतः गीतकार हैं। उनके गीतों में सूक्ष्मता और रोमानी प्रवृत्ति झलकती है। उनकी प्रथम काव्यकृति 'गीत शतक' पुरानी पद्धति की है। उनके काव्य संग्रहों 'वन्धुवियोग', 'निसर्ग संदर्शन', 'बंगसुन्दरी', 'शारदामंगल', आदि से बंगला काव्य का स्वच्छन्दतावादी मन खुलता प्रतीत होता है।

सुरेन्द्रनाथ मजुमदार : (1838-78)–मजुमदार को स्वच्छन्दतावादी कवियों की संभावनाओं का कवि कहा जाता है। 'महिला' काव्य उनकी सर्वोत्कृष्ट कृति है। कवि ने नारी प्रेम और सौन्दर्य के गीत गाते हुए यह विश्वास व्यक्त किया हैं कि नारी ही पुरूष को स्वर्ग ले जायेगी।

द्विजेन्द्रनाथ टैगोर : (1840-1926)–द्विजेन्द्रनाथ ने 'स्वप्न प्रयाण' लिखा। एक अर्थ में यह सृजनात्मक कल्पना के अर्थगठन का कवि किरीट है। इन्होंने कालिदास के 'मेघदूत' का ऐसी काव्यात्मक बंगला में अनुवाद किया है कि मूलकाव्य का ही मजा आता है। उनका 'कौतुक' काव्य बंगला छन्दशास्त्र की विलक्षण कृति हैं।

देवेन्द्रनाथ सेन : (1850-1920)–देवेन्द्रनाथ सेन सच्चे अर्थों में स्वच्छन्दतावादी कवि हैं। वे अन्त तक मधुसूदन दत्त के प्रभाव से मुक्त न हो सके। उनका काव्य संग्रह "अशोक-गुच्छ" है। वस्तुतः सेन फूल, प्रेम और ऋतुबहार के कवि हैं। उनके अन्य काव्य संग्रह हैं–अपूर्व नैवेद्य, अपूर्व ब्रजांगना आदि।

गोविन्दचन्द्रदास–दास की सर्वोत्तम कविताओं के संग्रह कुमकुम, कस्तुरी, चंदन आदि हैं। इन रचनाओं में एक अभिभूत करने वाले हृदय की रागदीप्त चेतना की जीवंत धड़कन है।

द्विजेन्द्रलाल राय–इन्होंने अद्‌भुत हास्यगीतों की रचना की है। दो खंडों में प्रकाशित आर्यगाथा ऐसी स्मरणीय कविताओं का भव्यलोक है। आषाढ़, 'आलेख्य' तथा त्रिवेणी और मंद्र उनके काव्य संग्रह हैं।

रवीन्द्रनाथ टैगोर : (1861-1941)–रवीन्द्रनाथ टैगोर मूलतः कवि थे और कवि-गरिमा के प्रतिनिधि भी। कल्पना की रंगीनी में मूलतः प्रकृति की सौन्दर्य छवियों को आंकने में उन्हें कमाल हासिल था। रवीन्द्रनाथ के उदय से न केवल बंगला में, बल्कि पूरे भारतीय काव्य के स्वच्छन्दतावाद में वसंत का आगमन हुआ। कुछ दिन तक उन्होंने 'भानुसिंह' नाम से व्रजभाषा में भी कविताएं कीं। कालिदास उनको सर्वाधिक प्रिय थे। वे कालिदास की कृतियों का मधुरस पीते न अघाते थे। चंडीदास, जयदेव, विद्यापति, कबीर, मीरा, सूर, बंगला के 'बाउल' आदि से भी उनका संस्कार बना था। अंग्रेजी के रोमानी काव्य ने भी उन्हें झकझोरा था।

काव्य संग्रह

रवीन्द्रनाथ के काव्य संग्रह 'संध्या संगीत', 'छवि ओ गान', में प्रकृति देवी स्वयं गाती मिलती हैं, 'मानसी', 'वसुन्धरा', 'उर्वशी' जैसे काव्य संग्रहों में भावना का आवेग है। 'चित्रा' काव्य संग्रह में रहस्य रोमांच हैं। 'कणिका' तथा काहिनी' में राष्ट्रीय आन्दोलन की अंगड़ाई है। 'पुजारिनी और अभिसार' में बौद्ध कथाएं हैं। 'शिशु' की कविताओं मे वात्सल्य है। इन सभी में 'बाउल' भावनृत्ति का सम्मोहन है।

'गीतांजलि', 'गीतमाल्य' तथा 'गीतालि' काव्य संग्रहों में गीतों का भक्तिपरक राग है। गीतांजलि को नोबल पुरस्कार भी प्राप्त हो चुका है।

'बलाका' और 'पतालका' काव्य संग्रहों में नए प्रयोग हैं। 'पूरवी', महुया, पुनश्च आदि में मुक्त छन्द की लय, राधा बनकर नाच उठी है। 'विचित्रा', 'वीथिका' में धरती का प्यार है। 'नवजात' 'रोगशय्या' में कवि निराशावादी है।

सौन्दर्यप्रेम के स्त्रष्टा कवि टैगोर संगीतरूपों, धुनों, बिम्बों, प्रतीकों और प्रगीतों के सृजन में एकदम पारंगत दिखते हैं। उन्होंने प्राचीन और मध्यकालीन कवियों के सभी छन्दों का प्रयोग किया है। यहां उनका सम्पूर्ण मूल्यांकन संभव नहीं है। पाठकों को उनके काव्य रचना के वैविध्य और व्यापकता की झलक देना ही उद्‌देश्य है।

अन्य कवि

नई मानवीय परिस्थितियों ने प्रमथ चौधरी को नया साहित्य पथ दिया है। उनकी मित्र मंडली ने मासिक पत्र 'भारती' से नई चेतना का प्रकाश वितरित किया। उनके काव्य संग्रहों में सदुजपत्र, पदचारण आदि प्रमुख हैं। सतेन्द्रनाथ दत्त ने 'होमशिखा' नामक काव्य संग्रह में स्वदेशी आन्दोलन पर जोर दिया है। द्विजेन्द्र नारायाण बागची टैगोर के अनुयायी थे। जतीन्द्र मोहन का 'नागकेसर', 'नीहारिका' काव्य संग्रह प्रेम पूर्ण रचना है। करुणा निधि बनर्जी, कुमुदरंजन और कालिदास राय किरनधन चटर्जी, सुकुमार राय चौधरी, काजी नजरूल इस्लाम, मोहितलाल मजुमदार आदि इस धारा के कवि हैं। नजरूल इस्लाम ने 'प्रलयोल्लास', 'विद्रोह', 'अग्निवीणा' जैसे काव्य संग्रहों से भारतीय रचनाकारों की नींद तोड़ दी। बुद्धदेव वसु, अदित दत्त, जीवनादास आदि में स्वच्छन्दतावाद का रंग खुलकर आया।

प्रगतिशील चेतना (कल्लोलयुग और उसके बाद)

कल्लोलयुग के कवियों में मजुमदार की 'मरीचिका' और 'मरुशिखा' काव्य संग्रहों में देहवाद का स्थूल पक्ष है। नजरूल इस्लाम विद्रोह स्वर के गायक हैं। उन्होंने लिखा हैं—

आमि षोडसीरहृदि सरसिज प्रेम उद्दाम।

कल्लोलयुग के प्रेमेन्द्र मित्र, अचिंत्यकुमार सेन गुप्त तथा बुद्धदेव वसु में प्रगतिशील चेतना का आधुनिक स्वर मुखरित हुआ है। प्रेमेन्द्र मित्र बढ़इयों, ठठेरों, लोहारों, कुली मजदूरों के कवि हैं। अचिंत्यकुमार सेनगुप्त, जीवनानन्ददास ने देह की मांसल गंध को अध्यात्म चेतना की प्रतिक्रिया के रूप में प्रस्तुत किया हैं। सुधीर नाथ दत्त मार्क्सवादी कवि हैं। विष्णु दे, समर सेन, अजित दत्त साम्यवादी विचारधारा से प्रेरित कवि हैं। इन सभी ने साम्यवादी क्रांति का स्तवन किया है। अमिय चक्रवर्ती, सुनील गंगोपाध्याय, सुभाष मुखोपाध्याय की रचनाओं में क्रांति का ही उद्घोष है। परवर्ती कवियों में कणीन्द्रराय, सुकांत भट्टाचार्य विप्लव के ही कवि हैं।

प्रयोगवाद और नई कविता

बंगला कविता में रवीन्द्रोत्तर युग या रैविक युग (1935-1950) में नई प्रवृत्तियों का विकास दो धाराओं में हुआ—1. प्रगतिवादी धारा और 2. प्रयोगवादी काव्यधारा। प्रथम धारा पर मार्क्सवाद का प्रभाव है और दूसरी प्रयोगवादी धारा पर मनोविश्लेषणवाद का प्रभाव लक्षित होता हैं।

रवीन्द्रोत्तरयुग में रवीन्द्रनाथ टैगोर का विरोध द्विजेन्द्रलाल राय, प्रमथ चौधरी, यतीन्द्रनाथ सेन, मजूमदार और काजी नजरूल इस्लाम से होता है। बंगला काव्य में

अति आधुनिक तीन कवि—बुद्धदेव बसु, प्रेमेन्द्र मित्र और अचिंत्यकुमार सेनगुप्त उभरकर सामने आए। इन्हीं कवियों ने बंगला काव्य में प्रयोगवाद की प्रतिष्ठा कर डाली। जीवनानन्ददास, विष्णु दे, सुधीन्द्रनाथ दत्त, समरसेन जैसे कवि पहले तो मार्क्सवाद में रचे पचे रहे, बाद में वे भी प्रयोगवाद की ओर आकर्षित हुए।

1935 में प्रयोगवादी काव्य प्रवृत्तियां नए भाषा शिल्प में बुद्धदेव वसु रचित 'एखन विकेल—दमयन्ती' में अवतरित हो उठी। बुद्धदेव वसु ने अज्ञेय के समान ही भाव और रूप देनों ही स्तरों पर नए प्रयोग किये। उनके काव्य संग्रह ''मर्मवाणी'' और ''बंदीर वंदना'' ने पाठकों का ध्यान आकृष्ट किया। बुद्धदेव वसु के 'पृथिवीर पथे' में प्रेम कविताएं है। 'कंकावती', में अनुभूति का विशुद्ध क्षेत्र हैं। 'नूतनपाता' में कवि यौन चेतना को एक नया जीवन बोध मानता है। इन कविताओं में कवि का प्रयोगवादी रूप साफ झलकता हैं। 'शीतेर प्रार्थना' में कवि वेदना की अनुभूतियों से व्यथित है। तात्पर्य यह है कि सर्वप्रथम वसु ने ही नई भाव सम्पदा, विचार संपदा को प्रस्तुत किया। नए भाव और नई भाषा बुद्ध देव की ही देन है।

प्रेमेन्द्र मित्र सभी परम्परागत मूल्यों पर प्रश्नचिन्ह लगाकर कहते हैं कि मैं बढ़इयों, लोहारों, ठठेरों और मजदूरों का कवि हूं। ऐसी स्थिति में वे गरीबी, ग्लानि और विषाद के कवि हैं। 'सम्राट', 'सागर थेके फेरा', 'हरिन' आदि काव्य संग्रहों में युग परिवर्तन के गंभीर जीवनानुभव हैं। वे वृहत्तर मानव चेतना के कवि हैं।

अचिंत्यकुमार का नाम कल्लोल, कालिकलम, उत्तरा, बिजली एवं 'प्रगति' आदि पत्रिकाओं से उभरता है। 'अमावस्या' काव्य संग्रह में प्रेम और वेदना की मिली-जुली रागिनी है। 'आमरा' तथा 'नील आकाश' में बंधनों को तोड़कर उड़ने की आकांक्षा है।

जीवनानन्ददास बंगला कविता को नई भावभूमि देते हैं। इनके काव्य संग्रह 'झरापलक', 'महापृथिवी' आदि प्रकाश में आये। जीवनानन्द जटिल भावबोध के कवि हैं। भरा हुआ जंगली हंस, या बगुले का टूटा पंख या क्रौंच व्यथा कवि की प्रेरणा है। जैसे—मोर वक्षकपोतेर कपोतिनी प्रिया—। कवि कई स्थानों पर घास हो जाता है। फूल है, हेमंत है पर प्रधानता घास की है। 'हरिनेरा' 'घोड़ा', 'शव' आदि कविताओं में अति यथार्थवाद है। नवीन उपमानों, बिम्बों और प्रतीकों के लिए वे मुक्तिबोध के समान एक विलक्षण कवि हैं।

सुधीन्द्रनाथ दत्त जीवनानन्द की ही शैली के कवि हैं। इनका प्रथम काव्य संग्रह 'तन्वी' 1930 में छपा है। आर्केस्ट्रा, उत्तर फाल्गुनी, सवर्त और दशमी उनके काव्य संग्रह हैं। रवीन्द्रनाथ के बाद बंगला में सुधीन्द्रनाथदत्त ही एक मंजे हुए कलाकार है। 'विष्णु दे' नए भाव बोध और नई भाषा के कवि हैं। वे मजदूरों और गरीब जनता के कवि हैं। इन्होंने बंगला को सोलह काव्य संग्रह दिए हैं। 'संदीपरेचर' 'खसड़ा', 'अभिज्ञान वसंत', पारापार आदि काव्य संग्रहों में नई अनुभूतियां नए प्रयोग हैं।

समर सेन ने एक अलग काव्यधारा का नेतृत्व किया है। इन्होंने सर्वथा नूतन छन्द में कविता लिखी हैं।

कवि सुभाष मुखर्जी के पटादिक, चिरकुट, अग्निकोण, कालमधुमास आदि नये काव्य संग्रह हैं।

1950 से 1960 तक के कवि

सन् 1950 से 1960 तक की बंगला की 'नूतन कविता का युग फैला हुआ है। इस युग के कवियों ने पुरानी काव्य परिपाटी को छोड़कर नए काव्य पथ निर्मित किये हैं। 'नूतन कविता' के प्रमुख कवि नरेशगुह, वीरेन्द्र चट्टोपाध्याय, विश्ववंद्योपाध्याय, गोविन्द चक्रवर्ती, दिनेशदास, मणीन्द्रराय, अरूण सरकार, अरविन्द गुह, सुकांत भट्टाचार्य, चित्रघोष, रामवसु, मंगलाचरण चटर्जी आदि स्मरणीय कवि हैं।

सन् 1960 के बाद

सन् 1960 के बाद की बंगला कविता अनेक धाराओं, आन्दोलनों की उर्वर भूमि है। बंगला का कवि 'हंग्री जेनरेशन' या भूखी पीढ़ी के रूप में उदित होता है। ये सभी कवि उदासीन, चिंतातुर, खिन्न, उन्मत्त, क्रुद्ध, अशांत, भयंकर, नग्न और अतृप्तता का काव्य संसार सामने लाते हैं। उन पर अमरीका के कवि एलेन, गिन्सवर्ग का अधिक प्रभाव है। हिन्दी में इसी आन्दोलन को 'अकविता आन्दोलन' कहते हैं। बंगला में संदीप चटर्जी, विनय मजुदार, शक्ति चट्टोपाध्याय, मलयराय चौधरी, कवितासिंह शंकर चटर्जी, मीनाक्षी नंदी, हर्ष घोष, रतन भट्टाचार्य, विमल चौधरी, मनु भौमिक आदि अनेक उल्लेखनीय कवि हैं। हिन्दी के समान ही बंगला में भी एक से एक नए काव्य आन्दोलन चले हैं।

बंगला उपन्यास

बंकिमचन्द्र चटर्जी–बंगला उपन्यास का जन्म 19वीं शताब्दी के मध्य में हुआ। इससे पहले उसका कोई इतिहास नहीं है। कलकत्ता के बाबुओं के व्यंग्यात्मक स्केच 'नव-बाबू-विलास' में उपन्यास का प्रथम बार धुंधला सा आभास मिलता है। इसके बाद 1858 में प्यारीचरण उर्फ टेकचंद ठाकुर का 'आलालेरघरेर दुलाल' निकला। पर सही अर्थ में ये उपन्यास नहीं थे। अतः बंगला में उपन्यास का प्रारंभ बंकिमचन्द्र चटर्जी से ही माना जाता है।

बंकिमचन्द्र आधुनिक बंगला साहित्य के प्रथम चरण की प्रगति के प्रवर्तक हैं। उनके सामाजिक, ऐतिहासिक, एवं दार्शनिक उपन्यासों से अनेक लेखक प्रभावित हुए। उनका 'दुर्गेशनंदिनी' पहला रोमानी उपन्यास हैं। इसके प्रकाशन ने

सभी को चकित कर दिया। उसका पुलककारी रोमांस, जटिल प्रेम चेष्टाएं, चरित्र चित्रण की पटुता और शैली की भव्यता–सभी आश्चर्य की चीजें थीं। उनके ऐतिहासिक उपन्यास 'राजसिंह' में देशभक्ति की प्रबल भावना है। उनका 'आनन्दमठ' उपन्यास अत्यन्त लोकप्रिय है। इसी ग्रन्थ के 'वंदेमातरम' गीत ने समस्त भारत में मातृभूमि के प्रति प्रगाढ़ भक्ति की लहर प्रसारित कर दी।

बंकिमचन्द्र चटर्जी के चार सामाजिक उपन्यास हैं जिनमें 'विषवृक्ष' तथा "कृष्णकान्तेर बिल" श्रेष्ठ हैं। इसमें उन्होंने सामाजिक एवं मनोवैज्ञानिक समस्याओं को हमारे सम्मुख रखा हैं। उन्होंने प्रेम को सच्चे राग के रूप में ग्रहण किया है। मुक्त और निर्बाध प्रेम के वे समर्थक नहीं हैं। अनेक रचनाओं में दर्शन और हास्यरस का भी सुन्दर समावेश हुआ है।

रवीन्द्रनाथ ठाकुर–बंकिम के बाद रवीन्द्रनाथ का युग आया। रवीन्द्रनाथ ने अपने उपन्यासों में एक नूतन समाज चेतना, और मानवीय सहानुभूति का परिचय दिया है। रवीन्द्रनाथ ठाकुर वास्तव में वे एक महान कवि थे। उन्होंने काव्य संग्रहों की रचना की, जिसमें 'गीतांजलि' उनका सर्वश्रेष्ठ गीतकाव्य है और नोबेल पुरस्कार से समादृत हो चुका है। उनके हजारों गीत, एक दर्जन उपन्यास और अगणित कहानियां, कोई तीन दर्जन नाटक नाटिकाएं (जिनमें नाट्य कविताएं भी हैं) और ढेरों गद्य साहित्य–विशुद्ध साहित्यिक निबंध, साहित्यालोचन एवं साहित्य के कला सिद्धान्तों पर निबंध और लेख प्रकाशित हो चुके हैं। इसके अतिरिक्त संस्मरण, आत्म चरितात्मक स्केच, यूरोप अमरीका, एशिया, प्रशांत द्वीप-समूह के भ्रमण की डायरी, असंख्य साहित्यिक पत्र तथा बालोपयोगी पाठ्य पुस्तकें भी उनके साहित्य में शामिल हैं। अंग्रेजी रचनाएं–मौलिक एवं अनुवाद–इसके अलावा है। लेकिन अन्य देशों में "आफरिंग आफ सांग्स" अर्थात गीतांजलि के लेखक के रूप में प्रसिद्ध हैं। इस प्रकार उनकी प्रतिभा सर्वतोमुखी थी।

रवीन्द्रनाथ ठाकुर ने अनेक उपन्यासों की रचना की थी। 'गोरा' और 'घरे बाइरे' उत्कृष्ट उपन्यास हैं। बंगला में और शायद समूचे भारतीय साहित्य में 'गोरा' ही एक महा उपन्यास है। इसमें साहसी पात्र राष्ट्रीय जीवन के विशाल दृश्यपट पर उभरकर सामने आते हैं। 'घरे बाइरे' में मनोवैज्ञानिक समस्याएं हैं। उनके अन्य उपन्यास 'राजर्षि', आंख की किरकिरी, 'नौका डूबी', 'योगायोग', 'बो ठाकुरानीर हाट', दुई बोन और 'चार अध्याय' उनके लोकप्रिय उपन्यास हैं।

रवीन्द्रनाथ के उपन्यासों में पात्र मुख्यतः बंगला के उच्च मध्यमवर्गीय जीवन से लिए गये हैं जिससे उनका घनिष्ठ सम्पर्क था। उन्हें सभी बर्गों की बंगाली जनता के निकट सम्पर्क में आने का अवसर मिला था। इन विविध अनुभव को उन्होंने अपने उपन्यासों और कहानियों में व्यक्त किया है। बंगला में केवल शरतचन्द्र ही उनसे होड़ ले सकते थे। किन्तु शरत्चन्द्र के उपन्यास एक रस हैं तो रवीन्द्रनाथ

के वैविध्यपूर्ण। शरत्‌बाबू के उपन्यास कौशल तथा उपन्यास स्वरूप की झलक रवीन्द्रनाथ के 'योगायोग' तथा 'चार अध्याय' में देखने को मिलती है। शरत् में व्यापकता अधिक है और रवीन्द्रनाथ में तार्किकता। कुल मिलाकर बंगला साहित्य में उपन्यास लेखक की दृष्टि से भी रवीन्द्रनाथ ठाकुर का विशिष्ट स्थान है।

रवीन्द्रनाथ ठाकुर कवि और उपन्यासकार तो थे ही एक कुशल नाटककार भी थे। उनके नाटकों में विसर्जन, 'राजा ओ रानी', 'अचलायतन', 'प्रायश्चित', 'डाकघर', 'मुकुट', 'मुक्तधारा' आदि उत्कृष्ट कृतियां हैं।

रवीन्द्रनाथ ठाकुर अपने दीर्घजीवन काल में बंगला साहित्य के ही नहीं, भारतीय साहित्य के प्रतिनिधि साहित्यकार माने जाते रहे। वह विश्वबन्धुत्व के समर्थक थे। इसी उद्‌देश्य से उन्होंने 'विश्वभारती' (शान्ति निकेतन) नाम की शिक्षण संस्था स्थापित की थी, जिसे बाद मे विश्वविद्यालय का आकार और गौरव मिला।

आधुनिक उपन्यास

सन् 1924 में बंगला उपन्यासों के लगभग सभी सुविख्यात लेखक 'कल्लोल गोष्ठी' के सदस्य थे। शरत्‌चन्द्र चट्टोपाध्याय और रवीन्द्रनाथ ठाकुर इस गोष्ठी के प्रमुख सदस्य थे। इस पत्रिका ने बहुत से नवीन लेखकों को जन्म दिया। किन्तु इस युग के अधिकांश लेख रवीन्द्रनाथ ठाकुर और शरत् से प्रभावित होकर उन्हीं की दिशा में बहने का प्रयत्न किया।

शरत्‌चन्द्र चट्टोपाध्याय–शरत् का प्रसिद्ध 'पथेरदावी' उपन्यास है, जिसके प्रकाशन पर सरकार ने रोक लगा दी थी। इस उपन्यास का प्रकाशन इस युग की एक उत्तेजनामय घटना थी। पांच वर्ष बाद रवीन्द्रनाथ की 'शेषेर' कविता से प्रभावित होकर उन्होंने 'शेषप्रश्न' लिखा। 'शेष प्रश्न' के प्रकाशन से अनेक समालोचकों को पीड़ा अनुभव हुई किन्तु 'विप्रदास' के प्रकाशन से वह पीड़ा कम हो गई। उसके बाद उनका सुप्रसिद्ध उपन्यास 'श्रीकान्त' प्रकाशित हुआ।

शरत् के उपन्यासों के नायक प्रायः धनाढ्य हैं। श्रीकान्त 'चरित्रहीन', शेष प्रश्न, 'विप्रदास' और गृहदाह उपन्यासों में यह बात स्पष्ट व्यक्त होती है। शरद् बाबू यथार्थवादी होने के साथ-साथ आदर्श समष्टिवादी भी थे क्योंकि उनके मन में मानव मात्र के लिए श्रद्धा और विश्वास था। उनके प्रारंभिक उपन्यास 'देवदास' 'परिणीता' और 'पल्लीसमाज' में भावुकता का चित्रण है। चरित्रहीन 'श्रीकान्त' आदि उनके अंतिम उपन्यासों की आधारशिला साधारण मानव के संघर्ष हैं।

अन्य प्रमुख उपन्यासकार

विभूतिभूषण बंद्योपाध्याय–शरत्‌चन्द्र के उपरान्त जिस उपन्यासकार ने बंगला उपन्यास क्षेत्र में सर्वाधिक आलोड़न पैदा किया उनका नाम है विभूतीभूषण

बंद्योपाध्याय। बंगाल के प्राकृतिक सौन्दर्य से परिवेष्टित ग्राम में रहने वाले मनुष्यों की दरिद्रता, लांछना, और संघर्ष की अभिव्यक्ति उनके प्रसिद्ध उपन्यास 'पथेर पांचाली' और 'अपराजिता' में हुई है।

ताराशंकर बंद्योपाध्याय—वर्तमान काल के सर्वाधिक लोकप्रिय उपन्यासकार ताराशंकर ने एक के बाद एक उपन्यासों की रचना कर अपूर्व चरित्रचित्रों का सृजन किया है। उनका प्रत्येक उपन्यास मानो महाकाव्यात्मक उपन्यास है। उनके विख्यात उपन्यास हैं—'कवि', 'गणदेवता', 'हांसुली बांकेर उपकथा', नागिनी कन्यारकादिनी, आरोग्य निकेतन आदि। इन उपन्यासों में उन्होंने जीवन को केवल अंतर्द्वंद्व के रूप में चित्रित न कर एक वृहत्तर सन्देश के रूप में चित्रित किया है। 'देवता', 'कवि', और 'कालिन्दी' भी उनके बहुत ही उच्चकोटि के उपन्यास हैं। उनके उपन्यारा 'मन्वन्तर' का हिन्दी अनुवाद भी हुआ है।

शैलजानन्द मुखर्जी—शैलजानंद मुखर्जी ने अपने उपन्यास 'कयलाकुटि' तथा 'दिन-मजूर' आदि उपन्यासों में कोयला खदानों में काम करने वाले कुलियों की पीड़ा का यथार्थ वर्णन किया है।

माणिक बंद्योपाध्याय—माणिक बंद्योपाध्याय ने 'दिवारात्रिर काव्य' 'पुतुलनाचेर इतिकथा' आदि उपन्यासों की रचना कर मार्क्सवादी चिंतन का प्रसार किया है।

बुद्धदेव वसु—कवि कथाकार के रूप में बुद्धदेव वसु एक ख्यातिलब्ध साहित्यकार हैं। उनके उपन्यासों में काम प्रवृत्ति और कवित्व का अभिषेक भी हैं। 'जैदिन फुटलो कमल', एकदा तुमिप्रिये, 'बासर घर' आदि उनके प्रसिद्ध उपन्यास हैं। उनका प्रथम उपन्यास 'साड़ी' हैं।

रोमानी कथा साहित्य के रचयिता

रोमानी कथा साहित्य के लेखकों में शरदिंदु बंद्योपाध्याय, प्रबोधकुमार सान्याल, मनोज बोस, सुबोध बोस, विमल मित्र आदि का नाम उल्लेखनीय है। शरदिंदु ने जासूसी तथा ऐतिहासिक रोमानी उपन्यासों की रचना की है। उनके प्रसिद्ध उपन्यास 'गेघगल्लार', 'कालेर मंदिर', 'चूआचंदन' आदि हैं।

प्रबोध सान्याल को वास्तविक ख्याति यात्रा कथाओं से प्राप्त हुई है। उनके उपन्यास "महाप्रस्थाने पथे", "देवात्मा हिमालय" पाठकों के मन में भय, चमत्कार तथा भक्ति का प्रसार करता है। उनका प्रसिद्ध उपन्यास 'हासुबानु' देशप्रेम और चिरंतनप्रेम की अभिव्यक्ति का उज्ज्वल उदाहरण हैं।

मनोज बोस ने 'निशि कुटुम्ब', सेतुबंध, वृष्टि वृष्टि आदि उपन्यासों में जीवन के प्रति प्रेम और विश्वास व्यक्त किया हैं।

सुबोध घोष और विमल मित्र मूलतः कहानीकार हैं।

समसामयिक युग के उपन्यासकार

समसामयिक युग के तीन प्रसिद्ध उपन्यास कार हैं—गजेन्द्रकुमार मित्र, शंकर और समरेश वसु। गजेन्द्रकुमार मित्र ने ''कलकातार काछेइ'' ''पौष फागनेर मेल'' की रचना कर उपन्यास को एक नया आयाम दिया है।

शंकर श्रेष्ठ कहानीकार ही नहीं वरन् अत्यन्त जनप्रिय उपन्यासकार भी है। 'कल अजानारे', ''चौरंगी'', ''सीमाबद्ध'' उनके प्रसिद्ध उपन्यास हैं।

समरेश वसु ने अपने उपन्यासों में स्त्री-पुरूष की काम भावना को व्यक्त किया है। 'बिबर' ''प्रजापति' उनके उल्लेखनीय उपन्यास है।

डाक्टर वनफूल एक वैज्ञानिक होते हुए भी सजीव कथाकार हैं। उनके उपन्यास जंगम, मानदण्ड, स्थावर आदि में नये-नये चित्र हैं।

इन उपन्यासकारों के साथ ही विगत कुछ वर्षों में प्रसिद्ध होने वाले उपन्यासकारों में नीरद रंजन दास गुप्त, नरेन्द्र नाथ मित्र, नवेन्दुघोष, प्रफुल्ल सरकार, सत्येन्द्रनाथ आदि लोकप्रिय हैं।

प्रसिद्ध कहानीकार

बंगला में कहानी लेखकों की प्रचुर संख्या है। उक्त उपन्यास लेखकों में से प्रायः सभी ने कहानियों की ही रचना की और अनेक विषयों पर अपनी अलग-अलग शैली में कहानियां लिखकर प्रकाशित करवाई, जो पर्याप्त प्रसिद्ध हुई। मुख्य कहानीकारों में जरासंघ, ताराशंकर बंद्योपाध्याय, प्रमेन्द्र मित्र, सुबोध घोष, विमल मित्र, रमापद चौधरी, समरेश वसु, मनोज वसु, नंदलाल बंद्योपाध्याय, प्रमथनाथ विशी, शैलजानंद मुखोपाध्याय, प्रतिभा वसु आदि हैं।

नाटक साहित्य

बंगाल में नाट्यकला और रंगमंच से गहरा मोह है। वहां चैतन्यदेव के समय से ही नाटक लिखे जाते रहे हैं किन्तु उनका विकास उड़ीसा में हुआ। बंगाल में अंग्रेजों के आने के बाद आधुनिक बंगला नाटक साहित्य का विकास हुआ है। सर्वप्रथम मौलिक नाटक बंगला में सन् 1857 में रामनारायण तर्करत्न ने ''कुलीनकुलसर्वस्व'' नाम से लिखा था। इसमें बहुविवाहप्रथा के उन्मूलन के दृश्य हैं।

सन् 1858 से 1876 की अवधि में माइकेल मधुसूदन दत्त और दीनबन्धु मित्र ने अनेक नाटक लिखे। मधुसूदन दत्त का बंगला नाटक के क्षेत्र में पहला नाटक ''शर्मिष्ठा'' लिखा गया था। उनके अन्य नाटक एक ग्रीक त्रासदी पर लिखा गया था। गिरीश चन्द्र घोष ने पौराणिक और सामाजिक नाटक लिखकर बंगला साहित्य के शेक्सपियर कहलाने लगे।

शेक्सपियर का गिरीशचन्द घोष ने अच्छी तरह अध्ययन किया था। अंग्रेजी टेकनीक से वे परिचित थे। शेक्सपियर के एक नाटक के बंगला अनुवाद में उन्हें बड़ी सफलता मिली। देशीय नाट्य रूप 'यात्रा' के प्रति उनका सच्चा प्रेम और आस्था थी। जनसाधारण में 'यात्रा' की लोकप्रियता के कारणों को वे अच्छी तरह जानते थे। उनके प्रयत्नों से बंगला नाटक को अप्रत्याशित लोकप्रियता मिली। रंगमंच को भी एक स्थायी आधार मिला।

गिरीशचन्द ने छोटे बड़े, गंभीर एवं मनोरंजन प्रधान, करुण तथा हास्यप्रधान कुल मिलाकर अस्सी नाटक लिखे, जिसमें उन्होंने 'यात्रा' के प्रतिमान का बहुत कुछ अनुसरण किया है। इन नाटकों में प्रेमगीत, भक्तिगीत तथा सस्ते मनोरंजन वाले लगभग सौ गीत हैं।

अमृतलावसु इस काल के एक और जनप्रिय नाटककार थे। वे कामदी लेखक या प्रहसनकार के रूप में प्रसिद्ध हैं।

क्षीरोदप्रसाद विद्याविनोद बीसवीं शती के एक लोकप्रिय नाटककार थे।

द्विजेन्द्रलालराय एक अच्छे कवि, गीतकार तथा नाट्य लेखक थे। उन्होंने सामाजिक नाटक और कुछ प्रहसन भी लिखे हैं। किन्तु उनके अधिकांश नाटक ऐतिहासिक या देशभक्तिपूर्ण हैं। उन्होंने 1906 में "नूरजहां", और "मेवाड़ पतन" लिखा था। 1908 में शाहजहां और 1911 में चन्द्रगुप्त नाटक लिखा था। ये नाटक सबसे सशक्त और प्रौढ़ थे। ये नाटक देशप्रेम और सांस्कृतिक पुनरुत्थान चेतना से ओतप्रोत हैं।

रवीन्द्रनाथ ठाकुर के अधिकांश नाटक बंगला साहित्य की उत्कृष्ट कृतियां हैं किन्तु वे जयशंकर प्रसाद के नाटकों की भांति सामान्य दर्शकों के समक्ष अभिनय के योग्य नहीं है। उनके सुखान्त और दुःखान्त नाटक जनता में बहुत ही लोकप्रिय हैं। उन्होंने कई प्रतीकात्मक नाटक भी लिखे हैं। डाकघर, राजा, और रक्त-करबी से उन्हें संसार में ख्याति मिली है। उनके प्रतीक नाटकों एवं गीत नाटकों में गीतों का प्राचुर्य है जो बंगला नाट्य साहित्य के परम्परा के अनुकूल हैं।

आधुनिक नाटककार

आधुनिक नाटककारों में सचीन सेन गुप्त, मन्मथराम, विधायक भट्टाचार्य और तुलसी लाहिरी के नाम उल्लेखनीय हैं। इनमें भी सेन गुप्त ने नाट्यकला के क्षेत्र में अनेक प्रयोग किये हैं। उनके नाटक कथावस्तु एवं कला दोनों ही दृष्टियों से उत्कृष्ट हैं।

आज के तरुण नाटककारों में मनोज वसु, वनफूल, विजन भट्टाचार्य के नाम उल्लेखनीय है। इनके नाटकों में नूतन शैली, परिवर्तित दृष्टिकोण और वर्तमान जीवन की समस्याओं का चित्रण पाया जाता है। किन्तु बंगला में मौलिक नाटकों की दिन प्रतिदिन कमी होती जा रही है। इस कमी की पूर्ति के लिए नवीन लेखकों

द्वारा प्रयत्न किये जा रहे हैं।

नव नाट्य आन्दोलन के लेखक अजित गंगोपाध्याय, प्रतापचंद्र, सोमेन्द्रचन्द्र नंदी, परेशधर ने विशेष लोकप्रियता अर्जित की है। सामयिक नाटककारों में मोहित चट्टोपाध्याय, बादल सरकार और अजितेश बंद्योपाध्याय स्मरणीय है। आजकल कतिपय नाटककार 'एबसर्ड' नाटक लिखने में लगे हुए हैं।

निबंध और ओलाचना

निबंध और आलोचना के क्षेत्र में सुनीतिकुमार चटर्जी, शशि भूषण दास गुप्त, श्री कुमार बंद्योपाध्याय, विष्णु दे, बुद्ध देववसु, सुधीन्द्रनाथ दत्त, प्रमेन्द्र मित्र, देवीप्रसाद चट्टोपाध्याय, नीहार रंजन रे, मोहित मजुमदार, सजनीकांतदा स्मरणीय हैं। निबंध के क्षेत्र में बंगाली मनीषा की अग्रगति विशेष द्रष्टव्य है। उनके विषय राष्ट्र, समाज साहित्य और संस्कृति हैं। आलोचना के क्षेत्र में समाजनिष्ठ मार्क्सवादी आलोचना का प्रसार हुआ है। अमिय चक्रवर्ती संदर्भमूलक आलोचना के प्रवर्तक हैं। बंगला की नई आलोचना यह प्रमाणित करती हैं कि आलोचना बंधन नहीं, मुक्ति हैं।

(ii) उड़िया साहित्य का इतिहास

उड़िया भाषा—उड़िया भारतीय गणतंत्र की चौदह भाषाओं में से एक है। यह बंगला के काफी निकट होती हुई भी भाषाविदों के अनुसार द्रविड़ से प्रभावित रही है। उड़िसा प्रांत, बंगाल में दक्षिणी-पश्चिमी मेदिनीपुर, आंध्र में टेक्कालि, उद्यानखंड, तरला, इच्छापुर आदि, बिहार में सिंहभूमि, सराईकेला, खुरसुआ आदि तथा मध्यप्रदेश में रायगढ़, सारंगढ़, कांकेर, बस्तर आदि के भूभागों में यह बोली बोली जाती है। यह भाषा मागधी अपभ्रंश से विकसित एक भारतीय आर्यभाषा हे। इसके अन्य नाम ओरिया, उरिया, उत्कली, ओड्री, आदि हैं। उड़िसा का प्राचीन नाम कलिंग, उड्रदेश, या उत्कल मिलता है। उड्र या ओड्र का संबंध द्रविड़ धातु 'ओड्' से ज्ञात होता है। ओड्र का अर्थ होता है खेती करना। उसी से द्रविड़ शब्द 'ओडिसु' बना है, जिसका अर्थ है—'किसान' यह 'ओडिसु' ही उड़िया भाषा में 'ओडिशा' हो गया। आज भी उड़िया भाषी अपने देश को उड़ीसा न कहकर 'ओडिशा' ही कहते हैं। उड्र विभाषा के रूप में उड़िया भाषा का प्राचीनतम उल्लेख भारत के नाट्यशास्त्र में आता है। उड़िया भाषा के प्राचीनतम स्पष्ट नमूने 1051 ई. के अनंत वर्मा के उरजम शिलालेख में मिलते हैं।

उड़िया साहित्य को तीन कालों में विभाजित किया जा सकता हैं—

1. आदिकाल
2. मध्यकाल
3. आधुनिककाल

1. आदिकाल

अनेक चर्यागीतों में उड़िया भाषा और साहित्य की अंकुरावस्था के अलावा बारहवीं शती के पूर्व की अन्य कोई प्रामाणिक साहित्य कृति नहीं मिलती। उस समय या उसके बाद की 'शिशुवेद' ''सप्तांग'' प्रथम उड़िया साहित्य की कृतियों के रूप में उपलब्ध होती है। दोनों ही कृतियां नाथपंथी हैं, इसमें उत्तरकालीन महायानी बौद्ध विचारधारा, योग और शिवपूजा आदि का स्वरूप प्राप्त होता हैं। गंगवंशी राजाओं के समय 11वीं शती के कुछ लेखों-अभिलेखों में तत्कालीन गद्य के स्वरूप का परिचय प्राप्त होता है।

'बौद्धगान ओ दोहा' के सिद्ध कवि लुइपाद, मुसुक कान्हपाद, एवं शबरपाद उत्कल के थे और उनके कुछ पद तत्कालीन उड़िया भाषा के भी हैं, जिनमें सहजिया सम्प्रदाय की सैद्धान्तिक दृष्टि उन्मीलित हुई हैं। आठवीं–दशवीं शताब्दी के मध्य लिखित ये पद उड़िया साहित्य के प्राचीनतम निदर्शन तो हैं ही भक्ति की प्रारंभिक प्रवृत्ति एवं दिशा भी सूचित करते हैं। इस प्रकार आरंभिक उड़िया साहित्य पर बौद्ध प्रभाव रहा और उसके बाद शैव और शक्ति धर्म की अभिव्यक्ति हुई। किन्तु किसी उल्लेखनीय या स्थायी साहित्य को उसने जन्म नहीं दिया।

अंत में वैष्णव धर्म अपनी दो धाराओं–रामभक्ति धारा और कृष्ण भक्ति धारा से उड़िया साहित्य को आप्लावित करता रहा और सबसे अधिक स्थायी रहा।

काव्य कविता की दृष्टि से इस काल के परिप्रेक्ष्य में, वैराग्योद्दीपक कौल या योगी तथा देवदेवी के विवाह या अभिषेक आदि के उपलक्ष्य में 'कलसा' श्रेणी के चौंतीसा और गीतों की रचना हुई थी। बौद्ध सन्यासी वीरसिंह का ''वीर चौंतीसा'' निर्गुण माहात्म्य से सम्बद्ध तत्व मूलक काव्य ग्रन्थ हैं।

सारलादास : (उड़िसा के व्यास)–सारलादास ने पन्द्रहवीं शताब्दी के मध्य में सूर्यवंशी काल में 'महाभारत' की रचना की थी। संसार की विपुलतम साहित्यिक कृतियों में इसकी गणना की जाती है। संस्कृत के महाभारत के समान इसमें भी 18 पर्व हैं, किन्तु फिर भी सारलादास ने इसकी कथावस्तु में अनेक परिवर्तन किये हैं–वहीं उन्होंने इसमें कुछ मिलाया है तो कहीं कुछ छोड़ दिया। हैं और कहीं कुछ परिमार्जन कर दिया है। इस कृषक कवि ने इस ग्रन्थ के द्वारा उड़िया वासियों को और उड़िया काव्यों को जितना प्रभावित किया है उतना अन्य किसी कवि ने नहीं। उनके अन्य दो काव्य हैं–'विलंका रामायण' जिसमें सीता द्वारा महिरावण की मृत्यु दिखाई गई है और दूसरा 'चंडी पुराण' जिसमें उन्होंने वीरांगनाओं को महत्व दिया है।

सारला महाभारत तत्कालीन उड़िसा और भारत का एक बहुमुखी विपुल ज्ञानकोष या 'एनसाइक्लोपीडिया' है। यह मुक्त छन्द में लिखा गया हैं। यह धारा प्रवाह रूप मे पढ़ा जा सकता है, अतः लक्षणों से आधुनिक काव्य के समान ही है।

सारलादास के परवर्ती कवि अर्जुनदास ने ''कल्पलता'' शिशुशंकर ने ''उषाभिलाषा'' और मार्कण्डदास ने गीतिकाव्य 'केशवकोइलि' की रचना की।

पंचसखा–उड़िया साहित्य में यह युग पंचसखा युग कहा जाता है। ये थे–बलरामदास, जगन्नाथदास, अनंतदास, यशवंतदास, अच्चुतानंददास। इनका साहित्य धार्मिक है।

बलरामदास ने प्रथम उड़िया रामायण की रचना की थी। सारला के महाभारत के समान ही यह ग्रन्थ उड़िसा में लोकप्रिय है।

अच्चुतानंददास जो सबसे छोटे थे, उन्होंने अकेले ही जिस मात्रा में साहित्य का सृजन किया हैं, वह उससे बहुत अधिक हैं, जितना एक मनुष्य लिख सकता है। हजारों की संख्या में उनकी कृतियां उपलब्ध हैं। उन्होंने 'शून्यसंहिता' और 'हरिवंश' (कृष्णचरित) की रचना की थी। बलराम की 'जगमोहन रामायण' प्रसिद्ध है। दूसरे कवियों के भी बहुत से गीत और भजन मिलते हैं। किन्तु इन पंचसखाओं में सबसे अधिक प्रतिभावान और अनेक कृतियों के सर्जक जगन्नाथदास हैं।

जगन्नाथदास ने संस्कृत के भागवत के अनुकरण पर 'भागवत' ग्रन्थ की रचना की हैं, जो सर्वोत्तम हैं। इसमें भाषा सरल, मधुर शैली का प्रयोग किया है। यह ग्रन्थ आज तक उड़िसा में निरवच्छिन्न प्रसिद्धि से उद्भासित हो रहा है, उड़िया लोगों के धार्मिक जीवन, नैतिक जीवन और भक्ति जीवन को नियंत्रित करता चला आ रहा है और लोकशिक्षा के संबल रूप में अवलंबन बना रहा है। वस्तुतः उड़िया के साहित्य जगत में यह भागवत ''उड़िया जनता की बाइविल'' नाम से प्रसिद्ध है। नगर या वन जहां कहीं भी उड़िया मजदूरों का झुंड देखने को मिलता है, निश्चय ही उनके पास जगन्नाथदास का भागवत ही खाली समय के साथी के रूप में होता हैं। उड़िसा की जनता पर इस ग्रंथ का प्रभाव बहुत ही अधिक है। गंवई भूभाग में तो शिक्षा का प्रेरणा बना हुआ है। सारलादास और जगन्नाथदास वास्तव में सर्वहारा वर्ग के कवि थे।

इस युग के सारलादास, पंचसखाओं की रचनाओं में ही वैष्णवधर्म की प्रतिष्ठा हो जाती है। उनकी रचनाओं में पूर्ववर्ती बज्रयान-सहजयान के सूत्र भी अन्वित हैं। षटचक्र तथा हठयोग की भी चर्चा है, जिसकी साधना से ब्रह्म की अनुभूति होती है। योग शब्द के पारिभाषिक शब्दों का भी प्रयोग हुआ है। प्रतीक रूप में राधा और श्रीकृष्ण है किन्तु उनकी निर्गुणपरक परिकल्पना है। वंशीधर मोहंती का कथन है कि ''पंचसखा साहित्य के विषय में श्री क्षेत्र जगन्नाथ को शून्य रूप में और राधा-श्रीकृष्ण को परब्रह्म तथा शून्यरूप में स्वशरीर के मध्य में माना गया है। षट्चक्र तथा हठयोग के माध्यम से शून्यदर्शन करके साधक का जीवनमुक्ति लाभ करना परम काम्य बताया गया है। (भारतीय साहित्य, पृ. 50) चैतन्यदास और वीरसिंह उड़िया में निर्गुन उपासना के प्रवर्तकों में हैं जिसका प्रेरणास्रोत लुप्तप्राय महायान

बौद्ध सम्प्रदाय ही था। पंचशाखाओं में यह निर्गुण सम्प्रदाय वैष्णवधर्म के अन्दर विकसित हुआ।

2. मध्यकाल

15वीं शताब्दी के अंत और 16वीं शताब्दी के आरंभकाल में 'पंचसखा' भक्त कवियों का अंतिम ज्योतिपुंज अस्त हो गया। सारलादास और पंचसखा के कवियों ने योग के आचार और परमतत्व के प्रति मानसिक समर्पण की शिक्षा दी थी, वहां चैतन्य ने मधुर कीर्तन और स्वर्गिक नर्तन द्वारा कृष्ण को पति रूप में मानकर उसकी स्त्रीभाव से आराधना करने की प्रेरणा दी थी। चैतन्य के इस मत का उड़ीसा की राजनीति और उसके नैतिक एवं धार्मिक वातावरण पर भीषण प्रभाव पड़ा। मुसलमानों के आक्रमण भी हो रहे थे। उड़िसा शीघ्र ही पराधीन हो गया। देश छोटे छोटे राज्यों में बंट गये, जिनका ध्येय अब केवल अंतःपुर और आखेट तक सीमित था। इस अन्तःपुर के वातावरण को चैतन्य और उनके सम्प्रदाय के दर्शन से अप्रत्यक्ष प्रोत्साहन मिला। जयदेव की कविता ने विलासिता का वातावरण निर्मित किया। विवेकानन्द जैसे मनीषा के शब्दों में—"संपूर्ण उड़ीसा कायरों का देश बन गया था और बंगाल चैतन्य प्रतिपादित राधा प्रेम के अनुसरण में पिछले चार सौ वर्षों में पौरूष की सारी भावना खो चुका था।" (टाकूस विद् स्वामी विवेकानंद, पृ. 389) यह मध्ययुग की उड़िया कविता का संक्षिप्त परिचय है।

कवि सम्राट उपेन्द्रभंज के पितामह और 'रघुनाथ विलास' आदि के कवि धनंजयभंज को मध्यकाल का प्रतिष्ठाता कहा जाता है। इस समय के लोकनाथ विद्याधर एक प्रसिद्ध कवि हैं। इनके काव्यग्रन्थों में 'नीलाद्रि-महोत्सव' एक अनन्य कृति है। उड़ीसा में बाहर से आये भूपति पण्डित ने उड़ीसा में शिक्षा प्राप्त करके "प्रेम पंचामृत" काव्य की रचना की। देवदुर्लभ दास की 'रहस्यमंजरी' के समान ही 'प्रेमपंचामृत' में भी वैष्णव सिद्धान्तों और प्रेमभक्ति का विवेचन है।

कवि सम्राट उपेन्द्रभंज के समकक्ष दीनकृष्णदास का उदय हुआ। उन्होंने 'रसविनोद' नामक विशाल रचना में दुःख और दैन्य का सुन्दर परिचय दिया है। इनके चौंतीसे भी सफल कृतियां हैं। इनके सर्वश्रेष्ठ लोकप्रिय काव्य "रसकल्लोल" में जगन्नाथजी के अवतार श्रीकृष्ण के जन्म आदि का चित्रण किया गया है।

उपेन्द्रभंज—राजकुमार कवि सम्राट उपेन्द्रभंज मध्यकाल के सर्वाधिक प्रसिद्ध कवि थे। उनका समय 1675 से 1720 ई. है। भाषा, अभिव्यक्ति शैली, उपमादि अलंकार, कल्पना, चातुरी, ज्ञान की गंभीरता, कवित्व और पांडित्य में वह श्रीहर्ष सदृश संस्कृत कवियों की श्रेणी में रखे जाते हैं। उनकी 'लावण्यवती', "कोटिब्रह्मांड सुंदरी" आदि प्रायः 60-70 सुन्दर काव्यरचनाएं हैं। भाषा पर उनका असाधारण अधिकार है। उक्त दोनों रचनाएं उनकी सर्वश्रेष्ठ काव्य कृतियां हैं।

वैष्णव भक्ति–गौड़ीय वैष्णव प्रेम भक्ति मूलक अनेक काव्यों की रचना भी इस काल में हुई। उनमें प्रथम उड़िया कवयित्री वृन्दावती दासी रचित ''पूर्णतम चन्द्रोय'' का विशिष्ट स्थान हैं। इसी काल के अन्य विशिष्ट वैष्णव कवि सदानन्द कवि सूर्यब्रह्मा की बहुत सी कृतियां भी अनुपम बन पड़ी हैं।

इसी काल में विश्वनाथ खुण्टिया और केशव पटनायक जैसे रामपन्थी कवियों ने ''गीति रामायण'' की रचना की। इनका 'वाग्विलास' आज भी रामलीला के नृत्याभिनय में प्रयोग होता चला रहा है।

उपेन्द्रभंज का काव्यप्रभाव तथा सदानन्द कवि सूर्य ब्रह्मा का वैष्णव प्रभाव इस काल की प्रमुख प्रवृत्तियां हैं।

इस काल में व्यंग्य एवं परिहास का आश्रय लेकर चक्रपाणि, कवि सूर्य बल्देव रथ एवं यदुमणि ने एक विभाव की सृष्टि की किन्तु सभी कवियों पर उपेन्द्रभंज की कविताओं का प्रभाव स्पष्ट रूप से परिलक्षित होता है।

ब्रजनाथ बलचैना ने केवल तत्कालीन मराठाओं के साथ ढेंकानाल के राजा के युद्ध का प्रभावशाली वर्णन अपने काव्य ''समरतरंग'' में किया हैं। उनका सर्वश्रेष्ठ काव्य 'अंबिकाविलास'' है। इसी समय वनमाली ने संगीत के नियमों में बंधें गीति साहित्य की प्रतिष्ठा की। बाद में बलदेव और गोपालकृष्ण ने इस साहित्य की भी वृद्धि की।

अभिमन्यु सामन्तसिंडार इस काल के परम वैष्णव कवि है। इन्होंने काव्य शैली मे उपेन्द्रभंज का अनुसरण किया है। वे सर्वाधिक बहुज्ञ कवि थे। इनके प्रसिद्धतम 15 प्रकार के छन्दों वाले मधुर कृष्ण लीला काव्य ''विदग्ध चिंतामणि'' में राधाप्रेम भक्ति का चित्रण किया हैं। इसमें उनका रीतिकवित्व भी दृष्टिगोचर होता है।

ऐसे ही एक जनप्रिय कवि भक्तचरण (1745-1805) द्वारा विरचित ''मनबोध चौंतीसा'' में जगन्नाथ भक्ति का अपूर्व भाव से वर्णन किया गया है। उनका दूसरा वैष्णव भक्ति का काव्य है–''मथुरामंगल''।

कृष्णसिंह का ''महाभारत'' इस काल की एक विराट कृति है। विश्वम्भर दास नाथ का विचित्र महाभारत भी जन सामान्य में लोकप्रिय है। रामकृष्ण की लीलाओं को नृत्य के माध्यम से प्रस्तुत करने वाली 'विचित्र रामायण' 'रामलीलामृत' और 'कृष्णलीलामृत' भी ऐसी ही रचनाएं है।

कवि सूर्य बल्देव रथ उन्नीसवीं शताब्दी के प्रथमार्ध के कवि हैं। वे मुख्यतः संगीत कवि है। चौंतीसा शैली का उनका प्रसिद्ध ''किशोर चन्द्रानन्दचम्पू' है। इसमें राधा कृष्ण के विरह मिलन में महिला के साथ स्वाभाविकता का मिलन ओतप्रोत है।

गोपाल की 'गीतावली' उड़िया गीति साहित्य की अन्यतम उज्जवल कीर्ति है। इसमें वैष्णव तत्व, प्रेमभक्ति तथा संगीत माधुरी का अपूर्व संगम हुआ है।

उक्त सभी रचनाओं में कम से कम 400 ग्रन्थों में वैष्णव भक्ति के साथ-साथ

चमत्कारपूर्ण रीतिकाव्य का वैभव भी देखा जा सकता है।

मध्यकाल में एक महत्वपूर्ण कवि भीमा भाँई हुए जिन्हें महान कंघ कवि भी कहा जाता है। ये आदिम जाति के थे। उन्होंने अहिंसा धर्म नामक एक नया पंथ चलाया। जिस धर्म का उन्होंने उपदेश दिया उसे 'महिमधर्म' या महिमा का धर्म' कहते हैं।

3. आधुनिककाल : (स्वतंत्रता पूर्व एवं स्वातंत्र्योत्तर)

उड़िया काल में स्वच्छन्दतावाद–ऐसा कहा जाता है कि 1879 ई. में आधुनिक उड़िया साहित्य का अवतरण हुआ। 1873 ई. में नवीन कविता के रूप में राधानाथ, मधुसूदन की कवितावली प्रकाशित हुई। 1873 ई. में अन्यान्य पत्र-पत्रिकाओं में साहित्य की विविधता दिखाने के लिए "उत्कलदर्पण" प्रकाशित हुआ। इसी दशक में जगन्मोहन ने "बाबाजी" नाटक की रचना की। रामशंकर ने प्रथम उपन्यास सौदामिनी लिखा। इसी काल में एक अन्य दिशा में भी कार्य हुआ–और वह था पाठ्यपुस्तकों का लिखा जाना। साहित्यकारों ने विविध विधाओं की ओर अपनी लेखनी चलाई और प्रायः 70 वर्ष के अंग्रेजी शासन के बाद अंग्रेजी शिक्षा और साहित्य को उड़िया में ग्रहण करके उसका उपयोग किया गया। प्राचीन परम्पराओं के साथ पाश्चात्य तथा नवीन साहित्य का सामंजस्य अपने देश की पृष्ठभूमि में किया गया। इस नई उथल-पुथल को सभी ने स्वीकार किया और अपने साहित्य में स्थान दिया।

वस्तुतः उड़िया के आधुनिक साहित्य का दिग्दर्शन इसके तीन महान लेखकों राधानाथ, मधुसूदन और फकीरमोहन के कार्यक्षेत्रों और सफलताओं की संक्षिप्त रूप रेखाओं द्वारा भली प्रकार प्रस्तुत किया जा सकता है। इन तीनों लेखकों की प्रतिभा और व्यक्तित्व में यद्यपि यथेष्ट अंतर था किन्तु मृत्युपर्यन्त घनिष्ठ मैत्री ने इन्हें एक सूत्र मे बांध रखा था। तीनों ने उड़िया भाषा के कोष में अक्षय निधि प्रदान की है।

इस यशस्वी त्रिमूर्ति का संक्षिप्त परिचय इस प्रकार हैं–

राधानाथ–राधानाथ सबसे अधिक ज्ञान रखने वाले आधुनिक कवि थे। उन्होंने अनेक भाषाओं और साहित्यों का गंभीर अध्ययन किया था। उनकी विशेषता है कि उनके अनेक काव्यों की कथावस्तु, जो कि विदेशी साहित्य विशेषकर यूनानी पुराण साहित्य में लोकप्रिय होकर उड़ीसा की विभिन्न भौगोलिक पृष्ठभूमियों में चित्रित हुई है और स्थानीय इतिहास, किंवदन्ती एवं धार्मिक विश्वासों से जिनका श्रृंगार हुआ है। इनके प्रायः सभी काव्यों में राष्ट्रीय भावना सर्वोपरि दिखाई देती है। इनसे भी बढ़कर बात तो यह है कि इनके साहित्य में प्रकृति के विविध रूपों का खुलकर चित्रण हुआ है। इस दृष्टि से वह अपने "चिलिका सरोवर" नामक

खण्डकाव्य में अत्यन्त सफल रहे है। 'चिलिका' ही उनकी सर्वश्रेष्ठ कृति है। उनकी अन्य प्रसिद्ध रचनाएं हैं—महायात्रा, पार्वती, नन्दिकेश्वरी आदि। 'चिलिका' भारतीय साहित्य में एक अनूठी कृति है। महायात्रा 'मुक्त छन्द' अथवा 'मिल्टन के छन्द' में लिखा गया है। इसमें हिमालय पर पाण्डवों की अंतिम यात्रा का वर्णन है। इनका अपूर्ण काव्य ''पार्वती'' दुःखान्त काव्य है। राधानाथ का देहान्त 1908 में हुआ किन्तु उनके विशाल साहित्य से उड़िसा जनता में उनकी अक्षयकीर्ति सर्वदा प्रतिष्ठित रहेगी।

मधुसूदन राव—मधुसूदन (1853-1912 ई.) राधानाथ के शिष्य, एक दार्शनिक और भक्त कवि हैं। भक्तिमय जीवन का निर्मल रूप इनकी कविताओं में परिस्फुटित हुआ है। वेद एवं उपनिषद काल के ऋषियों को ही सुलभ अनेक दिव्य अनुभूतियों की अभिव्यक्ति भी इनकी कविता में हुई है। उनकी कविताएं उड़िसा के प्रत्येक स्कूल में पढ़ाई जाती हैं और उनका गद्य शिक्षित उड़ियाइयों की विचारधारा का अभिन्न अंग बन गया हैं। इस प्रकार अध्यापक, शिक्षाशास्त्रि, कवि और धार्मिक नेता के रूप में मधुसूदन का उड़ियावासियों की राष्ट्रीय परम्परा में अनूठा स्थान है।

फकीर मोहन सेनापति—अनेक लोग फकीर मोहन सेनापति (1843-1918) को आधुनिक युग के साहित्यकारों में अग्रणी मानते हैं। इन्होंने 55 वर्ष की उम्र में स्वभावतः उत्तम एवं गंभीर साहित्य की रचना की। उनके उपन्यास ''छमाण'' आठ गुण्ठ'', भामू लछमा और 'प्रायश्चित' और लघु कथाएं आज भी सर्वाधिक शक्तिशाली एवं आदरणीय रूप में ग्राहृय हैं। जीवन के सभी उतार चढ़ावों का ज्ञान, तीक्ष्ण पर्यवेक्षण, अभिव्यक्ति चातुरी, व्यंग्यपरिहासपरक भंगिमा इत्यादि किसी भी दृष्टि से देखें वह उपन्यासकारों में सर्वश्रेष्ठ हैं। उनकी रचनाओं में तत्कालीन समाज और मनुष्यों के जीवन के सर्वतोमुखी चित्र सुरम्य शैली में चित्रित हुए हैं। इनके अलावा इनकी एक आत्मकथा लब्धप्रतिष्ठ रचना है। इसमें शिवाजी के काल में केउंझर में हुए भुइयां विद्रोह में उनके प्रत्यक्ष जीवन मरण के संघर्ष की अनुभूति किसी भी आधुनिक भारतीय भाषाओं के लेखक की कृतियों में दुर्लभ ही हैं।

फकीर मोहन ने रामायण महाभारत का उड़िया में अनुवाद किया है तथा ''पुष्पमाला'' ''उपहार'' जैसी कृतियों से नई रंगत दी है। उड़िया में उनका काव्य प्रभाव काफी दूरगामी सिद्ध होता है।

इस त्रिमूर्ति के अनुयायी—आधुनिक उड़िया साहित्य के इन तीन आचार्यों में प्रत्येक के अनेक अनुयायी थे। किन्तु इनमें से दो की कवि प्रतिभा की मौलिकता और उससे उद्भूत कृतित्व उड़िया के गौरव मंदिर की वरेण्यनिधि हैं।

गंगाधर मेहेर—गंगाधर मेहेर (1871-1924) ने राधानाथ पन्थी होने पर भी उपेन्द्रभंज की आलंकारिक वाग्रीति, वाल्मीकि-व्यास-भवभूति एवं सर्वोपरि कालिदास के हिंदूसंस्कृतिमूलक आदर्श की भंगिमा और प्रकृति के मानवीकरण की दृष्टि को

मुख्य रूप से स्वीकार किया है। इन सबके समन्वय तथा अपने स्वतंत्र चमत्कार के लिए यह एक हृदयग्राही ही कवि बन पड़े हैं।

उड़ीसा के सभी कवियों की अपेक्षा मेहर की विशिष्टता इनका उत्कृष्ट काव्यशिल्प है। उनके साहित्य में शैली की सरलता और मनोरमता, समस्त कृतित्व में प्राप्त शांतिपूर्ण शास्त्रीय गौरव आदि गुणों के कारण उड़िसा के कवियों की श्रेणी में इन्हें विशिष्ट स्थान प्राप्त है। उन्होंने प्राचीन 'शास्त्रीय शैली' में न केवल काव्य ही लिखे वरन् नवीन शैली के अनुसार लोकगीत, सानेट और गीतियों की भी रचना की है। इन फुटकर गीतों में उनकी मौलिक प्रतिभा और अधिक निखरी है।

नंदकिशोर बाल –उड़िया साहित्य में पहली बार गांव में पले इस कवि ने गांव और उनके गीतों को अभिव्यक्ति दी है। उन्होंने गीत, लोरी, प्रगीति काव्य और ग्रामगीत उड़िसा के चिर उपेक्षित लोकगीतों की शैली में लिखा है। उनका "पल्ली चित्रा" अथवा ग्राम चित्रावली उड़िसा के ग्रामीण जीवन का मनोरम किंतु वास्तविक चित्र है।

गोपबन्धुदास : (सत्यवादी शाखा)

सन् 1910 ई. से 1925 ई. तक उत्कलमणि गोपबन्धुदास (1876-1928 ई.) के नेतृत्व में स्थापित "राष्ट्रीय सत्यवादी वनविद्यालय" द्वारा समग्र उड़िसा में बड़ा क्रांतिकारी काम किया गया। गुरुकुल की पद्धति पर गठित इस राष्ट्रीय सत्यवादी विद्यापीठ में स्वराज्य आन्दोलन के लिए बहुत से छात्र सैनिकों ने शिक्षा ग्रहण की थी और यहां पर ही संग्राम के लिए अस्त्र-मंत्र के रूप में एक नए साहित्य का सृजन हुआ। गोपबन्धुजी की राष्ट्रीय काव्य कविताओं और आचरण एवं त्याग ने तरुणों को मुख्य रूप से उद्बोधित किया था। अनेक लेखकों ने इस राष्ट्रीय भावना का अनुसरण किया। इसके अतिरिक्त उन्होंने इस शाखा के लेखकों को विचारपरक गद्य साहित्य का प्रणयन और साधना करने के लिए प्रेरित किया। उन्होंने बहुत ही प्रभावोत्पादक गद्य रचना की है। उनके साथ काम करने वाले नीलकण्ठ सभी क्षेत्रों में बड़े ही संस्कार प्रवण और राष्ट्रीयवादी थे। उनकी प्रधान काव्यकृति है–"कोणार्क"। उनकी गद्यशैली में मधुसूदन का गाम्भीर्य, फकीर मोहन का वेग और गोपबन्धु की परिष्कृतता विद्यमान हैं। समालोचक की दृष्टि से वह अपनी निष्पक्ष विचारधारा के लिए प्रसिद्ध है। इसके अलावा इस शाखा के अन्य प्रमुख व्यक्ति हैं–नाटककार, उपन्यास लेखक, और गीतावली के लेखक गोदावरीश मिश्र।

उड़िया के अन्य स्वच्छन्दवादी लेखकों कवियों में चिंतामणि महति, कुंतलाकुमारी, लक्ष्मीकांत महापात्र, कृपासिन्धुमित्र, चन्द्रमणिदास आदि के नाम उल्लेखनीय है। सत्यवादी शाखा की राष्ट्रीयता का सबसे अधिक प्रस्फुटन हुआ कुन्तला कुमारी के काव्य स्फुलिंगों 'आवाहन' आदि में।

उड़िया काव्य में सबुज वर्ग (प्रगतिशील चेतना)

1935 ई. के बाद के दशक में सबुज वर्ग के कवि रवीन्द्रनाथ के प्रभाव को लिए पाठकों के सामने आए। उसका विकास 'युगवीणा' पत्रिका की कविताओं में होता है। भगवती चरण पाणिग्रही ने 'नवयुग साहित्य संसद' नामक संस्था की स्थापना की और 'आधुनिक' नाम से मासिक प्रकाशित किया। सबुज के दोनों कवि कालिंदीचरण पाणिग्रही और वैकुंठनाथ अतीन्द्रिय भावजगत से निकलकर क्रांति और संघर्ष का स्वर मुखर करने लगे। 1936 से 1947 तक यह प्रगतिशील धारा अपने भौतिक स्वरूप में गतिशील रही। अनंत पटनायक (1914) भी स्वच्छन्दतावाद के स्वप्न संसार से मुक्त होकर समाजवादी चेतना की ओर उन्मुख हुए। उनके ''रक्तशिखा'' और ''किंचित'' में प्रेम की वर्जनामुक्त अभिव्यक्ति और नवयुग की पदचापों की स्पष्ट आहट सुन पड़ती है। 'स्वप्न देखुच'' में कवि अतिन्द्रिय स्वप्न का नहीं ठोस यथार्थ का साक्षात्कार करता है।

सच्चिदानन्दराउनतराय विप्लवी प्रवृत्ति के जनवादी कवि है। उनके काव्य में सर्वहारा वर्ग की आकांक्षा और वर्ग संघर्ष की वामपंथी विचारधारा की प्रबल अभिव्यक्ति हुई है। गोकुलानंद राय चूड़ामणि, नवकृष्ण चौधरी, मनमोहन मिश्र इस धारा के अन्य कवि हैं। परवर्ती कवियों ने मार्क्सीयदर्शन के साथ मुक्त छन्द और मुक्त अभिव्यंजना का भी आधार लिया हैं। प्रगतिवादी कवि नित्यानंद महापात्र और गोदावरीश महापात्र ने गीध, चील, ढाढ़ी जैसे उपेक्षित प्रतीकों का प्रयोग कर जागृति के अनेक स्तर उद्घाटित किये हैं।

इसी युग में गीतकार कुंजबिहारीदास, नाटक में कालीचरण, यात्रा में वैष्णव पाणि, उपन्यास में कान्हुचरण, राजकिशोर पटनायक, नित्यानन्द महापात्र, गांधीवादी हरेकृष्ण मेहताब कहानियों में राजकिशोरराय, राजकिशोर पटनायक आदि अन्य प्रमुख स्त्रष्टा है।

उन्नीसवी शताब्दी के अन्त से लेकर अब तक विश्वनाथकर, मृत्युंजय रथ, शशिभूषण राय, नीलकण्ठ, कालिन्दीचरण, मायाधर मानसिंह प्रमुख रूप से शक्तिशाली साहित्य के निर्माता रहे हैं। ''पूर्णचन्दभाषा कोश'' के लिए गोपालचन्द प्रहराज प्रसिद्ध हैं। समालोचक के रूप में शशिभूषण रत्नाकर, गोपीनाथ नन्द, आर्य वल्लभ, गौरीकुमार ब्रह्मा, वेणुधर राउत आदि के नाम उल्लेखनीय है।

प्रयोगवाद और नई कविता

स्वाधीनता के बाद उड़िया काव्यधारा में नई चेतना ने नई काव्य प्रवृत्तियों को जन्म दिया। विश्वकवि रवीन्द्रनाथ ने अन्य भारतीय भाषाओं के साथ उड़िया कवियों को भी प्रभावित किया था। किन्तु रवीन्द्र विरोध जब बंगला में बढ़ा तो उड़ाया में भी

यह लहर दौड़ गई। यहां सबुजवर्ग के कवियों के पश्चात् प्रभाववादी कवियों का प्रभाव बढ़ा। कविगण फायड, कार्लमार्क्स, और विटमैन की विचारधाराओं को रिलामिलाकर काव्य रचने लगे। इन कवियों में शचिराउत राय, अनंत पट्टनायक और मोहन मिश्र आदि के नाम उल्लेखनीय है। इस बीच राधामोहन् गड़नायक के काव्य में नया उत्कर्ष आया और वे कविता को नवीन भावभूमि पर ले गये। इनका असर विद्युत प्रभा देवी के काव्य पर पड़ा और वे नई काव्य रचना करने लगीं। धीरे-धीरे नये युगबोध और चुनौतियों ने उड़िया के तरुण कवियों को मथना शुरू कर दिया। उत्कलदीपिका की ज्योति में चिनगारियां उठने लगीं और उड़िया की नई कविता में तनाव संघर्ष और चीख की आवाज तेजी से सुनाई दी।

उड़िया की नई काव्यधारा में आस्था अनास्था की टकराहट लिए बहुत से कवि एक साथ उभरकर सामने आए हैं। इन कवियों में अनंत पटनायक, उमाशंकर पंडा, कालिन्दीकरण पाणिग्रही, गोदावरीश महापात्र, गोपालचंद मिश्र, नित्यानन्द महापात्र, प्राणकृष्ण सामल, विनोद राउतराय, कुमारी तुलसी, मनोजदास, रमाकांत रथ, सदानंद चंपतिराय, जानकी वल्लभ सुंदरकर, चन्द्रशेखर मिश्र, कृष्णचन्द्र त्रिपाठी, गुरुप्रसाद महांति, कुंजबिहारीदास, चिंतामणि बेहरा, यमुनादास महापात्र जैसे बहुत से कवि हैं। इन कवियों ने लोकभाषा की लय तथा नए उपमानों, प्रतीकों एवं बिम्बों में जीवन का दर्द लिखा है। जैसे मनोजदास की कविता 'बुढ़ा' में एकांत राह पर चलता चांद विशेष क्लांत है और उसकी छाती में हू-हूं हो रही हैं। रमाकांत रथ की कविता 'लंठन' में उसे नहीं पता कैसे गरम हुई यह लालटेन। सच्चिदानन्द राउत की कविता में एक पंछी पंख फड़ फड़ाकर परेशान है। श्री वत्सनायक की कविता में 'वेदनाओं' की उदात्त लहरें उठ रही हैं। इस प्रकार उड़िया की नई कविता में रस राग के गान कम, मोहभंग का दर्द अधिक है।

अभी हाल में नये कवि हिन्दी के समान 'अकविता' के प्रति आग्रहशील है। वे अकविता, न-यु-लु, अनाम, अवधूत, नक्ष्यत्र आदि बेतुके बेढंगे वर्गों में एकत्र हुए हैं। इन युवा कवियों में 'एंग्री यंग मैन' रविसिंह भी है। रीताकांत महापात्र ने सबसे ज्यादा लिखा है। 'वर्षा की सुबह' उनका प्रसिद्ध एवं पुरस्कृत काव्यग्रन्थ है।

उड़िया उपन्यास

उड़िया में प्रथम उपन्यास लेखक रामशंकर को माना जाता हैं। उन्होंने 'सौदामिनी' उपन्यास लिखा है। फकीर मोहन सेनापति ने छमाण आठगुण्ठ, मामु, प्रायश्चित आदि उपन्यासों की रचना की है। फकीर मोहन उड़िया के उपन्यासकारों में सर्वश्रेष्ठ माने जाते है। उनकी रचनाओं में तत्कालीन सामाजिक जीवन का सुन्दर शैली में चित्रण हुआ है। ब्रिटिशकाल के अन्य उपन्यासकार रामशंकर, उमेशचन्द्र, नन्दकिशोर आदि हैं।

बीसवीं शती के प्रथम कई दशकों में अश्विनी कुमार ने बहुत से औपन्यासिक

नाटकों की रचना की है। 1935 ई. के बाद के दशक में सबुज वर्ग के लेखकों में महत्वपूर्ण वैकुण्ठनाथ द्वारा विरचित प्रसिद्ध उपन्यास "माटिर मणिष" अर्थात मिट्टी का मनुष्य सामने आया। यह उपन्यास गांधीवादी आदर्शों पर आधारित है। गांधीजी के आन्दोलन को आधार बनाकर हरेकृष्ण मेहताब ने कई उपन्यासों की रचना की है।

स्वातंत्र्योत्तर उपन्यासकारों में नवीन युग का सूत्रपात करने वाले रचनाकार गोपीनाथ मोहंती हैं। उन्होंने अपने प्रथम उपन्यास 'परजा' (1945) के प्रकाशन से उड़िया उपन्यास को एक नया आयाम दिया है। उनके अन्य उपन्यास 'हरिजन', 'राहुर छाया', 'दाणापाणी', 'लयविलय', 'माटिमटाल' है।

स्वातंत्र्योत्तर सफल उपन्यासकारों की एक लम्बी सूची बनाई जा सकती हैं, जिसका नेतृत्व कमलाकांत दास, सराजकिशोर पटनायक, नित्यानंद महापात्र, प्राणकृष्ण साम, ज्ञानेन्द्र वर्मा और सुरेन्द्र मोहंती जैसे वरिष्ठ लेखकों के हाथों में है। इनमें सुरेन्द्र मोहंती का नाम उड़िया साहित्य में साहित्यिक गुणवत्ता के लिए प्रसिद्ध है। उनके तीन उपन्यास 'अंधदिगंत', नीलशैल और शताब्दीर सूर्य" का ऊँचा स्थान है। शांतनु आचार्य ने 'नर किन्नर' आदि कई उपन्यासों की रचना की है। युवा पीढ़ी के लेखकों में महापात्र नीलमणि, शांतनु कृष्णप्रसाद मिश्रा और गोविन्ददास का नाम कथा साहित्य में उल्लेखनीय है। उनके उपन्यासों में समकालीन परिस्थितियों का यथार्थ वर्णन प्रस्तुत किया गया है। वे सामाजिक व्यवस्था को सुधारकर उसे अधिक संगठित रूप देना चाहते हैं।

कहानी

कहानी के क्षेत्र में सर्वप्रथम फकीर मोहन सेनापति ने कतिपय लघु कथाओं की रचना कर कहानी की शुरूआत की है। इन लघुकथाओं में तत्कालीन मनुष्यों और समाज के जीवन का सर्वतोमुखी चित्र प्रस्तुत किया गया है। कहानी के क्षेत्र में सुरेन्द्र महन्ती श्रेष्ठतम शिल्पी कहे जा सकते हैं। उनकी कहानियों में प्राचीन बौद्धयुग के वातावरण तथा आधुनिक सभ्यता के बहिरंग जीवन का सजीव चित्रांकन हुआ है। इनका बड़ा आकर्षण है नाटकीयता से ओतप्रोत शैली। इनके समान शिल्पियों में वामाचरण मित्र, महापात्र नीलमणि साहू और किशोरी चरणदास का नाम लिया जा सकता है।

इसके अलावा सामयिक उड़ीया कहानीकारों में प्रमुख हैं—राजकिशोरराय, विभूतिभूषण त्रिपाठी, प्राण बंधुकर, अच्युतानंद पति, अखिल मोहन पटनायक, कृष्णा प्रसाद मिश्रा, शांतनुकुमार निमाई, चरण पटनायक, रवि पटनायक, हेमकांत मिश्रा, वीणापाणि मोहंती और रेणुका देवी। इनमें से सभी लेखकों की विषय वस्तु और शिल्प अलग-अलग हैं। इन सभी लेखकों के कई-कई कहानियां प्रकाशित हो चुकी हैं। उड़िया में स्वाधीनता के बाद की सबसे विकसित विद्या कहानी को माना जा सकता है।

नाटक

आधुनिक उड़ीया नाटक तीन चरणों में विकसित हुआ है। पहले की अवधि 1880 से 1920 तक का हैं। और इसके नेता रामशंकर राय हैं, दूसरे की अवधि 1920 से 1940 तक का है और इसका नेतृत्व अश्विनी कुमार घोष ने किया है और तीसरे की अवधि 1940 से 1958 तक है, जिसके नेता कालीचरण पटनायक है।

स्वाधीनता के पूर्व नाटक को जनमानस के मनोरंजन का एक साहित्यिक विधा माना जाता था–एक स्वतंत्र तथा विशुद्ध साहित्य विधा के रूप में उसे वह स्थान प्राप्त नहीं था। यह प्रवृत्ति वर्तमान शती के सातवें दशक के आरंभिक वर्षों में बनी रही। हालांकि मनोरंजनदास ने इब्सन की पद्धति पर मनोवैज्ञानिक नाटक 'आगामि' (1950) की रचना की थी। उसी समय से रंगपटल आन्दोलन भी शुरू हुआ है। कुछ लोगों के अनुसार रामशंकर प्रकृत उड़िया नाटक साहित्य के प्रतिष्ठाता हैं। उन्होंने संस्कृत नाटकों की परम्परा में "कांची कावेरी" जैसे कितने ही नाटकों का प्रणयन किया तथापि आप ने सामाजिक नाटकों और प्रहसनों आदि में स्वतंत्र विचारधारा का प्रतिपादन किया है। कोठपदा महंत के उद्यम और उत्साह से स्थापित किए गये रंगमंच पर इनके अनेक नाटकों का अभिनय किया गया है।

बीसवीं शताब्दी के प्रथम कई दशकों में अश्विनी कुमार ने बहुत से औपन्यासिक नाटकों की रचना कर नाट्य साहित्य की अभिवृद्धि की। वलंगा के वनमाली पति की संरक्षता में स्थापित रंगमंच पर इनके बहुत से नाटकों का अभिनय किया गया। स्वाधीनता पूर्व कालिचरण ने भी कई नाटकों की रचना की है।

स्वाधीनता के बाद विश्वजित दास और विजयकुमार मिश्र के कई नाटक प्रकाशित और मंचित हो चुके हैं। विश्वजितदास के नाटक "नाले पर रानी कलापन टीका" (1968) सुना सुजान (1971) और मृगया (1970) तकनीक की दृष्टि से सफल प्रयोग हैं। इस विद्या के प्रमुख रचनाकार हैं–अक्षयकुमार मोहंती, प्रफुल्ल कुमार रथ, रत्नाकर जैनी, वसंतकुमार महापात्र, कार्तिक चन्द्ररथ, विजयनंदा, और रमेशचन्द्र पाणिग्रही। मनोरंजनदास आधुनिक नाटककारों का सर्वाधिक प्रतिनिधित्व करते हैं। कवि जगन्नाथ प्रसाददास कृत "सूर्यास्त पूर्वार" (1976) का प्रकाशन नाटक के क्षेत्र में नवीनतम घटना है। इस नाटक में केवल दो पुरूष और दो महिला पात्र हैं। विषय जन्मदिन मनाने की घटना हैं।

अन्य विधाएं

निबंध साहित्य को बढ़ावा देने में स्थानीय दैनिक एवं मासिक पत्रों का काफी हाथ रहा है। 1949 में स्थापित विज्ञान प्रचार समिति ने उड़िया में वैज्ञानिक निबंधों एवं प्रबन्धों की रचना को बराबर प्रोत्साहन दिया है। वैसे उड़िया में निबंध क्षेत्र में कोई

ठोस प्रयास अभी तक नहीं किया गया है। सामूहिक प्रयास द्वारा उड़िया भाषा की क्षमताओं को और भी विकसित किया जा सकता है।

समालोचना के क्षेत्र में उन्नीसवीं शताब्दी के अन्त से लेकर अब तक विश्वनाथ कर, शशिभूषणराय नीलकण्ठ, रत्नाकर प्रति, कालिन्दीचरण और मायाधर मानसिंह ने विचारोंत्तेजक निबंधों के अलावा समालोचना को भी समृद्ध किया है। गोपीनाथ नन्द, आर्य वल्लभ, कुंजबिहारीदास, गौरीकुमार ब्रह्मा, सुरेन्द्रचित्तरंजनदास, नरवर सामन्तराय, वेणुरत राउत, चिन्तामणि बेहेरा, जानकी वल्लभ महन्ती (छोटा) और प्रो. अत्तिवल्लभ मोहन्ती के नाम समालोचना के क्षेत्र में उल्लेखनीय हैं। प्रोफेसर आर्त्तवल्लभ मोहंती द्वारा प्रवर्तित समालोचना पद्धति को आधुनिक कृतियों ने महत्व नहीं दिया। उसकी मूल संवेदना को पकड़ने में वे असमर्थ रहे। नये दौर में साहित्य समीक्षा या समालोचना के क्षेत्र में उड़िया के अध्यापकों का प्रचुर योगदान है। इनमें डॉ. नटवर सामंतराय एक संतुलित आलोचक एवं विवेक सम्पन्न साहित्यकार हैं।

आत्मकथा के क्षेत्र में सर्वप्रथम फकीर मोहन सेनापति ने अपनी जीवनी लिखी थी, तभी से उड़िया में आत्मकथा एक आकर्षक विधा बन गई है। प्रस्तुत सन्दर्भ में पंडित नीलकांतदास, पंडित गोदावरीश मिश्र, कालिंदीचरण पाणिग्रही, कालीचरण पटनायक और कुंजबिहारीदास की आत्मकथाएं कला एवं इतिहास की प्रसिद्ध कृतियां है।

जहां तक यात्रा वृतान्त का प्रश्न है, विदेश जाने वाले प्रायः हर व्यक्ति ने किसी न किसी रूप में अपना यात्रावृत्त लिखा है, भले ही उसमें साहित्यिक क्षमता हो या न हो। इनमें गोविंददास कृत 'देश विदेश' अपनी साहित्यिक गुणवत्ता की दृष्टि से विशेष रूप से उल्लेखनीय है।

कला और संस्कृति के क्षेत्र में उड़िया की बड़ी ऊँची परम्परा रही है, जो कि अभी भी उन्नति कर रही हैं, और विविध अन्य रूपों में प्रकट हो रही है।

(iii) असमिया साहित्य का इतिहास

असमी भाषा–असमी असम में बोली जाती हैं। असम का प्राचीन नाम 'प्राग्ज्योतिष' था। उसके बाद इसे 'कामरूप' कहने लगे। 13वीं सदी में बर्मा से आकर एक निषाद जाति के ताइ (शान) कबीले ने इसके पूर्वी क्षेत्र में अपना राज्य स्थापित किया। इन्हीं लोगों के कारण यहां का नाम 'असम' पड़ा। नाम असम कैसे पड़ा? इस सन्दर्भ में डॉ. जार्ज ग्रियर्सन का मत है कि मूलतः इस कबीले का नाम–'शम' था। 'शन' या 'शान' उसका बर्मा में विकृत नाम हैं। इसका आशय यह है कि 'शम' ही 'सम' और 'असम' आदि हो गया। इस तरह असम या आसाम का अर्थ है 'अविजित' या विजयी। इन लोगों ने जीतकर ही राज्य स्थापना की थी। अतः यह नाम उनके लिए उपयुक्त कहा जा सकता है। इस समय असम के लोग 'शान' या 'ताई' लोगों

को 'आहोम' अपने देश को असम तथा अपनी भाषा को असमी या असमिया कहते हैं। असमी भाषा का संबंध मागधी अपभ्रंश से है। सातवीं सदी में चीनी यात्री ह्वेनसांग ने लिखा था कि असमी भाषा का बीज बहुत पहले पड़ चुका था, किन्तु इसका लिखित प्राचीनतम रूप हेम सरस्वती द्वारा लिखित 'प्रहलादचरित' नामक काव्यग्रंथ में मिलता है। ये ही असमी के पहले कवि हैं और यही है प्राचीनतम ग्रन्थ। इसका काल है 13वीं सदी का प्रारंभ।

असमी साहित्य को चार कालों में विभाजित किया जा सकता हैं—1. प्राक्वैष्णवकाल 2. वैष्णवकाल 3. बुरंजी गद्यकाल 4. आधुनिककाल।

1. प्राक् वैष्णवकाल

'बौद्धगान ओ दोहा' में सहजयान के सिद्धान्तों और सहजिया क्रिया की जो रहस्यात्मक अभिव्यक्ति है, उसने असमिया के प्राचीन रूप का भी श्रृंगार किया है किन्तु उसकी भी सहज परिणति वैष्णववाद में ही हुई। बौद्धगान में असम के मीनानाथ रचित गीत भी हैं। मत्स्येन्द्रनाथ तथा सरहपाद का जन्म भी कामरूप आसाम में ही माना गया है। 10वीं से 12वीं शताब्दी में लिखित रहस्यमूलक दोहों में, जिन्हें "चर्यापद" कहा जाता है, उस काल की भाषा का कुछ स्वरूप दिखाई पड़ता है। चर्यागीतों का संबंध असम में रचे गये देह विचारगीत और जिकिरगीत भी दार्शनिक विचारों से अनुप्रमाणित हैं। (छगनलाल जैन, भारतीय भाषाओं का साहित्य पृ. 4)

असम के महापुरूष डाक की सूक्तियों की मूल प्रेरणा भी बौद्ध आचार तथा नैतिकता है। इनमें वैष्णव विचारधारा का अंतःप्रवेश हो चुका था। इसलिए इसे "प्रागूवैष्णवकाल" नाम दिया गया है।

क्रमशः असमिया काव्य पर वैष्णव प्रभाव बढ़ता गया। हेम सरस्वती के पश्चात् असमिया साहित्य का पहला रूप हमें उस समय मिलता है जब यह भाषा, शब्द भंडार कारक व वाक्य रचना तथा पयार और त्रिपादी जैसे छन्दों से पर्याप्त समृद्ध हो चुकी होती हैं। माधव कंदली (14वीं सदी) इस समय के प्रमुख तथा श्रेष्ठ कवि है। उन्होंने सुललित और मुहावरेदार भाषा में 'रामायण' की रचना की हैं और 'देवजित' काव्य के माध्यम से कृष्ण केन्द्रित वैष्णवधारा का पूर्वाभास दिया है। हरिहर विप्र इसकाल के दूसरे श्रेष्ठ कवि हैं, उन्होंने "लवकुशयुद्ध" और "बभ्रुवाहन युद्ध" (अर्जुन और उनके बेटे बभ्रुवाहन का युद्ध) काव्य की रचना की थी। हेम सरस्वती ने कई पुराणों के आधार पर "हरगौरीसंवाद" नाम के और एक काव्य की रचना की है। कबिरत्न ने महाभारत के द्रोण पर्व के अन्तर्गत जयद्रथ-वध अनुपर्व के कुछ अंश का असमिया में अनुवाद किया था।

2. वैष्णवकाल

शंकरदेव और माधवदेव–श्री शंकरदेव द्वारा प्रवर्तित नव वैष्णव आन्दोलन के रूप में देश में महान पुनर्जागरण आया। शंकरदेव संतकवि शैली के स्वामी हैं। (हेमबरुआ, असमिया साहित्य पृ. 53) शंकरदेव ने बड़गीतों की रचना की, जिसमें उनके शिष्य माधवदेव के नामघोषा तथा हजारीघोषा पद भी सम्मिलित हैं। इन वैष्णवपदों में आत्मनिवेदन, अनुताप, विनय तथा आत्मसाक्षात्कार का संतकाव्योचित भाव-परिवेश है। ये बड़गीत बहुत कुछ कबीर के दोहों तथा मीरा के भजनों से मिलते जुलते हैं (विरंचिकुमार बरुआ)। शंकरदेव एवं माधवदेव के कीर्तनों में असमिया वैष्णववाद का मूल स्वर निहित है पर नाथ प्रेरित संतकाव्य के लक्षण भी दिखाई पड़ते हैं। शंकरदेव स्पष्टतः जाति पांति की कठोरता के विरोधी थे तथा बाह्य आडम्बरों के विरूद्ध उनका स्वर उठा था। शंकर देव ने सर्वप्रथम ''एक शरणिया पंथ की स्थापना कर धर्म सुधार का यत्न भी किया, रूढ़िभंजन किया और सभी जातियों के लिए उपासना के द्वार खोल दिये।

शंकरदेव ने 'महाधर्म' नाम से जिस धर्म का प्रचार किया था, उसमें कृष्णलीलाओं को भी स्थान दिया गया था। शंकरदेव 'भक्ति रत्नाकर' नामक ग्रन्थ में कृष्ण भक्ति की नानाविध लीलाओं का गान किया है। शंकरदेव ने भागवत पुराण को अपना उपजीव्य बनाकर भक्ति विषयक विचार प्रस्तुत किये है। उनकी भक्ति भी दास्यभाव की है इसी कारण उन्होंने ''शरणिया पंथ'' की भी स्थापना की थी।

माधवदेव–माधवदेव ने वरगीत, चोरधरा, पिम्परा, गुचुवा आदि नाटकों की रचनाकर कृष्णभक्ति का प्रचार बड़े उत्साहपूर्वक किया। वे वात्सल्यभाव से सूरदास की तरह बाललीला वर्णित करते हैं। उन्होंने कृष्णभक्ति साहित्य की रचनाकर वैष्णवभक्ति को असम में लोकप्रिय बनाया। शंकरदेव के असमिया नाटकों ने भी इस प्रचार में सहयोग दिया। एक हजार पदों से समन्वित ''नाम-घोषा'' उनकी महान कृति है।

अनन्त कन्दली और राम सरस्वती–अनन्तकन्दली और रामसरस्वती शंकरदेव के समकालीन श्रेष्ठ कवि थे। वैष्णव धर्म गुरु श्रीशंकरदेव ने अनन्तकन्दली को भागवत दशमस्कन्ध के उत्तरार्द्ध का अनुवाद करने का काम सौंपा था और रामसरस्वती ने विश्वस्त अनुगामी के रूप में अपनी श्रद्धांजलि अर्पित की। अनन्तकन्दली की सबसे लोकप्रिय कृति ''कुमारहरण'' उषा और अनिरूद्ध की प्रेमकथा के आधार पर रचित है। राम सरस्वती महाभारत के वनपर्व की कथाओं के आधार पर रचना करने वाले निपुण कवि थे। रामसरस्वती ने व्यंग्यकाव्य 'भीमचरित्र' भी रचा है।

सत्रहवीं शताब्दी के प्रारंभ में दामोदरदास, गोपीनाथ पाठक, लक्ष्मीनाथ, पृथुरामद्विज और दूसरे कवियों ने भी महाभारत के विभिन्न खंडों के रूपान्तर का काम

किया था। श्रीकान्त सूर्यविप्र ने (उन्नीसवीं सदी के प्रारंभ में) तुलसीदास के रामचरितमानस का असमिया में रूपान्तर किया। गोविन्द मिश्र और रत्नाकर मिश्र ने भगवद्गीता का पद्यानुवाद किया। भवानन्द मिश्र और विद्याचन्द्र ने (18वीं सदी) हरिवंश का रूपान्तर किया।

कलापचन्द्र का 'राधाचरित' रामद्विज का 'मृगावतीचरित', पशुपति द्विज का 'चन्द्रावली वृषाकेतु', द्विजवर का 'माधव सुलोचना' पुराने असमिया साहित्य के प्रेमगाथा काव्य हैं।

शंकरदेव और माधवदेव की प्रेरणा से अनेक वैष्णव महन्तों ने पदों की रचना की। किन्तु ये दरबारी कवि थे। इन कवियों में कविराज चक्रवर्ती विशेष रूप से उल्लेखनीय हैं। उन्होंने गीत गोविंद, ब्रह्मवैवर्त पुराण के अन्तर्गत कृष्ण जन्मकांड और प्रकृति कांड से 'शंखचूड़ और तुलसी का' की कथा का अनुवाद किया।

वैष्णव सत्रों अर्थात आश्रमों के अनेक महन्तों ने शंकरदेव की शैली के नाटकों की भी रचना की है।

दैत्यारि, भूषण, बैकुण्ठ और रामानन्द (17वीं सदी) ने चरित काव्यों की रचना की। इन्होंने शंकरदेव के जीवन के संबंध में ही विवरण प्रस्तुत किये हैं।

सूर्यखरि दैवज्ञा, रविकांत और कुछ दूसरे लेखकों ने कोच राजाओं की प्रेरणा से विभिन्न विषयों पर रचनाएं की। 19वीं सदी के आसपास विश्वेश्वर और दुतिराम ने आहोम राज्य के पतन का वर्णन काव्य में किया है।

3. बुरंजी गद्यकाल

असमिया गद्य का पहला नमूना शंकरदेव और माधवदेव के नाटकों में मिलता हैं। यह ब्रजबुलि मिश्रित गद्य है। भट्टदेव ने 'भागवतपुराण' और 'भगवद्गीता' का अनुवाद गद्य में किया। गोपालचन्द्र द्विज ने शंकरदेव की कृति "भक्तिरत्नाकर" का गद्य में अनुवाद किया था। रघुनाथ महन्त की 'कथारामायण', एक अज्ञात लेखक का पद्मपुराण, कृष्णानन्द का "सत्यता तंत्र" और 'कथाघोषा' आदि परवर्ती सदियों में गद्य में रचित धर्म पुस्तकें हैं।

वैष्णव द्वारा रचित "कथागुरुचरित" और बुरंजी (इतिहास अनुवाद) नाम से प्रसिद्ध आहोमों के घटना विवरणों में 'दैनन्दिन जीवन में गद्य के प्रयोग का नमूना मिलता है। अन्ततः 17वीं सदी के दो दशकों में इन दोनों प्रकारों की गद्य रचना का अटूट सिलसिला मिलता है। 'पुरणि असम बुरंजी' (गोस्वामी द्वारा सम्पादित, 1922) असम बुरंजी (डॉ. भुइयां द्वारा सम्पादित, 1945) और कथा गुरुचरित (कृष्णदयाल भार्गव द्वारा सम्पादित 1922) आदि ऐसे चरितों और बुरंजियों की गद्य रचना के प्रारंभिक नमूने मिलते हैं। इस ढंग के घटना विवरण का लेखनक्रम 19वीं सदी के प्रारंभ से काशीनाथ फूकन, मणिराम देवान बरुआ के असम इतिहास लिखने के

समय तक लगातार चलता रहा।

4. आधुनिक काल : (स्वतंत्रता पूर्व एवं स्वातंष्योत्तर)

18वीं सदी का अंतिम भाग और 19वीं सदी का प्रथम भाग असमिया साहित्य के अंधेरे कालखण्ड हैं। सन् 1826 ई. में अंग्रेजों और बर्मा के बीच ''यान्दाबू'' समझौते के फलस्वरूप अंग्रेजों ने चतुराई से असम पर कब्जा कर लिया और इस भूमि को मृत्यु की छाया से होकर गुजरना पड़ा। सन् 1836 ई. में बंगला भाषा ने असमिया भाषा को स्कूलों और कचहरियों से बहिष्कृत कर दिया। यहां की जनता के हृदय में अपनी भाषा के प्रति गौरव की भावना 19वीं सदी के मध्यकाल से ही जागृत हुई। अमेरिकन मिशनरियों ने असमिया भाषा में तथा असमिया संबंधी पुस्तकें, जैसे–काशीनाथ फूकन का इतिहास (1844) आदि प्रकाशित कर इस जागरण में महत्वपूर्ण हाथ बंटाया। इसके पहले सन् 1813 ई. में बंगाल के श्रीरामपुर स्थित अंग्रेज मिशनरियों ने असमिया में बाइबिल का प्रकाशन किया था। सन् 1846 ई. में अमेरिकन मिशनरियों ने मासिक पत्र 'अरुनोदई' (अरुणोदय) का प्रकाशन प्रारंभ किया। वस्तुतः अरुणोदय के प्रकाशन के जरिए असमिया भाषा में नया स्वर नवीन दृष्टिकोण का समावेश हुआ। खासकर आनन्दराम ढेकियाल फूकन और इन मिशनरियों के प्रयास से ही सन् 1873 ई. में असमिया भाषा सरकारी कामकाज की भाषा का गौरव पुनः प्राप्त कर सकी। इसके बाद इसका साहित्यिक अभियान पुनः प्रारंभ हो गया। सर्वप्रथम आनन्दराम ढेकियाल फूकन ने ही असमिया लोगों में राष्ट्रीय भावना फूंकी और उन्हें निद्रा से जगाया। अरुणोदय द्वारा असमिया लेखकों को आधुनिक अभिव्यंजनाशैली का बोध हुआ और गीतिकाव्य, लेखक जीवनियां, इतिहास, कथा और उपन्यास आदि की रचना होने लगी।

असमिया साहित्य के सबसे प्रथम प्रतिभा सम्पन्न पुरूष थे हेमचन्द्र बरुआ। अपने व्याकरणों और कोशों की रचना कर उन्होंने आधुनिक असमिया भाषा का मानक प्रतिष्ठित किया। अपनी व्यंगात्मक निबंध रचना जिसे लघु उपन्यास भी कहा जा सकता है। 'बाहिरे रंचं भितरे कोवा भातुरी' (1861) और लघु नाटिका ''का नियार कीर्तन'' के जरिये आपने सामाजिक दुर्गुणों को मिटाकर सफाई करने का प्रयास किया। दूसरे गुणाभिराम बरुआ आधुनिक युग के प्रथम ऐतिहासिक और जीवनी लेखक थे। रमाकान्त चौधरी और भोलानाथ दास ने अपने काव्य ''अभिमन्यु वध'' (1875) और सीताहरण (1888) में पहले पहल अमित्राक्षर छन्द का प्रयोग किया।

साहित्य को सार्थक करने वाला लेखन बीसवीं सदी के प्रारंभ में शुरू हुआ। कलकत्ता में पढ़ने वाले असमी तरुण युवकों में श्री चन्द्रकुमार अग्रवाल (1858-1938) लक्ष्मीनाथ बेजबरुआ (1868-1938), हेमचन्द गोस्वामी (1872-1928) और पद्मनाथ गोहांई बरुआ (1871-1946) ये चारों मित्र थे। इनमें चंद्रकुमार अग्रवाल, बैजबरुआ

और हेमचन्द्र गोस्वामी इन महान लेखकों को वर्तमान असमिया साहित्य का निर्माता कहा जाता है। कलकत्ता में अध्ययन करते हुए तीनों जनों की इस मित्रमंडली ने ''जोनाकी'' (जुगनू) नामक एक मासिक पत्रिका निकाली। इस पत्रिका में प्रायः उन्हीं स्वरों का आरोह मिलता है—जैसे प्रकृति प्रेम रहस्य आदि, जो अंग्रेजी के रोमांटिक आन्दोलन में प्रमुखता से पाया जाता हैं।

इन लेखकों ने न केवल गीत, स्फूर्तिदायक, देशभक्तिपूर्ण कविताएं और ओजस्वी वर्णनात्मक कविताएं, निबंध, कहानियां, नाटक, साहित्यिक सामाजिक तथा धार्मिक उपन्यास ही लिखे, बल्कि लोकगीत, लोकवार्ताओं के संग्रह जैसे कार्यों में भी बहुत दिलचस्पी ली।

असमिया कविता : (स्वच्छन्दतावाद)

बीसवीं शती के कवियों ने प्रायः अंग्रेजी साहित्य से अपनी मुख्य स्फूर्ति ग्रहण की। वे सब प्रेम और सौन्दर्य के भावगीतों के लेखक थे। इन कवियों का संक्षिप्त परिचय इस प्रकार हैं--

आधुनिक असमिया साहित्य के सबसे विराट व्यक्तित्व थे लक्ष्मीनाथ बैजबरुआ जिनका जन्म शताब्दी समारोह सन् 1968 ई. में मनाया जा चुका है। असमिया काव्य में स्वच्छन्दतावादी धारा के बीज श्री लक्ष्मीनाथ बेजबरुआ में मिलते हैं। वे अपनी सुंदर रचनाओं के कारण 'रसराज' भी कहे जाते हैं। इनकी सर्वाधिक प्रसिद्ध रचना ''कृपा बरबस काकतर टोपोला'' है, जिसमें हास्यव्यंग्य का मनोरम संसार है। उनका काव्य संग्रह हैं—'कदमकलि'। इसमें कवि प्रकृति सौन्दर्य और देशभक्ति के भावों से उमड़ पड़ता है। उन्होंने नाटकों, कहानियों, उपन्यासों की भी रचना की हैं।

इसी स्वच्छन्द काव्य धारा को चन्द्रकुमार अग्रवाल, कमलाकांत भट्टाचार्य, नीलमणि फूकन, दुर्गेश्वर शर्मा, हेमचन्द गोस्वामी जैसे कवि आगे बढ़ाते हैं।

अंबिका गिरी चौधरी प्रेमगीतों के प्रकृत कवि के रूप में 'तमि' जैसा प्रतीकात्मक काव्य संग्रह रचा है। श्री रघुनाथ चौधरी पंत की भांति प्रकृति के कवि हैं। इनके प्रमुख काव्य संग्रह—'सादरी', 'केतकी', 'कारताला' हैं। श्रीमति नलिनीबाला पर स्वच्छन्दतावादी रंग काफी चटख रहा है। इनके काव्य संग्रह 'संधियारसुर', 'सपोतर सुर' तथा 'पारमणि' हैं।

रवीन्द्र से प्रभावित कवियों में हितेश्वर बरबरुआ, देवकांत बरुआ का नाम उल्लेखनीय है। देवकान्त बरुआ का काव्य संग्रह ''देखिछा'' है। इसी परम्परा को गणेश गगई, दंडीनाथ कलिता, दिगम्बर नियोग तथा विनयचन्द्र बरुआ आदि कवि आगे बढ़ाते हैं। कवयित्री के रूप में श्रीमति धर्मेश्वरी देवी हैं, जिनके काव्य संग्रह ''फुलरशराई'' और ''प्राणपरश'' है।

प्रगति काव्य

आधुनिक असमिया काव्य में देशभक्ति तथा सामाजिक चेतना का स्वर अम्बिकागिरी राय चौधरी की कविताओं में व्यक्त हुआ है। डिम्बेश्वर नियोग विनंदचन्द्र बरुआ के काव्य में प्रगतिशील स्वर एक रोमानी आवेग के साथ मुखर हुआ है। नियोग के काव्य संग्रह 'स्वर्गपुरी मोरगांव' आदि हैं। नीलमणि फूकन के काव्य संग्रह 'भिकहूं' (भिखारी) में समाजवादी चेतना की अभिव्यक्ति है। गायिका नलिनबाला देवी की देशप्रेम पूर्ण कविताओं में प्रगति की अभिव्यक्ति है। सूर्यकुमार भुआ में भी यही बात है।

अन्य कवियों में शैलधर खोवा (पाषाण प्रतिभा) अतुलचन्द्र हाजरिका (पांचजन्य), प्रसन्नलाल चौधरी (अग्नि मित्र), हेम बरुआ, वीरेन्द्रकुमार भट्टाचार्य, नवकांत बरुआ, अब्दुल मलिक आदि की कविताओं में समाज व्यवस्था के प्रति असंतोष का स्वर है।

प्रयोगवाद और नई कविता

असमिया साहित्य में नई कविता का आरंभ द्वितीय विश्वयुद्ध के बाद ही हो गया फिर स्वाधीनता प्राप्त होते ही असमी मानस नए उल्लास में झूम उठा। नए भावों, विचारों का नवीन गुंजन "जयंती" नामक मासिक पत्रिका में सुनाई पड़ा। अब धर्म-प्रेम ईश्वर के प्रति आसक्ति की बात नहीं रही। कवि विप्लव और क्रांति के नये गीत गाने लगे। कविता में नया शिल्प, नई शैली नए छन्द, नए प्रतीक, बिम्ब और मिथकों की जैसे बाढ़ आ गयी। कहा जाने लगा कि अब कविता को, फूल, चिड़िया, वसंत और नारी सौन्दर्य से नहीं बहलाया जा सकता।

हेमबरुआ, अमूल्य बरुआ ने 'कुकुर' आदि जैसे विषयों को स्पर्श किया। वीरेन्द्र भट्टाचार्य और रामगर्ग ने "पछोवा" और "रामधेनु" के द्वारा नई कविता को गति दी है।

नवकांत बरुआ को इस नई काव्यधारा में सर्वोच्च माना जाता है। इन पर इलियट का प्रभाव है। इनके "हे अरण्य हे महानगर" आदि तीन काव्य संकलन और 'रावण' तथा धृतराष्ट्र नामक दो खंडकाव्य है।

महेन्द्रबरा ने नई कविता को तात्तिव दृष्टि से संवारा है। उनका प्रमुख संग्रह 'जातिरे' है। वे "नूतन कविता" के सम्पादक भी है। हीमेन बरगोहाई नई कविता के सशक्त हस्ताक्षर हैं। हरिबर काकती, केशव महंत, निर्मल प्रभा, बरदलै और भवानन्द दत्त 'जयंतीयुग' के विशिष्ट कवि है।

इसी काल के नये कवियों में प्रफुल्ल भुआं, महिमबरा, गुणाभि चौधरी, खीनबरा, दिलीप बरुआ, परेकृष्ण ढेका, दीनेश गोस्वामी, हीरेनजोहाई, नलिनी भट्टाचार्य, गिरीराय चौधरी, राधिका मोहन भागवती, हीरेनभट्ट, आनंदेश्वर शर्मा,

अजित बरुआ आदि का नाम उभरकर आया है। इन कवियों पर चीनी, जापानी तथा बंगला की नई कविता का प्रभाव है। असमिया की नतुन कविता'' को कटु वक्रोक्तियों का भी सामना करना पड़ रहा है। ये कविताएं लयहीन, छन्दहीन और प्रतीकात्मक है।

नाटक

असमिया के आधुनिक नाटकों पर पश्चिम का प्रभाव है। सबसे पुराने नाटककार, गुणामिराम बरुआ, हेमचन्द बरुआ और रुद्राम बरदलै हैं। लक्ष्मीनाथ बेज बरुआ एक सफल नाटककार हैं। उनके प्रसिद्ध नाटक है—''चक्रध्वजसिंह'', 'बेलिमार', जयमती आदि।

पदमनाथ गोहाई बरुआ ने ऐतिहासिक नाटकों में गदाधर, साधनी और लचित फूकन आदि लिखा है। ''गांवबूढ़ा'' एक प्रयोजनप्रधान नाटक है।

चन्द्रधर बरुआ दूसरे प्रसिद्ध नाटककार हैं। उनके नाटक हैं—''मेघनादबध'', ''तिलोत्तमा संभव'' (पौराणिक), ''भाग्यपरीक्षा'' आदि।

ऐतिहासिक नाटककारों में नकुलचन्द्र भुइयॉ (बदन बरफुकन) प्रसन्नलाल चौधरी (नीलाम्बर) राजखोवा (स्वर्गदिव प्रतापसिंह), देवचन्द्र तालुकदार (भास्कर वर्मन) आदि इस शताब्दी के प्रारंभिक नाटककार हैं।

अतुलचन्द्र हजारिका ने एक दर्जन पौराणिक नाटक लिखे हैं।

स्वाधीनता के बाद ऐतिहासिक नाटक लिखने वाले चन्द्रकान्त फूकन (पियली फूकन), प्रवीण फूकन (मणिराम दीवान), सुरेन्द्रनाथ सैकिया (कुशलकोंवर) हैं।

रोमांटिक नाट्य प्रणेताओं में 'कमलाचन्द भट्टाचार्य' (नंगा कोंवर), ज्योति प्रसाद अगरवाल (शोनित कूँवरी) आदि है।

उपन्यास

बीसवीं शताब्दी के पूर्व असमिया में कोई उल्लेखनीय उपन्यारा नहीं लिखे गये। सर्वप्रथम रजनीकांत वरदलै ने उपन्यासों को सृजनशील कल्पना का सही रूप दिया है। उनका प्रथम उपन्यास ''मिरी जियरी'' (मेरी बिटिया) एक मिरी युवक और युवति की प्रेम कहानी है। यह उपन्यास 1815 में लिखा गया था। वरदलै के दो और उपन्यास ''मनोमती'' (1900) और ''रहदई लिगरी'' भी प्रेम विषयक हैं। तीसरी रचना 'दंदुआ द्रोह' राजनैतिक आन्दोलन पर आधारित हैं। ये सभी उपन्यास जनता में लोकप्रिय हैं।

पदमनाथ गोहाँई बरुआ के दो उपन्यास—''लोहरी'' और भानुमती भी प्रेम विषय के आसपास केन्द्रित हैं। प्रथम बार देवचन्द्र तालकुदार और दंडिनाथ कलिता ने 'स्त्री-पुरूषों के सम्बन्धों को लेकर उपन्यास लिखा है। तालुकदार के ''आदर्श

पीठ'' में और कलिता के ''साधना'' उपन्यास में गांधीवादी विचारधारा है।

नए दौर में हितेश डेका (आजिर मानुह), आथनाथ शर्मा (जीवनर तीन अध्याय), चन्द्रकान गर्ग (सोनार नांगल) गोविन्द महन्त (कृषकर नीति) आदि उपन्यासकारों ने सामाजिक जीवन का विशिष्ट अध्ययन प्रस्तुत किया है।

नवकांत बरुआ का उपन्यास ''कपिलीपिरियासाधु'' प्रेम विषयक है। जोगेशदास का उपन्यास ''दावरआरूनाई'' सामाजिक है। वीरेन्द्रकुमार भट्टाचार्य के ''राजपये रिंगियायी'' उपन्यास में एक क्रांतिकारी युवक की कहानी है।

मनो वैज्ञानिक उपन्यासकारों में प्रफुल्लदत्त गोस्वामी (केंचा पातर कंपनी) और राधिका मोहन गोस्वामी (चाकनैया) हैं। असमिया साहित्य में उपन्यास बहुत थोड़े हैं।

कहानी

सर्वप्रथम लक्ष्मीकांत बेजवरूआ ने कहानीकला को एक सशक्त कलात्मक रूप दिया है। उनकी कहानियां ''साधु कथार कुकी'', जोनबिरी'' तथा सुरभि'' तीन संग्रहों में मिलती हैं। शरत्चन्द्र गोस्वामी कहानीकला के विशिष्ट साधक थे। तीसरे दशक में कई श्रेष्ठ कहानीकार सामने आये जिनमें, महीचन्द्र बरा और हरिराम डेका ने व्यंग्य–कौतुक पर आधारित कहानियां लिखीं। वीणा वरूआ, रामदास, मुनीन बरकटकी, कृष्ण मुइयां, नगेन्द्र नारायण चौधरी, त्रिलोक्यनाथ गोस्वामी इस काल के उल्लेखनीय कथाकार है। लक्ष्मीनाथ शर्मा की कहानियां नये ढंग की और गहराई से पूर्ण हैं। नए दौर में रमादास, दीनानाथ शर्मा, अब्दुल मलिक, जोगेशदास, वीरेन्द्रकुमार भट्टाचार्य, भवेन्द्रनाथ सैकिया आदि क्रहानीकार स्मरणीय हैं।

निबन्ध

लक्ष्मीकान्त बेजबरुआ ने असमिया साहित्य में व्यक्तिगत निबंधों की प्रतिष्ठा की है। वे अग्रणी निबंधकार हैं। चित्रसेन जखरिया ने बेजबरुआ का ही अनुकरण करते हुए कुछ लघु निबंध लिखे हैं। तरुण रामफूकन की शिकार कथाएं सुन्दर, साहित्यिक और प्रवाहपूर्ण हैं। सूर्यकुमार भुइयां, सोनाराम चौधरी और आनन्दचन्द्र अग्रवाल ने कई श्रेष्ठ ऐतिहासिक निबंध लिखे हैं। वाणीकान्त काकती वे एक प्रसिद्ध गद्य शैलीकार हैं। सत्यनाथबरा बेजबरुआ के ही अनुयायी है। हेमचन्द्र गोस्वामी के शोध निबंध सुंदर गद्य में गुंफित हैं। वेणुधर शर्मा ऐतिहासिक निबंधकार हैं। हरिनारायणदत्त बरुआ, कालिराम मेघी, विरिचिकुमार बरुआ, उपेन्द्र लेखारु, महेश्वर नियोग, सत्येन्द्रनाथ शर्मा वेणुधर शर्मा के पथ पर चल रहे हैं। आधुनिक काल में सांस्कृतिक एवं ऐतिहासिक विषयों पर कई महत्वपूर्ण रचनाएं लिखी गई हैं। असमिया साहित्य के सब अंगों में आमूल चूल परिवर्तन हुआ हैं।

3. पश्चिमोत्तर भाषा वर्ग

(i) मराठी साहित्य का इतिहास

मराठी भाषा–मराठी नाम महाराष्ट्री या माहाराष्ट्री से संबद्ध है। डॉ. गुणे, जूल ब्लाक आदि अनेक भाषाविदों ने मराठी का सम्बन्ध महाराष्ट्री प्राकृत और महाराष्ट्री अपभ्रंश से माना हैं। एक मान्यता यह भी है कि महाराष्ट्री प्राकृत, केवल महाराष्ट्र या मराठी क्षेत्र की प्राकृत न होकर पूरे राष्ट्र (महाराष्ट्र) की भाषा या तत्कालीन राष्ट्रभाषा थी। इसी रूप में डॉ. घोष आदि ने उसे शौरसेनी के बाद की माना है। एक दूसरी मान्यता यह भी है कि इसकी उत्पत्ति संस्कृत से हुई है क्योंकि मराठी में संस्कृत के शब्दों की भरमार है किन्तु मराठी भाषा सीधे संस्कृत से नहीं निकली। संस्कृत के बाद पालि, महाराष्ट्री प्राकृत, महाराष्ट्री अपभ्रंश इस क्रम से मराठी बनी है। नवीनतम शोधों के अनुसार मराठी भाषा के प्राचीनतम रूप 488 ई. के मंगलवेट्ठे ग्राम के ताम्र लेख में मिलते हैं। 736 ई. के चिकुड़ ताम्रलेख में इसके कुछ रूप हैं। मराठी का प्राचीनतम वाक्य 983 ई. के गोमतेश्वर के शिलालेख में मिला है। सातवीं और आठवीं शताब्दी के महाराष्ट्री अपभ्रंश के बहुत से ग्रन्थ मिले हैं। क्षेत्रीय बोली या भाषा के रूप में इसका प्राचीनतम उल्लेख 8वीं सदी के ग्रन्थ ''कुवलयमाला'' में आता है। किन्तु मराठी साहित्य का प्रारंभ 12वीं सदी के पूर्व नहीं माना जा सकता। मराठी के आदिकवि गुकंदराय (1128-1198) हैं, जिनका प्रधान ग्रंथ–''विवेकसिन्धु'' है। ये मराठी के धुरंधर कवि हैं। विवेक सिंधु का अर्थ है ज्ञान का सागर। इसमें 18 अध्याय और 1671 ओंकी छंद हैं। मुकन्दराज गोरखपंथी थे। उनके अन्य ग्रन्थ 'पवन विजय'', ''पेरमामृत'', 'पंचीकरण' आदि हैं।

मराठी साहित्य का काल विभाजन

मराठी साहित्य को दो कालों में विभाजित किया जा सकता हैं–

1. प्राचीनकाल (1000 ई. से 1800 ई.)

   प्राचीनकाल के मराठी साहित्य को 6 वर्गों में विभाजित किया जा सकता है।

1. महानुभावकाल

2. ज्ञानेश्वर नामदेवकाल
3. एकनाथकाल
4. तुकाराम रामदासकाल
5. मोरोपंतकाल
6. प्रभाकर राम जोशीकाल

2. आधुनिक काल (1800 ई. से आगे का)

मराठी साहित्य के प्राचीनकाल को निम्नलिखित वर्गों में विभाजित किया जा सकता हैं–

1. यादवकाल (1189-1320)--इसके अन्तर्गत महानुभाव काल और ज्ञानेश्वर नामदेवकाल समाहित है।
2. बहमनीकाल (1320-1600)–इस काल में एकनाथ और तुकाराम आदि की कृतियां हैं।
3. मराठाकाल–इस काल में रामदासी पंथ, पवाड़ों और लावणियों का साहित्य रचा गया हैं।
4. पेशवाकाल (1700 से 1850)–इस काल में मोरोपंत और प्रभाकर राम जोशी आदि की कृतियां रची गयी हैं।

महानुभावकाल से लेकर तुकाराम रामदासकाल तक की अवधि संतकाव्य एवं वैष्णव भक्ति काव्य की मानी जा सकती है।

क. प्राचीनकाल : (भक्ति आन्दोलन एवं मराठी काव्य)

1. महानुभाव काल

मराठी साहित्य में महानुभाव सम्प्रदाय का विशष योगदान है। महानुभाव सम्प्रदाय का प्रवर्तक चक्रधर गुजरात के थे। चक्रधर के अनुयायी नागदेव, म्हाइभट्ट, नाथोवा आदि अनेक शिष्य थे। महानुभाव सम्प्रदाय के लेखक मराठी में गद्य और पद्य साहित्य की विशाल निधि छोड़ गये हैं। महानुभाव सम्प्रदाय के अनुयायी भगवान श्रीकृष्ण, दत्तात्रेय और सम्प्रदाय के प्रवर्तक चक्रधर आदि तीन संस्थापकों की पूजा करते थे। उनके पवित्रतम ग्रन्थ हैं–"लीलाचरित्र" इसमें चक्रधर की जीवनकथा हैं। इसके रचना "म्हाइभट्ट" ने की थी। लीलाचरित्र 1286 ई. के लगभग लिखा गया था। यह ग्रन्थ स्वामिभक्ति से ओतप्रोत है। चक्रधर ने स्वयं एक पंक्ति भी नहीं लिखी परन्तु उसके शिष्यों ने उनके व्याख्यानों को सुरक्षित रखा है।

यह सम्प्रदाय भक्ति के क्षेत्र में कृष्ण को उपास्य मानता है। श्रीकृष्ण के सगुण साकार रूप की बात भी इस सम्प्रदाय में स्वीकार की गई है। श्रीकृष्ण के पांच अवतार माने गये हैं। इस सम्प्रदाय के प्रवर्तक चक्रधर स्वामी गीता के उपदेशों को ही जनता

में प्रचार करते थे। चक्रधर स्वामी अहिंसा में भी विश्वास रखते थे और वैदिक हिंसा के विरूद्ध थे। इस पंथ के कवियों ने 1331 और 1333 में ऋद्धिपुर वर्णन, सह्याद्रिवर्णन, जैसे काव्य रचे। महाराष्ट्र को वे "महंत राष्ट्र" कहते थे और साधु को मठासीन नहीं मानते थे। कालांतर में यह सम्प्रदाय प्रतिष्ठित नहीं हो सका।

2. ज्ञानेश्वर नामदेवकाल

संत ज्ञानेश्वर : परम्परा के अनुसार संत ज्ञानेश्वर (1275-1296) मराठी साहित्य के जनक और निर्माता माने जाते हैं, यद्यपि उसी परम्परा के अनुसार मुकन्दराज को सौ साल पुराना माना जाता है। ज्ञानेश्वर की जीवनी और इतिहास उतने ही मनोरंजक हैं जितने कि उनके साहित्यिक ग्रन्थ "ज्ञानेश्वरी" और "अमृतानुभव" है। उनकी शैली और काव्य रचनाएं बहुत ही लालित्यपूर्ण हैं।

उनके द्वारा विरचित 'ज्ञानेश्वरी' मराठी साहित्य की ही नहीं, अपितु भारतीय साहित्य का एक उज्जवल रत्न है। ज्ञानेश्वरी लिखने का प्रधान कारण जनसाधारण को श्रीमद्भगवद्गीता के आधार पर हिन्दू धर्म का रहस्य अनायास समझाना था। ज्ञानदेव संस्कृत के प्रकाण्ड पंडित थे किन्तु उन्होंने मराठी भाषा के माध्यम से स्त्रियों, शूद्रों तथा अर्धशिक्षित लोगों का कल्याण किया। एक आलोचक ने लिखा है कि ज्ञानदेव की कृति 'ज्ञानेश्वरी' ही नहीं अपितु वागीश्वरी भी है। ज्ञानेश्वरी का दूसरा नाम "भावार्थदीपिका" है।

"बारकरी सम्प्रदाय" के भी वे आदि पुरूष थे। वास्तव में बारकरी सम्प्रदाय ही वैष्णव धर्म के सबसे अधिक निकट है। बारकरी शब्द का अर्थ है—यात्रा करने वाला। इस सम्प्रदाय के अनुयायी पंडरपुर स्थित विट्ठल मूर्ति के उपासक हैं। अपना सर्वस्व भगवान विट्ठल को अर्पित करके ही ये लोग अपना जीवन धन्य मानते हैं। विट्ठल को कृष्णावतार का बालरूप माना जाता हैं। विट्ठल की प्रतिमा के हाथों में चक्र और पद्मचिन्ह है। ये विट्ठल को विष्णु का कृष्णावतार मानकर ही पूजते हैं इसीलिए वे वैष्णव कहाते हैं। इस सम्प्रदाय के लोग अद्वैत मत में विश्वास करते हैं। बारकरी मत में सगुण निर्गण का समन्वय किया गया है इसलिए अद्वैत निर्गुण उपासना का होते हुए भी सगुण उपासना से भी जुड़ा है।

बारकरी सम्प्रदाय की एक विशाल परम्परा है। निवृत्तिनाथ, ज्ञानेश्वर, मुक्ताबाई, नामदेव, एकनाथ, तुकाराम अति प्रसिद्ध संत और भक्त हैं। इस मत के लोग कृष्ण के साथ राधा या किसी अन्य गोपी की कल्पना नहीं करते। हां रूक्मिणी को ही कृष्ण के वाम अंग में रखकर पूजा करते हैं। वैष्णव भक्ति का यह नया रूप महाराष्ट्र में ही विकसित हुआ और आचरण की शुद्धता पवित्रता पर इन लोगों ने अधिक बल दिया।

ज्ञानेश्वरकाल में और उसके बाद सन्त कवियों में सेनानाई, गोरा कुम्हार,

सावतामाली, बंका महार और नरहरि सोनार आदि भक्त कवि थे।

नामदेव–नामदेव शिल्पी जाति के थे, पर उनकी वानी हिन्दी में और पंजाबी ग्रन्थ साहिब में मिलती है। उन्होंने 'अभंग' और पद विविध रागों में लिखा है। नामदेव के नेतृत्व में ही "बारकरी पंथ का उदय हुआ था। नामदेव संत ज्ञानेश्वर से छोटे समकालीन कवि थे। सीधी और ठेठ जनभाषा में अपने भक्तिपूर्ण पद लिखे हैं। इन पदों के द्वारा उन्होंने सारे भारत में बारकरी पंथ के दर्शन का प्रचार किया।

3. एकनाथकाल

दो शताब्दियों बाद, महाराष्ट्र के मंच पर एक बड़े सन्त और उससे भी बड़े कवि एकनाथ (1433-1599) आये। श्रीमद्‌भागवद्‌ के प्रसिद्ध ग्यारहवें अध्याय पर उनकी टीका जो "एकनाथी भागवत" नाम से प्रसिद्ध है, उनकी वैसी ही साहित्यिक श्रेष्ठ कृति है जैसे ज्ञानेश्वर की "ज्ञानेश्वरी"। प्राचीन मराठी साहित्य में एकनाथ की इस कृति में उनकी शैली सरल और आकर्षक है। वे बड़े आख्यानकार थे और मराठी में ऐहिक कविता के जनक हो गये। उनके द्वारा संशोधित ज्ञानेश्वरी ही आज प्रामाणिक मानी जाती है। वह महाराष्ट्र के बड़े समाज सुधारक हैं। उनका नाम महाराष्ट्र के संत और कवियों की मालिका में ज्ञानेश्वर के साथ जुड़ा हुआ है। आपका समय है 1532-99 आपने रामायण और भागवत की भाषा टीकाएं ही नहीं लिखीं, बल्कि कुम्हार गोरा, सुनार नरहरि, माली सामता, कसाई सजन, नाई सेना और शूद्र चोखा को अपने आराध्य विट्ठल का भक्त बनाया और भक्ति को जन आन्दोलन बनाया। ये सब भक्त कवि मराठी जनभाषा में संत काव्य के प्रणेता बने। एकनाथ ने ही कबीर की उलटवासियों की तरह संध्याभाषा का प्रयोग किया और नाट्यात्मक एकालापों द्वारा रहस्यवाद को सुलभ बनाया। एकनाथ पाषाण पूजा और पाखंड के विरोधी थे। संतकवियों के बाद पंत कवियों ने कविता को जड़ बना दिया। 1551 ई. के दासोपंत ने एक लाख औवियों की परमार्थपरक कविता लिखी और वे एक प्रकार से संतकाव्य के अंतिम उदाहरण थे। ईसाई कवि फादर टॉमस स्टीफन्स (1549-1619) भी ज्ञानेश्वर से प्रभावित होकर ज्ञानेश्वर शैली में "क्राइस्ट पुराण" की रचना की। ऐहिक कविता को मुक्तेश्वर ने विकसित किया।

4. तुकाराम, रामदास काल

संत तुकाराम–मराठी साहित्य के इतिहास में संत तुकाराम (1608-1651) का एक अपूर्व स्थान है। वह सच्ची प्रतिभा हैं। उनकी सारी रचना मौलिक है और उनकी अपनी आश्चर्यजनक प्रेरणा से निकली है। वे क्रांतिकारी समाज सुधारक थे। हास्य व्यंग्य परिहास और कटाक्षपूर्ण फटकार से उन्होंने अपने समय के समाज को सुधारने

का प्रयत्न किया। सूत्रमयता, स्पष्टता, आवेश और प्रामाणिकता उनकी कविता की हर पंक्ति में दिखाई देती है। वह पाठक के मर्म को छूती हैं और जीवन के बुरे पहलुओं से उसे अप्रत्यक्ष रूप से बचाती हैं। सन्त तुकाराम ने मराठी में अभंगों की रचना की हैं। अभंग एक प्रकार का मराठी छन्द है। वह इन्हीं अभंगों के द्वारा जनता को उपदेश देते थे। तुकाराम के अभंग बहुत ही लोकप्रिय हैं। उनकी कीर्ति तथा यश की असाधारण वृद्धि हुई तुकाराम के मतानुसार मनुष्य गृहस्थाश्रम में रहकर भी ईश्वरभक्ति, ज्ञान और मोक्ष प्राप्त कर सकता है। इनकी प्राप्ति के लिए सन्यास धारण करने की कोई आवश्यकता नही।

रामदास–सन्त तुकाराम और रामदास महाराज शिवाजी के समकालीन थे। शिवाजी बाल्यावस्था से ही भजन कीर्तन और उपदेशों के प्रति अत्यन्त रूचि रखते थे। जब उन्होंने सन्त तुकाराम से भेंट की तो उन्होंने तरुण शिवाजी को स्वामी रामदास के पास भेज दिया। बाद में शिवाजी पर रामदास स्वामी का इतना अधिक प्रभाव पड़ा कि शिवाजी और रामदास राजनीतिक और धार्मिक गुरु शिष्य के रूप में जीवन पर्यन्त रहे।

समर्थ रामदास स्वामी ने राजनीतिक क्षेत्र में महत्वपूर्ण कार्य किया। वे महान धर्मगुरु भी थे। उनका महाकाव्य "दासबोध" प्राचीन मराठी साहित्य में सबसे प्रेरणादायक और प्रभावशाली साहित्यिक कृतियों में सर्वश्रेष्ठ माना जाता है। "दासबोध" काव्य के संदर्भ में ज्ञानकोशकार डॉ. केतकर लिखते हैं कि आयु विषयक तत्वसान का यह एक बोधग्रन्थ है।" दास बोध की रचना संवादात्मक है और रामदास स्वामी ने अपने शिष्यवर्ग की आध्यात्मिक, धार्मिक तथा सामाजिक शंकाओं का निवारण इस ग्रन्थ में किया है। यह ग्रन्थ शिष्यों में गुरुनानक के "ग्रन्थसाहेब" के समान ही समादृत है। उन्होंने कई फुटकर कविताएं, गीत और पद्य भी लिखे, कुछ वर्णनात्मक काव्य भी लिखें, जो निस्संदेह बहुत ऊँचा उठाने वाले और प्रेरणादायक हैं।

रामदास ने अपने प्रसिद्ध दासबोध में अद्वैत की ही स्थापना की हैं। वर्णाश्रण धर्म पर भी बल दिया है। राम को आराध्य मानकर राम की उपासना भी अभीष्ट हैं। हनुमान की पूजा के लिए मंदिर भी "संमर्थ सम्प्रदाय" में पूज्य स्थल माने जाते हैं। इस मंदिर में बालोपासना का विधान हैं। "दास पंचायतन" के द्वारा वैदिक धर्म के आचार विचार को समर्थ रागदास ने बड़े उत्साह के साथ पुनः स्थापित किया।

वैष्णव भक्ति मार्ग की देन

महाराष्ट्र के वैष्णव भक्ति में पवित्रता और आचरण की शुद्धता को महत्व मिला है। कहीं भी श्रृंगार का वर्णन नहीं है। एकनाथ ने भागवत, रूक्मिणी स्वयंवर, रामायण, प्रहलाद चरित्र आदि ग्रन्थ लिखकर अति सरल भाषा में भक्ति का प्रचार किया। संत

तुकाराम ने भक्तिपूर्ण पदों से समस्त भारत को प्रभावित किया। इन्होंने निर्गुण और सगुण के भेद को समाप्त कर भगवान की स्तुति किया।

संक्षेप में महाराष्ट्र में 13वीं सदी से 18वीं सदी तक जिस प्रकार भक्ति का प्रचार सतत बना रहा उसके मूल में वैष्णव भावना ही थी। विट्ठल के रूप में श्रीकृष्ण ही उनके उपास्य थे किन्तु उनका चरित्र, रूप, गुण, शील सब उदात्त और अवदात था, यही महाराष्ट्र की भक्तिमार्ग की देन है।

5. मोरोपंत काल

सत्रहवीं शती में महाराज शिवाजी के शासनकाल मे वामन पंडित, विट्ठल, नागेश आदि रचनाकार हुए, जिन्होंने शिवाजी के अंतिम दिनों के काव्य को पुष्ट किया।

वामन का संस्कृत और मराठी पर समान अधिकार था। वामन की 'यथार्थदीपिका'' (गीताभाष्य) निस्सन्देह एक महान कृति है। उनका दूसरा दार्शनिक ग्रन्थ ''निगम स्तर'' हैं, जिसमें सुन्दर, स्पष्ट मराठी में वेदों का सार दिया है।

रघुनाथ पंडित रामदासी पंथ के एक उत्कृष्ट कवि थे। उन्होंने वामन की ही तरह एक उत्तम और सुंदर आख्यान काव्य की रचना की। उनका ''नल दमयन्ती स्वयंवर'' मराठी साहित्य की एक मणि हैं।

शिवाजी द्वारा मराठी राज्य स्थापित करने के बाद मराठी में भक्ति साहित्य के साथ ''पवाड़ों'' का युग आता हैं। इसमें वीररसपूर्ण पंवाड़ो और लावणियों के साहित्य की सृष्टि हुई। उस साहित्य के निर्माता और गायक ''शाहीर'' कहलाते थे। इसमें डफ और तुंतने जैसे वाद्यों का प्रयोग किया जाता था। ''पवाड़ा'' वीरकाव्य का एक भेद है। पहला पवाड़ा अग्निदास का लिखा हुआ है। दूसरा पंवाड़ा तुलसीदास ने लिखा है।

शिवाजी के बाद पेशवाओं का काल आता हैं। पेशवाकाल के प्रमुख कवि कृष्ण दयार्णव, श्रीधरपंडित, और मोरोपन्त हैं। श्रीधर की कीर्ति और यश उनके ''पांडव प्रताप'', ''रामविजय'', ''हरिविजय'' जैसे ग्रन्थों के कारण है। श्रीधर मराठी के एक सशक्त रचनाकार हैं। कृष्णदयार्णव ने दार्शनिक पद्यों की रचना की है।

पेशवाकाल के सबसे समर्थ बहुमुखी और विपुल रचना करने वाले मोरोपंत (1729-1794) थे। उन्हें पंडित लोग मयूर पंडित भी कहते थे। मराठी के 18वीं सदी के इस कवि की रचना मे वे सब लक्षण विद्यमान हैं जो उसी शताब्दी के श्रेण्यवादी अंग्रेजी साहित्य में है। उनकी सर्वोत्तम रचनाएं हैं ''केकावलि'' और ''संशय रत्नमाला''। 'महाभारत' में तो उनकी सर्वश्रेष्ठ प्रतिभा के दर्शन होते हैं।

6. प्रभाकर रामजोशीकाल

पेशवाओं के उत्थान के साथ-साथ पवाड़ों और लावणियों का भी विकास हुआ।

'शाहीरों' के बड़े-बड़े दल बाजीराव और माधवराव के वीरकृत्यो का गायन करने लगे। इन कवियों में प्रभाकर, रामजोशी, सगन, अनंतफंदी आदि ऐसे ही कवि समाज में गणनीय हैं। इन कवियों से प्राचीन मराठी साहित्य का अन्त होता है और आधुनिक मराठी साहित्य का प्रारंभ होता है। इनमें केलकर ने प्रभाकर को सर्वश्रेष्ठ शाहिर माना है। प्रभाकर के पवाड़े तो प्रशंसनीय हैं ही किन्तु लावनियां प्रायः अश्लील हैं। रामजोशी एक प्रतिभावान विद्वान थे। उनका काव्य मानो पांडित्य और शाहिरी काव्य का संगम है। रामजोशी ने शाहिरी काव्य रचना को साहित्यिक स्तर पर पहुंचाया हैं। उन्होंने दो तीन पंवाड़े और सौ लावनियां लिखी हैं। अनंतफंदी ने अनेक पवाड़े, कटाव और लावनियां लिखी है। अनंतफंदी का 'माधव निधन'' पवाड़ा प्रसिद्ध है, जिसमें सवाई माधव का चरित्राचित्रण है। सगन एक मुसलमान शाहिर थे, उनकी रूचि लावनियों में थी। लावणी साहित्य में श्रृंगार की मुक्त व्यंजना है। अनंतफंदी, प्रभाकर एवं रामजोशी की लावणियों में रीतिकालीन उद्दाम श्रृंगार की व्यंजना, चित्रात्मकता, नाट्यात्मकता एवं अलंकार निपुणता के साथ हुई है। अनंतफंदी ने लाल शाल में आवृत्त युवती को जलती हुई मशाल की मधुज्वाला कहा है–

लाल शालु जसी मशाल धरची खुशाल दौ पैशाने गबर।

7. आधुनिक काल

मराठी का आधुनिक साहित्य लगभग 150 वर्षों का है। उसे तीन खडों में बांटा जा सकता है। पहला कालखंड 1800 से शुरू होता है और 1885 तक चलता है। दूसरा खंड 1885 से 1920 तक आता है (जब प्रथम महायुद्ध समाप्त हुआ) और अंतिम खण्ड 1920 से आगे का है।

1818 में पेशवा द्वितीय पदच्युत हुए। महाराष्ट्र में ब्रिटिश राज्य की नयी परिस्थितियों में मराठी भाषा और साहित्य को विकसित करने का प्रयत्न किया गया। एलफिंस्टन ने लेखकों को प्रोत्साहन दिया और 1819 में प्रथम मराठी कोश और व्याकरण की रचना की। 1816 में फादर स्टीफेन्स ने गद्य में क्राइस्ट पुराण की रचना की। मेजर कैडी के मराठी अंग्रेजी और अंग्रेजी मराठी कोशों का प्रकाशन हुआ। महाराष्ट्र में छत्रे, बालशास्त्री जांभेकर, लोकहितवादी जोतिकाफुले जैसे लोग मराठी में विविध विषयों पर लिख रहे थे। 1857 में बाबा पदमन ने ''यमुना पर्यटन'' नाम से मराठी का पहला उपन्यास समाज सुधार पर लिखा। 1835 में पहला समाचार पत्र मराठी में छपा। 1840 में जंभेकर ने 'दर्पण' और दिग्दर्शन पत्रिका प्रकाशन प्रारंभ किया। 1842 में कृष्णशास्त्री चिपलूणकर ने ''विचारलहरी'' का प्रकाशन प्रारंभ किया। आधुनिक युग का प्रारंभ कृष्णशास्त्री चिपलूणकर की रचनाओं से होता है। 1880 के करीब पुरानी जमीन में नया साहित्य जोर पकड़ता जा रहा था। उपन्यास, नाटक, कविता आदि विविध प्रकारों का लेखन और प्रकाशन प्रारंभ हुआ। एक नये

साहित्यिक युग का सूत्रपात हुआ। 'केसरी' पत्र का भी इसमें योगदान रहा। 'केसरी' के संपादक लोकमान्य तिलक थे।

आधुनिक कविता : (1885 से आगे) : स्वतंत्रता पूर्व एवं स्वातंत्र्योत्तर

1885 से पूर्व वामन और मोरोपंत की परम्पराएं विद्यमान थीं। परशुराम गोडबोले उन्हीं से प्रभावित थे। उन्होंने मराठी काव्य के रत्नों का संपादन करके काव्य चयनिका ''नवनीत'' प्रस्तुत की। गोडबोले ने नीतिपरक और भक्तिपरक काव्यरचना की थी। कृष्णशास्त्री, चिपलूणकर लेले, पारखी आदि मोरापन्त की संस्कृत काव्य परम्परा को चालू रखा। म0म0 कुन्ते ने ''राजाशिवाजी'' महाकाव्य की रचना की। किन्तु मराठी काव्य के निर्माता थे कृष्णाजी केशव डामले केशवसुत।

केशवसुत–केशवसुत ने 1885 में लिखना प्रारंभ कर दिया था। केशवसुत की प्रथम कविता के प्रकाशन से ही आधुनिक मराठी कविता का आरंभ माना जाता है। केशवसुत का विश्वास था कि कविता का कार्य भावना जगाना है। इसलिए उन्होंने भ्रष्टाचार और मानवजीवन की बुराईयों पर चोट करने के लिए कविता का उपयोग किया। वे आधुनिक युग के प्रथम मराठी कवि थे। उन्होंने मराठी कविता मे पुरानी रूढ़ियों के विरोध में विद्रोह किया। रानाडे, चिपलूणकर, महात्मा फुले, आगरकर और तिलक के नए विचारों को अपने काव्य में वाणी दी। उनकी ''नवासिपाई'', ''ततारी'', ''स्फूर्ति'' आदि ऐसी कविताएं है, जिसमें नए युग के उठते कदमों की पदचाप सुनाई देती है। केशवसुत ने भाव और शिल्प दोनों दृष्टियों से काव्य के बंधन तोड़ दिए। वैयक्तिक प्रेम या स्वच्छन्दतावाद से काव्यारंभ करने में भी वे अग्रणी हैं।

केशवसुत की रचना ने उस पीढ़ी के कई प्रमुख कवियों को प्रेरित किया और उन्हें निर्मित किया–जैसे नारायण तिलक, कवि विनायक, कवि गोविंदाग्रज और बालकवि।

नारायण तिलक–नारायण वामन तिलक मराठी में फूल और बच्चों के कवि (फुलामुलांचि कवि) के रूप में लोकप्रिय हुए। उनका काव्यसृजन परिवेश की ईमानदार पुकार का सच्चा बिंब बनता गया।

विनायक–कवि विनायक जनार्दन करंदीकर ने 'वीरांगना पन्ना', ''दुर्गावती'', ''पद्मिनी'', 'कृष्णकुमारी' आदि पर ओजस्वी काव्यकृतियां लिखीं।

गोविंदाग्रज–राम गणेश गडकरी उर्फ गोविंदाग्रज का काव्य रूढ़ि विद्रोह का प्रबल स्वर लेकर आया।

बालकवि–बालकवि की शुद्ध गीत रचना पाठक के लिए आनन्द का विषय है। इनका पूरा नाम है बापूजी ढोमरे।

माधवानुज–माधवानुज ने सामाजिक रूढ़ियों का विरोध किया।

एकनाथ पांडुरंग–इन्होंने केशवसुत की काव्य परम्परा को अपने बलिष्ठ सृजन

से आगे बढ़ाया है।

नारायण मुरलीधर गुप्ते–ये मराठी में 'बी' के नाम से प्रसिद्ध हैं। इन्होने प्रेम, सौन्दर्य प्रकृति और सामाजिक जागरण के मुग्धकारी गीत गाए हैं।

रामचन्द्र तांबे–इन्होंने बड़ी लोकप्रियता पाई है। वे कलाकार और दार्शनिक स्वप्नद्रष्टा हैं। कविताएं स्तरीय है।

चन्द्रशेखर–उनकी विषय योजना और शैली बीते युग की हैं। उन्होंने अपनी कला से पाठकों को आकर्षित किया है।

केशवसुत से चन्द्रशेखर तक की दो पीढ़ियों का समय 1885 और 1920 के बीच का हैं। इस अवधि में महाराष्ट्र के दृष्टिकोण और भावना में एक महान परिवर्तन आया। उक्त कवियों एवं गिरीश माधव जलियन, यशवन्त देशपांडे, गोविंद सावरकर, कसुमाग्रज आदि ने मराठी काव्य को समृद्धि पर पहुंचाया।

मराठी में प्रगतिशील काव्य : (प्रगतीच्या नव्यदिशा)

1885 से 1920 तक स्वच्छन्दतावादी काव्य का युग था। 1920 के बाद अर्थात बीसवीं सदी के दूसरे दशक के उत्तरार्द्ध में चारों ओर निराशा छायी हुई थी, मजदूर आन्दोलनों का उत्थान चल रहा था। 1930-31 में गांधीजी का राष्ट्रीय स्वाधीनता आन्दोलन संघर्ष भी चल रहा था। इन परिस्थितियों मे कुछ युवा कवियों में नवीन चेतना जाग पड़ी। मध्य वर्ग ही अधिक पीड़ित था और मध्य वर्ग ही उस समय साहित्य का प्रमुख निर्माता और उपभोक्ता था।

सन् 1920 के बाद ''रविकिरणंमडल'' नामक कवि दल हावी था। इस मंडल का प्रयत्न था कि कविता को सामान्य जीवन के निकट लाया जाय। सभी कवियों की अपनी निजी शैली थी। रवि किरण मंडल के यशवन्त और गिरीश गा-गा कर अपनी कविताएं सुनाते थे।

इस युग के अनेक कवि है। मुख्यतः आत्माराम देशपांडे अनिल, ने वैयक्तिक श्रृंगार चेतना को क्रांति एवं मानववाद की ओर उन्मुख किया। उनका खंडकाव्य है–''भग्नमूर्ति''। काव्य में मुक्तछन्द के उद्‌भावक भी वहीं हैं।

किन्तु मंडल के कवियों की अपेक्षा एक वर्ग ऐसा था कि जो अधिक कठोर यथार्थ और जन संघर्ष को अभिव्यक्त करना चाहता था। कुसुमाग्रज (1912) ऐसे ही प्रगतिशील कवि हैं। वे अन्याय के विरूद्ध शोषणरहित व्यवस्था का समर्थन करते हैं। उनकी कविताओं में विद्रोह का स्वर अधिक प्रखर हैं। इन्हें स्थंडिलवादी और अग्नि सम्प्रदाय का प्रवर्तक भी कहा जाता है। विंदाकरंदीकर (1918) भी मार्क्सवाद से प्रभावित प्रयोगशील कवि हैं। वह बराबर क्रांति की कंघी से जिंदगी के बाल

सुलझाने में विश्वास रखते हैं। हिन्दी के मुक्तिबोध के भाई शरच्चन्द्र मुक्तिबोध भी मार्क्सवादी कवि हैं। उन्होंने लिखा हैं–डगम हलते जीर्ण मनोरे।

प्रगतिशील कवियों में वसंत बापट, मदनमोहन भी हैं। दूसरे आधुनिकतावादी कवि मर्ढेकर, मंगेश पड़गांवकर, भावे के नाम सामने आते हैं। मर्ढेकर ने आधुनिक यांत्रिक जीवन की त्रासदी को नए बिम्बों में व्यक्त किया है।

उक्त कवियों में अपनी वैयक्तिकता है, विशेष प्रवृत्तियां हैं और दुर्बलताएं भी, लेकिन कुल मिलाकर देखें तो कविता में जीवन का ओजस्वी स्वर हैं ये कवि समृद्धि परम्परा के उत्तराधिकारी हैं।

मराठी के प्रयोगशील और नई कविता

वा.सि. मर्ढेकर–वी.सी. मर्ढेकर की ''काही कविता'' आज की कविता का पहला समग्र प्रभाव व्यक्त करती हैं। मर्ढेकर नई कविता के प्रवर्तक और सौन्दर्य शास्त्र के गंभीर ज्ञाता हैं। रूढ़ मार्ग से हटने की प्रवृत्ति इनमें जन्मजात रही है। इनके ''शिशिरागम'', ''फलाटदादा'', ''अटारहवींकाही'' कविता संग्रहों में नया काव्य स्फोट है। नई भाषा, नये प्रतीकों, बिम्बों का यह नया संसार एक दम विशिष्ट है। भावे के 'आर्द्रा' और 'हलवेभिंग' नामक दोनों कविता संग्रह इलियटी चेतना से भीगे हुए हैं। शरच्चन्द्र मुक्तिबोध नये आस्था के कवि हैं। उनके कविता संग्रह ''नवी मलावट'' और ''यांत्रिक'' ने नई कविता की मराठी काव्यभूमि को हिला दिया है।

मराठी में प्रो. रेंगें अपेन काव्य संग्रहों–''फुलोरा'', ''हिमसेवक'', ''ढोला'' में स्त्री सौन्दर्य का अति यथार्थवादी शैली में चित्रण करते है। ''प्रो. गोविंद विट्ठल करंदीकर ने शोषण के विरूद्ध आवाज उठायी है। श्री पड़गांवकर ने ''धारानृत्य'', ''छोरी'' जैसे काव्य संग्रहों में नए प्रतीकों का प्रयोग किया है। बसंत बापट ने अपने ''बिजली'' तथा ''सेतु'' काव्य संग्रहों में सामाजिक स्थितियों का चित्रण किया है।

मराठी के अन्य नए कवियों में प्रो. राम शेवालकर, श्री मवालकर, मनमोहन पारधी, तेंडुलकर, पदकी, सूर्यकांत खांडेकर, भारती प्रभु, दिलीप चित्रे, राजा महाजन के नाम उल्लेखनीय हैं। इन नए कवियों ने लोकभाषा के सृजनात्मक प्रयोग के साथ नई कविता की नई छवियां और शैलियां विकसित की हैं। अरुण कालेटकर की (जिन्हें अपनी ''जेजुरी'' शीर्षक कृति पर राष्ट्रमंडल का पुरस्कार मिला था) 1977 में प्रकाशित कविता पर मर्ढेकर का प्रभाव स्पष्ट हैं।

इस अवधि के उत्तरार्द्ध में नामदेव ढसाल, भालचन्द्र नेमाडे, गुरुनाथ धुरी और कोलाटकर का अपना स्वतंत्र व्यक्तित्व है। ग0दि0 माडगूलकर, शांता शेलके और सुरेश भट्ट्ट प्रगीत रचना में सिद्धहस्त हैं। माडगूलकर इस क्षेत्र में अन्यतम है। उनकी काव्य भाषा स्पष्ट हैं और परंपरागत बिंब विधान के प्रति संवेदना विलक्षण है। कुल

मिलाकर इस अवधि की मराठी कविता काफी समृद्ध है।

आधुनिक गद्य साहित्य (स्वतंत्रता पूर्व एवं स्वातंत्र्योत्तर)

नाटक–स्वतंतापूर्व 1843 ई. में मराठी रंगमंच का जन्म हुआ। वी.पी. किर्लोस्कर (1843-1885) जैसे नाटककार, अभिनेता के रूप में अपने नाटक "सौभद्र" से ख्याति पाई। वी.पी. किर्लोस्कर मराठी के आद्य नाटककार थे।

गो.व. देवल–देवल किर्लोस्कर के शिष्य थे किन्तु उन्होंने अपना अलग रास्ता अपनाया। देवल के साथ नाटकों में छह संस्कृत और अंग्रेजी के शुद्ध अनुवाद थे। सातवां नाटक "शारदा" आज भी लोकप्रिय है।

श्रीकृष्ण प्रभाकर खाडिलकर–खाडिलकर इस युग के प्रसिद्ध नाटककार माने जाते हैं। उनका "स्वयंवर" नामक नाटक लोकप्रिय हैं। उनका "कीचकवध" राजनैतिक रूपकत्व में प्रभावशाली नाट्यगुणों से युक्त था। "भाऊ वैदकी" उनका ऐतिहासिक नाटक है।

नरसिंह चिन्तामणि केलकर–केलकर ने अनेक नाटकों की रचना की है। उन्होंने पांच नाटक लिखे, जिसमें से तीन ऐतिहासिक और दो पौराणिक हैं। मराठी साहित्य में केलकर का विशिष्ट स्थान है।

श्री पाद कृष्ण कोल्हटकर : (1871-1934)–कोल्हटकर ने कुछ व्यंग्यपूर्ण सुखांत नाटक लिखने का यत्न किया, जिसमें रोमांटिक कथाद्वन्द्व थे। उनके हास परिहासमय रेखाचित्रों में सामाजिक सुधार का उद्देश्य बहुत कुछ सफल हुआ।

राम गणेश गडकरी : (1885-1919)–गडकरी रोमांस और विनोद के और अच्छे चरित्रचित्रण और गद्यशैली के कारण और अधिक सफल हुए। उनका "एकच प्याला" और "पुण्यप्रभाव" मराठी रंगमंच के रत्न हैं। मराठी भाषा की समृद्धि में उनकी देन महत्वपूर्ण हैं।

वासुदेव शास्त्री खरे–इन्होंने ऐतिहासिक नाटकों की रचना की है किन्तु वे नाटकों से रोमांस को दूर नहीं कर सके।

आधुनिक मराठी रंगमंच के स्वाधीनतापूर्व पहले उत्थान के उक्त लेखक थे।

स्वातंत्र्योत्तर–स्वाधीनता के पश्चात अगले बीस वर्षों तक मराठी रंगमंच को उनका यह पूर्व वैभव और महानता टिकाए हुई थी। कुछ अभिनेता जो गायक भी थे, बहुत लोकप्रिय हुए और वही मराठी रंगमंच की श्रेष्ठता मानी जाती थी।

मामा वरेकर–इस समय मामा वरेकर नाटककार के नाते आगे आये। उनका जीवन चरित्र आधुनिक मराठी रंगमंच का सार है। उन्होंने नाट्यशैली में कुछ प्रयोग भी किये, कई सामाजिक समस्याओं की व्याख्या भी की। उन्होंने चालीस से अधिक नाटक लिखे हैं। उनके इधर के प्रसिद्ध नाटक हैं–"अपूर्व बंगाल" (1953),

''भूमिकन्या सीता'' (1955) ये दोनों नाटक यथार्थवादी हैं। मामा वरेकर (1883-1965) मराठी रंगमंच पर पहली बार यथार्थवाद लाये। ''हाच मुलाचा बाप'' में उन्होंने दहेज प्रथा का विरोध किया है। आपने प्रथम बार नाटक के वस्तु विन्यास और संवाद को सरल, सहज बनाया।

एस.बी. वर्तक–वर्तक का प्रसिद्ध नाटक हैं ''आंधल्याची शाब्दा (अन्धों की पाठशाला 1933) नाट्यमन्वन्तर ने 1933 में खेला। मराठी रंगमंच को जीवित रखने में नाट्य मन्वन्तर का यह एक बहुत साहस पूर्ण प्रयत्न था।

प्रहलाद केशव अत्रे–नाट्य क्षेत्र में नवीनता और सजीवता लाने का श्रेय वर्तक और अत्रे को है। अत्रे ने कुछ आधुनिक नाटक लिखे; जो कि व्यावसायिक दृष्टि से सफल थे। अत्रे ने अपनी हास परिहासवृद्धि चरित्रचित्रण की कला और गद्य शैली अपने नाटकों में दिखाई। इसी कारण अत्रे महाराष्ट्र के मौलियर समझे जाते हैं। हास्य ही उनके नाटकों की आत्मा हैं।

मो.ग. रांगणेकर–इन्होंने ''नाट्यनिकेतन'' की स्थापना कर मराठी नाटक को पुनर्जीवित किया। उनका उद्देश्य केवल लोकरंजन था इसलिए उन्होंने सुन्दर सुखान्त नाट्य कृतियां दी हैं।

पु.ल. देशपांडे–छठे दशक में देशपांडे अधिक लोकप्रिय रहे। उनका नाटक ''अमलदार'' विशेष रूप से उल्लेखनीय है। आज के मंच की वह सबसे सफल कृति हैं। देशपांडे के नाटकों में हाजिरजवाबी, हास्य और भावुकता है।

वसंत कानेटकर–सातवें दशक के लोकप्रिय नाटककार हैं। उनका पहला नाटक ''राइगडला जेहवा जागयेते'' है।

कुसुमाग्रज–कुसुमाग्रज कवि हैं किन्तु उन्होंने ''नटसम्राट'' आदि कई नाटकों की रचना की है।

अन्य–नए दौर के नाटककारों में विद्याधर गोरवले, पुरूषोत्तम दारव्हेकर, रत्नाकर मटकरी, मधुरकर टोडरमल, तेंदुलकर और सतीश अलेकर परम्परागत और पेशेवर रंगमंच के अपवाद हैं।

तेंदुलकर पात्रों के अंतरतम की परतों का चित्रण करते हैं। पात्रों के आंतरिक संघर्ष का उद्घाटन करते हैं कहीं लोकरूपों को अपनाने की कोशिश करते हैं–जैसे ''घासीराम कोतवाल में। एकांकी के क्षेत्र में इस अवधि के पूर्वार्द्ध में तेंदुलकर का और उत्तरार्द्ध में महेश एलकुंचवार का योगदान ही अधिक महत्वपूर्ण रहा। इनमें भी तेंडुलकर का ''रात्र'' और एलकुंचवार का 'होली' विशेष रूप से उल्लेखनीय हैं।

उपन्यास

मराठी उपन्यास का जन्म शताब्दी पूर्व हुआ। प्रथम मौलिक उपन्यास बाबा पदमनजी

का ''यमुनापर्यटन'' (1857) है, जिसमें विधवाओ की समस्या का विवेचन है। किन्तु कलात्मक दृष्टि से यह नाटक सफल नहीं रहा।

हरिनारायण आप्टे (1964-1919)–हरिनारायण आप्टे के प्रथम उपन्यास ''मधलीस्थिति'' के प्रकाशन से आधुनिक मराठी उपन्यास प्रारंभ हुआ। सचमुच आप्टे के उपन्यासों में मराठी उपन्यास ने सहसा प्रौढ़ता प्राप्त की। रानाडे और आगरकर से पाया हुआ समाज सुधार आप्टे ने प्रतिपादित किया, अपनी ''मधलीस्थिति'' और ''लक्षांत कोणघेतो'' (1890-93) जैसे उपन्यासों में। कलाकार के नाते उनकी रचना विषम है, पुनरावृत्तिपूर्ण हैं, उबाने वाली है। परन्तु जो विशिष्ट सफलता उन्हें मिली, उसका कारण उनकी गहरी विचार अन्विति और चरित्र की निश्चित कल्पना है। उनके अन्य उपन्यास हैं–''उषःकाल'', ''गडआलापणसिंहगेला'', ''सूर्यग्रहण'' आदि ऐतिहासिक उपन्यारा है। ''यशवन्त'', ''मायेचाबाजार'' आदि सामाजिक उपन्यास हैं। उनका उपन्यास माला है–''आजकालच्या गोष्ठी'' जिसमें कोई पन्द्रह उपन्यास हैं।

नाथमाधव–इन्होंने समकालीन जीवन पर साधारण कोटि की ऐतिहासिक उपन्यासों की रचना की है।

वामन मल्हार जोशी–उनके उपन्यास ''रागिनी'' (1915) में एक नए दृष्टिकोण का उदय हुआ है। इसमें नारी के सामाजिक स्तर, बौद्धिक प्रतिभा और उदात्त विचारों का दर्शन होता है। प्रो. जोशी ने मराठी उपन्यास को एक ऊँचे स्तर तक उठाया हैं और ''रागिनी'' तथा अन्य पांच उपन्यासों में नया क्षेत्र खोल दिया है। ''सुशीलेचादेव'' उनका सर्वोत्तम उपन्यास है, जो कि एक सुशिक्षित नारी के बौद्धिक दृष्टिकोण के विकास का गहरा अध्ययन है। उनके ''इन्दुकाले'' और ''सरला भोले'' (1935) में कला और नीति के संघर्ष का चित्र हैं।

स्वातंत्र्योत्तर उपन्यास–इस काल में सन् 1940 के करीब व्यावसायिक रंगमंच के ह्रास के साथ साथ मध्य वित्तवर्ग का सबसे प्रधान मनोरंजन का साधन उपन्यास बना। उपन्यास ने बड़ी विविधता पाई और कुछ अच्छे उपन्यासकारों का उदय हुआ।

डॉ. व्यंकेतकर–डॉ. केतकर वामन मल्हार जोशी के समकालीन एक सुयोग्य लेखक थे। वे एक समाज सुधारक थे और वे उपन्यास को सामाजिक समस्याओ के लिए काम में लाये। उन्होंने उपन्यास को गंभीर विमर्श की वस्तु नहीं बनाया–केवल मनोरंजन मात्र समझा। उन्होंने बहुत ही साधारण सामग्री और असंभव कथानकों का आश्रय लेकर अपने उपन्यास रचे। सर्वसाधारण पाठक उनके उपन्यासों के बेढंगेपन से चौंक उठता हैं परन्तु उन्होंने बौद्धिकं साहसिकता शुरू की।

1926 के बाद दो प्रसिद्ध उपन्यासकार हुए–ना.सी. फड़के और वि.स. खांडेकर।

ना.सी. फड़के–फड़के उपन्यासकार, निबन्धकार और कहानीकार भी हैं।

उन्होंने "कला के लिए कला" सिद्धान्त का जोरों से प्रतिपादन किया। फड़के के उपन्यासों में उच्च मध्यम वर्गीय जीवन के प्रेम प्रसंगों का अति सरलीकरण है। फड़के बहुत ही कुशल शिल्पी हैं, वे अपने कथानक को प्रभावशाली ढंग से खोलते चले जाते हैं। उनकी शैली बहुत रम्य है। उन्होंने "उपन्यास और कहानियां कैसे लिखें" पुस्तक में शैली और टेकनीक को स्पष्ट किया है। "जादूगर" आदि उनके कई उपन्यास है।

वि.स. खांडेकर–खांडेकर ने अपना सिद्धान्त जीवन के लिए कला" सिद्धान्त का प्रचार किया। वे अपनी सुन्दर शैली के लिए बहुत प्रसिद्ध हैं। खांडेकर पहले कहानीकार के नाते प्रसिद्ध हुए, बाद में उपन्यासकार। खांडेकर के सिद्धान्तों में आदर्शवाद का गहरा पुट है। उनके युवक चरित्र सामाजिक और राजनैतिक सेवा के लिए कटिबद्ध हैं। 'उल्का'–"क्रौंचबध" आदि उनके उपन्यास मराठी साहित्य में युग प्रवर्तक हैं।

माडखोलकर–माडखोलकर का "मुक्तात्मा" मराठी का प्रथम राजनैतिक उपन्यास माना जाता हैं। उनके उपन्यासों पर राजनीति आवश्यकता से अधिक छाई है। संस्कृत बहुला, अग्राम्य और नागरिक शैली उनकी अनुपम विशेषता है। उनका सर्वोत्तम उपन्यास हैं "चंदनवाड़ी" जिसमें एक हरिजन लड़की का सहानुभूति चित्र है।

पुरूषोत्तम यशवन्त देशपांडे–देशपांडे मे राजनीति गर्भित थी, परन्तु भावुकता और शैली के अतिरंजन से जैसे वह कुंठित हो गई। उनका प्रथम उपन्यास "बन्धनच्या पलीकडे" है जिसमें आदर्शवाद, प्रेम और व्यक्ति स्वातंत्र्य की उत्कट अभिलाषा का चित्रण है।

अन्य उपन्यासकार

उक्त उपन्यासों के अतिरिक्त रघुवीर सामंत, साने, बोकिल, कवठेकर आदि ने भी मराठी उपन्यास को योग दिया। सामंत घरेलू जीवन के शांत चित्रण के लिए सुविदित हैं। साने गुरु जी की रचनाएं कोमलता, भावुकता और मानवीय दृष्टिकोण के लिए प्रसिद्ध हैं। बोकिल ने हास्य और व्यंग्य की नयी ही छटा दिखायी है।

दो लेखिकाओं–विभावरी शिरूरकर (बली) और गीता साने ने उपन्यास साहित्य में योग दिया है। सालुबाई ताम्बेकर (चन्द्रप्रभा विरहवर्णन), काशीबाई कानेतकर (पालकीचा गोंडा) आदि महिला लेखिकाओं ने नारी शिक्षा और नारीमुक्ति पर बल दिया है।

अन्य नए दौर के उपन्यासकारों में र.वा. दिघे, श्रीधर देशपांडे, बेंडेकर (रणांगण), ढोकल शिखाड़कर, श्री.ना. पेंडसे (एलगार) प्रमुख हैं। मराठी साहित्य को इनकी देन बहुत ही शानदार है।

इधर के उपन्यासकारों में शांताबाई नाशिककर, इन्दिराबाई सहस्त्र बुद्धे, कमला

सोहोनी, जानकीबाई देसाई, लीला देशमुख, कमला बाम्बेवाले, मालती दांडेकर, कमला फड़के, शान्ता शेलके, रत्नप्रभा रणदिवे आदि उल्लेखनीय उपन्यासकार हैं। उपन्यास लेखन में महिलाएं बहुत आगे हैं।

कहानी

पुराने काल के उपन्यासकारों में हरिनारायण आप्टे बा.गो. आप्टे, द.बा. अत्रे, द.मा. कुलकर्णी, ना.कु. आगाशे, ना.सी. फड़के, कोल्हटकर, दिवाकर कृष्णजी केलकर और वा.म. जोशी आदि ने कहानीकला को उन्नत करने में सराहनीय सहयोग दिया है।

स्वाधीनता के पश्चात कहानी के क्षेत्र में नारायण सीताराम फड़के, गंगाधर गाडगिल, माडगुलकर, दि.वा. मोकाशी की कहानियों ने क्रांति उत्पन्न कर दी।

अन्य कहानीकारों में वामन चोरघड़े, अरविन्द गोखले, पु.ल. देशपाण्डे, वसुन्धरा पटवर्धन, पु.भा. भावे, ज्ञानेश्वर नाडकर्णी, पी.के. अत्रे, सदानंद रेगे, चि. खानोलकर नवरे, अच्युत बर्वे, और बसंत सवनीस आदि प्रसिद्ध हैं। ये सभी नवयुग के प्रगतिशील कहानीकार हैं।

कहानी लेखिकाओं में कमला फड़के, लीला देशमुख, विभावरी शिरूरकर, इन्दिरा सन्त आदि मुख्य हैं। इन्होंने स्त्रियों की मनोभावनाओं का विश्लेषण करने वाली कहानियां लिखी हैं।

निबंध और आलोचना

मराठी साहित्य में समालोचना संबंधी पुस्तकें और निबंध प्रकाशित होते रहे हैं। विष्णु शास्त्री के अनुयायी आलोचक मराठी में अनेक हुए और क्रमशः निबन्ध ही नहीं अपितु विशिष्ट कवियों के संबंध में विवेचनात्मक निबंध भी लिखें हैं। इन ग्रन्थों में सन्त तथा विद्वान कवियों के संबंध में लक्ष्मण रामचन्द्र पंगारकर भिड़े, आजगांवकर और बनहट्टी आदि लेखकों के ग्रन्थ उल्लेखनीय हैं।

आलोचना ग्रन्थों में वेणुबाई पानेस लिखित 'हरिनारायण आप्टे', खांडेकर लिखित "आगरकर व्यक्ति आणि वाङ्मय" और गडकर व्यक्ति आणि वाङ्मय, भा. का. देशपांडे द्वारा लिखे "केलकर चरित्र आणि वाङ्मय", "फड़के चरित्र आणि वाङ्मय", ना.बा. पराडकर द्वारा ताम्बे व्यक्ति आणि वाङ्मय, स.वा. जोशीकृत "किर्लोस्कर" और माडरवोलकर द्वारा लिखा 'विष्णकृष्ण चिपलूणकर" उल्लेखनीय हैं। आधुनिक साहित्य सम्बन्धी सरवटे का "मराठी साहित्य समालोचना और नेने द्वारा सम्पादित "अर्वाचीन मराठी साहित्य" नामक ग्रन्थ अध्ययन की दृष्टि से अत्यन्त उपयुक्त हैं।

अन्य लेखन

मराठी में जीवन चरित्र संबंधी पुस्तकें भी पर्याप्त संख्या में लिखी गई है। प्रारंभ में नरसिंह चिन्तामणि केलकर ने "तिलकचरित्र" लिखकर जीवनी साहित्य में एक नई परम्परा की स्थापना की। आत्मकथा और जीवनी लेखकों में शि.ल. करंदीकर, न.र. फाटक, रमाबाई रानडे, लक्ष्मीबाई तिलक, और लीलाबाई पटवर्धन स्मरणीय है। सावरकर ने "माझी जन्मठेप" में अपने अंडमान के कारावास के भीषण अनुभवों को अंकित किया हैं।

माडरवोलकर और फड़के के अपने साहित्य विषम जीवन के सम्बन्ध में लिखे हुए ग्रन्थ भी पठनीय हैं। मराठी का साहित्य सब रूपों और शाखाओं में समृद्ध है। उसके पीछे एक हजार वर्षों की परम्परा है। वह उच्चतर शिक्षा का मायम बनने योग्य है और निकट भविष्य में निस्सन्देह बनेगी भी। इसलिए मराठी भाषा और साहित्य का भविष्य बहुत उज्जवल और गौरवपूर्ण होगा।

(ii) गुजराती साहित्य का इतिहास

गुजराती भाषा–बंगला और मराठी की भांति ही गुजराती भी एक आधुनिक आर्यभाषा है। गुजराती नाम का सम्बन्ध 'गुजरात' शब्द से है। गुजरात शब्द का सम्बन्ध 'गुर्जर' जाति के लोगों से हैं। ये लोग मूलतः शक थे और पांचवी सदी के लगभग भारत में आये थे। पहले इनका क्षेत्र पंजाब एवं राजस्थान था, बाद में मुसलमानों के आक्रमण के कारण गुजरात की ओर चले गये। गुजरात या गुर्जर देश मूलतः केवल माउंट आबू के उत्तर का प्रदेश था किन्तु बाद में धीरे-धीरे उसके दक्षिण का भाग भी गुजरात के अन्तर्गत आ गया। अब कच्छ आदि भी इसमें सम्मिलित हैं। चालुक्यों के राज्य-काल से ही वर्तमान गुजरात प्रान्त का नाम गुजरात पड़ा। इस युग का सबसे प्रतापी राजा "जयसिंह सिद्धराज" (1094-1143) था।

शौर सेनी प्राकृत से उत्पन्न नागर अपभ्रंश से आधुनिक भारतीय बोलियों का जन्म हुआ है। गुजराती भी नागर अपभ्रंश से उत्पन्न हुई है। भाषा के अर्थ में गुजराती शब्द का प्रयोग सबसे पहले प्रेमानंद (1649-1714 ई.) के "दशमस्कंध" में हुआ है। इसके पूर्व इसे "प्राकृत पदबन्ध" या "प्राकृत वाणी" कहते थे।

गुजराती साहित्य का काल विभाजन

गुजराती साहित्य के इतिहास को तीन कालों में विभाजित कर सकते हैं–

1. **आदिकाल** (हेमयुग, रासयुग)
   सन् 1000 से 1500 तक।

2. मध्यकाल : (नरसिंहयुग, नाकर युग, श्यामल युग, प्रेमानन्द युग, दयारामयुग) सन् 1500 से 1850 तक।

3. आधुनिक काल : (दलपत-नर्मदयुग, गोवर्द्धन युग, गांधीयुग और उसके आगे)

1. आदिकाल : (सन् 1850 से आज तक)

दसवीं शताब्दी में संस्कृत का प्रभाव कम हो गया और लेखन कार्य जैन साधुओं के हाथ में चला गया, जिन्होंने पहले अपभ्रंश और फिर अपभ्रंश प्रभावित गुजराती में अनेक ग्रन्थ लिखे। जैन साधुओं का साहित्य सृजन धार्मिक है। सिद्धराज और कुमारपाल का शासनकाल इन जैनाचार्यों का स्वर्णयुग है। हेमचन्द्र, जिसे गुजराती साहित्य का पाणिनी कहा जाता हैं, इसी काल में हुआ था। कुछ जैनेतर कवियों ने भी इस काल में उच्चकोटि की रचनाएं कीं।

अपभ्रंश की रचनाएं

धनपाल (900 ई.)–इन्होंने "भविसयत्तकथा" नामक एक स्वतंत्र ग्रन्थ की रचना की। इनके वर्णन बड़े सजीव है।

हेमचन्द्र : (**1093-1174**)–हेमचन्द्र गुजरात के सर्वश्रेष्ठ पंडित थे। गुजरात के प्राचीन काव्य वैभव का कुछ आभास इन्होंने दिया है। व्याकरण, छन्दशास्त्र, काव्यशास्त्र आदि अनेक क्षेत्रों में इनकी महत्वपूर्ण रचनाएं हैं। 'सिद्ध हेमाचन्द्र शब्दानुशासन" इनका प्रसिद्ध व्याकरण ग्रन्थ है।

यशपाल : (1174)–इन्होंने "मोहराज पराजय" नामक नाटक लिखा था।

सोमप्रभ–"कुमारपालप्रतिबोध" के रचयिता सोमप्रभ हैं।

सोमेश्वर : (1179-1262)–इनके दो महाकाव्य "कीर्ति कौमुदी" और "सुरभोत्सव" और एक नाटक उल्लंघराघव आदि हैं।

अपभ्रंश प्रभावित

आदिकाल में अपभ्रंश से प्रभावित गुजराती साहित्य के तीन रूप हैं–रास, फागु और बारहमासी।

शालिभद्रसूरि : (1185)–गुजराती भाषा का प्रथम उदाहरण शालिभद्रसूरिकी रचना "भरतेश्वर बाहुबली रास" में मिलता है। यह सुखद संयोग ही है कि हिन्दी, गुजराती और राजस्थानी की इस कृति को अपनी-अपनी भाषा की प्रथम रचना मानते हैं। यह ग्रन्थ वीररसपूर्ण है जिसमें चक्रवर्ती भरत तथा उसके भाई बाहुबली के भयंकर युद्ध का वर्णन है।

इस काल के अन्य कवियों में, जिन पदमसूरि (स्थुलिभद्र फागु), राजशेखर (नेमिनाथ फागु), विनयचन्द्र (नेमिनाथ चतुष्पदिका-गुजराती भाषा का प्रथम बारहमासी काव्य) आदि हैं।

जैनेतर कवियों में असायत (हंसाउली) श्रीधर, जो गुजराती के प्रथम वीरकाव्य लेखक हैं। उनकी प्रमुख रचना है "रणमल्ल छन्द" जिसमें योद्धा रणमल्ल राठौर की प्रशस्ति है। तीसरे कवि अब्दुर्रहमान (सन्देशरासक) हैं।

2. मध्यकाल : (वैष्णव भक्ति)

गुजरात में मण्ध्यकालीन साहित्य में कृष्ण भक्ति की ही प्रधानता रही है और कृष्ण भक्तों में से ही किसी-किसी ने उदारतावश राम का ही गुणगान कर दिया है। सन्तकाव्य परम्परा में कबीर से मिलते जुलते सन्तकवि भी यहां विद्यमान हैं, पर वहा एक पुष्ट धारा नहीं है। प्रेमाश्रयी धारा और रीतिकाल भी गुजराती साहित्य में नहीं है। फिर यह प्रश्न उठता है कि गुजराती साहित्य के मध्यकाल में है क्या? इसका सीधा सादा उत्तर यह है कि गुजराती साहित्य के मध्यकाल में प्रमुखता भक्ति भावपूर्ण रचनाओं की है। आरंभिक गुजराती रचनाओं में "भरतेश्वर बाहुबलीरास आदि रास फागु और बारहमासी काव्य जैन कवियों द्वारा लिखे गये। परन्तु ये सब उस अर्थ में वैराग्य प्रचारक, दार्शनिक काव्य नहीं हैं। जैन धर्म का प्रभाव वैष्णव धर्म पर पड़ा है। जैसे नरसी मेहता के पदों में—"वैष्णव जन तो तेणे कहिए, जे पीर पराई जाणैं रे" आदि पंक्तियों से स्पष्ट है।

गुजरात प्रदेश कृष्ण भक्त कवियों की सुदीर्घ श्रृंखला है। यद्यपि वहां 15वीं सदी से पूर्व रचित कोई काव्य नहीं मिलता किन्तु मध्यकाल के कवि भालण रचित काव्य ग्रन्थ "दशमस्कन्ध" के आधार पर यह अनुमान अवश्य किया जा सकता है कि कृष्ण भक्ति की कोई अन्तर्धारा गेुजरात मे भी रही होगी। दशमस्कंध की भाषा में ब्रजभाषा की शब्द सम्पदा भी उपलब्ध होती है। भालण ने ब्रजभाषा में पांच पद भी रचे हैं। नरसी मेहता, नाकर, मीराबाई, केशवदास, प्रेमानंद, दयाराम, अरवो आदि अनेक कवि हैं जो कृष्ण भक्ति साहित्य की रचना के कारण गुजराती साहित्य में अति प्रसिद्ध हैं। ये सभी भारतीय कृष्ण काव्यकी अमर विभूतियां हैं। संयोग वियोग के प्रसंगों, लीलाओं और बाल वर्णन के रमणीय चित्रों से जगमग गुजराती कृष्णकाव्य आप प्रतियोगी आप ही हैं।

कृष्णभक्ति की रचनाओं के इस काल में दूसरे प्रकार की प्रमुख रचनाएं धार्मिक आख्यान हैं। आख्यान का अर्थ है पूर्वघटित घटना का वर्णन। आख्यान के विषय हैं संस्कृत के रामायण, महाभारत और पुराणों के आख्यान, जिन्हें लेकर पद्यबद्ध किया गया है।

तीसरे प्रकार की जो रचनाएं इस काल में मिलती हैं उन्हें पद्यवार्ता कहते हैं। ये लौकिक प्रेमकथाएं हैं, जो पद्यबद्ध होकर साहित्य में आई है।

चौथे प्रकार की जो रचनाएं मध्यकाल में मिलती हैं वे वैराग्यभावना से संयुक्त हैं। स्वामी नारायण सम्प्रदाय के कवि इसी कोटि में आते हैं।

इतना जान लेने के बाद अब हम मध्यकाल के उन प्रमुख कवियों का परिचय प्राप्त करें, जो उपर्युक्त तीन या चार प्रकार की धाराओं से किसी न किसी प्रकार जुड़े हैं।

मध्यकाल के प्रमुख कवि

नरसिंह मेहता : (1414-1480)–कालक्रम की दृष्टि से तो मेहता गुजराती के पहले कवि नहीं है किन्तु रचना बाहुल्य और विषय वैविध्य के कारण इन्हें गुजराती के आदिकवि का स्थान मिला है।

नरसिंह मेहता का जन्म सौराष्ट्र के तलाजा गांव में बड़नगरा नागर ब्राह्मण कुल में हुआ था सांसारिक जीवन से नरसिंह को विरक्ति हो गई थी। वह कृष्ण भक्त थे। वे केवल भक्त ही नहीं एक ज्ञानी भक्त थे। हठयोगी या नाथपंथियों की भांति वह कोई कष्ट साध्य साधना को स्वीकार नहीं किये। वह तो कृष्ण को ही ब्रह्मांड में सर्वत्र व्यापक रूप में देखते थे। उनके गीत "वैष्णव जन तो तेणे कहिए--" को अपने प्रार्थनागीतों में सम्मिलित करके महात्मा गांधी ने उन्हें गुजरात से बाहर भी विख्यात बनाया और वैष्णव कविता का युग प्रारंभ किया।

नरसिंह मेहता कृष्ण के परम भक्त थे, और अपने इष्ट देवता को उन्होंने विभिन्न रूपों में प्रस्तुत किया, जिनमें से हर रूप अपने ही ढंग से गौरवमय है। उनकी कविताओं मे हम कृष्ण को कहीं क्रीड़ारत नटखट बालक के रूप में, कहीं प्रेमी के रूप में, कहीं कृपालु और स्नेही मित्र के रूप में और कहीं विपत्ति में याद किये जाने पर कवि के सहायक के रूप में देखते हैं। नरसिंह ने दार्शनिक कविता की रचना प्रारंभ की, जिसमें ईश्वर संबंधी औपनिषदिक धारणा को सरल रूप में प्रस्तुत किया गया है। वे दोनों ही प्रकार की कविता की रचना में कुशल थे और वे अपने बाद आने वालों के लिए प्रेरणा स्रोत बन गये। मीरा और नरसिंह के नाम में ही जादू है। सदियों से लोग उनके गीत गाते चले आ रहे हैं और उनके जीवन चरित्र इतिहास के जीते जागते पृष्ठ हैं।

नरसिंह मेहता की रचनाओं में "हारमाला", "सामलशाह का विवाह", "श्रृंगार माला", "राससहस्त्रपदी", "चातुरी", "सुदामा-चरित", "हूंडी", "मामेरू", आदि अधिक प्रसिद्ध हैं। इनमें आत्मचरित से संबंधित रचनाएं है। इनसे भगवान

कृष्ण के उन कृपापूर्ण कार्यों की ओर संकेत होता है, जो उन्होंने भक्त नरसिंह की लाज बचाने के लिए किये थे। बाद में उन्होंने "सुदामाचरित्र", गोविन्दगमन, दाणलीला, सुरतसंग्राम, राससहस्त्रपदी, श्रृंगारमाला आदि की रचना की थी। "श्रृंगारमाला" में सात सौ चालीस पदों का संग्रह है। इनमें मीरा की तरह नरसिंह भी कृष्ण को अपना पति मानते थे। नरसी मेहता सूरदास की कोटि के कवि हैं।

कबीर की भांति नरसिंह ने भी जाति पांति और स्पर्शास्पर्श के विचारों पर उग्र प्रहार किये हैं। वे रामानन्द से भी प्रभावित थे। किन्तु कबीर अशिक्षित थे और नरसिंह ज्ञानी थे। कबीर के विद्रोह को हम विद्रोह कह सकते हैं किन्तु मेहता जी के विद्रोह में समाज के साथ लड़ने की वोरोचित उदारता भी थी। गुजरात का हरिजन आन्दोलन इसका प्रमाण है। नरसिंह के बाद यह आन्दोलन निर्मूल हो गया।

नरसिंह युग में भीम, भालण, पद्मनाम और मीराबाई का काव्य क्षेत्र में विशिष्ट स्थान है।

मीराबाई–मीराबाई ने अपने जीवन के अंतिम दिन द्वारका में बिताये और कृष्णगीत गुजराती में रचे। नरसी (नरसिंह) और मीरा से गौरवशाली आरम्भ पाकर कृष्ण कविता आगामी युग में वसन्त के पुष्पों की तरह प्रस्फुटित हुई। मीरा में आर्त्तभक्त की भावना अपनी परमोच्च सीमा पर है और उनके विरह गीत उच्चकोटि की सर्वव्यापक, सार्वजनिक, सार्वकालिक रहस्यवादी कविता के उत्तम उदाहरण हैं। उनकी प्रमुख रचनाएं "रामगोविंद", "सोरठ के पद" गर्वगीत आदि हैं।

भालण–भालण संस्कृत के प्रकाण्ड पंडित थे। उनसे पहले गुजराती में कोई ऐसा कवि नहीं हुआ, जिसमें व्यास, वाल्मीकि और श्रीहर्ष तथा बाण की अलौकिक प्रतिभा के दर्शन हों। उन्होंने शिवपुराण, मार्कण्डेय पुराण श्रीमद्भागवतपुराण, रामायण आदि संस्कृत गन्थों से आख्यान चुनकर मातृभाषा गुजराती में लिखकर गुजराती साहित्य को नई शक्ति दी। उनकी अन्य प्रसिद्ध रचनाएं "नलाख्यान', "दशमस्कन्ध" और रामबालचरित हैं। दशमस्कन्ध के आधार पर यह अनुमान लगाया जा सकता है, कि कृष्णभक्ति कोई अन्तर्धारा गुजरात में रही होगी। दशमस्कन्ध की भाषा में लालित्य के साथ विषयवर्णन भी मनोहारी शैली में है। नरसी मेहता और भालण पर वल्लभाचार्य का प्रभाव है। भालण ने ही सर्वप्रथम गुजराती के लिए 'गुजरभाषा' शब्द का प्रयोग किया है। प्रेमानन्द, दयाराम और आधुनिककाल के कवियों ने भी भालण से प्रेरणा ग्रहण की है।

पदमनाभ–पदमनाभ ने "कान्हड़ दे प्रबन्ध" नामक प्रबन्धकाव्य की रचना की थी।

मांडण–'प्रबोधबत्तीसी', "रामायण" और "रूक्मांगदकथा" के रचयिता बंधारा कवि मांडण है।

नाकरयुग–नरसिंह युग के बाद नाकर युग आता है। 1545 से 1641 तक

का काल नाकर युग कहलाता है। इस युग में दो प्रमुख कवि हुए–1. नाकर और अरवा या अरवो।

नाकर–नाकर ने महाभारत के अनेक पर्वों और रामायण के कई खण्डों का पद्यानुवाद किया है। उनकी प्रमुख रचनाएं–"शिवविवाह", "ध्रुवाख्यान" आदि है।

अरवा (अरवो) : (1615-1674)–यह जाति का सुनार था। पारिवारिक विपत्ति (बहिन की मृत्यु) के कारण वैराग्य की ओर उसकी वृत्ति झुकी। गुजराती साहित्य में अरवो की टक्कर का वेदान्ती कवि नहीं है। अरवो ने गुजरात के दार्शनिक कवि होने का गौरव प्राप्त किया है। वे दर्शन के अत्यन्त जटिल सूत्रों की अत्यन्त बोधगम्य रीति से व्याख्या करने में सक्षम थे।

उनकी रचनाएं हिन्दी और गुजराती में मिलती हैं। गुजराती, रचनाओं के नाम हैं अखैगीता, चित्रविचार संवाद पंचीकरण, अनुभव बिन्दु, कैवल्यगीता आदि।

अरवो गुजरात का कबीर है। उसकी खंडन शैली सामाजिक साम्यसिद्धान्त, अद्वैत का प्रतिपादन, वैराग्य और स्वानुभूतिज्ञान का प्रकाशन कबीर से मिलता जुलता है। भाषा भी कबीर की भांति सघुक्कड़ी थी। अरवो भगत की वाणी छप्पय में हैं। अरवो भक्ति को ऐसी पक्षिणी मानते हैं, जिसका एक पंख ज्ञान है और दूसरा वैराग्य है।

अरवो यह मानते हैं कि मनुष्य का सबसे बड़ा गुरु उसकी आत्मा है। उनकी रचनाओं में वैराग्य, भक्ति और ज्ञान का समन्वय आदि विषयों की मुख्यतः चर्चा है। उनकी कविता में अनुपम प्रवाह हैं और वह बड़ी ही द्रुतगति से आगे बढ़ती है। उन्होंने गुजराती साहित्य को एक नई दिशा और शैली प्रदान की है।

प्रेमानन्द : (1636-1734) (प्रेमानन्दयुग या उत्तर मध्यकाल)–प्रेमानन्द मध्ययुग के महानतम कवि थे। आख्यान विद्या के जनक थे। वे जनता को पौराणिक कथाएं संगीत के साथ नाटकीय रूप से सुनाते थे। जनता की अभिरूचि को संतुष्ट करने की उनकी कला के कारण वे अत्यन्त लोकप्रिय थे।

प्रेमानन्द के ग्रन्थ गुजरात में बड़े लोकप्रिय हैं। उन ग्रन्थों में पौराणिक वातावरण को जीवित रखा है। शायद ही कोई प्रौढ़ स्त्री हो, जिसे प्रेमानन्द का कोई न कोई ग्रन्थ कंठाग्र न हो। उनके लिखे हुए चालीस ग्रन्थों में 25 निर्विवाद ग्रन्थ है। उनमें दशमस्कन्ध, मायेटुं, नलाख्यान, सुदामाचरित्र, हुण्डीश्राद्ध, चन्द्रहासाख्यान, ओखाहरण, अभिमन्यु आख्यान आदि विशेष प्रसिद्ध है। दशमस्कन्ध में कृष्ण की बाल्यावस्था और किशोरावस्था के प्रसंग है। यशोदा विलाप तो आंखे सजल कर देती हैं।

शामल भट्ट : (सन् 1700)–प्रेमानन्दयुग में प्रेमानन्द के पश्चात दूसरे प्रसिद्ध कवि शामलभट्ट हैं। ये प्रेमानन्द के समकालीन और प्रतिस्पर्धी थे। मध्यकाल में लोककथाओं को काव्य विषय बनाने वाले कवियों में संख्या की दृष्टि से सबसे अधिक कृतियां शामलभट्ट की मिलती हैं। उनके लिखे 24 ग्रन्थ कहे जाते हैं जिनमें "नन्दबत्तीसी", "मदनमोहना", "सूडाबहोत्तरी", "अंगदनिष्टि", "सिंहासनबत्तीसी"

आदि प्रमुख हैं। इनमें पौराणिक, अलौकिक और श्रृंगारी रचनाएं है। अलौकिक और श्रृंगारी रचनाओं के कारण ही शामल गुजराती का विख्यात कवि है। वे छप्पय के लिए भी प्रसिद्ध हैं।

प्रीतमदास (1730)–प्रीतमदास ने भगवद्गीता, अध्यात्म रामायाण, एकादश स्कन्ध की रचना गुजराती में की है। उनकी रचनाओं में ज्ञान और भक्ति की प्रधानता हैं। कुछ कृष्ण भक्ति के पद भी लिखे हैं, जिसके कारण उनमें श्रृंगार आ गया है। प्रीतम की कविता में अनुप्रास की विशेषता है।

वल्लभ मेवाड़ो : (सन् 1740)–वल्लभ दुर्गामाता के भक्त और गरबा लेखक के नाते अरवो और प्रेमानन्द के समान ही प्रसिद्ध हैं। नवरात्रि के दिनों में उनके द्वारा रचित गरबा के गीत स्त्रियों द्वारा गाई जाती हैं। अनमेल विवाह आदि पर भी इन्होंने गरबा की रचना की हैं।

प्रेमानन्द के शिष्यों में रत्नेश्वर, वीर जी, द्वारकादास, हरिदास प्रसिद्ध हैं। इस युग में जैनियों में न्याय सुन्दर और गैरजैनियों में शामल लोकप्रिय कथागायकों में थे।

दयाराम : (दयारामयुग)–गुजराती साहित्य की दृष्टि से उसके मध्ययुग का अन्त उन्नीसवीं शताब्दी के मध्य में होता है। इस युग का अन्तिम श्रेष्ठ कवि दयाराम हैं। अपनी श्रेष्ठता के कारण उनका एकमात्र प्रभाव गुजराती साहित्य पर सन् 1852 तक रहा। यही इस श्रेष्ठ कवि का जीवनकाल हैं, जिसे दयारामयुग कहा जाता है।

गुजराती शिष्ट साहित्य या क्लासिकल साहित्य में तीन कवि उच्चकोटि के माने जाते हैं–1. नरसिंह मेहता 2. महाकवि प्रेमानन्द और 3. दयाराम। दयाराम की लोकप्रियता अन्य कवियों से कहीं अधिक थी। गुजराती जीवन में मधुरता और रसिकता उत्पन्न करने में दयाराम का गुजराती साहित्य में विशिष्ट स्थान है। उन्होंने गुजराती में 48 और ब्रजभाषा में 46 पुस्तकों की रचना की थी। उनकी लोकप्रिय गरबियां अनुपम है। दयाराम को संगीत का भी ज्ञान था। इसी कारण उनकी गरबियों में संगीत का समावेश है। उनकी प्रसिद्ध रचनाएं "रसिकवल्लभ", सतसैया, अजामिलाख्यान, सत्यभामाख्यान, ओखाहरण, रासपंचाध्यायी, गरबा संग्रह आदि हैं। उनकी भक्ति प्रेमलक्षणा है।

दयाराम युग के कवियों में नरभेराम, निरान्त, गायकवाड़, भोजा के नाम उल्लेखनीय हैं।

स्वामी नारायण सम्प्रदाय–मध्ययुग के अन्त में वल्लभाचार्य एवं रामानन्द से प्रभावित मुक्तानन्द, ब्रह्मानन्द, प्रेमानन्द, निष्कुलानन्द और देवानन्द ये पांच कवि महत्व के हैं।

स्त्री कवयित्रियाँ–मध्ययुग के अन्त में मीराबाई के बाद कृष्णाबाई, पुरीबाई, गौरीबाई, दिवालीबाई और राधाबाई के नाम उल्लेखनीय है।

जैन कवि–मध्ययुग में भी आदिकाल की रास परम्परा चलती रही। मध्ययुग

की इस परम्परा के अन्तर्गत रास लिखने वालों में कुशल लाभ (1561), समय सुन्दर (1560-1620), नेमिविजय (1643), गंगाविजय (1652) आदि की रचनाएं महत्वपूर्ण हैं।

3. आधुनिकाल : (स्वतंत्रता पूर्व एवं स्वातंत्र्योत्तर)

19वीं शताब्दी में ब्रिटिश शासनकाल के आगमन के बाद गुजराती साहित्य ने नयी प्रगति की आधुनिक काल के साहित्य को निम्न भागों में बांटा जा सकता है– 1. सुधारकयुग (नर्मदयुग)–1850 से 1887, 2. पंडित युग–1887 से 1920, 3. गांधीयुग–1920 से 1940 4.अद्यतन युग (स्वातंत्र्योत्तर)–1940 से आज तक।

1. सुधारकयुग

सुधारकयुग का सूत्रपात भारत में अंग्रेजों के पूर्ण रूप से जम जाने के पश्चात आरंभ हुआ। अंग्रेजी शिक्षा ने समाज के अनेक नेताओं को अन्धविश्वास, बालवृद्ध विवाह आदि कुरीतियों के उन्मूलन की ओर प्रेरित किया। इस युग के प्रतिष्ठित साहित्यकारों में, दलपतराम, नर्मद, नवलराम, नन्दशंकर, रणछोड़भाई, उदयराम आदि प्रमुख हैं।

दलपतराम : (1820-1898)–दलपतराम स्वामीनारायण सम्प्रदाय के साधु देवानन्द के शिष्य थे। साहित्य और समाज की सेवा के लिए उन्होंने सरकारी नौकरी छोड़ दी। प्रारंभ में उन्होंने "बुद्धिप्रकाश" मासिक आरंभ किया और "गुजराती काव्यदोहन" नाम से प्राचीन कवियों का काव्य संग्रह निकाला। स्त्री शिक्षा और जन जागृति के उद्‌देश्य से उन्होंने "हुन्नरखान की चढ़ाई, "सर्पलक्ष्मी संवाद", "जादवास्थली" और वेनचरित्र जैसी रचनाएं लिखीं। उन्होंने ज्ञातिनिबंध, भूतनिबंध और बाल विवाह संबंधी निबंधों में सधार भावना को महत्व दिया। कविता में हास्यरस का समावेश किया। उनके काव्य संग्रह फार्बस विलास, विजयक्षय, रसकाव्यशतक, ऋतुवर्णन आदि हैं। "श्रवणाख्यान" हिन्दी काव्य ग्रन्थ हैं। 'लक्ष्मी' और "मिथ्याभिमान" दो नाटक हैं।

दलपति के अनुयायियों में मनमोहनदास झवेरी, कवीश्वर रेवाशंकर, कवि बुलाखीराम, कवि छोटालाल नरभेरामभट्ट आदि उल्लेखनीय हैं।

नर्मद (नर्मदाशंकर) (1833-1886)–नर्मद ने भी सरकारी नौकरी छोड़कर पूर्णरूप से मसिजीवी हो गये। उन्हें गुजराती का भारतेन्दु माना जाता है हर दिशा में उन्होंने क्रांति की। एक नहीं दो-दो विधवाओं को बिना विवाह घर में रखकर सामाजिक मान्याताओं को चुनौती दी और गद्य और पद्य के क्षेत्र में हलचल मचाई। क्रांतिकारी नर्मद सच्चे अर्थों में आधुनिकयुग के प्रवर्तक गुजराती गद्य के जन्मदाता हैं। गद्य में निबंध, जीवनचरित्र, आत्मकथा, इतिहास, नाटक, संवाद, पत्र संपादन,

आलोचना कोश आदि के प्रारंभकर्ता वे ही हैं। "नर्मगद्य" और नर्म कविता नाम से इनकी गद्य और पद्य रचनाओं का संग्रह हो चुका है। नर्म गद्य में उनके लेख और निबंध है। 'राज्यरंग' में समस्त देशों का इतिहास है। "भारी हकीकत" में अधूरी आत्मकथा है। "द्रौपदीदर्शन" नाटक है। "डाडियो" समाचार पत्र है। उनकी सभी रचनाओं में सुधारवृत्ति की प्रधानता है। इसलिए उनमें उच्चकोटि का कवित्व नहीं है।

नर्मदयुग या नर्मद के अनुयायियों में विजयशंकर त्रिवेदी, कवि भवानीशंकर, कवि हीराचन्द आदि पर नर्मद का प्रभाव है। दलपत और नर्मद दोनों ने दो प्रकार की काव्य शैलियों को जन्म दिया हैं।

नवलराय (1836-1888)–ये गुजराती के प्रथम सशक्त आलोचक हैं। नवलराय की समस्त रचनाएं "नवल ग्रंथावली" में संग्रहीत हैं। उनमें कविता, नाटक, आलोचनात्मक लेख इतिहास आदि हैं। वे मुख्यतः आलोचक थे। कविता में "गरबावलि", बाललग्नपचीसी, मेघदूत आदि है।

नन्दशंकर : (1837-1905)–नन्दशंकर तुलजाशंकर नवलराम की तरह शिक्षक और सुधारक थे। इन्होंने 'करण घेलो' नामक ऐतिहासिक उपन्यास की रचना की है। यह सुधारकयुग की महत्वपूर्ण कृति है।

रणछोड़भाई उदयराम (1837-1923)–रणछोड़भाई गुजराती नाटक के जन्मदाता हैं। उन्होंने गुजराती नाट्यकला को स्थिरता प्रदान की है। उनके प्रकाशित 14 नाटक हैं, जिनमें–जयकुमारी विनय, ललिता दुःखदर्शक, प्रेमराय और चारूमती आदि सामाजिक और नलदमयन्ती, मदालसा आदि पौराणिक नाटक हैं।

सुधारकयुग के अन्य लेखकों में भोलानाथ साराभाई (भक्तकवि) महीपतराम नीलकंठ (सास बहू की लड़ाई–उपन्यास), करसनदास मूलजी (पत्रलेखन), मनसुखराम त्रिपाठी (अस्तोदय, फार्बस चरित्र आदि निबन्ध), हरगोविन्ददास कांटावाला (मध्यकालीन साहित्य के संशोधक) आदि हैं।

2. पंडितयुग

सुधारकयुग में क्रांति का स्वर था तो पंडित युग में समन्वय की भावना थी। पंडित युग इसलिए कहा जाता है कि इस युग के सभी साहित्यकार विश्वविद्यालयों के स्नातक थे। उनमें पांडित्य की प्रधानता थीं। इस युग के प्रमुख साहित्यकारों का परिचय इस प्रकार हैं–

गोवर्धनराम (1855-1906)–आधुनिक युग में नर्मद के बाद साहित्य सेवा द्वारा गुजरात की महत्वपूर्ण सेवा करने वालों में गोवर्धन राम का नाम अग्रणी है। वे मुख्यतः उपन्यासकार हैं। उनका प्रसिद्ध एवं विशाल उपन्यास "सरस्वती चन्द्र" (चारभाग), "स्नेहमुद्रा", दयाराम की अक्षरदेह, साक्षरजीवन आदि अनेक कृतियां हैं।

सरस्वतीचन्द्र सर्वश्रेष्ठ है। इसके अतिरिक्त निबन्ध और लेखों के रूप में भी उनकी विपुल रचनाएं हैं।

मणिलाल नभुभाई द्विवेदी—ये बहुमुखी प्रतिभा के धनी हैं। उनकी लिखी हुई पुस्तकों में—कान्ता, प्राणविनियम, गुलाबसिंह, बालविलास और सिद्धान्तसार मुख्य हैं। वे गजलों के लिए प्रसिद्ध हैं। 'कान्ता' नाटक हैं।

नरसिंहराव भोलानाथ दिवेटिया : (1859-1937)—ये आधुनिक गुजराती कविता को नई दिशा देने वालों में प्रमुख हैं। हिन्दी के पन्त और निराला के समकक्ष माने जाते हैं।

इनके चार काव्य संग्रह हैं—कुसुम माला, हृदयवीणा, नुपुर झंकार, स्मरण संहिता। इनमे स्मरण संहिता शोकगीत हैं, जिसे कवि ने अपने पुत्र की असामयिक मृत्यु पर लिखा है। उनकी सभी रचनाएं प्रभावशाली हैं। इनके आलोचनात्मक लेख "मनोमुकुर" (चारभाग) में संग्रहीत हैं। "गुजरात लैंग्वेज एण्ड लिटरेचर" भाषा विज्ञान को उनकी महत्वपूर्ण देन है। वे गद्य और पद्य दोनों में समान रूप से आदर के पात्र हैं।

रमणभाई नीलकंठ—रमणभाई नीलकंठ अत्यन्त मेधावी विद्वान और सुधारक थे। "ज्ञानसुधा" के संपादक रहे। उनकी रचनाओं में "राई का पर्वत" नाटक हैं। "भद्रंभद्रं" श्रेष्ठ उपन्यास है। "हास्यमंदिर" मे फुटकर हास्य रस के लेख हैं। वे उच्चकोटि के आलोचक भी है। "कविता और साहित्य" के चार भागों मं उनके आलोचनात्मक लेख संग्रहीत हैं।

मणिशंकर रत्न : कान्त : (1867-1923)—कवि कान्त कवि के नाते गुजराती साहित्य में अमर स्थान के अधिकारी हैं। "वसंतविजय", चक्रवाक मिथुन", "देवयानी" और पूर्वालाप इनकी प्रमुख काव्यकृतियां हैं।

सुरसिंह कलापी (1874-1900)—एक देशी रिसायत के राजा कलापी अन्तर्मुखी कवि थे और उन्होंने व्यक्तिगत समस्याओं को रूपक शैली में प्रस्तुत किया है। वे अत्यन्त लोकप्रिय हुए। "हमीर जी गोहेल" उनका महाकाव्य हैं। गुजराती साहित्य में उनका विशिष्ट स्थान "केकारव" के कारण हैं।

ठाकोर (1869-1942)—कवि, आलोचक और निबंधकार बलवन्त राय कल्याण ठाकोर गुजराती के कवियों में अपनी प्रयोगशीलता के कारण महत्वपूर्ण है। उन्होंने अनेक कवियों को प्रेरणा दी और नए लेखक उत्पन्न किये हैं। उनका उपनाम "सेहेनी" है।

इनका काव्यसंग्रह "भणकारी" नाम से निकला है, जिसको सात भागों में विभाजित किया गया है। 'उगती जवानी' और 'विवाह में ब्रह्मचर्य' उनके दो नाटक हैं। "दर्शनियुं" नामक उनका कहानी संग्रह है। नई कविता पर कई आलोचनात्मक लेख हैं। "आपना कविता" काव्य संकलन हैं।

नानालाल दलपतराम—दलपत के पुत्र नानालाल अपने समय के प्रमुखतम प्रगीतकार थे। उन्होंने गीतिकाव्य, रास, खंडकाव्य, भजन, आख्यानकाव्य और महाकाव्य से लेकर नाटक, कहानी, उपन्यास, निबंध, आलोचना आदि सभी को समृद्ध किया है।

अन्य साहित्यकार—इस युग के अन्य साहित्यकारों में खबरदास, बोटाबकर, ललित, दौलतराम, भीमराव, भोलानाथ, प्रेमशंकर, सागर आदि उल्लेखनीय हैं।

पंडित युग के गद्यकारों मे केशवलाल ध्रुव, बाबाभाई मेहता, झबेरी आदि विशेष रूप से उल्लेखनीय हैं।

3. गांधीयुग

1915 में महात्मा गांधी दक्षिण अफ्रीका से भारत लौटे और उन्होंने साहित्य समेत सभी क्षेत्रों में नये जीवन मूल्य विकसित किये। उन्होंने साहित्यकारों को आहवान किया कि वे जनता के लिए लिखें और उनके फलस्वरूप गुजराती साहित्य में एक नये युग का उदय हुआ, जिसको गांधीयुग कहा जाता है। इस युग के कवियों ने दीनहीनों की दुखद अवस्था के विषय में लिखा, समाज व्यवस्था में परिवर्तन की मांग की, भारत माता की मुक्ति के संघर्ष के गौरव गीत गाये और महात्मा गांधी केन्द्रीय शक्ति बन गये।

इस युग में साहित्य की सभी विधाओं का विकास हुआ। विशेष रूप से गद्य साहित्य का विकास हुआ इसलिए गांधीयुग को गद्य युग भी कहा जाता है। इस युग में उपन्यास पिछले युगों की अपेक्षा विषय वस्तु और शैली दोनों से भिन्न है। इस युग में कहानी, लघु निबंध, एकांकी, स्वगतभाषण तथा डायरियां आदि लिखी जाने लगीं। बाल साहित्य लिखा गया। कविता के क्षेत्र में रास, गरबा, खण्डकाव्य, सानेट, प्रतिकाव्य (पैरोडी), मुक्तक इत्यादि 'विधाएं' जन्मीं और इसीकाल में वे परिपक्व भी हुईं। इस युग के लेखकों का संक्षिप्त परिचय इस प्रकार हैं।

गांधीजी—गांधी जी ने अपने को कभी साहित्यकार नहीं कहा, पर वे अपने युग के सर्वश्रेष्ठ लेखकों में थे। उनके साहित्य में सेवा, बलिदान, त्याग, ईश्वरप्रेरणा, संयम, राष्ट्रप्रेम, विश्वबन्धुत्व की भावना आदि का सन्देश मिलता हैं। उनकी प्रमुख रचनाएं—आत्मकथा, अहिंसा असहयोग, धर्मयुद्ध का रहस्य, अनासक्तियोग, नवजीवन, हरिजन बन्धु आदि पत्र। इन सबका महत्व इसलिए है कि गांधीजी ने गुजराती गद्य को एक नया रूप दिया। कवि और लेखक उनसे प्रभावित हुए और गांधीजी के मानवीय विचारों को साहित्य में स्थान दिया। कन्हैयालाल मुंशी के शब्दों में ''गांधीजी ने गुजराती साहित्य को शक्तिमत्ता दी है।''

काका कालेलकर—दत्तात्रेय बालकृष्ण कालेलकर ने अनेक पुस्तकें लिखी

हैं9उनके हिमालय का प्रवास, स्मरण यात्रा, लोकमाता, जीवन का आनन्द, जीवन संस्कृति, जीवन भारती आदि। 'हिमालय का प्रवास' यात्रा साहित्य है। स्मरण यात्रा में संस्मरण हैं। जीवन संस्कृति में निबन्ध हैं। वे सर्वश्रेष्ठ निबन्ध लेखक हैं।

रामनारायण पाठक—वे कवि, कहानीकार, निबन्धकार, आलोचक, छन्दशास्त्रज्ञ और पत्रकार सब कुछ थे। उनकी कविताएं "शेषकेकाव्य" नाम से छपी हैं। "द्विरेफ की बातें" कहानी संग्रह हैं। "स्वैर विहार" में निबन्ध हैं।

किशोरलाल मश्रूवाला—वे गांधीवादी मौलिक विचारक थे। उनकी रचनाओं में "समूली क्रांति" (सार्वभौमक्रांति) राम और कृष्ण, बुद्ध और महावीर, जीवन शोधन, अहिंसा विवेचन आदि।

इसके अतिरिक्त महादेव देसाई, नरिहरि परीख, चन्द्रशेखर शुक्ल, शिवशंकर शुक्ल मगनभाई देसाई, नानाभाई भट्ट, नवल भाई मेहता आदि ने भी साहित्य सेवा की है।

कन्हैयालाल मुंशी—सभी लेखकों में स्वतंत्र साहित्यस्त्रष्टा कन्हैयालाल मुंशी प्रमुख हैं। उनकी रचना कला अद्वितीय है। शैली नाटकीय है। गुजराती साहित्यकारों में मूर्धन्य साहित्यस्त्रष्टा हैं। उन्होंने ऐतिहासिक उपन्यास और कहानियां दोनों लिखें हैं। "पाटन की प्रभुता", "गुजरात का नाथ", "राजाधिराज", "जयसोमनाथ" ये चारों सोलंकी युग के उपन्यास हैं। "भग्नपादुका" ऐतिहासिक उपन्यास है। भगवान कौटिल्य, लोपामुद्रा, में ऋषि जीवन का आदर्श है। "बैर का बदला", "किसका दोष", "स्वप्नदृष्टा" आदि सामाजिक उपन्यास है। "मेरी कमला और अन्य कहानियां" एकमात्र कहानी संग्रह है। "तर्पण", "अविभक्त आत्मा", "पुत्रतुल्य" आदि पौराणिक नाटक हैं। "बाबा सेठ की स्वतंत्रता", "दो खराब आदमी", "ब्रह्मचर्याश्रम", "डॉ. मधुरिका" आदि सामाजिक नाटक है। "नर्मद अर्वाचीनों में आद्य" जीवन चरित्र है। "शिशु और सखि" आदि आत्म कथाएं हैं। इस प्रकार मुन्शीजी का साहित्य विशाल हैं।

रमणलाल वसन्तलाल देसाई—मुंशीजी के बाद देसाई जी सर्वश्रेष्ठ उपन्यासकार हैं। उन्होंने कहानी, नाटक, काव्य निबंध आत्मकथा आदि की रचना की है। "जयन्त", शिरीष और कोकिला, हृदयनाथ, स्नेहयज्ञ, दिव्यचक्षु, ग्रामलक्ष्मी आदि उनके उपन्यास हैं। "बंसरी" जासूसी उपन्यास है। भाकला (ओरा), "पंकज" और रसविन्दु कहानी संग्रह हैं। 'अजनी' नाटक है। "नीहारिका" में उनकी कविताएं हैं। सफलता उपन्यासों में मिली हैं।

धूमकेतु—इनका पूरा नाम गौरीशंकर गोवर्धनराम जोशी हैं। गुजराती साहित्याकाश में वे धूमकेतु की तरह छाये हुए है। कविता छोड़कर सभी विधाओं को समृद्ध किया है। उनके सत्रह कहानी संग्रह हैं, जिनमे ढाई सौ कहानियां "आकाशदीप", "प्रदीप", "मेघबिन्दु", "अनामिका" आदि कहानी संग्रहों के नाम हैं। राजमुकुट,

मल्लिका, पराजय आदि उपन्यास है। ''हेमचन्द्राचार्य'' जीवनचरित्र है। ''जीवनपथ'' आत्मकथा है। ''पड़छाया'', ''प्रतिध्वनि'', ''एकलव्य'' आदि नाटक हैं। ''पानगोष्ठी'' आदि मे निबन्ध हैं।

झबेरचन्द्र मेघाणी—समकालीन कवियों में मेघाणी जी 'मूर्धन्य हैं। गांधीजी ने उन्हें ''राष्ट्रीय शायर'' की उपाधि दी थी। उन्होंने नाटक, काव्य, उपन्यास, कहानी, आलोचना, निबन्ध, जीवन चरित्र, यात्रावर्णन, व्यंग्य, अनुवाद आदि कार्य किये हैं। युग वंदना, रवीन्द्रवीणा, किल्लोल आदि बालकाव्यसंग्रह हैं ''समरांगण'', ''तुलसीक्यारों'', वे विशाल'' आदि उपन्यास और ''मेघाणी की कहानियां'', ''विलोपन'' आदि कहानी संग्रह हैं। लोक साहित्य आदि के निर्माण में उनका बड़ा हाथ हैं।

इन कवियों एवं लेखकों के अतिरिक्त चुन्नीलाल गुणवन्तराम, ज्योतीन्द्रदवे, नारायण ठक्कुर, श्रीमती ज्योत्स्ना शुक्ल, रविशंकर रावल, रामनारायण ने विभिन्न विधाओं में साहित्य सेवा की है।

स्वातंत्र्योत्तर गुजराती साहित्य

गुजराती साहित्य में स्वतंत्रता के पूर्व का और स्वतंत्रता के बाद का अन्तर इतना तीखा नहीं हैं कि इस स्वातंत्र्योत्तर स्थिति को नयायुग माना जाय। जो कवि उपन्यासकार, कहानी लेखक, नाटककार और निबन्धकार 1947 से पहले आगे आये थे वे ही इस क्षेत्र में अभी भी सक्रिय और प्रभावशाली हैं।

कविता—गुजराती की आधुनिकतम कविता एक ओर अपनी परम्पराओं से रस ग्रहण करती है तो दूसरी ओर नवीनता के प्रति भी गहरी आस्था हैं। आधुनिक युग के प्रवर्तक कवि नर्मद और दलपत ने जिस सुधारवाद और क्रांतिकारी परम्परा का सूत्रपात किया था उसे न्हानालाल, नरसिंहराव, बलवन्तराव आदि ने आगे बढ़ाया।

प्रगतिवाद—साम्यवादी विचारधारा ने गुजराती कविता को नई दिशा दी है। गुजराती काव्य के चौथे दशक में प्रगतिशील चेतना गांधीवादी प्रभाव के अन्दर ही विकसित हुई। दूसरे तीसरे दशक के कवि उमाशंकर जोशी, मेघाणी, मनसुखलाल झवेरी और सुंदरम् पर गांधीवादी विचारधारा का गहरा प्रभाव है। तीसरे दशक तक दीन दलितों के प्रति करुणा, असमानता, वर्ग संघर्ष, अछूत समस्या आदि गांधीवादी प्रगतिशीलता के अन्दर ही क्रांति के रूप धारण कर लेते है।

वस्तुतः यह साम्यवाद प्रेरित आंदोलन भी अपनी अलग पहचान नहीं छोड़ सका। मेघाणी ने ''घणरे बोले'' शीर्षक रचना में ही पूंजीवाद को चुनौती देते है। सुंदरम और स्नेह रश्मि के काव्य में यह विचारधारा वर्ग संघर्ष के अभिप्रायों के अन्दर दिखाई देता है। सुन्दरम् ने ''कोया भगत की ''कड़वी वाणी'' में इस विचारधारा को सशक्त रूप में व्यक्त किया है। श्री उमाशंकर जोशी ने ''रचौ-रचौ अम्बर चुंबी

गुंबजों" द्वारा शोषक वर्ग को चेतावनी दी है और कहा है—"भूख्यां जनोनी जठराग्नि जागशे, खडेर नी भस्म कणी न लाघसे"। स्नेह रश्मि बिम्बों और प्रतीको में इसी बात की अभिव्यक्ति देने लगे।

अने तो एक धन्य दीन, नीरव वारू हृदय बीन।

आगे चलकर सुंदरम् अरविन्ददर्शन की ओर मुड़ गये। उस धारा का नेतृत्व किया। चन्द्रवदन मेहता, स्नेह रश्मि, बटाई, बादरायण, करसनदास, माणेक झवेरी, पूजालाल, प्रहलाद, पारेख, पतील, नाथा लाल दवे, प्रेमशंकर भट्ट आदि ने अरविन्द दर्शन से प्रभावित होकर काव्य रचना की है।

प्रयोगवाद और नई कविता

गुजराती में नई कविता की उद्भावना उमाशंकर जोशी की कविताओं से हुई है, उनमें "विश्वशांति", गंगोत्री, निशीथ, प्राचीन, आतिथ्य, वसंत वर्षा और महाप्रस्थान की काव्य धारा "अभिज्ञा' काव्य संग्रह तक नया काव्य उत्कर्ष प्राप्त कर लेती हैं। प्रहलाद पारीख की "बारी बाहर" में नये प्रयोग हैं। राजेन्द्र शाह तो नये कवियों का नेतृत्व करने वाले हैं। उनका प्रथम काव्य संकलन "ध्वनि" है, जिसमें उन्होंने लिखा है—"इस धूल भरे कपड़ों में लिपटा मैं निरर्थक इस दुनिया में भटक रहा हूं"। सुरेश जोशी ने "उपजाति" और प्रत्यंचा में नये प्रयोगों को स्थान दियाहै। निरंजन भगत के काव्य संग्रह "छंदोलय", "किन्नरी" आदि भी नई साधना है। प्रियकांत मणियार प्रतीकवादी कवि हैं। सुरेश दलाल के काव्य लोक में गीतों की रम्यता है। हेमंत देसाई का काव्य संग्रह "इंगित" प्रेम और राग का उज्जवल झरना है। किन्तु वे गुजराती गजलकार है। गजल गुजराती काव्य की प्रमुख शैली है। कलापी, अमीन, आजाद, असीम, पतील, अमृत घायल आदि गजलकार हैं।

इनके अतिरिक्त ज्योतिषज्ञानी, नलिन रावल, लाभशंकर ठाकुर, रघुवीर चौधरी, श्री कांतशाह, सितांशु यशचन्द्र, आदिल मंसूरी, अब्दुल करीम, मेकवान, दिनेश कोठारी, मुहम्मद शेख, अंबाशंकर नागर, प्रबोध पारीख, उपेन्द्र पंड्या, रमेश पारीख, पिनाकिन ठाकोर, उशनस आदि कवियों के काव्य में गुजराती नये भाव बोध हैं। नये कवियों में जापानी काव्य रूप 'हाइकू' भी बहुत लोकप्रिय रहा हैं। इसके प्रवर्तक स्नेह रश्मि हैं।

नाटक

गुजराती नाटक का विकास अन्य धाराओं की अपेक्षा कम हुआ है। रणछोड़भाई, उदयराम और मणिलाल नभुभाई के समय में गुजराती में विद्वान नाटककारों के नाटक रंगमंच पर अभिनीत होते थे। बाद में पेशेवर नाट्य मंडलियों ने हल्की लोक रुचि

को तृप्त करने के लिए नाटक खेले तो शिष्ट नाटकों का विकास ही रूक गया। बीच में यदि ''जया जयंत'' और ''राई का पर्वत'' जैसे नाटक लिखे भी गये तो उनका अपेक्षित प्रचार नहीं हुआ। परिणामतः साहित्यिक नाटक का संबंध विच्छेद हो गया। श्री मुंशी ने अवश्य ही अच्छे अभिनेय नाटक लिखे। बाद में नरसिंह विभाकर ''सिद्धार्थ बुद्ध'', ''स्नेहसरिता'', ''सुधाचन्द्र'', ''मधुबंसरी'' और मेघालिनी पांच स्तरीय नाटक लिखे, जिसे मंच पर खेला गया।

नरसिंह विभाकर के बाद नाट्यकला को चरम सीमा पर पहुंचाने वाले श्री चन्द्रवदन मेहता हैं उन्होंने अभिनय को केन्द्र में रखकर ''आगबाड़ी'', ''नागाबाबा'', ''धरागुर्जरी'', ''नर्मद'' आदि सामाजिक, पौराणिक, ऐतिहासिक नाटकों की रचना की। इन नाटकों में मेहता ने पात्रानुकूल भाषा का प्रयोग किया है। आधुनिक नाटककारों में सर्वश्रेष्ठ स्थान के अधिकारी चन्द्रवदन मेहता ही हैं।

एकांकी

गुजराती में एकांकी का प्रारंभ बटुभाई उमरवाडिया ने किया। उनका इब्सन शैली का प्रथम एकांकी ''लोमहर्षिणी'' हैं। इसी से एकांकी का जन्म हुआ। उसके बाद मत्स्यगन्धा और अन्य नाटक संग्रह प्रकाश में आये। दूसरे एकांकीकार उमाशंकर जोशी हैं। ''सापना मारा'' और ''शहीद'' उनके दो एकांकी संग्रह हैं। श्रीकृष्ण लालधराणी ने रवीन्द्र से प्रभावित होकर 'बडालो'' और ''वीलापलाश'' भावनापूर्ण नाटक लिखे हैं। इन्दुलाल गांधी के छह नाटक संग्रह हैं। यशवन्त पंड्या ने ''मदन मंदिर'', ''चडदा पाछला'' आदि नाटक दिये हैं।

अन्य एकांकीकारों में दुर्गेश शुक्ल (भावनाट्य), प्राणजीवन पाठक (इनत्रा), जयंतदलाल (जवनिका आदि) यशोधर मेहता (रणछोड़लाल और अन्य नाटक), चुन्नीलाल मडिया (रंगदा, विषविमोचन) आधुनिक नाटककारों में मडिया और जोशी का भविष्य उज्जवल है। दोनों के नाटक अभिनेय होते हैं। इसके अलावा चन्दरवाकर, रमणवकील, जसवन्त ठाकोर, पन्नालाल पटेल, इन्दुलाल गांधी आदि इस क्षेत्र में अच्छा कार्य कर रहे हैं।

उपन्यास

उपन्यास क्षेत्र में श्री रमणलाल देसाई ने प्रेमचंद परम्परा का अनुसारण किया है। प्रेमचन्द परम्परा के ही उपन्यासकार हैं–1. पन्नालाल पटेल, 2. ईश्व पेटलीकर 3. पीताम्बर पटेल। ये तीनों ही ग्रामवासी है। इसमें पन्नालाल पटैल सर्वश्रेष्ठ हैं। इनकी ''मलेला जीव'' और ''मानवीनी भवाई'' उपन्यास श्रेष्ठ हैं। श्री पेटलीकर ने अपने ''जन्मटीप'' रचना से ख्याति पाई है। श्री पीताम्बर पटेल ग्राम्य और शहरी जीवन का चित्रण किया है। 'खेतर ने खोले'' उनकी सर्वश्रेष्ठ कृति है। मनुभाई

पचोली प्रसिद्ध उपन्यासकार है। उन्होंने ''त्रिवेणी तीर्थ'', ''वैभव और विरासत'' जैसे कृतियां दी हैं। उनका सर्वश्रेष्ठ उपन्यास ''जहर तो पीघां छे जाणी जाणी'' है। श्री चुन्नीलाल मडिया ने ''पावक ज्वाला'' ''व्याजनावारस'' आदि प्रस्तुत की है। इनकी शैली में मेघाणी की झलक मिलती है। श्री पुष्कर चन्दरवाकर ने ''लीलुडी लेजो'' में पिछड़ी जातियों के चित्र दिए हैं। यशोधरा मेहता ने ''सरीनती रेती'' द्वारा उपन्यास कला की ओर संकेत किया है। जयमाल परमार, रामनारायण पाठक, जयन्ती दलाल आदि ने भी अच्छी रचनाएं दी है। इसके अतिरिक्त शरत्, रवीन्द्र, बंकिम, प्रेमचन्द, जैनेन्द्रकुमार आदि की रचनाएं गुजराती में अनुदित हुई हैं।

कहानी

धूमकेतु से पूर्व गुजराती कहानी कल्पना प्रधान थी। धूमकेतु ने प्रथम बार यथार्थवादी कहानियों की रचना की हैं।

नए कहानी लेखकों में ''भाव जी मेलो'' कहानी संग्रह के लेखक उमाशंकर जोशी हैं। उनकी कहानियां मनोविश्लेषण प्रधान हैं। श्री कुमार ने ''पियासी'' कहानी संग्रह में यथार्थवादी कहानियां रची है। जयन्ती दलाल विचार प्रधान कहानी लेखक हैं। गुलाबदास ब्रोकर भावना प्रधान कहानी सर्जक हैं। पन्नालाल पटेल ग्राम्य जीवन प्रधान कहानियां लिखते हैं। पटेलीकर भी इस पथ के अनुयायी हैं। चुन्नीलाल मडिया ने 'धूधबाता पूर' संग्रह द्वारा नई कहानी के विकास में विशेष रूप से योग दिया है। पीताम्बर पटेल की कहानियां में फिल्मी वातावरण की झलक हैं। दुर्गेश शुक्ल सामाजिक और मनोवैज्ञानिक कहानी लेखक हैं। इसके अतिरिक्त पुष्कर चन्दरवार, उमेद भाई मणियार, बकुलेश, स्वप्नस्थ, विनोदिनी, नीलकंठ आदि-आदि अनेक कहानी लेखक आज सजग होकर कहानी को गति दे रहे हैं।

निबन्ध

श्री रमणभाई ने ''हास्यमंदिर'' द्वारा निबंध का प्रारंभ किया था। नरसिंहराव ने विवर्तलीला में सुंदर निबंध दिये। राम नारायण पाठक के निबंध गुजराती की अमूल्य सम्पदा है। ज्योतीन्द्र दवे हास्य रस प्रधान निबंध रचे हैं। काका कालेलकर ने सांस्कृतिक निबंधों की रचना की है। प्रो. जयेन्द्रराय का प्रमुख निबंध संग्रह पोयणा (पद्मिनी) हैं। श्री विजय राम ने ''नाज़ुक सवारी'' धूमकेतु ने पानगोष्ठी, उमाशंकर जोशी ने ''गोष्ठी'' में भी अच्छे निबंध दिये हैं। इसके अतिरिक्त मुनिकुमार भट्ट, विनोदिनी नीलकंठ, जयन्ती दलाल, चीनु भाई पटवा, बकुल त्रिपाठी और प्रबोध जोशी ने भी अच्छे निबंध दिये हैं। हास्यरस के लेखकों में औलिया जोशी और मस्त फकीर हैं।

आलोचना

आधुनिक गुजराती आलोचना में विजय राव वैद्य ने महत्वपूर्ण कार्य किया है। उन्होंने "कौमुदी" और "मानसी" पत्रों द्वारा गुजराती आलोचकों का पथप्रदर्शन किया हैं। उन्होंने "साहित्य दर्शन", "हरे पीले पत्ते" आदि निबंध संग्रहों के अतिरिक्त गुजराती साहित्य का इतिहास लिखा है। झवेरी भी एक अच्छे आलोचक हैं। विष्णु प्रसाद त्रिवेदी ने आलोचना के नये मापदंडों को अपनाया है। "विवेचन" "परिशीलन" आदि उनकी आलोचनात्मक कृतियां हैं। विश्वनाथ भट्‌ट निर्भीक आलोचक हैं। "साहित्य समीक्षा", "निकष रेखा" उनकी प्रतिभा के फल हैं। नवलराम त्रिवेदी ने कई आलोचनात्मक ग्रन्थों की रचना की है। उमाशंकर जोशी "समसंवेदन" अरवो एक अध्ययन, अनन्तराय रावल "गधाक्षत" और "साहित्यविहार" जैसे महत्वपूर्ण ग्रन्थ दे चुके हैं।

अन्य विधाएं

अन्य विधाओं में जीवन चरित्र, यात्रा वृतान्त, संस्मरण, विज्ञान, कोश, संपादन, अनुसंधान आदि अनेक प्रकार के ग्रन्थ गुजराती साहित्य में लिखे जा रहे हैं। जीवन चरित्र में गांधीजी, बोस, वल्लभ भाई पटेल आदि के जीवन चरित्र लिखे गये हैं। आत्मकथाओं में चन्द्रवदन मेहता की आत्मकथा "बांध गठरिया", "छोड़ गठरिया आदि हैं। यात्रा वर्णनों में सुंदरम् की दक्षिणायन और रविशंरक रावल की 'कलाकार की संस्कार यात्राा" प्रमुख हैं। अनुसंधान के क्षेत्र में प्रो. कान्तिलाल, डॉ भोगीलाल, डॉ. मंजुलाल मजुदार आदि महत्वपूर्ण कार्य कर रहे हैं।

(iii) पंजाबी साहित्य का इतिहास

पंजाबी भाषा–'पंजाबी' शब्द 'पंजाब' से संबद्ध हैं। पंजाब शब्द फारसी का है। इसका अर्थ है–पांच नदियों का देश। पांच नदियां हैं–सतलुज, रावी, व्यास, चेनाव और झेलम। पंजाब प्रदेश की भाषा होने के कारण इसका नाम पंजाबी है। वर्तमानकाल में इसका क्षेत्र पूर्वी पंजाब तथा पाकिस्तान स्थित पंजाब हैं। यह भाषा पश्चिमी पहाड़ी, बांगरू, बीकानेरी तथा लहंदा से घिरी है।

भौगोलिक दृष्टि से स्पष्ट है कि आर्य संस्कृति का प्रारंभिक केन्द्र पंजाब था। अतः वेदों का सृजन पंजाब में ही हुआ है। आधुनिककाल तक पंजाबी भाषा में विविधता है। पंजाब में हिन्दी, उर्दू और पंजाबी, उर्दू तथा फारसी लिपियों में लिखी जाती थी। भारत में यह भाषा गुरुमुखी लिपि में स्वीकृत की गई है। जबकि पाकिस्तान के पंजाबी क्षेत्र में यह भाषा फारसी लिपि में पढ़ी और लिखी जाती है।

पंजाबी भाषा के संदर्भ में पंजाबी इतिहास के लेखक डॉ. मनमोहन सिंह का

मत है कि "पंजाबी अपभ्रंश का ही परिवर्तित रूप है, जिसमें क्रमशः कश्मीरी, गुजराती, सिंधी मराठी के स्थानिक शब्दों के साथ तुर्की, फारसी के शब्द भी मिश्रित हो गये। 11वीं से 15वीं शताब्दी तक अपभ्रंश का यह विकसित रूप था, जिसमें लहंदा का प्रभाव बढ़ता गया किन्तु 15वीं से 18वीं शती तक तो यह स्पष्ट व्यापक हिन्दी भाषा ही रही, जिसमें लहंदी का प्रभाव यत्र-तत्र ही दिखाई देता था।" (हिस्ट्री आफ पंजाबी लिटरेचर पृ. 11-12)

कालक्रमानुसार पंजाबी साहित्य को भी तीन कालों में विभाजित किया जा सकता हैं- 1. आदिकाल 2. मध्यकाल और 3. आधुनिककाल।

1. आदिकाल

पंजाबी साहित्य का आदिकाल स्पष्ट नहीं हैं। नाथों और सिद्धों की बानियों में पंजाबी का प्रभाव हैं। श्री दर्शन सिंह मैनी लिखते हैं "कि उत्तरी भारत की आधुनिक भाषाओं के समान पंजाबी भी हठयोगी साधकों के प्रयत्नों से साहित्यिक भाषा बनी।" हठयोगियों के उपदेशों में पंजाबी प्रभाव हैं पर पंजाबी में लिखने वाले प्रथम रचनाकार शेख फरीद है। इस संदर्भ में श्री दर्शनसिंह मैनी का मत है कि "स्पष्टतः यद्यपि पंजाबी के आदिकाल का प्रथम कवि बाबा फरीद है" जिन्होंने न केवल सांस्कृतिक नदियों का रहस्यात्मक मिलन संपादित किया अपितु भाषा के ऐसे मुहावरे का प्रयोग किया जिसने मूल पंजाबी को अक्षुण्ण रखने के साथ-साथ फारसी शब्दावली को भी आत्मसात कर लिया। (वही, पृ. 385) अतः शेख फरीद को ही पंजाबी साहित्य का प्रथम रचनाकार माना जाता है।

2. मध्यकाल

शेख फरीद के बाद सूफी संतों का भारत में आगमन हुआ। सूफियों को पंजाब में ऐसी कहानियां मिलीं, जो उनकी प्रेम गाथाओं से मिलती हैं। अतः मध्यकाल में पंजाबी की चार परम्पराएं विकसित हुईं—1. सूफी परम्परा 2. गुरुनानक सिख परम्परा या सन्तकाव्य 3. किस्सा और वार।

1. सूफी परम्परा

सूफियों का पंजाब में मुख्य स्थान था, मुल्तान के पास "पाकपट्टन"। इस प्रदेश में धार्मिक विचारों पर उनका प्रभाव सबसे अधिक है। सिख धर्म के संस्थापक गुरुनानक और अन्य गुरुओं, सूफियों को अच्छी तरह पढ़ा और उनसे प्रभावित भी हुए। सूफियों की दृष्टि में परमात्मा और भक्त का वही सम्बन्ध है, जो एक प्रेयसी और प्रेमी का होता है। दोनों के बीच माया का पर्दा है इसी कारण विरह है। यह

विरह गहरी लगन और प्रेम से ही दूर हो सकता है। यह विचार सिख गुरुओं के लेखन में बार बार आता है। सूफियों से सिख गुरुओं ने आवश्यक उपमाएं और रूपक भी ग्रहण किये हैं। तीसरी बात यह है कि सूफी साहित्य मे कुछ छन्द मिलते हैं जैसे—काफी, बारहमाह और सिहरफी। पंजाबी कविता के शिरोमणि वारिस शाह ने एक सुन्दर ''बारह माह'' अपने ''हीर-रांझा'' में दिया है और ''आदिग्रन्थ'' में सम्मिलित गुरुनानक का ''बारहमाह'' भी पंजाबी साहित्य का अत्यन्त सन्दर अंश है। ''सिहरफी'' यानी अक्षरबन्ध, जिसमें एक छन्द होता है, पंजाबी का अपना विशेष काव्य रूप है। सिख गुरुओं ने इस रूप में लिखा है, पर उनके बाद इसे छोड़ दिया गया। पंजाबी ''काफी'' माध्यम से ही सूफी परम्परा जनमानस के भावतंत्र का अंग बनी। काफ़ी एक नाटकीय कविता है जिसका संगीत के साथ पुराना सम्बन्ध है। काफी लोकगीतों की भी याद दिलाती हैं।

पंजाबी सूफी कवियों में प्रमुख हैं—शाह हुसैन बुल्लेशाह और सिहरफी आदि। इन तमाम कवियों ने पंजाबी भाषा का प्रयोग किया था और इस अभिव्यक्ति और वैशिष्ट्य के नये धरातल प्रदान किये थे।

2. सिख गुरु

अधिकतर सिख गुरु कवि थे। ''ग्रन्थ साहिब'' में नानक, अंगद, अमरदास, रामदास अर्जुन और तेग बहादुर की रचनाएं सुरक्षित हैं। दो सिख धर्मग्रन्थों के सबसे प्रमुख रचयिता हैं—प्रथम गुरुनानक और पांचवें गुरु अर्जुनदेव।

गुरुनानक : (1469-1539)—गुरुनानक को हम पंजाब का सर्वप्रथम एवं सुविख्यात सन्त कवि कह सकते हैं। उन पर कबीर की रचनाओं का गहरा प्रभाव पड़ा और वह भक्ति से पूर्ण प्रभावित हो गये। महान सन्त और धार्मिक नेता नानक मानव की पूर्ण समानता में विश्वास करते थे। उन्होंने काव्य के माध्यम से अपना सन्देश जनमानस तक पहुंचाया। गुरुनानक ने पंजाबी मिश्रित सुगम हिन्दी में काव्य रचना की ताकि अधिक से अधिक लोगों तक अपना सन्देश पहुंचा सकें। उन्होंने देहाती पंजाब का सौन्दर्य- लहलहाते गेहूं के खेत, उषाकाल और पक्षियों का जगना, वर्षाकालीन घटाओं की भव्यता, पावस का संगीत—इन सबसे जनता में एक धार्मिक और काव्यमय उन्माद जागता था। जैसे—

ये पसीने की बूंदे जो मणियों की तरह हैं
इस तरह गिरती हैं जैसे किसान के हाथों से बीज।

गुरुनानक का सबसे प्रसिद्ध ग्रन्थ है—''जप साहब''। यह सबेरे की प्रार्थना है। निम्नलिखित पद्य उस धार्मिक उमंग का एक नमूना है, जिससे उनकी सारी रचनाएं भरी हुई हैं—

"ओ नानक, उसी की कृपा यहां-यहां सब ओर फैली है,
बाकी सब बकवास है, और झूठ है।"

गुरु अर्जुन देव : (1563-1606)—परवर्ती गुरुओं में सिख धर्म ग्रन्थों के प्रमुख लेखक गुरु अर्जुन देव और गुरु गोविन्दसिंह ही थे। गुरु अर्जुन देव के भाव और विचार नानक से काफी मिलते जुलते हैं। उन्होंने आदि गुरु के सन्देश को ही प्रचारित सुरक्षित और चिरस्थायी रखने की कोशिश की है। उनकी कविताएं अलंकृत शब्दावली से परिपूर्ण हैं और अनुप्रास तथा शाब्दिक पुनरूक्तियों द्वारा उन्होंने बार-बार चेतना को आन्दोलित करने वाले संगीत की सृष्टि की है। "सुखमनी" गुरु "अर्जुनदेव" की लम्बी दार्शनिक कविता है, जो सिखों की पूजन पद्धति परम्परा का अंग बन गयी है और प्रातःकालीन प्रार्थनाओं में, जिसका गायन किया जाता है।

पंजाबी साहित्य की सबसे महान कृति "ग्रन्थ साहिब" हैं। इसे संकलित करने मे गुरु अर्जुनदेव और उनके समकालीन लेखक भाई गुरुदास ने किया। यह बहुत बड़ा ग्रन्थ है, कई हजार छन्द इसमें है। इसमें सभी गुरुओं और कई सन्त कवियों के पद्य संकलित हैं।

गुरु गोविन्दसिंह : (1666-1708)—सिख गुरुओं में सबसे ज्यादा विद्वान थे। हिन्दू पुराण ग्रन्थों और इस्लाम के धर्म शास्त्र से वे सुपरिचित थे। वे कला और साहित्य के प्रेमी थे। उनके दरबार में 52 कवि थे। उन्होंने ब्रजभाषा, फारसी और पंजाबी में रचना की है। वे कला और साहित्य के संरक्षक थे। "दशम ग्रन्थ" को ऐसी कृति माना जाता है, जिसमें उनकी रचनाओं के साथ अन्य कवियों की रचनाएं भी सुरक्षित हैं।

गुरुगोविन्दसिंह के सिवाय शेष सभी गुरुओं की बानी में सृष्टि के जन्मदाता और मानवता के प्रति विशेषताओं का वर्णन ही अधिकतर किया गया है, किन्तु गुरु गोविंदसिंह जहां आध्यात्मिक नेता थे, वहां राजनीतिक नेता भी थे। इसलिए उनकी रचनाओं में भक्तिभाव के साथ वीर रस भी मिलता है। उनकी "जफरनामा' कविता में वीरता की भावना हैं। उनका "जपसाहब" उनके अनुयायियों के लिए आज भी प्रेरणा का स्त्रोत है। उनकी रचना की शक्ति का एक नमूना द्रष्टव्य हैं—

सिर्फ तू ही है, ओ हमारे वीर रक्षणकर्ता,
पूरे इस्पात के बने, क्या इस दास को नहीं बचाओगे।

3. किस्सा और वार

सूफी कविता के साथ मध्यकाल में दो अन्य काव्य रूप विकसित हुए किस्सा और वार। ये दोनों ही श्रोता समाज के सामने गाये जाते थे। किस्से प्रमुखतः किसी प्रेमकथा को आधार बनाकर लिखे जाते थे, हालांकि किसी तरह के धार्मिक उपदेश या नैतिक सन्देश को ध्यान में रखकर भी किस्सों की रचना हो सकती। प्रेम गाथाओं

के अन्तर्गत सबसे प्रसिद्ध हैं–हीर रांझा, मोहनी-महिवाल, सस्सी-पूनू, मिर्जा साहिबा आदि। नीति प्रधान रम्याख्यान के उदाहरण–कादिर यार कृत पूरन भगत और कालिदास कृत नल दमयंती, रूपवसंत और भरथरी। इसमें बुल्लेशाह (1680-1758) और वारिस शाह (1735-1798) ने ऐसी कविता लिखी जो रोमांटिक और रहस्यवादी पंजाबी काव्य का उत्कृष्ट नमूना है। बुल्लेशाह का "काफी" और वारिश शाह का महाकाव्य "हीर रांझा" बहुत ही लोकप्रिय हैं।

वार एक अन्य विशिष्ट पंजाबी का काव्यरूप है जिसके माध्यम से लोक कवि उत्तर पश्चिम सीमा पर स्थित इस प्रदेश के वीरों की गौरव गाथाएं गाते रहे हैं। पंजाबी वीर गाथाओं में सबसे प्रसिद्ध है नजवत कृत "नादिर शाह की वार"। वार पंजाबी का सबसे लोकप्रिय काव्य रूप है, जिसमें कविता, संगीत, नाटक सब मिलकर एक हो गये हैं।

दस कवियों की मृत्यु के बाद इन गुरुओं की जीवनियों पर समकालीन और अन्य लेखकों ने इतना लिखा कि मानो एक बाढ़ आ गई, और इस विषय पर जो जानकारी मिली, वह सब जमा की गई। इन जीवनियों का नाम "जनम साखी" है और वह मूल्यवान ऐतिहासिक वर्णन है। इस काल के अच्छे जानने वाले इतिहासकार थे–सेवाराम, राम कौर, सन्तोखसिंह, रतनसिंह भंगु और ग्यानसिंह।

इस प्रकार वार, गुरुबानि, काफी और किस्सा मध्ययुग के प्रमुख प्रदेय हैं। इसमें सन्देह नहीं कि भारत को सुसम्बद्ध साहित्यिक संस्कृति के लिए "आदिग्रन्थ" पंजाब का सबसे महत्वपूर्ण योगदान है। मध्ययुग के भारतीय भक्ति काव्य का यह पहला प्रमाणिक संकलन है, जिसमे विभिन्न संतों और सूफियों की रचनाओं का संग्रह है।

3. आधुनिक काल (देश की स्वतंत्रता के पूर्व और पश्चात का साहित्य)

अंग्रेजों के आने के बाद पंजाबी साहित्य का आधुनिककाल मोटे तौर पर उसी समय से शुरू होता है जब "सिंह सभा आन्दोलन" के परिणामस्वरूप सामाजिक और राजनीतिक परिवर्तन घटित हुए। इस काल के आरंभ में भाई वीरसिंह (1872-1957) ने पंजाबी में फिर से लोगों की रुचि जगाई। भाषा, साहित्य और संस्कृति के क्षेत्र में उनका योगदान हमारे इतिहास की एक युगान्तरकारी घटना है।

पंजाबी कविता

भाई वीरसिंह–पंजाबी में भाई वीरसिंह ने कविता का लंबे अर्से तक कुशल नेतृत्व किया है। पंजाब में भारतीय स्वाधीनता संग्राम की शुरूआत के साथ ही राष्ट्रीय साहित्य के सृजन में नया जोश आया। भाई वीरसिंह ने "राणा सूरतसिंह नामक

काव्य संग्रह, मुक्ति भावना की आवाज से प्रस्तुत किया। इन अन्य काव्य संग्रहों ''बिजलियों दे हार'', ''मटक हुलारे'' तथा लहरा दे हार'' में भी इसी मुक्तिकामी आकांक्षा का खुलकर विकास हुआ है। इन्होंने दार्शनिकता और रहस्यवाद प्रभाव से उमरखैयाम की रूबाइयों का पंजाबी में अनुवाद किया। भाई वीरसिंह से पूर्व पंजाबी पर ब्रजभाषा का काफी प्रभाव था तथा साहित्य रचना कवित्त, सवैया जैसे छन्दों में होती थी। वीरसिंह जी ने अधिक लोकप्रिय छन्द ''रूबाइयां'' और मुक्त छंद में दर्शन और रहस्यवाद को व्यक्त किया है। ब्रजभाषा से पंजाबी को मुक्त करने के साथ नए-नए काव्य विषयों पर लेखनी उठाई। इन पर रोमानी कवि वर्डसूवर्थ का भी प्रभाव पड़ा है। उनकी एक कविता द्रष्टव्य है–

''तुमने मुझे शाख से तोड़कर अलग किया
मुझे हाथ में लेकर सुगन्ध सूंघी,
और मुझे फेंक दिया।
इस तरह फेंका हुआ, उपेक्षित, पददलित
धूल-धूसरित मैं हूं।
मुझे केवल इतनी ही याद है–
और मैं उसके लिए कृतज्ञ हूं,
तुम्हारे स्पर्श की स्मृति का।''

इस कविता में विनम्रता और आत्म पीड़न है।

वीरसिंह के उपन्यासों ''सुन्दर'', ''विजयसिंह'', ''सतवंत कौर'' और बाबा नंधसिंह में सिखों की वीरता और बहादुरी मुख्य विषय है। सिख वीरसिंह के उपन्यास बड़े उत्साह और श्रद्धा से पढ़ते हैं।

वीरसिंह की दो जीवनियां हैं–''गुरुनानक चमत्कार'' और कालगी धार चमत्कार। कालगीधार चमत्कार में गुरु गोविन्दसिंह की जीवनी प्रकाशित हुई है। उन्होंने ''टीका'' और अनुवाद कार्य भी किया है।

भाई वीरसिंह के समसामयिक और उनके अनन्य भक्त जो अब जीवित नहीं हैं उल्लेखनीय हैं काहनसिंह, पूरनसिंह और धनीराम चारित्रिक। काहनसिंह ने सिख धर्म का सबसे प्रसिद्ध विषय कोश बनाया।

पूरनसिंह एक लब्ध प्रतिष्ठ कवि थे। उनकी अपनी अलग शैली थी। उनकी रचना ''रवल्हे मैदान'' आज भी असाधारण कोटि की रचना है।

धनीराम चारित्रिक के चार प्रसिद्ध काव्य संग्रह प्रकाशित हुए–''चंदनवारी'', ''केसर कियारी'', ''नवाजहान'' और ''सूफीखानाँ'' इन्होंने समसामयिक और लौकिक विषयों में रुचि लिया है। उन्होंने प्रेम-संगीत ध्वनि के समवेत प्रभाव से कविता को नया रूप दिया है। लोकगीतों की धुन में थिरकती इनकी गीत शैली गायकों के गले का हार रही हैं।

पंजाबी में सूफी प्रेम और संत धारा की इसी परम्परा का विकास गुरुमुख सिंह मुसाफिर, फिरोजदीन शरफ, लाला किरपा सागर, प्रीतमसिंह आदि कवियों में नवीनीकरण के साथ हुआ है। स्वाधीनता आन्दोलन के दिनों में इन कवियों ने मातृभूमि पूजा के स्तवन गीत लिखे हैं। प्रीतमसिंह की संवेदना और स्वर पूर्णतः वैयक्तिक है। मितकथन उनकी भाषा का एक विशिष्ट गुण है। बाबा बलवंत सिंह मानवनियति की प्रगतिवादी दृष्टि से अनुप्राणित है। मोहनसिंह और अमृता प्रीतम में आकर पंजाबी काव्य का स्वच्छन्दतावाद काफी समृद्धि पा लेता है।

मोहनसिंह तरुण कवियों में सबसे अच्छे माने जाते हैं, इसमें कोई शंका नहीं। उनकी कविताओं में प्रगतिशीलता के स्वर भी हैं। वे मार्क्सवाद से प्रभावित हैं। "कुछ सच" में वामपंथ की ओर झुकाव है। उनकी अन्य कृतियां हैं—कुसुम्बा, अधवाटे, साचे पत्रर। मोहनसिंह की एक कविता द्रष्टव्य है—

कब तक स्वर्ग के प्राचीन पनघट पर
बेकार कल्पनाएं खींचोगे और उन्हें प्रिय मानोगे?

अमृता प्रीतम पाकिस्तान और भारत दोनों देशों में लोकप्रिय हैं। वह विद्वान नहीं है, लेकिन उनकी कविता की सादगी और ताजगी उस विद्वत्ता के अभाव को भर देती है। यथा—

जागो प्रिय। तुम्हारी पलकें स्वप्नों से भारी हैं।
बीते हुए दिनों के स्वप्नों से, जब हवाएं सुगंधि से गुंथी हुई थीं।

हरभजन सिंह संवाद के कवि हैं, प्रतिगामी स्वच्छन्दतावादी हैं और सबसे विवादास्पद भी हैं।

युवा पीढ़ी के कवियों में जसवंत सिंह नेकी, शिवकुमार बटवी, एस.एस. मिशा, रविंदर रावी, गुरुचरन रामपुरी और कुछ अन्य कवि हैं जो स्वतंत्र शैली विकसित करने की कोशिश कर रहे हैं। नए दौर के कवियों में मोहन जीत, हरनाम, सतिंदरसिंह, नूर पाश, अमरजीत चंदन, परमिंदर जीतसिंह, सुरजीत पटार आदि के नाम उल्लेखनीय हैं।

उपन्यास

उपन्यास के क्षेत्र में भाई वीरसिंह की कृतियां अत्यन्त महत्वपूर्ण हैं। उन्होंने सुंदरी, विजयसिंह और सतवन्त कौर में कथानक, संवाद और वातावरण का यथार्थ दृष्टि से अंकन किया है। कविता के साथ ही उन्होंने उपन्यासों के द्वारा सिख पंथ को अपनी "अलसतंद्रा" से जगाकर ऊँचा उठाने की कोशिश किया है। उपन्यासों के द्वारा सिखों के धार्मिक नैतिक जीवन को सुधारने का प्रयास किया है। सबसे अधिक लोकप्रिय उपन्यासकार नानकसिंह हैं जिन्होंने करीब चालीस उपन्यास लिखे हैं, जिनमें "चिट्टा लहू", "आदमखोर" सर्वोत्तम हैं। उनकी कहानियों भी दिलचस्प है।

सोहनसिंह सीफल और केसरसिंह के उपन्यास में परिपक्वता आई है। केशरसिंह का प्रसिद्ध उपन्यास ''जंगी कैदी'' और सोहनसिंह का प्रसिद्ध उपन्यास ''पूरणमासी'' रचना बहुत आशापूर्ण है। नये पंजाबी उपन्यास का आविर्भाव गुरदयालसिंह के ''मरही दा दिवा'' के प्रकाशन से हुआ है।

कहानी

नई कहानी की विधा अजीत कौर, जसवंत सिंह विरदी, गुलजारसिंह संधू, गुरुदेवसिंह रूपाना, सुरजीत विरदी, मिनी ग्रेवाल आदि नई पीढ़ी के हाथों चली गयी हैं। पुराने लेखकों में दुग्गलसिंह करतार और कुलवन्तसिंह विर्क हैं। दुग्गल ने जो कमाल उत्तरी पंजाब की बोली से हासिल किया है, विर्क लाहौर के आसपास की बोली से काम लिया है।

नाटक

पंजाबी लेखन का सबसे उपेक्षित गद्य नाटक है। इसका कारण यह है कि कोई गठित स्टेज नहीं है। फिर भी प्रो. ईश्वरचन्द नन्दा और गुरदयालसिंह खोसला के नाटक अधिक लोकप्रिय हैं। बलवन्त गार्गी का नाम नाटककार के नाते अधिक प्रसिद्ध है। संतसिंह शेरवों ने ''माइआंसार'' नाटक में एक आधुनिक अर्थ भर दिया है। कपूरसिंह धुम्मन, सुरजीतसिंह सेठी और गुरुशरनासिंह जसूसा की रचनाओं में नवीन प्रवृतियां देखने को मिलती हैं।

समालोचना

पंजाबी साहित्य के महत्वपूर्ण आलोचक बाबा बुधसिंह हैं। बाबा बुधसिंह के बाद डॉ. मनमोहनसिंह, तेजासिंह, डॉ. गोपालसिंह, संतसिंह सेरवों, डॉ. अतरसिंह, डॉ. जसवीरसिंह अहलूवालिया आदि हैं। ''दिल्ली स्कूल आफ पंजाबी क्रिटिसिज्म'' ने मूल्यांकन के पक्ष में एक नया वातावरण तैयार किया हैं।

(iv) कश्मीरी साहित्य का इतिहास

कश्मीरी—कश्मीरी कश्मीर घाटी के निवासियों की भाषा है। जम्मू और कश्मीर राज्य का छोटा नाम है 'कश्मीर'। इस राज्य में कश्मीर घाटी और जम्मू लद्दाख, बलतिस्तान, गिलगित, हुंजा और नगर के इलाके शामिल है। यहां कश्मीर घाटी में बोली जाने वाली कश्मीरी भाषा और उसका साहित्य हमारा प्रतिपाद्य विषय है। कश्मीरी का जन्म शीना या भारत-इरानी भाषाओंके दरदी समूह से हुआ, जो शीघ्र ही भारत आर्य संस्कृत से और इसकी प्राकृतों से और चौदहवीं शताब्दी के आसपास

मध्ययुगीन फारसी से अत्यधिक प्रभावित रही। अतः कश्मीरी भाषा में भाषायी एवं साहित्यिक महत्व के अनेक लक्षंण मिलते हैं। डॉ. जार्ज ग्रियर्सन के शब्दों में 'यह भाषा किसी आर्यभाषा की विश्लेषणात्मक भाषा से एक संश्लेषणात्मक भाषा में परिवर्तित होने की अवस्था का एकमात्र उदाहरण है। श्री पी.एन. बजाज ने "शायरे इंसानियत" की प्रस्तावना में कश्मीरी भाषा साहित्य को चार कालों में विभाजित किया है।

1. प्रथम काल—1555 तक
2. द्वितीय काल—1555 से 1752 तक।
3. तृतीय काल—1752 से 1925 तक
4. चतुर्थकाल—1925 से आज तक।

प्रथम काल : (अध्यात्मकाल) (13वीं सदी से 1955 तक)

इस काल के सर्वप्रथम लेखक शैवदर्शन के प्रतिष्ठित विद्वान शितिकंठ हुए है। इनकी कृति 'महानय प्रकाश" कश्मीरी साहित्य की प्राचीनतम कृति मानी जाती है। महानय प्रकाश एक तांत्रिक ग्रन्थ हैं, जिसमें ज्ञान, सिद्धि, मंत्रसिद्धि आदि विषयों पर प्रकाश डाला गया है। इस रचना में कश्मीरी पद्य के प्राचीनतम रूप को पाया जाता है।

शितिकंठ के लगभग सौ वर्ष बाद तक कश्मीरी साहित्य की कोई निश्चित परम्परा नहीं मिलती विद्वानों के अनुसार इस काल में कई रचनाएं की गई किन्तु कई बार के राजनीतिक उपद्रवों के कारण वे सभी नष्ट हो गईं।

ललद्यद : (14वीं शती मध्य)—कश्मीरी साहित्य में सबसे अधिक प्रसिद्ध नाम कवयित्री ललद्यद का है जिसे हिन्दू और मुसलमान दोनों मानते हैं। क्षेमेन्द्र और अभिनव गुप्त के कश्मीर में कश्मीर साहित्य को वास्तविक प्रेरणा प्रदान करने और उसे पल्लवित करने का श्रेय इसी कवयित्री को है। उनकी लोकप्रिय "वारव" संस्कृत वाक्य कश्मीरी साहित्य की अमर निधि है। कवयित्री ने रहस्यमय पदों का गायन किया हैं, जिसमें ब्रह्म, जीव, आत्मा, परमात्मा, इन्द्रियनिग्रह आदि विषयों पर अनुभव पूर्ण चर्चा मिलती हैं। लल्ला के वाख (वाक्य बड़े प्रसिद्ध हैं। वे कहती हैं—

शिव छुई थलि थलि रोजान। वोजान ह्युन्दतू मुसलमानं

(अर्थात् शिव प्रत्येक अणु में व्याप्त है। हिन्दू और मुसलमान का भेद भूलकर उसकी शरण में जाओ) वह योगिनी थी। वेदान्त और सूफी मत उनमें एकाकार हुए हैं। उनकी कविता में न तो भावुकता हैं और न ही कोई उपदेशात्मकता जैसा कि अन्य रहस्यवादी कवियों में दिखाई पड़ता है। उन्होंने तो बाहय आडम्बरों और रूढ़ियों का विरोध किया है। अतः वह केवल एक कवयित्री ही नहीं बल्कि कश्मीरी साहित्य

की निर्मात्री भी हैं। एक लेखक के शब्दों में ''कश्मीरी साहित्य को उन्होंने एक ऐसी दृष्टि दी, जिससे वाक्‌शक्ति की श्रीवृद्धि होती हैं और ऐसी भावना प्रसूत वाणी दी जिससे दृष्टि और अधिक गहरी उतर जाती है।

अन्य—अन्य कवियों में शेख नूरुद्‌दीन भी इन्हीं के समकालीन थे जिनके 'श्रूख' (श्लोक) उपदेशात्मक हैं और कविता के रूप में स्तरीय न होते हुए भी जिनकी सूक्तियां और सरस कहावतें कश्मीरी की समृद्धि का कारण बनीं। उन्होंने बाह्‌य आडम्बर और पाखंड के खिलाफ परम सत्ता में विलीन होने का उपदेश दिया है। भट्‌टावतार की ''वाणासुर कथा'' का जो उषा और अनिरूद्ध के रोमांस पर आधारित ऐतिहासिक दृष्टि से प्रथम धर्म निरपेक्ष काव्य है। इसी प्रकार गणक प्रशस्त के 'सुखदुख चरितम्'' का जो सुखी जीवन की कला पर एक उपदेशात्मक कविता है, उल्लेख करना उचित होगा। अंतिम दो कविताएं ''वाणासुर कथा'' और 'सुखदुःख चरितम्' जैन-उल-आबिदीन बादशाह (1420-1470) के शासनकाल में लिखी गई जबकि साहित्यिक गतिविधियों को काफी बढ़ावा मिला।

द्वितीय काल : (श्रृंगार काल)

1955 से 1752 तक कुछ दृष्टियों से कश्मीरी कविता का यह विशेष काल है। कश्मीरी काव्य में प्रेम गीतों की संज्ञा 'लोल' है। लोल गीत एक छोटी कविता है जो केवल एक ही भाव व्यक्त करती है। इसमें किसी प्रसंग का वर्णन नहीं होता—''यह सीधे हृदय में पैठ जाता हैं जहां प्रेम सिंहासनारूढ़ हैं।'' यहां प्रायः स्त्री को प्रेमिका के रूप में दिखाया गया है। वह कई मनोभावों में संगीतमय प्रेम की अभिव्यक्ति करती है—वसन्त आया है, फूल खिले हैं, कोयल बोल रही हैं, परन्तु तुम कहां हो?''

द्वितीयकाल में दो प्रसिद्ध कवयित्रियां हुई हैं जिन्होंने लोलगीतों की रचना की है, उनके नाम हैं—1. हब्बा खातून और 2. अरणीमाल।

हब्बा खातून : (16वीं शती का मध्य)—हब्बा खातून चकवंश के अंतिम सुलतान युसुफ शाह की रानी थी। उसका बचपन का नाम जून (चाँद) था और वह एक कृषक बालिका थीं। युसुफ शाह के साथ उनका प्रेम विवाह था। युसुफ शाह के मुगलों के द्वारा कश्मीर से निर्वासित किये जाने पर उनकी रानी हब्बा का प्रेमपूर्ण हृदय टूट गया। उसकी वेदना उनके गीतों में साकार हो उठी। उनका एक गीत द्रष्टव्य है, जिसमें वे निर्मोही प्रियतम के लिए आंसू बहा रही हैं—

वादाम चशमों खून छसिया दारान
छय कि हो गई म्याने दियो।

(ये बादाम जैसी आंखे अश्रुरूपी रक्त बहा रही हैं) मुझसे इतनी घृणा मेरे प्रिय। (अनु. भूषणलाल कौल)

अरणीमाल : (ज0 1750 के लगभग)–अरणीमाल इस माला की दूसरी मणि है। उनके गीतों में हब्बा खातून और हिन्दी की कवयित्री मीरा के समान असीम वेदना साकार हो उठी है। उनका निष्ठुर पति मुंशी भवानीदास काचरू फारसी का लोकप्रिय कवि था किन्तु अपनी पत्नी अरणीमाल के प्रति उतना ही निर्मम था जितना अरणीमाल उसके प्रति आसक्त थीं। इसलिए उसने दर्दभरे गीतों का प्रेरणादान दिया। वह भी मधुप्याले सजाए मनुहारों और मंगलकामनाओ की मधुमिश्री लिए अंग-अंग में मिलन की अतृप्त कामना लिए प्रतीक्षारत हैं किन्तु प्रियतम चंचल मृग से किस ओर चले गये। जीवन में शेष रह गया विषाद का तम और करुणार्द्र रसीली तान–

"क्याह करूँ नीयनम हरिननि छाल नुँ आलव दीतो से"। अरणीमाल के लोल गीतों का मुख्य स्वर प्रेयसी की प्रियतम के प्रति उत्कट लालसा और उन्माद हैं। अरणिमाल ही इस लोलयुग की सूत्रधार हैं।

तृतीयकाल

अठारहवीं शताब्दी के अंतिम वर्षों में एक नई हलचल दृष्टिगोचर होती है जो 19वीं शताब्दी के प्रथम बीस वर्ष समाप्त होते होते फैल गई और वर्तमान शताब्दी के प्रथम 25 वर्षों में खूब तेजी से बढ़ी। यह तीसरा काल (लगभग अठारहवीं शताब्दी के अन्त से 1925 तक) साहित्य का समृद्धिशाली काल है। इस काल में फारसी की विविध कला शैलियों–जैसे मसनवी और गज़ल आदि का मुक्तरूप से प्रयोग करना शुरू किया। इसके अलावा इस काल में अनुवाद भी हुए। कश्मीरी कवियों ने पौराणिक कथाओं और इतिहास की पुरानी फारसी के विषय युसुफ और जुलैखा, शीरीन तथा फरहाद, लैला और मजनूं, सोहराब और रूस्तम आदि को अपनाया। ये दोहा शैली में लिखी गई हैं, जिसमें फारसी छन्द का प्रयोग हुआ है। कुछ कवियों ने स्थानीय परम्पराओं जैसे "हीमाल" या अकानन्दन से या रामायण, महाभारत (सुदामा चरित्र, नलदमयंती कथा) भागवत पुराण (श्री कृष्णावतार लीला) से विषयवस्तु का चुनाव किया।

शताब्दी के पूर्वार्द्ध के मुख्य कविगण हैं–महमूद गामी (मृत्यु 1855 ई.) मकबूल शाह, वली उल्लाह मुतू (मृत्यु 1858 ई.)। महमूद गामी ने कश्मीरी मसनबी और गजल को फारसी के रूप में ही ढाल दिया। उन्होंने आठ मसनवियां लिखी हैं, जो अधिकतर निजामी, जामी और अन्य लेखकों के फारसी की मूल रचनाओं के अनुवाद या संक्षिप्त रूपान्तर हैं। गामी के समकालीन वली उल्लाह युतू का प्रेमाख्यानक काव्य है–हीमाल"। इसकी भाषा अधिक सरल और लोकप्रिय हैं। मकबूल शाह कालवारी की गुलरेज का भी कश्मीरी प्रेमाख्यानक काव्य में विशेष स्थान हैं।

भक्तिकाव्य—कश्मीरी साहित्य में भक्तिकाल का प्रादुर्भाव कृष्ण भक्ति तथा रामभक्ति संबंधी विविध कवियों की प्रतिनिधि रचनाओं से होता है। मुख्य रूप से कश्मीर का भक्ति साहित्य कृष्ण भक्ति और रामभक्ति की कविताओं से ही समृद्ध हैं। ऐसे कवियों में दिवाकर (रामावतारचर्यथ), पं. नीलकंठ शर्मा (रामायणि शर्मा), राजदाक, शिव परिणय, लक्ष्मणत्री, बुलबुल आदि। 18वीं शती के परमानन्द ने "राधा स्वयंवर" लीला काव्य में राधा एवं गोपियों की कृष्ण के प्रति प्रेमव्यंजना के रूपक खड़े किये है। कृष्ण राजदान ने भी परमानंद की भांति कृष्ण के रूप, गुन आदि का गायन किया है। इनकी काव्यकृति 'शिवलग्न' बहुत प्रसिद्ध है।

शताब्दी के अन्त में कश्मीरी साहित्य पर उर्दू, हिन्दी और अंग्रेजी का भी प्रभाव अनुभव होने लगा। पक्की सड़कों ओर डाक व तार के माध्यम से घाटी का सम्पर्क अन्य जगत से विकसित हुआ, प्रशासन के उच्चतर स्तर पर अंग्रेजी को सरकार भाषा के तौर पर अपनाया गया और फारसी का प्रभाव क्षीण होने लगा। कश्मीरी में इसी समय गद्य का आरंभ हुआ। बाइबिल तथा युक्लिड के अनुवाद हुए, तफसीरेकुरान और मिसाल जैसी रचनाएं, जिनमें इस्लामी प्रथाओं का वर्णन है, कश्मीरी में दिखाई देने लगीं और ईश्वर कौल ने "कश्मीरी शब्दामृत" नाम से भाषा का एक व्याकरण लिखा। हिन्टन द्वारा संग्रहीत कहावतें और लोककथाएं और सर ओरेल स्टेन द्वारा हातिम की कहानियां प्रकाशित हुई। इस लम्बे काल की समाप्ति पर 1925 में नन्दलाल कौल ने अपने नाटकों (जो अधिकांश उर्दू से अनुदित थे) उदाहरण के रूप में सतच कहावत (सत्य की कसौटी) 'रामुनराज' और 'प्रहलाद भगत' आदि द्वारा एक हलचल पैदा कर दी गई।

चतुर्थकाल : (1925-1947)

इस काल में हाजीइलियास (1881-1938) ने "खंजरी इश्क", "मकरीजा" तथा अन्य गजलों के अतिरिक्त किस्सा-ए-मुमताजी बेनजीर नामक मसनबी लिखी। सतराम और आनंदराम ने कविताएं सूफी शैली में रचीं। रमजान भट्ट ने कश्मीर की अमरगाथा गीत "अंकः नंदुन" की रचना की। शमसुद्दीन हैरत फारसीप्रधान कश्मीरी में कुछ गजलें और कविताएं लिखीं। दयाराम संजु ने "घरव्यजः माल" नाम से एक उपदेशात्मक कविता लिखी। नवाज रतनपुरी ने भी कश्मीरी में गजलें लिखीं।

इसके उपरान्त कश्मीरी साहित्य मंच पर दो प्रतिभाशाली साहित्यकारों का उदय हुआ, जिन्होंने दूसरों के लिए मार्ग प्रशस्त किया और नई प्रवृत्तियों को जन्म दिया। वे थे गुलाम अहमद महजूर और अब्दुल अहद आजाद।

अहमद मजहूर (1885-1952) ने उस समय एक राष्ट्रीय और सांस्कृतिक नवजागरण का शंखनाद किया। उन्होंने "गुल" और 'बुलबुल" के प्रतीकों से राष्ट्रीय

भावना, मुक्ति कामना का प्रसार किया है। दूसरे अब्दुल अहद आजाद जिनके गीतों में विषय और प्रभाव की एकता थी। उसने ''शिकवा-ए-इब्लीस'' (शैतान की शिकायत), दरिया (नदी) और पान्तसादर (जलप्रपात) जैसी इन्कलाबी विषय वाली कविताएं लिखीं। उन्होंने कविता के माध्यम से व्यक्त अपने विचारों द्वारा युवा पीढ़ी पर बहुत प्रभाव डाला।

1947 के बाद हुए सांस्कृतिक पुनर्जागरण से काफी पहले कश्मीरी भाषा में काव्य रचना करने वालों में उल्लेखनीय हैं—गुलाम हसन बेग, मास्टर जिंदा कौल, नीलकंठ शर्मा, अमरचंद वली, समद मीर, अहद जरगर, गुलाम रसूल नाजकी, दीनानाथ अलमस्त, गुलाम अहमद फाजिल, नंदलाल, अंबरदार आदि ने अपनी गजलों, गीतों, इबाइयों, चिंतनपरक रचनाओं, कश्मीरी अनुवादों तथा रूपांतरों, सूफी रहस्यवाद, भक्तिगीत, लीला, भजन आदि के द्वारा कश्मीरी काव्य की विविध शाखाओं का पल्लवन किया। कश्मीरी के प्रसिद्ध व्यंग्यकार थे लछमन राजदां (देहांत 1947), जिन्होंने अपनी व्यंग्य काव्यरचनाओं जैसे—''गुदःरिचाय'' लालः लक्षमण द्राव'' द्वारा कश्मीरी साहित्य की श्रीवृद्धि की।

1947 और उसके बाद

भारत के अन्य भागों की तरह कश्मीर में भी राष्ट्रीय नवजागरण हुआ। फलतः अनेक कवि, लेखक और नाटककार प्रकाश में आये। कश्मीर की प्राचीनतम नाट्य रचनाएं—''रामुनराज'', ''सतचि कहवट'' और दयिलोल के लेखक थे 20वीं सदी के चौथे दशक के नाटककार पंडित नंदलाल कौल नन्ना थे। 1945 में प्रेमनाथ परदेसी ने ''बतःहर'' नाटक लिखा और अभिनीत भी हुआ।

1947 के बाद की अवधि के अन्य उल्लेखनीय कवि तथा लेखक हैं—विशंभरनाथ कौल, गुलाम नबी आरिज, प्रो. हाजिनी, प्रो. पी.एन. पुष्प, पीताम्बर नाथ फानी, नूर मोहम्मद रोशन, एस.एन. भट्ट हलीम, गुलाम नवी फिराक, अर्जुन देव मजबूर, वासुदेव रेह (जन्म से अन्धे पर उच्चकोटि के कवि), अमीन कामिल, जैनगेरी, प्रेमनाथ प्रेमी, नाजी मुनव्वर, मुजफर अजीम और गुलाम नबी खयाले। इनमें से फिराक और राही सह लेखक रहे हैं। खयाल के दो महत्वपूर्ण काव्य संग्रह हैं—''प्रागाश'' और ''जंजुरि हुन्द साज''। अमीन कामिल ने कश्मीरी रहस्यवादी कविताएं लिखी हैं। अवतार कृष्ण रहबर ने ''तवरूक'' नाम से बच्चों के लिए कहानियां लिखी हैं। अख्तर मुहीउद्दीन ने कश्मीरी में दो उपन्यास ''सोंजल'' और ''दोददग'' लिखे हैं। उनकी ''सथसंगर'' नामक विशाल कहानी संग्रह भी है, जो साहित्य अकादमी से पुरस्कृत है। प्रो. पी.एन. पुष्प एक अच्छे कवि हैं उनके दो संग्रह हैं—''पद्य पष्पांजलि'' और ''गद्य पुष्पांजलि''।

कश्मीरी नाटक के क्षेत्र में आर.के. बारू ने "पोज अयुज" का प्रणयन और रंगमंच किया और पी.एन. घर ने "जीयूगबर" नामक नाटक लिखा तथा मंच पर प्रस्तुत किया। कश्मीर के यशस्वी नाटककार हैं–सोमनाथ जुत्शी, पुष्करनाथ मान और सोमनाथ साधु। प्रो. हाजिनी के गद्य विषयक ग्रन्थ काशिरी नसरूच्च" है जो कल्चरल अकादमी से पुरस्कृत हैं। मुहम्मद लौन ने अनेक विधाओं में साहित्य सृजन करने के साथ-साथ "असि ति छि इनसान" नामक एक उपन्यास भी लिखा है। नाजी मुनव्वर औरमोतीलाल साकी ने मिलकर "काशिर लुकः बाथ" नाम से लघु कविताओं का संकलन प्रकाशित किया है। सफी गुलाम अहमद का कहानी संग्रह "भूमिसति तारख" अकादमी से पुरस्कृत हैं। सर्वानंद कोल प्रेमी ने कश्मीरी संत मिर्जा काक का जीवन चरित्र लिखा है। प्रो. जयलाल कौल कश्मीरी के मूर्धन्य आलोचक है। बंसी निर्दोष का कहानी संग्रह "बाल मरैयो" भी अकादमी से पुरस्कृत हैं। मुहम्मद युसुफ टैग गुलरेज का भाष्य लिखा हैं। गुलाम रसूल, संतोष, ताजी बेगम, दीपक कौल और हृदय कौल भारती उदीयमान कहानीकार हैं। अब्बास ताबिस तथा शंकर रेणा उत्तम गद्य लेखक है। श्रीधर रेणाजार, माखनलाल बेक्स, चमनलाल चमन और दिलशाह की कविताएं नये भविष्य की सूचक हैं।

इस प्रकार कश्मीरी साहित्य ने भी कुछ नये प्रतिमान स्थापित किये हैं और अभी इससे भी ऊँचा जाना है। युवा पीढ़ी के लेखक दिन ब दिन नए उपहार भेंट कर रहे हैं। निबन्ध, रेखाचित्र, रेडियोफीचर एवं नाटको को श्रेष्ठतर बनाने की कोशिश की जा रही है।

(v) उर्दू साहित्य का इतिहास

उर्दू का उद्भव और विकास—आधुनिक भारतीय भाषाओं में उर्दू सर्वाधिक अर्वाचीन भाषा है। दिल्ली में मुस्लिम साम्राज्य की स्थापना के पश्चात हिन्दी शब्दावली पर अरबी और फारसी का व्यापक प्रभाव पड़ा। फलतः दिल्ली और पंजाब की भाषा की रंगत परिवर्तित हो गई। आम तौर पर यह माना जाता है कि 'उर्दू' शब्द चीन से चलकर मंगोलियां और तुर्की होते तुर्कों के साथ भारत में आया। उस समय उसके अर्थ 'खेमा', 'तम्बू', 'फौजी पड़ाव' आदि थे तथा उसका रूप "ओर्दू" से उर्दू हो चुका था। मुगल बादशाहों के फौजी पड़ावों के लिए भी उर्दू शब्द चलता था। बाबर और अकबर के कुछ सिक्कों पर भी उर्दू शब्द अंकित है जिसका अर्थ वहाँ भी शाही फौजी पड़ाव है। शाहजहां के समय में दिल्ली के लालकिला का नाम 'उर्दू-ए-मुअल्ला' जिसका अर्थ है "श्रेष्ठशाही पड़ाव" और उनके द्वारा बोली जाने वाली भाषा का नाम था जबान-ए-उर्दू-ए-मुअल्ला" (अर्थात शाही पड़ाव की भाषा)। भाषा के नाम के रूप में "जबान-ए-उर्दू-ए-मुअल्ला शब्द था। इसलिए धीरे-धीरे प्रयोग में आने पर यह

छोटा होने लगा। पहले मुअल्ला शब्द हटा और यह ''जबान-ए-उर्दू'' ही कही जाने लगी। कुछ दिन और बीतने पर 'जबान' शब्द भी छूट गया और 'उर्दू' रह गई। ऐसा कहा जाता है कि भाषा के अर्थ में इसका प्रथम प्रयोग मसहफी के शेर में मिलता है। मसहफी की मृत्यु 1824 ई. में हुई। अनुमान है कि 1800 के आसपास यह शेर लिखा गया होगा। मतलब यह कि 18वीं सदी के अन्त तक उर्दू नाम भाषा के अर्थ में प्रयुक्त नहीं हुआ था।

उर्दू के लिए विभिन्न कालों में ''हिन्दुस्तानी'', ''हिन्दवी'', रेख़्ता, हिन्दी तथा 'हिन्दवी उर्दू' आदि नामों का प्रयोग हुआ है। गांधीजी की हिन्दुस्तानी भी यही है। उर्दू के मीर, गालिब अनेक कवियों ने हिन्दी शब्द का उर्दू के लिए प्रयोग किया है।

उर्दू भाषा कैसे बनी? यह भी विवादास्पद है किन्तु खड़ी बोली या आधुनिक परिनिष्ठित हिन्दी की तरह ही उर्दू भी मूलतः दिल्ली के आसपास की खड़ी बोली आधारित है, जिसमें कुछ रूप पूर्वी पंजाबी, बांगरू तथा ब्रज के भी हैं। इस प्रकार भाषा वैज्ञानिक यह मानते हैं कि व्याकरणिक दृष्टि से हिन्दी, उर्दू कुछ अपवादों को छोड़कर प्रायः पूर्णतः एक हैं। मूल अन्तर केवल शब्दावली का है। इसीलिए उर्दू को हिन्दी की एक शैली माना जाता है। वस्तुतः भारत ही उर्दू का जन्म स्थान और निवास स्थान है। उर्दू भारतीय आर्य भाषा है। अपने संपूर्ण व्याकरण और वाक्य विन्यास के साथ खड़ी बोली ने ही उर्दू का आधार निर्मित किया था। उर्दू ने फारसी लिपि अपनाई, जिससे उर्दू मध्य और पश्चिमी एशिया के बीच सबसे सुदृढ़ संबंध सूत्र बन गयी।

उर्दू भाषा के प्रारंभ की समस्या साहित्य के सन्दर्भ में विचारणीय है। कुछ लोग उर्दू का प्रारंभ खुसरों आदि से मानते हैं तथा 'दक्खिनी' को दक्खिनी उर्दू कहकर उसके पूरे साहित्य को उर्दू की सम्पत्ति मानते हैं और कुछ लोग वली को, जो दक्खिनी के अन्तिम कवि हैं, उर्दू का प्रथम कवि मानते हैं। किन्तु दक्खिनी उर्दू को भी उर्दू से अलग नहीं माना जा सकता। वास्तविकता यह है कि उर्दू, हिन्दी की ही एक शैली है अतः अपने मूल रूप में उर्दू उतनी ही पुरानी है जितनी पुरानी हिन्दी। हां स्वतंत्र शैली के रूप में इसका जन्म मुसलमानों के भारत में जमने के बाद हुआ तथा साहित्य में उसका प्रयोग 1700 ई. के आसपास हुआ है, ऐसा भाषा वैज्ञानिक मानते हैं और तब से इसके इतिहास या विकास को दो कालों में बांटा जा सकता है। प्रथम काल 1800 ई. के पूर्व का है और दूसरा इसके बाद का। प्रथमकाल के प्रमुख कवि वली, आबरू, हातिम, दर्द, सौदा, मीर आदि हैं तथा दूसरे काल के मोमिन, जौक, गालिब, दाग, हाली, जिगर, इकबाल, फिराक आदि हैं। परवर्ती उर्दू ब्रज, अवधी तथा दक्खिनी के प्रभाव से मुक्त हो गई। उर्दू ही पाकिस्तान की राष्ट्रभाषा है।

उर्दू साहित्य

1. दक्खिन में उर्दू (दक्खिनी हिन्दी)—1510 ई. में गोलकुंडा मे कुतुबशाही की स्थापना हुई उसके बाद दक्षिण में गोलकुंडा और बीजापुर की तीन वर्षों की स्वाधीनता के दौरान हिन्दू और मुसलमानों के सम्बन्ध घनिष्ठ और सुदृढ़ रहे। दक्षिण मे उर्दू साहित्य के सत्वर विकास के मूल में राज सेवाओं में बहुसंख्यक हिन्दुओं की नियुक्ति, हिन्दवी का प्रयोग, सूफियों के सन्देश आदि थे। इस समय जो साहित्य लिखा गया वह भी उत्तर के साहित्य से भिन्न था। दक्षिण के इन हिन्दवी या रेख्ता कवियों में मीरांजी, बुरहानुद्दीन जानम, शाही, मकीमी खुशनुद रूस्तमी, नुसरती, हाशमी, मोमिन आदि थे।

1. गेसूदराज—दक्खिनी उर्दू साहित्य का प्रारंभ खाजा बन्दानवाज गेसूदराज से होता है। ये बहुत विद्वान व्यक्ति थे। फारसी अरबी में उनकी कई पुस्तकें प्रसिद्ध हैं। "शिकारनामा" ओर "तिला-वतुल-वजूद" ये उनकी पुस्तकें हैं। उन्होंने गद्य और पद्य दोनों में कृतियां प्रस्तुत की हैं।

2. शाह मीरॉनजी—उनकी गद्य कृतियां हैं—"शाह मर्गूबुलकुलूब" जलतरंग और गुलबास। उनके दो काव्य हैं—"खुशनुमा" और "खुशनग्ज"। इन रचनाओं में सत्रह वर्ष की एक युवती संसार को त्याग कर सूफी मार्ग अपना लेती हैं और दूसरी रचना मे वही युवती रहस्यात्मक प्रश्न पूछती है और मीरॉजी उसका उत्तर देते हैं। अपनी भक्ति और योग्यता के कारण वे "शमसुल उश्श्क" (भक्तों का सूर्य) कहे जाते थे।

3. बुरहानुद्दीन जानम और शाहमीनुद्दीन आला—इन दोनों ने रहस्यवादी काव्य रचना की। जानम कृत "जन्नतुलबका" विशेष उल्लेखनीय है। उनकी अन्य रचनाएं हैं—इरशादनामा। ये मीरांजी के पुत्र थे। अमीनुद्दीन आला की प्रसिद्ध कृति "हिनबामा" है। उनकी गद्य रचनाओं में "गंजे मरवफी" और 'बजूदिया' बहुत मशहूर है।

4. रूसतमी—ये फारसी और उर्दू दोनों में कविताएं लिखते थे। अब उनकी एक लम्बी कविता "खवारनामा" मिलती है। यह प्रबन्ध काव्य के रूप में 24000 शेरों का एक विशाल ग्रन्थ हैं।

5. नुसरती—नुसरती ने तीन पुस्तकें लिखी हैं इनमें से दो "गुलशन-इश्क" और "अलीनामा" बहुत प्रसिद्ध हैं। उनकी तीसरी काव्य कृति "तारीखें-सिकन्दरी" अप्रकाशित है। 'गुलशने इश्क' में मनोहर और मधुमालती की प्रेम कहानी है। 'अलीनामा में आदिल शाह द्वितीय की जीवनकथा है।

6. हाशिमी—बीजापुर के प्रसिद्ध कवियों में हाजमी का नाम लिया जाता हैं। उनकी प्रसिद्ध रचना "युसुफ-जुलैखा" है जिसमें लगभग 12000 शेर हैं। यह

मसनबी शैली में है। हाशिमी एक अच्छे कवि थे। उनकी भाषा सरल और लिखने का ढंग सुन्दर हैं।

7. सौव्वासी—ये मुहम्मद कुतुब शाह के समकालीन थे। उनकी प्रसिद्ध रचनाएं—"सैफुलमुल्क" और "तूतीनामा" है। "सैफुलमुल्क" एक प्रेम कहानी है और 'तूतीनामा' हितोपदेश के समान हैं।

8. मुल्लावजही—इस युग के सबसे बड़ी साहित्यिक हस्ती थे। उनकी मसनबी "सबरस" गी गणना दक्षिण में रचित उर्दू साहित्यिक रत्नों में होती हैं।

9. वली—इनको उर्दू काव्य का "बाबा आदम" कहा जाता है। वे उर्दू कविता के चांसलर हैं। इनको उर्दू का प्रथम कवि भी कहा जाता है। उन्हीं की रचना से उत्तर भारत में उर्दू काव्य के दीप जले। उनका पूरा नाम वली मुहम्मद था। उन्होंने गजलों की रचना की थी। उनकी गजले बाजारों में, दरबारों में, सभाओं में गायी जाती थीं।

10. बहरी—काजी महमूद बहरी इस युग के दूसरे बड़े सूफी कवि थे। उनकी एक मसनबी 'मनलगन' के नाम से प्रकाशित हो चुकी है।

11. सिराज—सिराज औरंगावादी इस युग के तीसरे बड़े कवि थे। उर्दू के कवियों में विचारों की उच्चता और विषयों की स्वच्छता के लिए प्रसिद्ध हैं। उनके दीवान "वोस्ताने खयाल" में 1160 शेर हैं।

उत्तर भारत में उर्दू साहित्य (दिल्ली लखनऊ धारा)

उत्तर भारत में वली का प्रभाव भारतीय शाइरी पर पड़ा। मुगल दरबार मे फारसी शाइरों का बोलबाला था पर आम आदमी की भाषा उर्दू थी। मुगल साम्राज्य के पतन के दिनों में जब दरबारी फारसी कवि उपेक्षित हो रहे थे तो उत्तर के उर्दू के कवि जनता में लोकप्रिय हो रहे थे। अतः उर्दू का केन्द्र दिल्ली को बनाया गया। यद्यपि राजनीतिक अस्थिरता का युग था फिर भी उत्तर भारत में उर्दू अत्यधिक संगठित हुई। दिल्ली के कवियों में आबरू, मजहर, हातिम और नाजी प्रमुख हैं। यह लगभग 18वीं शती की स्थिति है। ये सभी कवि वली के समकालीन थे। उन्होंने उर्दू कविता की अपूर्व सेवा की। दिल्ली में कवियों के दिल्ली सम्प्रदाय का सूत्रपात हातिम ने किया था। उन्होंने भाषा की शुद्धता पर विशेष बल दिया था।

सौदा—सौदा उर्दू के प्रमुख कसीदा लिखने वालों में अग्रणी है। इन कसीदों में उन्होंने ऊँचे और सूक्ष्म विचार बड़ी सुन्दरता और निपुणता के साथ प्रस्तुत किया है। कसीदे के अतिरिक्त उन्होंने गजल, मसनवी, रूबाई, मरसिया और हज्व सभी प्रकार के काव्य रचनाएं की है। सौदा का एक फारसी संग्रह भी मिलता है। उनको महाकवि कहा जाता है इसलिए कि उन्होंने कविताओं में महानता पैदा कर दी है।

सौदा ने अपने वागूबाणों से जीवन के आडम्बरों और असत्यों पर प्रहार किया है। मुगलों के कुशासन, सामंतों के षडयंत्र, अधिकारियों के भ्रष्टाचार और आम लोगों की दुर्दशा की कटु आलोचना सौदा ने किया है। ''शहर-अशोब'' उर्दू साहित्य की सबसे तीखी व्यंग्य रचना है, जिसमें कवियों, व्यवसायियों आदि की दुर्दशा का विश्लेषण हुआ है। उनके व्यंग्य में निजी मतभेद की गंध भी है, उसे पढ़कर आतंक की अनुभूति होती है।

मीर तकी मीर—इस युग के सबसे प्रसिद्ध एवं सर्वश्रेष्ठ कवि मीर तकी मीर थे। उन्होंने अपनी जीवनगाथा आपबीती के रूप में फारसी में लिखी हैं, जो ''जिक्रे-मीर'' के नाम से सुविख्यात है। वह सन् 1725 ई. में आगरा मे पैदा हुए थे। दिल्ली में वे अपने सौतेले मामूं के यहां रहते थे। 1810 में लखनऊ में उनकी मृत्यु हुई। मीर ने अपना जीवन ही दुःख में बिताया था। इसलिए उन्हें उजड़ी हुई दिल्ली का प्रतीक कहा जाता था किन्तु गजलों के मामले में उनका कोई सानी नहीं। गजलों में उन्होंने अपने समय के अन्यायों के खिलाफ आवाज उठाई। उनके लिए ठीक ही कहा जाता था कि उन्होंने गजले नहीं लिखी बल्कि अपने हृदय और परिवेश की मर्म व्यथा लिखी है। उनकी गजलों में मौजूद उदासी का वातावरण उनकी कविता को विशेष आकर्षक और मधुर बना देता है। अपने जीवन के तकलीफों के कारण ही उनकी कविता में माधुर्य वेदना और सुन्दर भाव है। मीर को लय की गहरी पकड़ थी और बिंबों की तो वे झड़ी लगा देते हैं।

मीर की कविता के पीछे मानववाद की परम्परा है। एक ही उद्धरण पर्यास्त होगा—''परवाने के लिए मंदिर और मस्जिद के दीये के बीच कोई फर्क नहीं।'' मीर ने प्रचुर साहित्य रचा। इसमें हजार पृष्ठों का उनका ''कुल्लियात'' आत्मकथा और उर्दू कवियों का जीवनपरक संकलन उल्लेखनीय हैं।

ख्वाजा मीर दर्द—ये प्रमुख सूफी कवियों में गिने जाते हैं। 1721 ई. मे दिल्ली में पैदा हुए थे। उनके पिता नासिर भी सूफी और कवि थे। वह बड़े विद्वान और प्रतिभाशाली थे। तसौवुफ ही उनका ओढ़ना बिछौना था। 1785 ई. में दिल्ली में ही प्राण त्यागे और वही दफ़न किये गये। दर्द की अधिकतर कविताएं गजल के रूप में मिलती हैं। उनकी गजलों में दैवीप्रेम का प्रबल संस्पर्श है। उनमें अतिशय ताप और वेदना है। उन्होंने उदात्तता का समर्थन करते हुए उर्दू कविता को सुधारा-संवारा। उन्होंने लिखा हैं—जग में आकर इधर उधर देखा। वही आया नजर जिधर देखा।''

मीर हसन—उर्दू के सबसे महान मसनवीकार है। उनकी ''सेहरूल बयान'' अमर रचना है। मीरहसन ने भी अच्छी मर्सायेया लिखीं हैं। उनकी भाषा कोमल और मधुर है।

यह युग इस दृष्टि से महत्वपूर्ण है कि मीर, सौदा और मीरहसन जैसे तीन अपूर्व कवि हुए, जिन्होंने भावी पीढ़ियों के लिए गज़ल, कसीदा और मसनबी के

प्रतिमान स्थिर किये। इस अवधि के अन्य प्रमुख कवि थे—कायम, सोज़, कलीम और बयान।

अवध का उर्दू साहित्य : (लखनऊ धारा)—दिल्ली में उस समय शाह आलम द्वितीय का शासन था। वह अयोग्य शासक था इसलिए चारों ओर अशांति थी। फलतः सभी कवि दिल्ली से भागकर अवध, हैदराबाद, फर्रूखावाद और टाँडा पहुंचे। कालान्तर में राजधानी भी दिल्ली से लखनऊ पहुंची। सौदा, मीर, हसन, इंशा तथा अनेक अन्य साहित्यकार लखनऊ आ पहुंचे। वहां वे आदर सम्मान से रहने लगे और साहित्य रचना में प्रवृत्त हुए। दिल्ली में कविता आध्यात्मिक पवित्रता से संयुक्त थी। लखनऊ में कविता विलासी दरबार से जुड़ गई। उसे पूर्णतः श्रृंगारिक बना दिया गया। कविता में प्रतिद्वन्द्विता भी बढ़ी। कवियों पर नवाबी दरबार का गहरा असर था। लखनऊ धारा के कुछ प्रमुख उर्दू साहित्यकार थे—मुसहफी, जुरअत, रंगीन आदि।

मुसहफ़ी—मुसहफी ने मीर और सोज की परम्पराएं आगे बढ़ाने का बड़ा प्रयास किया। उन्होंने उर्दू कवियों के दो तजकिरे फारसी में भी लिखे। वे उर्दू के श्रेष्ठ कवियों में गिने जाते जाते हैं। उनकी गजलों में भावुकता, सादगी और कलात्मक निपुणता है। उनकी कविताओ में सौदा, जुरअत और इन्शा सभी के रंग मिलते हैं। उर्दू साहित्य के इतिहास में मुसहफी को बड़ा महत्व प्राप्त है।

इंशा—इनमें बहुमुखी प्रतिभा और दक्ष शिल्पमत्ता थी, लेकिन आश्रयदाताओं को प्रसन्न करने के लिए उन्होंने शायरी लिखी। इसलिए बेताब ने लिखा है—इंशा ने शायरी को बरबाद किया, उनकी शायरी को नवाब सादत अली खां ने। इंशा ने शुद्ध हिन्दी मुहावरे में "रानी केतकी की कहानी" नामक गद्य रचना भी लिखी है और दरिया ए-लताफत नाम से फारसी में उर्दू का व्याकरण भी लिखा है।

जुरअत—जुरअत दिल्ली के प्रसिद्ध कवि हसरत के शिष्य थे। हसरत की कविता में अश्लीलता और रंगीनी थी जुरअत ने उसे ग्रहण किया। लखनऊ मे वे दरबारी कवि थे। जुरअत दोनों आंखों से अंधे पर कविता, संगीत और ज्योतिष शास्त्र में निपुण थे। उन्होंने अधिकतर गजलें लिखी हैं। उनका प्रेम स्थूल तथा वासनात्मक हैं।

रंगीन—रंगीन ने रेख़ती में कविता लिखी जो लखनऊ के भ्रष्ट साम्राज्य का प्रतिबिंब है। उनकी पुस्तकों में चार काव्य संग्रह, कई मसनवियां तथा एक किताब 'मजलिसे रंगी" के नाम से प्रसिद्ध हैं।

नजीर अकबराबादी—जब शेरशाइरी अधिकाधिक स्त्रैण, रूढ़ और निर्जीव होती जा रही थीं तो इस मोड़ पर नजीर अकबरावादी अंधेरे में भी एक अकेले तारे की तरह चमक रहे थे। उन्होंने अपनी कविता में साधारण लोगों की जिंदगी और आशा आकांक्षा को अभिव्यक्ति दी है। वह सही अर्थ में जनता के कवि थें। नजीर के दो काव्य संग्रह प्रकाशित हो चुके हैं। एक मे उनकी कविताएं है और उसका नाम "कुलियाते नजीर" हैं। दूसरे संग्रह में केवल गजलें हैं। एक हिन्दी लेखक ने

नजीर की उदार-हृदयता और उर्दू साहित्य की एक नयी धारा निकालने की प्रशंसा करते हुए लिखा है कि "उस शुष्क और उजाड़ संगम पर आकर नजीर ने अजान भी दी और शंख भी फूंका। तसवीह भी ली और जनेऊ भी पहना। मुहर्रम में रोये और होली में भड़वे भी बने।--- गुलो-बुलबुल पर कहा तो आम और कोयल को पहले याद रखा।-- मानो कुरान, हदीस, वेद गीता, उपनिषद, पुराण सब घोलकर पी जाने वाला कोई सिद्ध पुरूष बोल रहा है।" (शेर-ये-शायरी-अयोध्याप्रसाद गोयलीय)

दिल्ली की अंतिम प्रतिमा—अवध के आखिरी नवाब वाजिद अली शाह के पराभव के बाद उर्दू कविता का केन्द्र फिर से लखनऊ से दिल्ली हो गया। इस अवधि में दिल्ली में अनेक विशिष्ट कवि उदित हुए, जैसे मोमिन, नसीम, ज़ौक, मजरूह आदि। इनमें सबसे यशस्वी थे मिर्जा गालिब और ज़ौक।

मिर्जा गालिब—मिर्जा गालिब एक महान चमत्कारी कवि थे, जिन्हें मुगल राज्य की ओर से "निजाम जंग" की उपाधि मिली थी। वे उर्दू के सर्वाधिक मानवीय, सार्वजनीन और मौलिक कवि थे। उनका प्रभाव सार्वभौम है क्योंकि वे मानवीय और अभिव्यक्ति शक्ति से भरपूर थे। उनकी कल्पना कुछ ऐसी है कि शब्दों के पंख लग जाते हैं। उनकी उर्दू कविताएं हमारे हृदयों के तारों को झनझना देते हैं। उनकी महानता के मूल में है—उनकी मानवीय, सार्वभौम दृष्टि और जीवन तथा मनुष्य के प्रति उनका प्रेम। उनके चिंतन और अभिव्यक्ति में गजब की ताजगी है। कवियों की एक पूरी पीढ़ी उनकी विशाल छाया में विकसित हुई। विचारशील कवि, दक्ष कलाकार के रूप में उन्होंने उत्तरकालीन काव्यकला पर अपनी अमिट छाप छोड़ी है। उनकी बुद्धि की तीव्रता, बात में बात निकालने की शक्ति, उनका हास्यप्रिय स्वभाव, विद्वत्ता एवं पांडित्य, सहृदयता, आत्माभिमान और नम्रता—ये सारी बातें ऐसी थीं, जो उनके व्यक्तित्व को महान और लोकप्रिय बनाती थीं। उनकी काव्य रचनाओ में कल्पना और दर्शन का अद्भुत सामंजस्य है। उन्होंने गद्य और पद्य दोनों में अपनी राह अलग निकाली थी। जो व्यक्ति जीवन की गहराईयों में प्रवेश करना चाहता है, उसे गालिब की कविता में बहुत कुछ मिलेगा। उन्होंने लिखा है—पूछते हैं वो कि गालिब कौन है? कोई बतलाओ कि हम बतलाएं क्यां।।

जौक—इस युग के प्रसिद्ध कपियों में जौक भी थे। दिल्ली के अनेक कवि जैसे जफ़र, आजाद, दाग, अनवर, जहीर, मारूफ और वीरान आदि कवियों में उनका प्रमुख स्थान था। उनका एक ही उर्दू काव्य संग्रह है जिसमें अधिकतर कसीदे और गजलें है। उनकी भाषा सरल है कविता आडम्बर विहीन है। उनका एक शेर है—अब तो वे घबरा के ये कहते है कि मर जायेंगे। मर के भी चैन न आया तो किधर जायेंगे।

मोमिन ने अपने उर्दू गजलों में सांसारिक प्रेम और काव्यात्मक उष्मा की अभिव्यक्ति दी, लेकिन उनकी कविता अस्पष्ट हैं और फारसी के अत्यधिक प्रभाव

से ग्रस्त भी।

आधुनिककाल : समकालीन कविता (20वीं शताब्दी)

नवजागरण एवं स्वच्छन्दतावादी कविता–उर्दू काव्य मे नवजागरण लाने का श्रेय "अलीगढ़ स्कूल" को है जिसके संस्थापक थे सर सैयद अहमद खां। राजाराम मोहनराय से प्रेरणा ग्रहण कर इन्होंने भारतीय मुसलमानों में सामाजिक, सांस्कृतिक, धार्मिक और शैक्षिक जागृति पैदा करने का बीड़ा उठाया और शिक्षा संस्थाओं मुशायरों एवं पत्रिकाओं द्वारा समकालीन उर्दू साहित्य में एक नई जान डाली। उर्दू में नए साहित्य की सृष्टि प्रारंभ हुई, जिसमें ताजगी थी, नई चेतना जगाने की शक्ति थी।

इस नवजागरण काल में हाली (1837-1914) ने प्रवेश किया और आधुनिक उर्दू कविता की नींव डाली। 1857 का विद्रोह एक महत्वपूर्ण आन्दोलन था। इस आन्दोलन ने साहित्यिक मानदंडों को भी बदला। उर्दू साहित्य पर अंग्रेजी साहित्य के संपर्क का भी काफी असर पड़ा। हाली इस नये आन्दोलन के अग्रदूत थे। आजाद और हाली ने नयी किस्म की कविताएं रचीं और प्रकृति तथा पूर्ववर्ती साहित्य की ओर लौटने के सिद्धान्त पर बल दिया। नयी कविता के निर्माता मौलाना मुहम्मद हुसैन आजाद थे और नई प्रवृत्तियों की काव्यधारा हाली में सहसा जोर पकड़ती है। हाली कृत "बरखास्त", "उम्मीद", "इंसाफ" और "हुब्बे वतन" में उर्दू कविता की एक सचेत नयी धारा लक्षित होती है। उनका "मुसद्दस" मुसलमानों की दशा का वर्णन करता है। मुसद्दस उस युग पर गहरा प्रभाव छोड़ने वाली उर्दू की एक महान काव्यकृति है। हाली में सुधार की प्रेरणा थी, विद्रोह की नहीं। उनकी सादगी और साफगोई भी उल्लेखनीय हैं। उन्होंने उर्दू साहित्य में नये युग का समारंभ किया।

इकबाल उर्दू के अमर कवियों में से है। वह द्रष्टा और मानववादी थे। उन्होंने व्यक्ति के विकास पर विशेष बल दिया था। उनका विचार था कि विश्व में मनुष्य की स्थिति अत्यन्त उच्च है और मानव आत्मा अनंत संभावनाओं से युक्त है। इकबाल को पूरा यकीन था कि भौतिकता की ढहती रेत पर भौतिक प्रगति का भवन निर्मित नहीं किया जा सकता। पूर्वी देशों की जनता का उन्होंने आह्वान किया कि वह संसार का नेतृत्व करने की दिशा में अग्रसर हों। उर्दू में इकबाल के केवल चार संग्रह हैं–1. बांगे-दरा 2. बाले जिबरील 3. जर्बेकलीम और "अर्मूगाने हिजाज"।

जोशमलीहावादी "शायरे इनकिलाब" के नाम से प्रसिद्ध हैं। जोश तत्कालीन विद्रोह के प्रतीक थे। चकवस्त ने देश भक्ति और मानव प्रेम को अपने काव्य में मौलिक ढंग से अभिव्यक्त किया हैं। पं. ब्रजनारायण चकबस्त ने गांधी के प्रायः सभी आन्दोलनों को काव्य रचना में स्थान दिया है। कैफी तथा रोशन दहलवी ने नई काव्य भूमि तोड़ने में पहल की। उर्दू में अतुकांत रचना करने वाले प्रथम कवि हैं। इसी परम्परा को सागर निजामी, हफीज जालंधरी, आविद ने लोकप्रिय बनाया है। उर्दू में

फैज़, फिराक गोरखपुरी, मजाज, जोशी, मीराजी, राशिद, जज्बी अख्तर तथा जाफरी ने स्वच्छन्दतावादी प्रवृत्तियों को कायम रखा हैं। फिराक गोरखपुरी ने जीवन सौन्दर्य के नये से नये चित्र तराशकर काव्य में प्रस्तुत किए हैं। इसी रंग रौनक को अब्दुल मजीद भट्टी, आदिल, सरदार जाफरी, कतीलशफाई आदि ने अपने काव्य संवेदना को नए शिल्प में प्रस्तुत किया हैं। फानी की गजलों में समाज की पीड़ा व्यक्त हुई है। असगर पर गालिब का प्रभाव था।

प्रगतिशील चेतना : (तरक्की पसंदशायरी)

सन् 1935 के बाद उर्दू साहित्य में भी "तरक्की पसंद शायरी" विकसित हुई। मजाज, मखदूम, जज्बी और अली सरदार जाफरी का स्थान प्रगतिशील कवियों मे सुरक्षित है। इसके अतिरिक्त सलाम, मछली शहरी, शमीर, कुरहानी आदि की कविताओं में क्रांति, बगावत, खून और आतंक के बिंब अधिक हैं। किन्तु जोश इस शैली के उद्‌गाता थे। मुत्तलवी फरीदाबादी ने कृषकों एवं श्रमिकों पर गजलें लिखीं। अलीजवाद जैदी भी प्रगतिशील विचारों की ओर बढ़े। अंसारी, मजाज की इनकलाबी शायरी में ही प्रगतिशील भाव हैं। फिराक गोरखपुरी रोमान और प्रगतिशीलता दोनों को लेकर चलते हैं। फिराक ने लिखा है—हल, कुदाल, फावड़े, वसूले, नए हथौड़े बोल उठेंगे। साहिर लुधियानबी, कैफी आजमी, दानिश, अहमद नदीम, सरूर, सईदी, जमील मजहरी आदि में नई चेतना की अधिक प्रखर अभिव्यक्ति हुई है।

प्रयोगवाद और नई कविता

नए रचनाकारों ने स्वीकार किया कि मानव के नये अनुभवों और अनुभूतियों की अभिव्यक्ति के लिए पुराने शब्द अपर्याप्त हैं और मूल्यों का संकट भी बढ़ता जा रहा है। यह भी अहसास हुआ कि प्रगतिवादी कविता धीरे-धीरे नारेबाजी बन रही है और कला को नजर अंदाज कर रही है। इसलिए इस कविता के विरूद्ध विद्रोह हुआ। उर्दू कविता में प्रयोग और आधुनिकता का शोर स्पष्ट रूप से 1950 के बाद से सुनाई पड़ने लगा। 1960 के बाद के उर्दू कविता में अस्तित्ववाद, मार्क्सवाद और मनोविश्लेषणवाद के विचार परिलक्षित हो उठे।

उर्दू की नई या सामयिक कविता को जिन शायरों ने संवारने का काम किया, उनमें अभीकहनफ़ी, बलराज कोमल, शहाब जाफरी, बाकर मेहदी, वहीद अख्तर, काजी सलीम, शहरयार, मुहम्मद अल्वी, निदाफाजली कुमार पार्शी, बशरनवाज, साजिदा जैदी, आदिल मंसूरी आदि के नाम उल्लेखनीय हैं। उर्दू की शायरी को जिन शायरों ने नई पहचान और नया अर्थ दिया उनमें सादिक, अब्दुला कमाल, अब्दुल रसीद, शाहिद, खलील मासून, शमीम अनवर, शहंशाह मिर्जा, मुश्ताक अली, रशीद अफरोज, खलील तनवीर आदि नाम अपने अपने ढंग से महत्वपूर्ण हैं। परम्परागत

गजलों का ढांचा धीरे-धीरे बदल रहा है। भारत में नए गजलों के प्रवर्तक खलील अलरहमान आजमी को माना जाता है। मुजफर हनफी, मुहम्मद अल्वी, शहरयार, आदिल मंसूरी, शमीम हनफी, हसन नईम आदि ने नई गजल को नई लय दी है। 1970 के उर्दू कविता में फिर एक नई पीढ़ी उभरी है। इस पीढ़ी में नश्तर खान, जेबा गौरी, मुमताज राशिद, हकीम मंजूर, मुस्तजाराही, फारूक सफक, अकील शादाब, प्रेमकुमार नजर, शाम रिज़वी, वाजिद कुरैशी, आशुफता चंगेजी के नाम गिनाए जा सकते हैं। इस नई पीढ़ी की कविता में जीवन की विद्रूपताओं और विसंगतियों को खुलकर अभिव्यक्ति मिली हैं। जीवन की उदासी, यंत्रणा और उब के लिए नये से नये बिम्ब प्रयोग में लाये गये हैं। अब उर्दू का कवि अपनी देशी हवा और जमीन से जुड़कर कविता लिख रहा है। लोक भाषा और लोक लय को नया अर्थ दिया जा रहा है। मुहम्मद अलवी ने लिखा है–

मैं सोचता हूं भाग ही जाऊँ मगर किधर
टुटा हुआ पड़ा है मेरा जिस्म फर्श पर।

उर्दू गद्य : उपन्यास

उर्दू उपन्यास, दास्तान या कहानियों की परम्परा में विशेष समृद्ध रहे हैं। नजीर अहमद (1912) के बाद उर्दू उपन्यास का प्रारंभ पं. रतननाथ सरशार से माना जाता है, जिन्होंने 1978 में "फसाना-ए-आजाद" की पहली किश्त लिखी थी। यह एक अमर पुस्तक है। अब्दुल हलीश शरर (1926) की "दिले गुदाज" भी ऐतिहासिक उपन्यासों में एक उपयोगी देन थी। शरर एक ऊँचे लेखक थे। "उमराव जान अदा" से मिर्जा हाथी प्रसिद्ध हैं। नजीर अहमद के "जाहिरदर वेग", "सरशार के खोजी", "आसोब" आदि उर्दू साहित्य में स्मरणीय हैं।

उपन्यासकारों में प्रेमचंद का स्थान सर्वोच्च है वे यथार्थवादी थे। वस्तुतः उन्होंने समाज के आर्थिक संघर्ष और आध्यात्मिक जागरण का स्पष्ट चित्रण किया। प्रेमचंद उर्दू के सभी उपन्यासकारों और कथाकारों के लिए प्रकाश स्तंभ के समान हैं।

आज के उपन्यासकारों में उल्लेखनीय हैं कृशनचंदर, अहमद अली, अश्क, अजीज अहमद, ख़्वाजा अहमद, अब्बास, हैदर, आविद हुसैन, अंसारी। इन्होंने उपन्यास के स्वरूप में काफी परिवर्तन किया है। ये विदेशी प्रभाव और युगीन आत्मिक या आध्यात्मिक सुरक्षा के प्रति सजग संवेदनशील हैं।

कहानी

उर्दू में आधुनिक कहानी का प्रारंभ प्रेमचंद से माना जाता है। प्रेमचंद ने उर्दू कहानी को एक प्रयोजनशील दिशा दी है। प्रगतिशील आन्दोलन की कहानी लेखन को प्रोत्साहन दिया और 1936 के बाद यह एक महत्वपूर्ण विधा के रूप में प्रतिष्ठित

हो गई। प्रोफेसर मुजीब, अहमद अली, कृश्नचंदर ख्वाजा अहमद अब्बास, सज्जाद जहीर, मंटो, वेदी, इस्मत, असकरी, नदीम कासिमी, अश्क, हयातुल्ला अंसारी, अली अब्बास, हुसैनी, मुमताज मुती प्रमुख कहानीकार हैं। कहानियों में सेक्स, सनसनीवाद, मानवीय समस्याएं, भावुकता आदि का चित्रण हुआ है।

नाटक

उर्दू में सबसे पहला नाटक "इन्दरसभा" हैं। थियेटर कंपनियों के नाटककार रौनक बनारसी, तालिब अहसान लखनवी थे। आगा हश्र कश्मीरी को उर्दू मंच का मालों कहा गया है। उर्दू में श्रेष्ठ नाटको का अभाव है। फिर भी नए दौर के उल्लेखनीय नाटककार इश्तियाक हुसैन कुरैशी, इम्तियाज अलीताज, अंसार नसीरी, मोहम्मद मुजीब, आबिद हुसैन, फजलुर्रहमान, इस्मत, कृशनचंदर और मोहम्मद हसन हैं। नये नाटककारों में असगरबट, जावेद इकबाल, अनवर इनायत उल्लाह, रेवती सरन शर्मा के नाम उल्लेखनीय हैं। ये सब या तो रेडियो के लिए लिखते हैं या जब रंगमंच के लिए लिखते हैं तो प्रायः एकांकी होते हैं।

आलोचना

आलोचना के क्षेत्र में हाली-शिबली, आजाद, बहीहुद्दीन सलीम, मौलवी अब्दुल हक, हामिद हसन कादरी, और नियास फतेहपुरी के नाम विशेष उल्लेखनीय हैं। कलीमुद्दीन, आले अहमद सरूर और शाम हुसैन कुछ ऐसे समीक्षक हैं जिन्होंने साहित्य के सभी पहलुओं पर विचार किया है। साहित्य के इतिहासकारों में महमूद शीरानी, नादवी, रामबाबू सक्सेना, अब्दुल सत्तार सिद्धीकी, मसूद हसन रिजवी कानाम उल्लेखनीय है।

अन्य

इसके अलावा उर्दू में रिपोर्ताज लेख विशेष लोकप्रिय हुआ हैं। कृशनचंदर और इब्राहिम जलील सफल रिपोर्ताज लेखक हैं। रेखाचित्र लेखकों में अब्दुल हक, अब्दुल गफार, आविद हुसैन, अब्दुल मजीद दरियावादी और ख्वाजा हसन निजामी स्मरणीय हैं। उर्दू में व्यंग्य लेखको में सज्जाद हुसैन, महफूज अली, बम्बूक, हसन निजामी, शौकत थानवी, अजीम बेग, चुगताई, अंसारी आदि के नाम उल्लेख्य हैं। पत्र लेखकों में रज्जब अली वेग सरूर, वाजिद अलीशाह, मिर्जा गालिब, हाली, मेहदी, मौलाना अबुल कलाम आजाद के नाम लिए जा सकते हैं। वैज्ञानिक, धार्मिक, ऐतिहासिक, शैक्षणिक आदि विषयों पर लिखने वालों में डॉ. जाकिर हुसैन, सैयद सुलेमान नकवी, दरियावादी, नियाज मोईनुद्दीन, जफर हुसैन आदि ने बहुत सा गंभीर साहित्य लिखा है।

तृतीय खण्ड

हिन्दी और हिन्दीतर भाषा-साहित्य का तुलनात्मक अध्ययन

1. दाक्षिणात्य भाषा वर्ग

(i) तमिल भाषा साहित्य और हिन्दी साहित्य

हिन्दी और तमिल में निर्गुण तथा सगुण मतावलम्बी संतकवियों की विचारधाराएं–

ब्रह्म–निर्गुण संतकवियों ने ईश्वरवाचक शब्दों में वैष्णव नामों का सबरो अधिक प्रयोग किया हैं। विष्णु के सहस्त्रनामों में उनको 'राम' नाम ही सबसे अधिक पसंद आया। इसका प्रमुख कारण यौगिक हो सकता है। राम शब्द मे 'र' अग्नि का 'अ' सूर्य का तथा 'म' चन्द्र का प्रतीक माना जाता है। राम सूर्यसाधना से प्राप्त होने वाले ज्योतिस्वरूपी ब्रह्म का प्रतीक है। इसी अर्थ की व्यंजना संतदादू के निम्नोक्त पंक्तियों में हुई है–

"चन्द सूर मधिभाई तहां बसे राम राई।"

संतों ने वैष्णवनामों के अतिरिक्त अल्लाह, करीम, रहीम आदि नामों से भी अपने निर्गुण ब्रह्म की अभिव्यक्ति की है। इसका कारण संतों का उद्देश्य हिन्दू और मुसलमान दोनों को आकर्षित करना था, जिसे वे संतमत कहते थे।

इसके अतिरिक्त संतों ने ब्रह्म के लिए आत्मा, ब्रह्म, परब्रह्म, ज्योति, नाद, बिन्दु, अलख, निरंजन, निराकार, सतपुरूष और साहब नामों का प्रयोग किया है।

जहां तक तमिल संतकवियों का सवाल हैं, उन्होंने भी ब्रह्म के कई नाम अपनी तरफ से दिये हैं। नाथ, ईश, शक्तिमान, आर्य, मधु, माणिक्य, रक्षक, पिता, ज्योतिस्वरूप, माता आदि नाम मुख्य हैं।

संतकवियों ने तीन प्रकार से ब्रह्म का निरूपण किया है–

1. ज्ञानमार्गियों के ढंग पर ब्रह्म निरूपण
2. भक्तमार्गियों के ढंग पर ब्रह्म निरूपण
3. योगमार्गीय रूप में ब्रह्म निरूपण।

1. ज्ञानमार्गियों के ढंग पर ब्रह्म निरूपण

ज्ञानमार्गियों ने उपनिषद् ग्रन्थों में ब्रह्म का निरूपण करते समय जो शैलियां अपनाई गई हैं प्रायः उनका प्रयोग किया है। यथा–

असमर्थता द्योतक शैली–इसके अनुसार ब्रह्म शब्दातीत है। कबीर अपनी

असमर्थता इस प्रकार व्यक्त करते हैं--

भारी कहूँ तो बहु करूं, हल्का कहूं तो झूठ
मैं का जाने राम कूं नैनो कभी न ढीढ

तमिल के संत शिववाक्कियर ने भी इसी प्रकार अपनी असमर्थता व्यक्त की हैं—"जिसका कोई लक्षण ही नहीं है उसका किन शब्दों में वर्णन करूं। (तिरूमंत्रम्-पोर्पतिक्कूत्तु, पृ. 582)

विभावानात्मक शैली—उपनिषदों में विभावानात्मक शैली में ब्रह्म का निरूपण किया गया है। कबीर एवं अन्य संतकवियों ने लिखा है कि वह परमात्मा बिना मुख के खाता है, बिना चरणों के चलता है आदि।

तमिल के संत कवि तिरूमूलर ने कई जगह ब्रह्म का इस रूप में वर्णन किया हैं—

"बिना रूप के ही रूप को पाने वाला उस ब्रह्म के सम्बन्ध में गुरु को छोड़कर और कोई नहीं बता सकता।" (तिरूमंत्रम्, नवम तंत्र, पृ. 604)

निषेधात्मक शैली—संतों ने नकारात्मक शैली में ब्रह्म का निरूपण किया है जैसे न उसके माता हैं न पिता हैं। माया मोह आदि भी उसे नहीं सताते हैं। वह दुख सुख से परे है। सुन्दरदास जी लिखते हैं—

पाप न पुन्न न स्थूल, न सून्य न बोले न मौन
न सोवै न जागौ।

तमिल के संतों में कई ने इस शैली को अपनाया हैं।

जैसे—मनम् वाक्कितिल् तट्टामल् निन्ट्दु
(मन वाक् से परे वह ब्रह्म है।)

2. भक्तमार्गियों के ढंग पर ब्रह्म निरूपण

संत कवियों ने भगवान की भक्ति पर विशेष बल दिया है उनके अनुसार भक्ति की महिमा वर्णनातीत है। तमिल के संतकवियों ने भी यही बात कही है। संत पट्टिनत्तार ने भक्ति के प्रति अपना झुकाव व्यक्त किया है। (दरिया सागर, पृ. 245) पट्टिनत्तार ने लिखा है कि हे मन उसके सहस्त्र चरण हैं, उसके काम सहस्त्र हैं, उसके सहस्त्रों नाम हैं आदि। उसके इस रूप का भजन करो। (पट्टिनत्तर—प्रबंध तिरट्टु, पृ. 881)

कबीर लिखते हैं—

परम ज्योति पुरूषों नयो जाके रेख न रूप।

3. योगमार्गियों के ढंग पर ब्रह्म निरूपण

तंत्र ग्रन्थों के अनुसार ब्रह्म के अन्य नाम नाद और बिन्दु हैं। चरनदास ने लिखा है—

अनहद सबद अपार दर सूदर है।

संतों की अन्य विचारधाराएं–

बाह्य आडम्बर–संतकवियों ने बाह्य आडम्बरों का खंडन किया है। मूर्तिपूजा के सम्बन्ध में कबीर की उक्ति प्रसिद्ध ही हैं–

पाहन पूजै हरि मिलै, तो मैं पूजूं पहार।
ताते या चाकी भली, पीस खाय संसार।।

तमिल के संत कवि शिववाक्कियर ने भी यही कहकर अपना विरोध व्यक्त किया है। "कर्मकाण्ड" आदि में फंसे हुए लोगों क्या पत्थर कहीं देव हो सकता है? (सिद्धर ज्ञानक्कोवै–पृ. 20 पद्य, 26)

तमिल संत कवि पट्टिनत्तार ने भी स्पष्ट कह दिया है कि पत्थर रूपी भगवान की पूजा न करूंगा। बाह्य पूजादि व्यर्थ है। तीर्थ यात्रा करने मात्र से भगवान का सानिध्य प्राप्त नहीं होता। मन की मैल दूर होनी चाहिए।

न्हाये धोये क्या भया, जो मन मैल न जाय।
मीन सदा जल में रहै, धोए बास न जाय।।

यही बात तमिल के संत कवि पाम्पाट्टिचित्तर ने कही है–

नारूमीनै पलतरम नल्ल तण्णीराल्

(सिद्धर ज्ञानक्कोवै–पृ. 182)

नारी–तत्कालीन साधू संतों ने नारी और नारीत्व की निन्दा एक स्वर से की है। संत कबीर ने लिखा है–"एक कनक अरू कामिनी, दुरगम घाटी दोय।"

तमिल के संतकवि पट्टिनत्तार भगवान से प्रार्थना करते हैं कि कब मैं नारी के प्रति आसक्ति छोड़कर तुम्हारे ध्यान में लगूं? (सिद्धर ज्ञानक्कोवै, पृ. 167-11)

गुरुमाहात्म्य–भारतीय संस्कृति में गुरु को परमोच्च पद प्राप्त है। कबीर लिखते हैं–

गुरु गोविन्द दोउ खड़े काके लागूं पाय
बलिहारी गुरु आपणों गोविन्द दियो बताय।।

हिन्दी साहित्य में नाथपंथी योगियों, सहजयानियों, वज्रयानियों, तांत्रिकों और परवर्ती संतों ने गुरु को विशेष महत्व दिया है।

तमिल संत कवि पट्टिनत्तार ने भी गुरु महिमा के सन्दर्भ में लिखा है–मेरे गुरुदेव ने मुझे जो उपदेश दिया था, उसके प्रभाव से पृथ्वी पिघल जायेगी, मोह पिघल जायेगा आदि। (पट्टिनत्तार, प्रबंधत्तिरट्टु पृ. 601)

नाममाहात्म्य–संतों की सहजसाधना का प्राणभूत तत्व नाम जप है। संतों ने इसको अत्यधिक महत्व दिया है। संत जगजीवनदास ने स्पष्ट घोषणा की है कि नाम के बिना किसी का उद्धार नहीं हो सकता।

नाम बिनु नहिं कोऊ को निस्तारा।
जान परत है ज्ञानतत्व में मन समुझि विचारा।

नाम-जप की महिमा तमिल के संतों ने भी गायी हैं संत शिववाक्कियर ने गाया है कि "नमः शिवाय" जपने से इस भव में सबकी सिद्धि हो जायेगी। (सिद्धरज्ञानकोवै—पृ. 527)

शिवज्ञानबोधमू के रचयिता तमिल संत कवि देवनायनार ने संकेत किया है कि अहंकार को त्यागकर भगवान का ध्यान करो। (तायुमानवर पाडल—पृ. 752)

तमिल तथा हिन्दी साहित्य में कृष्णभक्ति
(आलवार भक्त और हिन्दी कृष्ण भक्त कवि—तुलनात्मक अध्ययन)

भक्ति की आचार्यों ने अनेक प्रकार से व्याख्या की है। फिर भी सभी आचार्यों ने विशेष रूप से सेवा, प्रेम और अनुरक्ति पर जोर दिया है। "नारद भक्तिसूत्र" में बताया गया है कि ईश्वर के प्रति परम प्रेम ही भक्ति है (सा त्वस्मिन् परम प्रेमरूपा—नारद भक्ति सूत्र-2) नारद जी ने आगे लिखा है कि "भक्ति अमृतस्वरूपा है, जिसको पाकर मनुष्य सिद्ध और तृप्त हो जाता है, जिसे पाकर वह किसी भी वस्तु की इच्छा नहीं करता।" (नारद भक्ति सूत्र) आलवार तथा हिन्दी के कृष्ण भक्त भक्ति की वैज्ञानिक व्याख्या के पचड़े में न पड़े। "प्रबन्धमू" इसका दिव्य प्रमाण है। आलवारों के अनुसार भक्ति सरल तथा निश्चित रूप से फलदायिनी है तथा योग तपस्यादि व्यर्थ है (पेरिय तिरूमोली 3-2-2) भक्ति से जो सुख मिलता है वह स्वर्ग के सुख से भी श्रेष्ठ है। (तिरूवाय मोली 5-2-10)

हिन्दी कृष्ण भक्त कवियों ने भी मुक्तकंठ से भक्ति की महिमा घोषित की है। सूरदास ने कहा है कि भक्ति के बिना भगवान दुर्लभ है (भक्ति बिनु भगवन्त दुर्लभ कहत निगम पुकारि)। नन्ददास, परमानन्द दास आदि सभी कृष्ण भक्त कवियों ने भक्ति का गुणगान किया है।

भक्ति में ब्रह्म के दो रूप हैं—निर्गुण या परंब्रह्म और सगुण या अपरंब्रह्म। सगुगण साकार रूप है और निर्गुण निराकार रूप है। आलवार भक्तों ने ब्रह्म के दोनों रूपों को माना है किन्तु सगुण को विशेष महत्व दिया है। सूरदास, नंददास परमानन्ददास आदि कृष्णभक्त कवियों ने भी सुगण को अधिक प्रभावशाली माना है। सूरदास के अनुसार—"अविगत गति कछु कहत न आवै" अर्थात निर्गुण की उपासना में कठिनाई है ब्रह्म की गति को कोई समझ नहीं पाता। मीरा ने भी भगवान के सगुण स्वरूप को ही स्वीकार किया है। रसखान के भी इष्ट गोपी वल्लभ कृष्ण हैं।

भक्ति के प्रकार

श्रीमद्भागवत में भक्ति के नौ भेद माने गये हैं, जो नवधाभक्ति के नाम से प्रसिद्ध है। यहां नवधाभक्ति के विविध रूप इस प्रकार हैं–

1. श्रवण–भगवान के नाम, यश, महत्ता, गुण तथा उनकी लीलाओं का श्रद्धापूर्वक सुनना या सुनाना श्रवणभक्ति है। आलवारों की सम्पूर्ण वाणी भगवान् के नाम और लीला सुनने और सुनाने से सम्बन्ध रखती हैं। देखिये–

1. विष्णुचित्त (पेरियालवार) के इन लीलागीतों का श्रवण करने वाले वैकुण्ठवास प्राप्त करेंगे। (पेरियालवार तिरूमोली 2-1-10)
2. कुलशेखर के इन तमिल गीतों का श्रवण करने वालों के कष्ट दूर होंगे। (पेरुमाल तिरमोली 4-9)
3. नम्मालवार का कहना है कि मेरे कान सर्वदा भगवान की लीला के गान रूपी फलों का ही सेवन करेंगे। (तिरूवायमोली 3-8-6)

हिन्दी के कृष्णभक्त कवियों में सूरदास, नन्ददास आदि सभी ने श्रवण भक्ति को महत्व दिया है। नंददास लिखते हैं–

जो यह लीला गावै, चित्त दै सुनै सुनावै।
मीराबाई का भी यही उद्गार हैं।

2. कीर्तन

भगवान के नाम गुण, लीला आदि का वर्णन, गान, तथा उच्च स्वर से पाठ कीर्तन कहलाता है। कीर्तन की महिमा सभी भक्तों ने मुक्त कंठ से स्वीकार की है। तमिल के आलवार संतों के समस्त पद स्तुतिपरक कीर्तन ही है। इन कीर्तनों को गा-गाकर भक्त आत्मविभोर हो जाते हैं। पेरियालवार कहते हैं–भगवान का गुणगान (कीर्तन) करने वाले भक्तों के चरणों के स्पर्श से ही यह पृथ्वी धन्य हैं। (पेरियालवार तिरूमोली 4-4-6) नम्मालवार ने भी लिखा है–उस अनन्त भगवान का गुणगान करो। (तिरूवायमोली 3-9-5)

हिन्दी के कृष्णभक्त कवि सूरदास नंददास आदि सभी ने कीर्तन भक्ति को महत्व दिया है। सूरदास लिखते हैं–गोपाल के गुणगान से जो आनन्द मिलता हैं, उसके आगे जप, तप तथा तीर्थाटन क्या चीज है। जो सुख होत गुपालहिं गाये। परमानन्ददास ने भी लिखा हैं–

मगल माधौ नाम उचार।

3. स्मरण

भगवान के नाम, उनके गुण, लीला आदि का सदा ध्यान रखना तथा उन्हीं के स्मरण

में लीन रहना स्मरण भक्ति है। (ध्यानं रूपगुण क्रीडासंवादे सुष्ठुचिन्तनम्—हरिभक्ति रसामृत सिन्धु लहरी 2—श्लोक 33)। आलवार भक्तों में नम्मालवार लिखते हैं—जो जल मैं पीता हूं, जो भात खाता हूं, जो पान खाता हूं, सभी में भगवान का स्मरण आता है। (तिरूवायमोली 6-7-1) तोंडरडिपोडी आलवार की मान्यता है कि भगवान के नाम का स्मरण करने वाला नरक नहीं पहुंच सकता। (तिरूमालै—12)

हिन्दी के कृष्णभक्त कवियों ने भी स्मरण भक्ति का पर्याप्त महत्व माना है। सूरदास लिखते हैं—सब को हरि भगवान का स्मरण करना चाहिए—

हरि हरि सुमिरो सब कोई, हरि सुमिरत सब सुखहोई।

4. पादसेवन

श्रद्धापूर्वक अपने स्वामी के चरणों में मन को लगाना ही पादसेवन भक्ति है। पोयगै आलवार कहते हैं—हे भगवान। अगर मैं किसी का चाह करूंगा तो वह आपके चरणों की सेवा है (मुदल तिरूवन्तादि 88) नम्मालवार ने कहा है—हे भगवान! आप के चरणों के सिवा मुझे और कोई शरण नहीं दिखती। (तिरूवायमोली 5-7-10) हिन्दी के कृष्णभक्त कवियों ने भी पादसेवा का महत्व बताया है। सूरदास कहते हैं—

भजि मन नन्द नन्दन चरन।

परमानन्ददास लिखते हैं—

चरण कमल रजमन बसी धर्म बहाएं।।

5. अर्चन

श्रद्धा तथा आदर के साथ भगवान की पूजा अर्चन भक्ति कहलाती है। इस प्रकार की अर्चनभक्ति के उल्लेख आलवारों की रचनाओं में मिलते हैं। नम्मालवार कहते हैं—केवल पुष्प, फल, जल, धूप आदि अर्पित कर भगवान की पूजा करना भी पर्याप्त है (तिरूवायमोली 1-6-1) हिन्दी के कृष्णभक्त कवियों ने भी अर्चनभक्ति का महत्व दिखलाया है।

6. वन्दन

भगवान के माहात्म्य को हृदय में धारण कर उनकी स्तुति करना, नतमस्तक होकर विनय करना, प्रणाम करना वन्दन भक्ति है। आलवार भक्तों में पोयगै आलवार का कथन है कि भगवान के सहस्त्र नामों का स्मरण कर, हाथ जोड़कर वन्दन करने वाले भक्त कभी नरक नहीं पहुंचते (मून्ड्राम तिरूवन्तादि 95) कृष्णभक्त कवियों में परमानन्ददास कहते हैं—मैं जगदीश के उन चरण कमलों की वन्दना करता हूं जो गायों के पीछे दौड़ते थे—

चरन कमल बन्दौ जगदीश के जे गोधन संग धाए।

7.8.9 दास्य, सख्य और आत्मनिवेदन

दास्यभक्ति–भगवान को स्वामी और अपने को दास मानकर भगवान की भक्ति ही दास्यभाव की भक्ति है। आलवार कवयित्रि आण्डाल ने अपने को गोविन्द की दासी बताया है। (नच्चियार तिरूमोली 1-9) नम्मालवार लिखते हैं–हम तो भगवान के दास हैं, चिरकाल से (तिरूवायमोली 3-3-1) सूरदास ने लिखा है–

अब मैं नाच्यौं बहुत गुपाल।

मीराबाई कहती है–

हरि म्हारा जीवन प्राण अधार।

सख्यभाव की भक्ति –सख्य या मित्रभाव द्वारा निस्वार्थ भक्ति ही सख्यभक्ति हैं। तमिल के आलवार भक्तों के काव्य में सख्यभाव की भक्ति के प्रसंग बहुत कम हैं किन्तु हिन्दी के कृष्णभक्त कवियों के काव्यों में सख्यभक्ति के प्रसंग प्रचुर मात्रा में हैं। पेरियालवार कहते हैं–"मोरपंख से शोभित केशपाश से युक्त कृष्ण अपने गोपसखाओं की गोष्ठी में आगे ठहरकर नाना प्रकार से गान व नृत्य करते हुए आ रहा है (पेरियालवार, तिरूमोली, 3-4-2) सूरदास ने लिखा है–

ऐसी प्रीति की बालि जाऊँ
सिंहासन तजि चले मिलन को सुनत सुदामा नाऊँ।

वात्सल्यभाव की भक्ति–वात्सल्यभाव की भक्ति के अनेक सुन्दर चित्र आलवार भक्तों ने अंकित किये हैं। तमिल के पेरियालवार तो हिन्दी के सूरदास है। पेरियालवार ने अपनी लघु रचना "तिरूप्पललाण्डु" में भगवान को शिशु रूप में मानकर वात्सल्यभाव के कई हजार छन्दों की रचना की है। वे लिखते हैं कि माता यशोदा कहती हैं कि हे सखि। मुझ से नहीं होती इस शिशु की सार-संभाल। मैं क्या करूँ?" (पेरियालवार तिरूमोली 1-1-9) कृष्णभक्त कवियों में सूरदास और नन्ददास ने विशेष रूप से बाललीला के पद बहुत गाये हैं। सूरदास एक छन्द में लिखते हैं–

गोपाल बिन कैसे रहिबो।

मधुरभाव की भक्ति–लोकशास्त्र में जो श्रृंगार रस हैं वह भक्तिशास्त्र में मधुर रस कहलाता है। इस मधुर रस का आलम्बन ईश्वर का कोई अवतार होता है। आलवार भक्तों और हिन्दी के कृष्ण भक्त कवियों ने माधुर्यभाव की भक्ति का अधिक परिचय दिया है। तमिल कवयित्रि आंडाल तो स्वयं को कृष्ण की पत्नी के रूप में मानती थीं। वे कहती हैं–यौवन सुषमा से पूरित मेरा यह शरीर उस चक्रधारी पुरूषोत्तम के लिए ही अर्पित हैं। (नच्चियार तिरूमोली, 1-5) हिन्दी की कवयित्री मीरा भी स्पष्ट रूप से कहती हैं–

मेरे तो गिरधर गोपाल, दूसरो न कोई।

आंडाल संयोगसुख की कामना करती हुई कहती हैं कि हे शंख! माधव के प्रवालसम अधर का स्वाद कैसा था? (नच्चियार तिरूमोली 5-4)

मीरा भी कहती हैं–रमैया बिन नींद न आवै। मीरा आण्डाल आदि ने लोकलाज की भी परवाह नहीं की। मीरा कहती हैं–''साधुसंग बैठ-बैठ लोकलाज खोयी।'' यही दशा आंडाल की भी है वे कहती हैं कि अब लज्जा करने से कोई लाभ नहीं–

''नाणि इनिमेल करूममिल्लै''

जहां आंडाल कोकिल द्वारा संदेशा भेजती हैं वहां मीरा कौए द्वारा संदेशा भेजती हैं। दोनों के मन मंदिर में कृष्ण आ बैठे हैं जैसे–''मेरा पिय मेरे हिय बसत है।'' अंत में आंडाल तिरूवरंगम में विलीन हो जाती है। इसी प्रकार मीरा कह उठती हैं–''तुम मोरे हूं तोरो। तुम बिच हम बिच अंतर नाहीं, जैसे सूरज उजेरो।

आण्डाल और मीरा दोनों एक ही भक्तिमार्ग की दो पथिकाएं हैं किन्तु मीरा आंडाल से आगे बढ़ गई हैं।

प्रेमरूपा भक्ति–तमिल के आलवार भक्तों के अनुसार भगवान सभी भावों से भजनीय है। (तिरूमायमोली 1-1-5) किन्तु आलवारों ने भक्ति में 'मुख्यस्थान' प्रेम को दिया है। भूतत्तालवार कहते हैं–''प्रेम के दिये में अभिलाषा का घी डालकर, स्निग्ध हृदय की बाती लगाकर, स्नेह द्रवित आत्मा के साथ मैंने नारायण के सम्मुख ज्ञानदीप जलाया। (इरण्टाम तिरूवन्तादि-।)

हिन्दी के कृष्णभक्त कवियों के अनेक पदों में आसक्ति व्यक्त हुई है। सूरदास का निम्न पद द्रष्टव्य है–जौ गोपाल मिलैं तो नीको नतरू जगनजस छायो। इसी प्रकार परमानन्द दास की रूपासक्ति इस प्रकार व्यक्त हुई है–पिय मुख देखत ही पै रहिए। मीरा कहती हैं–

मीरा प्रभु रे रूप लुभाणी गिरधर नागर नटके।

तमिल रामकथा और हिन्दी रामकथा (कंबर और तुलसी)

भारत की प्रत्येक भाषा में अनेक राम-काव्य हैं। उनकी एक-एक प्रतिनिधि रामायण भी हैं। इन रामायणों की अंतर्निहित रागिनी नहीं बदली–राम नहीं बदले, केवल रामकथा के वेश और परिवेश, बदले हैं। भारतीय भाषाओं में विरचित इन रामायणों की आत्मा एक है, फिर भी प्रत्येक में अपना अपना प्रादेशिक वैशिष्ट्य है, अपनी धरती की विशेष महक है। रामचरितमानस के साथ इन रामायणों के तुलनात्मक अध्ययन से जहां एक ओर हमारे अन्य भाषा भाषी बंधु मानस के वैशिष्ट्य को समझने में समर्थ होंगे वहीं हम हिन्दी भाषी भी उनकी गरिमा से अवगत होंगे। तब हमें यह भी पता चलेगा कि उड़िया प्रदेश की ''लवण चउँरी'' प्रथम हमारे देश की ''राईलोन उसारने वाली'' प्रथा का ही बदला रूप है, अथवा बंगाल और असम का ''बासिबिहा'' हिन्दी भाषी क्षेत्र का ही ''कोहबर'' है, अथवा कई वैदिक पद्धतियां

रूप बदलकर दक्षिण प्रदेश में आज भी जीवित हैं। कंवरकृत कम्ब रामायण से ज्ञात होता हैं कि तमिल लोग भोजन के पश्चात मट्ठा पीते हैं, बड़ो से बात करते समय मुंह पर हथेली रखते हैं। इस रामायण के अयोध्या और मिथिला नगरों के वर्णन में तमिलनाडु का पूरा परिवेश प्रतिबिंबित है।

भारतीय भाषाओं में रचित रामायणों के पढ़ने से हमें यह भी ज्ञात होगा कि समस्त भारत में दाम्पत्य जीवन के प्रतीक हैं शिव और पार्वती। पराक्रम के प्रतीक हैं, इन्द्र और सिंह तथा सौन्दर्य के प्रतीक हैं कमल, चन्द्रमा आदि। इसके साथ ही हमें प्रदेश विशषके आकाश-वातास, नदी-गिरी-कानन के वैशिष्ट्य का भी पता चलता है।

यहां यह भी उल्लेख कर देना आवश्यक हैं कि भारतीय भाषाओं के रामायण लेखकों में कुछ ने तो वाल्मीकि रामायण का मुख्य आधार लिया हैं और कुछ ने अपने काल तक विकसित रामकथाओं का लाभ उठाया है। आधार की दृष्टि से रामायणों का वर्गीकरण इस प्रकार हैं—

1. वाल्मीकि रामायण को आधार मानकर रचित रामायणों में ये हैं—तमिल का कम्ब रामायण, असमीया रामायण, पंजाबी रामायण और रंगनाथ रामायण (तेलुगु)
2. अध्यात्म रामायण में वाल्मीकि रामायण की कथा को संक्षिप्त शैली में अध्यात्म का रंग देकर प्रस्तुत किया गया है। इस ग्रन्थ से प्रेरित रामायण हैं—मलयालम का अध्यात्म रामायण।
3. रामकथा के विकसित रूपों का लाभ उठाने वाले रामायण हैं—बंगला रामायण उड़िया रामायण, तोरवे रामायण और रामचरितमानस। रामचरितमानस का प्रभाव पंजाबी रामायण और गुजराती रामायण पर लक्षित होता है।

तुलसी और कंबर ने वाल्मीकि रामायण का अनुकरण करने पर भी अपने-अपने सम्प्रदाय, नियम आदि की बातों को भी उसमे मिलाया है। कुछ घटनाओं में विस्तार दे दिया है। वाल्मीकि ने जो नहीं बताया उसको स्वयं कंबर ने अपनी कल्पना के सहारे लिखा है। पुराना नया जो भी हो कम्बर के हस्तकौशल से नया रूप पाकर चमकने लगा।

वाल्मीकि विरचित आदिकाव्य का आधार लेकर कंबर ने यद्यपि अपने महाकाव्य की रचना की थी, तथापि कम्ब रामायण एक अनुवाद काव्य नहीं है और न ही एक रूपान्तरित रचना भी। एक मौलिक रचना की भांति कंबर ने अपने काव्यकौशल तथा उर्वर कल्पना के सहारे इसका पुनः सृजन किया है। वाल्मीकि द्वारा श्रेष्ठ काव्यनाटक के रूप में राम और सीता दोनों ही कंब रामायण के पाठक एवं श्रोता दोनों के मन में ईश्वर की भांति दिखाई देते हैं। ऐसा माना जाता है कि कम्बन के पश्चात ही भारत भर में रामभक्ति का विकास होने लगा। "कुमरगुरुपरर" नामक तमिल प्रदेश के संत, गंगानदी के तट पर कंब रामायण की कथा का प्रचार करते

थे और इस प्रचार के पश्चात ही हिन्दी में तुलसीदास ने रामायण की रचना की और इसी प्रकार तुलसीकृत राम और सीता दोनों भक्ति करने योग्य भगवान के रूप में वहां पूजनीय हुए हैं ऐसा कुछ लोगों का कथन हैं।

रामायण के कुछ घटनाओं को लेकर हम यहां "तमिल रामकथा" और हिन्दी के रामकथा की तुलना कर सकते हैं–

अंगद शरणागति–बाली के पुत्र अंगद के चित्रण में तुलसी से भिन्न प्रकार का ढंग कंबर ने अपनाया है। "अगद शरणागति" कंबर की अपनी नयी सूझ है। बालि मृत्यु के पूर्व अपने पुत्र अंगद को राम के हाथों सौंपकर उसकी रक्षा करने का अनुरोध करता है। राम के स्वीकृति देने पर अपनी तलवार अंगद के हाथ सौंपता है। तब से उस तलवार को हाथ में लेकर राम की रक्षा के निमित्त हमेशा उनके पार्श्व में खड़े रहना ही अंगद अपना धर्म मानता है। राज्याभिषेक के उत्सव का वर्णन करते समय कंबर अपने चित्रण में अंगद की तलवार अपने हाथ में थामे दिखाते हैं।

अशोक वाटिका–कंबर की मायाजनक घटना तुलसी के रामचरितमानस में नहीं है। लंका में अशोक वाटिका में सीता के हृदय परिवर्तन करने के लिए राक्षसों ने कई षडयंत्र रचे। उनमें से यह एक षड्यंत्र है। सीता के पिताजी जनक के समान एक मूर्ति बनाकर उसे लाकर सीता के सम्मुख खड़ा कर रावण की इच्छा के अनुकूल चलने का आदेश देते हैं। जब मायाजनक सीता से बातें करता है तब सीता मन मसोसकर सोचने लगती हैं कि अपने कारण अपने पिता जी को भी दुःख झेलने पड़ रहा है। मायाजनक सीता को "हे बेटी" कहकर संबोधित कर रावण की इच्छा के अनुकूल चलने का उपदेश देते हैं। मगर सीता माया रूपी जनक को डांटते हुए कहती हैं कि "आप का मन इस तरह क्यों बदल गया है। पिताजी की वह चाल भी सीताजी के साथ न चल सकी।

तारा का प्रसंग–तुलसी रामचरितमानस के अनुसार बालि की मृत्यु के बाद उसकी पत्नी तारा को सुग्रीव ने अपनी पत्नी बना लिया। कम्बर अपने रामायण में तारा को आदर्श नारी बनाकर सुग्रीव को निर्दोष चित्रित करते हैं। पति की मृत्यु के उपरान्त तारा मांगलिक आभूषणों को त्यागकर पुष्प आदि से रहित होकर, वैधव्य भोगती है। तमिल संस्कृति के अनुसार कंबर ने उसे चित्रित किया है।

हिरण्यकश्यप का उल्लेख–तुलसी के रामचरितमानस में हिरण्यकश्यप का उल्लेख नहीं है। कंबर ने उसे एक पटलम् (सर्ग) में चित्रित किया है। कम्ब रामायण का हिरण्यवध सर्ग बहुत ही श्रेष्ठ अंश के रूप में चर्चित है।

विवाह पूर्व सीता और राम–तुलसी के रामचरितमानस में विवाह पूर्व पुष्पवाटिका में सीता और राम एक दूसरे का दर्शन करते हैं। कम्बर उनके विवाह को प्रेमविवाह के रूप में चित्रित करते है। मिथिला नगरी के मार्ग में अपने कुलगुरु विश्वामित्र के साथ चलते राम को राजप्रसाद की अलिन्द पर खड़ी सीता देखती हैं।

राम भी उसे देखते हैं। कवि ने उन दोनों के हृदयों में तब से प्रेम अंकुरित और पल्लवित होते चित्रित किया है। यहां कम्बन के चित्रण में राम के साथ अनुज लक्ष्मण नहीं है। तुलसी ने मर्यादा का ध्यान रखा है और कंबन ने कवि सुलभ स्वातंत्र्य का।

मंथरा प्रसंग—रामचरितमानस में कैकयी और मंथरा का मति परिवर्तन 'देवताओं' के षड्यंत्र से हुआ है। कम्ब रामायण के अनुसार राम ने अपने शैशव में मंथरा के कूबड़ पर ढेला मारा था इसलिए वह राम से बदला लेती है।

पंचवटी प्रसंग—पंचवटी स्थित सीता को रावण हरण कर ले गया, इस दृश्य के चित्रण में कंबर तुलसी से भिन्न ढंग अपनाते हैं। रामचरितमानस के अनुसार रावण सीता को अपने हाथों उठा ले भागा। सीता के गौरव को कहीं इससे कलंक लगे और तमिल जनता के मन में सीता के प्रति कहीं सम्मान घट न जाय, इस भय से कंबर ने कथा परिवर्तन कर दिया है। कम्ब के अनुसार पर्णकुटी स्थित सीता को कुटिया सहित रावण उठाकर ले भागा और लंका की अशोक वाटिका में उसे कैद कर रखा, अपने हाथों से रावण ने सीता का स्पर्श नहीं किया। इस प्रकार कंबन ने अपने नयी सूझ को प्रदर्शित किया है।

परशुराम प्रसंग—तुलसी के अनुसार परशुराम का प्रवेश धनुषभंग के समय जनक के दरबार में हो जाता है जबकि कंबन राम और सीता के अयोध्या लौटते समय मिलते हुए चित्रित करते हैं। जहां तुलसी के चित्रण में परशुराम को विश्वामित्र तक समझाते हैं, पर वे शान्त नहीं होते। कंबन में इसकी गुंजाइश ही नहीं रही।

इस प्रकार कम्बर की रचना में कुछ महत्वपूर्ण स्थलों में परिवर्तन किया गया है। परिवर्तित उन स्थलों में कथा सरस और मार्मिक बनी है।

आधुनिक हिन्दी काव्य और आधुनिक तमिल काव्य (स्वतंत्रता पूर्व एवं स्वातंत्र्योत्तर)

राष्ट्रीय सांस्कृतिक कविता—आधुनिक भारतीय साहित्य नवजागरण के स्रोतों की शक्ति से प्रस्फुटित और विकसित होता हुआ आगे बढ़ा है। अनेक विचारधाराओं, आंदोलनों, क्रांतियों, युद्धों, संगठनों, संस्थाओं, प्रवृत्तियों एवं परिवर्तनों ने इसके कथ्य और रूप का संस्कार किया हैं। आधुनिक मनुष्य का जन्म तब होता है जब वह अपने देश और काल के प्रति अत्यधिक संवेदनशील, ग्रहणशील, तार्किक, वैज्ञानिक एवं बौद्धिक विवेक से सजग हो उठा। पश्चिम की विचारधाराओं ने भी भारतीय संस्कृति, साहित्य और कला के क्षेत्रों में अपनी परम्परा का पुनर्विचार का अवसर दिया। आधुनिक भारतीय नवजागरण 1857 ई. के स्वाधीनता संग्राम से प्रारंभ होता है। यह स्वाधीनता संग्राम पूरे देश में एक साथ लड़ा गया। 1857 का मुक्ति संग्राम जाति, धर्म, वर्ग को भूलकर पूरे देश में जन संग्राम के रूप में लड़ा गया। अंग्रेजों के आगमन से

पाश्चात्य ढंग की शिक्षा का प्रचार देश में होता गया। 19वीं एवं 20वीं शताब्दी के प्रथम दो दशकों में स्वाधीनता आन्दोलन ने भारतीय साहित्य पर निर्णायक प्रभाव डाला। समस्त भारतीय साहित्य राष्ट्रीय सांस्कृतिक नवजागरण से उमड़ पड़ा। साहित्य की सभी विधाओं में नवजागरण की चेतना का प्रकाश झिलमिलाने लगा। फलस्वरूप निबंध, कहानी, उपन्यास, संस्मरण आदि नए ढंग की विधाओं का विकास हुआ।

कविता के क्षेत्र मे आधुनिक हिन्दी कविता का प्रारंभ हिन्दीं में भारतेन्दु युग से होता है और तमिल में रामलिंगम पिल्लई से। महात्मा गांधी साहित्यकार नहीं थे पर साहित्यकारों को प्रेरणा देने की उनमें असीम शक्ति थी। उस समय महात्मा गांधी में जो मानववाद तेजोद्दीप्त हुआथा वही हिन्दी के भारतेन्दु युग और द्विवेदीयुग के कवियों में तथा तमिल के रामलिंगम पिल्लई, देशिकम विनायक पिल्लई, तीरू वी. कल्याण कृष्णमूर्ति कल्कि, अ.ल. वैलम्पा में उद्दीप्त हुआ था।

हिन्दी में नवजागरण पहले गद्य में और बाद में काव्य में दिखाई पड़ता हैं किन्तु तमिल में पहले कविता में और बाद में उपन्यासादि में। हिन्दी कविता में आधुनिक चेतना जगाने वालों में भारतेन्दु युग और द्विवेदीयुग के कवि थे तो तमिल कविता के क्षेत्र में आधुनिक चेतना का आर्विर्भाव सुब्रह्मण्यम् भारती से होता है तथापि उनसे पहले भी रामलिंग अहडिल तथा गोपालकृष्ण भारती ने अपनी सरल भाषा शैली में सामान्य विषयों पर लिखकर काव्य को सामंती चंगुल से मुक्त कर उसे जनसाधारण के धरातल पर प्रतिष्ठित किया। उन्होंने प्रारंभ में परम्परागत शास्त्रीय छंदों का परित्याग कर भारतेन्दु के समान ही लोकगीतों की शैली में कविताएं लिखीं और जनता को स्वतंत्रता के लिए लड़ने का आव्हान किया। आधुनिक युग के हिन्दी एवं तमिल के कवियों ने अपने काव्य में जनता की आर्थिक दुर्दशा, शोषण, गरीबों के कष्टों आदि का मार्मिक चित्रण करते हुए शोषितों और दीनहीनों के प्रति सहानुभूति और शोषकों के प्रति आक्रोश व्यक्त किया है। यही से दोनों की कविताओं में प्रगतिवाद का स्पष्ट स्वर भी सुनाई देता है। हिन्दी और तमिल के नवजागरण के कवियों ने सामाजिक अन्याय के प्रति केवल क्षोभ ही व्यक्त नहीं किया, बल्कि क्रांति का नारा भी लगाया। हिन्दी मे भारतेन्दु और तमिल के सुब्रह्मण्य भारती का विश्वास था कि राजनीतिक स्वतंत्रता प्रापत होते ही आर्थिक आजादी आ जायेगी और सामाजिक तथा आर्थिक शोषण का अंत हो जायेगा। हिन्दी में सबसे तीव्र स्वर भारतेन्दु और उनके सहयोगियो का ही था। पद्य और गद्य दोनों में उन्होंने आर्थिक शोषण की कटु निन्दा की—

बिन धन अन्न लोग सब व्याकुल।
भई कठिन विपत नर नारी को।

हिन्दी के प्रतापनारायण मिश्र के समान ही तमिल के वेद विनायक पिल्लै ने जन सामान्य की भाषा और मुहावरों का प्रयोग करते हुए अनेक सामाजिक व्यंग्य

लिखे हैं।

1857 के स्वाधीनता संग्राम के बाद हिन्दी और तमिल में सबसे बड़ा मोड़ यह आया कि साहित्य की सभी विधाओ में राष्ट्रीय भावना का स्वर मुखर हो गया। हिन्दी में भारतेन्दु, और तमिल में गोपालकृष्ण भारतीय सुब्रह्मण्यम्भारती, भारतीदासन, कवि विनायक पिल्लै, नामक्कल रामलिंगम पिल्लै आदि ने अपने सृजन कर्म को नवजागरण के आलोक से दीपित कर दिया। हिन्दी में मैथिलीशरण गुप्त, सियारामशरण गुप्त, रामनरेश त्रिपाठी, माखनलाल चतुर्वेदी, बालकृष्ण शर्मा, नवीन, सुभद्रा कुमारी चौहान, रामधारीसिंह दिनकर आदि कवियों की एक पूरी पीढ़ी राष्ट्रीय कविता में देशप्रेम, बलिदान, करुणा और आस्था के गीत गाती रही है। तमिल कविता में सुब्रह्मण्यम् भारती के अलावा उनके शिष्य भारतीदासन, देशिक विनायक पिल्लै आदि उल्लेखनीय हैं। देशभक्ति के लिए प्राणों के उत्सर्ग का महत्व स्वीकार करने वाले कवियों में हिन्दी के मैथिलीशरण गुप्त, रामनरेश त्रिपाठी, गयाप्रसाद शुक्ल सनेही, दिनकर और तमिल में शुद्धानंद भारती (भारत शक्ति महाकाव्य), भारतीदासन आदि के नाम स्मरणीय हैं। इन कवियों में भारतीय संस्कृति की वैष्णव प्रेमधारा और प्राकृतिक सौन्दर्य भी रचा-बसा है। इनकी स्वच्छन्द विचारधारा वीरता की आग नहीं उगलती अपितु गांधी विचार के प्रेम प्रवाह में निमग्न रही है।

स्वच्छन्दतावाद

आधुनिक भारतीय साहित्य में स्वच्छन्दतावाद अत्यन्त व्यापक एवं समृद्ध काव्य प्रवृत्ति है। यह काव्यप्रवृत्ति स्वाधीनता आन्दोलन की मुक्ति की आकांक्षा और व्यक्ति स्वातंत्र्यभावना से जुड़कर प्रस्फुटित हुई है। स्वच्छन्दतावाद पर रवीन्द्रनाथ टैगोर, कीट्स, शेली, कालरिज आदि का प्रभाव लक्षित होता है। हिन्दी में रामनरेश त्रिपाठी (पथिक, मिलन, स्वप्न) मुकुटधर पांडेय, जयशंकर प्रसाद (आंसू, लहर, झरना, कामायनी), सुमित्रानंदन पंत (वीणा, ग्रन्थि, गुंजन, पल्लव) सूर्यकान्त त्रिपाठी निराला (अनामिका, अप्सरा, गीतिका, तुलसीदास, राम की शक्ति पूजा) महादेवी वर्मा (नीहार, रश्मि, नीरजा, यामा, दीपशिखा) और तमिल के कवि भी स्वाधीनता संग्राम में पीछे नहीं रहे। उन्होंने भी मुक्ति और स्वतंत्रता के गीत गाए हैं। सुब्रह्मण्यम्भारती, भारतीदासन, शुद्धानंद (भारतशक्ति), सुन्दर पिल्लै (मनोन्मणीम्) स्वाधीनता आन्दोलन, प्रकृति प्रेम आदि में महान प्रेरणा के स्रोत बने रहे। तमिल काव्य में स्वच्छन्दतावाद का सृजन मौलिकता की दृष्टि से बड़ा गौरवान्मय इतिहास रहा है।

प्रगतिवाद

प्रगतिवादी साहित्य का वैज्ञानिक दार्शनिक आधार मार्क्सवादी चिंतन हैं जो द्वन्द्वात्मक भौतिकवाद की आधार भित्ति पर खड़ा है। भारतीय प्रगतिशील लेखक संघ का प्रथम

अधिवेशन, जो लखनऊ में सन् 1936 में सम्पन्न हुआ था, उसका प्रभाव भारतीय भाषाओं के साहित्य पर भी पड़ा। जो दलित हैं, पीड़ित हैं, वंचित हैं चाहे वह व्यक्ति हो या समूह उसकी हिमायत या वकालत करना साहित्य का फ़र्ज समझा गया। हिन्दी के पंत, निराला, नवीन, भगवतीचरण वर्मा, दिनकर आदि प्रगतिशील आन्दोलन की ओर उन्मुख होकर काव्य रचना की। निराला के "बादलराग", "भिक्षुक", "तोड़ती पत्थर", पंत के "युगवाणी", "ग्राम्या" ने मानववादी स्वर ग्रहण किया। दिनकर ने "कस्मै देवाय" में आक्रोश का स्वर जगाया। पंत ने लिखा–द्रुतझरो जगत के जीर्णपत्र"। पंत की दृष्टि श्रमिकों पर भी पड़ी–"ये नाप रहे निज घर का मग। कुछ श्रमजीवा घर डगमग पग।" तमिल में प्रगतिवादी के लिए 'मुर्षोक्कु' शब्द का प्रयोग हुआ है। भारतीदासन में यह प्रगतिवादी स्वर अधिक स्पष्ट है। उनके गुरु सुब्रह्मण्यम् भारती के काव्य में भी प्रगतिशील चेतना के दर्शन होते हैं। वे लिखते हैं–

"हम सब समान हैं। समानता का आया युग आया।" भारतीदासन ने भारतनाडु, सुतंतिरमु, पिरनाडुहल और पुदिय एशिया (नया रूस) में रूसी क्रांति का स्तवन किया है। कभी कभी भारतीदासन का स्वर विप्लव का उद्घोषक बन जाता है–"तनि ओरूवनुक्करण विलयैनिल। जगत्तिनै आषितिडुबोम वाषह" अर्थात यदि राष्ट्र का एक व्यक्ति भी भोजन रहित रहता है तो हम जगती का विध्वंस कर देंगे।

प्रयोगवाद और नई कविता

आधुनिक भारतीय भाषाओं में स्वाधीनता, प्राप्ति के आसपास की नई काव्य चेतना को नई कविता के नाम से संबोधित किया गया है। सन् 1947 के स्वतंत्रता के बाद देश में नव उत्साह का वातावरण उत्पन्न हुआ। नये नये स्वप्न उत्पन्न हुए। नई परिस्थितियों ने आक्रोश, विद्रोह, संकट, पीड़ा, आत्महत्या आदि को जन्म दिया। नई कविता इन सबको रेखांकित करने वाली युग चेतना का वाहक बनी। हिन्दी में अज्ञेय तारसप्तक के सभी कवि मुक्तिबोध, नेमिचन्द्र जैन, भारत भूषण अग्रवाल, प्रभाकर माचवे, गिरिजाकुमार माथुर, और द्वितीय और तृतीय सप्तकों के सभी कवियों का ध्यान बदलते हुए जीवन संघर्षों पर गया। नयी भाषा, नये बिम्ब, नये प्रतीक, नये भावबोध आदि को साहित्य में स्थान दिया। तमिल कविता में सब्रह्मण्यम भारती की काव्यदृष्टि को अपनाते हुए भारतीदासन, पिल्लै कविमणि, नामक्कल रामलिंगम, कंबदासन, शुद्धानंद भारती, भास्करन, चिदम्बरमु, अखिलन, कृष्णदासन, मुडिपरसन आदि नई कविता के कवियों में तमिल के टूटते हुए जीवन मूल्यों की व्यथा भरी हुई है।

हिन्दी के समान ही तमिल में भी सन् 1950 के बाद नई कविता की चेतना का विस्तार हो जाता है। इस नई काव्य चेतना को अभिव्यक्ति देने वाले हिन्दी में हरिनारायण व्यास, सर्वेश्वरदयाल सक्सेना, दुष्यन्तकुमार, रघुवीर सहाय, श्रीकांत, वर्मा

आदि थे तो तमिल के प्रमुख कवियों में ए.के. परंदामनार, एस. उमैताणु पिल्लै, एम. के. तंगवेल, एम.पी. भास्करन, गणपतिदासम्, तमिषमुडि, पुत्तनेरि, मुडियरशन, दुरैसामी, एन.एस. चिदम्बरन, अखिलन, कृष्णदासन, तमिलरस, तरैवन, पी.तूरन, त्रिलोक सीताराम आदि हैं। इन कवियों के साथ सुंदरम्, कोत्तमंगलम सुबु, सुसोमु की चर्चा भी अपेक्षित है। क्योंकि इन कवियों ने नई कविता को परिष्कृत करने के लिए कठोर संघर्ष किया है। हिन्दी की नई कविता के समान ही इन कवियों में परंपरा और आधुनिकता की टकराहट से एक मूल्यवान सृजनात्मकता ने जन्म लिया है। तमिल का कवि हिन्दी की नई कविता के कवियों को तरह जीवन की हर नई सांस का यथार्थबोध और ऐतिहासिक चेतना की सार-दृष्टि से इतिहास लिख देना चाहता है। द्वितीय विश्वयुद्ध के बाद की विद्रूपता–यांत्रिकता ने न केवल हिन्दी वरन् तमिल काव्य को भी थराथरा दिया है। नए मानव की छटपटाहट, बेचैनी, चिन्ता और विवशता को तमिल की नई काव्य चेतना ने बड़ी ईमानदारी से व्यक्त किया है। ए. के. परंदामनार ने 'मानिडने' अर्थात् मानव शीर्षक कविता में लिखा है–''पर क्या बताऊँ मैं। मानव! तुम्हें देखकर के स्वयं मानव काँपता है।'' यही चिन्ता हिन्दी के कवियों को भी बेचैन किये हैं। तमिल कवियों का विश्वास है कि गांधी से ही मानव का उद्धार हैं पश्चिम के अनास्थावादी दर्शन से नहीं। इस प्रकार हिन्दी और तमिल की नई कविता में समान रूप से मानवीय व्यथा अभिव्यक्त हुई है।

हिन्दी और तमिल के गद्य साहित्य की तुलना (स्वतंत्रता पूर्व एवं स्वातंत्र्योत्तर)

कथा साहित्य : (उपन्यास और कहानी)–19वीं शताब्दी के मध्य में ब्रिटिश शासन की स्थापना के साथ भारत में वर्तमान युग का आविर्भाव हुआ। पाश्चात्य संस्कृति, साहित्य एवं विचारों के संपर्क और उसके साथ संघर्ष से चेतना की एक नई लहर दौड़ी, जिसे पुनर्जागरण (रिनेसां) कहते हैं। हिन्दी में भारतेन्दु हरिश्चन्द्र इस नई जागृति के नेता थे। इससे पूर्व सभी भारतीय भाषाओं में गद्य का प्रयोग धार्मिक प्रवचनों आदि में होता था, और उसकी शैली प्रायः वर्णनात्मक थी। पुनर्जागरणकाल में उसका उपयोग गद्य की विविध विधाओं नाटक, कहानी, उपन्यास, निबन्ध आदि में होने लगा। जो कार्य हिन्दी में भारतेन्दु हरिश्चन्द्र ने किया, तमिल में वही कार्य सुब्रह्मण्यम् भारती ने समाज सुधार और देश की स्वतंत्रता को दृष्टि में रख लेख, कहानियां, जीवनचरित्र आदि लिखे। सुब्रह्मण्यम्के पूर्व तमिल में वीरमामुनिवर द्वारा रचित ''वेदियर उल्लूकम्'', ''अविवेकपुराण गुरु कदै'' तमिल की आद्यतम गद्य कृतियों में से है। उन्नीसवीं शताब्दी में मीनाक्षी सुन्दरम् पिल्लै ने ''तिरून्नागैक्कारोन पुराणम्'' की रचना की, जो एक सस्कृत ग्रन्थ का तमिल भाषान्तरण हैं। वेदनायगम पिल्लै ने ''प्रताप मुदलियार चरित्रम् नामक'' उपन्यास की रचना की। एक तरह से

इसी से तमिल में उपन्यास साहित्य का श्रीगणेश हुआ। यह उपन्यास 1879 में निकला। आत्मकथा शैली में उपन्यास की नायिका ज्ञानवती अपनी जीवन गाथा कहती है, जिसमें भारतेन्दु की गद्य कृतियों के समान ही हास्य व्यंग्य का काफी पुट है और साथ ही नैतिक आधार पर समाज की समीक्षा भी है। रोचक और ज्ञानवर्धक होते हुए भी यह उपन्यास ढीला है। फिर भी परवर्ती तमिल उपन्यास के लिए यह पुष्ट पृष्ठभूमि तैयार करता है। पिछली शताब्दी के अंत तक दो और उपन्यासकार उभरकर सामने आये। एक बी.आर. राजम अय्यर और माधवय्या। राजम अय्यर का "कमलाबालचरित्रम्" (1896) दक्षिण भारतीय ब्राह्मणों की जीवन पद्धति को चित्रित करता है। तमिल के प्रथम जासूसी उपन्यास "तनवान" (1894) के लेखक थे एस.एम. नरेश शास्त्री।

श्रीनिवास दास (1851-1887) का "परीक्षागुरु" (1882) हिन्दी का प्रथम उपन्यास माना जाता है। यद्यपि इससे पहले श्रद्धाराम फिल्लौरी की कथाकृति "भाग्यवती" प्रकाश में आ गई थी, नवविद्या उपन्यास के गठन की दृष्टि से उसे उपन्यास मानने में संकोच रहा। 19वीं शताब्दी के अंत तक तिलस्म और अय्यारी खूब लोकप्रिय हुई। उसके प्रवर्तक थे देवकीनंदन खत्री उनके चन्द्रकान्ता (चार खंड-1892) और 'चन्द्रकान्तासन्तति' (24 खंड-1896) की लोकप्रियता आज तक बरकरार है। जासूसी उपन्यासों के प्रतिनिधि लेखक गोपालराम गहमरी थे और रोमांस परक धारा के किशोरीलाल गोस्वामी।

नारी के वैवाहिक जीवन की समस्या और चित्रण भी भारतीय उपन्यासों में खूब हुआ है। ये समस्याएं हैं अनमेल विवाह, विवाहपूर्व प्रेम या शीलभंग, विवाहेतर प्रेम, नारी द्वारा नौकरी आदि। इन समस्याओं को लेकर हिन्दी और तमिल दोनों में सामाजिक उपन्यास लिखे गये हैं। हिन्दी में जैनेन्द्र के 'सुनीता', 'त्यागपत्र', 'कल्याणी', 'सुखदा', 'मुक्तिबोध'। उदयशंकर भट्ट के उपन्यास "डॉ. शेफाली", प्रभाकर माचवे का "द्वामा" आदि। तमिल में अनुत्तमा, सरस्वती अम्माल, वसुमति रामस्वामी, लक्ष्मी और राजमकृष्णन ने घरेलू समस्याओं को लेकर उपन्यासों की रचना कर अविस्मरणीय पात्रां की अवतारणा की है।

स्वतंत्रता आन्दोलन की पृष्ठभूमि और महात्मा गांधी से प्रभावित होकर प्रेमचन्द ने रंगभूमि, कर्मभूमि आदि उपन्यासों की रचना की है तो तमिल में कल्कि का उपन्यास अलैऑशे (तरंग रव-1958) एक प्रेम त्रिकोण के माध्यम से स्वतंत्रता आन्दोलन की पृष्ठभूमि निर्मित करता हैं।

ऐतिहासिक उपन्यासों में वृन्दावनलाल वर्मा (विराटाकी पद्मिनी, मृगनयनी, कचनार) यशपाल (दिव्या) चतुरसेन शास्त्री (वैशाली की नगरवधू आदि) आदि उपन्यासकार अपने उपन्यासों में जिस उद्देश्य को लेकर चले हैं, उसी उद्देश्य को लेकर तमिल में "प्रताप मुदलियार चरित्रम्" के बाद र. कृष्णमूर्ति 'कल्कि" के ऐतिहासिक उपन्यास "पातिबन कानन" (पार्थिव का सपना) शिवाकामीयिन शपतम्

(शिवकामी की कसम) आदि लिखे गये है। 'कल्कि' का उपन्यास ''पोन्नियिन सेलवन'' (पोत्र का राजकुमार), अकिलन का ऐतिहासिक उपन्यास वेगैथिन (शेरबच्चा-1961) भी उल्लेखनीय है। 'चांडिलियन', 'जगचिरपियन' और 'कोवि मणिशेखरन' ऐतिहासिक परिवेश के लिए प्रसिद्ध है।

कहानी

हिन्दी और तमिल के कहानीकार अपनी कहानियों के कथानक और पात्रों के चरित्रांकन द्वारा सामाजिक, राजनीतिक और मनोवैज्ञानिक समस्याओं को सामने लाए। मानव जीवन और मानव सम्बन्ध उनकी चिंता के मुख्य विषय बने हैं। वर्गों का पारस्परिक द्वन्द्व, व्यक्ति और समाज का द्वन्द्व, पुरूष और स्त्री का संघर्ष आदि कहानी के प्रमुख विषय हैं। स्वाधीनता के पश्चात् दोनों भाषाओं की कहानियों में विषय वैविध्य आया है। जीवन की सच्ची और कटु तस्वीर पेश की गई हैं। नारी का शोषण, आर्थिक विषमता, वर्ग संघर्ष, पददलितों के शोषण, अछूतोद्धार आदि को चित्रित किया गया है। कुछ कहानियां स्वाधीनता आन्दोलन या गांधी के विचारों के परिवेश में लिखी गई हैं। हिन्दी में जैनेन्द्र, अज्ञेय, इलाचन्द्र जोशी और तमिल में 'कल्कि' और राजाजी (चक्रवर्ती राज गोपालाचार्य) की कहानियों का उद्देश्य समाज सुधार की प्रेरणा देना तथा देशभक्ति की भावना जगाना है। उनकी अनेक कहानियों के विषय हैं—मद्यपान के दोष, जातिभेद के दुष्परिणाम, और धन से उत्पन्न दर्प और अहंकार। जैसे हिन्दी में कुछ कहानीकारों ने आदिवासी या किसी क्षेत्रीय जीवन को लेकर कहानियां लिखी हैं उसी प्रकार तमिल में के. राजनारायनन की कहानियां क्षेत्रीय जीवन और क्षेत्रीय संस्कृति के बड़े हृदयग्राही चित्र प्रस्तुत करती है। जैसे प्रेमचन्द की कहानियों में धरती की सोंधीगंध है, अंचल विशेष की मूल संस्कृति के चित्र हैं और लोक कथाओं के वातावरण को पुनजीर्वित करने का प्रयास हैं वही विशेषताएं राजनारायनन की कहानियां की हैं।

स्वतंत्रता के बाद हिन्दी और तमिल की बहुत सी कहानियों में भ्रष्टाचार, चुनावों में अपनाये जाने वाले हथकंडे, जीवन मूल्यों के ह्रास की व्यथा कथा कही गई है। विषय और शिल्प दोनों क्षेत्रों में नए प्रयोग किये गये हैं। जैसे हिन्दी में निर्मल वर्मा और तमिल में जयकांतन, राजमकृष्णन आदि के नाम उल्लेखनीय हैं। कहानी व्यक्तिगत अनुभूति की अभिव्यक्ति है। अत: अभिव्यक्ति में विविधता होते हुए भी हिन्दी और तमिल की कहानियों में देश की अखंड संस्कृति, समान समस्याएं, समान प्रतिक्रिया और भावात्मक एकता हैं।

नाटक

हिन्दी और तमिल में नाटकों का जन्म लोक नाट्यों से होता है। एक ओर रामलीला,

रासलीला, जात्रा, यक्षगान आदि नाटकों में भक्तिमूलक कथाएं हैं, जिसने दर्शकों की भक्ति भावना को तृप्त करने के साथ उनका मनोरंजन भी किया है। पुतली, कठपुतली और छाया नाटकों में भी नाटकों के बीच बने रहे। 'संगीतक' ने संस्कृत नाटकों और लोक नाट्यों के बीच कड़ी का काम किया। ये संगीतक गीतनृत्य प्रधान होते थे, उनमें कथोपकथन, गौण होता था और जो होता था वह गीतों में ही होता था। तमिल में लोकनाट्यों का विषय पौराणिक कथाएं थीं, और वे संगीतात्मक थे। तमिलनाडु के ''कुयल्क कुरबंवी'' जैसे संगीतात्मक नाटकों की लोकप्रियता देखकर अन्य प्रदेशों में भी संगीत नाटक लिखे गये हैं। व्यावसायिक थिएट्रीकल कम्पनियों ने भी हिन्दी और तमिल दोनों में नाट्य विकास को सहयोग दिया है। हिन्दी में राजा गोपीचन्द और इंदर सभा तथा तमिल में सी. कन्नैया के दशावतार इसी प्रकार के नाटक हैं जो फार्मूलाबद्ध होते थे, और जिनमें गायन और नृत्य की प्रधानता होती थी। तमिल में हिन्दी के समान ही ''पम्मल संबंध मुदालियार'' के प्रयत्नों से सगुण विलास सभा नामक'' नाट्यमंडली की स्थापना हुई। टी. कृष्णास्वामी पावलर ने 1922 में बालमनोहर सभा नामक नाट्यमंडली की स्थापना की थी, जिसके द्वारा तमिल का पहला नाटक ''रवदरिन वेट्रि'' अभिनीत हुआ।

इसके पश्चात अंग्रेजों के संपर्क में आने पर हिन्दी और तमिल में स्तरीय नाटकों की रचना प्रारंभ हुई। सर्वप्रथम हिन्दी में भारतेन्दु और उनके सहयोगियों ने संस्कृत के नाटकों का अनुवाद किया और तमिल में मूल तमिल नाटकों का अंग्रेजी में अनुवाद हुए। प्रारंभ में दोनों भाषाओं में अनुवादों की भरमार रही। उसके बाद मौलिक नाटकों का सिलसिला प्रारंभ होता है। हिन्दी में भारतेन्दु हरिश्चन्द श्रीनिवासदास, बालकृष्णभट्ट, शालिग्राम आदि और तमिल में संकरदास स्वामिकल ने नाट्य लेखन को आगे बढ़ाया। इनके नाटकों के विषय पौराणिक थे। ऐतिहासिक नाटककारों में हिन्दी में 'पद्मावती' और 'महाराणाप्रताप' (राधाकृष्णदास) 'अमरसिंह राठौर' (राधाचरण गोस्वामी) आदि और तमिल में 'बुद्ध अवतारम्', 'मनोहरा', 'वेदाल उलगम्' प्रसिद्ध हैं। साहित्यिक नवजागरण के चेतना के प्रतीक रूप में हिन्दी में भारतेन्दु आदि और तमिल में पावलर (खदरिन वेट्रि) ने राष्ट्रीय भावना जागृत की। उसके पश्चात सामाजिक समस्याओं को लेकर हिन्दी में रामकुमार वर्मा, जयशंकर प्रसाद, हरिकृष्ण प्रेमी आदि ने नाटकों की रचना की और तमिल में ''प्रतापचन्द्र विलासम'' लिखा गया। ''प्रतापचन्द्र विलासम्'' को पढ़कर हिन्दी उपन्यास ''परीक्षागुरु'' का स्मरण हो आता हैं क्योंकि दोनों में एक शिक्षित धनवान युवक कुसंगति में पड़कर अपना सर्वस्व गवां देते हैं और अंत में उसका उद्धार दिखाया जाता हैं। दोनों उद्बोधन मूलक हैं। अन्य नाटककारों में विल्हण एस.डी. सुंदरम्, कु.च. कृष्णमूर्ति, नीलकंठ आदि हैं। इनके नाटकों के विषय अनमेल विवाह आदि हैं। 20वीं शती के प्रारंभ से लेकर सन् 1935 तक दोनों भाषाओं में जो नाटक लिखे गये उनके विषय प्रायः

समान है। दोनों भाषाओं में 20वीं शती के तीसरे दशक तक नाट्य लेखन और प्रदर्शन सामाजिक रूप से प्रतिष्ठित हो चुका था।

स्वतंत्रता प्राप्ति के बाद हिन्दी और तमिल में नाट्य लेखन के क्षेत्र में एक विशिष्ट प्रवृत्ति रही है, काव्य रूपक लिखने और उसे रेडियो के माध्यम से प्रसारित करने की। हिन्दी में दुष्यन्त कुमार (एक कंठ विषपायी) अज्ञेय (उत्तरप्रियदर्शी), भारत भूषण अग्रवाल (अग्निलोक) और वीरेन्द्र नारायण (सूरदास) तथा तमिल में दक्षिण भारत के प्रसिद्ध स्वतंत्रता सेनानी कट्टबोम्न पर "वीर पांडिय कट्टबोम्न' शीर्षक नाटक शक्ति कृष्णास्वामी की प्रभावी कृति है।

हिन्दी में भारतेन्दु और उनके मंडल द्वारा हिन्दी नाटक को जिस प्रकार भड़ैती के स्वर से ऊँचा उठाने का कार्य किया गया उसी प्रकार तमिल में "सगुण 'विलायसभा" और "बालमनोहर सभा" जैसी नाट्य मंडलियों ने अभिनय के क्षेत्र में महत्वपूर्ण कार्य किया है।

(ii) हिन्दी और तेलुगु साहित्य का तुलनात्मक अध्ययन

हिन्दी और तेलुगु के राम साहित्यों की तुलना—भारतीय वाड्.मय में वाल्मीकि रामायण से प्रेरणा प्राप्त कर अनेक काव्य, नाटक आदि लिखे गये हैं और अब भी लिखे जा रहे हैं। पुराणों में भी रामकथा को महत्वपूर्ण स्थान मिला है। अनेक विदेशी भाषाओं में रामकथा का अनुवाद, रूपान्तर, विकास और विस्तार हुआ है। धर्म-दर्शन-संस्कृति-समाज में राम के माध्यम से मर्यादाएं स्थापित हुई हैं। राम एक ऐसे सांस्कृतिक प्रतीक बन गये हैं, जिनके माध्यम से प्रत्येक युग अपनी समस्याओं का प्रभावी समाधान खोज सकता है।

भारत की अनेक प्रमुख भाषाओं में रामकाव्य लिखे गये हैं, उनमें उनकी कोई न कोई रचना प्रतिनिधि राम काव्य है। हिन्दी के रामकाव्य की प्रतिनिधि रचना गोस्वामी तुलसीदास द्वारा विरचित रामचरितमानस है तो तेलुगु रामकाव्य का प्रतिनिधि रामायण गोन बुद्धा रेड्डि द्वारा रचित रंगनाथ रामायण है। ये दोनों ही रचनाएं वाल्मीकि रामायण को आधार मानकर लिखी गयी हैं। रामचरितमानस में रामकथा के विकसित रूपों का भी लाभ उठाया गया है। दोनों की आत्मा एक है, फिर भी दोनों रामायणों में अपना-अपना प्रादेशिक वैशिष्ट्य हैं और अपनी धरती की विशेष महक है। जैसे तेलुगु के "रंगनाथ रामायण" में विवाह के समय वर-वधू के सिर पर गुड़-जीरा रखने का मंगल विधान है।

तेलुगु राम साहित्य के कवियों ने अपने वैदिक धर्म का आदर्श वाल्मीकि रामायण में ही देखा और अधिकतर उसी का अनुसरण किया है। तेलुगु के प्रथम रामकाव्य में तिक्कना का आदर्श नृपोत्तम राम का ही चित्रण हैं, जिसमें मानवता का दृष्टिकोण प्रोज्ज्वल है। अनंतर कालीन रामकवियों में भी यही दृष्टिकोण भक्ति और

साहित्यिकता से युक्त होकर दिखाई पड़ता है। तेलुगु में रामोपासकों में रामदास का नाम प्रसिद्ध है। इनकी तुलना उत्तर भारत के रामभक्त कवि तुलसीदास से की जाती है। मोलाम्बा जो एक महिला भक्त कवयित्री है उन्होंने भी राम को ही अपना आराध्य बनाया है। पोतन्ना ने भी श्रीरामचरित गान किया था। ये सभी रामभक्त कवि किसी भक्ति आन्दोलन से प्रभावित नहीं दिखते। कहने का आशय यह है कि तेलुगु का सम्पूर्ण राम साहित्य साहित्यिक प्रधान है। यही कारण है कि उसमें तुलसीदास जैसे भक्त साधक कवि कोई नहीं मिलते जिन्होंने साधनात्मक दृष्टि से रामकथा लिखी हो।

हिन्दी का अधिकतर राम साहित्य स्वाभाविक मानवता की सीमा से आगे बढ़कर पाठक को अलौकिक देवत्व की ओर ले जाने वाला सिद्ध होता है क्योंकि उसका निर्माण आध्यात्मिक और भक्ति की नींव पर हुआ है, जिसका ज्वलन्त उदाहरण रामचरितमानस में दिखाई पड़ता है, जो हिन्दी राम साहित्य का मुकुट है। कहने का आशय यह है कि हिन्दी राम साहित्य में भक्ति विशिष्ट मानव चेतना के दर्शन होते हैं, भक्ति सर्वोपरि है, सांसारिकता गौण बन जाती है। अतः हिन्दी राम काव्य का प्रधान रस भक्ति रस है। इसके विपरीत तेलुगु के राम साहित्य को यदि देखें तो ज्ञात होता है कि उसमें भक्ति आनुषंगिक हैं। वह मानव जीवन की स्वाभाविकता की सीमा में ही रहकर पाठक के हृदय को स्पंदित करता है। इस दृष्टि से तेलुगु के रामकाव्य हिन्दी राम साहित्य की अपेक्षा वाल्मीकि रामायण का अनुसरण करते हैं। दोनों भाषाओं में चित्रित दो तीन पात्रों और घटनाओं को लेकर हम इसे अधिक स्पष्ट कर सकते हैं।

मंथरा

रामायण में मंथरा का प्रवेश एक ऐसी महत्वपूर्ण घटना है, जिसने रामकथा की दिशा ही बदल दी है। यदि राम राज्याभिषेक के अवसर पर मंथरा का प्रवेश नहीं होता तो राम का जीवन कुछ और ही प्रकार का होता, रामायण की कथा ही संभवतः नही होती। इसलिए रामकथा विकास में मंथरा की महत्वपूर्ण भूमिका है। वाल्मीकि रामायण में मंथरा अज्ञात कुलोत्पन्ना और कैकेयी की दासी कहा गया है, वह ईष्यालु है और वह केवल कैकयीपुत्र भरत का ही भला चाहती है इसलिए ठीक समय पर वह आकर राम की जीवन सरिता की दिशा बदल देती है।

कुछ रामायणों में मंथरा के विद्वेष के औचित्य को भी सिद्ध करने की चेष्टा की गई है। रामचरितमानस में सरस्वती मंथरा की मति फेर देती हैं, जिससे वह रामवनगमन का कारण बनती है। प्रारंभ में तुलसीदास मंथरा की आलोचना करते हुए उसका प्रवेश कराते हैं—

नाम मंथरा मंदमति चेरी कैकयी केरि।
अजस पिठरी ताहि करि गई गिरा मति फेरि।

यहां मंथरा के प्रवेश का कारण सरस्वती की माया है। इसी कारण वह कैकेयी की मति को फेर देती है। वह उलाहना देती हुई कहती है कि तुम्हारा पुत्र विदेश में हैं, जिसका तुम्हें कुछ भी सोच नहीं। तुम यही समझ बैठी हो कि महाराज वंश में है किन्तु महाराज की कुटिलता नहीं समझती यह कहकर वह कैकयी के मन में भेदभाव पैदा करती है। वह बार-बार कैकेयी के सरल हृदय पर ऐसा अचूक निशाना मारती है कि झट कैकेयी की सहानुभूति उसे मिल जाती है फिर वह दशरथ से वर मांगने की सलाह देते हुए कहती है—सुतहि राजु, रामहिं बन बासू। देहु लेहु सब सवति हुलासू। हिन्दी के अन्य रामकाव्यों में मंथरा को कोई स्थान नहीं मिला है।

तेलुगु के रंगनाथ रामायण के अनुसार मंथरा के विद्वेष का कारण यह था कि राम ने मंथरा की टांग तोड़ दी थीं। बचपन में जब राम अपने मित्रों के साथ गेंद और डंडा लेकर खेल रहे थे तब मंथरा ने आकर कौतुकवश गेंद को मारा था। इससे क्रुद्ध होकर राम ने मंथरा की टांग पर डंडा दे मारा तो तुरंत उसकी टांग टूट गई। तब से लेकर मंथरा के मन में क्रोध था और वह प्रतिकार के उचित अवसर की प्रतीक्षा में थी। राज्याभिषेक के समय वह कैकयी के पास जाती हैं और कैकयी के निर्मल मन को परिवर्तित कर देती है। इस प्रकार रंगनाथ रामायण में मंथरा की कुमंत्रणा का एक समुचित कारण बताया गया है। रंगनाथ रामायण में वाल्मीकि की मंथरा के समान वह क्रोध मूर्च्छित नहीं होती और कैकयी को बालिशे, मूर्खे आदि अपशब्दों से संबोधित नहीं करती। वह तो बड़ी चतुराई से कहता है—

लेम्मु लेम्मो भाभ! लीलाभिराम इम्मेरूगंबु कार्यमेमियु ननुच।
गोन रेट्टट बट्टिट ग्रक्कुन लेवनेति तन नेर्पुमाटल तरूणि किट्लिनिये।

अर्थात् श्रृंगारी चेष्टाओं से मनोज्ञभाभा। उठो, उठो तुम किसी कार्य का उपाय नहीं जानती। यह कहकर झूले की कोमल शय्या पर लेटी हुई कैकयी की बांह पकड़कर बिठाती है। आगे का संभाषण प्रायः वाल्मीकि रामायण के अनुसार है। फिर भी दोनों में अंतर है वह यह है कि रंगनाथ रामायण में मंथरा का प्रवेश अग्निपुराण के आधार पर सकारण होता है। इसलिए यहां मंथरा स्वाभाविक ईर्ष्यालु नहीं बल्कि वैरिणी है। वह अपने प्रति किये अत्याचार का बदला लेना चाहती है।

तेलुगु के दूसरे भास्कर रामायण में मंथरा का प्रवेश वाल्मीकि रामायण के समान अयोध्याकांड में सकारण होता है। इसमें मंथरा और कैकयी का संभाषण भी संक्षेप में है। "मोल्ल रामायण" में मंथरा नामक पात्र ही नहीं है। कैकेयी ही राम के वनबास का कारण बनती है। "अच्च तेलुगु रामायण" में मंथरा को बहुत ही कम स्थान मिला है और उसे झगड़ालू बताया गया है। एक ही पद्य में सारा प्रसंग समाप्त कर दिया गया है। तेलुगु के रामकाव्य जैसे "राघव पांडवीय" और "रामाभ्युदय"

आदि में भी मंथरा की प्रधानता नहीं है।

कौशल्या

रामचरितमानस में वाल्मीकि रामायण की कथा को आध्यात्मिकता का रंग देकर प्रस्तुत किया गया है। इसलिए इसमें कौशल्या एक असाधारण दिव्य और अकल्पनीय उदारता की भव्य मूर्ति हैं। वे शतरूपा और अदिति के अवतार हैं। राम वनगमन की बात सुनकर भी गंभीरता का परिचय देती हैं किन्तु सिंहनाद से भयभीत मृगी की भांति थरथर कांपने लगती हैं क्योंकि वे पत्नी धर्म और पुत्र वात्सल्य दोनों से घिरी हैं। वे अपने उदार चरित्र के समान राम और भरत को समान मानती हैं–"तुम बिनु भरतहि भूपतिहि प्रजहि प्रचंड कलेसु" यह उनके हृदय की विशालता है। जिस सौत ने इतना बड़ा अहित किया उसको भी मान देती हैं। इस देवोपम नारी की सृष्टि केवल भक्त तुलसीदास से ही संभव हो सकता है। इतना आत्म त्याग अन्य किसी हिन्दी के रामकाव्य में नहीं है।

तेलुगु राम साहित्य के प्रमुख रामकाव्य रंगनाथ रामायण और भास्कर रामायण की कौशल्या वाल्मीकि की कौशल्या से भिन्न नहीं है। वाल्मीकि की कौशल्या में नारी सुलभ जो दुर्बलताएं पायी जाती हैं वे सब तेलुगु राम साहित्य की कौशल्या में पायी जाती हैं। इसका कारण यही है कि तेलुगु के राम कवियों की दृष्टि वाल्मीकि के समान साहित्यिक थी, न कि आध्यात्मिक यद्यपि उन्होंने भी राम को परब्रह्म और सीता को आदिशक्ति माना था। इसलिए उन्होंने विषय प्रतिपादन में वाल्मीकि का अनुसरण किया है। तुलसी के समान उनको जनता में रामभक्ति के प्रचार की आवश्यकता नहीं थी।

तेलुगु के अन्य पात्र भी वाल्मीकि रामायण के पात्रों से भिन्न नहीं हैं जबकि मानस के सभी पात्र केवल मंथरा को छोड़कर अध्यात्म रामायण के आधार पर अलौकिकता का सहारा लिए हुए हैं।

पंचवटी प्रसंग

पंचवटी में प्रवेश करने के बाद मानस और रंगनाथ रामायण में राम की भावना का जो वर्णन किया गया हैं उससे यह स्पष्ट होता है कि रंगनाथ रामायण मानस की अपेक्षा वाल्मीकि के अधिक निकट है। अन्तर केवल इतना है कि वाल्मीकि रामायण में राम स्वजनों का स्मरण करके व्याकुल होते हैं। कैकेयी के प्रति उनके मन में सहानुभूति है किन्तु जब लक्ष्मण यह कहते हैं कि–

> भर्ता दशरथो यस्याः साधुश्च भरतः सुतः
> कथं तु सांबा कैकयी तादृशी क्रूरदर्शिनि।।

तब राम उनका प्रतिवाद करते हुए कैकेयी को अगर्हणीया कहते हैं। किन्तु रंगनाथ रामायण में इस प्रकार कैकेयी की आलोचना नहीं कराते। वहां राम कैकेयी का आभार मानते हुए कहते हैं कि जिस कैकेयी के भेजने से मैं यहां अनेक मुनियों के आशीर्वाद प्राप्त कर सका उसको न जाने वह क्या कहता होगा। राम की यह आदर्श उदारता तुलसी में पराकाष्ठा को पहुंच गयी है। भास्कर रामायण में इस प्रसंग को छोड़ दिया गया है।

रावण के जैसा वीर प्रतिनायक का चित्र रंगनाथ रामायण में जैसा मिलता हैं वैसा हिन्दी के राम साहित्य में नहीं हैं।

भाव साम्य

दोनों भाषाओं के राम साहित्य में अधोलिखित भावसाम्य हैं—

1. दोनों का मूल स्त्रोत हनुमन्नाटक यद्यपि एक ही है तथापि दोनों ने अपनी-अपनी भावना के अनुरूप उसे परिवर्तित किया है।
2. युद्धवर्णन के सन्दर्भ में कवितावली में राम लक्ष्मण से हनुमान की युद्ध वीरता का वर्णन करते हैं जबकि भास्कर रामायण में कवि स्वयं वर्णन करता है। कवि कहता है कि वानर वीर हाथी से हाथी को, घोड़े से घोड़े को, रथ से रथ को और राक्षस को राक्षस से टकराकर मार डालते थे।
3. हिन्दी और तेलुगु के राम साहित्यों में कहीं-कहीं वर्णन शैली की दृष्टि से समानता दिखाई पड़ती है—जैसे युद्धकांड में राम और लक्ष्मण के नागपाश मोचन के प्रसंग में रंगनाथ और तुलसी की भक्ति विशिष्ट वर्णन शैली बहुत मिलती जुलती है।
4. केवट प्रसंग में तुलसी और मोलाम्बा में अध्यात्म रामायण के आधार पर भावसाम्य मिलता है। केवट दोनों में समान भावना से राम के चरण धोता है।
5. तुलसी के रामचरितमानस और तेलुगु के धरणिदेवुल रामथ्यमंत्री कृत श्री "रामावतारचरित्र" में रामवनगमन के प्रसंग में भाव समानता दिखाई पड़ती है।

भक्ति और ज्ञान वैदिक संस्कृति के प्रमुख अंग हैं। इनका रूप हिन्दी रामकाव्यों में जिस प्रकार पाया जाता है उसी प्रकार तेलुगु रामकाव्यों में भी मिलता है यद्यपि उनके परिमाण में अन्तर है। दोनों में कोई तात्विक अंतर नहीं है। राम के सगुण और निर्गुण दोनों हिन्दी रामकाव्यों के समान तेलुगु में भी गृहीत हैं किन्तु तेलुगु में राम के सगुण स्वरूप को अधिक महत्व दिया गया है। साम्प्रदायिक दृष्टि से देखा जाय तो तुलसी स्मार्त वैष्णव थे और तेलुगु के रामदास, त्यागुराजु स्मार्त थे। तत्वतः दोनों में कोई अन्तर नहीं है।

हिन्दी और तेलुगु के कृष्णभक्ति काव्य की तुलना

कृष्णभक्ति का सर्वाधिक महत्वपूण ग्रन्थ है ''श्रीमद्भागवत्, जिसका रचनाकाल पद्मपुराण के पूर्व ही माना जाता है। भागवतकार ने कृष्ण और गोपालकृष्ण के विविध रूपों और पक्षों का अत्यन्त मनोयोग तथा कौशल के साथ सामंजस्य करते हुए उनके योगेश्वर और रसिकेश्वर रूपों में अद्भुत ऐकात्म्य स्थापित किया है। कृष्ण के बाल्य कौतुक, चमत्कारपूर्ण कृत्य, श्रृंगारलीला, नीतिनैपुण्य, तत्वज्ञान आदि का विस्तार से वर्णन करने के बाद भागवतकार को अपने अगाध दार्शनिक चिंतन के द्वारा सगुण निर्गुण और इन दोनों से अतीत, परात्पर ब्रह्म-रूप की प्रतिष्ठा करके ही संतोष हुआ है। लेकिन सब मिलाकर भागवत में कृष्ण का रस रूप ही प्रमुख हैं और उसी के प्रति भक्ति का निरूपण ग्रन्थ का मूल प्रतिपाद्य है। इसीलिए वह भारतीय भाषाओं में विरचित अधिकांश कृष्णकाव्य का आधार स्रोत रहा है। इस श्रृंखला की एक अन्य कड़ी है ब्रह्मवैवर्त पुराण, हरिवंश पुराण, जिसमें कृष्ण-जन्मोत्सव आदि के विस्तृत विवरण के अतिरिक्त राधाकृष्ण की श्रृंगार लीलाओं का अत्यन्त विस्तृत चित्रण किया गया है।

इसके अतिरिक्त तमिल भाषा के ''नालायिर दिव्य प्रबंधम'' भी कृष्णकाव्य का प्रेरक ग्रन्थ हैं यह स्वीकार करना पड़ेगा। आलवार भक्त कवियों का यह प्रगीत संग्रह छठी-सातवीं शताब्दी की रचना है। इसने तेलुगु, कन्नड़, मलयालम के कृष्णकाव्य को तो प्रेरित किया ही है, साथ ही उत्तर भारत की भाषाओं के भक्तकवियों पर भी इसका प्रत्यक्ष अप्रत्यक्ष प्रभाव असंदिग्ध है। परोक्ष प्रभाव का आशय यह है कि कृष्णभक्ति परम्परा के प्रमुख आचार्य—बल्लभ और निम्बार्क आदि, जिन्होंने उत्तर भारत के अधिकांश सूरदास आदि कृष्णभक्त कवियों को न्यूनाधिक मात्रा में प्रभावित किया है, दक्षिण के ही थे और अपने सिद्धान्तों के प्रतिपादन में उन्होंने संतों से प्रेरणा ग्रहण की थी।

हिन्दी के कृष्णभक्ति काव्य और तेलुगु के कृष्णभक्त कवियों को प्रेरक ग्रन्थ भागवत और हरिवंशपुराण तथा ब्रह्म वैवर्तपुराण है। ''सूरसागर'' और तेलुगु कवि पोतना-कृत ''भागवत'' में श्रीमद्भागवत के आधार पर ही कृष्ण की लीलाओं का वर्णन किया गया हैं। किन्तु इन दोनों ग्रन्थों में कृष्ण के बाल और किशोर जीवन को अत्यधिक विस्तार दिया गया है। इसी कारण इनमें वात्सल्य रस और श्रृंगार रस की प्रमुखता है। हिन्दी के अन्य कृष्णभक्त कवियों में अष्टछाप के कवि कुंभनदास, परमानन्ददास, कृष्णदास, गोविन्द स्वामी, छीतस्वामी, चतुर्भुज दास आदि तथा मीरा आदि ने सूरदास का ही अनुकरण किया है किन्तु इनमें सूरदास की सी काव्य प्रतिभा का अभाव था।

हिन्दी के कृष्णभक्त कवियों और तेलुगु के कृष्णभक्त कवियों ने यद्यपि भागवत से ही सामग्री ली है किन्तु फिर भी उनके दृष्टिकोण में थोड़ा अन्तर है।

भागवत के कृष्ण गोपियों से निर्लिप्त रहते हैं, वहां इन कवियों के कृष्ण एक रसिक छैला की भांति गोपबालाओं से घिरे हुए हैं और अपनी विभिन्न चेष्टाओं द्वारा उनके हृदय को जीत लेते हैं। दूसरे भागवत में कहीं भी कृष्ण अपने ब्रह्म स्वरूप को भुला नहीं पाते जबकि इन कवियों के कृष्ण की अलौकिकता का आभास बहुत कम स्थलों पर होता है। वे एक सामान्य बालक व किशोर के रूप में उपस्थित होकर लौकिकता से आवृत्त हो जाते हैं। अपने युग और समाज के वातावरण के अनुरूप इन कवियों ने अनेक नवीन प्रसंगों की भी उद्भावना की हैं, जो रस सृष्टि में सहायक सिद्ध होते हैं। तीसरी बात यह है कि मीरा और सूरदास को छोड़कर शेष ने अपनी भक्तिभावना की व्यंजना प्रत्यक्ष रूप में प्रायः नहीं की है। एक भक्त की भांति उन्होंने अपने आराध्य के प्रति सीधा आत्म निवेदन बहुत कम किया, वे प्रायः गोपगोपियों के माध्यम से ही अपनी भावनाओं को अभिव्यक्त करते हैं। कहीं-कहीं श्रृंगारिकता की प्रवृत्ति इतनी अधिक मिलती है कि उससे उसकी भक्ति की प्रवृत्ति दब सी गई है।

तेलुगु में रचित पोतना (15वीं शती) कृत भागवत यद्यपि श्रीमद्भागवत का मूलानुवर्ती ग्रन्थ है परन्तु इसमें पोतना की काव्यप्रतिभा का मुक्त विलास स्थान-स्थान पर लक्षित होता है, जिसके कारण अनेक प्रसंग मूल से अधिक सरस बन गये हैं। वैसे प्रस्तुत काव्य की प्रेरक भावना भक्ति ही है, जिसका पाठक के मन पर गहरा प्रभाव पड़ता है। तेलुगु गीतकाव्य की गीत परम्परा के अन्तर्गत सबसे पहले अंधकवि कृष्णमाचार्य और फिर आंध्र-पद-पितामह अन्नमाचार्य की पदावली की रचना हुई। 'आंध्रवेद' के नाम से प्रसिद्ध अन्नमाचार्य का पदसंग्रह भक्ति और काव्यरस दोनों ही दृष्टियों से अत्यन्त समृद्ध है। इनमें मुख्यतः श्री वेंकेटेश्वर की प्रणय लीलाओं का गान है।

तुलनात्मक दृष्टि से देखा जाय तो दोनों भाषाओं के कृष्ण काव्यों में कृष्ण की बाल चेष्टाओं और दैनंदिनी क्रीड़ाओं—जैसे लोरियों के साथ सोना, हंसना, रोना, मचलना, लड़खड़ाकर चलना, तुतले वचन कहना आदि का समान रूप से विस्तृत नर्णन है। तेलुगु के कवियों में कृष्ण की बाललीला का सबसे अधिक विस्तृत वर्णन पोतना ने किया है। जैसे सूरदास के कृष्ण मां से कहते हैं- मुझे चन्द्रमा ला दो, नक्षत्र ला दो, उसी प्रकार सूरदास की यशोदा की तरह पोतना की यशोदा पानी में चन्द्र बिम्ब दिखाकर पुत्र को बहलाती है। मिट्टी खाने के आरोप के उत्तर में कृष्ण अपनी सफाई में मुख खोलकर विश्व रूप का प्रदर्शन कराके, किस प्रकार माता को चकित और शंकित कर देते हैं—इस घटना का वर्णन भी तेलुगु के कवियों ने अत्यन्त मनोयोगपूर्वक किया है। कृष्ण के मुख में ब्रह्मांड का दर्शन कर यशोदा नंद से घबराकर कहती हैं—पंडितों को बुलाओ, पुत्र के मंगल के लिए मुझे दान करना है। उधर सूरसागर में भी यशोदा की यही स्थिति है। बाललीला के अन्य रोचक प्रसंग—बालक कृष्ण से बलराम और ग्वाल-बाल की छेड़छाड़, चोटी के न बढ़ने पर

कृष्ण की खीझ और माखनचोरी आदि का वर्णन दोनों भाषाओं में समान है। सूरदास के कृष्ण की तरह पोतना के कृष्ण दूध पीने पर भी चोटी न बढ़ने पर माता से खीझते हैं। माखनलीला प्रसंग में दोनों भाषाओं के कवियों ने हास्य व्यंग्य का सुन्दर पुट देते हुए तरह-तरह के कौतुकमय प्रयोग किए हैं। पोतना की गोपियां यशोदा को उलाहना देती हैं—हम दही, दूध, मक्खन छीके पर रखती है, तेरा कृष्ण बालकों को लेकर पहुंचता है और मक्खन खा जाता है। दोनों भाषाओं में भागवत के समान ही रासलीला का भी पूर्ण विस्तार से वर्णन किया गया है। पोतना का रासवर्णन कथ्य की दृष्टि से, सूर के वर्णन के बहुत कुछ समान है—यद्यपि काव्य वैभव की दृष्टि से दोनों की तुलना नहीं हो सकती। तेलुगु के कवियों का राधाकृष्ण प्रेम वर्णन भी सूरदास के समान ही अत्यन्त समृद्ध है किन्तु सूरदास के काव्य में इसका जो सहज विकास मिलता है वह अन्यत्र दुर्लभ है। सूरदास के समान ही पोतना की विरह-विधुरा गोपिकाएं अपने मन के भार को हल्का करने के लिए भ्रमर, कोकिल, मेघ आदि के द्वारा कृष्ण के पास सन्देश भेजती हैं। उद्धव प्रसंग भी यथावत् है। सूरदास के समान ही पोतना की गोपियां भी भाव प्रेरित तर्क के बल पर ही उद्धव पर विजय प्राप्त करती हैं।

आधुनिक काल : (स्वतंत्रता पूर्व एवं स्वातंत्र्योत्तर)

हिन्दी और तेलुगु की समकालीन कविता की तुलना

पुनर्जागरण

आधुनिक भारत के नवीन सांस्कृतिक एवं राजनीतिक बोध ने स्वाधीनता आन्दोलन की जीवन दृष्टि से भारतीय जनमानस को भीतर से झकझोर डाला। संयोगवश, इसी दौर में पूर्व और पश्चिम की विचार परम्पराओं विधि विधान की स्थितियों, जीवन जीने का मूल्य और चिंताओं की दृष्टियों को लेकर, जो संघर्ष हुआ और जिसने एक नवीन चेतना की आग पैदा की—उसने भारतीयों को भी संस्कृति, साहित्य, कला धर्मदर्शन आदि के क्षेत्रों में पुनर्मूल्यांकन का अवसर दिया और आधुनिक भारत प्राचीन भारतीय नवजागरण की चिंतन परम्परा से शक्ति पाकर आगे बढ़ता रहा। हिन्दी और तेलुगु भाषाओं के साहित्य भी इस नवजागरण से अछूते नहीं रह पाये। फलतः साहित्य और कलाओं में साम्राज्यवादी शक्तियों के खिलाफ तेजी का स्वर गूंजने लगा और न केवल हिन्दी और तेलुगु वरन् समस्त भारतीय साहित्य इस राष्ट्रीय सांस्कृतिक भावधारा से उमड़ पड़ा। हिन्दी के भारतेन्दु युग, द्विवेदी युग, छायावाद युग के कवियों और तेलुगु में विश्वनाथ सत्यनारायण एवं अडिविवा पुराज, बुन्नव लक्ष्मीनारायण, ज.व. कृष्णराव आदि कवियों पर गांधी विचार दर्शन का गहरा असर रहा। दोनों भाषाओं के कवियों ने राष्ट्रीय सांस्कृतिक चेतना के गीत और महाकाव्य गांधी को आधार बनाकर सृजित किए। दोनों भाषाओं के स्वच्छन्दतावाद पर गांधी की अमिट छाप हैं। हिन्दी के कवि

मैथिलीशरण गुप्त, माखनलाल चतुर्वेदी, नवीन, पंत और भवानीप्रसाद मिश्र गांधीवाद से सर्वाधिक प्रभावित होकर साहित्य सृष्टि की। जैसे हिन्दी में आधुनिक चेतना का आविर्भाव भारतेन्दु से होता है वैसे ही तेलुगु में यह कार्य वीरेशलिंगम पंतुलु ने किया। वे काव्य को सामाजिक बुराईयों के उन्मूलन का साधन मानते थे। दूसरा तेलुगु कवि, जिसने परम्परा का विरोध कर भारतेन्दु के समान ही नए विषय और नया काव्य शिल्प अपनाया, वह था जी.वी. अप्पाराव (1861-1915)। तेलुगु में लोक साहित्य की परम्परा को पुनर्जीवित करने का श्रेय उन्हें ही है। हिन्दी के भारतेन्दु युगीन कवियों की भांति तेलुगु के इन कवियों ने सामाजिक बुराईयों के उन्मूलन में सराहनीय कार्य किया। वेंकट अप्पाराव ने जात पांत का विरोध किया और देशभक्ति की कविताएं लिखीं। भारतेन्दु युग की मुकरियां, आल्हा, होली तथा अन्य रचनाएं ढोंगियों का मजाक उड़ाकर उन्हें सही दिशा में चलने का उद्‌बोधन देती हैं—

"चूरन पुलिसवाले खाते सब कानून हजम कर जाते"

सन् 1857 की क्रांति से हिन्दी में भारतेन्दु हरिश्चन्द्र और तेलुगु में वीरेशलिंगम, सुब्बाराव जयंति रामय्या, वासुदेव शास्त्री, श्रीपाद कृष्णमूर्ति बेलुरी शिवराम शास्त्री, विश्वनाथ सत्यनारायण आदि ने भारत की संगठित राष्ट्र भावना का परिचय दिया। इन कवियों ने तो देशभक्ति में प्राणों के उत्सर्ग के महत्व को स्वीकार किया।

स्वच्छन्दतावाद

हिन्दी छायावादी कवि प्रसाद, पंत, निराला, महादेवी वर्मा, माखनलाल चतुर्वेदी आदि और तेलुगु में वीरेशलिंगम, सुब्बाराव, जयंति, रामय्या, आंध्रव्यास कृष्ण मूर्ति, शेषाद्रि शर्मा, लक्ष्मीकांत, वेंकटेश्वर आदि कवियों ने प्रायः समान रूप से नये प्रयोगों और शिल्पों के साथ काव्य को समृद्ध किया है। ये कवि स्त्री शिक्षा, विधवा विवाह आदि को वाणी देने में सक्रिय रहे। सुब्बाराव ने रवीन्द्रनाथ के सम्पर्क में रहकर काव्य सृजन शुरू किया था। रामरेड्डिड, देवलुपल्लि कृष्ण स्वामी, सत्यनारायण शास्त्री, सीताराम गूर्ति चौधरी जैसे तेलुगु कवियों ने नई भाव काव्य धारा को आगे बढ़ाया है।

प्रगतिवाद

हिन्दी के समान तेलुगु में भी व्यक्तिवादी स्वच्छन्दतावादी युग के पश्चात प्रगतिशील चेतना का युग आता है। तेलुगु में प्रगतिवाद की संज्ञा अभ्युदय कविता है। हिन्दी के पंत, निराला, नवीन और भगवतीचरण वर्मा आदि छायावाद के सुप्रसिद्ध कवि छायावादी काव्य की युगीन समस्याओं और परिस्थितियों की अभिव्यक्ति में असमर्थ पाकर प्रगतिशील आन्दोलन की ओर उन्मुख हुए। स्वच्छन्दतावादी कवि निराला

वायवी अध्यात्मवाद से विमुख हो बादलराग, भिक्षुक तथा तोड़ती पत्थर की रचना की। नवीन ने विप्लवगान की रचना की। तेलुगु के साहित्यकारों में स्वच्छन्तावादी कवि श्री श्री ने इस कविता का सूत्रपात किया। हिन्दी प्रगतिवाद की भांति इस आन्दोलन का सूत्रपात भी व्यक्तिप्रधान आत्मपरक भाव कविता (छायावाद) की प्रतिक्रिया में हुआ। रूढ़ियों के विरूद्ध आन्दोलन तो साहित्य के मन्वन्तर मनु भारतेन्दु के समान वीरेशलिंगम से ही प्रारंभ हो चुका था किन्तु इसे पूर्ण प्रतिष्ठा हिन्दी के दिनकर के समान गुरुजाड अप्पाराव जैसे समर्थ कवि ने दी। गुरुजाड ने समाज सुधार और देशभक्ति से प्रेरित ''मृत्यालुसरम्'' नामक नए छन्द की सृष्टि की। लाल पताका का स्वागत करते हुए श्रीश्री ने लिखा है कि–

उत्तोलित लाल पताका, रूद्राली की नयन ज्वाला। नव कविता को सभी चाहिए। शिवमंगल सिंह सुमन की दृष्टि में फासिस्टों की नियति यह है–

फासिस्टों की कालरात्रि में घोर घटा घिर आई
चली लाल सेना ज्यों चलती सावन में पुरवाई।।

लाल सेना, लाल पताका साम्यवाद के प्रतीक हैं। तेलुगु के उमा महेश्वर राय युगशक्ति का आव्हान करते हैं–

अरूण रक्तधारा से कल्लोलित समरो में
अगणित आनन की आकर्षक है अनिल मूर्ति।

(अनु. सूर्यनारायण मनु)

तेलुगु के प्रगतिशील कवि श्रीश्री जब नए युग की पुकार पर पददलित जनता को 'हरोम हरोम' कहकर निकल पड़ने का आव्हान करते हैं तो लाल ध्वजा में वे होम ज्वाला को प्रदीप्त देखते हैं–

नजर न आई नव जग के उस अग्नि मुकुट की तड़क भड़क?
लाल ध्वजा की चमक-दमक होम ज्वाल की धधक भभक।

(अनु. वेभूरि)

हिन्दी के शमशेर भी मार्क्स की ओर देखते हैं–

भारत का आत्मराग भूव और भविष्य का वितान
लिए हुए कालमान विज्ञ मार्क्स यान में तुला हुआ

प्रयोगवाद और नई कविता

हिन्दी के अज्ञेय, मुक्तिबोध, माथुर के समान ही तेलुगु के शिष्टला, पठामि देशिराजु, कृष्ण शर्मा, वरदराजेश्वरावु, वैरागी, आरूद्र आदि का नाम प्रयोगशील कवियों में उभरकर आया है। शिष्टला की कविताएं तेलुगु में प्रयोगवाद का शिलान्यास करती हैं। ''नवामि चिलका'' काव्य संग्रह की कविताओं ने नए प्रयोगों की प्रतिष्ठा की हैं। मुक्ति बोध के समान ही अनसेद्धि आदि ने शहरी जीवन की उदासी तथा

यांत्रिकता पर "राक्षस नगरम्" जैसी कविताएं लिखी हैं। डाडावाद भविष्यवाद और निराशावाद तो हिन्दी के समान ही रमणरेड्डि के काव्य संग्रह "अटवि" में व्यक्त हुआ है। हिन्दी में जिसे नई कविता कहा जाता है। तेलुगु में उसे "वचन कविता" कहते हैं। हिन्दी की नई कविता के समान ही यह कविता भी गद्य कविता ही है। बचन कविता के कवि हिन्दी के कवियों अज्ञेय, धूमिल आदि के समान ही शब्द चयन के प्रति विशेष रूप से जागरूक हैं और घिसे शब्दों के स्थान पर टटके शब्दों को खोजकर लाते हैं। हिन्दी की नई कविता और तेलुगु की वचन कविता दोनों ही समकालीन जीवन के समस्त विचार को अभिव्यक्त करते हैं। वचन कविता के सन्दर्भ में कुदार्ते ने लिखा है—"करीब दो दशाब्दी की समाप्ति का समय आ गया है। परन्तु आजकल की कविता के लक्षण अभी तक स्पष्ट नहीं हुए हैं।" रमणारेड्डि ने गद्य कविता पर विचार व्यक्त करते हुए कहा कि "समाज के सभी वर्गों का चित्रण केवल गद्यगीत ही कर सकता है। परंपरावादी छन्दों में आधुनिक जीवन को अंकित करने का प्रयास व्यर्थ है।" नरेश मेहता, धर्मवीर भारती, दुष्यन्तकुमार, रघुवीर सहाय की भाँति ही तेलुगु के श्री तिलक और आरिपिराला विश्वम् की कविताओं में पीड़ित जनता के प्रति करुण भाव व्यक्त हुआ है। जैसे—हिरोशिमा, नागासाकी, नगरस्मृति चित्र भस्म, मेगिरिपडेनु ना कवला। अर्थात् हिरोशिमा, नागासाकी नगरों की स्मृति रूप चिताभस्म उड़कर मेरी आँखों में पड़ रही है। कालोजी नारायणराव की कविताओं—जैसे "ना गोडवा" में समकालीन राजनीति की सडांघ को दर्शाया गया है। वचन कविता के कवियों में श्रीराम शास्त्री, विश्वम् दाथरथि नारायण रेड्डि आदि स्मरणीय है। हिन्दी औतेलुगु के नई कविताओं में समान रूप से अनिश्चय संत्रास, कुंठा, वेदना, निराशा, अकेलापन, उब आदि को अभिव्यक्ति मिली है।

(iii) कन्नड़ और हिन्दी

हिन्दी साहित्य और कन्नड़ का कृष्ण काव्य (वैष्णव भक्ति)—कन्नड़ कर्नाटक प्रदेश की भाषा है। कन्नड़ भाषा के प्रावीन साहित्य में भवित के चार गत थे—बौद्ध, जैन, शैव, वैष्णव। बारहवीं सदी शैव भक्ति और वैष्णव भक्ति की ऐसी धारा बही कि जनता उससे अछूती न रही। कर्नाटक में शैव लोग भी काफी संख्या में थे। बारहवीं सदी में बसवेश्वर (कलिचुरी बंश के बिज्जल राजा के मंत्री) ने वीर शैव मत का प्रवर्तन किया। अल्लम प्रभु, सर्वज्ञ, षडक्षरि आदि वीर शैव कवि थे। कर्नाटक के वीर शैव और हिदी के सन्तकवि दोनों एक ईश्वर करे मानने वाले हैं। ये रहस्यवादी साधक 'ज्ञान' पर जोर देने वाले और परमात्मा के प्रति माधुर्य प्रेम को लेकर चलने वाले सन्त कवि हुए हैं।

कर्नाटक में रामभक्ति शाखा का प्रचार-प्रसार अपेक्षाकृत कम हुआ है। रामानुजार्य ने कर्नाटक में रामभक्ति की स्थापना की थी कितु वे वहाँ लम्बे समय

तक नहीं रहे, इसलिए उनके द्वारा भक्ति क्षेत्र में किया गया प्रसास व्यापक नहीं हो सका।

कर्नाटक में कृष्ण भक्ति के प्रचार का श्रेय महवाचार्य (जन्म 1197 ई.) को हैं। वे वल्लभाचार्य के समान ही कृष्ण भक्त कवि थे। मध्वाचार्य ने उडुपि में द्वैतवाद की प्रतिष्ठा की। द्वैतवाद में हरि अर्थात कृष्ण को ही परम सत्य और परम आराध्य माना गया है। जगत को भी सत्य माना गया है। यही द्वैतवाद है। इस मत में विष्णु के अवतार श्रीकृष्ण की उपासना ही सर्वश्रेष्ठ है। यह अवतार वाद ही वैष्णव भक्ति का मेरूदंड माना जाता है। मध्वाचार्य ने कर्नाटक में इसी कृष्ण भक्ति का प्रचार-प्रसार किया। मध्वाचार्य के अनुयायी पुरन्दरदास, कनकदास, श्रीपादराय, जैसे कवियों ने वैष्णव भक्ति धारा को कर्नाटक में बहाकर वीरशैव भक्ति के समान सरसता से परिपूर्ण कृष्ण भक्ति का प्रसार कर दिया।

हिन्दी में कृष्ण भक्ति धारा को प्रवाहित करने वाले और प्रतिष्ठित करने वाले आचार्य बल्लभाचार्य हैं। वैसे इस भक्ति के प्रचार-प्रसार में निम्बार्क, राधाबल्लभ, हरिदासी और चैतन्य (गौड़ीय) सम्प्रदाय का योगदान भी सराहनीय रहा है किन्तु इन सब में से बल्लभाचार्य के दार्शनिक मत ने हिदी के कृष्ण भक्ति काव्य को सर्वाधिक प्रेरणा दी। बल्लभ के अनुसार कृष्ण पूर्णानंद स्वरूप पूर्ण पुरूषोत्तम परब्रम्ह है। वे सतचित् आनंदस्वरूप हैं। कृष्ण लीला पुरूष हैं इसलिए लीला में सख्यभाव प्रधान हो गया है। बल्लभाचार्य का दार्शनिक मत शुद्धाद्वैतवाद है, जो साधना और व्यवहार के क्षेत्र में पुष्टि मार्ग कहलाता है। भगवद् अनुग्रह या कृपा को ही उन्होंने पुष्टि कहा है? पुष्टिमार्ग में किसी साधना या कर्मकांड की आवश्यकता नहीं होती, इसीलिए यह "रागानुगा भक्ति" है। कृष्ण की लीलाओं और श्रृंगार का वर्णन हिन्दी और कन्नड़ में इसी आधार पर हुआ है। केवल अन्तर यह है कि कन्नड़ की कृष्ण भक्ति में द्वैतवाद को महत्व मिला है और हिन्दी की कृष्ण भक्ति में शुद्धाद्वैत को।

वैष्णव भक्ति का कर्नाटक में व्यापक स्तर पर प्रचार करने वालों में नरहरि तीर्थ, श्रीपादराय, व्यासराय, पुरन्दरदास, वादिराज, विजयदास, जगन्नाथदास और गिरियम्मा अति प्रसिद्ध है। हिन्दी में सूरदास, परमानंददास, कृष्णदास, गोविंद स्वामी, नंददास, छीतस्वामी और चतुर्भुजदास तथा मीरा आदि हैं। इनमें सूरदास शीर्षस्थ हैं। हिन्दी के कृष्ण भक्ति कवियों पर बल्लभाचार्य का प्रभाव है तो कन्नड़ के कृष्ण भक्त कवियों पर मध्वाचार्य का। दोनों ही आचार्य यह मानते हैं कि श्रीकृष्ण विष्णु के अवतार हैं। कृष्ण सगुण, साकार रूप है, जो वैष्णव भक्ति का एक उत्कृष्ट रूप है।

कृष्ण के विभिन्न रूप

लौकिक धरातल पर अवतार रूप कृष्ण के दो प्रमुख पक्ष है : 1. उदात्तपक्ष और 2.

मधुरपक्ष। उण्दात्तपक्ष के अन्तर्गत महाभारत, द्वारकाधीश का चरित्र आता है, जिनमें वे धर्म संस्थापक, गीता के उद्‌गाता, योगेश्वर आदि रूपों का चित्रण हैं। दूसरे मधुर पक्ष के अन्तर्गत गोपालकृष्ण की लीलाओं का वर्णन है, जिनमें बाल्यकाल तथा किशोरकाल के सरल, स्निग्ध एवं रसमय प्रसंगों का प्राधान्य है। पूतना बध, कंस बध, कालियदमन गोबर्धन धारण आदि कृष्ण के शौर्यपूर्ण प्रसंग भी हैं। इन प्रसंगों में भी उदात्ततत्व विद्यमान है।

हिन्दी और कन्नड़ के कृष्णभक्ति साहित्य में कृष्ण के उदात्त रूप का यथाप्रसंग वर्णन किया गया है, फिर भी प्राधान्य सर्वत्र कृष्ण के मधुर रूप का ही है। दोनों भाषाओं के कृष्ण काव्यों में भागवत के कृष्ण को ही आलंबन रूप में स्वीकार किया गया है। महाभारत के कृष्ण का चित्रण अत्यन्त विरल है और इन विरल प्रसंगों में भी कृष्ण के भक्तवत्सल रूप का ही स्तवन है। उदाहरण के लिए कन्नड़ में कुमारव्यास द्वारा रचित ''महाभारत कथा'' में महाभारत के कृष्ण को ही मुख्य पात्र के रूप में प्रतिष्ठित किया गया है किन्तु हिन्दी के कृष्ण काव्यों के समान इसमें भी उदात्त भाव की अपेक्षा लीलाभाव की ही प्रधानता है और दैन्यमिश्रित भक्तिभाव है।

बाललीला

कृष्णचरित्र के मधुर पक्षों में एक बाललीला है, जिसका हिन्दी और कन्नड़ दोनों में मनोयोगपूर्वक चित्रण किया गया है। कृष्ण के शैशव की चेष्टाओं और क्रीड़ाओं का चित्रण न्यूनाधिक मात्रा में प्रायः दोनों भाषाओं में मिलता है। कन्नड़ के कवि पुरंदरदास के कृष्ण सूरदास के कृष्ण की तरह यशोदा से शिकायत करते हैं कि—''बलराम आदि कहते हैं कि देवकी मेरी मां और वसुदेव मेरे पिता हैं। मैं जेल में पैदा हुआ हूं। मामा के भय से वे मुझे यहां छोड़ गये हैं, मैं तुम्हारा पुत्र नहीं हूं।'' यह प्रायः वही भाव है जिसे सूरदास ने अपने प्रसिद्ध पद ''मैया मोहि दाऊ बहुत खिझाओ'' में अभिव्यक्त किया है। सूरदास के कृष्ण की तरह पुरंदरदास के कृष्ण दूध पीने पर भी चोटी न बढ़ने पर माता से खीझते हैं। प्रस्तुत प्रकरण का सबसे रोचक प्रसंग है माखनलीला। इसमें दोनों भाषाओं के कवियों ने हास्य व्यंग्य का सुन्दर पुट दिया है। दोनों में कवियों ने माखन चोरी प्रसंग के अन्तर्गत कृष्ण की नटखट क्रीड़ाएं और वाक् चातुर्य, गोपियों के स्नेहमय उपालंभ और यशोदा की सहज सरल प्रतिक्रियाओं का अत्यन्त सजीव वर्णन किया है।

श्रृंगार वर्णन

दानलीला प्रसंग में कृष्ण गोरस बेचने के लिए जाने वाली गोपियों से दान मांगते

हैं—प्रत्यक्ष रूप में दूध-दही-मक्खन आदि गोरस के दान की मांग की जाती हैं, पर उसके पीछे अन्य गोरस अर्थात ऐन्द्रिय भोग की मांग की ही व्यंजना रहती है। पनघटलीला का भी मुख्य उद्देश्य यही हैं, कहीं कृष्ण गोपियों के जल के घड़े उठवाने के बहाने उनके अंगों का स्पर्श करते हैं, कहीं गोपियों को रोक लेते हैं। इस प्रकार ये लीलाएं संयोग क्रीड़ाओं के ही अंग हैं। हिन्दी के कृष्णभक्त कवि सूरदास ने तो इस प्रसंग का विस्तार से वर्णन किया हैं, कन्नड़ भाषा के कवि ने भी उनका वर्णन अपने ढंग से किया है। उदाहरण के लिए कन्नड़ के कवि पुरन्दरदास का एक पद द्रष्टव्य है—(हिन्दी अनुवाद)

गोपिका : भाई कृष्ण, आंचल छोड़ो।
कृष्ण : भाई नहीं, मैं तुम्हारे भाई का बहनोई हूं।
गोपिका : बहनोई कृष्ण, दामन छोड़ो।
कृष्ण : बहनोई नहीं, मैं तुम्हारे बहनोई का अनुज हूं
गोपिका : अनुज कृष्ण, दामन छोड़ो।
कृष्ण : अनुज नहीं हूं, मैं तुम्हारे अनुज का मामा हूं।

(कर्नाटक में मामा के साथ विवाह सम्बन्ध को प्राथमिकता दी जाती है)

राधाकृष्ण का प्रेम हिन्दी और कन्नड़ भाषा कृष्णभक्ति काव्य का सार सर्वस्व है। यही प्रेम विरह वर्णन में परिवर्तित हो जाता है। हिन्दी और कन्नड़ भाषा काव्य में राधाकृष्ण के श्रृंगार वर्णन में प्रायः विरह भावना की ही प्रधानता है। सूरदास का राधा-कृष्ण विरह वर्णन या गोपी कृष्ण विरह वर्णन रस निर्भरता की दृष्टि से अद्वितीय हैं, उधर कन्नड़ के परवर्ती कवियों का विरह वर्णन भी अत्यन्त समृद्ध है। सूरदास की राधा प्रेम में तीव्रता और गंभीरता है। कन्नड़ के कवि पुरन्दरदास की गोपिकाओ के मन की तड़पन भी तीव्र और गंभीर है—उदाहरण के लिए—

"चांदनी छिटक रही हैं। वसंत का वैभव बिखरा हुआ है।
कोकिल कूक रही है, पर शेषशायी कृष्ण नहीं आये।
शैया बिखर रही है, श्रीगंध वाष्प बन गया है,
पर कृष्ण नहीं आये।"

वियोग वर्णन की दूसरी प्रचलित शैली है उपालंभ शैली जिसका प्रयोग हिन्दी कृष्ण काव्य और कन्नड़ कृष्णकाव्य में भी हुआ है। कन्नड़ काव्य में उद्धव के आगमन पर गोपियां उनके माध्यम से कृष्ण के प्रति नाना प्रकार से व्यंग्य करती हैं।

कन्नड़ के व्यासराय तथा गोपालदास की गोपियां उद्धव पर और उनके माध्यम से कृष्ण की निष्ठुरता पर प्रहार करती हैं—व्यासराय के अनुसार "याके वृंदावन याके गोकुल नमगे? याके स्नेहद मातु लोकमोहकतनु आ कुब्जेयनु कुड़िद उद्धव।" अर्थात् हे उद्धव जब विश्वमोहन श्यामसुंदर कुब्जा से जाकर मिल गये हैं, तो हमारे लिए वृंदावन का क्या अर्थ हैं—गोकुल का क्या अर्थ है? और तुम्हारी या कृष्ण की इस

स्नेह वार्ता की क्या सार्थकता है?

फिर भी भ्रमरगीत प्रकरण हिन्दी कृष्ण भक्ति काव्य की ही प्रमुख विशेषता है, जिसकी सूरदास से लेकर रत्नाकर तक अक्षुण्ण परम्परा व्याप्त है और जो गुण तथा परिमाण दोनों की दृष्टि से अत्यन्त समृद्ध है।

हिन्दी और कन्नड़ के श्रृंगार काव्य की तुलना

कन्नड़ के उत्तर मध्ययुग में हिन्दी श्रृंगारकाल के समकक्ष श्रृंगारिक काव्यधारा का सुनियोजित विकास तो नहीं हुआ किन्तु पंप और उसके परवर्ती कवियों में श्रृंगार के स्फुट परिदृश्य, नगण्य नहीं है। यदि अनुपलब्ध काव्य ''श्रृंगार पिंड'' या कन्नड़ के प्रथम श्रृंगार काव्य नागवर्मा द्वारा रचित कादंबरी को छोड़ भी दें तो नेमिचन्द्र (ई. 1200) के ''लीलावती'' से लौकिक श्रृंगारी काव्य की एक स्पष्ट परम्परा दिखाई पड़ती है। किन्तु यह श्रृंगार हिन्दी के श्रृंगारकाल या रीतिकाल की भांति किसी युग की मांग विशेष के रूप में नहीं है। कन्नड़ में भक्ति का प्रसार जितना हुआ उतना श्रृंगार का नहीं। भक्ति में भी संयम की प्रधानता हैं। पंप आदि ने जिस श्रृंगार का चित्रण किया है उस पर संयम और शालीनता का अंकुश है। वैष्णव भक्तों में भी संयम रहा हैं, कर्नाटक के वैष्णव पंथ में राध का समावेश नहीं हुआ है। अतः परकीयाभाव कन्नड़ में नहीं के बराबर है। किन्तु हिन्दी के भक्ति काव्य में संयम नहीं रह पाया। कृष्ण भक्ति शाखा के परवर्ती कवियों ने ही श्रृंगार का द्वार हिन्दी में खोल दिया। दास कवि ने कहा है–''आगे के सुकवि रीझि हैं तो कविताई न तो राधिका कन्हाई सुमिरन को बहानो है।'' श्री एम.एस. कृष्णमूर्ति ने लिखा है–''यदि हिंदी में स्वच्छन्द श्रृंगार प्रधान है और राजस्थानी में शौर्यप्रधान है तो कन्नड़ में मर्यादाप्रधान श्रृंगार की प्रधानता है। कहीं-कहीं शौर्य प्रधान श्रृंगार भी मिलता हैं किन्तु स्वच्छन्द प्रेम का वर्णन बहुत ही कम मिलता है।''

साम्य

1. कन्नड़ और हिन्दी दोनों के प्रेमाख्यानों में भारतीय कथानक रूढ़ियों का पालन हुआ है।
2. कन्नड़ और हिन्दी दोनों में आख्यानों का नामकरण नायिका के नाम के आधार पर किया गया है। उदाहरण के लिए कन्नड़ में तरंगवती, सुरसुन्दरी, भुवन सुन्दरी, मलय सुन्दरी आदि। हिन्दी में मृगावती, मधु मालती, पद्मावती, इन्द्रावती आदि।
3. कन्नड़ तथा हिन्दी दोनों ही भाषाओं के प्रेमाख्यानों में नाटक प्रायः कोई राजकुमार या सेठपुत्र हैं तथा वह अपनी प्रेमिका की पर्याप्त संघर्षपूर्ण

परिस्थितियों का सामना करता है।

4. दोनों के ही प्रेमाख्यानों में अंत में नायक किसी अदृष्टशक्ति की सहायता से नायिका को प्राप्त करने में सफल हो जाता है।
5. हिन्दी और कन्नड़ के कवियों का विरह वर्णन भी समान हैं। विरह वर्णन चमत्कारिक एवं अतिशयोक्तिपूर्ण है। जैसे पल्लवों का जल जाना, इत्र का गरम हो भाप बन जाना आदि।
6. कवि समयों के पालन में कन्नड़ तथा हिन्दी के कवि समान हैं जैसे—प्रिया के पदाघात से अशोक का पुष्पित हो जाना, आम्रमंजरी, चकवा चकवी का विरह, चकोर का चन्द्रिकापन आदि।
7. हिन्दी और कन्नड़ के कवियों ने समान रूप से श्रृंगार रस को रसराज माना है। जैसे पद्माकर ने लिखा हैं—"नवरस में सिंगाररस"। वैसे ही नेमिचन्द ने लिखा हैं—स्त्री रूप में रूपं शृं—।
8. दोनों ही भाषाओं के श्रृंगारिक कवियों को चमत्कार एवं अलंकार से प्रेम है।
9. दोनों—भाषाओं के अलंकार ग्रन्थ संस्कृत काव्य शास्त्र के उपजीवी हैं।
10. हिन्दी और कन्नड़ के प्रेमकाव्यों में ऋतुवर्णन उद्दीपन के रूप में किया गया है।
11. संस्कृत के कामशास्त्र की चिंताधारा का प्रभाव हिन्दी साहित्य की भांति कन्नड़ पर भी पड़ा। कन्नड़ के कवि कविकाम (स्तनशतक) रन्न, देवकवि, कनकदास (मोहन तरंगणी), रत्नाकर (भरतेश वैभव) जन्न कवि (स्मरतंत्र) आदि ने श्रृंगारिक कृतियों के साथ-साथ कामशास्त्रीय ग्रन्थों की भी रचना की है। कन्नड़ के श्रृंगार ग्रन्थों में कामशास्त्रीय विचारधारा का भी समावेश है।
12. दोनों भाषाओं के श्रृंगारी कवियों ने प्रेम के सामने जप तप आदि को महत्व नहीं दिया है। हिन्दी के "रस रतन" में लिखा है—"ऐसी प्रमुदिता को तजि कौन तप कीजिए।" कन्नड़ के कवि रन्न भी लिखते हैं—"जप समाधियोलौंदु नैमिषमात्र भौंददचित्तमं।" (अर्थात जप समाधि में हमारा चित्त पल भर भी नहीं लगता है)।
13. हिन्दी में जिस प्रकार सतसई की परम्परा है उसी प्रकार कन्नड़ में शतकों की परम्परा है जैसे सोमेश्वर शतक, पंपाशतक (हरिहर), स्तनशतक (कविकाम) आदि।

वैषम्य

1. हिन्दी में स्वच्छन्द श्रृंगार हैं तो कन्नड़ में मर्यादावादी।

2. हिन्दी में परकीया नायिका पर बहुत कुछ लिखा गया है पर कन्नड़ में परकीया का चित्रण नहीं के बराबर है।
3. हिन्दी में सूफी प्रेमाख्यानों में अलौकिक व्यंजना है किन्तु कन्नड़ में अलौकिक प्रेम की व्यंजना प्रायः अनुपस्थित है।
4. कन्नड़ के श्रृंगार काव्यों में विवाह के समय होली खेलने का वर्णन है तो हिन्दी के प्रेम काव्यों में विवाह के अवसर पर होली का वर्णन नहीं है।
5. कन्नड़ के प्रेमकाव्यों में "पुष्पापचय" का विस्तार से वर्णन है। पंप का पुष्पापचय कन्नड़ साहित्य में अनुपम है। हिन्दी पुष्पापचय को अधिक महत्व नहीं मिला।
6. हिन्दी के रीतिकालीन कवि पहले कवि और बाद में आचार्य अपने को मानते थे किन्तु कन्नड़ में संस्कृत की भांति कवि पहले अपने को आचार्य और बाद में कवि मानते थे।
7. कन्नड़ के कुछ काव्यों में अनुभयनिष्ठ प्रेम तथा उसके दुरंत (ट्रेजिडी) का बहुत ही मार्मिक वर्णन मिलता है। एकमुखी प्रेम को लाक्षणिकों ने अनुभयनिष्ठ रति कहा है। इसमें प्रणय का वीभत्स चित्रण भी होता है। किन्तु हिन्दी के प्रेमकाव्यों में यह नहीं है।
8. कन्नड़ के श्रृंगार काव्यों में जैन धर्म के कारण मन्मथ स्तुति का विस्तार से वर्णन किया गया है। जैनियों में विशेष पूज्य कामदेव हैं। नेमिचन्द्र, आंडय्या आदि सभी जैन कवियों ने मन्मथ की स्तुति की है किन्तु हिन्दी की श्रृंगारिक रचनाओं में मन्मथ की स्तुति नहीं मिलती।
9. कन्नड़ में पुरूष का भी शिख नख वर्णन किया गया हैं किन्तु हिन्दी में यह प्रवृत्ति नहीं है। कन्नड़ में रत्नाकर ने "भरतेश वैभव" में नायिका के द्वारा नायक का शिखनख वर्णन कराया है। अन्य कवियों ने भी शिखनख वर्णन किया है।
10. कन्नड़ में नायिका भेद वर्णन में शास्त्रीय परम्परा नहीं हैं जबकि हिन्दी का नायिकाभेद संस्कृत की अपेक्षा अधिक विस्तृत और व्यवस्थित है।
11. कन्नड़ में हिन्दी की भांति काम की व्यापक उपासना जो नहीं हुई है उसका कारण मुसलमानी प्रभाव का अभाव है।
12. हिन्दी में जहां रस निरूपण पर अधिक महत्व दिया वहां कन्नड़ में शील निरूपण पर।
13. कन्नड़ में श्रृंगार का, जो सूक्ष्म एवं व्यापक चित्रण है वह हिन्दी में नहीं है।
14. कन्नड़ में शैव साहित्य विपुल मात्रा में हैं। हिन्दी में नहीं के बराबर है।
15. हिन्दी में जो सूफी काव्य है वह कन्नड़ में नहीं है।

16. कन्नड़ में चम्पूकाव्य की दीर्घ परम्परा हैं हिन्दी में नहीं है।

17. कन्नड़ में गद्य की जो दीर्घ परम्परा हैं वह हिन्दी में नहीं है।

(iv) मलयालम और हिन्दी

हिन्दी और मलयालम के कृष्णकाव्य की तुलना (वैष्णव भक्ति)—केरल प्रदेश में शंकराचार्य के प्रादुर्भाव के कारण ज्ञानमार्ग का प्रभाव जन साधारण तक व्याप्त था। मायावाद को स्वीकार करने वाले साधुओं की जमात केरल प्रदेश में ही नहीं, उत्तर भारत तक फैल गयी थी। ऐसी स्थिति में सगुण-साकार भगवद्भक्ति के लिए वैसा मुक्ताकाश नहीं रहा था जैसा तमिलनाडु में था। फिर भी वैष्णवभक्ति को स्वीकार कर काव्य रचना करने वाले कई प्रसिद्ध भक्त यहां उत्पन्न हुए और उन्होंने 15वीं सदी से कृष्णभक्ति तथा उसकी लीलाओं का वर्णन किया। प्रबंधात्मक गीतिकाव्यों में सबसे प्रसिद्ध कृति "कृष्णगाथा" है। इसके लेखक चेरू शेरी नंबूतिरी नाम के भक्त कवि हैं। इस गाथा में कृष्ण के जन्म से लेकर स्वर्गारोहण तक की कथा अत्यंत मनोहर शैली में वर्णित है। इस काव्य का स्रोत श्रीमद्भागवत् पुराण है। यह रचना केरल प्रदेश में मलयालम भाषा की एक सुमधुर कृति मानी जाती है। इस काव्य में कृष्ण की रामलीला प्रकरण को प्रमुख स्थान देकर कवि ने इसे भक्ति सन्दर्भ में अत्यन्त लोकप्रिय बना दिया है।

केरल में भक्ति आन्दोलन 16वीं शताब्दी में अपने चरमोत्कर्ष पर था। इस युग में मलयालम भाषा में दो शैलियां प्रचलित थीं। जनभाषा को महत्व देने वाली कविता "पाट्ट" या गाथा साहित्य कहाती है, दूसरी शैली संस्कृतनिष्ठ है, जिसे "मणिप्रवालशैली" कहते हैं। इन दोनों शैलियों में समता या समन्वय स्थापित करने का काम किया मलयालम के अति प्रसिद्ध कवि "तुंचत्तु रामानुजन एशुतच्छन" ने। उन्होंने एक ओर कृष्ण और दूसरी ओर राम दोनों का भक्तिभावपूर्वक वर्णन किया। उनकी अन्य रचनाएं हैं—भागवत, हरिनाम कीर्तन, चिंतारत्न, आदि। सूरदास के समान भक्तिभाव और उच्च्च स्तरीय कवित्व के कारण इनकी कृतियां लोकप्रिय सिद्ध हुई हैं।

केरलीय भक्त कवियों में पूतानम नंबूतिरी का नाम विशेष रूप से उल्लेखनीय है। उनकी तुलना हिन्दी के परमानंददास से की जाती हैं। इनमें हिन्दी के कवियों के समान ही सरसता और आर्द्रता हैं। इनकी भक्ति स्रोत रचनाएं अत्यंत लोकप्रिय हैं।

मलयालम के अन्य भक्त कवियों में रामपुरत्तु वारियर, कोटंगल्लूर तंपुरान, वेण्मणि, राम वर्मा कोदूत्तंपुरान आदि हैं। लेकिन इन कवियों को सूर की भांति एकदम भक्तों की श्रेणी में नहीं रखा जा सकता। सूरदास आदि हिन्दी के भक्त कवि जैसे भक्त होने के साथ गायक भी थे वैसे ये मलयालम के कवि भक्त एवं एकनिष्ठ गायक नही थे, वे मुख्यतः कवि थे फिर भक्त। परिवार से भी इनका सम्बन्ध बना

रहा। इन कवियों का कोई प्रामाणिक विवरण भी उपलब्ध नहीं है।

कृष्ण का निर्गुण एवं सगुण स्वरूप

भक्ति में ईश्वर के सगुण, साकार रूप को ही अधिक महत्व दिया जाता है। किन्तु हिन्दी और मलयालम के बहुत से ऐसे कवि हैं, जिन्होंने सगुण और निर्गुण में अभेद स्थापित किया हैं। हिन्दी और मलयालम के कृष्णभक्त कवियों ने तात्त्विक समर्थन के रूप में अरूप या निर्गुण को माना है। साधारणतः उन्होंने कृष्ण को ब्रह्म कहा है। आद्यंतविहीन और अन्तर्यामी, अनंत और ज्ञानगम्य कहा। साथ ही साथ उन्हीं ज्ञानगम्य भगवान को अवतारी भी माना। अवतारवाद को स्वीकार कर लेने के कारण सगुण भक्ति को साकार आलंबन मिल जाता है। जबकि निर्गुण भक्ति का आलंबन निराकार है। इन भक्त कवियों पर ब्रह्मसूत्र, श्रीमद्‌भागवत हरिवंशपुराण, ब्रह्मवैवर्त पुराण और उपनिषद् का भी प्रभाव लक्षित होता है। चूंकि दोनों की भक्ति वेदमार्गीय साधना पद्धति से समन्वित है इसलिए दोनों का तुलनात्मक अध्ययन भी संभव हो जाता है।

हिन्दी और मलयालम के कृष्णभक्ति कवियों के काव्यों को तात्त्विक दृष्टि से परखने पर असाधारण साम्य दिखाई पड़ता हैं जैसे—नवधाभक्ति, भगवान का लोकरक्षक और लोकरंजक स्वरूप का वर्णन, लीला विंवरण, अवतारमूलक परब्रह्म का स्वरूप आदि।

मलयालम के भक्त कवियों में राम, कृष्ण और शिव में भेद नहीं है। उधर 'सूरसागर का नवम सर्ग रामावतार को लेकर है पर इस वर्णन में कवि अधिक नहीं रमते। इसके लिए पुष्टिमार्गी होने का कारण बताया जाता है। मलयालम कृष्ण भक्त कवियों में यह बाधा नहीं है। उनके लिए अध्यत्म रामायण ही मार्गदर्शक हैं। अध्यात्म रामायण में राम साक्षात् परब्रह्म के ही अवतार हैं। मलयालम के रामभक्त कवियों ने वाल्मीकि के राम को आधार नहीं माना है। राम के वर्णन में सूरदास राग के मर्यादा पुरूषोत्तम रूप के प्रति अधिक आकृष्ट न होकर उनके लोकरंजक रूप के प्रति आकृष्ट हैं। यद्यपि सूरदास और तुलसीदास दोनों में दास्यभक्ति का पुट मिलता है किन्तु सूरदास की दास्य भक्ति का भाव सूरसागर के अंत तक परिलक्षित नहीं होता।

सूरसागर में दर्शित प्रारंभिक दास्यभक्ति से अधिक बालकृष्ण की सख्यभक्ति का व्यापक स्वरूप सूरसागर के पश्चात्‌वर्ती पदों में मिलता है। सूरसागर के कवि की दृष्टि वात्सल्य रस पर टिकी हुई है। इसी प्रकार मलयालम के कवि चेरूशेर, पूंतानम् और वेण्मणि की दृष्टि भी वात्सल्य रस पर है क्योंकि इन कवियों ने कृष्ण की बाललीला का विस्तार से वर्णन किया है। वे बाल गोपाल का वर्णन करते हुए वस्तुतः आत्मविभोर हो जाते है। चेरुश्शेरीने अपने ग्रन्थ कृष्णगाथा में कृष्ण के मुरली

बजाते समय की ब्रज की दशा का मनोहर वर्णन किया है। उदाहरण के लिए–भ्रमरवृन्द अपने अद्भुत पुष्परस को त्यागकर कृष्ण का गानामृत पान करने के लिए उनके मुख पर जा लगे। कोकिल जाल मुरलीवादन सुनकर बेबाक हो गया---। कालिंदी नदी अपने बीची-करों को समेटकर निस्पंद रह गयी।

पुतान नंपुतिरी ने भी भाव विभोर होकर सूरदास के समान ही बालगोपाल का वर्णन किया है–गोकुल में एक बालक है। उसके घर में मुरली है। बालक का नाम बाल कन्हैया है। इसके उदर पर धूल लगी है। बालक के दोनों पाणियों में नवनीत है--। बालक के पैरों में पायल हैं।

कंचन नंपियार ने भी बालगोपाल का मनोहर वर्णन किया है–"यशोदा माता कृष्ण को हलधर और गोपाल सखाओं के साथ गायों को चराने के लिए वन भेजती हैं–मां यशोदा ने कृष्ण को अपने निकट बुलाया, और मंद-मंद आलिंगन किया। घुंघराले बालों को खोलकर फिर ठीक तरह से बांधा और मुख पंकज को कोमल बनाया। पांवों पर वलय बांधे--।"

वेण्मणि अच्छन नंपुतिरी का यशोदा स्तुति से युक्त बालकृष्ण वर्णन द्रष्टव्य है–मेघ वर्ण कन्हैया हाथ में मुरली को लिए हुए ही खेल से निवृत्त होकर एकदम माता की गोद में आ बैठा और वर्द्धित रूचि के साथ मां का स्तन्यपान कर रहा है–।

हिन्दी के सूरदास आदि कृष्णभक्त कवियों ने जिस बालकृष्ण की लीलाओं का वर्णन किया है वह विपुल, कलात्मक और स्वाभाविक है। मलयालम के कवियों ने कृष्ण की बाललीलाओं का मनोहर वर्णन तो अवश्य किया है किन्तु उसमें वह विपुलता और कलात्मकता नहीं है जो सूरसागर में है। सूरदास ने बाल सुलभ सभी भावों, चेष्टाओं और कथनों का स्वाभाविक एवं कलात्मक वर्णन किया है। नेत्रहीन कवि ने जिस सहजता के साथ कृष्ण की जिन विभिन्न बाललीलाओं का वर्णन किया है वह सचमुच में विस्मयजनक है। सूरसागर का दशम स्कंध ऐसे पदों से भरा हुआ है। सूरदास का बालकृष्ण वर्णन अत्यंत मनोहर ही नहीं, मनोवैज्ञानिक भी है। इसमें स्वाभाविकता है। ये सारे वर्णन चित्रसम हैं। किसी चित्रण को लीजिए–कैनवास पर चित्रित एक मनोहर चित्र पाइएगा। सूरदास जैसा सुंदर, रससिद्ध और व्यापक भाव प्रकाशन अन्यत्र दुर्लभ है।

श्रृंगार वर्णन

कृष्ण की लीलाओं की परिणति है रासलीला। भक्ति तत्व के मर्मज्ञों ने इस महारास को, शिवतांडव के समान ही, प्रकृति की सहज लीला का प्रतीक माना है। किन्तु कवियों ने इसे एक परम सरस प्रसंग के रूप में ही प्रायः ग्रहण किया है। भागवत में रास लीला का पूर्ण विस्तार से वर्णन किया गया है और सूर ने भी अत्यन्त तन्मय होकर इसका रस निर्भर वर्णन किया है–

विराजत मोहन मंडल रास

स्यामा सुधा सरोवर मानो क्रीड़त विविध विलास।

मलयालम के प्रसिद्ध काव्य ''कृष्णगाथा'' के इस प्रकरण में कवि प्रतिभा का पूर्ण चमत्कार दर्शनीय है। ''कंदर्प मालिका, श्रृंगारमंजरी, वभ्रुविलासिनी, मालती, लीलावती, कांचशालिनी, कस्तूरिवेणी आदि समस्त गोपियां नाना प्रकार से श्रृंगार सज्जा कर कृष्ण का ध्यान अपनी ओर आकृष्ट करने का प्रयत्न करती हैं और कृष्ण उनकी मनोवांछा की पूर्ति के लिए सबके साथ मिलकर रासक्रीड़ा करते है।'' इसी प्रकार मलयालम के कवि एषुतच्छन का रास वर्णन कथ्य की दृष्टि से सूरदास के वर्णन के बहुत कुछ समान है–यद्यपि काव्य वैभव की दृष्टि से दोनों की तुलना नहीं की जा सकती।

उक्त प्रसंगों के अतिरिक्त मलयालम के कृष्णकाव्यों में उद्धव गोपी संवाद का वर्णन तो यथास्थान किया गया है किन्तु सूरदास के समान 'भ्रमरगीत' प्रकरण नहीं है। मलयालम के कवियों ने उद्धव गोपी संवाद और उसके माध्यम से निर्गुण मत का निषेध तथा सगुण की स्थापना का, जिसमें कहीं दार्शनिक तर्कों और कहीं केवल भावना का आधार ग्रहण किया गया हैं, न्यूनाधिक मात्रा में वर्णन किया हैं। व्यंग्य और उपालंभ का भी आश्रय लिया गया है फिर भी भ्रमरगीत प्रकरण सूरदास की ही प्रमुख विशेषता है जो गुण और परिमाण दोनों की दृष्टि से अत्यन्त समृद्ध है और जिसकी परम्परा रत्नाकर तक व्याप्त है। कृष्णभक्त कवियों में सूरदास का स्थान अन्यतम है।

2. पूर्वांचल भाषा वर्ग

(i) बांग्ला भाषा साहित्य एवं हिन्दी

कृत्तिवास रामायण और रामचरितमानस की तुलना—कृत्तिवास ओझा 15वीं शती के महत्वपूर्ण बांग्ला भाषा साहित्य के कवि हैं। यह बंगला रामायण साहित्य के सर्वप्रथम और निश्चय ही सर्वश्रेष्ठ कवि हैं। बंगाली जनता के सभी वर्गों में किसी भी मध्यकालीन या अर्वाचीन ग्रन्थ को इतनी लोकप्रियता प्राप्त नहीं हुई जितनी कृत्तिवास के रामायण को। कवि ने बंगाल के हिन्दू राजा गौड नरेश के आश्रय में रहकर इस रामायण की रचना की थी। प्रायः कृत्तिवास के रामायण को वाल्मीकि रामायण का अनुवाद कहा जाता है पर यह सही नहीं है। यह तो वस्तुतः संस्कृत रामायण—या कहें कि संस्कृत रामायणों—का मुक्त बंगला पद्य में रूपान्तर है। इसमें कवि की कल्पना मूलकाव्य के प्रभाव से अपेक्षाकृत अनभिभूत रही है। यदि हम आधार की दृष्टि से देखें तो भाषा रामायणों के तीन वर्ग किये जा सकते हैं। प्रथम में वे भाषा रामायण हैं जिनका आधार वाल्मीकि रामायण है जैसे कम्ब रामायण, असमिया रामायण, पंजाबी रामायण और रंगनाथ रामायण। मलयालम का अध्यात्म रामायण और नेपाली रामायण का आधार संस्कृत का अध्यात्म रामायण है। तीसरे वर्ग में वे ग्रन्थ आते हैं, जिनमें रामकथा के विकसित रूपों का लाभ उठाया गया हैं जैसे—बंगला रामायण (कृत्तिवास), उड़िया रामायण, तोरवे, रामायण और रामचरित मानस। कृत्तिवास रामायण और रामचरितमानस दोनों का आधार एक ही हैं। फिर भी दोनों में अन्तर इसलिए है कि वाल्मीकि रामायण की कथा को आध्यात्मिकता का रंग देकर अध्यात्म रामायण में प्रस्तुत किया गया हैं। रामचरितमानसकार ने अध्यात्म रामायण से प्रेरणा लेकर शिवपार्वती के संवाद के रूप में कथा का आरंभ किया है और कृत्तिवास रामायण के रचयिता ने रघुवंश महाकाव्य से प्रेरणा लेकर इक्ष्वाकुकुल के राजाओं का परिचय देते हुए कथा का प्रारंभ किया है। गोस्वामी तुलसीदास के राम परब्रह्म हैं, वे "विधि हरि संभु नचावनहारे" हैं। कृत्तिवास रामायण में राम को केवल विष्णु का अवतार माना गया है। इसमें राम कृष्ण रूप भी हैं अतः कृष्णभक्ति संबंधी आख्यान भी उनके साथ जुड़ गये हैं। यथा—नागपाश बद्ध राम को मुक्त कर गरूड़ उनका कृष्ण रूप देखना चाहते हैं और राम उनकी इच्छा पूर्ण

करते हैं। सीता की अग्नि परीक्षा और परित्याग से उद्भूत राम के चरित्रदोष को दूर करने के लिए भी कई कथानकों की परिकल्पना हुई है। बंगला रामायण में मंदोदरी शाप देती है कि राम सीता को स्वीकार नहीं कर सकेंगे और उसी के फलस्वरूप राम सीता की अग्नि परीक्षा लेते हैं किन्तु रामचरितमानस में इस प्रकार का विवरण नहीं है।

कथा परिवर्तन

कथा परिवर्तन में तुलसी और कृत्तिवास का निजी दृष्टिकोण भी कारण बनता है। कृत्तिवास शुद्धाचारी ब्राह्मण प्रतीत होते हैं अतः वे चांडाल वृत्तिधारी हरिश्चन्द्र की कथा में यह कहना नहीं भूलते कि सुअर दूर मलमूत्र त्याग आते हैं, जिससे राजा को नीच कृत्य न करना पड़े। उनके ग्रन्थ में दशरथ पीड़ा से तड़पते हुए भी घोघे का शोरबा पीने को सहमत नहीं होते। बंगला देश में एक और रामायण प्रचलित है। इसकी लेखिका चन्द्रावती कोमल हृदया नारी हैं। अतः इसकी सीता राम से कहती है कि कंचन मृग को मारना नहीं, उसे पकड़कर ले आना—मैं इसे पालूंगी और इसे अयोध्या ले जाऊँगी। गोस्वामी तुलसीदास ने रामचरितमानस में इन घटनाओं को स्थान नहीं दिया है क्योंकि वे मर्यादावादी है उन्होंने ऋष्यश्रृंग और वेश्या के प्रसंगों का तो बहिष्कार किया ही है, सीता और लक्ष्मण से संबंधित उन बातों को भी छोड़ दिया हैं। जिनसे उनके चरित्र में कटुता आ सकती थी।

कई ऐसे प्रसंग है जो प्रदेश विशेष में प्रचलित हैं जैसे—बांग्ला रामायण में षष्ठी पूजन। रामचरितमानस में भी प्रदेश विशेष के प्रसंग हैं, इसके अतिरिक्त कई लोकप्रचलित आख्यानों का समावेश भी इन राम कथाओं में ही हो गया है। बांग्ला रामायण में सेतु निर्माण में गिलहरी द्वारा सहायता किए जाने का वर्णन मिलता है। वाल्मीकि रामायण के उत्तरकांड में अहल्या को निर्दोष माना गया है, किन्तु आदिकांड से प्रतीत होता है कि वह स्वेच्छा से इन्द्र के साथ रमण करती हैं। यहां उसे निर्जन में रहने का शाप दिया गया है किन्तु कृत्तिवास रामायण और रामचरितमानस में वह प्रायः निर्दोष सिद्ध की गई हैं, उसे शिला बनने का शाप दिया गया हैं और राम के चरणरज से अहिल्या शाप मोचन होता है।

सीता के प्रति भक्तिभाव ने भी प्रसंगों का रूप परिवर्तन कर दिया है। सीता को रावण के स्पर्श दोष से बचाना आवश्यक था। वाल्मीकि रामायण में तो रावण सीता को केश और जंघा पकड़कर रथ में बिठाता है, परन्तु रामचरितमानस और कृत्तिवास रामायण में जिस सीता का हरण हुआ था, वे तो माया सीता थीं। रामभक्ति के कारण ही बंगला रामायण और रामचरितमानस में केवट-प्रसंग का समावेश हुआ है।

चरित्र

वाल्मीकि के पात्र अपने सुख दुःख की अनुभूति को समय आने पर निस्संकोच प्रकाशित कर देते हैं। तुलसी ने वाल्मीकि के पात्रों को और भी ऊँचा उठा दिया है। उन्होंने नारी पात्रों की गरिमा की रक्षा की हैं। कृत्तिवास रामायण में भी सीता को जगन्माता का पद दिया गया है। फिर भी उनमें राम जैसी अलौकिक शक्तियों का अन्तर्भाव न कर उन्हें आ़दर्श गृहिणी के रूप में ही चित्रित किया है। यहां सीता अपने युग एवं प्रदेश की नारी को अधिक प्रतिबिम्बित करती है किन्तु इसमें सीता को सौतिया डाह से पीड़ित भी दिखाया है, जबकि रामचरितमानस में ऐसा नहीं है।

बंगला रामायण में कथावाचकों ने कुछ और भी परिवर्तन कर दिये हैं। जन समुदाय के समक्ष कथा को रोचक बनाने के लिए उन्होंने कुछ पात्रों को हास्यास्पद स्थिति में प्रस्तुत किया है, जैसे ताड़का से भयभीत विश्वामित्र का चित्रण। कृत्तिवास ने राम-लक्ष्मण को अधिक वीर सिद्ध करने के लिए भरत-शत्रुध्न को कुछ भीरू बना दिया है।

इसी प्रकार वाल्मीकि के हनुमान विद्वान एवं नीतिज्ञ हैं। तुलसीदास ने भी हनुमान को विद्वान और राम का अनन्य भक्त निरूपित किया है। किन्तु कृत्तिवास रामायण में हनुमान वानर वृत्ति से युक्त दिखाए गये हैं, वे कहीं नल से उलझते हैं तो कहीं गरूण से। बंगला रामायण में वे रावण की यज्ञवेदी पर मूत्रत्याग कर आते हैं।

कृत्तिवास रामायण और रामचरितमानस में राक्षसों को भी भक्त रूप में चित्रित किया गया है। रावण राम के हाथों मरकर मोक्ष प्राप्त करना चाहता है। अनेक शत्रु नारियां भी राम के प्रति भक्तिभाव रखती हैं। रावण का पराभव तो सभी ने दिखाया है किन्तु तुलसी ने ऐसा करते हुए भी उसे निश्शंक विश्वयोद्धा सिद्ध किया है।

उद्देश्य

कृत्तिवास रामायण और रामचरितमानस के उद्देश्य में अंतर कम हैं। दोनों ही राम के प्रति भक्तिभाव रखकर पारिवारिक, सामाजिक और राष्ट्रीय आदर्श की स्थापना चाहते हैं। तुलसी इस कार्य में अधिक सफल हुए हैं। उनका जोर भक्ति की ओर अधिक रहा है जबकि कृत्तिवास ने राम की पावन पारिवारिक कथा के वर्णन में अधिक रूचि दिखाई है। तुलसी ने भक्ति को जनान्दोलन का रूप दिया है। भक्ति के कारण ही वे भक्ति के माध्यम से अनेक प्रकार के समन्वय किये हैं, लोक की रूचि परिष्कृत की हैं, नैतिक चरित्र के विकास के लिए सबल भूमिका प्रदान की है। इसीलिए अन्य भाषा रामायणों की अपेक्षा मानस में लोक धर्म की प्रतिष्ठा अपेक्षाकृत अधिक हो सकी है। कृत्तिवास की रामायण हमें आध्यात्मिक की अपेक्षा

मानवीय गुणों के कारण ही अधिक रूचती है। उनकी कृति समूचे समाज के लिए आनंद और प्रेरणा की स्रोत रही है और है क्योंकि उसमें जीवन के विविध पक्षों के ऐसे उदाहरण मौजूद हैं, जिनमें मधुर पर उदात्त सामाजिक आदर्श अनुप्राणित हैं।

लोकप्रियता

अपने समय की विकट परिस्थितियों को देखते हुए एक नयी सात्विक प्रेरणा देने के लिए कृत्तिवास ने रामायण की रचना की थी। बहुपन्थ (बौद्ध, जैन, शैव, शाक्त आदि) एवं अन्धविश्वासों से आक्रान्त बंगाल में उनकी रामायण ने बड़ा कार्य किया है। तुलसी ने यह कार्य बड़ा सजग होकर किया। उनके सामने भाषा एवं छन्द की बाधा नहीं थी। स्वयं वे अत्यधिक प्रतिभावान थे। प्रेममार्गीय कवियों के प्रबंध-काव्य की शैली खूब मांज गये थे। फलतः राम के शक्तिशाली व्यक्तित्व चित्रण में उन्हें जो सफलता मिली, वह कृत्तिवास को न मिल सकी। बंगाल के प्रथम रामभक्ति काव्य के रचनाकार के नाते उन्हें बंगाल साहित्य में निरन्तर आदर प्राप्त होता रहा, किन्तु वे तुलसी के समान अपने भाषा भाषी क्षेत्र की सीमाएं तोड़कर प्रसिद्धि लाभ न कर सके।

जिस प्रकार कृत्तिवास को परवर्ती रामायण लेखक गुरु मानकर चले, उसी प्रकार हिन्दी में तुलसी के प्रति आदरभाव प्रकट करते हुए अनेक कवियों ने रामकाव्य लिखे। किन्तु दोनों में अन्तर यह रहा कि कृत्तिवास बंगला साहित्य के आदिकवि थे, इसलिए उनके बाद के रचनाकार उनसे कुछ उन्नीस तो हो ही गये, परन्तु तुलसी का रामचरितमानस राम साहित्य में वटवृक्ष के समान खड़ा है। अन्य रामायणें उसकी समानता में विकास न कर सकीं।

दूसरी बात यह है कि कृत्तिवासी रामायण केवल बंगाल की वेद हो सकी, किन्तु तुलसी के रामायण ने भारत के बहुत बड़े भाग को प्रभावित किया। अहिंदीभाषी जनता में भी उनका आदर है। 18वीं, 19वीं सदी के बंगला रामायणकारों ने भी प्रेरणा ली है।

तुलसी द्वारा प्रचारित रामभक्ति का महत्व इससे भी देखा जा सकता है कि इस विज्ञान और तर्क के युग में भी लोग मानस के अखंड पाठ में विश्वास रखते हैं। साधारण जनता की तो बात जाने दीजिए, कालेज के सुशिक्षित लोग भी धार्मिक दृष्टि से रामायण पाठ करते हैं।

कृत्तिवास के नाम का भी बंगाली जनता आदर करती है। आशुतोष महाशय का कथन सत्य है कि "कृत्तिवास बंगाली जाति के बड़ करिया गियाछेन।" अर्थात बंगाली जाति को उन्नत कर गये है। दिनेश चन्द्र सेन महाशय ने भी कहा है कि "यदिचन्द्र सूर्य के समान बंगाल के कोने-कोने का अंधकार दूर करने वाले कृत्तिवास

न होते तो विश्व के आदि कवि वाल्मीकि बंगाली जनता के लिए दुर्लभ आकाश–कुसुम ही रह जाते।" (कृत्तिवास की भू.पू. 9)

हिन्दी और बांग्ला के कृष्णकाव्य की तुलना (वैष्णवकाव्य)

बंगला साहित्य में कृष्णभक्ति का प्रारंभ राधा कृष्ण विषयक गीतों के रचयिता महान वैष्णव भक्त कवि चंडीदास से होता है। उनका प्रमुख काव्य ग्रन्थ है श्रीकृष्ण कीर्तन। ये चैतन्यपूर्व काल के प्रथम कवि हैं। इन्होंने 14वीं शती में अपने गीत संग्रह कृष्ण कीर्तन में स्वानुभूति से प्रेरित राधाकृष्ण की चंडीदास की संगीतकला में एक ओर गीत गोविन्द की अभिजात शैली और दूसरी ओर ग्रामगीतों की लोकशैली का अपूर्व समन्वय मिलता हैं।

चंडीदास के बाद बंगला में चैतन्यदेव की रागानुगा भक्ति से ओतप्रोत कृष्णलीला की रसधारा निर्बाध रूप से बहने लगी। 16वीं शताब्दी से डेढ़ सौ वर्ष बाद तक बंगला में चैतन्यमत के प्रत्यक्ष प्रभाव से अभिभूत होकर जो साहित्य रचा गया उसे मुख्य रूप से दो भागों में बांटा जा सकता हैं–1. गीतिकाव्य और 2. चरितकाव्य। गीतिकाव्य में कृष्ण विषयक वैष्णव कविताएं हैं जो मुख्यतः राधाकृष्ण के प्रेम पर आधृत हैं। बालकृष्ण पर लिखी गयी कविताएं भी निस्सन्देह श्रेष्ठ और उत्कृष्ट काव्य का नमूना हैं। चैतन्य के समसामयिक एवं अनुयायी गीतिकारों में मुरारि गुप्त, नरहरि सरकार, वासुदेव घोष और रामानंद बसु के नाम विशेष उल्लेखनीय हैं। बाद में कवियों का जो पृथुल प्रवाह आया उसमें ज्ञानदास, गोंविददास, लोचनदास, बलरामदास और शेखर (कवि शेखर, रायशेखर) का अपनी कविताओं के गुण और परिमाण दोनों के कारण ऊँचा स्थान हैं।

तीसरे कृष्णभक्त कवियों में बंगाल का सहजिया सम्प्रदाय था, जो प्रेम को अपनी साधना का साध्य भी मानता था और साधन भी। उनके अनुसार हर पुरूष के कायिक रूप के पीछे उसका जो मूल स्वरूप होता है, वह कृष्णत्व है, इसी तरह हर स्त्री साक्षात राधा का साक्षात्कार करना होता है और फिर दोनो के सम्मिलन से अनंत प्रेम और शाश्वत आनन्द की सिद्धि होती है। इस प्रकार बंगला के वैष्णव काव्य में कृष्णभक्ति का ही प्रामुख्य रहा है।

तुलनात्मक रूप से हम यदि हिन्दी कृष्णकाव्य और बांगला कृष्णकाव्य का परीक्षण करें तो पायेंगे कि बंगला कृष्णभक्ति काव्य ने भागवत तथा अन्य पुराणों की अपेक्षा अधिकतर संस्कृत, प्राकृत तथा लोकगीतों में उपलब्ध धर्म निरपेक्ष एवं लौकिक प्रेमकाव्य की प्रेरणा ग्रहण की है। श्री कृष्ण कीर्तन में प्रेम का स्वर सदैव इतना ऊँचा नहीं, जिसने सांसारिक लिप्सा-स्पृहा की भूमि से ऊपर उठकर उदात्त आध्यात्मिक धरातल पा लिया हो। परिष्कार और उदात्तता ग्रन्थ के उत्तर भाग में स्फुट हुए हैं जब वियोग की आग में तपकर प्रेम सांसारिकता से मुक्त हो जाता है।" (डॉ. श्रीकुमार बनर्जी) कहीं-कहीं इस तरह की पंक्तियां मिलती हैं–

अरी माई ! उस कान्हा ने, जिसके लिए मैंने मन को सब ओर से विरक्त कर लिया था और किसी छोटे-बड़े की परवाह न की थी, मुझे लगता है उपेक्षा और रोषवश मुझ से मुंह मोड़ लिया है और वह वृंदावन में परस्त्रियों के साथ रमण में खो गया है। ओ माई मैं अपने दुःख की गाथा तुमसे कहां तक कहूं। मैंने झील जानकर सिर के बल गोता मारा था पर दुर्भाग्यवश यह झील सूख चुकी है—मैं सचमुच बड़ी अभागी स्त्री हूं।

इस उद्धरण में व्यवहार मर्यादा के पालन की अपेक्षा श्रृंगारिकता के संकेत अधिक हैं। भागवत में रासलीला का पूर्ण विस्तार से वर्णन किया गया है और सूरदास ने भी अत्यन्त तन्मय होकर इस प्रसंग का रसनिर्भर वर्णन किया है—

याचत दास आस चरनन की अपन सरन बसाव
मन अभिलाष स्त्रवन जस पूरित सूरहि सुधा पिआब।

रासलीला का केन्द्र है राधा। राधाकृष्ण का प्रेम अधिकांश भाषाओं के कृष्ण भक्ति काव्य का तार सर्वस्व हैं। बंगला काव्य में परकीयाभाव को प्रेम की चरम भूमिका मानते हुए राधा को परकीया रूप में ही स्वीकार किया गया है। चैतन्यदेव के सम्पूर्ण भक्तिदर्शन का आधार राधा का परकीया प्रेम ही है जिसका प्रभाव पंच सखा युग के बाद ओड़िया काव्य पर भी प्रचुर मात्रा में लक्षित होता है। ब्रजभाषा के अष्टछाप के कवियों की राधा को बल्लभाचार्य के प्रभाव के कारण परकीया नहीं माना और सूरदास ने तो राधाकृष्ण का गंधर्व विवाह विधिवत् सम्पन्न करा दिया है। किन्तु स्वकीया हो या परकीया, राधा ही कृष्ण की आल्हादिनी शक्ति और कृष्णभक्ति में व्याप्त मधुर रस की केन्द्रबिन्दु हैं। राधाकृष्ण का प्रेम बाल्यकाल से प्रारंभ होकर गोकुल की बहुरसमयी जीवनचर्या में संवर्धित होता हुआ अनंत विरह में व्याप्त हो जाता है। बंगला के कवियों का राधाकृष्ण प्रेम वर्णन रस निर्भरता की दृष्टि से अद्वितीय है। परन्तु सूरदास कें काव्य में इसका जो सहज विकास मिलता है वह अन्य दुर्लभ है।

बंगला के चैतन्यपूर्व और चैतन्यकाल के सभी कवियों के काव्य में श्रृंगार की धारा अप्राकृतिक बंधनों को तोड़ती हुई अत्यन्त उद्दाम वेग से प्रवाहित है, जबकि अष्टछाप के कवियों ने उसे सामाजिक मर्यादा के भीतर रखने का प्रयत्न किया है। परकीया भाव के उपासक कवि प्रेम के उत्कट एवं निर्बध रूप पर बल देते हैं, स्वकीयाभाव के उपासकों को भी प्रेम की उत्कटता या प्रगाढ़ता के प्रति कम आग्रह नहीं है—सूरदास की राधा के प्रेम में तीव्रता अथवा गंभीरता की न्यूनता नहीं हैं, किन्तु कुछ प्रसगों को छोड़कर कवि ने उसके उद्दाम प्रवाह को प्रायः संयत करने का प्रयत्न अवश्य किया है। यही कारण है कि राधाकृष्ण के श्रृंगार वर्णन में प्रायः सर्वत्र वियोग भावना की ही प्रधानता रही है।

भारतीय कृष्ण काव्य में विरह वर्णन प्रायः दो प्रकार से किया गया है 1. तीव्र

मनोव्यथा के चित्रण द्वारा और 2. उपालंम के द्वारा।

बंगला कृष्णकाव्य के ''आक्षेपानुराग'' तथा ''माथुर'' प्रसंग में उपालम्म शैली के द्वारा विरह व्यथा की मार्मिक अभिव्यक्ति हुई है–

''राधा कृष्ण के पास दूती भेज रही हैं, किन्तु उसके मन में यह आक्षेप की भावना आती है कि जिसके मिलन में तीसरे व्यक्ति की उपस्थिति सह्य नहीं थी, उसके पास दूती को भेजना पड़ रहा है? क्या सुपुरूष के प्रेम की यही रीति हैं?''

माथुर प्रसंग में मन की व्यथा और भी गहरी हो जाती है–''जिसके साथ अंतर के मेल में बाधक होने के कारण चूया चंदनहार'' भी वर्जित था, जिसके सन्दर्भ में यह आशंका बनी रहती थी कि पुलक संचार भी अंगों के बीच में दूरत्व पैदा करेगा, वही आज ''नदी गिरि अंतरे'' चला गया है। उसी के साथ ''नयानेर निंद वयानेर हांसि'' का सुख भी चला गया है।''

इस उपालम्म काव्य की परिणति होती हैं ''भ्रमरगीत काव्य'' प्रकरण में। भ्रमरगीत प्रतीकात्मक उपालंम काव्य है और इसका एक प्रसंग है उद्धव प्रसंग। उद्धव प्रसंग में निर्गुण पर सगुण भाव की प्रतिष्ठा है और एक भ्रमर का भी उल्लेख है जिसे क्षणभर के लिए गोपियां कृष्ण का दूत मानकर उसके माध्यम से कृष्ण को उपालंभ देती है। ''भ्रमरगीत'' प्रकरण की उद्भावना वस्तुतः सूरदास की प्रतिभा का ही चमत्कार है। बंगला साहित्य में ''उद्धव गोपी संवाद'' तो है किन्तु भ्रमर गीत प्रकरण नहीं है। भ्रमरगीत प्रकरण हिन्दी कृष्णभक्ति काव्य की ही प्रमुख विशेषता है।

बांग्ला के कवियों ने उद्धवगोपी संवाद और उसके माध्यम से निर्गुण मत का निषेध तथा सगुण भाव की स्थापना की है। ''इन वैष्णव पदों'' की एक बड़ी खूबी यह है कि यद्यपि वे विष्णु की भक्ति की अपेक्षा रखते हैं और उसे उत्कृष्ट रूप में व्यक्त भी करते हैं तथापि वे साधारण लौकिक प्रेम के गीत भी माने जा सकते हैं, बंगाली वैष्णव कवियों ने अपनी काव्यात्मक प्रतिभा को साम्प्रदायिक चौखटों में कभी बन्द नहीं होने दिया और उसकी कल्पना सदा मुक्त विहार करती रही।'' (श्री आर. के. दासगुप्ता, भा.सा. रत्नमाला, पृ. 636)

बंगाल के वैष्णव कवियों की एक और विशेषता यह है कि वे परम्परावश राधाकृष्ण की लीलाओं के साक्षी और आनंदभोक्ता की स्थिति में अपने को रखते थे। उनके लिए कृष्ण से ऐक्य की बात सोचना भी पाप है। हिन्दी और बंगाल के वैष्णव कवियों की मनोदृष्टि में यही मौलिक अंतर है। मीराबाई हिन्दी साहित्य की यशस्विनी वैष्णव कवयित्री थीं–उन्होंने कृष्ण को पतिरूप में स्वीकार किया है। बंगाली वैष्णव विनयवश कभी इस उच्च पद या विशेषाधिकार का दावा नही कर सकता। डॉ. श्रीकुमार बनर्जी लिखते हैं कि ''इस वैष्णव काव्य के सच्चे स्वरूप का यदि हम वर्णन करें तो यही कहेंगे कि वह मानवीय और दिव्य के बीच की खाई पाटने का अभिनव माध्यम था।''

बंगला और हिन्दी के आधुनिक काव्य की तुलना

नवजागरणकाल—साहित्यिक क्षेत्र में 19वीं—20वीं शती के स्वाधीनता आन्दोलन ने भारतीय साहित्य और कलाओं को प्रभावित किया। फलतः साहित्य और कलाओं में ब्रिटिश शासन के विरूद्ध तेजी का स्वर गूंजने लगा और समस्त भारतीय साहित्य नवजागरण से उमड़ पड़ा। परम्परागत सभी विधाओं में जागृति पैदा हुई। भारतीय ललित कलाओं में इस आन्दोलन के जनक अवनींद्रनाथ ठाकुर थे। बंगाल में यह आन्दोलन बंगाली पुनर्जागरण के नाम से प्रख्यात है। इसमें अवनींद्रनाथ ठाकुर के साथ ए.के. हाल्दार, समरेन्द्रनाथगुप्त, एस.सी. उकील के नाम उल्लेखनीय हैं। साहित्य में निबंध, कहानी, उपन्यास, आलोचना, नाटक, आत्मकथा, संस्मरण आदि नए ढंग की विधाओं का विकास हुआ। इन भारतीय विधाओं ने सृजन प्रक्रिया में मौलिकता का परिचय दिया। रवीन्द्र नाथ ने सांस्कृतिक नवजागरण पर गहरा प्रभाव डाला। लेकिन इसी काल में यथार्थवादी शैली का महत्वपूर्ण आन्दोलन बंगला में शरतचन्द्र और हिन्दी में प्रेमचन्द्र की सृजन चेतना से स्फुटित हुआ।

नवजागरण काल के कवि प्राचीन विषयों पर भी परंपरागत शैली में काव्य रचना करते रहे, परन्तु धीरे धीरे काव्यदृष्टि, भाषा और काव्य रूपों में परिवर्तन आना शुरू हो गया। बंगला में कृष्णचंद मजूमदार, बलदेव पंडित और राजकृष्ण मुखोपाध्याय की रचनाएं और हिन्दी में भारतेन्दु का साहित्य इसका ज्वलन्त उदाहरण है। किन्तु इस काल के कवि पुराने सामाजिक ढांचे में परिवर्तन चाहते थे। आर्थिक शोषण के कारण उनके मन मे तीव्र आक्रोश था और सामाजिक सुधार लाने की भी तीव्र आकांक्षा थी। उधर देशप्रेम की भावना ने भी कवियों को कविताएं लिखने की प्रेरणा दी। बंगला में रंगलाल बंदोपाध्याय ने राजस्थान के वीरों और वीरांगनाओं के चरित्रों द्वारा पाठकों में वीरता और देशप्रेम के भाव जगाए। उनका ''पद्मिनेर उपाख्यान'' इसका ज्वलन्त प्रमाण है। हेमचन्द्र बंधोपाध्याय ने भारतेन्दु हरिश्चन्द्र की तरह अपनी कविताओं के नाम भारत पर रखे। जैसे—भारत संगीत, भारत विलाप, भारत भिक्षा आदि।

उन्नीसवीं शताब्दी के उत्तरार्ध में अनेक कवियों ने बाल विवाह, दहेज, वेश्यावृत्ति, बहु विवाह आदि के विरूद्ध आवाज उठाई। हिन्दी में भारतेन्दु हरिश्चन्द्र की मुकरिया विधवा विवाह आदि पर प्रहार करती हैं तो प्रताप नारायण मिश्र ने ''तृप्यांताम'' कविता के कारण बाबू कल्चर आदि पर व्यंग्यपूर्ण कविताएं लिखीं। बंगला में यह काम किया राजाराम मोहनराय, ईश्वरचंद विद्यासागर आदि ने। हेमचन्द्र बंधोपाध्याय की कविताएं सरल भाषा में लिखीं व्यंग्यपूर्ण कृतियां हैं। इन्द्रनाथ बंदोपाध्याय ने भी सामाजिक कुरीतियों पर प्रहार किया।

सारांश यह कि नवजागरणकाल में हिन्दी और बांग्ला के कवियों का ध्यान देश, समाज और जनसामान्य की ओर गया। कविता को उन्होंने जन सामान्य के

बीच पहुंचाने का प्रयास किया। अब भारत मातृभूमि के रूप में उदित हुआ। इसी के भीतर से बंकिमचन्द्र चटर्जी का गान फूट पड़ा–

वंदे मातरम्। सुजलाम् सुफलाम् मलयजशीतलाम्,
शस्यश्यामलाम् मातरम्।

इस गीत ने पूरे देश की चेतना को वाणी दी। यह समरगीत बन गया। इसीलिए कहते हैं कि बंगाल के पुनर्जागरण ने भारतीय पुनर्जागरण को काफी दूर तक प्रभावित किया।

सन् 1857 ई. के स्वाधीनता संग्राम के बाद भारतीय साहित्य में सबसे बड़ा मोड़ यह आया कि साहित्य की सभी विधाओं में राष्ट्रभावना का स्वर मुखर हो गया। हिन्दी में भारतेन्दु हरिश्चन्द और उनके सहयोगी तथा बांग्ला में ईश्वरचन्द गुप्त, गणेशचन्द्र, माइकेल मधुसूदनदत्त, रवीन्द्रनाथ टैगोर, नवीनचन्द्र घोष, ईशानचन्द बनर्जी, अज्ञयचन्द्र बनर्जी आदि रचनाकारों ने भारतीय जनता में देशभक्ति का भाव जगाया।

माईकेल मधुसूदन दत्त ने तिलोत्तमासंभव, मेघनाथ वध, और वीरांगणा आदि लिखकर अपनी मातृभाषा को गौरव प्रदान किया। इसी से प्रेरित होकर भारतेन्दु ने भी लिखा कि "निज भाषा उन्नति अहै।" बंगला के रवीन्द्रनाथ टैगोर और हिन्दी के कवि मैथिलीशरण गुप्त, जयशंकर प्रसाद, निराला, माखनलाल चतुर्वेदी आदि ने अपनी देशभक्ति जन्य कविताओं में प्राण देकर स्वतंत्रता प्राप्ति के लिए जनता को जागरूक किया था। बंगला में नवीन चन्द्र बनर्जी, रवीन्द्रनाथ टैगोर और हिन्दी में मैथिलीशरणगुप्त रामधारीसिंह दिनकर आदि ने भारत के प्राचीन गौरव का गान कर आगे बढ़ने की भावना को अभिव्यक्ति दी। बंगला के राधाकृष्ण मुखर्जी, दिनेशचरण, अधरलाल सेन, आनंद मिश्र और हिन्दी के कवि मैथिलीशरणगुप्त, सियाराम शरणगुप्त, रामनरेश त्रिपाठी, गयाप्रसाद शुक्ल सनेही और दिनकर ने देशभक्ति में प्राणों के उत्सर्ग का महत्व स्वीकार किया है। इन कवियों में भारतीय संस्कृति की वैष्णव प्रेमधारा का जल प्रवाहित है। प्राकृतिक सौन्दर्य रचा-बसा हैं और गांधी प्रवाह में निमग्न कविताएं हैं। गयाप्रसाद शुक्ल सनेही ने लिखा–

"अब लौ यही लगन लगी थी हर जवान को
आजाद करके छोड़ेंगे हिन्दुस्तान को

तो बंगला के कवि काजी नज़रूल इस्लाम ने लिखा–

आमारा शक्ति आमारा बल
आमारा छात्रदल।

स्वच्छन्दतावाद

आधुनिक भारतीय काव्य में स्वच्छन्दतावाद के जनक रवीन्द्रनाथ माने जाते हैं। इस

काल के प्रायः सभी कवि टैगोर के आस-पास ही मंडराते रहे। उनके "गीतांजलि" पर नोबेल पुरस्कार का मिलना भारतीय काव्य प्रतिभा की विश्व स्वीकृति थी। रवीन्द्र ने बंगला की बर्हिमुखी काव्य परंपरा से खुला विद्रोह किया तब हिन्दी में जागरण सुधार का काव्ययुग द्विवेदी युग चल रहा था। बंगला और हिन्दी साहित्य की स्थिति और परिस्थिति में समानता के काफी बिंदु एक जैसे थे। बंगला काव्य की भांति हिन्दी साहित्य में भी "स्थूल के प्रति सूक्ष्म का विद्रोह" प्रसाद, निराला, पंत जैसे कवियों की सृजन चेतना से प्रकट होने लगा था। छायावाद की रोमानी प्रवृत्तियों को रवीन्द्रनाथ से ही प्रेरणा मिली हैं। पंत और निराला के प्रारंभिक काव्य अनामिका, गीतिका, वीणा आदि काव्य संग्रहों में रवीन्द्रनाथ का प्रभाव स्पष्ट रूप से परिलक्षित होता हैं। हाँ प्रसाद जी पर उनका जादू नहीं चला। आचार्य शुक्ल जी ने रवीन्द्र के प्रभाव को रोकने का प्रयास किया था किन्तु वह प्रयास सफल नहीं हो सका। स्वयं रवीन्द्रनाथ भी अंग्रेजी के रोमानी कवियों से प्रभावित थे। कीट्स, शैली, कालरिज का उन पर अधिक प्रभाव था। कुल मिलाकर हम यह कह सकते हैं कि रवीन्द्रनाथ की स्वच्छन्दतावाद भावधारा ने न केवल हिन्दी बल्कि पूरे भारतीय काव्य को प्रभावित किया था।

बंगला के अन्य स्वच्छन्दवादी कवि बिहारीलाल चक्रवर्ती (गीतशतक, वंधुवियोग, बंग सुंदरी आदि) सुरेन्द्रनाथ मजूमदार (महिला) द्विजेन्द्रनाथ टैगोर (स्वप्न प्रयाण), देवेन्द्र नाथसेन (अशोकगुच्छ आदि) आदि सभी पर रवीन्द्रनाथ टैगोर का प्रभाव पड़ा है। रवीन्द्रनाथ टैगोर के काव्य संग्रह हैं—संध्यागीत, मानसी, वसुंधरा, उर्वशी, चेताली, कणिका, नैवेद्य, गीतांजलि आदि इन रचनाओं में टैगोर बिम्बों, प्रतीकों और प्रगीतों के सृजन में एकदम पारंगत दिखते हैं। नए दौर के कवियों में प्रमथ चौधरी, बागची, करुणानिधान, किरनधन चटर्जी, काजीनजरूल इस्लाम, सेनगुप्त बुद्धदेव वसु आदि में स्वच्छन्दतावादी स्वर प्रस्फुटित हुआ है। ये प्रगतिवाद और प्रयोगवाद के भी कवि माने जाते हैं।

प्रगतिवाद

हिन्दी में सूर्यकान्त त्रिपाठी निराला और बंगला में माइकेल मधुसूदन दत्त को विद्रोह भावना और स्वतंत्रता स्पन्दनों का कवि कहा जाता है। दोनों ने ही अनुभूति, आस्था और श्रृंगार की श्रृंखलाएं तोड़कर सच्ची प्रगतिशीलता की भूमिका तैयार की। नवीन चन्द्र और हेमचन्द्र ने राष्ट्रीय स्वाधीनता की जागृति के साथ उस भावना को भी उद्बुद्ध किया, जो मध्यकालीन जड़ता से मुक्त हो। मानव के संघर्ष पर आधारित "रक्त-करवी" के लेखक रवीन्द्रनाथ ठाकुर की काव्य चेतना भी मावनवाद की ओर अग्रसर हो रही थी। उनका ईश्वर अब एकांत देवालय में नहीं वरन् दरिद्र-शोषित मानवों के साथ संघर्षरत है, जो मैदान में बीज बोते है, पका धान काटते हैं। (त्रिपथगा

से–अनु. ह.प्र. द्विवेदी) 'कल्लोल' के प्रकाशन के साथ प्रगतिशील कवियों में नजरूल इस्लाम, बुद्धदेववसु एवं प्रेमेन्द्र मित्र ने पुरातन के अस्वीकार का स्वर उठाया। नजरूल इस्लाम का विद्रोह स्वर इनमें सबसे प्रखर था। 'अग्निवीणा'' विद्रोह भावना का प्रज्वलित स्वर था। हिन्दी के प्रगतिशील कवियों और बंगला के प्रगतिशील कवियों ने समान रूप से शोषणमुक्त समाज की परिकल्पना की है।

प्रयोगवाद और नई कविता

हिन्दी में सूर्यकांत त्रिपाठी निराला के 'कुकुरमुत्ता' और सुमित्रानंदन पंत के रूपाभ (1938) नरोत्तम नागर की उच्छृंखल (1939) पत्रिका के साथ ही जिन नवीन प्रवृत्तियों का उदय हुआ था उनकी संपूर्ण अभिव्यक्ति तारसप्तक (1943 ई., सं. अज्ञेय) में हुई। बंगला कविता में भी इसी ढंग से नई प्रवृत्ति की चटक अभिव्यक्ति बुद्धदेव वसु के काव्य सृजन में उपलब्ध होने लगती है। सन् 1935 में प्रयोगवादी काव्य प्रवृत्तियां नए भाषा शिल्प में बुद्धदेव वसुरचित कविता ''एखन विकेल : दमयंती'' में अवतरित हो उठी–

झांके झांके प्लाकाडेर शकुनेर पाखा
आमादेर दिनेर मुखेरे ढेके देय।

बुद्धदेव वसु ने भाव और रूप दोनों ही स्तरों पर हिन्दी के कवि अज्ञेय की भांति नए प्रयोग किए और एक प्रबल प्रयोगवादी के रूप में ख्याति प्राप्त की है। उनके महत्वपूर्ण काव्यसंग्रह 'मर्मवाणी' और 'बंदीर वंदना' है। अज्ञेय की भांति बुद्धदेव वसु पर भी लारेंस और इलियट की धाक-धमक अधिक है। दोनों ही कवि परम्परागत काव्यभाषा से कविता को मुक्त करते हैं। दोनों ने ही नई भाव संपदा, विचार संपदा को नए शिल्प में काव्यभाषा की सृजनात्मकता के साथ रखा हैं। दोनों ही काव्यभाषा को प्रयोग के धरातल पर गहरी मुक्ति की ओर ले गये हैं। जैसे–

हाते छड़िए देय हिम, शादा, नरम, नाचेर मनो
अक्खरें। पृथिवीने छवि एके जाय।
(शीतरात्रिर प्रार्थना–वसंतरेउत्तरे)
मैं वह धनु हूं, जिसे साधने में प्रत्यंचा टूट गई है
स्खलित हुआ है बाण यदपि ध्वनि दिग्दिगंत में फूट गई है।
(इत्यलम : अज्ञेय)

1960 के बाद की बंगला कविता अनेक धाराओं और आन्दोलनों की उर्वर भूमि है। बंगला का कवि ''हंग्रीजेनरेशन या भूखी पीढ़ी के रूप में उदित होता है। ये सभी कवि उदासीन, चिंतातुर, खिन्न, उन्मत्त, अशांत, क्रुद्ध, भयंकर, नग्न और अतृप्तता का काव्य संसार सामने लाते हैं। उन पर अमरीका के कवि एलेन, गिन्सवर्ग और उनकी रचना हाउल की विशेष धमक है। एक प्रकार से गिन्सवर्ग ही

इनका काव्यगुरु है। हिन्दी में इसी हवा ने 'अकविता-आंदोलन' को जन्म दिया। हिन्दी में जगदीश चतुर्वेदी, राजकमल चौधरी, सौमित्र मोहन आदि इस काव्यधारा से जुड़े हैं। ऐसे ही बंगला में संदीपन चटर्जी, विनय मजुमदार, शक्ति चट्टोपाध्याय, सुनील गंगोपाध्याय, मलय नंदी, हर्ष घोष, विमल चौधरी आदि अनेक नाम हैं। भूखी पीढ़ी, क्षुब्ध पीढ़ी, अकविता, प्रतिबद्ध कविता विचार कविता, युयुत्सु कविता से हिन्दी बंगला कविता में एक से एक नए काव्यान्दोलन चले हैं।

बंगला और हिन्दी कथा साहित्य की तुलना

कथा साहित्य (उपन्यास और कहानी)–कलकत्ता के 1800 ई. में फोर्ट विलियम कालेज से वर्तमान भारतीय भाषाओं में गद्य साहित्य के विकास का श्रीगणेश हुआ। इस कालेज के प्रोफेसर विलियम कैरी तथा जान गिल क्राइस्ट ने ब्रिटिश नागरिकों को बंगला, हिन्दी तथा उर्दू से परिचित कराने के लिए इन भाषाओं में गद्य की पुस्तकें लिखवाने का कार्य किया। साहित्यिक बंगला के मानकीकरण का कार्य भी विलियम कैरी के सद् प्रयत्नों का परिणाम था। राम मोहनराय ने कालेज से सम्बद्ध न होते हुए भी गद्य को और अधिक समृद्ध किया। हिन्दी गद्य के आरंभिक विकास में योगदान देने वाले भी फोर्ट विलियम कालेज के हिन्दी अध्यापक सदल मिश्र, और लल्लूलाल थे, जिन्होंने खड़ी बोली में गद्य लिखकर वर्तमान हिन्दी गद्य लेखन की नींव डाली। परिणामस्वरूप बंगला और हिन्दी में कहानियां, उपन्यास आदि प्रकाशित हुए। बंगला में अक्षयकुमार दत्त, ईश्वरचन्द्र विद्यासागर और हिन्दी में द्विवेदीकाल के लेखकों ने लेख, कहानियां आदि लिखें।

प्रारंभ में हिन्दी और बंगला में जब तक मूल उपन्यासों की रचना शुरू नहीं हुई तब तक अंग्रेजी उपन्यासों के अनुवाद होते रहे। हिन्दी में मौलिक उपन्यास के आने तक बंगला के "दुर्गेश नंदिनी", "मृणालिनी" एवं "युगलांगुरीय' आदि उपन्यासों के अनुवाद हो चुके थे।

जहां तक प्रथम मौलिक उपन्यास की बात है तो बंगला में कुछ लोगों के अनुसार अंग्रेज महिला मेरी हैचिसन की पुस्तक "करुण ओ पुलमनि" (1852) को प्रथम उपन्यास माना जाता है किन्तु डॉ. सुकुमार सेन के अनुसार बंकिमचन्द्र चट्टोपाध्याय की कथाकृति 'दुर्गेश नंदिनी" को ही सही अर्थों में बंगला का प्रथम मौलिक उपन्यास माना जा सकता है। बंकिमचन्द्र चट्टोपाध्याय के पदार्पण से बंगला उपन्यास की धारा को वेग प्राप्त हुआ। उनके उपन्यास 'दुर्गेश नंदिनी' की देशभर में धूम मच गई। अनेक भारतीय भाषाओं में उसके अनुवाद हुए। यह ऐतिहासिक पृष्ठभूमि पर आधारित एक रोमांस है, जो एक मुसलमान दुर्गपति की बेटी और दुर्ग में बंदी बने एक राजकुमार के बीच पनप रहे प्यार को लेकर लिखी गई विशुद्ध प्रेमगाथा है। उनके सर्वोत्तम उपन्यास में 'कपालकुंडला' और 'आनंदमठ'

भी है। 'वंदे मातरम्' आनंदमठ की ही देन है।

हिन्दी में श्री निवासदास कृत ''परीक्षागुरु'' हिन्दी का प्रथम उपन्यास माना जाता है। परीक्षा गुरु का नायक मदनमोहन विपत्ति में पड़कर ही मित्र अमित्र को पहचानने की योग्यता प्राप्त करता है। इसलिए वह विपत्ति को परीक्षा और परीक्षा को अपना गुरु मानता है। इसके बाद देवकीनंदन खत्री के उपन्यास ''चन्द्रकान्ता सन्तति'' और गोपालराम गहमरी के उपन्यास प्रकाशित हुए।

सामाजिक उपन्यास

हिन्दी में प्रेमचंद के उपन्यासों में व्यापक स्तर पर धार्मिक और सामाजिक पाखंडों का बड़ी निर्ममता के साथ भंडाफोड़ हुआ। उन्होंने वरदान, प्रतिज्ञा, सेवासदन निर्मला, रंगभूमि, कर्मभूमि आदि में सामाजिक कुरीतियों को उखाड़ फेंकने का प्रयत्न किया। प्रसाद के 'कंकाल' और 'तितली' में तथा भगवतीचरण वर्मा (चित्रलेखा), चतुरसेन शास्त्री और पांडेय बेचन शर्मा उग्र के उपन्यासों में धर्म और समाज के ठेकेदारों को आड़े हाथों लिया गया है। बंगला के रवीन्द्रनाथ ठाकुर ने भी पहले ''गोरा'' और फिर ''घरेबाइरे'' में नए और पुराने सामाजिक मूल्यों में संघर्ष का चित्रण किया है।

विधवा विवाह की समस्याओं को लेकर हिन्दी में प्रेमचन्द्र के उपन्यास वरदान, निर्मला और कर्मभूमि तथा बंगला में बंकिम के ''विषवृक्ष'' और रवीन्द्रनाथ ठाकुर के ''चौरवेर बालि'' (आंख की किरकिरी) प्रकाशित हुए, जिसमें विधवा पर धर्म और समाज के नाम पर होने वाले अनाचारों का वर्णन किया गया है।

नारी जीवन की मूक वेदना का चित्रण बंगला में शरतचन्द्र चट्टोपाध्याय ने अपने उपन्यासों—'बड़ी दीदी', 'चरित्रहीन', 'अरक्षणीया' में किया है और हिन्दी में जैनेन्द्र के 'सुनीता', ''त्यागपत्र', 'कल्याणी', ''सुखदा'', मुक्तिबोध' में नारी की गहरी मानसिक वेदना का चित्रण है पर उनका मूल विषय नरनारी के बीच का अपार्थिव प्यार है।

स्वतंत्रता प्राप्ति के बाद उदयशंकर भट्ट के उपन्यास ''डॉ. शेफाली'', जैनेन्द्र के कल्याणी, सुखदा, प्रभाकर माचवे के उपन्यास ''आभा'' में आधुनिक नारी की पीड़ा को व्यक्त किया गया है।

बंगला में आशापूर्णा देवी, महाश्वेता देवी और कवितासिंह ने नारी जीवन की समस्याओं को समग्रता में लिया है। आशापूर्णा देवी के उपन्यास ''प्रथम प्रति श्रुति ''सुवर्णलता'' और 'बकुलकथा'', महाश्वेता देवी के उपन्यास ''हाजिर कुर्सीमा'' आदि और कवितासिंह के ''चार जन रागी युवती'' और पौरूष उल्लेखनीय हैं।

पीड़ित युवकों की समस्याओं को लेकर बंगला में शरत् का उपन्यास ''श्रीकांत'' गोकुलचन्द नाग का 'पथिक', प्रेमेन्द्र मित्र का पंक, अचिन्त्यकुमार का बेड़े'' (बंजारा) और मनोज वसु का ''निशिकुटुम्ब'' तथा हिन्दी में प्रसाद का

''कंकाल'' लिखा गया है। इनमें भटके हुए युवकों की कहानी है। अमृतलाल नागर का उपन्यास ''बूंद और समुद्र (1956) में बूंद व्यक्ति का और 'समुद्र' समष्टि का प्रतीक हैं। इन उपन्यासों के युवक न तो अपने काम आ सके और न समाज के और इस तरह इनका जीवन व्यर्थ गया।

समाजवादी उपन्यास

समाजवादी, प्रगतिवादी नाम से अभिहित है। यह धारा साम्यवादी चेतना के उपन्यासों की हैं। बांगला में ताराशंकर बंधोपाध्याय के उपन्यास–''आरोग्यनिकेतन, धात्री देवता, गण देवता आदि, सतीनाथ भादुड़ी के उपन्यास ''जागरी'', सावित्री राय का स्वरलिपि तथा हिन्दी में यशपाल के ''दादा कामरेड'', ''देशद्रोही'', ''झूठा सच'' आदि नागार्जुन का ''बलचनमा'', ''बाबा बटेसरनाथ'', रांगेय राघव के उपन्यास ''घरौंदा'' आदि, अमृतराय के ''नागफनी का देश'' आदि उपन्यास मध्यमवर्गीय पात्रों को लेकर लिखे गये है।

मनोवैज्ञानिक उपन्यास

बंगला में बुद्धदेव वसु के उपन्यास ''लाल मेघ'', घुर्जटी प्रसाद मुखोपाध्याय की 'उपन्यास त्रयी', 'अंतःसलिला', ''आवर्त'' और सुहाना तथा हिन्दी के उपन्यासों मे जैनेन्द्र के उपन्यास 'परख', 'सुनीता', त्यागपत्र, सुखदा, मुक्तिबोध, इलाचंद्र जोशी के उपन्यास 'सन्यासी', पर्दे की रानी, अज्ञेय के उपन्यास ''शेखर एक जीवनी'' आदि में खुलकर सामाजिक नैतिकता को चुनौती दी गई है। डॉ. देवराज का ''पथ की खोज'', प्रभाकर माचवे का उपन्यास ''परंतु'', नरेश मेहता का ''डूबते मस्तूल'', मन्नू भंडारी का ''आप का बेटी'' मनोवैज्ञानिक उपन्यास हैं।

ऐतिहासिक उपन्यास

हिन्दी में ऐतिहासिक उपन्यासों के लेखक वृन्दावनलाल वर्मा (विराटा की पद्मिनी आदि), राहुल सांकृत्यायन (जययौधेय), यशपाल (दिव्या) चतुरसेन शास्त्री (वैशाली की नगरवधू), भगवती चरण वर्मा (अन्नपूर्णा) और बांग्ला में विमलमित्र (साहब, बिबि गुलमि, एकक, दशक शतक) हैं। इन उपन्यासकारों ने इतिहास के किसी एक कालखंड को लेकर उपन्यासों की रचना की है।

हिन्दी और बंगला के उपन्यासों की आंतरिक धारा एक ही हैं। उसकी दार्शनिक, सांस्कृतिक और सामाजिक पृष्ठभूमि भी एक ही है। उनकी आत्मा भी एक है। यद्यपि दोनों भाषाओं के उपन्यास साहित्य की अपनी अलग पहचान है, फिर भी कुछ ऐसी समानताएं हैं, जो मिलकर भारतीय उपन्यास का रूप देती हैं।

कहानी

हिन्दी में प्रेमचन्द्र, जैनेन्द्र, अज्ञेय, इलाचन्द्र जोशी और बंगला के जगदीश गुप्त ने अपनी कहानियों में मानव-मन की आंतरिक अंतर्भूमियों तक पहुंचकर वहां परस्पर टकराती भाव-वीचियों का विश्लेषण और चित्रण किया है। इसी साम्यवादी साहित्य से प्रेरणा लेकर बंगला में माणिक बनर्जी, ताराशंकर, स्वर्णकमल भट्टाचार्य तथा नानि भौमिक ने साम्यवादी विचारधाराओं से होकर कहानियां लिखी हैं। हिन्दी में राजेन्द्र यादव, मोहन राकेश धर्मवीर भारती, निर्मल वर्मा, मार्कण्डेय, कमलेश्वर अमरकान्त, रमेश वक्षी, मन्नू भंडारी आदि नये कहानीकारों ने शहरी मध्यम वर्गीय जीवन की आन्तरिक परिस्थितियों का चित्रण किया है। बांग्ला में स्वाधीनता के पश्चात मोती नंदी और सुनील गंगोपाध्याय इस प्रकार की कहानियां लिखने वाले प्रमुख कहानीकार हैं। बांग्ला के मणिशंकर मुखोपाध्याय और प्रफुल्ल रे तथा हिन्दी के राजेन्द्र यादव और मोहन राकेश नई कहानी के उल्लेखनीय हस्ताक्षर हैं। हिन्दी और बांग्ला में विदेशों में रहने वाले भारतीयों पर कहानियां लिखी गई हैं। इनके पात्र विदेशों में बसे भारतीय हैं और पृष्ठभूमि हैं लंदन, न्यूयार्क अथवा कोई अन्य पश्चमीय नगर। प्रयोगवादी कहानीकारों में हिन्दी में निर्मल वर्मा और बांग्ला में संदीपन चटर्जी, श्यामल गांगुली और अमलेंदु चक्रवर्ती हैं। ये कहानियां देश की अखंडता, राष्ट्रीयता तथा एकता में सहायक हैं।

बांग्ला और हिन्दी नाटक की तुलना

बांग्ला और हिन्दी में नाट्य साहित्य के रिक्त भंडार को भरने का काम सर्वप्रथम अंग्रेजी नाटकों के अनुवाद से किया गया। शेक्सपियर के नाटकों के नाम ही नहीं बदले गये, उनके पात्रों और स्थानों का भारतीयकरण किया गया। बंगला में "मर्चेंट ऑफ वेनिस" को 'भानुमति चित्रविलास (1852), तथा "रोमियो एंड जुलियट" को "चारूमुखचिन्तहारा (1864) नाम दिया गया। मधुसूदनदत्त के नाटक 'पद्मावती' की कथा ग्रीक आख्यान से ली गई है। और उसे भारतीय स्वरूप दिया गया है। हिन्दी में भारतेन्दु ने मर्चेंट आफ वेनिस का 'दुर्लभ बन्धु" नाम से रूपान्तर किया और यहां भी स्थान तथा पात्रों के नाम भारतीय कर दिये गये हैं। जैसे—वेनिस वंशपुर, एण्टोनियो-अनंत, वेसेनियो-वसंत, पौरशिया-पुरश्री, जेसिका-यशोदा और शायलाक शैलाक्ष हो गया है। सारांश यह है कि हिन्दी और बंगला में नाटक के शैशव में अनुवादों की भरमार रही। त्रासदी का बोध भी भारतीय नाटककारों को शेक्सपियर के नाटकों से ही प्राप्त हुआ। बंगला का 'कीर्तिविलास' संभवतः पहला भारतीय दुःखांत नाटक है।

बंगला और हिन्दी में मौलिक नाटकों के विषय थे—पौराणिक या ऐतिहासिक,

जिनमें सामाजिक समस्याओं और विकृतियों पर चोट की गई है। बांग्ला के "रूक्मिणी सर्वस्व", "कंसवध" तथा 'धर्मविजय' पौराणिक नाटक हैं। माइकेल मधुसूदन दत्त का नाटक 'शर्मिष्ठा' महाभारत के आख्यान पर आधृत है। हिन्दी के आरंभिक मौलिक नाटकों के विषय भी पौराणिक आख्यान थे। भारतेन्दु हरिश्चन्द्र के अतिरिक्त श्री निवासदास (प्रहलाद) शालिग्राम (मोरध्वज) बालकृष्ण भट्ट (दमयंती स्वयंवर और लाला देवराज सावित्री) ने इस परंपरा को आगे बढ़ाया।

ऐतिहासिक नाटकों में बंगला में गिरीशचन्द्र घोष ने 8 ऐतिहासिक नाटक लिखे। प्रतापसिंह, दुर्गादास, नूरजहां, मेवाड़ पतन आदि ऐतिहासिक नाटक थे। इन नाटकों में असीम करुणा, सहिष्णुता, साहस, त्याग और उज्ज्वल भविष्य के सपनों की इन्द्रधनुषी रंगीनी थी। हिन्दी में इस परंपरा में जो नाटक लिखे गये उनमें प्रसिद्ध हैं—पद्मावती और महाराणा प्रताप (राधाकृष्णदास), अमरसिंह राठौर (राधाचरण गोस्वामी), वीरजयमल (गंगाप्रसाद शुक्ल) इन नाटकों में राष्ट्रीयता का स्वर है किन्तु शिल्प का अभाव है। किन्तु जयशंकर प्रसाद के नाटक चन्द्रगुप्त, समुद्रगुप्त आदि कलात्मक वैभव सम्पन्न हैं।

उन्नीसवीं शताब्दी के अन्त में बंगला और हिन्दी में प्रहसनों की रचना की गई जिसमें सामाजिक कुरीतियों पर प्रहार किया गया है। बंगला में अमृतलाल वाड ने 34 प्रहसन लिखकर इस दिशा में उल्लेखनीय कार्य किया। इनमें अंग्रेजों की भौंडी नकल करने वाले बंगालियों पर आक्रोश प्रकट किया गया है। उनकी प्रसिद्ध रचना "कृपणेर धन" (1900) है। हिन्दी में भारतेन्दु ने प्रहसनों की नींव डाली। उनके 'अंधेर नगरी', "वैदिकी हिंसा हिंसा न भवति" बड़े प्रसिद्ध हैं। राधाचरण गोस्वामी ने "तन मन धन गोसाई जी को अर्पण" लिखे।

उन्नीसवीं शताब्दी के मध्य में बंगला और हिन्दी में भारतीय इतिहास के वीरों वीरांगनाओं का गुणगान करने के उद्देश्य से नाटक लिखे गये। हिन्दी में भारतेन्दु हरिश्चन्द्र और बंगला में माइकेल मधुसूदन दत्त ने ऐसे नाटकों की रचना की। इनके समकालीन रामनारायण तर्करत्न और दीनबंधु मित्र ने भी नाटक लिखे। तर्करत्न के नाटक 'नीलदर्पण' में विद्रोह का स्वर निनादित हुआ।

बीसवीं सदी के आरंभ से 1935 तक बंगला और हिन्दी में दहेज प्रथा, विधवा विवाह, अनमेल विवाह, वेश्यावृत्ति, मद्यपान आदि सामाजिक समस्याओं को विषय बनाकर नाटक लिखे गये। बंगला में ताराचरण का "मद्रार्जुन" (1952) कन्या विवाह को लेकर लिखा गया और हिन्दी में राधाकृष्णदास (दुखिनीबाला) देवीप्रसाद (बालविवाह) श्याम सुंदरदास (वृद्धावस्था विवाह) आदि ने नाटक लिखे। इब्सन के नाटकों से प्रभावित होकर हिन्दी में जयशंकर प्रसाद ने 'ध्रुवस्वामिनी' नाटक लिखा। बंगला में रवीन्द्रनाथ ठाकुर ने 'रक्तकरवी', 'डाकघर', 'राजा' आदि प्रतीकात्मक नाटकों की रचना की।

स्वतंत्रता के बाद हिन्दी और बंगला के नाटकों में नई दृष्टि अपनाई गई–इतिहास की पुनर्व्याख्या करने की चेष्टा की गई। बंगला में बुद्धदेववसु ने महाभारत के आख्यानों को लेकर 'कालसंध्या' (1968) 'प्रथम पार्थ', 'अनामी अंगना' (1970), 'तपस्विनी ओ तरंगिनी' नाटक लिखे। तपस्विनी ओ तरंगिनी में उन्होंने ऋश्य श्रृंग ऋषि की कहानी को मनोवैज्ञानिक दृष्टि से विश्लेषित किया और बताया कि तीव्र कामावेग के कारण मानव हृदय की क्या स्थिति हो जाती है। हिन्दी में धर्मवीरभारती के 'अंधायुग' में घृतराष्ट्र, गांधारी और अश्वत्थामा के माध्यम से लेखक ने अनास्था विसंगतियों, आज के जीवन के संत्रास, संशय और आतंक को उजागर किया है। नरेन्द्र कोहली के ''शंबूक की हत्या'' में राजनीति और न्याय के क्षेत्र में फैली चरित्रहीनता और भ्रष्टाचार का पर्दाफाश किया गया है।

स्वतंत्रता के बाद हिन्दी और बंगला के नाटककारों ने समकालीन समस्याओं को लेकर भी नाटकों की रचना की हैं। बंगला में मनोज मित्रा की ''चाक मांगा मधु'' में ग्रामीणों के आर्थिक शोषण पर प्रहार है तो हिन्दी के भगवतीचरण वर्मा (रूपया तुम्हें खा गया), चन्द्रगुप्त विद्यालंकर (न्याय की रात) रामकुमार वर्मा (पृथ्वी का स्वर्ग) के नाटकों में समकालीन शासनसत्ता, व्यवस्था, राजनीति आदि को प्रस्तुत किया गया है। हिन्दी में मोहन राकेश, सुरेन्द्र वर्मा और लक्ष्मी नारायण लाल ने भी युवा पीढ़ी की हताशा, टूटन, भग्नाशा आदि को लेकर नाटक लिखे हैं। 1960 के बाद के नाटकों में दोनों भाषाओं में इसी प्रकार के नाटक लिखे गये हैं। बंगला में बादल सरकार के 'एवम् इन्द्रजीत'' में मध्यवर्ग की स्थिति वर्णित हैं। हिन्दी नाटककारों में लक्ष्मीकांत वर्मा, विष्णु प्रभाकर, सुरेन्द्र वर्मा आदि ने नाटकों में पारिवारिक मूल्यों के ध्वस्त होने की कहानी कही है। हिन्दी का अद्युनातन नाटक मोह भंग के दर्द को गंभीरता से उरेह रहा हैं।

आज का नाटककार मंच से जुड़ने का निरन्तर प्रयास कर रहा है। हिन्दी में मणि मधुकर ने लोक नाट्य शैली का प्रयोग किया है। बंगला में शंभु मित्र, उत्पलदत्त और बादल सरकार, हिन्दी में रमेश मेहता, ओम शिवपुरी उल्लेखनीय कार्य कर रहे हैं।

3. पश्चिमोत्तर भाषा वर्ग

(i) मराठी और हिन्दी साहित्य

मराठी और हिन्दी के कृष्णकाव्य की तुलना (वैष्णव साहित्य)

प्रेरक स्रोत—भारतीय कृष्ण काव्य के प्रमुख प्रेरक स्रोत हैं—एक ओर महाभारत तथा गीता, जो महाभारत का अंश होने पर भी हजारों वर्ष पूर्व स्वतंत्र धर्मग्रन्थ के रूप में प्रख्यात हो गया था और दूसरी ओर भागवत, ब्रह्मवैवर्तपुराण तथा गीतगोविंद।

हिन्दी और मराठी के कवियों ने भागवत का आधार लेकर श्रीकृष्ण की लीलाओं को अपने काव्य का विषय बनाया है। हिन्दी के कृष्णभक्त कवियों ने भागवत के दशमृ स्कन्ध से ही अपने काव्य के लिए सामग्री जुटाई है। सूरसागर के तीन चौथाई से अधिक में दशम स्कन्ध को ही प्रतिध्वनित किया गया है। (महाकवि सूरदास, वाजपेयी, पृ. 143) परन्तु मराठी के भक्त कवियों ने भागवत के एकादश स्कन्ध, गीता और महाभारत से अधिक प्रेरणा ली है। महाभारत और गीता कृष्ण चरित्र के उदात्त योगेश्वर रूप के उद्‌भव स्रोत हैं और भागवत आदि मधु रसेश्वर रूप के। इस प्रवृत्ति भेद के मूल में हिन्दी और मराठी की विशिष्ट सांस्कृतिक, राजनीतिक और सामाजिक परिस्थितियां रही हैं। इन परिस्थितियों की विभिन्नता के कारण ही मराठी और भारत के अन्य कई भाषाओं में भ्रमरगीत का प्रकरण नहीं है। साथ ही मराठी में संयोग वियोग का उतना विस्तृत वर्णन नहीं मिलता जितना हिन्दी में।

बाललीला

बाललीला के अन्तर्गत कृष्णजन्म के उत्सव, कृष्ण की शिशुलीलाएं, माखन चोरी आदि प्रसंग आते हैं। यशोदा, देवकी, वासुदेव, नन्द, साथी-संगी, बाल गोपाल कृष्ण की बाल क्रीड़ाओं से जुड़े हुए हैं। हिन्दी के कृष्णभक्त कवियों में अष्टछाप के कवियों ने कृष्ण की बाल चेष्टाओं और क्रीड़ाओं का विस्तृत और सरस वर्णन किया है। जैसे कृष्ण का जन्म, नालछेदन, नामकरण, अंगूठा चूसना, लोरियों के साथ सोना, प्रभातियों के साथ जागना, हंसना, मचलना, बहाने बनाना आदि। हिन्दी कवियों में सूरदास ने अधिक सूक्ष्म और विशद विवेचन किया है। वात्सल्यभाव के आश्रय पक्ष

माता यशोदा और बाबा नन्द हैं। कृष्ण को पाकर उनके हृदय का उल्लास, कृष्ण दर्शन की उत्सुकता, कृष्ण की परिचर्या का उत्साह आदि वात्सल्यभाव की समस्त अन्तरंग और बहिरंग वृत्तियों का प्रकाशन सूर ने अद्‌भुत रीति से किया है।

हिन्दी की ही भांति मराठी काव्य में भी कृष्ण की बालक्रीड़ाओं के अनेक हृदयस्पर्शी वर्णन हुए हैं। संत ज्ञानेश्वर कहते हैं—"गोकुल में जो श्रीधर का कमल खिला है वही श्रीकृष्ण की प्रेममूर्ति का स्वरूप है। बड़े प्रेम से परब्रह्म ग्वाले का भेष धारण कर गौएं चरा रहे हैं।" ज्ञानेश्वर का श्रीकृष्ण वर्णन और दर्शन अत्यन्त काव्यमय एवं मनोहारी है। नामदेव ने 183 अभंगों में श्रीकृष्ण की बाल लीलाओं का वर्णन किया है। इनमें से पूतना वध, वनभोजन, गोपियों के घर चोरी, यशोदा से उनके उलहने आदि का नामदेव ने बड़े ही सरस ढंग से वर्णन किया है। हिन्दी कवियों की भांति ही नामदेव ने भी गोपी वस्त्रहरण की कथा को लेकर काव्य रचना की है। एकनाथ ने कृष्ण की बाल लीलाओं का वर्णन करते समय उनमें परमार्थ का भी पुट चढ़ा दिया है। वे कहते हैं, "भेद की दीवारों का दरवाजा खोलकर कृष्ण ने माया का ताला तोड़ डाला, अविद्या का छींका तोड़ दिया, क्रोध की सांकल खोल दी, दम्भ रूपी घड़ा फोड़ दी। मराठी कवि तुकाराम की गोपियां यशोदा को उलाहना देती हैं—हम दही, दूध, मक्खन छीकें पर रखती हैं। तेरा कृष्ण बालकों को लेकर पहुंचता है और मक्खन खा जाता है। तुझे यह बातें पहेली सी मीठी लगती होंगी। अरी पगली तू हंसती क्या हैं?" नामदेव के कृष्ण भूख लगने पर महाराष्ट्र के पकवानों की मांग करते हैं—माँ, मुझे खाने को दो। मुझे मीठी पूरनपोली बना दे। शीघ्र ही माँड़ बना दे। तूने नौ लाख गाएं रख छोड़ी हैं, उन्हें रखाते-रखाते मेरे नाखून तक घिस गये हैं।"

वात्सल्य वर्णन के प्रसंग में भारत के अधिकांश कवियों का ध्यान यशोदा के ही हर्ष विषाद पर केन्द्रित रहा है, किन्तु हिन्दी और मराठी के कवियों ने अभागिन देवकी की व्यथा का स्मरण कर अपूर्व सहृदयता का परिचय दिया है। मराठी के कवि एकनाथ ने वसुदेव और देवकी की मानसिक स्थिति का भी बड़ा मनोवैज्ञानिक चित्रण प्रस्तुत किया है। कंस के बंदीगृह में देवकी को दोहज लगे हुए हैं—मेलवूनि लेंकुरे खेल खेलावा साकार, उचलावा महागिरी—अर्थात वह बच्चों को एकत्रित करके खेल खेलना चाहती हैं—गोवर्धन उठाना चाहती हैं आदि।

ज्ञानेश्वर, एकनाथ और नामदेव की भांति पंडित कवियों ने कृष्ण की बाल लीलाओं का बड़ा ही सुन्दर और मर्मस्पर्शी वर्णन किया है। कृष्ण के मिट्टी खाने से यशोदा क्रुद्ध हैं। इस प्रसंग का सजीव वर्णन वामन पंडित ने किया हैं—

कर श्री कांताच करक रूचि माता धरि करें।
दूजा हस्त क्रोधी हरिवरि उगारूनि निकरें।।

(अर्थात् श्रीकृष्ण का एक हाथ माता जोर से पकड़ती हैं और चपत लगाने के लिए दूसरा हाथ उठाती हुई डांटती हैं, तब हरि की आंखें भय से चकित हो उठती हैं।)

तुलनात्मक रूप से अवलोकन करें, तो यह स्पष्ट विदित होता है कि मराठी कृष्ण काव्य में कृष्ण की बाल लीलाओं का वर्णन सूरदास के समान ही बड़े मनोवैज्ञानिक ढंग से हुआ है। सिद्धान्त की दृष्टि से मराठी के कृष्ण गोपियों और हिन्दी के कृष्ण गोपियों में कोई विशेष अन्तर नहीं है परन्तु व्यावहारिक दृष्टि से दोनों के पात्रों में तनिक अन्तर है। भगवान के साथ भक्त के पांच प्रकार के सम्बन्ध हो सकते हैं—अनन्य, दास्य, सख्य, वात्सल्य और माधुर्य। हिन्दी और मराठी कृष्ण भक्तिकाव्य में प्रायः ये सभी रूप न्यूनाधिक मात्रा में उपलब्ध हैं—केवल बलाबल का भेद है। मराठी कृष्ण भक्त कवि मर्यादा भक्ति के उपासक हैं इसलिए उनमें दास्य भाव की प्रधानता है। हिन्दी के कृष्ण भक्त कवियों के काव्य में माधुर्य है इसलिए उन्होंने सख्य भाव को विशेष महत्व दिया है। सूरदास ने वात्सल्य को भी महत्व दिया है। संक्षेप में सूर के कृष्ण अधिक मानवीय हो उठे हैं। सूरदास की गोपियां भी अधिक वाचाल हैं। उनमें वाक्चातुर्य अधिक है। मराठी की गोपियां अनुशासित हैं उन पर ग्रामीणता और सरलता की छाप है। दूसरी बात यह है कि नन्द, यशोदा, देवकी, वासुदेव और बालगोपालों का हिन्दी कृष्ण काव्य में स्वतंत्र अस्तित्व भी दृष्टिगत होता है किन्तु मराठी में इनका वर्णन प्रसंगानुकूल हुआ है। सारांश यह है कि सूरदास ने समस्त पारिवारिक जीवन का जितना समग्र और स्वाभाविक चित्र खींचा है, उतना मराठी कवियों ने नहीं।

श्रृंगार वर्णन

भारतीय कृष्ण भक्ति काव्य के आलंबन प्रमुख रूप से रसिकेश्वर कृष्ण ही हैं। अतः कृष्ण भक्त कवियों का मुख्य वर्णनीय विषय कृष्ण की श्रृंगार लीला ही रही है। श्रृंगार के दो पक्ष हैं-- संयोग और वियोग। संयोग के अन्तर्गत राधाकृष्ण की प्रणयलीला, गोपियों की प्रेमकथा, रासलीला आदि प्रसंग आते हैं और वियोग के अन्तर्गत राधा तथा गोपिकाओं की विरह व्यथा एवं भ्रमरगीत प्रसंग आदि का समावेश है।

संयोग श्रृंगार

किशोर होने पर कृष्ण गोप युवतियों के आकर्षण के केन्द्र बन जाते हैं और वे उनके सानिध्य तथा वार्तालाप-बतरस-का सुख प्राप्त करने के लिए हास-परिहास के अवसर खोजने लगती हैं। किशोरवय को प्राप्त होते ही बाल्यकाल के माखनचोर गोपियों के चितचोर बन जाते हैं। दानलीला, चीरहरण प्रसंग आदि का वर्णन अधिकांश भाषाओं में मिलताहै। सूरदास ने चीरहरण प्रसंग को श्रृंगार क्रीड़ा के अंग के रूप में ही प्रायः इसे ग्रहण किया हैं—बनत नहीं जमुना कौ ऐबो।

X X X X

चोली-चीर-हार लै भाजत सो कैसे करि पैबो।
अंकन मरि मरि लेत सूर प्रभु काल्हि न इहि पथ ऐबौ।

मराठी के कवि नामदेव ने इस प्रसंग को थोड़ा नैतिक रंग देकर प्रस्तुत किया है–"गोपियों ने कालिंदी के किनारे ज्यों ही वस्त्र रखकर जल में प्रवेश किया त्यों ही कृष्ण सखा समेत आ गए और वस्त्र लेकर कदंब के पेड़ पर चढ़ गये। गोपियां विनय करने लगीं–हम शांत से ठिठुर रही हैं, हमारे वस्त्र लौटा दो। तुम्हें मां यशोदा की सौगन्ध है।"

हिन्दी में श्रृंगारिकता अधिक है किन्तु मराठी में श्रृंगारिकता की अपेक्षा व्यवहार मर्यादा के पालन का संकेत अधिक है। क्योंकि एक तो कृष्ण सखाओं के साथ जाते हैं, अकेले नहीं- और दूसरे गोपियां उन्हें मां यशोदा की शपथ दिलाती हैं। अतः ये दोनों तथ्य ही श्रृंगार भाव के पोषक नहीं हैं।

रासलीला

भागवत पुराण के दशम स्कंध के (उन्तीस से तैंतीसवें अध्याय तक) पांच अध्यायों को 'रास पंचाध्यायी' कहते हैं। यह "रासपंचाध्यायी" भागवत का प्राण समझा जाता है। कृष्ण की लीलाओं की परिणति रासपंचाध्यायी या रास लीला है। डॉ. मुंशीराम शर्मा के अनुसार 'रास' शब्द रस से बना है। "रसो वै सः" अर्थात् भगवान स्वयं रस रूप हैं आनन्द रूप हैं। कृष्ण भक्त कवियों ने इसे एक परम सरस प्रसंग के रूप में ही प्रायः ग्रहण किया है। भागवत में रास लीला का पूर्ण विस्तार से चित्रण किया गया है और सूरदास ने भी अत्यन्त तन्मय होकर इनका रस निर्भर वर्णन किया है–

बाजत ताल मृदंग बांसुरी उपजति तान तरंग।
निकट विटप मनु द्विजकुल कूजत वयबल बढ़ै अनंग।।

मराठी के श्रीधर कवि कहते हैं–

जे का विषय पर जन। न करती लीला श्रवण।
त्यांसी श्रृंगार रस दाखवून। मन बेधी आपणांकड़े।।

हिन्दी और मराठी के कवियों ने रास लीला का विस्तार से वर्णन किया है। नन्ददास ने 378 पदों में रास लीला का वर्णन किया है।

रासलीला का केन्द्र हैं राधा। राधाकृष्ण का प्रेम अधिकांश भाषाओं के कृष्ण भक्ति काव्य का सार सर्वस्व है। राधा कृष्ण की प्रमुर्ख सखी-प्रेमिका हैं। वह कृष्ण के व्यक्तित्व की पूरक हैं। राधा के सन्दर्भ में स्वकीया और परकीया का भी प्रश्न उपस्थित होता है। हिन्दी कृष्णकाय में परकीया भाव को प्रेम की चरम परिणति प्रायः माना गया हैं ज़बकि मराठी काव्य में स्वकीया को महत्व दिया गया है। यही कारण है कि मराठी में राधा का उल्लेख बहुत कम हुआ है। मराठी कृष्णकाव्य में राधा के स्थान पर रूक्मिणी को महत्व मिला है। रूक्मिणी कृष्ण को अधिक प्रिय हैं उनका प्रेम आदर्श हिन्दू पत्नी का शुद्ध प्रेम हैं। आध्यात्मिक स्तर पर राधाकृष्ण की ह्लादिनी शक्ति की प्रतीक हैं और तात्तिव स्तर पर जीवात्मा की। अतः स्वकीया परकीया का

प्रश्न अधिक सार्थक नहीं हैं।

वियोग श्रृंगार

राधाकृष्ण के श्रृंगार वर्णन में प्रायः हिन्दी और मराठी में वियोग भावना की ही प्रधानता है। इसके प्रतिपादन के लिए कृष्ण का मथुरागमन आधार बिन्दु माना गया है। वियोग के उद्दीपन का कार्य अक्रूर और उद्धव के द्वारा परिपूर्ण होता हैं। मराठी में वियोग वर्णन ''विरहिणी'' नामक काव्य विधा के द्वारा किया गया है। यह लोकगीत शैली का एक अंग है। मराठी संत भक्त कवियों ने अपने अभंगों में इसी विधा का प्रयोग किया है जैसे—खेलते खेलते सुंदरी गोपी विकल हो उठी। उसे नंदकुमार का स्मरण हो आया। शरीर पर स्वेद, कंप आदि सात्विक भाव प्रकट होने लगे। वह कहने लगी सखी, मुझे संभाल। (तुकाराम—सकलसंत गाथा, पृ. 507)

विरह वर्णन में उपालंभ का भी महत्व हैं। इस उपालम्भ काव्य की परिणति होती हैं ''भ्रमरगीत'' प्रकरण में। भ्रमरगीत प्रतीकात्मक उपालम्भ काव्य हैं। यहां भ्रमर प्रायः कृष्ण की अस्थिर प्रणय भावना का प्रतीक है। भ्रमरगीत प्रकरण हिन्दी कृष्ण भक्ति काव्य की एक प्रमुख विशेषता है जिसकी सूरदास से लेकर रत्नाकर तक अक्षुण परंपरा व्याप्त है। गुण और परिमाण की दृष्टि से भी यह अत्यन्त समृद्ध है। इसका उद्‌देश्य ''उद्धव-गोपी-संवाद'' के द्वारा निर्गुण पर सगुण भाव की प्रतिष्ठा है। मराठी कृष्ण काव्य में 'भ्रमरगीत' का सर्वथा अभाव है। क्योंकि मराठी में 'मधुरा भक्ति को आरंभ से ही मान्यता नहीं मिली। यही कारण है कि हिन्दी कृष्ण काव्य में कृष्ण सम्पूर्णतः मानवीय रूप में चित्रित हुए हैं। भागवत में राधा का अभाव है किन्तु सम्प्रदाय की उद्‌देश्य पूर्ति के लिए हिन्दी कृष्ण काव्य में राधा को स्वीकार किया गया है। सूरदास ने कृष्ण को ब्रह्म के रूप में ही माना है। राधा को पुरूष की प्रकृति माना हैं। मराठी भक्त कवियों ने कृष्ण को पूर्ण ब्रह्म माना है तथा अपने सम्पूर्ण काव्य में अपने आराध्य के इस रूप को तनिक भी ओझल नहीं होने दिया। वे दास्यभक्ति के आलम्बन हैं। ''सूर ने कृष्ण के लौकिक सम्बन्धों को लौकिक रूप ही दिया है।'' (सूर और उनका साहित्य, डॉ. हरिवंशलाल शर्मा, पृ. 260)

सारांश यह है कि वैष्णव भक्ति का एक नया रूप महाराष्ट्र में विकसित हुआ, जिसमें रूक्मिणी को ही कृष्ण के वामांग में रखकर पूजा का विधान किया गया। मराठी वैष्णव साहित्य में श्रृंगार पूर्ण माधुर्य भाव या कांताभाव के लिए कोई स्थान नहीं था। विट्ठल के रूप में श्रीकृष्ण उनके उपास्य थे, किन्तु उनका चरित्र, रूप, गुण, शील सब उदात्त और अपदात था, यही महाराष्ट्र की भक्ति मार्ग की देन है।

आधुनिक मराठी काव्य और आधुनिक हिन्दी काव्य की तुलना (स्वतंत्रता पूर्व एवं स्वातंत्र्योत्तर)

नवजागरण काल

1857 ई. की क्रांति के बाद ब्रिटिश औपनिवेशिक शासन प्रणाली में परिवर्तन की लहरें तेज हो गईं। महाराष्ट्र में किसान आन्दोलन फूट पड़ा, जिसका नेतृत्व वसुदेव फड़के ने किया। समय पाकर 1877 में नागपुर की सूती मिल में मजदूर आन्दोलन शुरू हुआ। मजदूरों की पच्चीस से अधिक हड़तालें हुई जिनके केन्द्र मुंबई और मद्रास (चेन्नई) बनते गये। इस प्रकार उन्नीसवीं शताब्दी के अन्त तक किसान मजदूर आन्दोलन भारतीय स्वाधीनता की लड़ाई की मुख्य शक्ति बन गए। साहित्य के क्षेत्र में इन जन-आन्दोलनों की भूमिका अत्यधिक महत्व की रही। सहसा इसी दौर में राष्ट्रीय आन्दोलन प्रारंभ हुआ। तिलक ने महाराष्ट्र और शिवाजी की महान परम्पराओं को समझकर आगे बढ़ाया। उन्होंने 'केसरी' और मराठा अखबारों से नई चेतना पैदा की। स्वराज का नारा देशभर में गूंज उठा। महात्मा गांधी ने भी साहित्यकारों को प्रेरणा प्रदान की। इन सबका प्रभाव आधुनिक मराठी एवं हिन्दी काव्य पर पड़ा। मराठी में विनोबा भावे, दादा धर्माधिकारी, जावेडकर, आचार्य भगवत, वि0स0 खांडेकर, वा0म0 वोरकर, ना0ग0 जोशी और हिन्दी में मैथिलीशरण गुप्त, सियारामशरण गुप्त, रामनरेश त्रिपाठी, माखनलाल चतुर्वेदी, नवीन, सुमित्रानंदन पंत, भवानीप्रसाद मिश्र आदि पर गांधी विचारदर्शन का गहरा प्रभाव रहा है। दोनों भाषाओं के कवियों ने देशभक्ति और राष्ट्रीय सांस्कृतिक चेतना के गीत और महाकाव्य गांधी को आधार बनाकर सृजित किए। लेकिन स्वाधीनता प्राप्ति के बाद का साहित्य गांधीवादी मूल्यों के स्थान पर नए मोहभंग से उपजे मूल्य लेकर आया।

नवजागरण काल के कवि पुराने सामाजिक ढांचे से संतुष्ट नहीं थे। वे परिवर्तन चाहते थे। राजनीतिक स्वाधीनता का मंद स्वर भी कहीं-कहीं उनके काव्य में है। आर्थिक शोषण के प्रति उनके मन में आक्रोश था। जात पांत, सामाजिक असमानता आदि पर कविताएं लिखी गई। काव्य में देशप्रेम और राष्ट्र भक्ति का स्वर गूंज उठा। कवियों ने शोषितों के प्रति सहानुभूति और शोषकों के प्रति आक्रोश व्यक्त किया। सामाजिक बुराईयों–जैसे बाल विवाह, दहेज आदि के विरूद्ध आवाज उठाई। हिन्दी में भारतेन्दु की मुकरियों ने विधवा विवाह, शराब आदि पर प्रहार किया। प्रतापनारायण मिश्र ने बाबू संस्कृति, अदालत, जुआ आदि विषयों पर व्यंग्यपूर्ण काव्य लिखा। महाराष्ट्र में केशवसुत (1866-1905) समाज सुधार आन्दोलन में अग्रगण्य नेता थे। उन्होंने अपनी अनेक कविताओं में बड़े उग्रस्वर में सामाजिक कुरीतियों, छूआछूत, स्त्री पराधीनता और मजदूर वर्ग के शोषण की भर्त्सना की। हिन्दी में छायावादी कवि पंत ने जिस शब्दावली का प्रयोग किया था–"नष्ट भ्रष्ट हो जीर्ण पुरातन" वही केशव सुत की कविता "तुतारी" में मिलती है। उनकी ही कविता "नव सिपाही" में साम्प्रदायिकता का विरोध और हिन्दू मुस्लिम एकता का स्वर

सुनाई देता है। उनके पट्ट शिष्य रामगणेश गडकरी (1805-1919) के काव्य में जात पांत आदि सामाजिक दोषों की निन्दा की गई है। इस सन्दर्भ में उनकी कविता ''दशहरा'' स्मरणीय है। सारांश यह कि नवजागरणकाल में हिन्दी और मराठी के कवियों का ध्यान देश, समाज और जन सामान्य की ओर गया। दोनों ने कविता को जन सामान्य के बीच पहुंचाने का प्रयास किया। हिन्दी में यह कार्य भारतेन्दु मंडल के कवियों ने और मराठी में केशवसुत ने किया।

सन् 1857 ई. के स्वाधीनता संग्राम के बाद हिन्दी और मराठी की सृजनात्मकता में सबसे बड़ा मोड़ यह आया कि साहित्य की सभी विधाओं में ब्रिटिश साम्राज्यवाद के विरुद्ध राष्ट्रभावना का स्वर मुखर हो गया। हिन्दी में भारतेन्दु हरिश्चन्द्र और मराठी में केशवसुत नारायण वामन तिलक, वि.ज. करंदीकर, ना.मु. गुप्त, भास्कर रामचंद तांबे, दत्तात्रेय, कोंडो घाटे, गोविन्दोग्रज बापूजी ढोमरे, शारदाबाई परांजपे, लक्ष्मी तनपा ने अपनी कविताओं को नवजागरण के आलोक से दीपित कर दिया। उत्तर भारत और महाराष्ट्र में यह नवजागरण थोड़े बहुत कालांतर से हुआ था। नव चेतना का प्रादुर्भाव महाराष्ट्र में कुछ पहले हुआ। हिन्दी भाषी प्रदेशों पर 1857 के स्वाधीनता संग्राम का असर अन्य प्रांतों की तुलना में अधिक पड़ा।

महाराष्ट्र का सांस्कृतिक नवोत्थान निश्चय ही समाज सुधार से जुड़ा था, जिसमें विधवा विवाह, स्त्री शिक्षा, बाल विवाह निषेध आदि के कार्यक्रम अधिक थे। इनमें तुकाराम, नामदेव एकनाथ और समर्थ रामदास की ओजस्वी परंपरा की क्रांतिधर्मी चेतना क्रियाशील थी। इसीलिए महाराष्ट्र की राष्ट्रीय कविता में क्षात्रधर्म की पुकार का क्रांतिकारी स्वर गुजराती, मलयालम आदि की तुलना में बड़ा प्रबल है। हिन्दी में मैथिलीशरण गुप्त, जयशंकर प्रसाद, सूर्यकांत त्रिपाठी निराला, माखनलाल चतुर्वेदी की कविताओं में वीर नायकों, महापुरूषों का महत्व ज्ञान हैं। विदेशी सभ्यता संस्कृति के प्रति वेदनाजन्य घृणा, वर्तमान भारत की पतन गाथा पर चिंता तथा प्राण देकर स्वतंत्रता की प्राप्ति का आव्हान है। काव्य में मानववाद की प्रतिष्ठा हिन्दी में माखनलाल, मैथिलीशरण गुप्त और मराठी में विनायक जनार्दन करंदीकर की कविताओं में हुई है।

हिन्दी में मैथिलीशरण गुप्त, गयाप्रसाद शुक्ल सनेही, सियारामशरण गुप्त, रामनरेश त्रिपाठी, माखनलाल चतुर्वेदी, नवीन, सुभद्राकुमारी चौहान, दिनकर आदि कवियों ने जिस देशप्रेम, करुणा और आस्था के गीत गाये हैं लगभग उसी प्रकार की हुंकार और पुकार मराठी की राष्ट्रीय कविता में मिलती हैं। मराठी ने 'तुतारी' (तुरही), नवा सिपाही, निशान (झंडा) मूर्ति भजन, स्फूर्ति, गोपन आदि क्रांतिगीतों से जन-जन को देशभर में जगाना चाहा। इन कविताओं का स्वर जन कल्याणकारी था। वामन तिलक, करंदीकर चन्द्रशेखर, ना.मु. गुप्त, भास्कर रामचन्द्र तांबे, दत्तात्रेय, कोंडो, घाटे, पांडुरंग रदालकर, बापूजी ढोमरे, श्रीमती सुमंत, सिंधुसुता, शारदाबाई परांजपे,

लक्ष्मी तनया आदि कवियों ने एक समृद्ध राष्ट्रीय सांस्कृतिक काव्यधारा को प्रवाहित किया है। इन सभी कवियों ने भारत के प्राचीन गौरव ज्ञान को अभिव्यक्ति दी है। मराठी की कविता में केशवसुत के 'तुतारी' (तुरही) से जो सामाजिक क्रांति अग्नि स्वर उठा था, उसकी उठान भास्कर रामचंद्र तांबे में नया जोश लाई है। बापू जी ढोमरे में अरूण, निर्झरास, संध्यातारिका, धर्मवीर जैसी अमर कविताएं आन्तरिक ज्वाला से जन्म ले उठीं। इन कविताओं में हिन्दी के समान ही देश के उद्दीप्त यौवन की दहाड़ और पुकार है। दोनों भाषाओं की नवजागरण एवं राष्ट्रीय कविताओं में पराधीनता को समाप्त कर देने की संकल्पबद्ध प्रेरणा है। भारतीय जन जीवन में विद्रोह की जो प्रचंड ज्वाला भड़क उठी थी उसे 'एक भारतीय आत्मा' माखनलाल चतुर्वेदी ने तड़प के स्वर में लिखा–

बलि होने की परवाह नहीं, मैं हूं कष्टों का राज्य रहे।
मैं जीता, जीता, जीता हूं, माता के हाथ स्वराज्य रहे।।

हिन्दी में मैथिलीशरण गुप्त, रामनरेश त्रिपाठी, दिनकर और मराठी में न0चि0 केलकर ने देशभक्ति के लिए प्राणों के उत्सर्ग का महत्व स्वीकार किया है। रामधारी सिंह दिनकर ने ''परशुराम की प्रतीक्षा'' जैसी युद्ध कविता इसी उद्देश्य से लिख डाली। गयाप्रसाद शुक्ल सनेही ने लिखा–

जिस पर कि लोकमान्य ने कुर्बान जान की।
महिमा महान बापू ने जिसकी बखान की।।

हिन्दी और मराठी की राष्ट्रीय कविताएं मानव को अंधेरे में रोशनी दिखाती हैं, उनमें राष्ट्र के प्राणों की पुकार मानवतावादी चिंतन के साथ फूटती रही है।

स्वच्छन्दतावाद

मराठी में केशवसुत के उदय से नया काव्य उभरने लगा। पर मराठी चेतना का नया परिवेश नारायण वामन, माधवानुज, गोबिंद गुप्त, एकनाथ पांडुरंग रेंदालकर, बापूजी ढोमरे और नारायण मुरलीधर गुप्ते ने निर्मित किया। हिन्दी में जयशंकर प्रसाद, निराला, पंत और महादेवी वर्मा ने नया परिवेश निर्मित कया। केशवसुत के काव्य संग्रहों–नवासिपाई, तुतारी, स्फूर्ति आदि में नए युग के उठते कदमों की पदचाप सुनाई देती है। हिन्दी में भारतेन्दु मंडल, द्विवेदीयुगीन कविताओं में भी नए युग का जन्म हो चुका था। केशवसुत और भारतेन्दु ने भाव और शिल्प दोनों दृष्टियों से काव्य के बन्धन तोड़ दिये। विनायक जनार्दन करंदीकर और हिन्दी के प्रसाद, निराला ने इतिहास प्रसिद्ध वीरों और वीरांगनाओं पर ओजस्वी काव्य कृतियां लिखी हैं। इनकी कृतियों में राष्ट्रीय स्वाभिमान व्यक्त हुआ हैं। हिन्दी के कवि निराला और मराठी के कवि माधवानुज और गोंविदाग्रज जैसे कवियों का काव्य भी रूढ़ि विद्रोह का प्रबल स्वर लेकर आया। बापूजी ढोमरे ने सुमित्रानंदन पंत की भांति, निर्झर, संध्या, रजनी, तारा पर्वत आदि का गान किया। नारायण मुरलीधर ने पंत के समान ही प्रकृति, प्रेम

सौन्दर्य और जागरण के गीत गाये। तांबे, चन्द्रशेखर, सावरकर, कुसुमाग्रज आदि कवियों के प्रयत्नों से स्वच्छन्दतावाद अपनी समृद्धि पर पहुंच गया।

प्रगतिशील काव्य

मराठी में हिन्दी के समान प्रगतिशील काव्य का कोई स्पष्ट आन्दोलन बल नहीं पकड़ सका। मानववादी विचारधारा के कवियों में शरच्चन्द्र मुक्तिबोध, बसंत बापट, विंदा करंदीकर, नारायण सर्वे, कुसुमागृज साम्यवादी—समाजवाद विचारधारा से एक सीमा तक प्रतिबद्ध रहे हैं। केशवसुत, गोविंदाग्रज और तांबे की कविताओं में भी यथार्थवाद की झलक मिलती है। शाहीरों के पवाड़ों मे भी मानवतावादी स्वर है। हिन्दी के छायावादी कवि पंत, निराला, नवीन, भगवतीचरण वर्मा बाद में प्रगतिवाद की ओर उन्मुख हुए हैं। केशवसुत ने हिन्दी के पंत कवि की प्रगतिवादी कविता—''द्रुत झरो जगत के जीर्ण पत्र'' को 'तुतारी' में यथावत प्रस्तुत किया है।

प्रयोगवाद और नई कविता

हिन्दी में अज्ञेय और मराठी में वा.सी. मर्ढेकर प्रयोगवाद और नई कविता के प्रवर्तक माने जाते हैं। दोनों भाषाओं के कवि कविता की पुरानी परम्पराओं शैलियों को छोड़ने पर आमादा होकर सामने आए। सभी क्षेत्रों में दोनों ने अपन विद्रोही काव्य प्रवृत्ति का परिचय दिया है। दोनों भाषाओ के कवि यंत्रयुग की जड़ता, उत्पीड़न निराशा से उठे हुए हैं और परिवेश का भयानक रूप में चित्रण करते हैं। मनुष्य की आन्तरिक चेतना का स्पष्ट एवं निर्भीक उद्घाटन करते हैं। इन पर फ्रायड एडलर, युंग की नई खोजों का प्रभाव अधिक है। हिन्दी के गजानन माधव मुक्तिबोध और मराठी के शरच्चन्द्र मुक्तिबोध सगे भाई है दोनों ही नई कविता के विद्रोही कवि हैं। दोनों ही नये आस्थावाद के कवि हैं। जैसे मुक्तिबोध की ''अंधेरे में'' लम्बी कविता ने हिन्दी काव्यभूमि को हिला कर रख दिया, वैसे ही शरच्चन्द्र मुक्तिबोध ''नवी मलावट'' और 'यांत्रिक' नामक दो कविता संग्रहों से मराठी काव्य भूमि को हिला दिया हैं। हिन्दी के मुक्तिबोध के समान ही मराठी के मुक्तिबोध की कविताएं भी दाहक हैं, जिसमें सामाजिक, आर्थिक विषमताओं के प्रति कवियों का खून खौल उठा है। शरच्चन्द्र की कविता ''मराठी चिए नगरी'' हिन्दी के मुक्तिबोध की लम्बी कविता ''अंधरे में'' के समान ही लम्बी है और दोनों में ही मानवतावादी विचारों की ताजी आग है।

मराठी के नये कवियों में प्रो गोविंद विट्ठल करंदीकर (फुलेरा, ढोला आदि), श्री मंगेश पड़गांवकर, प्रो. वसंत बापट (बिजली व सेतु), प्रो. रामशेवालकर, मवालकर, मनमोहन, तेंडुलकर, सूर्यकांत खांडिलकर, भारती प्रभु, मधु मंगेश कर्णिक, राजा महाजन और हिन्दी के कवि अज्ञेय, प्रभाकर माचवे, गिरिजाकुमार माथुर, भवानीप्रसाद मिश्र, जगदीश चतुर्वेदी, राजकमल चौधरी, धूमिल, सौमित्र मोहन आदि

कवियों ने लोकभाषा के सृजनात्मक प्रयोग के साथ नई कविता की नई छवियां और शैलियां विकसित की हैं। इनमें से अधिकांश कवियों ने अपने विचारों को नया रंग रूप देने के लिए लोकभाषा के नजदीक जाकर नए शब्द-संयोग बनाए हैं। नवीन बक्रोक्तियों, ध्वनियों का सहारा लिया है। दोनों भाषाओं के कवियों में ऊब, संत्रास, पीड़ा आदि आर्थिक विषमता से पैदा हुए है। काव्य की जटिल संप्रेषणीयता के लिए साधारणीकरण सिद्धान्त को हिन्दी में अज्ञेय और मराठी में वा.सी. मर्ढेकर, प.दं. भावे जैसे कवियों का समर्थन मिला है। प्रभाकर माचवे और मर्ढेकर नये काव्य प्रयोगों के लिए जाने जाते हैं। कुल मिलाकर हिन्दी और मराठी के आधुनिक काव्य की आत्मा एक है।

मराठी और हिन्दी के कथा साहित्य की तुलना

कथा साहित्य (उपन्यास और कहानी)—हिन्दी और मराठी कथा साहित्य में मौलिक उपन्यासों के पूर्व अंग्रेजी उपन्यासों के साथ-साथ भारतीय भाषाओं के अनुवाद हुए। सन् 1869 में बाबा पदमनाजी के मराठी उपन्यास ''यमुना पर्यटन'' (1857) का कन्नड़ में अनुवाद हुआ। खांडेकर के मराठी उपन्यास ''जकलेता मोहर'' का भी श्री. श्री. ने तमिल अनुवाद किया। हिन्दी में भी मौलिक उपन्यास के आने तक सन् 1873 में बंगला के ''दुर्गेश नंदिनी'' का और 1880 में ''मृणालिनी'' एवं ''युगलांगुरीय'' का अनुवाद हो चुका था।

प्रथम मौलिक उपन्यास

1857 में बाबा पदमन जी का मराठी उपन्यास 'यमुना पर्यटन' प्रकाश में आया। यद्यपि इसे मराठी का प्रथम उपन्यास माना जाता है किन्तु इसे उचित मान्यता नहीं मिली। इसलिए कि इस उपन्यास में हिन्दू धर्म की कड़ी आलोचना की गई थी, साथ ही इसमें हिन्दू समाज में नारी की शोचनीय दशा का चित्रण और विधवा विवाह का समर्थन किया गया था। इसकी भाषा भी आंग्लीय हो गई थी। मराठी में इसके बाद शीघ्र ही लक्ष्मण मोरेश्वर शास्त्री हलवे का उपन्यास ''मुक्तामाला'' निकला, जिसका विषय रोमांटिक और भाषा संस्कृतनिष्ठ थी। सन् 1871 में निकला ''मोचनगड'' मराठी का प्रथम ऐतिहासिक उपन्यास माना जाता है। पर ऐतिहासिक उपन्यास को यौवनावस्था में पहुंचाया हरिनारायण आप्टे ने, जिनका पहला उपन्यास ''उषाकाल'' सन् 1895-97 में निकला और उसी श्रृंखला में ''सूर्योदय'', ''सूर्यग्रहण', वज्राघात, 'मध्याह्न' आदि कई उपन्यास निकले।

इधर हिन्दी में श्रीनिवासदास का''परीक्षागुरु'' (1882) निकला, जिसे हिन्दी का प्रथम उपन्यास माना जाता है। यद्यपि इससे पहले श्रद्धाराम फिल्लौरी की कथाकृति ''भाग्यवती'' प्रकाश में आई गई थी, नवविधा उपन्यास गठन की दृष्टि से

उसे उपन्यास मानने में संकोच रहा। परीक्षा गुरु के नायक मदन मोहन को विपत्ति में पड़कर ही मित्र-अमित्र की पहचान होती है। इसलिए उपन्यास का नायक विपत्ति को परीक्षा और परीक्षा को अपना गुरु मानता है। इसी समय देवकी नंदन खत्री का "चन्द्रकान्ता संतति" निकला। देवकीनंदन खत्री तिलस्म और अय्यारी उपन्यास के प्रवर्तक थे। दूसरी जासूसी धारा के प्रतिनिधि गोपालराम गहमरी और रोमांस परक सामाजिक धारा के किशोरीलाल गोस्वामी थे। यही रही 20वीं शताब्दी तक पहुंचते पहुंचते हिन्दी और मराठी के प्रारंभिक उपन्यास की स्थिति। इन उपन्यासों में पश्चिम की कल्चर है किन्तु कथावस्तु चरित्रचित्रण और विचारधारा भारतीय है।

इसी काल में मराठी के 'यमुना पर्यटन" जैसे प्रारंभिक उपन्यास में ही समाज की कुरीतियों को उघाड़कर उनके सुधार की आवाज उठा दी गई थी। उन्नीसवीं सदी को पार करते-करते सामाजिक चिंतन में भी काफी परिवर्तन आ गया था।

सामाजिक उपन्यास

राजाराम मोहनराय, स्वामी दयानंद सरस्वती, एनीबिसेंट, महादेव गोविंद रानाडे, रामकृष्ण परमहंस, स्वामी विवेकानंद के सुधारवादी आन्दोलन के दौरान हिन्दी और मराठी उपन्यासों में पाखंडों, दुराचारों, अन्धविश्वासों, ऊँच-नीच के भेदभाव आदि के उन्मूलन के प्रयास प्रारंभ हुए। हिन्दी में प्रेमचंद के उपन्यासों ने व्यापक स्तर पर धार्मिक और सामाजिक पाखंडों का बड़ी निर्ममता के साथ भंडाफोड़ हुआ। 'वरदान', 'प्रतिज्ञा', सेवासदन, प्रेमाश्रम, निर्मला, रंगभूमि, कर्मभूमि, कायाकल्प और गोदान में हर प्रकार के अनाचार और दुराचार के विरूद्ध आवाज उठाई गई है। प्रसाद ने अपने उपन्यास कंकाल (1929) और "तितली" (1934) में धर्म के ठेकेदारों के पाखंडों का पर्दाफाश किया और बताया कि धर्म और समाज के रक्षक ही उसके भक्षक है। भगवतीचरण वर्मा (चित्रलेखा) चतुरसेन शास्त्री, पांडेय बेचन शर्मा उग्र ने पतित नारियों और विलासी पुरूषों का चित्रण किया।

मराठी में हरिनारायण आप्टे के उपन्यास "गंडाली स्थिति" (1885) में समाज में व्याप्त ढोंग और पाखंडों को उघाड़ा। शांताबाई ने "हाथ का धर्म" उपन्यास में अंधविश्वासों और सामाजिक विकृतियों पर प्रकाश डाला। खांडेकर के "रिकामा देव्हारा" में साधु सन्यासियों के व्यभिचार की ओर ध्यान दिलाया। गीतासाने के "निखललेली हिरकर्णी" में भूतप्रेत आदि के निवारण पर प्रहार किया गया। श्री पी. केतकर ने पैरागंदा में शिक्षित युवकों की समस्याओं को लिया। खांडेकर ने 'कचनमृग" में प्रेमचन्द के गोदान के समान गांव और शहर के खोखले आकर्षणके प्रति चिंता व्यक्त की। साने गुरुजी ने "श्यामची आई", "पुनर्जन्म", "क्रांति" में पश्चिम से आई दूषित लहर को अंकित किया। हिन्दी में उपेन्द्रनाथ अश्क ने 'गिरती दीवारें' (1947) में मध्यमवर्गीय युवकों की समस्याओं को चित्रित किया।

विधवा की दुर्दशा को लेकर प्रेमचन्द ने प्रतिज्ञा, वरदान, निर्मला और कर्मभूमि की रचना की तो मराठी में पदमनजी (यमुना पर्यटन), हरिनारायण आप्टे (गणपत राव), मामा वरेरकर ने (विधवा कुमारी) विधवा समस्या को लेकर उपन्यासों की रचना की।

वेश्या के चक्कर में पड़कर अपना जीवन नष्ट करने वालों के लिए प्रेमचन्द ने ''सेवासदन'' और हरिनारायण आप्टे ने ''मंझली स्थिति'' उपन्यास लिखा। उग्र के 'शराबी' कौशिक के 'माँ' में भी यही प्रवृत्ति दृष्टिगोचर होती है। मराठी के श्री व्यं. केतकर ने अपने उपन्यास ''विचक्षणा'' में वेश्या जीवन के प्रति सहानुभूति व्यक्त की तो पु.य. देशपांडे ने ''बंधनाच्या पलीकडे'' में वेश्या की मानसिक यातनाओ को चित्रित किया है। हिन्दी में जैनेन्द्र के ''त्यागपत्र'' और इलाचन्द जोशी के ''पर्दे की रानी'' तथा ''प्रेत और छाया'' में भी यही प्रवृत्ति मिलती है।

नारी जीवन की समस्याओं को लेकर हिन्दी में प्रेमचन्द (कायाकल्प), उपेन्द्रनाथ अश्क (गिरती दीवारें), अंचल (नई ईमारत), रांगेय राघव (घरौंदे) और मराठी में वामन मल्हार जोशी (रागिणी) केतकर (ब्राह्मण कन्या) विभावरी शिरूरकर (हिंडौल्यावर) आदि ने उपन्यास लिखे। जैनेन्द्र ने सुनीता, त्यागपत्र, कल्याणी, सुखदा, मुक्तिबोध आदि उपन्यासों में नारी जीवन की मानसिक वेदना का चित्रण किया है।

ग्राम्यजीवन को लेकर हिन्दी में प्रेमचंद्र ने प्रेमाश्रम, रंगभूमि, गोदान और वृन्दावनलाल वर्मा ने ''कुंडलीचक्र'' तथा मराठी में ना.च. कुलकर्णी ने ''शिपाई और माणिक'' तथा वरेरकर ने फाटकी-वाकल, स्वाधीन संसार आदि की रचना की है। इन उपन्यासों में भोले भाले अनपढ़ किसानों के साथ जमींदारों और साहूकारों के कपट व्यवहार का वर्णन है। मराठी में मर्ढेकर ने भी किसानों के सरल घरेलू जीवन आदि का अंकन किया है।

महात्मा गांधी के विचारों से प्रभावित हिन्दी में प्रेमचन्द (प्रेमाश्रम, रंगभूमि, कर्मभूमि), भगवतीचरण वर्मा (टेढ़े-मेढ़े रास्ते) और मराठी में मामा वरेरकर (मानगड गल्ली), साने गुरुजी (संध्या), खांडेकर (क्रौंचवध) आदि ने उपन्यास लिखे।

मनोवैज्ञानिक उपन्यास

हिन्दी में जैनेन्द्र के आगमन से मनोवैज्ञानिक उपन्यास का विकास हुआ। उन्होंने 'परख', 'सुनीता', त्यागपत्र, कल्याणी, सुखदा, मुक्तिबोध आदि मनोवैज्ञानिक उपन्यासों में यह भाव व्यक्त किया है कि समर्पण में अहंकार विनष्ट हो जाता हैं और रूद्ध व्यक्तित्व खुल जाता है। इलाचन्द्र जोशी ने ''सन्यासी'', ''पर्दे की रानी'', ''प्रेत और छाया'', ''जिप्सी'', ''जहाज का पंछी'' आदि में पात्रों के अवचेतन मन उद्घाटित किया है। अज्ञेय के ''शेखर एक जीवनी'' मे मुख्य पात्र मृत्युबोध से ग्रस्त है। डॉ. देवराज (पथ की खोज), प्रभाकर माचवे (परंतु), नरेश मेहता (डूबते मस्तूल), मन्नू भंडारी (आप का बंटी) आदि ने नारी की मानसिक यातनाओं को उघाड़ा है।

मराठी में पु.य. देशपांडे के ''काली राणी'' और ''नेवेजग'' भी मनोवैज्ञानिक उपन्यास हैं। कालीराणी का प्रकाश कुंठित प्रेमवाला हैं और नवेजग में दो प्रेमियों के बीच अहं दीवार बन जाता है। विश्राम बेडेकर के ''रंगांगन'', मर्ढेकर के ''रात्रीचा दिवस'' वसंत कानेटकर के ''घर'' गंगाधर गाडगिल के ''लिलीचे फूल'', बालचंद्र नेमड़े के उपन्यास कोसला, भाऊ पाध्येय के ''वसुनक'' और खानोल्कर के ''त्रिशंकु'' में भी व्यक्तिमानस की गहराईयों में उतरने का प्रयास किया गया है।

ऐतिहासिक उपन्यास

मराठी के ऐतिहासिक उपन्यासों की नींव तो आर.वी. गुंजीकर ने अपने उपन्यास ''मोवनगड'' में डाल दी थी, पर उसे विकसित और समृद्ध करने का श्रेय हरिनारायण आप्टे को है। उनके उपन्यास ''उषाकाल'', ''सूर्योदय'', ''मध्याह्न'', ''सूर्यग्रहण'' मराठा इतिहास पर आधारित हैं। ''कालकूट'' चन्द्रगुप्त काल पर और 'वज्राघात' विजय नगर राज्य पर आप्टे के ऐतिहासिक उपन्यास ओजपूर्ण और कलात्मक हैं। उसमें इतिहास का यथार्थ अंकन हुआ है और पात्रों का सजीव चित्रण।

हिन्दी में ऐतिहासिक उपन्यासों के रचयिता वृंदावनलाल वर्मा हैं। उन्होंने इतिहास और लोककथाओं के योग से ''गढ़कुंडार'', ''विराटा की पद्मिनी'', और ''मृगनयनी'' लिखा है। उनके अन्य प्रमुख ऐतिहासिक उपन्यास–''कचनार'', ''झांसी की रानी'', ''अचलमेरा कोई'', ''भुवन विक्रम'', ''टूटे कांटे और अहिल्याबाई'' आदि हैं। स्वाधीनता के बाद राहुल सांकृत्यायन (जययौधेय) यशपाल (दिव्या) चतुरसेन शास्त्री वैशाली की नगरवधू नरमेघ, 'सोमनाथ, आलमगीर, वयं रक्षामः, तारिणीचरण रथ (अन्नपूर्णा) आदि के ऐतिहासिक उपन्यास उल्लेखनीय हैं। भगवतीचरण वर्मा के उपन्यास ''चित्रलेखा'', हजारीप्रसाद द्विवेदी के ''बाणभट्ट की आत्मकथा, पुनर्नवा, अनामदास का पोथा, अमृत लालनागर के ''सुहाग के नूपुर'' आदि उपन्यास और वीरेन्द्र कुमार जैन के 'मुक्तिदूत' तथा नरेन्द्र कोहली के ''दीक्षा'', ''अवसर'' आदि उपन्यास रामायण महाभारत आदि के आख्यान पर लिखे गये हैं, जिसमें आज के युग के लिए उनकी प्रासंगिकता ही स्पृहणीय है।

मराठी में वि.स. खांडेकर का ''ययाति'' शियाजी सावंत का ''मृत्युंजय'' और रणजीत देसाई का ''राधेय'' उपन्यास भी महाभारतकालीन भारत की सामाजिक संरचना पर आधारित हैं।

आंचलिक उपन्यास

मराठी में वी. दिघे का ''पाणकला'' और वी.डी. चिदारकर का ''महापूर'' जी.एल. ढोबल का 'गावगंडा' आंचलिक उपन्यास हैं। जी.एम. दांडेकर (पदधवली), व्यकटेश मुद्गलकर (बंगरवादी), ए.वी. जोशी (रानमूल) और बी.बी. बोरकर (भाविन) ने अपने

उपन्यासों में आंचलिक जीवन का चित्रण किया है।

हिन्दी में आंचलिक उपन्यास का उदय नागार्जुन के ''बलचनमा'' से माना जाता है, जो मिथिला की संस्कृति पर आधारित है। उदयशंकर भट्ट ने ''सागर, लहरें और मनुष्य'' और फणीश्वरनाथ रेणु ने ''मैला आंचल'' परतीपरिकथा, जो बिहार के पूर्णिया जिले का यथार्थ प्रस्तुत करते हैं, लिखा है। कृष्णा सोबती के ''जिंदगीनामा'' में विभाजन पूर्व पंजाब की धरती की गंध है। इन उपन्यासों में आंचलिक बोलियों का निर्बाध प्रयोग किया गया है।

हिन्दी और मराठी के उपन्यासों की भाषाएं भिन्न हैं पर उनकी अंतर्धारा एक है। उसकी दार्शनिक, सांस्कृतिक और सामाजिक पृष्ठभूमि एक है। किन्तु उनकी अपनी अलग पहचान और व्यक्तित्व तथा वैशिष्ट्य भी अलग है।

कहानी

हिन्दी में उग्र प्रकृतिवादी कहानी लेखक हैं उन्होंने मानव क पशुसुलभ आचरणका चित्रण किया है। प्रेमचंद ने मार्क्सवादी या प्रगतिवादी विचारों को लेकर कहानियां लिखी हैं। स्वतंत्रता के बाद गरीबी, भ्रष्टाचार, साम्प्रदायिकता नारी शोषण आदि को विषय बनाकर हिन्दी में अमरकांत, और मराठी में र.वा. दिघे ने क्षेत्रीय जीवन का हृदयग्राही चित्र प्रस्तुत किया है। 1960 के बाद हिन्दी के राजेन्द्र यादव और मराठी के जी.ए. कुलकर्णी, और दिलीप चित्रे ने नई कहानियां लिखी हैं। नए बिम्बों, नये प्रतीकों, और मिथक के प्रयोग से उनकी कहानियां पुरानी कहानियों से बिलकुल भिन्न हैं। महिला कहानीकारों में हिन्दी में उषा मित्रा, सुभद्राकुमारी चौहान आदि मराठी के विभावरी शिरूरकर और कुसुमावली देशपांडे ने नारी की भावुकता और कोमल संवेदनाओं की कहानियां लिखी हैं। उन्होंने सामाजिक चेतना के साथ-साथ नारी के स्वतंत्र व्यक्तित्व, उसकी आकांक्षाओं और निराशा के चित्र भी प्रस्तुत किये हैं। ऐतिहासिक कहानीकारों में हिन्दी में प्रेमचंद मराठी में ना.सी. फड़के और वी. एस. सुखतंकर ने ऐतिहासिक कहानियां लिखे हैं। प्रयोगवादी कहानी लेखकों में हिन्दी में निर्मला वर्मा का नाम उल्लेखनीय है।

दोनों भाषाओं की कहानियों में भारतीयों की आशा, आकांक्षा, दुःखदर्द तथा हर्ष विषाद का सच्चा तथा प्रामाणिक चित्र प्रस्तुत किया गया है।

हिन्दी और मराठी के नाट्य साहित्य का तुलनात्मक विश्लेषण

हिन्दी और मराठी में नाट्य लेखन अंग्रेजों के आगमन से शुरू होता है। अंग्रेजों ने अपने मनोरंजन के लिए उत्तर भारत और बंबई में थिएटर बनाये। ''डिसगाइज'' तथा ''लव इज दि बेस्ट'' नामक नाटकों का स्वच्छन्द रूपान्तरण कराकर उनका प्रदर्शन किया गया। इन थिएटरों की लोकप्रियता को देखकर थिएट्रीकल कंपनियां बनीं।

इनका व्यावसायिक प्रयोग अधिक था। बीसवीं सदी के दूसरे दशक तक पेशेवर कंपनियों के घूमंतू प्रदर्शकों के कारण हिन्दी और मराठी के व्यावसायिक नाटक एक दूसरे से गुंथे रहे। इन कंपनियों का उद्देश्य धनोपार्जन था किन्तु इन्होंने जनता में नाटक के प्रति रूचि उत्पन्न की।

अंग्रेजों के संपर्क में आने पर जब यहां के लोगों ने उनके नाटकों को देखा तो मराठी में संस्कृत नाटकों को संगीत रूपकों के माध्यम से प्रस्तुत किया गया जैसे संगीत मृच्छकटिकम्, संगीत विक्रमोर्वशीय, संगीतशापसंभ्रम आदि। हिन्दी में भारतेन्दु और उनके सहयोगियों ने संस्कृत के प्रसिद्ध नाटकों—विद्यासुंदर, रत्नावली, धनंजय विजयव्यायोग, मुद्राराक्षस कर्पूरमंजरी के अनुवाद किये।

नाट्य साहित्य के रिक्त भंडार को भरने का दूसरा उपाय था अंग्रेजी नाटकों का अनुवाद। मराठी में प्रो. केलकर तथा प्रो. आगरकर ने शेक्सपियर के नाटकों—'हेमलेट', 'आथेलो', 'मैकवेथ', 'टेंगिंग आफ दि श्रु' के रूपांतरण, किए। हिन्दी में भारतेन्दु ने "मर्चेन्ट ऑफ वेनिस" का 'दुर्लभ बंधु' नाम से रूपांतरण किया और स्थान तथा पात्रों के नाम भारतीय कर दिये गये, जैसे वेनिस का वंशपुर, एण्टोनियो का अनंत, वेसेनियो का वसंत, पोरशिया का पुरश्री, जेसिका का यशोदा और शायलाक का शैलाक्ष हो गया। आशय यह है कि प्रारंभ में मराठी और हिन्दी में अनुवादों की ही भरमार रही।

अनुवादों के बाद मौलिक नाटकों का लेखन प्रारंभ हुआ। इन नाटकों के विषय पौराणिक, ऐतिहासिक थे और सामाजिक समस्याओ को लेकर प्रहसन लिखे गये। मराठी नाटक के प्रथम चरण में पौराणिक नाटक अधिक लिखे गये। हिन्दी के आरंभिक मौलिक नाटकों के विषय भी पौराणिक आख्यान थे। भारतेन्दु हरिश्चन्द्र के अतिरिक्त श्री निवासदास (प्रहलाद), शालिग्राम (मोरध्वज) विष्णु गोविंद शर्मा (कर्ण), बालकृष्णभट्ट (दमयंती स्वयंवर) और लाला देवराज ने (सावित्री) इस परम्परा को आगे बढ़ाया।

मराठी में कीर्तन का माधवराव पेशवा पर लिखा ऐतिहासिक नाटक अतीत के गौरव का स्मरण दिलाता है। हिन्दी में इस परम्परा में जो नाटक लिखे गए, उनमें प्रसिद्ध हैं पद्मावती और महाराणाप्रताप (राधाकृष्ण दास), अमरसिंह राठौर (राधाचरण गोस्वामी), हकीकतराय (सैयद शेर अली), वीर जयमल (गंगाप्रसाद गुप्त)। ये नाटक राष्ट्रीयता का स्वर उद्बुद्ध करने की दृष्टि से तो उल्लेखनीय हैं किन्तु इनमें नाट्यशिल्प का अभाव है।

सामाजिक कुरीतियों पर प्रहार करने के लिए हिन्दी और मराठी कुछ प्रहसन भी लिखे गये। हिन्दी में भारतेन्दु ने प्रहसनों की नींव डाली। उनके "अंधेर नगरी", "वैदिकी हिंसा हिंसा न भवति" बड़े प्रसिद्ध हैं। उनके लीक पर चलते हुए राधाचरण गोस्वामी ने भी प्रहसन लिखे।

19वीं शताब्दी के अन्त में साहित्यिक जागरण की नई चेतना के प्रतीक

बनकर हिन्दी में भारतेन्दु और महाराष्ट्र में गोविंद वल्लाल देवल उदित हुए। इन नाटककारों में समाज सुधार की तीव्र आकांक्षा थी। इन्होंने राष्ट्र प्रेम की भावना भी प्रदीप्त की। इस दृष्टि से भारतेन्दु द्वारा लिखे गये नाटक—भारत दुर्दशा, भारत जननी, नीलदेवी और अंधेरनगरी उल्लेखनीय है। आगे चलकर जयशंकर प्रसाद ने अपने ऐतिहासिक नाटकों द्वारा राष्ट्रीयता की भावना को और अधिक प्रखर बनाया।

बीसवीं शताब्दी के तीसरे दशक तक नाट्य लेखन और प्रदर्शन सामाजिक रूप से प्रतिष्ठित हो चुका था। विभिन्न पत्र पत्रिकाओं, संस्थाओं ने नाट्य लेखन और नाट्य प्रदर्शन को प्रोत्साहित करने में महत्वपूर्ण भूमिका निभाई। धीरे धीरे शेक्सपियर के नाटकों और नाट्य कला का प्रभाव कम होता गया और इब्सन के समस्या नाटकों ने नाटककारों को प्रभावित करना शुरू कर दिया। मराठी में इब्सन का प्रभाव मामा वरेरकर के नाटकों में दृष्टिगत होता है। इनके प्रोत्साहन से 1933 में कुछ उत्साही युवकों से श्रीधन विनायक वर्तक का नाटक ''आंधत्याची शाला'' रंगमंच पर प्रस्तुत किया। यह इब्सन की यथार्थवादी रंगशैली में प्रस्तुत किया गया। मामा वरेरकर के नाटकों की कथा चयन, चरित्रचित्रण और रंगशिल्प सभी पर इब्सन का प्रभाव है। अन्य मराठी नाटककारों में आचार्य अत्रे और मो.ग. रांगणेकर उल्लेखनीय हैं। हिन्दी में यद्यपि जयशंकर प्रसाद के ''ध्रुवस्वामिनी'' में ही इब्सन छाया दिखाई पड़ने लगती है, तथापि फ्रायड और इब्सन का प्रभाव उनके बाद के नाटककारों विशेषतः हरिकृष्ण प्रेमी (रक्षाबंधन, स्वप्नभंग, प्रतिशोध) लक्ष्मीनारायण मिश्र (सन्यासी, राक्षस का मंदिर, सिंदूर की होली), गोविन्दवल्लभ पंत (अंतःपुर का छिद्र, अंगूर की बेटी) और उपेन्द्र नाथ अश्क (अंजोदीदी) पर स्पष्ट दिखाई देता है। सारांश यह कि बीसवीं शताब्दी के दूसरे दशक के नाटक सुधारवादी और आदर्शवादी दृष्टि से यथार्थवाद की ओर उन्मुख हुए।

आजादी के बाद के नाटककारों ने पौराणिक आख्यानों को नाटक के माध्यम से प्रस्तुत कर मनुष्य की जटिल मनोदशा एवं मनोग्रंथियों का चित्रण-विश्लेषण करने का प्रयास किया है। हिन्दी में धर्मवीर भारती के ''अंधायुग'' में घृतराष्ट्र, गांधारी और अश्वत्थामा के माध्यम से लेखक ने आज के जीवन के संत्रास, और आतंक को उजागर किया है। श्री सुरेन्द्र वर्मा ने ''द्रौपदी'' में समकालीन परिवारों की त्रासदी को प्रस्तुत किया है तो नरेन्द्र कोहली ने ''शंबुक की हत्या'' नाटक में भ्रष्टाचार का पर्दाफाश किया है। भगवतीचरण वर्मा के ''रूपया तुम्हें खा गया'' चन्द्रगुप्त विद्यालंकार के ''न्याय की रात'' और रामकुमार वर्मा के ''पृथ्वी का स्वर्ग'' में समकालीन यंत्रणाओ को प्रस्तुत किया गया है।

मराठी नाटककार कुसुमाग्रज ने अपने नाटकों में पात्रों के मनोवैज्ञानिक विश्लेषण द्वारा आंतरिक द्वन्द्व को चित्रित किया है। वसंत कानेटकर के नाटकों में भी पात्रो के अन्तर्मन के चित्रण पर अधिक बल है। उनके नाटक ''रागढाला जेव्हा येते'' में छत्रपति शिवाजी के मर्यादाभाव और शंभाजी में पितृभक्ति का द्वन्द्व दिखाया

गया है। हिन्दी के नाटककार मोहन राकेश, सुरेन्द्र वर्मा और लक्ष्मीनारायण लाल भी मानव मन के तह तक पहुंचने का प्रयास किया है।

सन् 1960 के बाद हिन्दी और मराठी में एब्सर्ड नाटक का प्रवेश होता हैं। एब्सर्ड नाटकों में अर्थशून्य भाषा है, पात्र प्रतीकात्मक हैं, अकेलेपन की खोज है। इनके अनुसार जीवन जटिल है, एक अनबूझ पहेली हैं और मानव स्वयं को टूटा और अकेला पाता है। एबूसर्ड नाटक आज के मानव की तनाव से भरी जिन्दगी को उतारता है। मराठी में इस धारा के उल्लेखनीय नाटककार हैं विजय तेंदुलकर। उन्होंने "मी जिकलो मी हारलो" (1963) में व्यक्ति के टूटे स्वप्नों का चित्रण किया है। "शांतता कोर्ट चालू आहे" में दमघोंटु सामाजिक दबावों का वर्णन किया है। "घासीराम कोतवाल" तथा सखाराम बाईंडर में उस क्रूर सामाजिक व्यवस्था और उन परम्पराओ का चित्रण किया है, जिन पर मानव का नियंत्रण नहीं है और जिनमें पिसकर वह टूट जाता है। सी. टी. खानोल्कर ने "एक शून्य बाजीराव" में जीवन की निरर्थकता पर प्रकाश डाला है। हिन्दी के नाटककारों में इस दृष्टि से विपिन कुमार अग्रवाल, लक्ष्मीकांत वर्मा, लक्ष्मीनारायण अग्रवाल, विष्णु प्रभाकर, सुरेन्द्र वर्मा आदि उल्लेखनीय हैं, जिन्होंने परिवार के टूटने, दाम्पत्य जीवन के बिखरने आदि को चित्रित किया है। लक्ष्मीकांत वर्मा ने "रोशनी एक नदी" में दिशाहीन राष्ट्र का चित्र प्रस्तुत किया है।

स्वाधीनता के बाद काव्यरूपकों और रेडियो नाटकों की बाढ़ सी आ गई हैं। उदयशंकर भट्ट ने "मत्स्यगंधा और विश्वामित्र और धर्मवीर भारती ने "अंधायुग" में पद्यनाटकों की परम्परा का सूत्रपात किया है। मराठी में संगीत रूपको की परम्परा तो अत्यंत प्राचीन हैं, पर काव्यरूपक कुछ दिन पहले ही लिखने शुरू किये गये हैं वि.नि. शिरखाडकर का "विज म्हाणली धरतीला" इस विधा की उल्लेखनीय रचना है। ऐसे नाटक वही लिख सकते हैं, जो कवि और नाटककार दोनों हों।

मराठी में जीवनपरक नाटक भी लिखे गये है। इस प्रकार का नाटक नानासाहब श्री गोपीकर ने "भाव तोची देव" नाटक लिखा है। मराठी में पी.एल. देशपांडे ने अंग्रेजी के "रेव्यू" की तरह एक नाटक लिखा–"बटाटाची चाल", उसमें स्वयं उन्होंने एकपात्रीय प्रदर्शन किया है। गौणपात्रों पर ध्यान देते हुए हिन्दी में मोहन राकेश ने "आषाढ़ का एक दिन" लिखा है।

आज का नाटककार मंच से जुड़ने का निरंतर प्रयास कर रहे हैं। अतः वे मंच को ध्यान में रखकर नाटक लिख रहे हैं। इस दृष्टि से मराठी में विजय तेंडुलकर और हिन्दी में रमेश मेहता और ओमशिवपुरी के नाम उल्लेखनीय हैं।

(ii) उर्दू और हिन्दी साहित्य की तुलना

आधुनिक उर्दूकाव्य और आधुनिक हिन्दी काव्य की तुलना (स्वतंत्रता पूर्व एवं स्वातंत्र्योत्तर)

नवजागरणकाल

19वीं शताब्दी के मध्य में ब्रिटिश शासन की स्थापना के साथ भारत में वर्तमान युग का आविर्भाव हुआ। पाश्चात्य संस्कृति, साहित्य एवं विचारों के संपर्क और उनके साथ संघर्ष से चेतना की एक नई लहर दौड़ी, जिसे पुनर्जागरण कहते हैं। पुनर्जागरण काल में ही उर्दू और हिन्दी में काव्य की नई विधाओं का जन्म हुआ। इसी समय यथार्थवादी शैली का महत्वपूर्ण आन्दोलन हिन्दी में प्रेमचन्द और उर्दू में मुहम्मद इकबाल ने किया। महात्मा गांधी के विचारधाराओं से प्रभावित होकर उर्दू में जोश मलीहावादी और हिन्दी में मैथिलीशरण गुप्त, रामनरेश त्रिपाठी, माखनलाल चतुर्वेदी आदि ने देशभक्ति और राष्ट्रीय चेतना के गीत गाए।

उर्दूकाव्य में नवजागरण का श्रेय ''अलीगढ़ स्कूल'' को है, जिसके संस्थापक थे सर सैयद अहमद खां। राजाराम मोहनराय से प्रेरणा लेकर इन्होंने भारतीय मुसलमानों में सामाजिक, सांस्कृतिक, धार्मिक और शैक्षिक जागृति पैदा करने का बीड़ा उठाया, और शिक्षा संस्थाओं, मुशायरों तथा पत्रिकाओं द्वारा उर्दू साहित्य में एक नई जान डाली। हिन्दी में यह कार्य किया भारतेन्दु हरिश्चन्द और उनके सहयोगियों ने। सर्वप्रथम श्रीधर पाठक ने खड़ी बोली में गोल्ड स्मिथ की तीन कविताओं का अनुवाद किया। अंग्रेजी काव्य रूपों 'शोकगीत', 'चतुर्दशपदी' और 'हिरोइक कपलेट' ने भारतीय कवियों को आकृष्ट किया। इन अनुवादों के कारण हिन्दी और उर्दू काव्य को एक नया मुहावरा मिला। उर्दूकाव्य जो आशिक-माशूक के सम्बन्धों एवं इश्क के तरानों के लिए बदनाम था, परिवर्तन का स्वर हमें हाली और आजाद की रचनाओं में सुनाई देने लगा। तात्पर्य यह कि नवजागरण काल में हिन्दी और उर्दू काव्यों में देशप्रेम और राष्ट्रभक्ति का स्वर गूंजने लगा। हिन्दी में सबसे तीव्र स्वर था, भारतेन्दु का और उर्दू में इकबाल और जोश का।

सन् 1857 के स्वाधीनता संग्राम के बाद हिन्दी और उर्दू में राष्ट्रभावना का स्वर मुखर हुआ। पहली बार धर्म, जाति और प्रदेश की संकुचित परिधि से निकलकर कवियों ने राष्ट्रगान किया। हिन्दी में भारतेन्दु हरिश्चन्द्र और उर्दू में मौलाना अल्ताफ हुसैन हाली, मौलाना शिवली, इकबाल ने अपनी रचनाओं को नवजागरण के आलोक से जगमगाया। राष्ट्रीय भावना के उदय ने समाज में जो नया मंथन किया था उसकी अभिव्यक्ति हिन्दी में माखनलाल, मैथिलीशरणगुप्त और उर्दू में इकबाल, नजीर अकबरावादी आदि की कविताओं में हुई। ब्रिटिश साम्राज्यवाद ने जो उजाड़ किया था उसकी थकान या पस्ती का देशव्यापी अहसास मिर्जा गालिब तथा बहादुरशाह जफर का काव्य है। इन दोनों उर्दू के कवियों में ऐसा करुण राग है, जो एक नाश होती हुई संस्कृति को देखकर तड़प के साथ फूटा था जफर ने लिखा है—

न जफ़र किसी का हबीब हूं न जफ़र किसी का रकीब हूं।
जो बिगड़ गया वो नसीब हूं, जो उजड़ गया वो दरार हूं।।

दिल्ली की मरती हुई आत्मा से शोक का जो राग उठा था उसकी प्रतिक्रिया से उर्दू कविता का नया राष्ट्रवादी नवजागरण प्रकट हुआ। अमीर मीनाई ने ''मिरातुल गैव'' और 'सनमखाना-ए-इश्क' कावय संग्रहों में प्रेमरस के साथ राष्ट्रीय रस को लाते हुए लिखा—

सरफरोशी की तमन्ना अब हमारे दिल में हैं,
देखना है जोर कितना बाजुए कातिल में है।
वक्त आने पर बता देंगे तुझे अय आसमां
हम अभी से क्या बताएं क्या हमारे दिल में हैं।

नई चेतना का जो बीज हिन्दी के कवि भारतेन्दु और उर्दू के कवि हाली में अंकुरित हुआ था। उसका विकास इसी काल में हुआ। उर्दू में नजीर अहमद मौलाना शिउली मुस्लिम मध्यवर्ग की आवाज के प्रस्तोता बने। मौलाना मुहम्मद हुसैन आजाद ने गदर, के बाद की निराशा को हटाकर हिन्दी के कवियों मैथिलीशरण गुप्त और माखनलाल के समान ही देशभक्ति, अतीत के गौरवगान, रूढ़ियों के विरोध, सुधार आन्दोलनों का स्वर अपनाते हुए कहा—

तूफ़ान बुलबुलों की तरह बैठ जायेंगे,
नेकी के दौर उठके बदी को दबायेंगे।

बड़े कठिन समय मे उर्दू के कवि शिउली ने अंग्रेजी राज्य का विरोध ही अपना कर्तव्य समझा और इसी रंग की रंगत मौलाना जफ़र अली की कविताओं मे आई। ''अदले जहांगीर'' और ''शहर आशिवे-इस्लाम'' में अंग्रेजों को संबोधित करते हुए लिखा—

ये माना तुमको तलवारों की तेजी आजमानी है
हमारी गर्दनों पर होगा, इसका इम्तिहां कब तक।।
सुनाएं तुमको अपने दर्दे दिल की दास्तां कब तक।
मिटाओगे हमारा इस तरह नामोनिशां कब तक।।

कवि अकबर इलाहाबादी ने भी अंग्रेजी मानसिकता की पोल खोल कर रख दी।

उर्दु में यही मर्दानगी की आवाज दुर्गा सहाय सुरूर, मुंशी ज्वालाप्रसाद 'वर्क', महाराजा किशन प्रसाद 'शाद', पंडित अमरनाथ साहिर, चकबस्त के काव्यों में बुलंदी पर है। स्वयं इकबाल ने 'हिमालय' पर कविता लिखी। उनके काव्य संग्रह ''बांगेदरां'', 'बाले जिबरील'', जर्बे कलीम, ''अर्मुगाने-हिजाज'' में यही आवाज उठ रही थी कि इस कठिन समय में एकता हर कीमत पर रखनी है—

शक्ति भी, शांते भी भगतों के गीत में है
धरती के वासियों की मुक्ति भी प्रीत में है।

इकबाल की इसी आवाज को सैयद अली मुहम्मद शाद अजीमावादी ने व्यक्त किया है।

हिन्दी में मैथिलीशरण गुप्त, गयाप्रसाद शुक्ल सनेही, सियारामशरण गुप्त, रामनरेश त्रिपाठी, माखनलाल चतुर्वेदी, बालकृष्ण शर्मा नवीन, सुभद्राकुमारी चौहान, रामधारी सिंह दिनकर आदि कवियों की एक पूरी पीढ़ी राष्ट्रीय सांस्कृतिक कविता में देशप्रेम, बलिदान, त्याग, करुणा और आस्था के गीत गाती रही है। माखनलाल चतुर्वेदी ने "हिमकिरीटिनी" नामक काव्य संग्रह में नई पीढ़ी का हृदयभाव रचते हुए लिखा–

मुझे तोड़ लेना वनमाली उस पथ पर तुम देना फेंक
मातृभूमि पर शीश चढ़ाने जिस पथ जाएँ वीर अनेक।।

नये प्रश्नों और चुनौतियों का सामना करने वाले कवियों में हिन्दी में श्याम नारायण पांडेय, सोहनलाल द्विवेदी, त्रिशूल, बालकृष्ण शर्मा नवीन, और उर्दू में मजाज, जोश, फ़ैज, मीराजी, राशिद, जानसार अख्तर, जाफ़री के नाम उल्लेखनीय हैं।

हिन्दी में मैथिलीशरण गुप्त, सियारामशरण गुप्त, रामनरेश त्रिपाठी, दिनकर और उर्दू में फिराक गोरखपुरी ने देशभक्ति में प्राणों के उत्सर्ग का महत्व स्वीकार किया। इन कवियों की भावधारा वीरता की आग नहीं उगलती अपितु गांधी विचार के प्रेम विवाह में निमग्न रही है।

हिन्दी में दिनकर, सोहनलाल द्विवेदी, और उर्दू में फिराक, सागर निजामी आदि कवियों में देशभक्ति का रागात्मक सौन्दर्य दिखाई पड़ता है। सागर निजामी ने लिखा है–

ऐ वतन ऐ वतन, ऐ वतन
सर से बांधे हुए हैं तिरंगा कफन।।

गयाप्रसाद शुक्ल सनेही, त्रिशूल ने लिखा–

क्या है गजब कि कब्रों से मुर्दे निकल पड़े
जयहिंद बोल बोल के दिल्ली को चल पड़ें।।

स्वच्छन्दतावाद

हिन्दी में स्वच्छन्दतावाद की सच्ची अभिव्यक्ति सर्वप्रथम श्रीधर पाठक के काव्य में दृष्टिगत हुई है। पाठक जी की इस स्वच्छन्द भावधारा को आगे बढ़ाया राय देवी प्रसाद पूर्ण और रामनरेश त्रिपाठी ने। हिन्दी में स्वच्छन्दतावाद को ही छायावाद कहा गया है, जिसके प्रवर्तक जयशंकर प्रसाद थे। छायावाद के कवि प्रसाद, सुमित्रानंदन पंत, सूर्यकांत त्रिपाठी निराला, महादेवी वर्मा, माखनलाल चतुर्वेदी आदि का सृजन देशी मौलिकता की नई भावभूमि के साथ आया था। प्रसाद के आंसू, झरना, लहर तथा कामायनी में, निराला के अनामिका, अप्सरा, गीतिका, तुलसीदास आदि में, पंत के वीणा, ग्रंथि, गुंजन और पल्लव में, महादेवी वर्मा के नीहार, रश्मि आदि में और उत्तर छायावादी कवियों बच्चन, नरेन्द्र शर्मा और अंचल की कविताओं में स्वच्छन्दतावाद

के तराने हैं।

उर्दू साहित्य की आधुनिक स्वच्छन्दतावादी काव्यधारा मौलाना अल्ताफ हुसैन हाली में सहसा जोर पकड़ती है। गालिब, नासिख, आतिश, नसीम, मोमिन, जलाल तथा मुहम्मद हुसैन आजाद की कविताओं ने राष्ट्रीय और सांस्कृतिक कविताओं को एक नया जोश दिया। इकबाल की शायरी में भी राष्ट्रीय भाव उदीप्त हो उठे। दुर्गा सहाय सरूर, मेहर, नौबतराय नजर, महाकवि अकबर में इसी परम्परा का विस्तार मिलता है। चकबस्त ने देशप्रेम और मानवप्रेम को अभिव्यक्त किया। उनका काव्य संग्रह ''सुवहेवतन'' प्रसिद्ध है। जोश मलीहावादी ने ''रूहेवतन'' में मुक्तप्रेम की कविताएं लिखी हैं। कैफी दहलवी ने नई काव्य भूमि तोड़ने में पहल की हैं। कैफी अतुकांत रचना के प्रवर्तक हैं। इसी परम्परा को सागर निजामी, हफीज जालंधरी, तासीर, आबिद आदि ने लोकप्रिय बनाया। उर्दू में फिराक गोरखपुरी, मजाज, जोशी, मीराजी, राशिद, जज्बी, अख्तर, तथा जाफरी ने प्रगतिवादी विचारधारा का भी साथ दिया। मजीद, भट्टी, विश्वामित्र आदिल, सरदार जाफरी, कतील शफाई आदि की कविताएं भी स्वच्छन्दधारा की ही पूरक हैं।

प्रगतिशील काव्य

भारतीय प्रगतिशील लेखक संघ का प्रथम अधिवेशन प्रेमचन्द की अध्यक्षता में लखनऊ में सम्पन्न हुआ था। उसके बाद साहित्य जीवन की समस्याओं पर विचार करने लगा। जो दलित हैं, पीड़ित हैं, वंचित हैं, चाहे व्यक्ति हो या समूह, उसकी वकालत करना साहित्यकार का कर्तव्य है। हिन्दी में महावीरप्रसाद द्विवेदी, राधा मोहन गोकुल तथा उर्दू में शिबली, सज्जाद हुसैन, अकबर इलाहावादी तथा चकवस्त ने समाजवादी आदर्शों का पूर्वाभास दिया। बीसवीं सदी के प्रारंभ में भारतेन्दु, हाली जैसे कवियों में इसका उन्मेष राष्ट्रीय चेतना के उत्कर्ष के साथ हुआ। हाली ने ''मुसद्दस'' की भूमिका में लिखा—जमाने का नया ठाठ देखकर पुरानी शायरी से दिल भर गया था और झूठे ढकोसले बाँधने में शर्म आने लगी थी।—कौम की हालत तबाह है।'' स्पष्टतः इस कथन से उर्दू में प्रगतिशीलता का संदेश मिलता है। हाली ने श्रमिकों की प्रशस्ति में लिखा हैं–

वो थकते हैं और चैन पाती है दुनिया
कमाते हैं वह और खाती है दुनिया
समझते नहीं इसमें अपनी जां को
वो मर मर के रखते हैं जिंदा जहां को।

हाली की जातीय चेतना समष्टि चेतना की ओर उन्मुख है–

रही है रहेगी न हरगिज सलामत
न शख्सी बुजुर्गी न शख्सी हुकुमत।

हाली से प्रेरणा प्राप्त कर कैफी ने मुसद्दस लिखा। सुरूर जहानवादी, चकबस्त लखनवी और अकबर इलाहाबादी की सांस्कृतिक चेतना में राष्ट्रीयता का स्वर सबसे अधिक प्रखर है। इकबाल की प्रारंभिक कविता में यह भाव प्रबलता हैं जो बाद में अन्तर्राष्ट्रीयता इस्लामियत की ओर मुड़ गई है। राष्ट्रीय स्वाधीनता का सबसे प्रबल स्वर चकबस्त का है—

तलब फ़िज़ुल है कांटे की फूल के बदले
न ले बहिश्त भी हम होमरूल के बदले।

चकबस्त के अतिरिक्त 'सीमाब' अकबरावादी और तिलोकचंद 'महरूम' में देशप्रेम का अत्यन्त प्रभावी स्वर है। अकबर इलाहाबादी आदि इस दौर के सभी कवियों ने राष्ट्र की धरती और युगीन परिस्थितियों से मानसिक लगाव का परिचय दिया है। इकबाल ने पूंजीवादी व्यवस्था के प्रति आक्रोश और शोषकों के प्रति सहानुभूति व्यक्त की है—

जिस खेत के दहकां को भयस्सर न हो रोटी
उस खेत के हर खोशए गंदुम को जला दो।

हिन्दी के समान उर्दू काव्य में भी व्यक्तिवादी स्वच्छन्दतावाद आता है। इनमें दाशिद, मीराजी तो विशुद्ध कलावादी थे किन्तु जोश मलीहावादी, फिराक गोरखपुरी, अख़्तर शीरानी और गजाज जैसे रोमानी कवि प्रगतिशीलता की ओर मुड़ गये। फानी, जिगर जैसे शायर भी वर्ग संघर्ष के गीत गाने लगे। उर्दूकाव्य में स्वच्छन्दतावादी प्रेम भावना छायावादी प्रेम भावन के समान ही कदम से कदम मिलाकर तरक्की पसंदी की ओर अग्रसर होती है।

हिन्दी के पंत, निराला, नवीन और भगवतीचरण वर्मा आदि छायावाद के सुप्रसिद्ध कवि भी छायावादी काव्य को युगीन परिस्थितियों की अभिव्यक्ति में असमर्थ पाकर प्रगतिशील आन्दोलन की ओर उन्मुख हुए हैं। निराला की सनू 1930 से पहले ही 'बादल राग'', ''भिक्षुक'', ''तोड़ती पत्थर'' लिख चुके थे। नवीन की रचना ''विप्लव गान भी पहले ही लिखी जा चुकी थी। इसी समय दिनकर ने ''क़स्मै देवाय'' में आक्रोश का स्वर जगाया—

देख कलेजा फाड़ कृषक दे रहे हृदय शोणित की धारें,
अरी हृदय को थाम महल के लिए झोपड़ी बलि होते।

पंत भी जीर्ण युग के ध्वंस का आव्हान कर उठे—

''द्रुत झरो जगत के जीर्ण पत्र''

उर्दू में भी तरक्कीपसंद शायरी रोमानी भाववादी काव्य का ही विकास है। मजाज, मखदूम, जज्बी, और अली सरदार जाफरी जैसे 1942-43 के युवा प्रगतिशील कवि मूलतः रोमानी कवि थे किन्तु प्रगतिशील काव्य में भी उनका स्थान है। इसके अतिरिक्त सलाम मछली शहरी, शमीर, कुरहानी और शहाब मलीहावादी में क्रांति और

स्वाधीन चेतना से लगाव रहा था। इस युग की उर्दू कविता में क्रांति, बगावत, खून और आतंक के बिम्ब अधिक है। पंत के समान ही युगांतर की बात कही गई—

बगावत की हवाएं चल उठीं शायद गुलिस्तां में
यह पैमाना उलट साकी यह जामें जम उठा साकी।

जज्बी, सैयद मुत्तलबी फरीदावादी किसानों और मजदूरों के कवि थे। फरीदावादी ने लिखा है—

जोर लगाओ हइया हइया। भूख लगेगी हइया हइया
'हइया हइया' उनका काव्य संग्रह है।

अली जवाद जैदी, सलाम मछली शहरी, अख्तर अंसारी, रोमानी अवसाद के माध्यम से क्रांति की ओर उन्मुख हुए। अंसारी का काव्य संग्रह "आहंग" प्रगतिवादी कविताओं का संग्रह है। फिराक और फ़ैज दोनों ही रोमान और प्रगतिशीलता को साथ-साथ लेकर चलते हैं। फ़िराक की "गुलै नरमा" संग्रह में रोमानी गजलों के साथ "दास्ताने आदम" और "धरती की करवट" जैसी प्रगतिशील कविताएं भी हैं—

हल, कुदाल, फावड़े वसूलें, नए हथौड़े बोल उठेंगे (धरती की करवट)

अरूतरूल ईमान के संग्रह "गिर्दाब", "सबरंग" और "तारीक सय्यारा" में प्रगति और प्रयोग में समन्वय किया गया है।—उठो मुहब्बत के पासवानो। ये कोहोसहा ये दश्ते दरिया अजदाद गा चुके हैं।"

मख्दूम, सरदार जाफरी, कैफी आजमी, शाहीर लुधियानबी दानिश, अहमदनदीम कासमी और मजरूह सुल्तानपुरी के गजलों के पुराने पात्र में प्रगतिशीलता का आसव भरा हैं।

अन्य प्रगतिशील कवियों में वामिक जौनपुरी, आल अहमद सरूर, अर्श मलशियानी, मखमूर सईदी, जमील मजहरी, रविश सिद्धीकी आदि में नई चेतना की अधिक प्रखर अभिव्यक्ति हुई है—

है रोशन कस्त्रे दौलत में चिरागे सरखुशीऔ
खफाँ है झों पड़ों से जिन्दगी की रोशनी कब तक। (रविश सिद्धीकी)

हिन्दी में पंत के युगवाणी में मार्क्सवादी स्वर हैं। ग्राम्या में दैन्य और विषाद की अभिव्यक्ति है। जन के प्रति संवेदना भी है। निराला के "कुकुरमुत्ता" में गुलाब के माध्यम से वर्ग वैषम्य पर तीखा व्यंग्य है। "बेला" और "नये पत्ते" में प्रगतिवादी स्वर है। बेला की पंक्ति हैं—"आज अमीरों की हवेली होंगी किसानों की पाठशाला।" दिनकर की "सामधेनी" में प्रगतिवाद दृष्टि है। शिवमंगल सिंह सुमन "जीवनगान" में सामाजिक विषमता के प्रति संवेदनशील हैं। "प्रलयसृजन" में वे मार्क्सवादी हैं। "चलो आ रही है बढ़ी लाल सेना" उनकी प्रतिनिधि रचना है। अंचल की "लाल चुनर" में आत्म स्वीकृति है कि उनमें क्रांतिकारी मनोबल नहीं है। नरेन्द्र शर्मा के "लालरस" में रूस के प्रति आस्था हैं। नागार्जुन, केदारनाथ अग्रवाल, त्रिलोचन ने

भी प्रगतिवाद से प्रेरणा ली है। प्रयोगशील कवियों में मुक्तिबोध, भारत भूषण अग्रवाल, शमशेर, धूमिल, लीलाधर जुगड़ी, केदारनाथ सिंह, रामदरश मिश्र तथा रमेश कुंतल मेघ ने प्रगतिशील चेतना को व्यक्त किया है।

प्रयोगवाद और नई कविता

सन् 1937 के आसपास उर्दू कविता में नवीन विद्राहात्मक प्रवृत्तियों का जोर बढ़ गया। इस दौर में लगभग सभी रचनाकारों ने प्रगतिशील विचारधारा का साथ दिया। किन्तु उर्दू के रचनाकारों ने यह स्वीकार किया कि मानव के अनुभवों और अभिव्यक्ति के लिए पुराने शब्द अपर्याप्त हैं और मूल्यों का संकट भी बढ़ता जा रहा है। अतः बहुत से लेखक नवचिंतन को विकसित करने लगे। उन्होंने यह भी अहसास किया कि प्रगतिवादी कविता धीरे-धीरे नारे बाजी बन रही है और कलापक्ष को नजर अंदाज करने पर आमादा है। अतः उर्दू कविता में 1950 के बाद प्रयोग और आधुनिकता का स्वर सुनाई पड़ने लगा। उर्दू की नई कविता को जिन कवियों ने संवारने का काम किया, उनमें अमीक हनफी, बलराज कोमल, शहाब जाफरी, बाकर मेहदी, वहीद अख्तर, राशिर, काजी सलीम, शहरयार, मुहम्मद अल्वी, निदा फाजली, कुमारपाशी, साजिदा, जैदी, आदिल मंसूरी आदि के नाम उल्लेखनीय हैं। उर्दू की शायरी को जिन शायरों ने नई पहचान और नया अर्थ दिया उनमें सादिक अली, खलील मासून, शमीम अनवर, परवेज, आशफता अंगेजी, शहंशाह मिर्जा, मुस्ताक अली साइद, रशीद अफरोज, खलील तनवीर आदि नाम अपने अपने ढंग से महत्वपूर्ण हैं। इन कवियों के कारण परंपरागत गजल का ढांचा भी भीतर से बदला। गजल अब नज्म के नजदीक होती जा रही थी। इन कवियों ने नये गजल को नया रूप दिया। कविता में जीवन की विद्रूपताओं और विसंगतियों को खुलकर अभिव्यक्ति मिली है–

लहू निचोड़कर प्यासी है बस्तियां दिल की
शरीर सूख गए पत्थरों को पानी दें।

(नस्तर खानकाई)

जीवन की ऊब, उदासी और यंत्रणा का चित्रण उर्दू की नई कविता में नए से नए बिम्बों में मिलता है। लोक संवेदना, लोकभाषा और लोकलय को उर्दू के नए कवियों ने नया अर्थबोध दिया।

हिन्दी में अज्ञेय, मुक्तिबोध, सर्वेश्वरदयाल सक्सेना, कुंवर नारायण, जगदीशगुप्त, रघुवीर सहाय, विजयदेव नारायण साही, धर्मवीर भारती, भवानीप्रसाद मिश्र, श्रीकांत वर्मा, गिरिजाकुमार माथुर, शमशेर बहादुर सिंह आदि प्रयोगवादी और नई कविता के कवि हैं। इन कवियों ने भी लोकभाषा के नजदीक जाकर नए शब्द गढ़े हैं। कवियों में ऊब, संत्रास, पीड़ा, व्यंग्य, विद्रुपता तनाव-संघर्ष, विसंगति-बिडम्बना, अंधेरा, अवसाद आदि सांस्कृतिक मूल्यों के विघटन से पैदा हुए हैं। नई कविता में

मानवतावादी, मार्क्सवादी, मनोविश्लेषणवादी, अस्तित्ववादी, अतियथार्थवादी विचारधाराओं क अलग-अलग ध्वनि इसमें सुनाई देती है।

मुक्तिबोध की लंबी कविता ''अंधेरे में'' जैसे सामाजिक, राजनीतिक दर्द की मर्सिया पढ़ी जाती है। वैसी ही चीख, सन्नाटा, भारी दहशत नई उर्दू के रेश-रेशे में जज्ब है। नए युग के नए आदमी पर क्या बीती है, इस यंत्रणा बोध को युवा हिन्दी और उर्दू के कवियों ने समान रूप से बड़ी ताकत भरी शैली में लिखा है। मुहम्मद अलवी की ''खौफ़नाक कमरा'' शीर्षक कविता द्रष्टव्य है--

आंखे तड़प रही हैं अंधेरे में डूबकर
कमरे में कोई नहीं, कोई है मगर
दीवार-व-दर पै हाँफ रहा है अजीब डर
मैं सोचता हूं भाग ही, जाऊँ मगर किधर
टूटा हुआ पड़ा है मेरा जिस्म फर्श पर।

(iii) गुजराती और हिन्दी

गुजराती कृष्णकाव्य और हिन्दी कृष्णकाव्य की तुलना (वैष्णव भक्ति)

गुजराती में महाराष्ट्र की अपेक्षा कृष्णकाव्य का आविर्भाव कुछ बाद में हुआ। गुजरात में भक्ति का मूल रूप तो चंदवरदाई के समय में भी था किन्तु जिसे हम वैष्णव भक्ति की संज्ञा देते हैं वह भक्ति 15वीं शताब्दी में प्रत्यक्ष रूप से सम्मुख आया। गुजराती भाषा में भक्ति काव्य लिखने वालों की संख्या अपरिमेय है और भक्ति के कई छोटे-बड़े सम्प्रदाय भी इस प्रदेश में प्रवर्तित रहे हैं। हिन्दी के कुछ कवि भी गुजराती साहित्य में स्थान पा गये हैं। कवयित्री मीराबाई को भी गुजराती में स्थान मिला है। गुजरात में वैष्णव भक्ति का बीज तो पहले से ही विद्यमान था किंतु उसे पल्लवित और पुष्पित करने का श्रेय वल्लभाचार्य को हैं। वल्लभाचार्य और उनके पुत्र विट्ठलनाथ जी ने गुजरात में कृष्णभक्ति का प्रचार प्रसार किया।

गुजराती के पहले भक्त कवि भाणल ने ''भागवत दशमस्कन्ध' नामक ग्रन्थ क रचना की। यह ग्रन्थ वैष्णव भकित के प्रचार में सहायक हुआ। भालण का समय 15वीं शती है। इन्होंने हिन्दी में भी कुछ भक्ति विषयक पद लिखे हैं। इसके बाद केशवदास कायस्थ ने 'कृष्णलीला काव्य'' लिखा। नरसी मेहता गुजराती के सुप्रसिद्ध कवि हैं। नरसी मेहता ने मीराबाई की शैली में पद लिखे हैं। इनके अतिरिक्त दयाराम, आखा गुजराती के प्रसिद्ध कवि हैं। स्वामी नारायण सम्प्रदाय के उच्च कोटि के भक्त कवि मुक्तानंद, ब्रह्मानंद, प्रेमानन्द, निष्कुलानंद, भूमानंद, देवानंद, दयानंद आदि हैं। संयोग वियोग के प्रसंगों, लीलाओं और बालवर्णन के रमणीय चित्रों से जगमग गुजराती कृष्णकाव्य अपना प्रतियोगी आप ही है।

लौकिक धरातल पर अवतार रूप कृष्ण के दो पक्ष हैं–1. उदात्त पक्ष और 2. मधुर पक्ष। उदात्त पक्ष के अन्तर्गत महाभारत और द्वारकाधीश कृष्ण का चरित्र आता है, जिसमें कृष्ण योगेश्वर और अप्रतिम योद्धा आदि हैं। दूसरे मधुर पक्ष के अन्तर्गत बालकृष्ण की लीलाओं का वर्णन है, जिसमें बाल्यकाल तथा किशोरकाल के रसमय प्रसंगों का वर्णन है। बालकृष्ण के चरित्र में पूतना बध से कंस बध तक तथा कालियदमन से गोवर्धन धारण तक अनेक शौर्यपूर्ण प्रसंग हैं और उनमें भी उदात्त तत्व विद्यमान हैं।

हिन्दी और गुजराती के कृष्णभक्ति काव्य में उदात्त रूप का यथा प्रसंग वर्णन किया गया है, फिर भी प्रधानता कृष्ण के मधुर रूप का ही है। तुलसी जैसे मर्यादावादी कवि ने भी कृष्ण के मधुर कोमल स्वरूप का वर्णन किया है। दूसरी बात यह है कि हिन्दी और गुजराती कृष्ण काव्य में भागवत के कृष्ण को ही आलंबन में स्वीकार किया गया है। महाभारत के कृष्ण का वर्णन अत्यन्त विरल है। दोनों कृष्णकाव्यों में कवियों का ध्यान यशोदा, नंद, ग्वालबाल तथा गोपियों की व्याकुलता का वर्णन करने में ही अधिक केन्द्रित रहा है। तीसरी बात यह है कि दोनों कृष्ण काव्यों में भगवान कृष्ण की उनके अलौकिक रूप के साथ उन्हें मानवीय रूप भी प्रदान किया गया है। चौथी बात यह है कि दोनों भाषाओं के कृष्ण काव्यों में सगुण रूप की पूर्ण स्वीकृति है।

कृष्ण चरित्र के मधुर पक्ष

कृष्ण चरित्र के मधुर कोमल पक्षों में बाललीला और श्रृंगार लीलाएं मुख्य हैं, और दोनों भाषाओं के कृष्ण काव्यों में इनका अत्यन्त मनोयोग पूर्वक चित्रण किया गया है।

बाललीला–बाललीला के अन्तर्गत कृष्ण जन्म के उत्सव कृष्ण की शिशु-क्रीड़ाएं, माखनचोरी आदि प्रसंग आते हैं।

कृष्ण जन्म–कृष्ण के जन्म अथवा प्राकट्य के असीम आनन्द को दोनों भाषाओं के कवियों ने शब्दों में बांधने का अद्भुत प्रयास किया है। हिन्दी कृष्णकाव्य में सूरसागर में कृष्ण के प्रकट होने पर आनन्द की पहली लहर यशोदा के हृदय में, दूसरी लहर नंद के हृदय में, तीसरी लहर व्रजवासियों के हृदय में और चौथी लहर गोपियों में उमड़ती है। गुजराती में नरसी मेहता ने आनन्द की इन लहरों में से कुछ का उल्लेखनीय स्पर्श किया है। सूरदास द्वारा परिलक्षित यशोदा और नंद की हर्षाप्लावित मनोदशा के तह तक वे भी पहुंच गये–

"कोटि रवि शशी प्रगट्या कोटी कोटी दोवडानी हार रे। यशोदा और नंद के मनोभाव को प्रेमानंद ने भी उद्घाटित किया है किन्तु वे सूरदास के समान भावातिरेक में डूब नहीं सके।"

बालस्वभाव–दोनों भाषाओं के काव्य में शिशु सुलभ चेष्टाओं और क्रीड़ाओं का स्वाभाविक वर्णन किया गया है। सूरदास तो इस वर्णन के सरताज हैं किन्तु गुजराती के कवि भालण ने भी पर्याप्त भावभयता के साथ कृष्ण के बाल स्वभाव का वर्णन किया है। प्रेमानंद और केशवदास का बालवर्णन भी स्वाभाविक है। "यशोदा कबहिं बढ़ैगी चोटी" इस प्रसंग को भालण, नरसी मेहता और प्रेमानंद ने भी उठाया तो हैं किन्तु सूर की तरह उन्होंने कृष्ण के भावों को सूक्ष्म रूप से प्रस्फुटित नहीं किया। प्रेमानंद लिखते हैं–

जो कृष्ण गुंथावे चोटली घणुँ माखण आपुं रोटली।

प्रेमानंद के कृष्ण यह भी नहीं जानते कि दूध में शकर पड़ती है या नमक (मीठुं)–छासमा मांगे खांड दूध मां मीठुं रे।

माखनचोरी–माखनचोरी के प्रसंग में दोनों भाषाओं के कृष्णभक्त कवियों ने अपनी काव्य कुशलता का परिचय दिया है। कृष्ण की चोरी करने की वृत्ति से खीझने वाली गोपियों के मन में कृष्ण के प्रति गहरी रीझ छिपी हुई है, इसको सूर और प्रेमानंद दोनों ने परिलक्षित किया है। सूरदास ने लिखा है–"ग्वालिन उरहन के मिस आइ"। प्रेमानंद लिखते हैं–"गोपी आवी यशोदा पासे, करवा हरिनी राव जी।" मालण और नरसी मेहता उपालंभ भाव की दृष्टि से इस सीमा तक नहीं पहुंच पाये हैं। इसमें सूर का भाव चित्रण अद्वितीय है। सूर के कृष्ण में भोलापन है, शिशुता है, चतुरता और रसग्राहिता भी है–

मैया मैं नाहीं दधि खायो।

नंद, यशोदा, वसुदेव और देवकी–कृष्णकाव्य में पुत्र प्रेम का चरम उत्कर्ष नंद, वसुदेव, यशोदा और देवकी की मनोभावनाओं में मिलता है। वात्सल्य वर्णन में भारत के अधिकांश कवियों का ध्यान यशोदा के ही हर्ष विषाद पर केन्द्रित रहा है, किन्तु देवकी की व्यथा का अंकन कर अपूर्व सहृदयता का परिचय कृष्ण कवियों ने बहुत कम दिया है। यहां तक कि सूरदास ने भी उपेक्षाभाव ही प्रदर्शित किया है। किन्तु गुजराती कवियों में भालण, नरसी और प्रेमानंद ने प्रमुख रूप से देवकी की मर्मव्यथा को पहचाना है और उसे पर्याप्त भावावेग के साथ अभिव्यक्ति भी दी है। भालण ने पुत्र वंचिता देवकी की व्यथा का उचित रूप से मूल्यांकन किया है।--

नानडियो साद देतो आवशे अधरण अधर ते हसशे रे
मारा भाग्य माहे नवल खियुं, तेने अंतर वसशे रे।

मैथिलीशरण गुप्त ने भी देवकी की मर्मव्यथा का अनुभव किया है--

अरे देख तू, यहां रही यह तेरी दुखिया मैया,
बोल कहां तू कुंवर कन्हैया, मेरे राजा भैया।

बाललीला से संबद्ध यशोदा का वात्सल्य वर्णन है, जिसके संयोग वियोग–दोनों ही पक्ष अत्यन्त मार्मिक हैं। सूरदास ने नंद और यशोदा के पुत्र वियोग को जितनी

तन्मयता के साथ चित्रित किया है उतना अन्य किसी कवि ने नहीं किया। इस क्षेत्र में गुजराती कवि भालण ही कुछ अंशों में सूर से प्रतिस्पर्धा करते हैं। दोनों के भाव निरूपण में बहुत कुछ समानता उपलब्ध होती है किन्तु भावानुभूति के क्षेत्र में सूरदास आगे है। कृष्ण के मथुरा चले जाने के पश्चात् यशोदा की दशा अधिक चिन्त्य हो जाती है। उनके प्राण कृष्ण से पुनर्मिलन की आशा में ही शरीर नहीं त्यागते–

मनौं हौं ऐसे ही मरि जैहों।
जो न सूर कान्हा अइहं तौ जाइ यमुन धंसि लैहों।

भालण के यशोदा विरह में इतनी गहराई नहीं है। नंद की मनोदशा का चित्रण सूरदास और भालण ने पर्याप्त मार्मिकता के साथ किया है। किन्तु सूर के कृष्ण भालण के कृष्ण से कम कठोर हैं। प्रेमानंद की यशोदा भावनाशील होने के साथ ही कल्पनाशील भी हैं--

अमो विधाता ने अेक विनती करिअे, हुं ने देवकी साथ मरीअे।

श्रृंगार वर्णन–भारतीय कृष्ण भक्ति काव्य के आलंबन प्रमुख रूप से रसिकेश्वर कृष्ण हैं। अतः हिन्दी और गुजराती के कृष्ण कवियों का मुख्य विषय कृष्ण की श्रृंगार लीला ही रही है। श्रृंगार के संयोग पक्ष के अन्तर्गत राधाकृष्ण की प्रणयलीला, गोपियों की प्रेमकथा, रासलीला आदि प्रसंग आते हैं और वियोग के अन्तर्गत राधा तथा गोपिकाओं की विरहव्यथा एवं भ्रमरगीत प्रसंग आदि का समावेश है।

संयोग श्रृंगार–किशोरावस्था को प्राप्त होते ही बाल्यकाल के माखनचोर कृष्ण गोपियों के चितचोर बन जाते हैं। सूरदास की एक गोपी कहती हैं–

तरूनी स्यामरस मतवारि।
प्रथम जोवन-रस चढ़ायौ अतिहि भई खुमारि।

इस आकर्षण को तीव्र करने में कृष्ण की वेणु वादन कला का विशेष योगदान है, जिसका वर्णन हिन्दी और गुजराती के कृष्ण भक्त कवियों ने अपने-अपने ढंग से किया है। गोपियों के दो वर्ग हैं–एक तो कुमारी वर्ग है जो कृष्ण को पतिरूप में प्राप्त करने के लिए कहीं (पूर्वी प्रदेशों में) कात्यायनी का और कहीं (ब्रज में) स्थानीय परम्परा के अनुसार शिवपार्वती का व्रत रखती हैं, दूसरा वर्ग विवाहिता गोपियों का है जो कुल मर्यादा की अवहेलना कर कृष्ण के प्रति आसक्त हैं। पहल तो सामान्यतः गोपियों की ओर से ही होती है, लेकिन शीघ्र ही कृष्ण इस दिशा में सक्रिय हो जाते हैं। छेड़छाड़ का सिलसिला दानलीला व पनघटलीला से शुरू होकर चीरहरण लीला तक पहुंच जाता है और अंत में रासलीला में जाकर उसकी परिणति होती है।

दानलीला–दानलीला में कृष्ण गोरस बेचने के लिए जाने वाली गोपियों से दान मांगते हैं। कृष्ण की ओर से दान मांगने पर गोपियों को आश्चर्य होता हैं, क्योंकि उनके ब्रज में ऐसा कभी हुआ ही नहीं। वे कृष्ण के अधिकार प्रदर्शन पर तीव्रतम

व्यंग्य कर उठती हैं। वे भावावेग में कृष्ण की आलोचना करने लगती हैं। कवियों ने गोपियों की इस मनोदशा को परखने और व्यक्त करने की पूरी चेष्टा की है। सूरदास ने विस्तार से इसका चित्रण किया हैं–

हमहि कहत हौ चोरटी आपुभयो हौ साहु
चोरी करत बड़े भये मही छाक लै खाहु।

इसी प्रकार भालण की भी एक गोपी उत्तर देते समय व्यंगात्मक शब्दों में आत्मश्लाधा करती जाती है परन्तु वस्तुतः उसका हृदय कृष्ण पर आसक्त हैं–

गाय चारो नंदनी तो दाणी तुं कोने कर्यो।
चोरी ने दूध दहि खातो पियारे तुं उछर्यो।

नरसी और प्रेमानंद ने भी अपने-अपने ढंग से गोपी के हृदय की गुप्त प्रीति को प्रकट किया है।

दान के प्रसंग में कृष्ण और गोपियों का झगड़ा बातों तक ही सीमित नहीं रहता। उसमें आलिंगन, स्पर्श, चुंबन तथा हाथापायी तक की स्थिति आ जाती है। नरसी ने दान के कारण होने वाले संघर्ष को "सुरत संग्राम" में पूरी तरह संग्राम का रूप दे दिया है। जिस प्रकार सूरदास ने इस प्रसंग में अपनी अद्भुत कल्पना शक्ति का परिचय दिया है उसी प्रकार नरसी मेहता ने भी दिया है।

पनघटलीला–पनघट लीला की भावभूमि दानलीला की भावभूमि से बहुत समानता रखती हैं। गुजराती तथा हिन्दी के कृष्णभक्त कवियों ने अपनी-अपनी रीति से इस प्रसंग को भावपूर्ण बनाया है। सूरदास की गोपी कृष्ण की खोज में पनघट आती है और जल भर चुकने के बाद जब उसकी व्याकुलता सीमा पर पहुंच जाती हैं तो अन्तर्यामी कृष्ण प्रकट होकर उसे आलिंगन में भर लेते हैं। इस रूप में कृष्ण का स्नेह पाकर वह उन्मादिनी बन जाती हैं–

आवत ही यमुना भरे पानी
श्याम बरन काहू को ढोटा निरखिवदन घट गई भुलानी।

गुजराती कवि नरसी के पनघट लीला वर्णन में राधा यशोदा से शिकायत करने या किसी तरह की धमकी नहीं देती, बल्कि कृष्ण के साथ पूरा सहयोग करती है–"संकेत से समझा तो रही हूं समझने की कोशिश करो। अभी घड़ा रखकर संकेत स्थल पर आती हूं। वहीं प्रतीक्षा करो। वहीं तनमन की बातें होंगी–वहीं मेरा जीवन रस लेना।

एक ठेकाणुं तमने एवुं बताऊं, त्यांजई ऊमा रहे जोरे।
तन मननी आपणे बात करीशुं म्हाने जोपनिया रस लेजोरे।

चीरहरण लीला–चीरहरण लीला प्रसंग का वर्णन भी दोनों भाषाओं में मिलता है। नरसी, प्रेमानंद और सूरदास ने श्रृंगार क्रीड़ा के अंग रूप में ही प्रायः इसे ग्रहण किया है। सूरदास लिखते हैं--

बनत नहीं जमुना कौ ऐबौ।
सुंदर स्याम घाट पर ठाढ़े कहौ कौन विधि जैबो।
X X X X
चोली चीर-हार लै भाजत सो कैसे करि पैबो।

रासलीला–सभी लीलाओं की परिणति रासलीला में है। भक्ति तत्व के मर्मज्ञों ने इस महारास को शिव-तांडव के समान ही प्रकृति की सृजनलीला का प्रतीक माना है किन्तु कृष्णभक्त कवियों ने इसे एक परम सरस प्रसंग के रूप में ही प्रायः ग्रहण किया हैं। भागवत मे रासलीला का पूर्ण विस्तार से चित्रण किया गया है और सूरदास ने भी अत्यन्त तन्मय होकर इसका भावपर्ण एवं सरस वर्णन किया है–

ब्रजयुवती शत यूथ मंडली मिलिकर पास करै
भुज मृनाल, भूषन तोरन युत कंचन खंम खरै

सूरदास ने गोपियों की आतुरता और व्याकुलता का जिस रूप में वर्णन किया है वह भागवत की मुखापेक्षिणी मात्र नहीं है। गुजराती के कवि प्रेमानन्द ने भी प्रेमजन्य उत्सुकता के अतिरेक को व्यक्त करने वाले विभ्रम को अधिक विस्तार प्रदान किया है और अपनी कल्पना वैभव और भावाभिव्यक्ति का परिचय दिया है–

आभूषण मारगमां पडतां, जेनां मोघां मूल।

रासलीला का केन्द्र है राधा। राधाकृष्ण का प्रेम ही कृष्णभक्ति काव्य का सार सर्वस्व है। गुजराती के नरसी मेहता प्रेमानन्द आदि और ब्रजभाषा के अष्टछाप के कवियों ने राधा को बल्लभाचार्य के प्रभाव के कारण परकीया नहीं माना और सूरदास ने तो राधाकृष्ण का गंधर्व विवाह विधिवत् सम्पन्न करा दिया है। परकीयाभाव के उपासक कवि प्रेम के उत्कट एवं निर्बध रूप पर बल देते हैं। स्वकीया भाव के उपासकों को भी प्रेम की उत्कटता या प्रगाढ़ता के प्रति विशेष आग्रह है–सूरदास और नरसी के काव्य में राधा के प्रेम में तीव्रता गंभीरता और मर्यादा भी है। राधा कृष्ण की शक्ति की प्रतीक हैं। जीवात्मा हैं। वह चिरंतन नारीत्व चिरंतन विरह का प्रतीक हैं और यही मूल वैष्णवभाव है। गुजराती और हिन्दी के कृष्णभक्त कवियों ने राधा तत्व को इसी रूप में स्वीकार किया है। अतः राधाकृष्ण के वियोगवर्णन, में प्रायः हिन्दी और गुजराती दोनों में वियोगभावना की ही प्रधानता है। गुजराती के नरसी मेहता संयोगवर्णन में रूचि लेते हुए भी संयोग में भी वियोग क अनुभूति को रेखांकित किया है–"यह प्रेम ऐसा है कि परिपूर्ण मिलन के क्षणों में भी आसन्न विच्छेद की भावी वेदना क याद दिलाता हैं। यह प्रेम आलिंगनबद्ध होकर भी अश्रुसजल है।" (वैष्णव पदावली भूमिका) गुजराती कवि नरसी की गोपिकाएं कुब्जा को लक्षित कर कृष्ण को उपालंभ देती हैं--

ना आवे नाथ जी ना आवे।।
एने मथुरा मां भली मोहनी नार रे गोकुल केम आवे?

कालो कहानो काली कुब्जा, अमने रमाडया रास रे।
नर सैयाना, स्वामी हमेन करी गया छै निराश रे।

कृष्ण अब नहीं आयेंगे। मथुरा में उन्हें मोहिनी नारी मिल गयी है—फिर गोकुल क्यों आयेंगे? कृष्ण काले हैं—कुब्जा भी काली हैं, उसी के साथ अब वे रास रचा रहे हैं। हमको निराश करके छोड़ गए हैं।

इस उपालम्भ काव्य की परिणति होती है भ्रमरगीत प्रकरण में। भ्रमरगीत प्रतीकात्मक उपालंभ काव्य है। यहां भ्रमर मूल रूप से कृष्ण की अस्थिर प्रणय भावना का प्रतीक है किन्तु आक्षेप से वह कृष्ण के दूत उद्धव के ज्ञान प्रलाप का प्रतीक भी बन जाता है। श्याम वर्ण होने से भ्रमर का प्रतीक कृष्ण और श्याम वर्ण के उद्धव पर भी सटीक बैठता है। इसका उद्देश्य है सगुण भाव की प्रतिष्ठा और एक भ्रमर का भी उल्लेख हैं, जिसे क्षण भर के लिए गोपियां कृष्ण का दूत मानकर उसके माध्यम से कृष्ण को उपालंभ देती हैं। गुजराती में उद्धवगोपी संवाद के द्वारा निर्गुण मत का निषेध और सगुण भाव की स्थापना की गयी है। गुजराती कवियों ने व्यंग्य और उपालम्भ का भी आश्रय लिया है। गुजराती के कवि विश्वनाथ जानी ने उद्धव के साथ नंद यशोदा की वार्ता का भी उल्लेख किया है फिर भी भ्रमरगीत प्रकरण हिन्दी कृष्णभक्ति काव्य की ही प्रमुख विशेषता हैं, जिसकी परम्परा सूरदास से लेकर रत्नाकर तक व्याप्त है। गुजराती में भ्रमरगीत प्रकरण भी यथावत् है। यद्यपि गुजराती के प्रसिद्ध कवि नरसी मेहता, दयाराम आदि ने इस प्रसंग को 'उद्धवगोपीसंवाद' के रूप में ही ग्रहण किया है जिसमें "सगुण निर्गुण विवाद" की भी व्यंजना निहित है, फिर भी चतुर्भुज, प्रेमानंद, मुक्तानंद आदि कुछ कवियों ने भ्रमरगीत के सम्पूर्ण काव्य रूपक का भी निर्वाह किया है। लेकिन वे सभी सूरदास के परवर्ती कवि है, इसलिए संभावना यही है कि इन पर सूर के भ्रमरगीत का ही प्रभाव है।

आधुनिक गुजराती काव्य एवं आधुनिक हिन्दी काव्य की तुलना (स्यतंत्रता पूर्व एवं रवातंत्र्योत्तर)

नवजागरणकाल—देशप्रेम की भावना, अतीत के गौरवपूर्ण कृत्यों और दूसरी ओर परतंत्रता की अनुभूति ने सभी भारतीय भाषाओं के कवियों को ऐसी कविताएं लिखने की प्रेरणा दी, जिनका प्रमुख स्वर नवजागरण था। हिन्दी में भारतेन्दु और गुजरात के महाकवि नर्मद ने जिन्हें गुजरात के लोग देशभक्त और वीर समझते थे, वीरता और देशभक्ति की कविताएं लिखीं। नर्मद की "सूरत" पर लिखी कविताएं हिन्दी के कवि भारतेन्दु की याद दिलाती हैं। इनमें देश की दुर्दशा पर क्षोभ एवं चिंता प्रकट की गई है। भारतेन्दु युग के सभी कवियों ने सांस्कृतिक नवजागरण के कारण अतीत का गौरवगान करते हुए सामाजिक अंधविश्वासों पर क्षोभ प्रकट किया है। दोनों भाषा

के कवियों ने जनता की आर्थिक दुर्दशा, शोषण, गरीबों के कष्टों आदि का मार्मिक चित्रण किया है। हिन्दी में सबसे तीव्र स्वर था भारतेन्दु और उनके सहयोगियों का। काव्य और गद्य रचनाओं सभी में उन्होंने एक ओर ब्रिटिश शासन के आर्थिक शोषण की कटु निन्दा की तो दूसरी ओर दीन, किसानों, असहाय, मजदूरों की दुर्दशा पर आंसू बहाएं–

चहुं दिस काल पर्यो भारत में भय उपज्यो महामारी की।

दोनों भाषाओं के कवियों ने समाज में फैली कुरीतियों का उन्मूलन कर देश को प्रगति का मार्ग अपनाने की प्रेरणा दी। उन्होंने समाज सुधार को लेकर बाल विवाह, विधवा विवाह, जन्म पत्री मिलाने की मूर्खता और स्वेदशी वस्तुओं के उपयोग की ओर पाठक का ध्यान आकर्षित किया। उन्होंने हर क्षेत्र में चेतना जगाई। गुजराती में दलपत राम और नरसिंह राव ने सामाजिक समस्याओं–विशेषतः विधवा की करुणदशा पर कविताएं लिखीं। हिन्दी में भारतेन्दु की मुकरियां आदि विधवा विवाह, कचहरी, कानून आदि पर प्रहार करती हैं। प्रतापनारायण मिश्र ने भी बाबू कल्चर आदि को लेकर व्यंग्यपूर्ण कविताएं लिखीं।

हिन्दी और गुजराती भाषा के आधुनिक नवजागरण काल की कविताओं में जन सामान्य तक अपनी बात पहुंचाने के लिए हास्य व्यंग्य का भी सहारा लिया। गुजराती में दलपतराम की व्यंग्य पर्ण कविताएं हृदय पर सीधा प्रहार करती है और उनका वांछित प्रभाव पाठक पर पड़ता है। उनकी कुछ काव्य पंक्तियां तो गुजरात में उद्धरण बन गई हैं और गुजराती लोग प्रायः उनका प्रयोग बोलचाल में करते हैं। भारतेन्दु युग की मुकरियां, आल्हा, होली तथा इस प्रकार की अन्य रचनाएं विदेशी भाषा और वेशभूषा की नकल करने वालों का मजाक उड़ाकर उन्हें सही मार्ग पर चलने का उद्बोधन देती हैं–

वैष्णव लोग कहावहीं, कंठी मुद्रा धारि
छिप-छिप कै मदिरा पियहिं, यह जिय मांझ विचारि।

नवजागरण काल से पहले कविगण ने परंपरागत काव्यरूपों में काव्य रचा था किन्तु नवजागरण में जनता के निकट पहुंचने के लिए कवियों ने भाषा और शिल्प दोनों में परिवर्तन किया। अब कविगण अपनी कविता में आत्मोद्धार प्रकट करने लगे। अतः कविता विषय प्रधान हो गई। गुजराती में कवि दलपतराय ने अपने ब्रिटिश मित्र फारबेस की मृत्यु पर "फारबेस विरह" नामक कविता लिखी, जो वस्तुतः एक शोकगीत है। नर्मद की प्रकृति और प्रेमविषयक कविताएं भी विषय प्रधान हैं।

सन् 1857 की क्रांति के बाद राजभक्ति की भावना समाप्त हो गई और राष्ट्रभावना का स्वर मुखर हो गया। हिन्दी में भारतेन्दु हरिश्चन्द्र और गुजराती के दलपतराय, नर्मदाशंकर, रणछोड़ भाई, उदयराम, महिपत राम, रूपराम, नंदशंकर, तुलनाशंकर, हरगोविंददास, भोलाभाई साराभाई, गोवर्धनराम, माधवराम त्रिपाठी, दामोदर,

खुशालदास, केशवसेठ, चंदवन चीमनलाल, सुन्दर श्रीधरणीं, सुंदरजी बेटाई, मनसुखलाल झाबेरो, स्नेहरश्मि, उमाशंकर जोशी आदि ब्रिटिश साम्राज्यवाद के विरूद्ध संघर्ष में आगे आए। भारतेन्दु एवं उनके सहयोगियों और द्विवेदी युग के कवियों ने भी ब्रिटिश साम्राज्यवाद का खुलकर विरोध किया है।

नवजागरण काल में हिन्दी में मैथिलीशरण गुप्त, दिनकर, माखनलाल चतुर्वेदी और गुजराती में उमाशंकर जोशी, बालमुकुन्द दबे, श्रीकृष्णलाल श्रीधराणी, वेणीभाई पुरोहित, निरंजन भगत आदि की कविताएं गांधी विचार के प्रेम प्रवाह में निमग्न हैं क्योंकि भारतीय वीरता का उज्ज्वल रूप महात्मा गांधी में मूर्तिमान हो उठा था। माखनलाल चतुर्वेदी ने लिखा है–

रक्त है? या है नसो में क्षुद्र पानी?
जाँच कर, तू सीस दे-देकर जवानी।

स्वच्छन्दतावाद

आधुनिक हिन्दी और गुजराती के स्वच्छन्दतावाद पर सर्वाधिक प्रभाव रवीन्द्रनाथ टैगोर का पड़ा। वे विश्व मानवतावाद का रूप धारण कर सामने आए। उन्होंने बहिर्मुखी काव्य परम्परा का खुला विद्रोह किया। हिन्दी में तब जागरण सुधार की चेतना का इतिवृत्तात्मक काव्य युग द्विवेदी युग चल रहा था। हिन्दी में स्थूल के प्रति सूक्ष्म का विद्रोह प्रसाद, निराला और पंत की रचना से प्रकट होने लगा था। छायावाद की रोमानी प्रवृत्तियों को रवीन्द्रनाथ से ही प्रेरणा मिली। पंत और निराला तो रवीन्द्र के प्रभाव में आ गये, पर प्रसाद पर रवीन्द्र का प्रभाव नहीं पड़ा। प्रसाद पश्चिम के रोमानी काव्य से प्रभावित थे।

गुजराती के काव्य पर रोमानी कवियों कीट्स शैली वड्‌सवर्थ आदि का प्रभाव नाममात्र का पड़ा है। रवीन्द्रनाथ की काव्यधारा को इन कवियों ने बड़े सम्मान के साथ हृदय में धारण किया है। गुजराती में दलपतराम डाहया भाई (1820-1898) नर्मदाशंकर, नवलराम, लक्ष्मीराग, रणछोड़भाई उदयराम, नंदशंकर, तुलजाशंकर आधुनिक कवियों ने जिस काव्यपथ को प्रशस्त किया था उसी का बाद में नए-नए रूपों में विस्तार होता गया। तिलक जी, स्वामी दयानंद, रामकृष्ण परमहंस विवेकानंद की विचारधारा का भी प्रभाव इन कवियों पर पड़ा है। गांधी युग में ही गुजराती काव्य की स्वच्छन्द धारा में प्रवाह तेज हुआ। इस प्रवाह को तेज करने वाले कवियों में दामोदर खुशालदास, केसवसेठ, चंद्रवदन, चिमनलाल, सुंदरम्, श्री घराणी, मनसुखलाल, झाबेरी, उमाशंकर जोशी आदि के नाम उल्लेखनीय हैं। दामोदर खुशहाल के कल्लोलिनी, सोतस्विनी, रस तरंगणी तथा शैवालिनी आदि काव्य संग्रह स्वच्छन्दता की प्रेरणा से लिखे गये हैं। चन्द्रवदन ने 'इलाकाव्य' संग्रह में हृदय की वेदना के गीत गाए हैं। कवि सुंदरम् ने 'काव्यमंगला' काव्यसंग्रह में ललित कल्पना की मानो

वर्षा कर दी है। उमाशंकर जोशी की "गंगोत्री" में भारत का पवित्र भाव स्पन्दित है। गुजराती के तरुण कवियों में बालमुकुन्द दबे, राजेन्द्र शाह निरंजन भग आदि स्वच्छन्दभावधारा का ही विकास करते रहे हैं। हिन्दी में प्रसाद के काव्य संग्रह–आंसू, झरना, लहर, कामायनी, पंत के काव्य संग्रह वीणा, ग्रन्थि, पल्लव, गुंजन, निराला के काव्यसंग्रह अनामिका, गीतिका, तुलसीदास आदि स्वच्छन्दतावादी या छायावादी काव्य हैं। गुजराती कवियों ने लोकगीतों को अपनी रचनाओं में प्रमुख स्थान दिया है।

प्रगतिवाद

हिन्दी में पंत, निराला, नवीन और भगवती चरण वर्मा आदि छायावाद के सुप्रसिद्ध कवि भी छायावाद को छोड़कर प्रगतिवाद की ओर उन्मुख हुए थे। निराला का बादलराग, भिक्षुक तथा तोड़ती पत्थर प्रगतिवाद की ओर ही अग्रसर हैं। दिनकर ने भी "कस्मै देवाय" में आक्रोश का स्वर जगाया। पंत जीर्ण युग के ध्वंस का आव्हान कर उठे। शिवमंगलसिंह सुमन, रामेश्वर शुक्ल अंचल नरेन्द्र शर्मा, नागार्जुन साम्यवादी दृष्टि को लेकर चले हैं। निराला के 'बेला', नए पत्ते, कुकुरमुत्ता, दिनकर की "सामधेनी" सुमन का "जीवनगान" अंचल की "लाल चुनर" नरेन्द्र शर्मा का "लाल रूस" का मूलस्वर साम्यवाद का समर्थन है। नागार्जुन, केदारनाथ अग्रवाल, त्रिलोचन आदि हिन्दी के प्रगतिशील कवि हैं।

गुजराती के साहित्य मन्तंतर मनु भारतेन्दु के समकालीन नर्मद भी देशप्रेम और समाज सुधार की भावना को रोमानी आवेग से अभिव्यक्ति दे रहे थे। नरसिंहराव ने इस आवेग को परिष्कृत किया। मेहता, मेघाणी आदि ने काव्य को लोकजीवन का स्वर दिया। दूसरे तीसरे दशक के कवि उमाशंकर जोशी, मनसुखलाल झबेरी और सुंदरम् पर गांधीवाद का गहरा प्रभाव पड़ा। इन कवियों ने हिन्दी के कवियों के समान ही दीन दलितों के प्रति सहानुभूति और शोषकों के प्रति आक्रोश व्यक्त किया है। गुजराती कवि पीताम्बरदास सोनी ने दरिद्रनारायण पर अपनी दृष्टि डाली–

कंगाल तू कौण कहे?
समृद्धि प्रसुप्त तोर उर सप्त सिंधुनी।

और माखनलाल चतुर्वेदी ने लिखा–

रक्त है या नसों में क्षुद्र पानी
जांचकर तू सीस दे-देकर जवानी।

प्रयोगवाद और नई कविता

हिन्दी में नई कविता की उद्‌भावना अज्ञेय की कविताओं से हुई है और गुजराती में उमाशंकर जोशी की कविताओं से। उमाशंकर जोशी के 'विश्वशांति', 'गंगोत्री',

'निशीथ', 'प्राचीन', 'आतिथ्य', 'वसंत वर्षा' आदि काव्य संग्रहों ने गुजराती मानस को नया काव्यपथ दिखाया है। राजेन्द्र शाह ने नई शैली का नए ढंग से विकास किया है। 'ध्वनि' से लेकर 'शांत कोलाहल' तक इनका काव्य व्यक्तित्व काफी निखरता गया है। सुरेश जोशी के काव्य संग्रह 'उपजाति' और 'प्रत्यंचा' नई कविता के संग्रह हैं। सुरेश जोशी ने हिन्दी के अज्ञेय की भांति ही नये भाव नई भाषा और शिल्प को लेकर काव्य रचना की है। निरंजन भगत के काव्यसंग्रह छंदोलय, अल्प विराम, 'किन्नरी' में नई अर्थ लय की साधना है। प्रतीकवादी कवि प्रियकांत मणियार ने गुजराती की नई कविता को नई दिशा दी है। इनके संग्रह 'प्रतीक', 'अशब्द', 'रात्रि' और 'स्पर्श' में नये प्रतीकों और बिम्बों की भरमार है। सुरेश दलाल गीतकार हैं। हेमंत देसाई का काव्य संग्रह ''इंगित'' प्रेम और राग का उज्ज्वल झरना है। ज्योतिष ज्ञानी, नलिन रावल, लाभशंकर ठाकुर, रधुवीर चौधरी, श्रीकांत शाह, यशचन्द्र, आदिल मंसूरी, अब्दुल करीम शेख, दिनेश कोठारी, अंबाशंकर नागर और प्रहलाद पारीख, प्रबोध पारीख आदि कवियों में गुजराती की नई कविता के तेवर हैं।

हिन्दी में अज्ञेय, मुक्तिबोध, नेमिचन्द्र जैन, भारत भूषण अग्रवाल, प्रभाकर माचवे, गिरीजाकुमार माथुर, रामविलास शर्मा एकत्र होकर अपने समय को नए ढंग से शब्द दिये हैं। कुंवर नारायण साही, धर्मवीर भारती, भवानीप्रसाद मिश्र, श्रीकांत वर्मा आदि ने लोकभाषा के नजदीक जाकर नए शब्द संयोग बनाए हैं। कवियों ने ऊब, संत्रास, विसंगति-विडम्बना अवसाद, अंधेरा आदि को ईमानदारी से अभिव्यक्त किया है। नये बिम्बों, प्रतीकों और उपमानों से नया प्रयोगवाद उभरकर आया है। यही कवि नई कविता के भी जन्मदाता बने हैं। इस नई कविता को धूमिल, लीलाधर जुगड़ी, श्याम परमार, सौमित्र मोहन, राजकमल चौधरी आदि ने आगे बढ़ाया है।

गुजराती और हिन्दी कथा साहित्य की तुलना

कथा साहित्य (उपन्यास और कहानी)–मौलिक उपन्यास लेखन के लिए पृष्ठभूमि तैयार करने में अनुवादों और रूपान्तरों का विशेष योग रहा है। हिन्दी और गुजराती में मौलिक उपन्यास लेखन के पूर्व अंग्रेजी, बंगला आदि उपन्यासों के अनुवाद हुए। हिन्दी का प्रथम उपन्यास श्री निवासदास कृत ''परीक्षागुरु'' माना जाता है। 19वीं शताब्दी के अंत तक पहुंचते पहुंचते हिन्दी उपन्यास ने तीन दिशाएं पकड़ ली थी। पहली तिलस्म और अय्यारी की जो खूब लोकप्रिय हुई। इसके प्रवर्तक देवकीनंदन खत्री ने 'चन्द्रकान्ता संतति' की रचना की थी। कहा जाता है कि उस युग में लोगों ने इसे पढ़ने के लिए हिन्दी सीखी थी। दूसरी जासूसी धारा के प्रतिनिधि गोपालराम गहमरी और तीसरी रोमांस परक धारा के प्रतिनिधि किशोरीलाल गोस्वामी थे।

गुजराती के पहले उपन्यास 'करणघेलो' (1866) के लेखक थे नंदशंकर तुलजाशंकर मेहता। यह रचना गुजरात के अंतिम हिन्दू राजा करण घेलो के

व्यक्तित्व और कृतित्व तथा उसके शोचनीय पतन और निधन की रोमांचक कहानी है। करण घेलो की इस कथा के माध्यम से लेखक तत्कालीन धर्म, समाज और नैतिकता पर अपने विचार भी व्यक्त करता जाता है। फिर 1887 में गुजराती का महाकाव्यात्मक उपन्यास ''सरस्वती चन्द्र'' (चार भाग) जो उसके लेखक गोवर्धन राम माधवराम त्रिपाठी (1805-1901) के अनुसार प्रेमकथा के रूप में संस्कृति की कहानी है। इसकी गिनती श्रेष्ठ उपन्यासों में की जाती हैं।

उपन्यास में 'कुमुद' नामक एक ऐसी नवयुवती का चित्रण है, जो प्रेम करती हैं और अपने प्रेमी को पाकर भी उससे विवाह नहीं कर पाती। उसे जीवन की पूर्णता सरस्वतीचन्द्र के साथ आध्यात्मिक प्रेम में प्राप्त होती है। यह उपन्यास केवल अपनी कल्पना की उड़ान और दर्शन के कारण ही महान नहीं है, इसकी कला भी महान है। इसमें नीच से नीच व्यक्तियों को लेकर पवित्र से पवित्र आत्माओं तक सभी प्रकार के व्यक्तियों का चरित्र चित्रण है। सरस्वती चन्द्र उपन्यास का उद्देश्य बड़ा ही व्यापक है और उसमें महाकाव्य जैसी कल्पना है। इसलिए वह महाकाव्यात्मक उपन्यास है।

सामाजिक उपन्यास–हिन्दी में प्रेमचन्द (वरदान, प्रतिज्ञा, सेवासदन, प्रेमाश्रम, निर्मला, कर्मभूमि, रंगभूमि आदि) ने हर प्रकार के सामाजिक अनाचार और अत्याचार का विरोध किया है। 'प्रतिज्ञा', वरदान, निर्मला, कर्मभूमि उपन्यास विधवा समस्या को लेकर लिखा गया है। निर्मला में अनमेल विवाह से जुड़ी समस्या भी है। उपेन्द्रनाथ अश्क के ''गिरती दीवारें'', अंचल के ''नई इमारत'', रांगेय राघव के ''घरौंदे'' उपन्यास प्रगतिशील दृष्टिकोण को लेकर लिखे गये हैं। नारी जीवन की समस्याओं को लेकर जैनेन्द्र ने सुनीता, कल्याणी, सुखदा, मुक्तिबोध आदि उपन्यासों की रचना की है। उदयशंकर भट्ट के उपन्यास ''शेफाली'', प्रभाकर माचवे के ''द्वाभा'' में नारी के द्वैतव्यक्तित्व का चित्रण है।

गांधीजी के राजनीतिक मंच पर पदार्पण के पश्चात ग्राम्य जीवन की समस्याओं को लेकर प्रेमचन्द ने ''गोदान'' और वृन्दावनलाल वर्मा ने ''कुंडलीचक्र'' रचा था। गुजराती में रमणलाल देसाई ने ''ग्रामलक्ष्मी'' में ग्राम्यजीवन को गहराई से लिया। पन्नालाल पटेल ने पहले ''मलेलाजीव'' में प्रेमकथा के माध्यम से और फिर ''मानविनी मवाई'' (1949) में पिछली शताब्दी में गुजरात में पड़े महा अकाल के चित्रण द्वारा गांवों की शोचनीय स्थिति को उकेरा। गुजराती के मनुभाई पंचोली जीवन और साहित्य दोनों में गांधीवादी रहे। उनके उपन्यासों में गांधीवादी आदर्श प्रतिबिंबित है। उनके उपन्यास ''जेर तो पिलधान के जाणी-जाणी'' (मैंने जानकर बूझकर जहर पिया है) और 'सोक्रेटीज' द्रष्टव्य है। इससे पहले पन्नालाल देसाई के उपन्यास ''दिव्यचक्षु'' में गांधीवादी आदर्शों से प्रभावित हो उसकी नायिका एक अंधे पुरूष की जीवनी संगिनी बन उसकी सहायता करता है।

मनोवैज्ञानिक उपन्यास–हिन्दी में जैनेन्द्र के उपन्यास 'परख', 'सुनीता', 'त्यागपत्र', 'कल्याणी', 'जयवर्धन', 'मुक्तिबोध', 'अनंतर', 'दशार्क' में व्यक्ति मन की गहराईयों में उतरकर मूल नैतिकता की खोज शुरू की गई है। जैनेन्द्र का मत है कि समर्पण में अहं टूट जाता है। इलाचन्द्र जोशी ने अपने उपन्यास 'पर्दे की रानी', 'प्रेत और छाया' आदि मे मन की अवचेतन प्रवृत्तियों को उद्‌घाटित किया है। अज्ञेय का ''शेखर एक जीवनी'' ''नदी के द्वीप'', डॉ. देवराज का ''पथ की खोज'' सर्वेश्वर दयला सक्सेना का ''सोया हुआ जल'', मन्नू भंडारी का ''आप का बंटी'' मनो विश्लेषणात्मक प्रवृत्ति के उपन्यास हैं।

गुजराती में चन्द्रकांत बक्षी का ''आकार'' सुरेश जोशी का ''छिन्न पत्र'' मनोवैज्ञानिक उपन्यास है। आकार का नायक अपनी अंतरात्मा की आवाज पर चलना चाहता है, पर सफल नहीं होता है। 'छिन्न पत्र' अजय और माला नाम के प्रेमियों की कहानी है, जिन्हें एक दूसरे से संतुष्टि मिलता हैं–मानसिक स्वर पर, क्योंकि अजय मर कर भी माला के मन में बसा है। शिवकुमार जोशी का ''रागरंग'' और चन्द्रकांत बक्षी का ''एकजन'' तलाक की समस्या पर केन्द्रित है। रघुवीर चौधरी की ख्याति का आधार उनका उपन्यास ''अमृता'' (1965) है और ''वासत्रयी'' भी। ये उपन्यास ग्रामीण जीवन पर आधारित होते हुए भी मनोवैज्ञानिक हैं। श्रीकान्त शाह का उपन्यास ''अस्ति'' अस्तित्ववादी रचना है। मधुराय के उपन्यास ''चेहरा'' और ''कामिनी'' भी उल्लेखनीय रचनाएं हैं। शिव कुमार जोशी का ''अयनाशु'', धीरूवेन पटेल का ''वांसनो अंकुर'', मोहम्मद मांकड़ का ''वेलानान'', ''वाच्च्युव्यान'', दिगीश मेहता का ''आपनो घड़ीक संग'', राओजी पटेल का ''जनला'', सरोज पाठक का ''नाइटमेयर'' उल्लेखनीय मनोवैज्ञानिक उपन्यास हैं।

ऐतिहासिक उपन्यास–हिन्दी में ऐतिहासिक उपन्यासों के रचयिता वृन्दावनलाल वर्मा थे। उन्होंने इतिहास और लोककथाओं के योग से नई लोकप्रिय उपन्यास लिखे–'गढ़ कुंडार', 'विराटा की पद्‌मिनी', 'मृगनयनी' लोकप्रिय उपन्यास हैं। उनके अन्य प्रमुख ऐतिहासिक उपन्यास हैं–'कचनार', 'झांसी की रानी', अचल मेरा कोई, ''भुवनविक्रम'', टूटे कांटे, ''माधव जी सिंधिया'' और अहिल्याबाई। स्वतंत्रता प्राप्ति के बाद चतुरसेन शास्त्री का ''वैशाली की नगरवधू'', ''नरमेघ'', ''सोमनाथ'', ''आलमगीर'', ''वयं रक्षामः'' ऐतिहासिक उपन्यास हैं। तारिणी चरण रथ का ऐतिहासिक उपन्यास ''अन्नपूर्णा'' है। भगवतीचरण वर्मा का ''चित्रलेखा'', हजारी प्रसाद द्विवेदी का ''बाणभट्ट की आत्मकथा'', ''पुनर्नवा'', ''अनामदास का पोथा'', अमृतलाल नागर के उपन्यास ''सुहार के नुपुर'', मानस का हंस, खंजन नयन, नरेन्द्र कोहली के उपन्यास ''दीक्षा'', ''अवसर'' आदि ऐतिहासिक उपन्यास हैं।

गुजराती में धूमकेतु और गुणवंतराय आचार्य ने गुजरात के प्रत्येक राजवंश के नरेशो पर उपन्यास रचना की है। उन्होंने गुप्त तथा मौर्यवंशीय नरेशों पर भी उपन्यास

लिखे हैं। यशोधर मेहता ने कश्मीर के मध्यकालीन इतिहास को आधार बनाकर तीन उपन्यासों का प्रणयन किया है। कन्हैयालाल मुंशी ने अपने उपन्यास "कृष्णावतार" और पिनाकिन दबे ने अपने "विश्वरथ" में पौराणिक युग का सफलतापूर्वक अंकन किया है।

आंचलिक उपन्यास–गुजराती में झबेरचंद मेघाणी का प्रसिद्ध उपन्यास सोरठ तारा बहेता पाणी (सोरठ तेरा बहता पानी–1937) सौराष्ट्र के जनजीवन को प्रस्तुत करता है। सोरठ यहां सौराष्ट्र का तद्भव रूप है। इनके अन्य दो उपन्यास 'तुलसी कियारो' और बेविशाल (सगाई) भी सौराष्ट्र के लोकजीवन पर आधारित हैं। हिन्दी में प्रेमचन्द ने भी अपने उपन्यासों में ग्राम्य जीवन का चित्रण किया है किन्तु हिन्दी में आंचलिक उपन्यास का उदय नागार्जुन के बलचनमा (1952) से माना जाता हैं जिसमें मिथिला की संस्कृति है। दूसरा उपन्यास मछुआरों के जीवन पर "वरूण के बेटे" है। फणीश्वरनाथ रेणु का "मैला आंचल" और "परती परिकथा" आंचलिक उपन्यास हैं। कृष्णा सोबती का महत्वपूर्ण आंचलिक उपन्यास "जिन्दगीनामा" (1979) है। हिन्दी और गुजराती के उपन्यासों की आंतरिक धारा एक ही है।

कहानी

गांधी के विचारों और उनके नेतृत्व में होने वाले स्वाधीनता संग्राम का प्रभाव भारतीय कहानी पर स्पष्ट परिलक्षित होता है। गुजराती के झबेरचंद मेघाणी की अनेक कहानियों का विषय गांधीजी का सत्याग्रह आन्दोलन है। हिन्दी में प्रेमचन्द की गांधीजी के प्रति अगाध सहानुभूति थी। हिन्दी और उर्दु में प्रेमचन्द ने गांधीजी के हरिजनोद्धार, अछूतोद्धार आदि को लेकर अनेक कहानियां लिखी हैं।

चौथे दशक के मध्य में भारतीय कहानी को फ्रायड के मनोविज्ञान और मार्क्स के साम्यवाद ने अत्यधिक प्रभावित किया है। गुजराती कहानी "सरयूनदिने किनारे" में उपेक्षित बालक की मानसिक प्रतिक्रिया का चित्रण है। द्विरेफ और सुंदरम् की कहानियों का विषय लैंगिक संबंध हैं। गुलाबदास ब्रोकर मानवमन की ग्रन्थियों का विश्लेषण करते हैं। हिन्दी में जैनेन्द्र अज्ञेय, इलाचन्द्र जोशी अपनी कहानियों में मानवमन की अन्तर्भूमियों तक पहुंचने की कोशिश करते हैं। जैनेन्द्र की कहानियां आत्मपीड़ा से प्रभावित हैं तो अज्ञेय की कहानियां भटके हुए मनों की कहानी है।

साम्यवाद या प्रगतिवाद से प्रभावित गुजराती के मेघाणी ने पुलिस और अमीरों द्वारा किसानों के शोषण का चित्र खींचा है। सुंदरम्, जितूभाई मेहता और बकुलेश ने वर्ग संघर्ष का आव्हान किया। हिन्दी में प्रेमचन्द, यशपाल राहुल सांकृत्यायन और नागार्जुन की कहानियों में शोषितों के प्रति सहानुभूति और शोषितों के प्रति आक्रोश व्यक्त किया गया है।

स्वतंत्रता के बाद भ्रष्टाचार, गरीबी, नारी शोषण आदि विषयों को लेकर

गुजराती में जयंती दलाल और शिवकुमार जोशी और हिन्दी में अमरकांत ने अनेक कहानियों की रचना की है। युवा पीढ़ी की हताशा, निराशा, मोहभंग मूल्य संकट आदि को लेकर कहानी लेखक गुजराती में जयंती दलाल, जयंत खत्री, हिन्दी में निर्मल वर्मा हैं। इन कहानीकारों पर सार्त्र, कामू आदि का स्पष्ट प्रभाव है। आदिवासियों को लेकर गुजराती में झबेरचंद मेघाणी, पन्नालाल पटेल, और चुन्नीलाल माठिया ने अनेक कहानियां लिखी हैं। हिन्दी में नए दौर के कहानीकारों में राजेन्द्र यादव, मोहन राकेश हैं। महिला कहानीकारों में गुजराती में सुमति, उर्मिला, विजयलक्ष्मी त्रिवेदी और शारदा बेन मेहता तथा हिन्दी में उषा मित्रा और सुभद्राकुमारी ने नारी की सामाजिक मनोवैज्ञानिक समस्याओं को लेकर कहानियां लिखी हैं। सैनिक जीवन को लेकर हिन्दी और गुजराती दोनों में कहानियां लिखी गयी हैं।

आदर्शोन्मुख यथार्थवाद को लेकर हिन्दी में प्रेमचन्द और गुजराती में नारायण हेमचन्द्र ने कहानियां लिखी हैं। अन्य भाषाओं की कहानियों का अनुवाद हिन्दी और गुजराती दोनों में ही हुआ है।

नाटक

बींसवीं सदी के दूसरे दशक तक तो हिन्दी और गुजराती में थिएट्रीकल कम्पनियों के घुमंतु प्रदर्शनों के कारण व्यावसायिक नाटक प्रायः एक दूसरे से गूंथे रहे एक ही कंपनी यदि एक रात गुजराती नाटक का प्रदर्शन करती थीं तो दूसरी रात उर्दु नाटक "शीरीफरहाद" का। पारसी कंपनियों द्वारा शेक्सपियर के रूपांतरित नाटकों का प्रदर्शन भी बड़ा सफल और लोकप्रिय रहा।

भारतीय नाटक को सम्पन्न बनाने में थिएट्रीकल कम्पनियों का योगदान भुलाया नहीं जा सकता, भले ही उन नाटकों का स्तर निम्न कोटि का रहा हो। बाद में कई नाट्य संस्थाएं स्थापित हुईं। गुजरात में "अभिनीति दर्शक नाट्यमंडली" जैसी संस्थाओं ने भी पौराणिक सामाजिक विषयों पर नाटक लिखवाकर उनका अभिनय किया। ऐसे नाटकों में उल्लेखनीय हैं—द्रौपदी दर्शन (1878) श्री बालकृष्ण विजय (1883) और कृष्णमुरारी (1867)।

अंग्रेजों के सम्पर्क में आने पर नाटकों के रिक्त भंडार को भरने के लिए गुजराती में भी आरंभ में संस्कृति से अनुदित नाटकों—अभिज्ञान शांकुतल (झबेरीलाल द्वारा अनुदित) विक्रमोर्वशीय (रणछोड़ भाई द्वारा) प्रबोधचन्द्रोदय (वल्लभ जी हरिदत्त द्वारा), मालती माघव (म.न. त्रिवेदी द्वारा) ने नाट्य लेखन और नाट्य प्रदर्शन के क्षेत्र में महत्वपूर्ण भूमिका निभाई।

हिन्दी में भारतेन्दु और उनके सहयोगियों के द्वारा संस्कृत के प्रसिद्ध नाटकों—विद्यासुंदर (1868), रत्नावली (1868) धनंजय विजय व्यायोग (1873), मुद्राराक्षस (1874), कर्पूरमंजरी (1879) के अनुवाद हुए।

मौलिक नाटक लेखन के प्रारंभिक विषय थे पौराणिक प्रसंग या कोई ऐतिहासिक महापुरूष। सामाजिक समस्याओं को लेकर प्रहसन भी लिखे गये। हिन्दी में श्री निवासदास, शालिग्राम, बालकृष्ण भट्ट, लीला देवराज ने पौराणिक विषयों को लेकर नाटकों की रचना की। गुजराती में ''बाणासुर-मदमर्दन'', ''मदालसा अने ऋतुध्वज'', ''नलदमयंती'' आदि नाटकों के विषय पौराणिक ही हैं।

इतिहास को नई दृष्टि से देखने की जो प्रवृत्ति विकसित हुई उसके प्रारंभिक संकेत हिन्दी और गुजराती के नाटकों में देखने को मिलता है। हिन्दी में जयशंकर प्रसाद (चन्द्रगुप्त, स्कन्दगुप्त आदि) हरिकृष्ण प्रेमी और गुजराती में उमाशंकर जोशी और लीलावती मुंशी इसके ज्वलन्त उदाहरण हैं। लीलावती मुंशी के नाटक ''कुमारदेवी'' पर डी.एल. राय का प्रभाव दृष्टिगत होता है। इन सबमें राष्ट्रीय उद्‌बोधन का स्वर है और इतिहास की नई आंख से देखने की प्रवृत्ति।

राष्ट्रीय भावना को जागृत करने वाले नाटककारों में हिन्दी में भारतेन्दु युग के नाटककारों की कृतियों में है। इस दृष्टि से भारतेन्दु के नाटक भारत दुर्दशा, भारत जननी, नीलदेवी, अन्धेर नगरी उल्लेखनीय है। गुजराती में राष्ट्रीय चेतना जाग्रत करने का काम किया, उमाशंकर जोशी के नाटकों–'शहीद', 'शहीदनु स्वप्न' आदि ने।

समाज सुधार का स्वर मुखरित करने वाले नाटककारों में हिन्दी में राधाकृष्ण दास का नाटक ''दुखिनी बाला'', देवी प्रसाद का ''बालविवाह'' और श्यामसुंदरदास का ''वृद्धावस्था विवाह'' गुजराती में रणछोड़ भाई उदयराम, उमाशंकर जोशी तथा गुलाबदास ब्रोकर ने सामाजिक विषयों पर नाटक लिखे हैं। ब्रोकर का ''मां'' एक सशक्त नाटक हैं, जिसमें एक विधवा मां का कारुणिक चित्र है।

हिन्दी और गुजराती नाटकों को फ्रायड और इब्सन ने भी प्रभावित किया। ऐसे नाटकों में आधुनिक युगबोध है तथा स्त्री पुरूष के सम्बन्धों पर नई दृष्टि है। गुजराती में चन्द्रमेहता (आगगाड़ी) इस धारा के प्रमुख नाटककार हैं। हिन्दी में प्रसाद की ध्रुवस्वामिनी, हरिकृष्ण प्रेमी का रक्षाबंधन, स्वप्नभंग और ''प्रतिशोध'' इसी प्रवृत्ति के नाटक हैं।

हिन्दी में एब्सर्ड नाटक से प्रभावित मोहन राकेश, सुरेन्द्र वर्मा और लक्ष्मीनारायणलाल हैं। गुजराती में एब्सर्ड नाटक का प्रवेश 1965 में हुआ। युवा नाटककारों ने प्राचीन नाट्य परम्पराओं का विरोध किया। इनके अनुसार जीवन जटिल है, एक अनबूझ पहेली है और मानव स्वयं को टूटा हुआ और अकेला पाता है। इन नाटकों की भाषा अर्थशून्य हैं। पात्र प्रतीकात्मक हैं।

चतुर्थ खण्ड

साहित्यिक कृतियों का अध्ययन

उपन्यास

अग्निगर्भ (बंगला-महाश्वेता देवी)

आदिवासी जीवन की महागाथा

स्वातंत्र्योत्तर बंगला साहित्य के कथा लेखिकाओं में महाश्वेता देवी एक ऐसी लोकप्रिय कथा लेखिका हैं, जिनकी कृतियों को न केवल बांग्ला वरन् हिन्दी पाठक वर्ग में भी समान रूप से लोकप्रियता मिली हैं। साम्यवादी विचारधारा से प्रभावित महाश्वेता देवी ने स्वतंत्रता के पश्चात का राजनैतिक परिवेश और राजनेताओं के छल-छद्म को केन्द्र में रखकर सरकारी योजनाओं और घोषणाओं की व्यर्थता और निर्धनों की समस्याओं को अपने साहित्य के केन्द्र में रखा है। आजादी के बाद जिस प्रकार कांग्रेस सहित सभी राजनीतिक दलों और प्रशासन ने जनता, विशेषतः शोषितों को छलावे में रखा है, और उसके कारण जो आक्रोश धीरे-धीरे हिंसक्र होता गया है उसका जीवन्त वर्णन करने वाली महाश्वेता देवी बंगला साहित्य की सुप्रसिद्ध लेखिका हैं।

महाश्वेता देवी ने ग्रामीण बंगला समाज और दार्जिलिंग जिले के नक्सलवाड़ी, खड़ीवाड़ी और फांसी लगने वाले अंचल के अधिकांश भाग में रहने वाले आदिवासी भूमिहीन किसान, जिनमें भेदी, लेप्चा, भोटिया, संथाल, ओराँव, राजबंसी और गोरखा सम्प्रदाय के लोग हैं, उनके जनजीवन को केन्द्र में रखकर "अग्निगर्भ" उपन्यास लिखा है। स्थानीय जमींदारों ने लम्बे अर्से से "अधिया" व्यवस्था के अन्तर्गत भूमिहीन किसानों का शोषण किया हैं उसी की प्रतिक्रिया में किसानों का असंतोष एक भयंकर विद्रोह का रूप ले लेता है। इन परिस्थितियों को देखकर लेखिका ने युग के साथ न्याय करने का उत्तरदायित्व अपने कंधों पर लिया। वर्तमान समाज को बदलने की उत्कट आकांक्षा उनके मन में हैं। उन्होंने लिखा है–"स्वतंत्रता के इकतीस बरस में मैंने अन्न, जल, जमीन, कर्ज, बेगार, किसी से भी देश के मनुष्य को मुक्ति पाते नहीं देखा। जिस व्यवस्था ने यह मुक्ति नहीं दी, उसके विरूद्ध शुभ्र, शुद्ध और सूर्य के समान क्रोध ही मेरे समस्त लेखन की प्रेरणा है। दक्षिण वाम-सभी दल सामान्य मनुष्य से किये हुए वायदों को पूरा करने में असफल रहे हैं ऐसा मेरा विश्वास है। मेरे जीवनकाल में इस विश्वास को बदलने का कोई कारण होगा, ऐसी आशा नहीं है इसी से सामर्थ्य के अनुसार मानव की कथा ही लिखी, जिससे कि सामना होने पर उसके लिए लज्जित

न होना पड़े, क्योंकि लेखक को जीवनकाल में ही अंतिम न्याय के लिए उपस्थित होना पड़ता है और जवाबदेही की जिम्मेदारी रह जाती है।''

''अग्निगर्भ'' एक प्रगतिवादी या साम्यवादी चेतना का उपन्यास है। इसलिए इस उपन्यास में शोषित समाज के सर्वतोमुखी उत्थान की तड़प है और इसमें धार्मिक अंधविश्वासों, सामाजिक विकृतियों और आर्थिक असंगतियों पर निर्मम प्रहार किये गए हैं और भूमिहीन किसानों या खेतिहर मजदूरों के उद्धार के लिए लेखिका ने बड़े जोर की आवाज उठाई है। यही आवाज बांगला में उपन्यासकार ताराशंकर वंद्योपाध्याय ने अपने उपन्यास 'आरोग्यनिकेतन', 'धातीदेवता', 'मन्वंतर', 'गणदेवता' में और सतीनाथ भादुड़ी ने ''जागरी'' उपन्यास में उठाया है।

नक्सलवाड़ी आन्दोलन

महादेवी ने इस उपन्यास में आदिवासी जीवन की समस्याओं को ही नहीं, वरन् स्वतंत्रता के बाद उभरते वर्गसंघर्ष को भी चित्रित किया है। नक्सलवादी आन्दोलन की पृष्ठभूमि कृषि से जुड़े निर्धन समूह और शोषक जमींदारों के विरूद्ध पनपते कृषि मजदूरों के विद्रोह को महाश्वेता ने इस उपन्यास मे आधार बनाया है। लेखिका ने अग्निगर्भ की भूमिका में लिखा है—इन चाय बागानों के मालिकों के कब्जे में जो अतिरिक्त जमीन थी, उसे उन्होंने अपने आश्रित श्रमिकों में बांट दिया। सरकार ने इस बन्दोबस्त जमीन को अपने अधिकार में लेने को सोची किन्तु बाद में योजना छोड़ दी गयी। इससे श्रमिकों के मन में असंतोष की गांठ पड़ गई। सन् पचास (1950) के मध्यभाग में चाय बागान अंचल के अधिया वालों ने मालिकों के विरूद्ध आंदोलन प्रारंभ किया। उनकी मूल मांग थी कि चाय बागान की अतिरिक्त भूमि सरकारी अधिकार के आश्रय में लानी होगी और उन लोगों में उसे बांट देनी होगी। सन् 1956 में इस आन्दोलन ने एक भयंकर रूप धारण कर लिया। परिणामस्वरूप बागानों के मालिकों ने जमीनों से अधिया वालों को उखाड़ फेंका, उनके घर द्वार हाथियों के पैरों के नीचे कुचलकर तहस-नहस करवा दिये। इस प्रकार के अत्याचार और अन्याय के विरूद्ध नक्सलवाड़ी के किसान एक दिन संगठित शक्ति लेकर विद्रोह के पथ पर उतर पड़े। उस आन्दोलन ने एक ही तरह से वंचित शोषित किसानों को आंध्र में, केरल में, तमिलनाडु में, बिहार में और उड़िसा में प्रेरणा दी, जिसे नक्सलबाड़ी आन्दोलन नाम दिया गया है।''

महादेवी हर तरह की शारीरिक और मानसिक गुलामी, मिथ्या धारणाओं और रूढ़िगत मान्याताओं से घृणा करती हैं और उनसे उत्पन्न हुए दुःखों, कष्टों और शोषण से किसानों और खेतिहर मजदूरों की मुक्ति चाहती थीं। आरंभ से अन्त तक इस उपन्यास की यही मुख्य ध्वनि है। आज नक्सलवाद एक व्यापक शब्द है जो पूरे भारत में प्रचलित है तथा वर्तमान व्यवस्था से असंतुष्ट युवकों के हिंसक वर्ग को

नक्सली कहा जाता है। मूलरूप से पिछड़े इलाकों में उपजते शोषित वर्ग के युवा विद्रोही नक्सली माने जाते हैं। इस मत के अनुयायी जोशीले फ्रस्टेड युवक ही अहिंसक भारत में पहले पहल हिंसा की राजनीति लाए है ऐसा माना जाता है। काली वसाईटुडु से कहता है--

कहो नक्सल कहो, कोनू ओ दुःख नहीं। हम जब बने नहीं, तो जो चैलेन देते हैं वे टेररिस कहते हैं, कांग्रेसी कहते हैं। सो बाद में कांग्रेसी कहते चैलेन करते हैं ये कमनिस हैं। आज फरंट कहता है, ये नक्सल हैं। मुझे भी कहोगे। कोई दुःख नहीं सब अंधे बन गये हैं। उन्हें कौन समझाएगा।

भूमिहीन या खेतिहर मजदूरों की समस्या

अग्निगर्भ उपन्यास में लेखिका ने उपन्यास के नायक बसाई टुडु और नायिका द्रौपदी के माध्यम से खेतिहर मजदूरो की समस्याओं को स्वर दिया है। लेखिका ने इस समस्या को एक व्यापक राष्ट्रीय समस्या के रूप में लिया है क्योंकि खेत मजदूर की समस्या पूरे भारत की समस्या है, जिसमें केवल भूमिहीनता ही कारण नहीं है। वास्तविक तथ्य यह है कि ये किसान अपने श्रम द्वारा प्राप्त प्राप्य से भी वंचित हैं। पानी, बीज, खाद के लिए दूसरे पर निर्भर अनाहार और गरीबी में उनके दिन कटते है। देश की आर्थिक प्रगति के बावजूद उन भूमिहीन संथालों के जीवन में कोई परिवर्तन नहीं आया है। वे आज भी अशिक्षित, असम्य, जीवन व्यतीत कर रहे है, इतना ही नहीं संथालों में जो पढ़े लिखे हैं, उन्हें भी हेय दृष्टि से देखा जाता है। कम्युनिस्ट जो भेदभाव न करने का दंभ भरते हैं उनकी आलोचना करता हुआ बसाई टुडु कहता है—ऐसा देश गढ़ दो जिसमें संथाल काउरा में, ऊँचे घर के कामरेटों में अन्तर न रहे। कर सकते हो? गाड़ी चढ़ाना, लाइलन पहनाना। कर सकोगे।

महाश्वेता देवी ने इन भूमिहीन मजदूरों की आर्थिक स्थिति का वर्णन करते हुए लिखा है—भूखे किसानों का शोषण बेरोकटोक चल रहा हैं। जमीदारों ने बेनामी, देश की प्रायः सारी खेती योग्य भूमि कुछ हजार परिवारों की मिल्कियत में कर ली है। दूसरे नाम से चक्रवृद्धि ब्याज से पीसना और बेगार लेना चल रहे हैं। ग्राम्य भारत का स्वरूप श्मशान की तरह है। सूखे में और गर्मी में आदिवासी और अन्यान्य तथाकथित अवर्ण हिन्दू जाति सूखी नदी का कलेजा खोदकर पानी तलाश करते हैं, भात का फेन और आमानी (पानी, जिसमें रात में भात भिंगोकर रखा जाता है) बिकते हैं। पलामू के आदिवासी लोगों को चीना घास के बीज के सिना और कोई चीज खाने को प्रायः नहीं मिलती।'' ऐसी ही भूमिहीन किसानों का नेता बसाई टुडु—नक्सलवादी बनता है, जिसका बार-बार दमन किया जाता है।

वर्ग संघर्ष

जमींदार और कृषक वर्गों का पारस्परिक संघर्ष शताब्दियों से होता चला आ रहा है। आधुनिक युग में सामाजिक और राजनीतिक चेतना के जागरण क साथ जब मनुष्य अपने मानवीय कर्तव्यों और अधिकारों के प्रति अधिक जागरूक हुआ तब उसने इस शोषण का विरोध किया। फलतः अनेक संघर्ष हुए जिनके कटु परिणाम दोनों ही वर्गों अर्थात शोषकों और शोषितों को झेलने पड़े। आधुनिक युग में जो अनेक व्यवस्थाएं कृषकों के कल्याण के लिए की गई वे भी अनेक कारणों से अधिक सफलता न प्राप्त कर सकीं। महाश्वेता देवी ने इस उपन्यास में इस वर्ग संघर्ष को भी रेखांकित किया है। वे लिखती हैं कि–"स्वतंत्रता के बाद इस देश में जो आर्थिक प्रगति हुई है उसका फल किसी मध्यम वर्गीय मजदूर या खेत मजदूर को नहीं मिला। एक ओर धनी वर्ग और अधिक धनी हो गये हैं, एक आत्मतुष्ट, अशिक्षित असभ्य नया धनिक वर्ग उत्पन्न हुआ है। दूसरी ओर सामान्य मध्यवित्त लोगों के पास जो कुछ था उसे खोकर वे अधिक गरीब बन गये। निम्नवित्त एवं मध्यवित्त वर्ग आज संपूर्ण रूप से क्षय होने की ओर बढ़ रहे हैं। धनी किसान और अधिक धनी हो गये हैं। मामूली जमीनों के मालिक अपने अंतिम सहारे धरती को जमींदार महाजन को देकर खेतमजूरों की संख्या बढ़ा रहे हैं।–बेकारी की समस्या बराबर बढ़ रही है, चीजों के दाम आकाश छू रहे हैं, शिक्षा में हद की अराजकता है, इससे मध्यवित्त संतुलन खोकर रेले में दूसरे वर्ग की ओर बढ़े जा रहे हैं। वर्ग संघर्ष का क्षेत्र अधिक साफ होता जा रहा है।" लेखिका महाश्वेता देवी का यह वक्तव्य पूंजीवाद के अभ्युदय, जनजागरण और क्रांतिकारी चेतना के उदय का परिचायक है। इससे भारत की वर्तमान स्थिति का भी परिचय मिलता है। इन कारणों से यह उपन्यास अपने युग का यथार्थ चित्र प्रस्तुत करता है।

राजनीतिज्ञों का पर्दाफाश

अग्निगर्भ उपन्यास में महाश्वेता देवी ने वर्तमान राजनीतिक व्यवस्था का वास्तविक चेहरा उभारा है। दल चाहे कांगेस हो, या कम्युनिस्ट, वास्तविक चेहरा एक है। भारतीय राजनीति का स्वरूप उद्घाटित करते हुए बसाई काली से कहता है–"भारत में धर्म में, राजनीति में, रोजगार में, शिक्षा के क्षेत्र में, संस्कृति के क्षेत्र में, व्यक्तिगत जीवन में–ऊपर उठने का एक ही नियम है–सीढ़ी का नियम। इस परम्परा का नाम भारतवर्ष है। गोली खाते हैं–सामान्य कार्यकर्ता, नाम होता है जेल में आराम से बैठे प्रथम श्रेणी में बन्दी लीडरों का–यह भारतीय ऐतिहासिकता है।"

अग्निगर्भ उपन्यास में कांग्रेसी संस्कृति और कम्युनिस्ट दलों को ही केन्द्र में रखा जाता हैं। कांग्रेस राज्य में आन्दोलन करने वाले कम्युनिस्ट जब खेतिहरों और मजदूरों को आश्वासन देकर सत्ता में आये तो उन्होंने भी मजदूरों की उपेक्षा की।

क्योंकि अधिकांश किसान नेता ही कम्युनिस्ट बन गये थे। खेतिहर मजदूर उनके लिए वोट बैंक थे। जिनकी आलोचना बसाई टुडु ने कटु शब्दों में की है।

अग्निगर्भ के पात्र

अग्निगर्भ के मुख्य पात्रों में बसाई टुडु काली सांतरा और द्रौपदी हैं।

बसाई टुडु संथाल हैं। प्रारंभ से ही वह पारिवारिक जीवन से विहीन रहा। बचपन में ही माता पिता के स्नेह से वंचित बसाई का पालन 6 वर्ष तक बुआ ने किया। उसके बाद उसे मिशन को दे दिया गया। मिशन में ही उसे शिक्षा मिली। वहां से निकलकर वह किसान मजदूर यूनियन के कार्यकर्ता के रूप में कम्युनिस्ट पार्टी का कामरेड बना किन्तु थोड़े दिनों में ही उसका मोहभंग हो गया, क्योंकि वहां किसानों की बात तो होती थी लेकिन खेती से जुड़े मजदूरों अर्थात खेतीहर मजूरों का पक्ष कोई नहीं लेता था। बसाई संथालों की बस्तियों में रहने लगा, संथालों को संगठित किया और अधिकारों के लिए सशस्त्र संघर्ष करने के लिए उन्हें तैयार करना प्रारंभ किया। उसके प्रयासों से अनेक क्षेत्रों में सशस्त्र विद्रोह हुए। किसानों के विरूद्ध आक्रमण हुए और यहां से बसाई सरकार की निगाह में अवांछित तत्व हो गया। उसके दमन के प्रयास होते रहे। उसे पुलिस मरा हुआ सिद्ध करती और वह बार बार जीवित होकर संगठन को शक्ति देता रहा। बसाई ने सारे जीवन खेतिहर मजदूरों के लिए कार्य किया और भूमिहीन संथालों में देवता के समान पूजा जाने लगा।

महाश्वेता देवी ने बसाई टुडु और काली सांतरा के माध्यम से भारत के बंधुआ मजदूरों के विद्रोह का चित्रण इस उपन्यास में किया है। कथा नायक बसाई टुडु और नायिका द्रौपदी है। इस उपन्यास में बसाई टुडु की ही जीवन गाथा है। बसाई टुडु की जीवनगाथा खेत मजदूरों के संगठनकर्ता ही की जीवनगाथा है। भारत में बटाईदारी प्रथा या अधिया के माध्यम से भूस्वामियों द्वारा मजदूरों के शोषण और उससे पनपते विद्रोह का नायक है बसाई टुडु। बसाई जाति का संथाल है। बंगाल में जहां एक ओर बड़े बड़े भूस्वामी और जमींदार हैं, वहीं दूसरी ओर भारी संख्या उन लोगों की है जिनके पास जोतने के लिए जमीन तो नहीं है पर उनकी जीविका कृषि पर निर्भर है। ऐसे भूमिहीन कृषकों को खेतिहर मजदूर कहा जाता है। ये भूस्वामिगों से खेती बटाई या अधिया पर लेते हैं। अधिया या बटाई में भूमिहीन किसानों को बीज, हल बैल, खाना और थोड़ी मजदूरी देकर काम लिया जाता है और बदले में भूस्वामी के खेतों पर काम करते हैं। इनको जो जमीन दी जाती हैं फसल कटने के बाद उससे भूस्वामी अपना हिस्सा बीज आदि को निकाल लेते हैं और केवल एक चौथाई उपज उन मजदूरों के पास पहुंचती है। इसके साथ ही उन पर भूस्वामियों का ऋण रहता है। थोड़ा सा विद्रोह करने पर भूस्वामी अगले वर्ष उन्हें बटाईदारी से अलग कर देता हैं। उनकी नित्य की मजदूरी बहुत कम होती है और मोटा अनाज देकर काम लिया

जाता हैं। अधिकांश आदिवासी क्षेत्रों में निर्धन वर्ग का आश्रय यही अधिया प्रथा है। इन भूमिहीन किसानों को जमीन देने के नाम पर सरकार की ओर से कई कानून बने, जिससे बड़े भूस्वामियों की अतिरिक्त जमीन लेकर इन्हें दे दी जाय लेकिन बड़े जमीदारों के छल के कारण उन्हें कभी जमीन नहीं मिलीं क्योंकि सभी बड़े भूस्वामी ही राजनीतिक और प्रशासनिक व्यवस्था से जुड़े हुए थे। सरकार ने भूमिहीन की स्थिति को सुधारने के लिए न्यूनतम मजदूरी कानून बनाया फिर भी उसका प्रभाव नहीं पड़ा क्योंकि मजदूरी दिलाने का दायित्व सरकार पर नहीं था। सरकारें चाहें कांग्रेस की हों या कम्युनिस्ट की हों, कानून बनते गये किन्तु उन पर अमल नहीं हुआ। महाश्वेता देवी ने लिखा है-- इस तरह असंतोष और संघर्ष के दृष्टिकोण से ही 1954 में सरकार ने ''एस्टेट ऐक्वीजिशन ऐक्ट पास किया। इस कानून की खास बात थी कि कोई व्यक्ति कुल मिलाकर 25 एकड़ से अधिक जमीन नहीं रख सकेगा। इस कानून के बनाने के पीछे अच्छी नियत में शक नहीं, लेकिन क्रियान्वित करने में जमीन के मालिकों को मामूली सी जमीनें ही गयी। बेनामी सारी जमीनें उनके पास रह गई। 1971 में परिवार के आधार पर कृषिभूमि की उच्चतम सीमा निश्चित कर जो संशोधित कानून पास किया गया, उससे भी कोई लाभ नहीं हुआ।''

इस असंतोष का परिणाम ही विद्रोह हैं जिसका नायक बनकर उभरा है बसाई टुडु। बसाई पहले कम्युनिस्ट आन्दोलन से जुड़ता है। कम्युनिस्टों के किसान मजदूर आन्दोलन में सामन्त, काली और बसाई टुडु साथ कार्य करते हैं लेकिन जब कम्युनिस्ट सत्ता में आते हैं तो वे भी बड़े किसानों का ही समर्थन करते हैं क्योंकि उनका वर्चस्व रहता है। उससे अलग होकर बसाई किसान मजदूर युनियन को भी छोड़ देता है और खेतिहर मजदूरों को विद्रोह के लिए तैयार करता है। शासन और प्रशासन बसाई के आतंक से कांपता है। खेतिहर मजदूर संथालों के परिवारों में बसाई को शरण मिलती है। उच्च वर्ग के लोग प्रशासन पर प्रभाव बनाकर पुलिस और सेना के द्वारा बसाई के आन्दोलन का दमन करते हैं, बसाई को मारे जाने की खबर फैलती है। बसाई नक्सलवादी बनकर और भूमिगत रहकर आन्दोलन करता हैं। बार बार प्रशासन बसाई टुडु के मारे जाने का समाचार उड़ाता हैं और थोड़े समय बाद बसाई पुनः सक्रिय हो जाता हैं। बसाई मर मर कर जीता है किन्तु अंत में आपातकाल लागू होने के बाद वह मारा जाता है उसकी आवाज खत्म हो जाती है। महाश्वेता कहती है ''क्योंकि बसाई टुडु मर सकता है? जब तक यह व्यवस्था है बसाई मरता रहेगा और फिर जी उठेगा। अग्निगर्भ का संथाल किसान बसाई टुडु किसान संघर्ष में मरता हैं। लाश जलने के बादजूद उसके फिर से सक्रिय होने की खबर आती है। वह फिर मारा जाता है। वह अग्निबीज है और अग्निगर्भ है सामन्ती कृषि व्यवस्था का।''

महाश्वेता देवी के अपने कथनानुसार बसाई टुडु ही इस उपन्यास का आदर्श पात्र है–''बसाई टुडु द्रौपदी की ये सारी घटनाएं ही तात्कालिक परिणाम हैं यद्यपि

संग्राम में उन्होंने ही समाज में परिवर्तन किया और परिणाम में नाम और स्थानीय अवस्थिति के सिवा काल और देश के प्रतीक बन गये।" बसाई टुडु संथाल जाति का एक भोला भाला किसान था किन्तु खेतिहर मजूरों की दयनीय स्थिति को देखकर वह हिंसा और क्रांति का पथ अपनाकर किसानों पर होने वाले अत्याचार का बदला लेना चाहता है। मां-बाप के वात्सल्य प्रेम से अनभिज्ञ बसाई का सम्पूर्ण प्रयास खेतिहर मजूरों के जीवन को सुखी बनाना था। महाश्वेता देवी भी यही चाहती हैं कि सामाजिक, राजनैतिक, आर्थिक व्यवस्था में न्याय स्थापित कर हम मनुष्य को इसी लोक में एक बेहतर जीवन दे सकते हैं। इसीलिए जो लोग अपने धन, सत्ता और इल्म का सहारा लेकर मानवता का शोषण कर रहे हैं महाश्वेता देवी उनको शोषण चक्र के उपकरण मानकर उन्हें मानवता का शत्रु ठहराती हैं।

बसाई टुडु मरकर भी अमर है। उपन्यास में उसकी मृत्यु पांच बार होती हैं और पांचवी मृत्यु के पश्चात भी बसाई अत्यन्त दृढ़ चरित्र का है। वह उस काल के जमींदारों महाजनों इत्यादि के विरूद्ध आन्दोलन करता हैं। वह सूर्या साहू, प्रताप आड़तिया, रामेश्वर जगत्तारण इन जमींदारों का विरोध भी करता हैं और सूर्या साहू प्रताप की हत्या भी कर देता हैं। वह कुशल संचालक भी है तथा संथालों की निःस्वार्थ भाव से सेवा करता है। महाश्वेता देवी ने लिखा है--"बसाई धर्मराज की तरह ही अचूक और बदला लेने वाला है।" बसाई टुड का बहुत सम्मान भी होता था, लेखिका के शब्दों में "बसाई टुडु का सम्मान देखकर काली अचंभे में पड़ जाता है। यह देखकर और भी ताज्जुब में पड़ गया हूं कि बसाई को छोटे बड़े सभी कामरेट कहते हैं।" बसाई अत्यन्त ज्ञानी भी था। वह काली सांतरा की परेशानी का उत्तर देते हुए कहता है "मैं ही बता रहा हूं काली बाबू! मैं एक नयी राह सोच रहा हूं। राह पुरानी होने पर भी नयी है।" बसाई टुडु छुआछूत के भी विरूद्ध था वह काली बाबू से कहता है कि "जो जात में ऊँचा हुआ हो वह खेतमजूर है, काली बाबू। बाम्हन, कायथ खेतमजूर नहीं होते, होते तो खेतमजूर समाज में भी छूआछूत होती। मेरा कपार बहुत अच्छा है कि नंगे, भूखे, साले सब खेतमजूर है और डंडे खाकर भी सींक पर जात पांत का भाग नहीं होता। एक धर्म में हंडिया से भी भात खाते है।"

अग्निगर्भ का महत्व

भारतीय भाषाओं के स्वातंत्र्योत्तर उपन्यासों मे 'अग्निगर्भ' उपन्यास का अन्यतम महत्व है। आदिवासी गाम्य जीवन का इतना व्यापक चित्रण अन्य किसी औपन्यासिक कृति गें नहीं हुआ है। आदिवासी जीवन का निरूपण करते समय, महाश्वेता देवी ने इस उपन्यास में आदिवासी अंचलों की अर्थव्यवस्था, खेतिहर मजदूरों की शोचनीय स्थिति, शोषक वर्गों की मनोवृत्ति, सामंतवाद का पोषण, प्रकृतिचित्रण, आदिवासी संथालों में व्याप्त रीतिरिवाज तथा लोक संस्कृति क अनन्य चित्र उपस्थित किए हैं।

कथा अंचलीय सम्यक्ता और पात्रों की अनुरूपता के आधार पर ''अग्निगर्भ'' में महाश्वेता देवी ने बसाई टुडु के रूप में आदिवासी कृषक जीवन का प्रतीकात्मक चित्रण करते हुए जो महान बिडंबनात्मक परिणति उपस्थित की है, वह भारतीय साहित्य के इतिहास में बेजोड़ है।

महाश्वेता देवी ने 'अग्निगर्भ' में खेतिहर मजदूरों की पतनोन्मुख अवस्था का चित्रण करते हुए आदिवासी ग्रामीण समाज और व्यवस्था के विश्रृंखलन का संकेत भी किया है। सामंतवादी और शोषणपरक व्यवस्था में गांवों की शांति और संतोषमय व्यवस्था को अपने मिथ्या आडम्बर और प्रलोभन से उन्मूलित कर दिया है। यद्यपि सामंतवाद की समाप्ति हो रही है, परन्तु अपने विनाश की स्थिति में भी वह कृषकों के शोषण का एक माध्यम बनी हुई हैं। जमींदार स्वयं आधुनिक पूंजीवाद और शासकीय शोषण के शिकार हैं। अतः वह इसकी कसर अपने जमींदारों में रहने वाले बन्धुआ मजदूरों और भूमिहीन किसानों से पूरी करते हैं।

यह उपन्यास सामन्तवादी कृषि व्यवस्था से जुड़े बड़े भूस्वामियों और खेतिहर मजदूरों की संघर्ष कथा है। यह संघर्ष कथा एक राष्ट्रीय समस्या है। इसमें बिहार और असम के नील और चाय बागानों तथा आंध्र क आन्दोलनों का भी उल्लेख है किन्तु मूलतः यह कथा संथालों की है। इसकी पृष्ठभूमि में 1967 का नक्सलवाड़ी का संगठित आन्दोलन है। यह आन्दोलन केवल नक्सलवाड़ी में ही नहीं आन्ध्र, केरल, तमिलनाडु और उड़ीसा में भी हुआ नक्सलवाड़ी से प्रारंभ होने के कारण इस आन्दोलन के नेता नक्सली कहे गये। नक्सली ही भारत में हिंसा की राजनीति के जन्मदाता हैं। महाश्वेता देवी ने इस हिंसा की पृष्ठभूमि में रहे कारणों का उल्लेख करते हुए सिद्ध किया है कि इस हिंसक आन्दोलन का दायित्व हमारे सामाजिक, आर्थिक व्यवस्था, सामन्ती मनोवृत्ति और राजनीतिक दलों की उदासीनता और प्रशासन से मिली भगत है। महाश्वेता देवी के अनुसार इस मनोवृत्ति में पूरे देश के किसान मजदूरों का यह आक्रोश है जिसके पीछे युगों से चले आ रहे शोषण को कारण माना जा सकता है। यह अलग बात है कि इस आन्दोलन की चरम परिणति एक विशेष स्थान पर हुई और उसे समय और स्थान दिया गया। अतः इस उपन्यास में खेत मजदूर की समस्या पूरे भारत की समस्या है जिसमें केवल भूमिहीनता ही कारण नहीं है अपितु खेत मजदूर के हिसाब से किसान उचित प्राप्य से वंचित हैं।

इस प्रकार से महाश्वेता देवी का यह औपन्यासिक कृति उनके विचार दर्शन का सम्यक् रूप से प्रस्तुतीकरण करने में समर्थ हैं। एक सामान्य कृषक को इस उपन्यास का नायक बना कर भूमिहीन किसानों के असंतोष को संग्राम में बदला है। आदिवासी जीवन का यह सम्पूर्णात्मक चित्रण आदर्श से आगृहीत होते हुए भी जिस कठोर यथार्थ का सूचन करता हैं वह महाश्वेता देवी की उपन्यास कला की उत्कृष्ट परिणति का स्वरूप हैं

शिल्प विधान

अग्निगर्भ उपन्यास एक आंचलिक उपन्यास है। आंचलिक उपन्यास आज जिस रूप में जाना जाता हैं वह तो निश्चय ही स्वतंत्रता प्राप्ति के बाद देशव्यापी विघटन की उपज है। आज के आंचलिक उपन्यास में देशकाल, प्रकृति और परिस्थिति का चित्रण पृष्ठभूमि के रूप में अन्य औपन्यासिक तत्वों का पोषक बनकर साधन के रूप में नहीं होता, बल्कि साध्य के रूप में होता है। अन्य उपन्यासों में जो पृष्ठभूमि रूप में आता है, आंचलिक उपन्यास में वह अग्रभूमि बन जाता हैं, वही मुख्य बन जाता हैं और उपन्यास के अन्य तत्व पोषक बनकर विकसित होते हैं। इस प्रकार आधुनिक आंचलिक उपन्यास जिस किसी प्रदेश, जाति या अंचल को लेता है, उसकी भौगोलिक स्थिति और वहां के लोगों को धर्म संस्कृति, रीति नीति, प्रकृति विकृति का ऐसा सांगोपांग चित्रण करता हैं कि उस अंचल का जन जीवन अपने सम्पूर्ण विविधता के साथ साकार हो जाता हैं। यही नहीं, वह अपनी अलग और विशिष्ट पहचान भी बना लेता हैं।

'अग्निगर्भ' बंगाल के संथाल आदिवासियों का यथार्थ चित्र प्रस्तुत करता है। इसके माध्यम से इस अंचल के जन जीवन की प्रकृति विकृति के साथ उसका सांगोपांग चित्रण कर उसे मूर्तिमान करना ही महाश्वेता देवी का लक्ष्य है, इसके अतिरिक्त और कोई उद्देश्य नहीं है। उन्होंने लिखा है कि "मेरी कहानियों की पृष्ठभूमि का उद्देश्य प्रमुखतः नक्सलवाड़ी घटनावली और उसकी पृष्ठभूमि का उल्लेख प्रधानतः होने पर भी यह मानना होगा कि इस देश के कई दशकों की जीवन यात्रा में वही सबसे अधिक उल्लेखनीय और अनुप्राणित होने वाली घटना है।"

भाषा-शैली

आंचलिक उपन्यास के लिए वही भाषा अनुमोदनीय है, जो सरल और स्वाभाविक तथा उसे उपन्यास के कथानक, पात्रों और वातावरण के अनुकूल होना चाहिए। स्थानीय मुहावरों तथा लोकोक्तियों के यत्र तत्र प्रयोग से उसमें प्रभावपूर्णता और विश्वसनीयता आती हैं। भारतीय भाषाओं में अरबी, फारसी तथा उर्दू आदि भाषाओं के शब्द प्रचुर मात्रा में आ गये हैं। स्वाधीनता के बाद रचित उपन्यासों में अंग्रेजी के शब्दों की भरमार है। आज सामान्य प्रयोग की भाषा में भी संस्कृत, अरबी, फारसी, उर्दू तथा अंग्रेजी के शब्दों का मिश्रण मिलता है। आंचलिक उपन्यासों में मुख्यतः ग्राम्य भाषा या उस अंचल के लोगों की भाषा प्रयुक्त की जाती है। इसके अलावा उपन्यासकार नये शब्द भी गढ़ता है और प्राचीन और परम्परागत शब्दों में नवीन रूपों की योजना करके भाषा के विकास की नयी संभावनाओं को जन्म देता है।

अग्निगर्भ उपन्यास मूलतः बांग्ला भाषा में विरचित है लेकिन उसका शिल्प

विधान आंचलिक होने के कारण आदिवासी संथालों की भाषा के शब्द, गीत और कहावतों का प्रयोग तो हुआ ही है, अंग्रेजी के शब्द विशेषतः सरकारी कानूनों और राजनीतिक शब्दावली के रूप में बहुलता से आये है। अंग्रेजी तथा बांग्ला के शब्दों के संथाली में बने शब्द भी प्रचुरता से प्रयुक्त हुए हैं इसलिए यह कृति शिल्पविधान की दृष्टि से आंचलिक है। आंचलिकता की मुख्य विशेषता लोकतत्व की प्रधानता हैं। महाश्वेता देवी ने आदिवासी लोक जीवन और उससे जुड़ी शब्दावली का भरपूर प्रयोग किया है। लोकोक्तियों और मुहावरों में न केवल बांग्ला, वरन् संथाली और पूर्वी हिन्दी का प्रयोग किया गया है। आदिवासी जन जीवन के रहन सहन, खान पान, वेशभूषा, अस्त्र-शस्त्र के प्रयोग तथा वनवासी जीवन में प्रकृति के सुरम्य दृश्यों की परिकल्पना आकर्षक हैं। संथालों के द्वारा प्रयुक्त अंग्रेजी के विकृत शब्दों के कुछ उदाहरण द्रष्टव्य हैं–

"मैं खेतमजूर हूं। सोचकर देखा, चवालीस की उमर हो गयी, मैं खेतमजूर ही रहा। तमाम मीटिंगें की, कानफरेंसी में गया, लेकिन खेतमजूर का आसन देखने को नहीं मिला। बत्तीस साल में किसान सभा हुई। तब से आज तक नहीं समझा कि खेतमजूरों को किसान सभा ने मदत क्यों न दी? चौसठ साल में पार्टी के भाग हो गये। भाग हो, जो हो, सभी कमनिस हैं। कमनिसों का किसान फरंट तक मानना नहीं छूटा, खेतमजूर भी किसान हैं।" शुद्ध अंग्रेजी बहुल भाषा का उदाहरण–

"कहां मिलेगा भविष्य का रिसर्च अनालिस्ट, जो मिथ्या को हटाकर सत्य को रेकर्ड करेगा? दुनिया में कितने सत्य इसी तरह प्रशासन की चेष्टा से मिथ्या रेकर्ड होकर बने रहते हैं। प्रतिदिन क्या टुथ असैसिनेशन नहीं चलता रहता है?"

अग्निगर्भ उपन्यास में शासन एवं प्रशासन और उनके विरूद्ध लड़ने वाले संथाल मजदूरों की कहानी है इसलिए लेखिका ने शासन और कानून की भाषा का भी प्रयोग उसी शैली में किया है और मूल अंग्रेजी शब्दों का प्रयोग अधिक हुआ हैं। यथा–एम.डब्ल्यू. (मिनिमम वेज), थाट प्रोसेस, वेल रेकार्डेड, आइडेंटिटी, चेकर्ड कैरियर आर्मी आपरेशन, कामन प्वाइंट, आफ एग्रीमेंट आदि।

कलात्मक और भावात्मक भाषा

महाश्वेता जी की भाषा में कलात्मकता और भावात्मकता के साथ साथ काव्यात्मकता और आलंकारिकता के समावेश की दृष्टि से कुछ उदाहरण प्रस्तुत हैं।

अग्निगर्भ उपन्यास में कुछ भागवत प्रयोगों में विशिष्ट आलंकारिकता है। महाश्वेता देवी ने प्रकृति चित्रण में सौन्दर्य बिम्ब प्रस्तुत किए हैं, जिनमें काव्यमयता हैं तो वीभत्स या मार्मिक दृश्यों में प्रकृति का रंग भी बदला है। नंगी पड़ी क्षत विक्षत द्रौपदी के शरीर पर चांदनी पड़ती है तो लेखिका का सौन्दर्य बोध विकृत हो जाता है। वे लिखती हैं–

"चांद कुछ चांदनी की उल्टी कर सोने चला गया।" चन्द्रमा का यह बिम्ब निश्चित रूप से समयानुकूल है।

इसके विपरीत कहीं-कहीं प्रकृति के बिम्ब सुन्दर बन पड़े हैं यथा–

"भोर का प्रकाश फूट रहा था। चराचर तर हो रहे थे। वर्षा और धरती के अनुकूल और भूखे मिलन के बाद भोर की शीतलता में धरती सो रही थी।"

इसी प्रकार 'चरसा' नदी का यह वर्णन बहुत स्वाभाविक है–

"चरसा नदी का स्वभाव भूखे आदमी की तरह था। दो दिन खा-पीकर भूखों मरते बाल-बच्चों के चेहरों पर चिकनाई आ जाती। कई दिन बरसात होने से चरसा की शकल बदल गयी। इस बार भी उसके चेहरे पर भराव आ गया।"

अंचल विशेष की भाषा

"बसाई की पकड़ी मछलियां, द्रौपदी का कुम्हड़ा और चावल, मुसाई की बहिन और बहिन की ननद की लायी अरकी, हर घर से लाया चावल, खेसारी की दाल, कुम्हड़ा, अरबी, प्याज, एक लौकी–काफी काफी भोजन था।"

इस प्रकार से महाश्वेता देवी की औपन्यासिक भाषा का स्वरूप विविधात्मक हैं। महाश्वेता देवी की भाषा कई अर्थों में महत्व रखती हैं। प्रथमतः तो वह उपन्यासकार के मन में कथा के वैचारिक स्वरूप को व्यक्त करती है, और इस प्रकार से अपने माध्यम की अर्थता सिद्ध करती है, क्योंकि इसी के द्वारा वह उसे पाठकों तक पहुंचाने में समर्थ हैं। और द्वितीयतः अपने उपन्यास में महाश्वेता देवी ने जिन पात्रों (बसाई टुडु, काली सांतरा द्रौपदी आदि) की रचना की है, अपने-अपने स्वतंत्र व्यक्तित्व में वे भी पृथक सत्ता से युक्त होकर अपने हृदय की विविध अनुभूतियों और भावनाओं की प्रतीति पाठकों को कराते हैं। इस दृष्टि से महाश्वेता देवी ने भाषा की अनेक रूपात्मक संभावनाओं को दृष्टि में रखते हुए इसे मनोभावनाओं की प्रमुख अभिव्यंजना शक्ति के रूप में व्यावहारिक प्रतिष्ठा प्रदान की है।

शैली

शैली भी उपन्यास का एक तत्व है। उपन्यास लेखन में प्रचलित शैलियों में से किसी का भी प्रयोग लेखक अपनी सुविधा के अनुसार कर सकता है। उदाहरणार्थ यदि प्रथम पुरूष में कोई बात कही जा सकती है तो उसे ही आत्मकथात्मक शैली के रूप में भी कहा जा सकता हैं। इसी प्रकार से द्वितीय और तृतीय पुरूषों के रूप में जो विवरण दिये जा सकते है उन्हीं को मध्यम और अन्य पुरूषों की ओर से बिवरणात्मक शैली में प्रस्तुत किया जा सकता है। वर्णनतत्व के अनुरूप ही उपन्यास की शैलियों का भी विस्तार हो सकता है। परन्तु उपन्यास की इन सभी शैलियों में वर्णनात्मक शैली सर्वाधिक प्रचलित है, जिसका उपयोग अधिकांश उपन्यासों में मिलता है। अन्य

शैलियों में डायरी शैली, पत्रात्मक शैली, संवाद शैली, नाटकीय शैली आदि प्रमुख हैं। इस प्रकार से शैली का वैविध्य उसके महत्व का द्योतक है।

महाश्वेता देवी ने "अग्निगर्भ" में वर्णनात्मक शैली का ही प्रयोग मुख्यतः किया है। तृतीय पुरूष के रूप में यह शैली प्रयुक्त हुई है। इस शैली के द्वारा महाश्वेता देवी निर्लिप्त भाव से कथा का वर्णन करती चली जाती हैं। इसीलिए महाश्वेता देवी का एक उपन्यासकार के रूप में कार्य अपेक्षाकृत सुविधाजनक हो गया है और इस उपन्यास की कथात्मक संभावनाएं भी व्यापक रूप में सामने आई है। इस शैली के कारण ही अग्निगर्भ की कहानियों का वर्णन प्रभावशाली है। उदाहरण-

"बस, बसाई को तब अलग कर देना होगा और नक्सलवादियों के लिए जो व्यवस्था है, बसाई के लिए भी उस एक ही व्यवस्था का सहारा लेना पड़ेगा—सोचने पर भी काली को बहुत खिन्नता हुई। सामन्त कहेगा कि बसाई नक्सलवादी है।"

भावात्मक शैली का एक उदाहरण—"अब काली को लगा कि विवाह, विवाहित जीवन कुछ नहीं। उसका जीवन, उसका आदर्श, उनके विवाहित और संयुक्त जीवन के परिप्रेक्ष्य में क्या था? शाखा नदी? जो नदी किसी भी दिन मूल नदी की धारा में नहीं मिली। ऐसा सँपाट उसका जीवन है।"

व्यंग्यात्मक शैली—इस उपन्यास में व्यंग्यपूर्ण शैली का उत्कृष्ट रूप मिलता हैं। यह भूमिहीन खेतिहर मजदूरों के क्षणिक आत्मसंतोष और विनोद भाव का भी सूचक है। यथा : "सौ में से दस खेतमजदूर कहते, उन्हें पता नहीं कि भारतवर्ष स्वतंत्र है। उन्होंने सोचा कि पहले जिन्हें अंग्रेज कहा जाता था, अब वे ही भारत सरकार कहलाते हैं।"

संक्षेप में महाश्वेता देवी ने इस उपन्यास में वर्णनात्मक शैली का ही प्रयोग किया है। परन्तु विभिन्न प्रसंगों में आवश्यकतानुसार भावात्मक, काव्यात्मक आलंकारिक तथा व्यंग्यात्मक शैलियों का भी प्रयोग किया है।

उद्देश्य

भारतीय कृषि व्यवस्था में बड़े किसानों के शोषण और उसमें पिसते छोटे किसानों, खेतिहर मजदूरों और बटाईदारों की व्यथा-कथा ही नहीं, उसके विरूद्ध उपजते आक्रोश और संघर्ष तथा आजादी के बाद की सरकारों के दमन नीति और किसान मजदूरों के शोषण के विरूद्ध खोखली नारे बाजी करने वाले कम्युनिस्टों की मनोवृत्ति का उद्घाटन ही लेखिका का उद्देश्य हैं। जब तक इन भूमिहीनों को समाज की मुख्य धारा में नहीं लाया जाता तब तक सामन्ती समाज के दहकते गर्भ से बसाई टुडु जैसे अग्निबीज उत्पन्न होते रहेंगे। इसी का संकेत महाश्वेता देवी ने इस कालजयी कृति में किया है।

कविता संग्रह

वर्षा की सुबह (उड़िया–सीताकान्त महापात्र)

सीताकान्त महापात्र का व्यक्तित्व एवं कृतित्व

सीताकान्त महापात्र एक सच्चे कवि और सौन्दर्य दृष्टा, प्रकृति प्रेमी हैं। उन्होंने उड़िया भाषियों के लिए एक सच्चा साहित्य निर्मित किया है। यह धरती का साहित्य है और धरती के बेटों के लिए है और फिर भी उसमें ऐसा सौन्दर्य और चमत्कार है जो कि अभूतपूर्व है। उन्होंने उड़िया पद्य को सरल वेशभूषा में इतना आकर्षक बना दिया है कि उड़ियावासियों में उनके प्रति एक गहरा सम्मान है। इसके पूर्व उड़िया कवियों की दृष्टि अपने ही घर के सुन्दर प्राकृतिक दृश्य की ओर नहीं गई। उड़िया की चौड़ी और बड़ी नदियां महानदी, ब्राह्मणी, वैतरणी और मलयगिरी, मेघासन और महेन्द्र जैसे चित्रोपम पर्वत अनगाए ही रह गए थे। उड़ीसा के सुन्दर भूभाग का सच्चा प्रशंसक और गायक, जिसने कि उस अंचल के प्राकृतिक सौन्दर्य को सब प्रकार से और भाव कविता के उत्साह से वर्णित किया, हमें राधानाथ के बाद सीताकान्त महापात्र के रूप में मिलता है। उनके "समुद्र" (1977), चित्रनदी (1979) जैसे काव्य संग्रह हैं। चित्रनदी उड़िसा की प्रमुख नदी हैं जिसमें चमत्कारपूर्ण और माधुर्य से भरे विविध मनोरम रूपों का ऐसा सुन्दर गुणगान किया है जैसे वह नदी मानो एक जीवित व्यक्ति हो। इन्होंने अपनी रचनाओं में उड़िसा के पर्वतों, नदियों और दृश्यों तथा ऐतिहासिक स्मारकों को अमरता प्रदान की है। प्रकृति के कवि के नाते सीताकान्त महापात्र ने उड़ीसा के लिए वही किया जो कि कालिदास ने सारे भारतवर्ष के लिए किया था। संक्षेप में उड़िसा को उन्होंने एक विलक्षण काव्यमय सुन्दरता का देश बना दिया। सरल विषय (चिरईरी तू क्या जाने आदि) प्रवाहपूर्ण सुखद वर्णन शैली, जीवन और जगत के प्रति दार्शनिक विचार इन गुणों के कारण सीताकान्त महापात्र की रचनाएं उड़िसा कविता में अद्वितीय हो गई हैं।

सीताकान्त महापात्र उड़िसा के 'सबुज' कविता के बाद प्रयोगवाद और नई कविता के कवि हैं। ये छायावादी और प्रगतिवादी (सबुज) काव्य को युगीन समस्याओं और परिस्थितियों की अभिव्यक्ति में असमर्थ पाकर प्रयोगवाद की ओर

उन्मुख हुए हैं। सबुज की स्वप्न दृष्टि से निकलकर उत्पीड़ितों के पक्ष में भी क्रांति का स्वर मुखरित किया है। धीरे-धीरे नए युगबोध और नई चुनौतियों ने इन्हें प्रभावित किया है, जिससे उनकी कुछ कविताओ में तनाव-संघर्ष और चीख की आवाज तेजी से सुनाई दी है। वे अपने युग के प्रति प्रतिबद्ध हैं। सबसे अच्छी बात यह है कि उनमें पलायन और शुतुर्मुर्गी प्रवृत्ति नहीं है। विश्व के किसी कोने में मानवता का हनन करने वाली घटना के प्रति कवि सजग और जागरूक है और युगबोध को यथार्थ एवं सन्तुलित अभिव्यक्ति प्रदान करता है।

रचनाएं

डॉ. सीताकान्त महापात्र के अब तक 12 कविता संग्रह, 4 निबन्ध संग्रह तो प्रकाशित ही हैं उन्होंने आदिवासी लोक साहित्य को अंग्रेजी में अनुदित कर आदिवासी संस्कृति को विदेशों तक पहुंचाया है। आदिवासी कविताओं के नौ संग्रह अंग्रेजी में प्रकाशित हैं। उनके प्रकाशित कविता संग्रह इस प्रकार हैं–

1. दीप्ति ओ द्युति (1963) 2. अष्टपदी (1967) 3. शब्दर आकाश (1971 ई., शब्दों का आकाश) 4. समुद्र (1977) 5. चित्रनदी (1979) 6. आरदृश्य (1981) (दूसरा दृश्य) 7. समयर शेष नाम (1984) 8. काहाकु पुछिता कह (1987) 9. चढ़ेइ रे तू किजाणु (1990 ई.) (चिरई री! तू क्या जाने) 10. फेरि आसिवार बेल (1991) (लौट आने का समय) 11. वर्ष सकाल (1993 बर्षा की सुबह) 12. तीस कविता वर्ष (1994 ई.)।

इन बारह काव्य संग्रहों में छह यूरोपीय भाषाओं, दस हिन्दी में, तथा आठ संग्रह अंग्रेजी में अनुदित होकर प्रकाशित हैं। अन्य भारतीय भाषाओं में भी काव्य संग्रहों के अनुवाद प्रकाशित हैं। आदिवासी कविताओं के नौ संग्रह भी अंग्रेजी में प्रकाशित है। कविताओं के अलावा आलोचनात्मक निबंधों के चार संग्रह भी ओड़िया में प्रकाशित हैं।

डॉ. सीताकांत महापात्र सन् 1993 में भारतीय ज्ञानपीठ पुरस्कार से सम्मानित हुए थे। इसके अलावा केन्द्र साहित्य अकादमी पुरस्कार, सारला पुरस्कार, कुमारन आशन पोयट्री पुरस्कार, ओडिशा साहित्य अकादमी पुरस्कार, सोवियत लैंड नेहरू पुरस्कार प्राप्त हो चुके हैं। विषुव सम्मान से भी सम्मानित हुए हैं।

अन्तर्राष्ट्रीय ख्याति प्राप्त महापात्र ने उत्कल, इलाहाबाद, तथा कैंब्रिज विश्वविद्यालयों में शिक्षा प्राप्त की हैं। 1975-77 में होमी भाभा फेलोशिप पाकर सामाजिक नेतृत्व विज्ञान में डॉक्टरेट की उपाधि प्राप्त की है। वर्ष 1961 से भारतीय प्रशासनिक सेवा से संबद्ध रहे हैं। डॉ. महापात्र यूनेस्को की सांस्कृतिक मामलों की अन्तर्राष्ट्रीय समिति के अध्यक्ष भी रह चुके हैं।

वर्षा की सुबह : भावपक्ष

ओड़िया से हिन्दी में आयी यह सीताकान्त महापात्र की ग्यारहवीं कविता पुस्तक है। इसका अनुवाद, सीताकान्त महापात्र की कविता और ओड़िया साहित्य के जाने पहचाने अनुवादक राजेन्द्र प्रसाद मिश्र ने कवि के साथ मिल बैठ कर किया है। जाहिर है कि इससे इनकी प्रामाणिकता और बढ़ गयी है।

'वर्षा की सुबह' महापात्र के उड़िया काव्य संग्रह ''वर्षा सकाल'' का हिन्दी अनुवाद है। इस संग्रह में सीताकान्त महापात्र की 56 कविताओं का संग्रह है। इन कविताओं में अधिकांश कविताएं प्रकृति से जुड़ी हैं। उनकी कविताएं गहरे उद्वेगों, सूक्ष्म संवेदनों और शब्दों के माधुर्य तथा संगीत से फूटती हैं। महापात्र की कविताओं में दिन-प्रतिदिन के कार्य व्यापार हैं, प्रकृति की अपार लीलाएं हैं और दिक्काल का अनंत विस्तार है। 'वर्षा की सुबह' की कविताओं में समुद्र, आकाश, धरती, सूरज, चन्द्रमा, दूब, पेड़-पौधे, फल-फूल, पशु-पक्षी, ऋतुचक्र आदि हमें जीवनबोध से जोड़ते हैं। मृत्यु इस जीवनबोध पर अपनी छाया डालती जरूर है पर वह इस जीवनबोध को न तो परास्त कर सकती है न ही भयभीत। इस संग्रह की कविताओं में मृत्यु मानो लम्बी छुट्टी पर है–

चुक जाते हैं सुख सारे कभी न कभी
आई है वर्षा अब
मृत्यु है लम्बी छुट्टी पर
दूर परदेश में। (वर्षा की सुबह)

सीताकान्त महापात्र की इस काव्य संकलन की कविताओं में पुराणों और आख्यानों के प्रसंग भी इस जीवन बोध को गहरा करने के लिए ही है ''वस्त्रहरण'' नामक कविता में द्रौपदी के वस्त्रहरण का प्रसंग महाभारत पर आधृत है, जिसमें पंचपाण्डव मौन बैठे हुए हैं, जैसे उनके मुंह से किसी ने अनजाने सारे शब्द चुरा लिए हों–

उनके मुंह से उनके अनजाने
चुरा लिए हैं किसी ने शब्द सारे।

'वर्षा की सुबह' संकलन की कविताओं में मानवीय संबंधों का भी एक विशिष्ट आंकलन है, जो जीवन संग्राम के ऐन बीच, हमें गहरे मानवीय भरोसे, विश्वास और संबल की ही प्रतीति कराता है–

खामोश है वह चांदनी सा
विलाप के सूक्ष्मतम स्वर हैं
हाँफते, संतापित कई वैधव्य के।
(चाँदनी में गांव का श्मशान)

इस संकलन की कविताओं में कवि संवेदना की व्याप्ति निकट से निकट और दूर से दूर की चीजों पर कुछ इस तरह से है कि हम एक ''यात्रा'' पर होने का अनुभव करते हैं, ऐसी यात्रा जो आदि अन्तहीन लगती है पर जिसके कविता पड़ाव शून्यता को भी शब्दों की सस्नह श्रद्धांजलि बन जाते हैं एक उपक्रम जहां, ''हमारा काम है केवल जोड़ते चले जाना सांत्वना भरे सरल शब्द''–

वेदना मृत्यु ऊसर जमीन में,
हमारा काम है केवल जोड़ते चले जाना
सांत्वना भरे सरल शब्द।

किन्तु हम सब यह जानते हैं कि सांत्वना भरे सरल शब्दों को जोड़ना आसान नहीं होता। उसके लिए चाहिए धीरज, साहस, गहरा प्रेम, आश्वस्ति और भाषा के प्रति एक अंकुठित तीखी तृष्णा यह सब सीताकान्त महापात्र की कविता में हैं।

''वर्षा की सुबह'' संग्रह की कविताओं की एक सबसे बड़ी विशेषता यह है कि प्राकृतिक वर्णन भी मानवीय संवेदना और करुणा से ओतप्रोत है। प्रकृति का उद्दीपनपरक वर्णन इनकी कविता में नहीं हैं। उसके स्थान पर वे प्रकृति के प्रभाव को देखते हैं। वे वर्षा की सुबह के सुहावनेपन के स्थान पर एक भीगे स्कूली बालक की मनोदशा का चित्रण करते हैं। वे लिखते हैं–

सोया है घर में कौन?
उदास माँ-बाप? निश्चिंत समय?
गाढ़ी काली मृत्यु का भय?
देख घटा मोर की तरह है अधीर
मृत्यु और बालक के मन।

बालक के मन की तुलना मोर की अधीरता से करना एक सार्थक प्रतीक हैं। ''वर्षा की सुबह'' की अधिकांश कविताओं में यह करुणा विगलित संवेदना मिलती है। जब वे कहते हैं–''हमारा काम है केवल जोड़ते चले जाना, सांत्वना भरे सरल शब्द, तो उनकी कविता का वास्तविक रूप उभर आता है जहां जीवनबोध की गहराई है। मृत्यु की उस पर छाया मात्र है किन्तु अन्ततः जीवनबोध के समक्ष पराजित ही होती है। यहां जैसे प्रकृति का भावुक कवि सीताकान्त महापात्र जीवन का चिन्तनशील कवि बन जाता है। उसकी कलात्मक चेतना विकसित होते होते प्रकृति के माध्यम से मानवात्मा में प्रविष्ट हुई है और उसी के अन्तर्भूत रूप व्यापारों को उसने काव्य का परिधान दिया है। वह जैसे प्रकृति के चिरंतन सौन्दर्य के सदृश्य ही मानव जीवन के सौन्दर्य सृजन की प्रेरणा लेकर आया है। इस प्रकार ''वर्षा की सुबह'' की समस्त कविताएं मानव जीवन की बहिरंग और अन्तरंग दोनों ही रूपों में पूर्ण और सुन्दरतम् अभिव्यक्ति हैं।

व्यथानुभूति

"वर्षा की सुबह" काव्य संकलन में अस्तित्ववादी प्रवृत्तियां कुछ उपलक्षणों के रूप में देखी जा सकती है। व्यथा के महत्व को अस्तित्ववादी विचारधारा में विशेष महत्व प्राप्त है। व्यथा की अनुभूति जीवन की अनुभूति को गहरी करती है। व्यथा का अनुभव चूंकि जीवन का अनुभव है, सीताकान्त महापात्र में भी इसके दंश का स्वरूप देखा जा सकता है–

कभी कभी मानो कोई रोता है भीतर
शायद कुछ याद कर-करके।

मृत्युबोध

यह भी एक अस्तित्ववादी प्रवृत्ति है। दुःख सबको यदि मांजता हैं तो मृत्यु पहचान कराती है। जीवन को छिछले बोध से हटाकर गहरे बोध से जोड़ती है। वह अस्तित्व के पहचान को भास्वर बनाती है। सीताकांत महापात्र के 'मृत्यु' शीर्षक कविता से पंक्तियां उद्धृत की जा सकती हैं–

आना हो तो आओ
मोतियाबिंद से घिरी आंखों से
पोंछकर सारी धूल और अंगार
मेरी आत्मा से
क्या तुम्हें नहीं मालूम
मैं हूं तुम्हारी ही प्रतीक्षा में
आंखे खुली हैं जिस दिन से
दबे पांव चले आओ
पास बैठो जरा।

शून्यानुभुति

अस्तित्ववादी चिंतकों ने व्यथा के समान शून्य की अवधारणा को भी महत्व दिया है। व्यथा के समान ही यह भी जिजीविषा को गहरा करने वाली मानसिक अवस्था है। सीताकांत महापात्र की कविताओं में भी यह गूंज सुनाई पड़ती है। 'अधेड़' शीर्षक कविता में वे लिखते हैं–

सीढ़ी-दर-सीढ़ी
दृढ़ विश्वासी हो पग बढ़ाता हैं
नीले आकाश, शीर्ष को ताकता
सीढ़ियां चढ़ना खत्म हो जाने पर

है अब खीझ का शून्य समतल।।

निराशा और अवसाद

निराशा की प्रतिध्वनि स्वातंत्र्योत्तर भारतीय कविता में सुनाई पड़ती है। यद्यपि इस प्रतिध्वनि के पीछे युग की अनेक स्पष्ट समस्याएं हैं जैसे मध्यम वर्ग का अपना अभावपूर्ण जीवन, महत्वाकांक्षा की पीड़ा आदि। सीताकांत महापात्र के ''वर्षा की सुबह'' की अनेक कविताओं में निराशा और अवसाद की अभिव्यक्ति हुई है–

अपनी ही तरह, कुरूक्षेत्र की तरह
मुझे भी बनाओ एक निरपराधी निरीह प्रांतर
अम्लिल पट रुलाई और यंत्रणा का
अंधे सूर्य की हताशा और मोहमुक्ति का
एक उन्मुक्त पृष्ठभूमि
शून्यता को शब्दों का सस्नेह श्रद्धांजलि।

पौराणिक मिथकों की नवीन अर्थवत्ता

महाभारत और रामायण की अनेक कथाएं आधुनिक युग में आकर बौद्धिक आख्यानों से जुड़ गई हैं। कवि भावुकता से बौद्धिकता की ओर अग्रसर होता है। पुराने आख्यानों में एक नया अर्थ भरने की कोशिश करता है। सीताकांत महापात्र ने ''वस्त्रहरण'', ''चांदनी में गांव का श्मशान'' आदि कविताओं में पौराणिक पात्रों के माध्यम से जीवन की विसंगतियों को एक व्यापक सन्दर्भ देने की चेष्टा की है–

लगेगा तुम हो युधिष्ठिर
न जाने कितना पीछे रह गया है
पतली धुंध तले
हस्तिना, मथुरा, द्वारिका
नदी किनारा, किसी सपने सा गांव
और सोया हुआ घर

जीवनानुभूति

नया कवि निराशा, आत्ममंथन, विद्रोह व्यंग्य-विद्रूप, आस्था और अनास्था के रूप में जीवन की अनुभूतियों को अभिव्यक्त करता है। सीताकान्त महापात्र की कविताओं में इस रूप में जीवनानुभूति अधिक हैं। वे कठोर परिस्थितियों में जीने वालों में भी जीवन के प्रति यह अनुराग खोज लेते हैं–

क्या तू नहीं जानता, रे पगले
आज जिसे चाहने लगा है इतना
लगता है जिसके बिना
पल भर आसार जीवन
कल जीना होगा।

कवि 'हरसिंगार' को प्रतीक बनाकर कहता है कि बिना एक शब्द कहे हरसिंगार धूलकी सेज पर झड़ जाता है क्योंकि उसकी कोई कामना नहीं है। वह हंसते-हंसते चला जाता है--

स्वप्न है उसका सारा प्रेम,
सारी हँसी-खुशी पीछे छोड़
टहनी से विदा ले
धूल की सेज पर झड़ जाना
बिन बोले एक शब्द तक

प्रकृति चित्रण

अंग्रेजी कवि वायरन का कथन है—"मैं मनुष्य से कम प्यार नहीं करता। पर प्रकृति को मनुष्य से अधिक प्यार करता हूँ।" ये शब्द ओड़िया के कवि सीताकान्त महापात्र के लिए अक्षरशः उपयुक्त है। उनके काव्य का प्रथम विषय प्रकृति है और गौण विषय मानव। मानव के रूप को भी वे प्रकृति के समान सुन्दर बनाना चाहते हैं। प्रकृति मानव के समान ही चेतना सम्पन्न और स्वतंत्र है। महापात्र ने मानव जीवन को प्रकृति से संबंधित करके प्रकृति को सबसे अधिक गौरव प्रदान किया है। कवि ने प्रकृति का शरीर ही नहीं देखा है बल्कि उसकी आत्मा को भी देखा है और उसकी कोमल भावनाओ को जाना है। प्रकृति के माध्यम से ही वे बिना मानव के प्रति कुछ कहे, बहुत कुछ कह देते हैं। उनके साहित्य में प्रकृति का जो चित्र उभरता है वह भी लोक जीवन का चित्र है। उड़िसा के ग्रामीण जीवन की सोंधी गन्ध से युक्त उन्मुक्त प्रकृति का चित्रण ही कवि को प्रिय है। गांव, मिट्टी, चिड़िया, धान के खेत ही उनके प्रकृति चित्रण में वर्णित हुए हैं—

1. याद है दार्जिलिंग, टाइगर हिल
बादलों भरी वह मलिन विषण्ण सुबह।
2. मिट्टी के गर्भ में, सीने के हाड़ तले
तमाम अंधेरा लबालब भर जाने पर
तमाम काली रातें, तमाम दुःख
और संताप की आंच उखड़ पड़ने पर

हरा पत्ता बोल उठता है, अर्थ गुनगुनाता है।

सीताकान्त महापात्र के काव्य संकलन ''वर्षा की सुबह'' में प्रकृति की गाथा ही मानो जीवन की गाथा है। बालक, किशोर, युवक, वृद्ध, अधेड़ सबको उन्होंने प्रकृति के माध्यम से चित्रित किया है। उन्होंने प्रकृति और जीवन में तादात्म्य स्थापित किया है। कविता चाहे वर्षा की सुबह हो, या आधी रात या प्रांतर या दिन, सूरज, आकाश, समुद्र, गरमी का शाम का दृश्य, चांदनी रात में गांव का श्मशान, नीरवता, सांझ, सूरजमुखी, हरसिंगार का स्वप्न, इन शीर्षक कविताओं में कवि ने प्रकृति के किसी पक्ष को नहीं छोड़ा है पर उससे चित्रित होता है—मनुष्य। मनुष्य प्रकृति से पृथक नहीं है। इस प्रक्रिया में प्रकृति का मानवीकरण कहीं होता है तो कहीं प्रकृति ही मानव की कहानी बन जाती है। ''शब्द से दो बातें'' शीर्षक कविता में कवि लिखता हैं—

स्वप्न नहीं उसका सुदूर आकाश
स्वप्न नहीं जिद्दी चिड़िया या
पागल भौंरे की प्रीत
अधीर हवा की पुकार, अंतहीन रास
स्वप्न है उसका सारा प्रेम।

कवि 'नारी' शीर्षक कविता में प्रकृति के माध्यम से जीवन को रेखांकित करते हुए लिखता है—

अक्सर लगती है दूर
जैसे किसी की नहीं, पर है सबकी
बादल-सी, चांद-सी और आकाश-सी।

भाषा एवं शिल्पगत नवीनता

सर्वप्रथम हम भाषा को लें। कविता का सम्बन्ध सम्प्रेषण से है। क्योंकि जब कुछ लिखा जाता हैं तो वह किसी के लिए होता है। 'स्वान्तः सुखाय' लेखन भक्तों के लिए ही संभव है। अतः सबसे बड़ी समस्या सम्प्रेषण की है। प्रेषण अर्थात् कविता और कविता अर्थात् रचना और रचना अर्थात् अंततः शब्द। नये भारतीय कवि शब्दों के साधारण अर्थ से बड़ा अर्थ उसमें भरना चाहते हैं। इसके लिए वह भाषा को नई अर्थवत्ता प्रदान करता हैं। सीताकान्त महापात्र की कविताओं में शब्द को विशेष महत्व मिला है। उनकी अधिकांश कविताओं में शब्द और समय का वर्णन है। ''शब्द अब शब्द नहीं'', ''शब्द से दो बातें'', ''शब्द रूप'', ''शब्द'' इन कविताओं में उन्होंने 'शब्द' के महत्व को स्वीकार किया है। इससे कवि एक पैनी भाषा और शिल्प की तलाश कर रहा हैं वह एक ऐसी भाषा की खोज में है जिसमें आंचलिक शब्दावली का समावेश हो, आंचलिक कहावतें और मुहावरें हों और तीखें व्यंग्य हों। कवि

लिखता हैं–

मेरे शब्द में अनंतकाल से मिली रहती हैं
अनगिनत कामनाएं
और दुःख के तीव्र कोलाहल
मेरी भाषा में पड़ी रहती हैं
सभी छोटी-छोटी आशा और आकांक्षाएं।

सीताकान्त महापात्र की काव्यभाषा में सहजता का प्रवाह है। सादगी का सौन्दर्य है और नवीन भाव धरातलों को व्यक्त करने की क्षमता है।

कवि निःशब्द में भी शाश्वत सत्य की तलाश करता है। शब्दों के खोखलेपन का अहसास करते हुए महापात्र जी प्रकृति की वाणी को ही सत्य मानते हैं जहां निःशब्दता में भी एक अर्थ हैं–

कई बार तलाश न सका शब्द
अर्थहीन शब्दों की भीड़ में चुप्पी साधे
मन ही मन ढूंढ रहा हूं वही
निष्कपट, निरुद्विग्न आश्चर्यभाषा
जिस भाषा में सूर्य उगने के पहले था आकाश
बतियाता है बादल-चिड़िया-पेड़-पौधे।

सीताकान्त महापात्र की उपर्युक्त विशेषताओं को लक्ष्य में रखकर ही डॉ. नामवरसिंह ने लिखा है–"कोई चाहे तो कह सकता है कि सीताकान्त महापात्र समय और शब्द के कवि हैं। समय को शब्द में और शब्द को समय में बदलना ही कवि की काव्य साधना है, जिसकी अन्तिम परिणति सम्भवतः एक नयी शब्दहीनता है।"

कविता में शब्द के इस महत्व को स्वयं कवि ने भी स्वीकार किया है। सीताकान्त महापात्र समय को शब्द से जोड़ने की चर्चा करते हुए कहते हैं–"यह सच है कि कविता अलगाती नहीं, पर केवल जोड़ती भी नहीं। भला किस से जोड़ेगी वह? काव्यपुरूष को घटना से, अन्य मनुष्य से? मनुष्य को प्रतिबिम्ब से, परछाई से? समय को शब्द से उच्चारण से? किन्तु सब घटनाएं तो काव्य पुरूष की आत्मा में हैं।"

अप्रस्तुत विधान

प्रस्तुत को संप्रेषित करने के लिए अप्रस्तुत का प्रयोग और स्मरण करना भाषा का ही एक अंग हैं। सीताकान्त महापात्र की कविताओं में जीवन के प्रत्येक क्षेत्र से उपमानों का चयन किया गया है। ये उपमान अत्यन्त उपयुक्त और संवेदनाजन्य

हैं। थोड़े से शब्दों में एक विस्तृत परिवेश एवं गहनभाव को व्यंजित करते हैं। उदाहरण के लिए–

पेड़-पौधों, गांव-द्वार से बना है
जो नील दिगंत सुदूर,
उसी पर कभी एक थके-हारे पथिक-सा
कभी उतावले प्रेमी-सा
झुका होता है जो
उसी का नाम है आकाश।
इसी प्रकार - आ जाता है खुद ही पकड़ में स्वप्न
राह भूली तितली सा।

प्रकृति और मानवीय प्रेम को साकार करने में सीताकान्त महापात्र अत्यन्त सूक्ष्म और ललित अप्रस्तुतों की योजना करते हैं–

तुम तो हो हमेशा हरे-भरे
धने पत्तों और चिड़ियों के गीतों से
सदा बोझिल दशहरा शहर
तुम कैसे समझोगे
मेरा दुःख मेरा सपना
मेरी सिसकियों का निर्जन प्रहर।

प्रतीक योजना

प्रतीक नए कवियों के कवि कर्म शिल्प के आवश्यक उपादान हैं। सीताकान्त महापात्र कविताओं में प्रतीकों के अन्वेषण में लगे रहते हैं। ये प्रतीक परम्परागत न होकर अछूते एवं अपरिचित क्षेत्रों से लिये गये हैं। 'वस्त्रहरण' एवं अन्य कविताओं में भी नए प्रतीकों का प्रयोग हुआ है।

बिम्ब योजना

सीताकान्त महापात्र ने अपनी रचना प्रक्रिया को तेजोमय और प्रभावशाली बनाने के लिए बिम्बों का आश्रय लिया है। प्राकृतिक बिम्ब ही नहीं मिथकिय बिम्बों के द्वारा जीवनानुभूतियों को प्रस्तुत करने में महापात्र पटु हैं। आकाश का वर्णन करते हुए कवि की यह कल्पना अवलोकनीय है–

गहरे खेत के एकाकी ताड़वृक्ष को, इतनी सुन्दर शून्यता के प्रेम में, बांधे रखता है, जो मां यशोदा बन, बालकृष्ण को, भींचकर अपनी गोद में, उसी अनुभूति स्नेहमयी, विभूति का नाम है आकाश।

उड़िया साहित्य और सीताकान्त महापात्र

सीताकान्त महापात्र उड़िया के सुन्दरतम कलाकार है। भाव और कला दोनों का ही अनिर्वचनीय वैभव वे अपने साथ लिए हुए है। उन्होंने प्रकृति और मानव जीवन के अतुल भाव सौन्दर्य से उड़िया साहित्य को श्री सम्पन्न बनाया है।

सीताकान्त महापात्र की कविताओं में मूल्य संकट की चिन्ता का आभास विशेष रूप से प्राप्त होता है। उनकी दृष्टि संभवतः इस स्थिति को अधिक अच्छा समझती है कि व्यक्ति या समाज अपने अन्धकार को समझे। कभी कभी प्रकाश से अधिक अंधकार को समझने की आवश्यकता हुआ करती हैं। अंधकार ही प्रकाश बोध की नयी संभावनाओं को उजागर करता है। इसी मूल्यनिष्ठा के कारण वे समाज की पतनशीलता पर चिंतित हैं।

(नाटक)

3. घासीहराम कोतवाल (मराठी–विजय तेंदुलकर)

1. ''घासीराम कोतवाल'' नाटक की शिल्पविधि

पृष्ठभूमि–आज का नाटककार मंच से जुड़ने का निरंतर प्रयास कर रहा है और मंच की आवश्यकताओं तथा दर्शकों के मनोविज्ञान और उसकी अपेक्षाओं को समझते हुए नाटक लिखता है। आज के निर्देशक भी अपने दर्शकों के मनोरंजन के लिए नए-नए शिल्प की खोज और उनका प्रयोग कर भारतीय नाटक और रंगमंच को नया रूप और आयाम प्रदान करने में सतत संलग्न है। वस्तुतः भारतीय नाटक का भविष्य ऐसे ही नाटककारों और प्रतिभा सम्पन्न निर्देशकों के हाथों में है। एक ओर पाश्चात्य नाटक और दूसरी ओर रंगमंच का समन्वय कर नाटक लिखे जा रहे हैं। इस दिशा में मराठी साहित्य में उत्साहवर्धक प्रयत्न हुए हैं। मराठी में विजय तेंडुलकर ने उल्लेखनीय कार्य किया हैं।

विशिष्ट व्यक्तियों के जीवन पर आधारित जीवनपरक नाटक लेखन की प्रवृति भी कुछ भारतीय भाषाओं में मिलती हैं। मराठी में संतों और पेशवा के जीवन से सम्बन्धित नाटक पहले भी लिखे गये थे। इस परम्परा से संबंधित अधुनातन मराठी नाटक विजय तेंदुलकर द्वारा विरचित ''घासीराम कोतवाल हैं। दूसरा नाटक है ''भाव तोची देव'', इसके लेखक हैं नाना साहब श्री गोपीकर। इन नाटकों में इतिहास, कल्पना और रोमांस का अद्‌भुत मिश्रण है। इन नाटकों के शिल्प विधान में अनेक प्रयोग हुए हैं। इन प्रयोगों के पीछे अनेक कारण रहे हैं। यह सामान्य धारणा है कि कथ्य शिल्प का निर्धारण करता है। आजादी के बाद भारतीय नाटकों का कथ्य बदला है। अतः शिल्प में परिवर्तन आना स्वाभाविक हैं। दूसरे पश्चिम के नाटकों के नए और चौंकाने वाले शिल्प के प्रति भी भारतीय भाषाओं के नाटककार आकर्षित हुए हैं और उन्होंने उस शिल्प को अपनाने का कभी सफल और कभी असफल प्रयास किया है। तीसरे प्राचीन परम्परागत लोकमंच या देशी मंच के कुछ तत्वों को भी ग्रहण करने की ललक इन नाटककारों में रही है। अतः मराठी बंगला आदि नाटकों में अनेक प्रकार के प्रयोग दिखाई पड़ते हैं। प्रारंभ में मराठी के नाटककारों ने शैक्सपियर

के नाटकों का शिल्प अपनाया। तदुपरान्त इब्सन के नाटकों का शिल्प ग्रहण किया। मौलियर के नाटकों ने मराठी के हास्यप्रधान नाटकों को प्रभावित किया। 1950 के बाद एब्सर्डनाटक के शिल्प ने मराठी के नाटककारों को आकृष्ट किया है। विजय तेंदुलकर ने "घासीराम कोतवाल" नाटक में एब्सर्ड नाटक का शिल्प अपनाया है। किन्तु लोकनाट्य शैली के तत्व अपनाकर उसे अभिनव रूप प्रदान किया है। इस प्रकार के नाटकों में विषय वस्तु की जटिलता, पात्रों के मन की निविड़ता और कुछ नए-नए प्रयोगों, विशेषतः प्रतीकात्मकता, बिम्बविधान, असंगत संवादों और एब्सर्ड स्थितियों की योजना के कारण ये नाटक जन सामान्य की समझ से बाहर होते हैं अतः दर्शकों को आकृष्ट नहीं कर पाते। केवल प्रबुद्ध दर्शकों/पाठकों को ही आकृष्ट कर पाते हैं, लेकिन यह मानना पड़ेगा, वे अपने पाठकों/दर्शकों को एक अंतर्दृष्टि प्रदान करते हैं जो उन्हें सोचने को मजबूर करती है। ये नाटक इतिहास, पुराण और समकालीन जीवन चक्र को देखने का एक नया बोध प्रदान करते हैं।

कथ्य

"घासीराम कोतवाल" न तो ऐतिहासिक नाटक है और न तो अनैतिहासिक। लेखक के शब्दों में—"घासीराम कोतवाल" ऐतिहासिक नाटक नहीं है। वह एक नाटक है, सिर्फ नाटक। फिर इस नाटक की सामग्री या कच्चा मसाला इतिहास से ही बटोरी गई है। इतिहास का आधार इस नाटक में अवश्य लिया गया हैं किन्तु पूरा नाटक इतिहास पर आधारित नहीं है। इसमें कच्चा मसाला भी ठीक उसी तरह इतिहास से लिया गया है, जिस तरह समकालीन जीवन की परिस्थितियों से लिया जाता है। महाराष्ट्र में पेशवाओं का राज था, नाना फड़नवीस पेशवा के प्रधान थे, कोई एक घासीराम था, ब्राह्मण थे, मराठा सरदार थे, और ये सब अपने-अपने दायरों में बंधे हुए थे। उनके कार्य उचित थे या अनुचित यह देखना तो इतिहासकार का काम है, नाटककार का नहीं। वास्तविकता यह है कि तेंदुलकर ने एक किंवदन्ति, या एक जनश्रुति या एक दन्तकथा के आधार पर नाटक की कच्ची सामग्री ली है। दन्तकथा गप्प भी है और देखने की दृष्टि हो तो एक दाहक अनुभव भी है। यह दाहक अनुभव ही रचनात्मक साहित्य बन जाता है। नाटककार तेंदुलकर ने इसी दाहक अनुभव के आधार पर इस दन्तकथा की जांच पड़ताल कर अपने नाटक का विषय बनाया है और यह काम सबसे मुश्किल होता है, एक गहरी चुनौती होती है वह। तेंदुलकर ने इस दन्तकथा को नाटक का विषय बनाकर अपनी साहित्य निष्ठा का परिचय दिया है।

घासीराम कोतवाल का कथ्य एक विशिष्ट सामाजिक स्थिति की ओर संकेत करता है। वह सामाजिक स्थिति न पुरानी है और न नई। वह समय और भौगोलिक सीमा से भी परे हैं। जिस स्थान में या परिवेश में घासीराम कोतवाल और नाना

फड़नवीस हैं वह स्थल कालातीत है। अतः घासीराम और नाना फड़नवीस भी कालातीत है। सामाजिक परिस्थितियां उन्हें जन्म देती है और देती रहेंगीं। हर युग में हर समाज में घासीराम कोतवाल और नाना फड़नवीस जैसे लोग उत्पन्न होते रहे हैं और होते रहेंगे।

चूंकि यह नाटक दन्तकथा पर आधारित है इसलिए लेखक ने उसके प्रस्तुतीकरण के लिए, लचीलेपन के लिए विख्यात लोकनाट्य शैली का प्रयोग किया है इस शैली के नाटक में एक भदेसपन भी होता है जो भाषा और तमाशा के स्तरों पर स्वयमेव अवतीर्ण होता है। इस नाटक के कथानक के सन्दर्भ में राजेन्दर नाथ लिखते हैं कि "इस बात पर बल देना आवश्यक है कि कुछ नाटकों में शायद महत्वपूर्ण सभी नाटकों में कथावस्तु सबसे कम महत्वपूर्ण होती है। इस नाटक में एक अत्याचारी शासक के विलासी इतिहास पर जरूरत से ज्यादा बल नहीं देना चाहिए।"

"घासीराम कोतवाल" के पात्र

"घासीराम कोतवाल" नाटक केवल एक प्रसंग है, जिसे तेंदुलकर ने अपने वक्तव्य की अभिव्यक्ति का एक निमित्त, एक साधन बनाया है। "घासीराम कोतवाल" नाटक में नाना फड़नवीस और तत्कालीन पतनोन्मुख समाज के चित्रण द्वारा कुछ राजनीतिक और विशेषतः सामाजिक परिस्थितियों के विषय में लेखक कुछ सत्य उजागर किये हैं जो सनातन हो गये हैं। मराठा इतिहास के नाना फड़नवीस तो बौद्धिक प्रखरता से तड़पती हुई शक्ति के रूप में प्रतिष्ठित हैं। किन्तु इस नाटक में केवल घासीराम कोतवाल के प्रसंग की सीमा में घिरे होने के कारण उनका व्यक्तित्व इकहरा दिखाई पड़ता है। नाटक में ऐतिहासिक पात्र नाना फड़नवीस उतना तेजस्वी और बुद्धिमान नहीं है। चूंकि यह लोकनाट्य है इसलिए नाना फड़नवीस का चरित्र भी लोकनाट्य के अनुरूप ही लेखक ने प्रदर्शित किया है। वैसे नाना फड़नवीस सरीखे इतिहास पुरूष को रंगमंच पर नृत्यतालबद्ध होकर आना मराठी दर्शक के लिए निश्चय ही धक्का पहुंचाने वाला अनुभव था। इसीलिए लेखक ने दर्शकों को इस बात पर विश्वास दिलाया है कि इस नाटक का पात्र फड़नवीस केवल लोकनाटकीय पात्र है वह ऐतिहासिक नाटकों का प्रामाणिक और संपूर्ण व्यक्तित्व नहीं है।

नाटक के दूसरे अंक में घासीराम का चरित्र विस्तार पाता है। यह वही घासीराम है जो पूना के ब्राह्मणों पर अत्याचार करता है, वह प्रतिशोध के वशीभूत होकर ऐसा कृत्य करने के लिए राक्षस का रूप धारण कर लेता है। उसके अत्याचार का एक उदाहरण द्रष्टव्य है–

"लाओ जी वो तपा हुआ लोहे का गोला।
हाथ पकड़ना इसके। कसके। चिल्लाये तो भी न छोड़ना।
सिकने देना पक्का। खाल के जलने की गंध आनी चाहिए, गन्ध।"

इसी प्रकार एक दूसरा उदाहरण–

"(बहुत क्रुद्ध होकर) बेवकूफ, तू क्या कर रहा था? ताला किसने तोड़ा? कैसे तोड़ा? बता ! गुनहगार की चमड़ी उधेड़ता हूँ, मिर्च भरवाता हूँ, फाँसी देता हूँ।"

नाना फड़नवीस के विवाह से लेकर गौरी की मृत्यु तक घासीराम बहुत बेचैन है लेकिन उक्त चतुराई भरा भाषण धूर्तता और कूटनीति से पूर्ण होने के कारण उनके प्रभुत्व का विलक्षण प्रभाव उत्पन्न करता हैं और नाना फड़नवीस पुनः नाटक के केन्द्र में आ जाते हैं।

इस नाटक में एक अंग्रेज पात्र भी है जो केवल एक दर्शक (ऑब्जर्वर) है। नाटक के अन्त में वह पिछली चौकी पर बाईं और प्रकाशवृत्त में खड़ा है। नीचे घासीराम की हत्या के बाद सामूहिक उत्सव हो रहा है। यह पूना के भावी इतिहास का महत्त्वपूर्ण पूर्वाभास है। यही अंग्रेज घासीराम के कोतवाली प्राप्त करने के समारोह के समय भी एक कोने में खड़ा होकर उसका साक्षी बनता है।

इस प्रकार स्पष्ट है कि इन चरित्रों की साधारण रूपरेखा भी अत्यन्त स्पष्ट एवं सजीव रूप से इनकी विशेषताओं का भान करवा देती है। इन पात्रों से उस युग के शासक और जन समुदाय की मनोवृत्ति, दिनचर्या आदि पर अधिकाधिक प्रकाश पड़ता है। अच्छे और बुरे चरित्रों की योजना से मराठी समाज की यथार्थ झांकी उपस्थित हो जाती है। आज भी घासीराम और नाना फड़नवीस जैसे पात्र हमारे सामान्य जीवन में प्रायः परखने को मिलते हैं। अतः ये पात्र जीवन के सच्चे प्रतिनिधि हैं और अपने रूप में विशिष्ट वर्ग की झांकी प्रस्तुत करते हैं।

संवाद, नृत्य, संगीत, गति

इस नाटक के संवाद सरल, सुबोध, सजीव, मर्मस्पर्शी एवं अवसरानुकूल बन पड़े हैं। इनमें अपूर्व स्वाभाविकता एवं प्रवाह दोनों तत्व विद्यमान हैं। किन्तु यह नाटक संवाद प्रधान कम है दृश्य प्रधान अधिक है। इसमें दृश्य बिम्बों के द्वारा प्रभाव उत्पन्न किया गया है। वस्तुतः यह नाटक संवाद, नृत्य, संगीत, गति, पात्र दृश्य आदि अनेक खण्डों के योग से अग्रसर होता है। इन सबको जोड़ने वाला सूत्र भी जबरदस्त है। इन सब तत्वों के साथ ही यह नाटक पूर्ण लगता है।

नृत्य, गतियां सरल और सहज किन्तु लयबद्ध हैं। इसमें शास्त्रीय नृत्य का प्रयोग हुआ है जो जटिल और अतिपरिष्कृत है। नृत्य गतियों में लोक नाट्य की अनगढ़ ऊर्जा विद्यमान है। ढोल, नगाड़े के प्रबल ताल से दृश्यों की भीषणता बढ़ जाती है। घासीराम की नृत्यमय मृत्यु होती है और नाना फड़नवीस की नृत्य गतियों में संयम और प्रभुता का पुट बरकरार है। मराठी रंग से ओतप्रोत लावणी को बैठकी लावणी के पदन्यास में ढाला गया है।

घासीराम कोतवाल नाटक की अभिनेयता

जे.वी. प्रीस्टने ने लिखा है "जो नाटक रंगमंच से जुड़ा नहीं है वह नाटक नहीं है। नाटककार वही है जो थिएटर के लिए लिखता है, उसे अपने समय के रंगमंच से जुड़ा होना चाहिए। अभिनेतागण और दर्शकों की सहायता से ही वह अपनी कृति को सार्थक बना सकता है।" एक अन्य आलोचक ने भी नाटक की तुलना जलधारा से करते हुए उसके लिए रंगमंच का मार्गदर्शन आवश्यक बनाया है। सफल नाटक में साहित्यिक सौष्ठव और अभिनेयता दोनों चाहिए। अतः आज आवश्यकता इस बात की है कि आधुनिक नाटककार अपनी रचनाओं में परम्परागत लोकनाट्य परम्पराओं, पाश्चात्य नाटक की उपलब्धियों और विज्ञान द्वारा उपलब्ध कराए गये उपकरणों और नवीनतम तकनीक का प्रयोग करें। मराठी नाटककार तेंदुलकर ने उक्त सभी रंगमंचीय आवश्यकताओं को ध्यान में रखते हुए घासीराम कोतवाल नाटक की रचना की है। लोकनाटक के लचीले लोचपूर्ण शिल्पतंत्र का प्रयोग इस नाटक में खुलकर किया है। अब तक इस नाटक की दो प्रस्तुतियां ही हुई हैं—एक मराठी में और एक हिन्दी में—और दोनों ही शौकिया मण्डलियों के द्वारा प्रस्तुत हुई हैं। लगनशील कलाकार, नृत्य निर्देशक, संगीत निर्देशक और निर्देशक के सहयोगी प्रयास कर्म से यह नाटक अभिनेयता की दृष्टि से सफल सिद्ध हुआ है। इस नाटक के निर्देशक डॉ. जब्बार पटेल लिखते हैं कि किसी प्रतिष्ठित नाटककार ने लोकनाट्य के स्वरूप में कोई नाटक पहले ढाला नहीं था, इसलिए मैं लोकनाटक के लचीले लोचपूर्ण शिल्पतंत्र का उपयोग कई प्रकार से खुलकर कर सका। आगे वे लिखते हैं—

"आदमियों के झूलते परदे की कल्पना रंगमंच के लिए अद्भुत है। इस नाटक की सबसे बड़ी युक्ति भी यही है। बारह ब्राह्मण कोरस के रूप में कथा प्रवाह संभालते हैं। आवश्यकतानुसार तात्कालिक इकहरी भूमिकाएं भी निभाते हैं। यह परदा दो खंडों में बंटता है और क्षण भर में समाज के कई-कई घटकों, इकाईयों के प्रतिरूप में ढल जाता है। घासीराम को कोतवाल के रूपमें स्थापित करने वाला यही, परदा घासीराम के वध के समय रूष्ट ब्राह्मणों के रूप में रंगमंच पर दिखता है। "श्री गजराज नर्तन करैं" गाने वाला यही परदा गणपति वंदना द्वारा लोकनाट्य से अपना सम्बन्ध जोड़ता है। कलाकार और भूमिका के बीच एक सूक्ष्म और तरल सम्बन्ध लोकनाट्य की विशिष्टता है। मैंने अपने प्रदर्शन को किसी विशेष लोक शैली में नहीं बांधा वरन् दशावतार, भारूड़, खेला, तमाशा, पोवाड़ा, वाध्यामुरली, कीर्तन आदि शुद्ध मराठी लोककलाओं का मिश्रित उपयोग किया है।—ब्राह्मण केशधारी कलाकार प्रेक्षागृह से होकर रंगमंच पर आते हैं। इस प्रकार आत्मीयता उत्पन्न होने के कारण प्रदर्शन का लोकनाट्य रूप दर्शकों के मानसिक स्तर तक अधिकाधिक संप्रेषित हो जाता है।

घासीराम की हत्या के बाद उत्सव होता है और फिर मनुष्यों का परदा सामने

आता है। कथा समाप्त हो चुकी है, इसलिए नाना की भूमिका करने वाली बेचैनी एक नराद्यम की है। वह ब्राह्मणों को कोठरी में दम घोंटकर मार डालता है। नाटककार कोठरी में बन्द ब्राह्मणों की दशा का वर्णन इस प्रकार करता है—

> कुठरिया के ब्राह्मनन कौं हवा नाँय
> साँस नाय—सांस नाय सो प्रान तरफसन लगे
> बाम्हन चिचियान लागे, कराहन लागे, फरफरान लागे
> त्राहि त्राहि पुकारन लागे
> पै है कोऊ राखन हारा? कोऊनाँय।

सूत्रधार कहता है—

याने लेहारा उठवाई, पेशवा के अगाड़ी डरवाई अरु कह्यौ, न्याय द्यौ। घासीराम बाम्हनन कौं दग घोंटि के मारि दीन्हा। गुन्हाय।

नाना फड़नवीस के द्वारा घासीराम की हत्या करवा दी जाती है उसकी हत्या उसके अप्रत्यक्ष अपराध का ही फल है। नाना फड़नवीस घासीराम की हत्या हो जाने पर कहता है—पुण्यपत्तन निवासी नागरिकों ! हमारी महान् नगरी पर छाया हुआ एक भयानक संकट टल चुका है। एक रोग मिट चुका है। आप सब लोगों को जिस नरकासुर ने परेशान किया, जीना दुभर कर दिया वो घासीराम कोतवाल अब मर चुका है, वध हो चुका है। श्री गजराज की अनुकम्पा से, दया से सब ठीक हुआ है। X XXX हमारी पवित्र पुण्य नगरी में आज से उस पापी का नामोनिशान मिट जायेगा, हमने ऐसा बन्दोबस्त किया है। हम लोगों के लिए तो यह शुभ घटना है। इसलिए आज से तीन दिन तलक शहर पूना में जश्न मनाया जायेगा उत्सव मनाया जायेगा। यह हमारी आज्ञा है।"

नियति के इस विरोधाभास को तेंदुलकर ने प्रभावशाली ढंग से निरूपित किया है। नियति का ऐसा प्रतिशोध अनेक ऐतिहासिक खलनायकों के प्रसंग में मिलता है।

घासीराम की हत्या के बाद नाना फड़नवीस का अभिनेता भी इस परदे में सम्मिलित हो जाता है। घासीराम मरा पड़ा है, पर उस अभिनेता के उठने से रसभंग न हों, इसलिए उसे अपवाद स्वरूप यथास्थान ही रहने दिया जाता है। तभी सूत्रधार आगे बढ़कर "श्री गजराज नर्तन करें" ध्रुपद को भैरवी के करुण स्वर में गाकर उस कलाकार को श्रद्धांजलि अर्पित करता है।"

इस प्रकार से लोकनाटक का पूर्ण शिल्प यहां दिखता है और नाना जैसे सत्ताधारी व्यक्ति का पंक्ति में आना भी विशेष अर्थ का द्योतक हो जाता है।

इस नाटक के निर्देशक राजेन्दर नाथ भी लिखते हैं कि—यह कथन कि नाटक मंच पर ही पूरी तरह जीवन्त होता है। "घासीराम कोतवाल" पर ही पूरी तरह लागू होता है। यह हो सकता है कि एक बार नाटक पढ़ने के बाद इसका सारा अर्थ

ठीक-ठीक पकड़ में न आये। ऐसा हो सकता है कि ध्यान नाना और घासीराम के चरित्रों में उलझ कर रह जाये। इस बात पर बल देना आवश्यक है कि कुछ नाटकों में शायद महत्वपूर्ण सभी नाटकों में कथा वस्तु सबसे कम महत्वपूर्ण होती है। इस नाटक में एक अत्याचारी शासक के उत्थान पतन या एक और अत्याचारी शासक के विलासी इतिहास पर जरूरत से ज्यादा बल नहीं देना चाहिए। यह बात भी याद रखनी चाहिए कि कुछ नाटकों में कथानक नाटककार के लिए ऐसी खूंटियों से ज्यादा महत्व नहीं रखते, जिन पर वह कुछ और ही मुद्दे टांगता हैं। यह बात "घासीराम कोतवाल" पर भी लागू होती है। यहां सारा बल एक पतनशील और विलासप्रिय समाज पर है जो घासीरामों को जन्म देता है और उनकी हत्या भी करता है, और साथ ही तानाशाही को एक दूसरे के रूप में सहने के लिए तैयार भी है।" इसी बात को दर्शकों तक सम्प्रेषित करना तेंदुलकर का मुख्य उद्देश्य भी है। वस्तुतः यह एक युगीन नाटक है सिर्फ इस अर्थ में कि इसका समय 18वीं शताब्दी के अंतिम वर्षों का पेशवाकाल है। लेकिन लोकनाट्य के रूप में जो किसी किंवदन्ती पर आधारित हैं यह नाटक स्थान और काल से परे हैं। इस नाटक के प्रदर्शन के समय इस युग का वातावरण बनाना जरूरी हैं। अतः मंचन के समय इस बात का विशेष ध्यान रखा जाना चाहिए और तदनुकूल वेशभूषा और हावभाव भी होना चाहिए किन्तु इस नाटक को प्रभावशाली बनाने के लिए रंगमंच पर प्रस्तुत किया गया न कि ऐतिहासिक शुद्धता के लिए। यही कारण है कि समकालीन सन्दर्भ में यह नाटक सार्थक हैं।

2. हयवदन (कन्नड़–गिरीश कार्नाड)

गिरीश कार्नाड भारतीय साहित्य, नाटक और रंगमंच के अप्रतिम कलाकार हैं। नाटक और अभिनय से जुड़ाव के कारण कार्नाड पूना के फिल्म इन्स्टीट्यूट में प्रधानाचार्य और कालान्तर में संगीतनाटक अकादमी दिल्ली के अध्यक्ष रह चुके हैं। इसके साथ ही आप का सम्बन्ध सिनेमा जगत से रहा। व्यावसायिक फिल्मों के निर्देशन और अभिनय से आपको राष्ट्रीय ही नहीं अन्तर्राष्ट्रीय ख्याति मिली है। कार्नाड द्वारा अभिनीत और निर्देशित फिल्मों में–"संस्कार", "वंशवृक्ष", "काडू", "अंकुर", "निशांत", "स्वामी", और "गोधूलि" उल्लेखनीय है। मृच्छकटिक पर आधारित पटकथा लेखन तथा दूरदर्शन धारावाहिक के रूप में भी आप चर्चित हैं।

गिरीश कार्नाड का प्रथम नाटक 'ययाति" है। आजादी के बाद के नाटककारों ने पौराणिक आख्यानों को नाटक के माध्यम से प्रस्तुत कर या तो मनुष्य की जटिल मनोदशा एवं मनोग्रंथियों का चित्रण विश्लेषण करने का प्रयास किया है अथवा वर्तमान सभ्यता और आधुनिक चिंतन से उद्भूत समस्याओं पर प्रकाश डाला है। गिरीश कार्नाड ने अपने कन्नड़ नाटक "ययाति" (1961) में हृदय की मूल वृत्तियों के बीच संघर्ष चित्रित करते हुए आदर्शवाद और उपयोगितावाद का द्वन्द्व तथा

वृद्धावस्था में मृत्युभय का संत्रास दिखाया है।

कार्नाड का दूसरा नाटक "तुगलक" (1964) है। 1960 के बाद लिखे गये भारतीय नाटकों पर पश्चिम के अस्तित्ववादी दर्शन तथा एब्सर्ड नाटकों का प्रभाव पड़ा है। 1960 के बाद जब युवा पीढ़ी स्वयं को हताश, पंगु और टूटा हुआ और असहाय अनुभव करने लगी तथा नाटककार भी उसका चित्र उपस्थित करने लगे। एबसर्ड नाटकों से प्रभावित लेखक यह मानते हैं कि सर्वत्र मानसिक अवसाद और चिंता आदमी को घेरे हुए हैं। गिरीश कर्नाड कृत 'तुगलक' नाटक भी पश्चिमी एबसर्ड नाटकों से प्रभावित है। इसमें जीवन के घात प्रतिघातों से एक स्तर पर टूटते हुए व्यक्ति और दूसरे स्तर पर पुराने मूल्यों के टूटने की कहानी है। इसमें बिम्बों और प्रतीकों का कुशल प्रयोग हुआ है। नकली सिक्कों से भरी गाड़ी, शतरंज का खेल, बादशाह, और धोबी अजीज सभी प्रतीक हैं।

हयवदन

'हयवदन' नाटक भी पश्चिमी नाटक एब्सर्ड नाटक के शिल्प से प्रभावित है। यह एक प्रयोगधर्मी नाटक है। उन्होंने इसमें लोकनाट्यशैली के तत्व अपनाकर उसे अभिनव रूप दिया है। एक ओर पाश्चात्य नाटक और दूसरी ओर लोक रंगमंच का समन्वय कर इस नाटक को प्रभावशाली बनाया हैं। 'हयवदन' नाम से ही स्पष्ट है—"घोड़े का मुख" इस नाम की कल्पना एक प्राचीन उपाख्यान से की गयी है। कहानी है कर्नाटक के एक राजकुमारी की जो अपूर्व सुन्दरी थी। उसके पिता ने राजकुमारी के विवाह के लिए स्वयंवर रचा, जिसमें दूर-दूर के राजकुमार आये। राजकुमारी को कोई वर पसन्द नहीं आया। अन्त में सौराष्ट्र का एक राजकुमार सफेद घोड़े पर सवार होकर आया। राजकुमार के स्थान पर राजकुमारी ने घोड़े को पसन्द किया और उससे ही विवाह सम्पन्न हुआ। वह घोड़ा एक गन्धर्व था। 15 वर्ष बाद वह घोड़े के अभिशाप से मुक्त हुआ तो राजकुमारी को इन्द्रपुरी ले जाने के लिए कहा। राजकुमारी के न जाने पर गंधर्व ने उसे शाप देकर घोड़ी बना दिया और इन्द्रपुरी को चला गया। हयवदन उन्हीं का पुत्र है, जिसका शरीर मनुष्य का और मुख घोड़े का है।

इस उपाख्यान के माध्यम से गिरीश कार्नाड ने आधुनिक स्त्री पुरूष की आधी अधूरी त्रासदी का वर्णन किया है। स्त्री पुरूष के उलझाव पूर्ण सम्बन्धों और पूर्णता की तलाश में असह्य यातनापूर्ण परिणति ही इस नाटक का उद्देश्य है। इस नाटक की नायिका पद्मिनी है। कपिल और देवदत्त के मध्य पद्मिनी अधूरी रहती है। कपिल और देवदत्त दो पुरूष पात्र हैं जिनके दो और रूप हो जाते हैं—कपिल देही देवदत्त और देवदत्त देही कपिल। पद्मिनी इन चार पुरूषों के साथ रहकर सुहागिन होकर भी अभागिन रहती है, उसका जीवन अतृप्त रह जाता है। डॉ. जयदेव तनेजा के अनुसार—"यह नाटक मानव जीवन के बुनियादी आन्तरिक विरोधों, संकटों, और

दबावों, तनावों को अत्यन्त नाटकीय और कल्पनाशील रूप में अभिव्यक्त करता है।''

कथ्य

इस नाटक में नाटककार ने एक ऐसी स्त्री की कहानी को प्रस्तुत किया हैं जो दो पुरूषों के मध्य झूलती रहती है। नाटक में मुख्य भूमिका पद्मिनी की है। चंचल, बुद्धिमती और वैभव में पली पद्मिनी का विवाह सरस्वती पुत्र देवदत्त से होता है। विवाह में मुख्य भूमिका देवदत्त के मित्र कपिल की है। विवाह के उपरान्त पद्मिनी को लेकर देवदत्त और कपिल उज्जयिनी की यात्रा करते हैं। मार्ग में देवदत्त पद्मिनी को कपिल के प्रति आकर्षित देखता है और एक देवी मंदिर में अपने प्राणों का उत्सर्ग कर देता है। कपिल और पद्मिनी रूद्रमंदिर से लौटकर देवदत्त को खोजते हैं। कपिल को देवदत्त का मृत शरीर देवी मंदिर में मिलता है। कपिल मित्र का वियोग सह नहीं पाता और वहीं अपनी प्राणाहुति दे देता है। पद्मिनी देवी मंदिर में देवदत्त और कपिल को मृत देखकर अपने प्राण भी त्याग देना चाहती है। देवी उसे ऐसा करने से रोकती हैं और दोनों का सिर जोड़ने के लिए कहती हैं। भ्रमवश पद्मिनी देवदत्त का सिर कपिल के धड़ में और कपिल का सिर देवदत्त के धड़ में लगा देती है। दोनों जीवित हो जाते हैं किन्तु उनकी भूमिकाएं बदल जाती हैं। भागवत प्रश्न करता है कि पद्मिनी किसकी है? अगर सिर को प्रमुखता दें तो पद्मिनी अब देवदत्त रूपी कपिल की है और अगर धड़ को प्रमुखता दे तो कपिल रूपी देवदत्त की है। सिर को महत्व देकर पद्मिनी पुराने कपिल और नए देवदत्त के साथ चली जाती है और कपिल अकेला रह जाता है। धीरे धीरे देवदत्त की आदतें कपिल को आ जाती हैं अब वह हृष्ट पुष्ट कपिल नहीं देवदत्त की क्षीण काया है। पद्मिनी उससे संतुष्ट नहीं होती और वह कपिल रूपी देवदत्त के पास आ जाती है। वह उससे बताती है कि उसका पुत्र देवदत्त का ही पुत्र है। कपिल का सिर पाकर देवदत्त हृष्ट पुष्ट हो जाता है। देवदत्त पद्मिनी से कहता है कि अब वह कपिल है और जिसका पद्मिनी से कोई सम्बन्ध नहीं है पद्मिनी ऐसा नहीं मानती और कहती है कि अपने पुत्र को देखो यह तुम्हारा ही अंश है कपिल रूपी देवदत्त के मन में पद्मिनी के प्रति अनुराग जगता है। वह कहता है कि न सिर ही पूरा है न धड़ ही। दोनों मिलकर मनुष्य पूरा होता हैं। उसी समय पद्मिनी को खोजते देवदत्त रूपी कपिल वहां आता है, दोनों एक दूसरे से युद्ध करते हुए मर जाते हैं। पद्मिनी अपने बच्चों को शिकारियों को सौंपकर सती हो जाती हैं।

समीक्षा

कार्नाड कृत 'हयवदन' का सामयिक नाट्य साहित्य में गौरवपूर्ण स्थान है। वह आज का यथार्थ प्रस्तुत करने वाला सामाजिक परिवेश प्रस्तुत करता है। साथ ही यह नाटक मनुष्य की अपूर्णता की कहानी है। पद्मिनी स्त्री-पुरूष के आधे अधूरेपन की त्रासदी

है। नाटक एक परिवार के विघटन और उससे उत्पन्न कड़वाहट की अभिव्यक्ति करता है। व्यक्ति स्वयं अधूरा रहते हुए भी दूसरे के अधूरेपन को सहन नहीं कर पाता है और अव्यावहारिक आदर्श की तलाश में भटकते हुए परिवार को तोड़ देता है। पूरा नाटक अस्वीकारोक्ति का नाटक है तथा नाटककार विकल्प नहीं देता। स्त्री और पुरूष के उलझे हुए सम्बन्ध और सम्पूर्णता की तलाश में लगे रहकर अन्त में यातनापूर्ण पटाक्षेप हो मानव की नियति है। इस उलझावपूर्ण सम्बन्ध का कारण है देह और आत्मा की पृथक सत्ता। 'हयवदन' नाटक में इस उलझावपूर्ण सम्बन्धों का विचित्र वर्णन हुआ है। एक स्त्री और दो पुरूष और फिर दोनों पुरूषों के परिवर्तित रूप और फिर वही स्त्री। पद्मिनी के सामने पहला त्रिकोण पद्मिनी और कपिल का हैं जिसमें वह देवदत्त की पत्नी है और दूसरे त्रिकोण में भी वह कहने को तो देवदत्त की ही पत्नी है किन्तु मुखौटा बदल जाने के कारण वह कपिल की पत्नी है। सिर देवदत्त का है और शरीर कपिल का भोगती है। इस प्रकार वह कपिल और देवदत्त की सहचारिणी बनकर भी किसी की नहीं है। अपनी इस हीन स्थिति का चित्रण करते हुए पद्मिनी कहती है कि–"तुम जीत गये कपिल। देवदत्त भी जीत गया। लेकिन मैं दो शरीरों की अर्धांगिनी मेरे लिए न जीत है न हार है।"

दूसरी ओर देवदत्त जो मस्तिष्क को महत्व देता था, कहता है–"इस शरीर को चाहे जितना दबाओं पर इसमें छिपी यादें नहीं मिटती। आश्चर्य की बात है न शरीर की अलग-अलग यादें होती हैं–अपने अलग प्रेत।"

जिस प्रकार सिर और धड़ की युति शरीर है उसी प्रकार देह और आत्मा की युति ही जीवन हैं और स्त्री-पुरूष की युति ही संसार में एक में बिखराव जीवन का बिखराव है। दो शरीर वाले घोड़े के माध्यम से नाटककार ने इसी पूर्णता की ओर संकेत किया है।

शिल्प एवं अभिनेयता

शिल्प की दृष्टि से भी यह नाटक महत्वपूर्ण हैं। यह नाटक लोकनाट्य प्रवृत्तियों से जुड़ा है। कन्नड़ की प्राचीन लोकनाट्य परम्परा यक्षगान हैं। हयवदन में नाटककार ने यक्षगान की शैली को नए रूप में प्रस्तुत किया हैं। स्त्री-पुरूष के आधे-अधूरे सम्बन्धों को लेकर वर्तमान साहित्य में अनेक नाट्य कृतियां चर्चित और मंचित हुई हैं। लेकिन परम्परा, आख्यान और शिल्प विधान की दृष्टि से 'हयवदन' नाटक एक नया प्रयोग है, जिसका कथानक परीकथाओ की भांति हैं। जिसमें लोकनाट्य एवं लोकजीवन का प्रयोग हुआ है किन्तु नाटक की मुख्य समस्या आधुनिक हैं। भागवत के रूप में नाटककार ने ऐसे पात्र की कल्पना की है, जो पूरे नाटक में समस्याओं को प्रस्तुत भी करता है और पाठकों से संवाद भी बनाए रहता है।

डॉ. जयदेव तनेजा के अनुसार–विलक्षण प्रसंग, रोचक चरित्र, जटिल सम्बन्ध

तथा रोमांचक नाट्य-मोड़ों के साथ-साथ, दर्शन मनोविज्ञान, हिंसा, हास्य, प्रेम और रहस्य के इतने और ऐसे आयाम मौजूद हैं, जो प्रत्येक प्रतिभावान रंगकर्मी को हमेशा नई चुनौतियों से चमत्कृत करते है।''

कुल मिलाकर प्रसंगानुकूल कथा और आकर्षक शिल्प विधान की संगति हयवदन की मूल विशेषता है। ''हयवदन'' में गीतों का प्रयोग भी बहुलता से हुआ है। परम्परागत नाट्य शिल्प, लोकनाट्य और आधुनिक रंगमंच—तीनों दृष्टियों से यह एक सफल नाट्य कृति है। इसीलिए 'हयवदन' का मंचन जहां एक चुनौति रहा हैं, वहीं मंच पर अभिनीत होने के बाद दर्शकों को प्रभावित करने में पूरी तरह सफल रहा है।

'हयवदन' नाटक का उद्देश्य

'हयवदन' नाटक में कथ्य और शिल्प की दृष्टि से नाटककार ने जो प्रयोग किए हैं वह पहला प्रयोग है। सिरों की अदला-बदली का जो प्राचीन परीकथाओं या बैताल पचीसी की कहानियों की तरह आज के युग में अविश्वसनीय प्रतीत होता हैं किन्तु इस परिवर्तन से लेखक ने जो वैचारिक परिवर्तन दिखाया है वह विश्वसनीय है। लेखक ने इसके माध्यम से देवदत्त, कपिल और पद्मिनी के प्रेम त्रिकोण को हयवदन की समानान्तर कथा के साथ जोड़ दिया है। इस प्रकार मनुष्य की पूर्णता की कथा में शरीर और मस्तिष्क की श्रेष्ठता की कामना आधुनिक बोध है। इस नाटक में नारी शरीर और मस्तिष्क के मध्य झूलती हैं। देवदत्त की विद्वत्ता से प्रभावित है पर कपिल की हृष्ट पुष्ट देहयष्टि के प्रति आकर्षित है। बुद्धि और शरीर की अलग-अलग मांग है। दोनों को एक साथ प्राप्त करना चाहती है पद्मिनी, पर एक समय में एक ही मिल पाता है उसे। अन्ततः वह अधूरी रह जाती है। यही स्थिति देवदत्त और कपिल की भी है। इससे सिद्ध होता है कि इस जीव सृष्टि में जब मनुष्य अपूर्ण है तो अन्य प्राणियों की क्या स्थिति होगी जिनका प्रतीक हयवदन है।

हयवदन नाटक का चरित्र हास्यपूर्ण दर्द का अहसास कराता है। नाटक में भागवत का चरित्र और अर्धपरी का प्रयोग यक्षगान शैली का प्रतीक है। संगीत, लोकधुनें, यक्षगान, हास्य आदि लोक तत्वों ने नाटक को लयात्मक गति प्रदान की हैं।

पंचम खण्ड

भारतीय साहित्य : वस्तुनिष्ठ अध्ययन

वस्तुनिष्ठ अध्ययन

भारतीय भाषाएँ

1. **द्रविड़ भाषाएं (दाक्षिणात्य भाषा वर्ग)**––तमिल, तेलुगु, कन्नड़, मलयालम

2. भारतीय आर्य भाषाएं

1. **पूर्वांचल भाषा वर्ग**–बंगला, उड़िया, असमिया, मणिपुरी
2. **पश्चिमोत्तर भाषा वर्ग**–उर्दू, मराठी, गुजराती, पंजाबी, कश्मीरी, सिन्धी
3. **अन्य भारतीय आर्यभाषाएं**–हिन्दी, संस्कृत

भारतीय साहित्य के अमर रचनाकार

(हिन्दीतर भक्त कवि)

तमिल सन्त एवं भक्त कवि

1. वैष्णव 12 आलवारों के नाम	पोइगै, पूदत्ता, पेयाल, तिरुमलिसै, तिरुप्पन टौंडरडिप्पडि, तिरुमंगै, कुलशेखर, पेरियालवार, आंडाल, नम्मालवार और मधुर कवि
2. शैव 4 नायनमारों के नाम	तिरुज्ञानसंबंधर, तिरुनावक्करसर, सुंदर और माणिक्य वाचगर
3. तेलुगु संत कवि	बम्मेरा पोतना, अन्नमाचार्य और श्रीनाथ
4. कन्नड़ संत कवि	वसवेश्वर, अक्क महादेवी, देवरदासिमय्य, कुमार व्यास, अल्लमप्रभु
5. बंगला संत कवि	चण्डीदास, चैतन्य महाप्रभु, गोविन्ददास, मुकुंददास
6. उड़िया संत कवि	सारलादास, बलरामदास, जगन्नाथदास
7. असमिया संत कवि	शंकरदेव, माधवदेव, अनंतकंदलि

8. मराठी संत कवि	ज्ञानदेव, नामदेव, एकनाथ, तुकाराम
9. गुजराती संत कवि	नरसिंह मेहता, मीराबाई, आखा भगत, निष्कुलानंद, ब्रह्मानन्द
10.पंजाबी संत कवि	बाबा फरीद, गुरुनानक, गुरु अर्जुनदेव, गुरु गोविन्द सिंह
11.कश्मीरी	शितिकंठ, लल्लेश्वरी

राष्ट्रीय आन्दोलन के भारतीय साहित्यकार
(हिन्दीतर भाषा)

भाषा	साहित्यकार
तमिल	रामलिंग स्वामीगल
तमिल	सुब्रह्मण्य भारती
तेलुगु	वीरेशलिंगम
मलयालम	वल्लतोल
बंगला	बंकिमचन्द्र चटोपाध्याय
बंगला	रवीन्द्रनाथ टैगोर
पंजाबी	गुरुमुखसिंह मुसाफिर
उड़िया	राघानाथ
असमिया	आनन्दराम फूकन
उर्दू	इकबाल
उर्दू	जोश मलीहाबादी

भारतीय साहित्य के प्रसिद्ध कथाकार
(उपन्यास और कहानी)
(हिन्दीतर)

भाषा	कथाकार
1. तमिल	अखिलन्, वरदराजन, जानकीरामन्।
2 तेलुगु	विश्वनाथ सत्यनारायन, महीधर राममोहन राय, वी. सीतादेवी।
3. कन्नड़	के. शिवराम कारंत, यू.आर. अनन्तमूर्ति।
4. मलयालम	परप्पुरट्टु, के.एम. पणिक्कर, तकषी शिवशंकर पिल्लै, एस.के. पोट्टेकाट।
5. बंगला	बंकिमचन्द्र चटर्जी, शरदचन्द्र चटर्जी, रवीन्द्रनाथ

	टैगोर, विमल मित्र, ताराशंकर बंद्योपाध्याय, वनफूल, गजेन्द्रकुमार मित्र, समरेश वसु।
6. उड़िया	फकीर मोहन सेनापति, गोपीनाथ मोहंती, नित्यानन्द महापात्र।
7. असमी	वीरेन्द्रकुमार भट्टाचार्य, इन्दिरा गोस्वामी, नवकांत बरुआ।
8. मराठी	विष्णु सखाराम खांडेकर, रणजीत देसाई, गंगाधर गाडगिल, शिवाजी सावंत, विश्वास पाटील।
9. गुजराती	गोवर्द्धन राम कन्हैयालाल मुंशी, रमणलाल देसाई, पन्नालाल पटेल।
10.पंजाबी	गुरदयाल सिंह, कर्त्तारसिंह दुग्गल, संतसिंह सेरवों, अमृता प्रीतम।
11.उर्दू	रतननाथ सरशाह, प्रेमचन्द्र, किशनचन्दर, ख्वाजा अहमद अब्बास, कुर्तुलएन हैदर, सआदत हसन मंटो, इस्मत चुगताई।

विभिन्न भारतीय भाषाओं में प्रमुख रामायण

(हिन्दीतर परम्परा)

ग्रन्थ का नाम	**लेखक**	**भाषा**
कम्ब रामायण	कम्बन	तमिल
पम्प रामायण	नागचन्द्र (पंप द्वितीय)	कन्नड़
मोल्लु रामायण	कुम्मरिमोल्ल	तेलुगु
रंगनाथ रामायण	गोन बुद्धारेड्डि	तेलुगु
अध्यात्म रामायण	तुज्चत एजुतच्छन	मलयालम
माधवकंदलि रामायण	माधवकंदलि	असमी
कृतिवास रामायण	कृत्तिवास ओझा	बंगला
भास्कर रामायण	भास्कर	तेलुगु
कण्णश्श रामाणम्	रामपणिक्कर	मलयालम
गिरिधर रामायण	गिरिधर	गुजराती
विलंका रामायण	सारलादास	उड़िया
रामायण	बलरामदास	उड़िया

भारतीय अमर साहित्य (हिन्दीतर)

नाम	रचनाकार	भाषा
सरस्वतीचन्द्र	गोवर्द्धनराम	गुजराती
ज्ञानेश्वरी	संत ज्ञानेश्वर	मराठी
श्रीकृष्ण कीर्तन	चण्डीदास	बांग्ला
गीतांजलि	रवीन्द्रनाथ टैगोर	बांग्ला
आनन्दमठ	बंकिमचन्द्र चटर्जी	बांग्ला
देवदास	शरदचन्द्र चटर्जी	बांग्ला
चरित्रहीन	शरद्चन्द्र चटर्जी	बांग्ला
तिरक्कुरल	तिरुवल्लुवर	तमिल
शिप्पदिकारकम्	इलंगो अडिगल	तमिल
मणिमेखलै	छात्तनार	तमिल
कण्णन पाट्टु	सुब्रह्मण्य भारती	तमिल
भागवतम्	वम्मेरा पोतना	तेलुगु
कण्णशन् पाट्टुकल	निरणम् कवि	मलयालम
छमान आठ गुण्ठे	फकीरमोहन सेनापति	उड़िया
कीर्तन	शंकरदेव	असमिया
आग का दरिया	कुर्रतुल एन हैदर	उर्दू
दशम ग्रन्थ	गुरु गोविन्दसिंह	पंजाबी
बाख़	लल्लेश्वरी	कश्मीरी
किलिण्णाट्टु	3एजुतचन	मलयालम
रसीदी टिकट	अमृता प्रीतम	पंजाबी

साहित्य अकादमी द्वारा सम्मानित भारतीय कृतियाँ (हिन्दीतर)

कृतिकाव्य	रचनाकार	भाषा
सलाम	मंगेश पडगांवकर	मराठी
नंगा राजा	नीरेन्द्रनाथ चक्रवर्ती	बांग्ला
जाता दुरेई जाय	सुभाष मुखोपाध्याय	बांग्ला
अनुनय	जयन्त पाठक	गुजराती
न धूपे न छावें	हरभजनसिंह	पंजाबी
पब्बी	प्रभजोत कौर	पंजाबी
मेरे साइंयां जीओ	भाई वीरसिंह	पंजाबी

उनींदा वर्तमान	मंजीत टिवाणा	पंजाबी
आह्निक	जगन्नाथ प्रसाददास	उड़िया
आकाशपारी निबिडा	सौरीन्द्र पारीक	उड़िया
शब्दों का आकाश	सीताकान्त महापात्र	उड़िया
द्वा सुपर्णा	सौभाग्य कुमार मिश्र	उड़िया
ख्वाब का दर बन्दहै	शहरयार	उर्दू
चौथा आसमान	मोहम्मद अल्वी	उर्दू
अय्यप्प पाणिकरुडे कृतिकल	अय्यप्प पणिक्कर	मलयालम

उपन्यास

चाट्टयुवु नारकाली	तोटियल मोहम्मद मीरान	तमिल
ओरु कावेरिया पोतो	त्रिपुर सुन्दरी लक्ष्मी	तमिल
अगलवि लक्कु	मु. वरद राजन	तमिल
बेरि पैझूठापाला	समुत्तिरम्	तमिल
समुदाया वीथि	ना. पाथसिगृथी	तमिल
कुरुथी पुनल	इन्दिरा पार्थसारथी	तमिल
पंडित परमेश्वर शास्त्रीवलूनमा	त्रिपुरनेनि गोपीचन्द	तेलुगु
अवधेश्वरी	शंकरमोकाशी पुणेकर	कन्नड़
दुर्गास्तमान	टी.आर. सुब्बाराव	कन्नड़
अग्निसाक्षी	ललिताम्बिका अन्तर्जनम्	मलयालम
अयलम्कर	पी. केशवदेव	मलयालम
चेम्मीन	तकषी शिरवशंकर पिल्लै	मलयालम
ओरु संकृतनम पोल	पेरुम्पटवम् श्रीधरन्	मलयालम
स्मारका शिलाकल	पुनत्तिल कुंजब्दुल्ला	मलयालम
कलकतार काछे	गजेन्द्रकुमार मित्र	बांग्ला
तिस्ता पारेर वृत्तान्त	देवेश राय	बांग्ला
मानव जमिन	शीर्षेन्दु मुखोपाध्याय	बांग्ला
शाहजादा दाराशिकोह	श्यामल गंगोपाध्याय	बांग्ला
बारी बदले जाये	रमापद चौधुरी	बांग्ला
सादा खाग	मति नन्दी	बांग्ला
अमृतरा संत्यन	गोपीनाथ महान्ती	उड़िया
धरडीह	नित्यानन्द महापात्र	उड़िया
इयाक इंगम	वीरेन्द्रकुमार भट्टाचार्य	असमिया

पाताल भैरवी	लक्ष्मीनन्दन बोरा	असमिया
काका देउतार टर	नवकान्त बरुआ	असमिया
अधारी आतमार काहिनी	सैयद अब्दुल मलिक	असमिया
उचाल्या	लक्ष्मण गायकवाड़	मराठी
हरवलेले दिवस	प्रभाकर वामन ऊर्ध्वरेवे	मराठी
उपारा	लक्ष्मण माने	मराठी
अग्निकुंड मांउगेलूं गुलाब	नारायण देसाई	गुजराती
असूर्यलोक	भगवतीकुमार शर्मा	गुजराती
उपरवास कथात्रयी	रघुवीर चौधरी	गुजराती
सत पागलां आकाशमां	कुंदनिका कापड़ीया	गुजराती
दो गज जमीन	अब्दुस्समद	उर्दू
पुन-ते-पाप	गुलामनबी गौहर	कश्मीरी

नोबल पुरस्कार प्राप्त भारतीय साहित्य

रचना	**लेखक**	**भाषा**	**विधा**
गीतांजलि	रवीन्द्रनाथ टैगोर	बांग्ला	काव्य

भारतीय साहित्य के ज्ञानपीठ पुरस्कार से सम्मानित साहित्यकार एवं रचनाएँ

रचना	**लेखक**	**भाषा**	**विधा**
चित्तिरपावै	अखिलन्	तमिल	उपन्यास
रामायण कल्पवृक्षमु	विश्वनाथ सत्यनारायण	तेलुगु	महाकाव्य
समग्र साहित्य	एस. नारायण रेड्डि	तेलुगु	काव्य
श्रीरामायण दर्शनम्	के. वेंकटप्पकुटप्प	कन्नड़	महाकाव्य
नाकतत्ति दत्तात्रेय	रामचन्द्र बेन्द्रे	कन्नड़	कविता
मुकज्जिय कत्तसुगतु	के. शिवराम कारन्त	कन्नड़	उपन्यास
चिक्कवीर राजेन्द्र	मास्ति वेंकटेश आयंगार	कन्नड़	उपन्यास
	गिरीश कार्नाड	कन्नड़	नाटक
	यू.आर. अनंतमूर्ति	कन्नड़	उपन्यास
ओटक्कुषल	जी. शंकरकुरुप	मलयालम	कविता
ओरु देशान्तिते कथा	शंकरन् कुट्टी पोट्टेकाट	मलयालम	उपन्यास

समग्र साहित्य	तकषि शिशंकर पिल्लै	मलयालम	कथा साहित्य
	एम.टी. वासुदेवन् नायर	मलयालम	उपन्यास
गणदेवता	ताराशंकर बंद्योपाध्याय	बंगला	उपन्यास
स्मृति सत्ता भविष्यत्	विष्णु दे	बांग्ला	कविता
प्रथम प्रतिश्रुति	आशापूर्णा देवी	बांग्ला	उपन्यास
	महाश्वेता देवी	बांग्ला	उपन्यास
	सुभाष मुखोपाध्याय	बांग्ला	काव्य
माटीमटाल	गोपीनाथ महाली	उड़िया	उपन्यास
समग्र साहित्य	सच्चिदानन्द राउतराय	उड़िया	काव्य
	सीताकान्त महापात्र	उड़िया	उपन्यास
मृत्युंजय	वीरेन्द्र कुमार भट्टाचार्य	असमिया	उपन्यास
	इन्दिरा गोस्वामी	असमिया	उपन्यास
ययाति	विष्णु सखाराम खाण्डेकर	मराठी	उपन्यास
समग्र साहित्य	विष्णु वामन शिखाडकर कुसुमाग्रज	मराठी	काव्य
निशीथ	उमाशंकर जोशी	गुजराती	कविता
समग्र साहित्य	पन्नालाल पटेल	गुजराती	कथा साहित्य
कागज से कैनवास	अमृता प्रीतम	पंजाबी	कविता
समग्र साहित्य	गुरदयाल सिंह	पंजाबी	उपन्यास
गुल-ए-नग्मा	रघुपति सहाय 'फिराक'	उर्दू	काव्य
समग्र साहित्य	कुर्रतुलएन हैदर	उर्दू	उपन्यास
	अली सरदार जाफरी	उर्दू	कविता

भारतीय भाषाओं के प्रतिनिधि समाचार पत्र
(प्रसारण संख्या की दृष्टि से)

1. तमिल — डेली थान्थी, दिनमानी, मलाई मोरासू
2. तेलुगु — आन्ध्रप्रभा, आन्ध्र ज्योति
3. कन्नड़ — प्रजावाणी, नवभारत
4. मलयालम — मलायम मनोरमा, मातृभूमि, केरलकौमुदी
5. मराठी — लोकसत्ता, समीक्षा, महाराष्ट्र टाइम्स
6. बांग्ला — अवकाशे, आनन्द बाजार पत्रिका, युगान्तर
7. उड़िया — समाज, मात्रभूमि
8. उर्दू — प्रताप, मिलाप, हिन्द समाचार

वस्तुनिष्ठ अभ्यास

1. बंगला रामायण के लेखक हैं—
(क) कम्बन (ख) भास्कर (ग) वाल्मीकि (घ) कृतिवास ओझा

उत्तर (घ)

2. चैतन्य महाप्रभु किस भाषा के कवि हैं?
(क) असमिया (ख) पंजाबी (ग) उड़िया (घ) बांग्ला

उत्तर (घ)

3. तमिल वैष्णव कवियों को क्या कहा जाता है?
(क) आलवार (ख) नम्मालवार (ग) नाभियार (घ) नम्बूदिरी

उत्तर (क)

4. वन्देमातरम् राष्ट्रगीत किस भाषा की कृति में लिखा गया है?
(क) हिन्दी (ख) बांग्ला (ग) मराठी (घ) उड़िया

उत्तर (ख)

5. वन्देमातरम् का उल्लेख बंगला के किस उपन्यास में है?
(क) चरित्रहीन (ख) देवदास (ग) आनंदमठ (घ) गोरा

उत्तर (ग)

6. 'गीतांजलि' किस भाषा की रचना है?
(क) हिन्दी (ख) गुजराती (ग) बांग्ला (घ) मराठी

उत्तर (ग)

7. लल्लद्यद किस भाषा की कवयित्री हैं?
(क) संस्कृत (ख) हिन्दी (ग) तमिल (घ) कश्मीरी

उत्तर (घ)

8. 'जनगणमन' राष्ट्रगान का सम्बन्ध किस भाषा से है?
(क) तमिल (ख) पंजाबी (ग) बांग्ला (घ) उर्दू

उत्तर (ग)

9. संविधान की किस अनुसूची में भारतीय भाषाओं का नाम दिया गया है?
(क) पंचम (ख) दशम (ग) अष्टम (घ) सप्तम्

उत्तर (ग)

10. अष्टम अनुसूची में कितनी भाषाओं का उल्लेख है?
(क) 12 (ख) 14 (ग) 16 (घ) 13

उत्तर (घ)

11. सुब्रह्मण्य भारती किस भाषा के कवि हैं?
(क) तेलुगु (ख) मराठी (ग) तमिल (घ) कश्मीरी

उत्तर (ग)

12. कुर्रतुलएन हैदर का सम्बन्ध किस भाषा से है?
(क) हिन्दी (ख) सिन्धी (ग) पंजाबी (घ) उर्दू

उत्तर (घ)

13. शिप्पदिकारकम् किस भाषा का ग्रन्थ है?
(क) तेलुगु (ख) कन्नड़ (ग) तमिल (घ) मलयालम

उत्तर (ग)

14. तिरुक्कुरल किस भाषा का ग्रन्थ है?
(क) मलयालम (ख) तमिल (ग) तेलुगु (घ) कन्नड़

उत्तर (ख)

15. तुलकाप्पियम् किस भाषा का ग्रन्थ है?
(क) कन्नड़ (ख) तेलुगु (ग) तमिल (घ) मलयालम

उत्तर (ग)

16. 'गोरा' उपन्यास किस भाषा के रचनाकार का है?
(क) बांग्ला (ख) हिन्दी (ग) उड़िया (घ) असमिया

उत्तर (क)

17. द्रविड़ भाषाओं का सम्बन्ध किस ऋषि से है?
(क) वशिष्ठ (ख) विश्वामित्र (ग) अगस्त्य (घ) नारद

उत्तर (ग)

18. वर्तमान भारतीय भाषाओं में सबसे प्राचीन कौन है?
(क) कन्नड़ (ख) मलयालम (ग) तेलुगु (घ) तमिल

उत्तर (घ)

19. 'वर्षा की सुबह' संग्रह किस भाषा का अनुवाद है?
(क) तमिल (ख) पंजाबी (ग) उड़िया (घ) मराठी

उत्तर (ग)

20. 'हयवदन' के रचनाकार का नाम–
(क) सीताकांत महापात्र (ख) गिरीश कार्नाड (ग) शंकरशेष (घ) रवीन्द्रनाथ टैगोर

उत्तर (ख)

21. 'अग्निगर्भ' किस भाषा का उपन्यास है?
(क) बांग्ला (ख) उड़िया (ग) असमिया (घ) हिन्दी

उत्तर (क)

22. आलवार संतों में किस महिला का उल्लेख है?
(क) लल्लेश्वरी (ख) अक्क महादेवी (ग) आण्डाल (घ) सरस्वती अम्माल

उत्तर (ग)

23. 'अग्निगर्भ' उपन्यास का नायक कौन है?
(क) मसाई (ख) बसाई (ग) काली (घ) रामेश्वर

उत्तर (ख)

24. निम्न में महाश्वेता देवी की रचना हैं—
(क) अग्निगर्भ (ख) परस्त्री (ग) मूर्ति (घ) गोरा

उत्तर (क)

25. निम्नलिखित में कौन भाषा हिन्दी से विकसित हुई है?
(क) गुजराती (ख) मराठी (ग) तमिल (घ) उर्दू

उत्तर (घ)

26. निम्न भाषाओं के किसी एक रचनाकार का नाम लिखिए—

तमिल	सुब्रह्मण्य भारती
तेलुगु	नन्नय
कन्नड़	गिरीश कार्नाड
मलयालम	एजुत्तचन
बांग्ला	कृतिवास ओझा
उड़िया	सीताकांत महापात्र
असमिया	नीलमणि फुकन
पंजाबी	अमृता प्रीतम
मराठी	विजय तेंडुलकर
उर्दू	इस्मत चुगताइ

27. निम्नलिखित रचनाओं के रचनाकार और मूलभाषा का नाम लिखिए—

1.	आग का दरिया	कुर्रतुल एन हैदर	उर्दू
2.	गुल-ए-नग्मा	रघुपति सहाय 'फिराक'	उर्दू
3.	देवदास	शरत्चन्द्र	बांग्ला
4.	आनंदमठ	बंकिमचन्द्र	बांग्ला
5.	गोरा	रवीन्द्रनाथ टैगोर	बांग्ला
6.	परिणीता	शरत्चन्द्र	बांग्ला
7.	तुगलक	गिरीश कार्नाड	कन्नड़
8.	गणदेवता	ताराशंकर बंद्योपाध्याय	बांग्ला
9.	वर्षा की सुबह	सीताकान्त महापात्र	उड़िया
10.	अग्निगर्भ	महाश्वेता देवी	बांग्ला
11.	पिंजर	अमृता प्रीतम	पंजाबी
12.	छावा	शिवाजी सावन्त	मराठी

13.	रस्सी	तकषी शिवशंकर पिल्ले	मलयालम
14.	साहब, बीबी और गुलाम	विमल मित्र	बांग्ला
15.	युगन्धर	शिवाजी सावन्त	मराठी
16.	कृष्णावतार	कन्हैयालाल मुंशी	गुजराती

28. निम्नलिखित रचनाकारों के सम्बन्ध किन भाषाओं से हैं?

	प्रश्न	**उत्तर**
1.	गुरु गोविन्दसिंह	पंजाबी
2.	वल्लतोल	मलयालम
3.	कम्बन्	तमिल
4.	एकनाथ	मराठी
5.	संत ज्ञानेश्वर	मराठी
6.	संत रामदास	मराठी
7.	नरसिंह मेहता	गुजराती
8.	मर्ढेकर	मराठी
9.	कवि कुसुमाग्रज	मराठी
10.	माडगूलकर	मराठी
11.	विष्णु सखाराम खाण्डेकर	मराठी
12.	वसंत कानेटकर	मराठी
13.	पन्नालाल पटेल	गुजराती
14.	सआदत हसन मंटो	उर्दू
15.	काजी नजरूल इस्लाम	बांग्ला
16.	महाश्वेता देवी	बांग्ला
17.	सरदार के.एम. पणिक्कर	मलयालम
18.	फकीर मोहन सेनापति	उड़िया
19.	कृशन चंदर	उर्दू